本书撰稿人（以姓氏笔画为序）

业露华　杜继文　杨曾文　李冀诚

宋立道　潘桂明　魏道儒

新版
宗教史
丛书

任继愈 总主编

佛教史

FOJIAOSHI

杜继文 主编

江苏人民出版社

图书在版编目(CIP)数据

佛教史/杜继文主编.—南京:江苏人民出版社,
2007.10(2023.4重印)

(新版宗教史丛书/任继愈总主编)

ISBN 978-7-214-04136-4

Ⅰ.佛… Ⅱ.杜… Ⅲ.佛教史—世界 Ⅳ.B949

中国版本图书馆 CIP 数据核字(2005)第 124341 号

书　　　名	佛教史
主　　　编	杜继文
责 任 编 辑	府建明
装 帧 设 计	刘莘莘
责 任 监 制	王　娟
出 版 发 行	江苏人民出版社
地　　　址	南京市湖南路 1 号 A 楼,邮编:210009
照　　　排	南京凯建文化发展有限公司
印　　　刷	江苏凤凰扬州鑫华印刷有限公司
开　　　本	652 毫米×960 毫米　1/16
印　　　张	40　插页 2
字　　　数	500 千字
版　　　次	2006 年 1 月第 1 版
印　　　次	2023 年 4 月第 11 次印刷
标 准 书 号	ISBN 978-7-214-04136-4
定　　　价	98.00 元

(江苏人民出版社图书凡印装错误可向承印厂调换)

新 版 总 序

任继愈

距离组织编写这套宗教史书至少有 15 个年头了。15 年来,我们国家发生了值得骄傲的变化,世界格局也发生了巨大的变化。在这样形势下,出版社还要求再出新版,说明这套读物还有读者群,还有社会需要。

最初编写的目的比较简单:我们对于宗教缺乏知识,尤其是对于世界性宗教,缺乏系统的、客观的知识;而通过对宗教史的基础研究,可以是补上这一课的一个好方法。因此,在研究和写作过程中,参加编写的同志普遍注意到社会史与宗教史的关系,宗教信仰与宗教神学的关系,同时也探讨了诸多宗教派别的各自特色,以及它们得以形成的原因。在语言上,尽可能简练明晰,争取蕴涵的内容充实一些,可读性强一些。虽然在方向上是这样定的,但具体做起来,各本书的风格还是有差异的。

研究世界宗教,学习宗教知识,是当年毛泽东同志的提议。而今国内外宗教形势的演变,证明这一提议是多么的富有远见。我们当年编写这套宗教史书,主要是给大学文科学生作选修课教材用的。到了现在,我感到一些有关的领导也不妨翻翻,或许有助于更全面地了解当前世界奇谲多变的局势,认识宗教在社会历史和文化发展中的实际作用。

据我所知,这几本宗教史著作总体反应是好的。出版了十多年,经历了考验。这期间,本书的作者和有些读者指出了书中的某些错误、欠妥或不足之处,这次新版大都作了改正,藉此机会,我代

1

表编者、作者一并致谢,希望继续得到读者指正。另外,经出版社提议,将原本不属于这个系列的《道教史》(卿希泰、唐大潮著),这次也一并纳入进来,希望给读者提供更全面的关于我国的宗教知识。

2005 年 3 月

序

任继愈

社会发展的历史表明,宗教是人类社会发展到一定阶段才会产生的一种社会现象。人类社会的初期,还不可能产生宗教。[①] 从没有宗教到产生宗教标志着人类社会的进步。宗教是历史的产物,它历史地产生,也将历史地消亡,它也受历史发展规律的支配。

宗教是社会的产物,它不能悬空地存在着,它有具体的表现形式。宗教也必须生存(传播)在一定的民族和地区。宗教的发展变迁与社会历史的发展变迁息息相关,社会历史变化了,宗教也发生变化。宗教生活要受社会生活的制约,尤其是政治生活的制约。历史上有些民族原先共同信仰某一种宗教,由于政治的原因,有的被迫,有的自动改信了另一种宗教,这类实例很多,中国有过,外国也有过。那种认为宗教是永恒不变的说法,是没有根据的。认为宗教信仰与民族风俗习惯牢固结合,永远不可改变的观点也是没有根据的,宗教信仰与民族风俗习惯有关,但不能等同。

宗教存在于民族中间,有全民族信奉同一个宗教的,也有一个民族有多种宗教信仰的。有一个国家只信仰一种宗教的,也有一个国家有多种宗教信仰的。有同一个民族,早先信奉一种宗教,后来又改信了另一种宗教的。在阶级对抗的社会里,有的信仰流行于社会上层,有的信仰流行于社会下层。这种种差异,都不是宗教

[①] 动物没有宗教,儿童,如果不是由家庭、社会的影响,也不会自己产生宗教意识。

本身造成的。因此,科学地认识宗教,研究宗教,唯一正确的方法是用历史说明宗教,而不是用宗教说明历史。

迄今为止,我们还没有发现有哪一个国家或民族没有宗教的。为了全面了解一个国家、一个民族的文化结构,如果不了解它的宗教,那是不可能的。世界上的宗教种类繁多,若一一介绍,比较困难。佛教、基督教、伊斯兰教已成为世界性的宗教,它们的影响已远远超出了原先起源地区的范围,对全世界广大地区的群众起着影响。这三大宗教在世界各地的传播,又各具特点。读者学习了某一两种具体的宗教活动的历史,不仅可以学到某些知识,如果能举一反三,从中学习到历史唯物主义的思想方法,对我们编写者将是最大的鼓励。

现代高等教育为国家培养的人才,如果他们对祖国传统文化及世界传统文化了解得不多、不够,就无法满足当前面向世界、面向未来的新局面的需要。过去我们对宗教学科注意不够,现在补上这一空白,很及时,也很必要。国家组织人力,为高等院校文科选修科编写一系列宗教学教材,是一项重大改革,这一创举令人鼓舞。

世界宗教研究所接受国家教委的委托,承担了《佛教史》、《基督教史》、《伊斯兰教史》、《宗教学原理》的编写任务,这几部书的主编都具有高等院校教学经验,内容力求简明,立论力求稳妥,以期适合我国大学生水平。希望各校在使用过程中,发挥教师课堂讲授的主动性,积累经验,发现问题,以便进一步修改,使它进一步得到完善。

1988 年 10 月

目　录

2

3

5

6

9

第一章　佛教的起源与早期的发展
（前6—前1世纪）

第一节　佛教产生的时代背景

佛教产生于公元前6—前5世纪的古代印度,这既有经济与政治的背景,又有思想文化方面的原因。

关于这一时期印度的社会性质,学术界存在许多不同的看法。[①] 但比较一致的意见是,经济空前发展,社会变化剧烈,是这一时期的特点。由于铁器开始普及,采用新的生产技术,劳动向深层分工,特别是恒河中下游地区,因天时地利之便,农业的发展特别显著。人们区划土地,建造人工灌溉设施,种植水稻、棉花、豆类等作物,品种相当繁多。此时手工业也很发达,出现了许多分工细致的专业,如冶金、纺织、制陶、制革及木材、象牙、宝石加工等,工匠中有建筑师、石匠、制箭者、画师、驯马师等等。尤其值得注意的是商业往来,不仅内地的商品交换比较频繁,对外贸易也十分活跃。陆路、水路商队东到缅甸,西和西北抵阿拉伯、波斯,南到斯里兰卡,输出的商品主要有织物、香料、药草和金银加工品等,输入的有金银、宝石、珊瑚、金刚石等。当时的货币有金、银、铜三种,除国王外,富商及行会均可铸造。

商业和手工业的兴盛,促进了城市的形成和繁荣。在吠陀时代,印度只有村落;吠陀末期出现规模略大的聚落,后来才逐步形成周围建有围墙的城市。在佛陀时代,据说著名的大城市有八座,

_____

① 主要有封建制、奴隶制和原始社会末期等三种说法。实际上印度社会一直发展不平衡,五印差别是比较大的。

1

即王舍、吠舍离、舍卫、波罗奈斯、阿踰陀、瞻波、憍赏弥、呾叉始罗。
国家以城市为中心进行统治,兼控周围的聚落、村落等农牧业地
区。王权由此而日益巩固和扩大,国王被认为是"人中最上者",具
有很大权势,地位空前提高,有些智者也为之倾倒,说什么"智者下
劣,有权者优越"。当时北印度各国大多已演变为世袭的君主制,
少数保留有传统的贵族共和制,释迦牟尼所在的迦毗罗卫国就是
其中之一。城市也是手工业和商业的中心。富商大贾正在成为社
会新贵,介入社会政治生活。各种行会纷纷涌现,佛经中就有十八
种行会之说。行会的首领和富有者被称为"长者",在社会经济中
占据重要地位,在政治上也有很强的影响力。从恒河中下游的总
体局势看,国王与上层工商业者,即属刹帝利和吠舍种姓,是社会
上最活跃的等级,并占据统治地位。

社会财富的增长与各国王权的上升,促使争霸战争不断发生。
仅恒河、朱木拿河流域即分布有十六个国家:鸯伽、摩揭陀、迦尸、
拘萨罗、跋者、末罗、支提、跋沙、拘娄、般阇罗、阿湿婆、阿般提、婆
蹉、苏罗婆、犍陀罗、剑洴沙,史称"十六国"。最初是迦尸和拘萨罗
兴起;接着是摩揭陀、拘萨罗、跋者、阿般提四国对峙;然后摩揭陀
与拘萨罗争夺;最后是摩揭陀凭借自己占有矿山、肥沃土地等经济
优势,及强大的军队,击败拘萨罗,确立了霸权地位。

佛陀开始活动的年代,正值摩揭陀与拘萨罗、跋者等国逐鹿炽
盛时期。拘萨罗位于恒河中游,建都舍卫城。传说该国的波斯匿
王(又称胜军王或胜光王)与佛陀处于同一时代。跋者国位于恒河
下游北部,是由八九个部落联合组成的贵族共和国,统治中心在吠
舍离城。摩揭陀国的首都是王舍城,从频毗沙罗王(约前544—前
493)统治开始,国势日强,曾武力吞并东方邻国鸯伽。其子阿阇世
王(约前493—前462)弑父登位,更积极拓展疆域,先后向拘萨罗、
跋者发动了旷日持久的战争。阿阇世王以后的四个国王(约前
462—前430),迁都华氏城。这里水陆交通便利,对摩揭陀国以后
的发展有重要意义。约公元前430年,大臣希苏那伽利用人民起义
登上王位,并征服了阿般提国。公元前364年左右,在摩揭陀地区

出现了难陀王朝。至此,恒河流域从诸国分立的局面走向了统一。以上这些国家和地区是佛教的直接发源地。

长期的兼并战争,使刹帝利王权得到进一步加强,但也加剧了社会的动荡不安和人民的痛苦。很多国王十分残暴,为所欲为。在早期佛教经典中,把"国王之难"与"盗贼之难"相提并论。不少人为躲避战乱和残暴统治而逃亡到山林及边远地区,或者出家。

从思想文化的角度讲,在这种社会条件下,相应地出现了"百家争鸣"的局面。

早在公元前1200年左右,雅利安人进入印度西北部,逐渐与当地的土著居民混合同化;以吠陀为代表的雅利安文化,也与西北印度的土著文化相结合,形成一种新的文化形态——婆罗门教。婆罗门教以"吠陀天启"、"祭祀万能"、"婆罗门至上"三大纲领为标志,主张用"四种姓"制度规范社会各个等级的社会职责,其中执掌宗教和文化权力的为"婆罗门"(意译"清净"),执掌军政大权的为"刹帝利"(意译"武士"),从事生产活动的是"吠舍"(包括农民、手工业者和商人),为这三个等级服务的奴隶是"首陀罗"。"四种姓"是神造的,不可变更;婆罗门是"人中之神",居世界之首。婆罗门教力图用这种说法维持社会的稳定与婆罗门的特权地位。但婆罗门教传入恒河中下游佛教早期活动的中心地区,则是相当晚的事,约在公元前8世纪。它的到来,给原有的社会结构以极大的冲击。这里的居民有的接受了婆罗门教文化及其社会模式,有的则取激烈反对的态度。反对者形成强大的社会潮流,反馈到婆罗门教的源发地印度西北部,引起了连锁反应。但婆罗门教仍继续向南流传,为一些权势者所接受,持久不衰。

大约与此同时,婆罗门教内部发生分化。不少人对祭祀万能产生怀疑和不满,有人公开否认梵天(婆罗门教信仰的创世主)的存在。于是一种新的思想——《奥义书》思潮在婆罗门教内开始孕育成熟。《奥义书》主张世界万物是超言绝象的精神本原"梵"的产物,以实现"梵我如一"为最高的人生目标。这标志着一种新的思辨哲学正在挣脱"祭祀万能"的宗教外壳呈现出来,为当时活跃的

3

思想文化提供新的思路和材料。

总之,由于恒河中下游地区经济的急剧发展和列国兼并战争造成的社会阶级结构的变化,在思想文化领域引起敏锐的反应,加上婆罗门教文化同这个地区土著文化的交汇激荡,以及《奥义书》哲学的兴起,终于在公元前 6 世纪形成了以婆罗门教为一方,以诸沙门团体为另一方的两大思潮。沙门,意译"息恶"、"修道"等;由沙门组成的团体成分复杂,观点繁多,耆那教称共有"三百六十三见",佛教则称有"九十六种外道"或"六十二见"。依《沙门果经》等佛典归纳,除佛教之外,当时有六大流派,称之为"六师外道",或曰"六师"。

(1) 阿耆多·翅舍钦婆罗(Ajita Keśakambala)。"顺世论"的先驱。顺世论是古代印度著名的唯物主义哲学流派,他们从感觉经验出发,主张唯有地、水、火、风四种元素(即"四大")才是独立常存的、世界统一的物质基础,也是世界万物存在的最终原因,从而否定梵天创世等天神创世说。他们还主张肉体与精神的统一,就像各种有关的原料合在一起发酵造酒一样,人的意识也是由四大和合而生;人死之后,四大分散,意识消亡,不存在永恒的灵魂;世界万物都是自然产生,自然消亡,没有什么超自然的主宰,"如棘刺针无人作,孔雀等种种画色皆无人作,自然而有,不从因生"。他们反对婆罗门教的三大纲领,说《吠陀》的作者是小丑、无赖,是妖魔的言论;讥笑祭祀行为,说如果"苏摩祭"(婆罗门教的一种大型祭祀)中的杀牲都能上天堂,那祭祀者为什么不杀死自己的父亲呢?同时反对婆罗门至上,认为所有的人血管流出的血都是红的,人生来平等,没有高低贵贱之分。他们否认有来世,否认有业报轮回、天堂地狱。他们认为唯一可信赖的是自己的认识,是感觉经验,只有在现实世界中才能寻求与实现自己的幸福;主张乐观积极地入世,反对苦行、禁欲和一切虚伪的道德。

(2) 尼乾陀·若提子(Nigantha, Nātaputta,意译"离系亲子")。"耆那教"创始人,本名筏驮摩那,耆那教尊之为"大雄"。传说他出身于吠舍离王族家庭,长大后结婚生子,28 岁双亲俱亡,30 岁出家做沙门,专修苦行。12 年后在一棵婆罗树下悟道,此后 30 年内,他的足迹遍及摩揭陀、鸯伽、弥湿罗等地,到处传教,创建耆那教团,72岁死于白瓦。耆那教(意译"胜利者的宗教")提倡"七句义",认为世界的本原有两个:"命"与"非命"。命的本质是一种绝对精神,一团意识,有"受业束缚的命"和"不受业束缚的命"两种形态。后者是命的本原状态,它无限清净与圆满,处在不生不灭的永恒妙乐之中。"受业束缚的命",即是在三界中轮回不已的个体灵魂,普遍存在于人、动物、植物乃至地、水、火、风等一切自然物中。所谓"业",则是一种细微不可见的物质,命只要从被束缚的状态中挣脱出来,回归其清净、圆满的本原状态,这就是解脱。非命是世界的物质性本原,它除了物质本身(由原子构成)外,还包括物质存在的条件,如"法"(运动的条件)、"非法"(静止的条件)、时间、空间等。当命由于贪欲等原因,作出不符合耆那教道德规范的思想言行时,业就会包缠到潜藏于人体内的命中,犹如雨水通过漏房流到人的身上,所以称为"漏"。业一旦包缠在命上,就会依据业报轮回法则,使命在三界中轮回流转,这种作用称为"缚"。为了超脱轮回,首要的是防止业漏到命上,这就需要把命保护起来,与业隔绝,称之为"遮"。遮的方法就是严守耆那教戒律,按耆那教要求的生活规范行事。其中特别禁止杀生。杀生所造罪孽最大,所得罪报也最大。但要获得真正解脱,必须设法消灭已经束缚命的业,这叫作"灭"。灭的方法是修苦行、做禅定等,苦行愈烈,解脱越速。佛教也称其为"裸形外道"等。

(3)删阇夜·毗罗伲子(Sañjaya Velatiputta)。据说是毗罗伲部族的思想家。他认为诸如"有无他世"、"有无化生之有情"、"有无善恶业之异熟果"、"有无沙门果报"等一系列当时争论中的重大问题,既可答"此事实,此事异",亦可答"此事非异非不异",故被喻为不可捉摸的泥鳅。对婆罗门教的业报轮回说,既不肯定也不否定,取存疑态度,但反对梵我转化世界的主张。佛教称他为"不死矫乱论",耆那教称他为"怀疑论"。

(4)迦罗鸠驮·迦旃延(Krakuda Kātyāna)。他认为世界的本原是地、水、火、风、苦、乐、灵魂等七种元素,佛教称之为"七士身"或"七争身"。它们是永恒自存的,既不能被创造,也不能创造;它们互不接触,互不作用,互不干扰。世界万物只是这七元素机械堆砌的产物,比如用刀剑杀人,其实刀剑只是穿过七元素的间隙,并不能伤害人的生命。同理,任何行为都只是通过元素间隙的运动,不会留下什么痕迹与影响,自然也不可能产生什么果报。因此,人也完全处于被动无力的状态,所谓"无力,无精进入,无力无方便。无因无缘,众生染著;无因无缘,众生清净。一切众生有命之类,皆悉无力,不得自在;无有冤仇,定在数中"。

(5) 末伽梨·俱舍梨子(Maskārī Gośāliputra)。相传他是个奴隶的儿子,出生在牛舍中。一说他所领导的沙门团体原是耆那教的一个分支,后因坏戒被摈出。该派主张世界万有由12种基本元素构成,即灵魂、地、水、火、风、空、得、失、苦、乐、生、死。这些元素的组合完全是机械的、偶然的;但一旦组合成功,即按照自己的必然规律运行。据此,该派认为一切都是命定的,个人意志无能为力,无所谓自作他作,无所谓努力解脱,无所谓祭祀及轮回,也无所谓行善与作恶,只要经过八百四十万大劫,无论智愚善恶,所有的人统统得到解脱。就好比站在高山上抛线球,待到线尽,球自然停止。该派相信冥冥中已定的命运是不可抗拒的,因而特别热心于对命运及未来的占卜。按《沙门果经》等介绍,该派还有强烈的虚无主义倾向:"无施无与,无祭祀法,亦无善恶、善恶报;无有今世,亦无后世;无父无母,无天无化无众生,世无沙门婆罗门平等行者……诸言有者,皆是虚妄。"

(6) 富楼那·迦叶(Pūrana Kāśyapa)。他主张善恶没有固定的标准,不过因社会习惯而得名。对一切宗教及社会道德都表示怀疑和否定,认为无论杀人或被人杀,吃苦或让人吃苦,都不会产生什么报应,布施、祭祀统统无效,不会有福报,作恶也没有罪过,无业报轮回,寿终人死,一切归于无。因而他劝王者说:"若自作若教人作,斫伐残害,煮灸切割,恼乱众生",以至"杀生、偷盗、淫逸、妄语",及劫夺、焚烧、断道为恶,"行如此事,非为恶也";反之,"为大众施,施一切众,利人等利,亦无福报"。佛教称之为"无因无果论"。

上述六师,尤其是后四师的学说,均系后人追述,而又支离破碎,时有相互混淆之处,但从总体上表现出一股强大的怀疑、批判的思潮。

六师之间观点不同,也有互相争论和责难,但都反对婆罗门教,这是他们的共同点。

佛教也属沙门思潮。从思想文化的渊源关系考察,佛教的产生主要受如下一些因素的影响:

(1) 释迦族部族宗教的影响。释迦牟尼出生于释迦族聚居的迦毗罗卫国,佛教传说中的所谓"过去七佛"、"贤劫四佛",可能就是该部族宗教的领袖。从佛教史上著名的提婆达多反悉达多事件,及其以后提婆达多教团的活动情况看,以佛立宗的不只是释迦牟尼一个僧团,有可能是释迦族的传统信仰。然而过去诸佛说,目的在建立所谓"八相成佛"的统一格式,或者就是对释迦佛一生经历的总结和推论,是佛教向多佛主义发展的一种表现;提婆达多事件则说明佛教僧团分裂发端很早,不足以说明就是释迦族的传统信仰,此二说均待进一步研究。

(2) 土著文化的影响。这儿的土著文化,与流行于西北印度并被吸收到婆罗门教中的土著文化有相同之处,也有不同点。释迦牟尼并非雅利安人,他长期活动在摩揭陀和拘萨罗等国,也不是雅利安人的统治区,而是土著人的王国,终其一生,没有到婆罗门教的根据地——西北印度去过。但是,学术界也有不同看法,尤其是西方学者多视释迦牟尼为雅利安人,并称他创立的佛道为"雅利安道路",这也是释迦牟尼研究中的问题之一。

(3) 反婆罗门教的沙门思潮的影响。释迦牟尼成道前曾参学过其他一些沙门教团的领袖,在其后建教传道的漫长岁月中,亦经常与其他沙门教团往复辩论。他的思想中有许多主张同六师的观点接近或相通。

(4) 婆罗门教的影响。释迦僧团是反婆罗门教的重要力量,但婆罗门教对佛教的影响也不可忽略。其中业报轮回即与佛教所说十分接近,尽管在本体论问题上二者完全对立。

第二节　释迦牟尼与早期佛教的基本理论

一　释迦牟尼的生平

在早期佛教的典籍中,没有关于佛教创始人生平的完整记录。释迦牟尼主要事迹散见于佛教各个部派后来编成的经、律中,而且往往与神话交织在一起,有许多荒诞的成分。剔除这些神话虚构,大体可以找出一些较为可信的史实。

佛教创始人名悉达多,姓乔答摩[1],出生于古印度的迦毗罗卫城(约在今印度、尼泊尔边境靠尼泊尔一侧),大约生活在公元前565—前486年。[2] 释迦牟尼是佛教徒对他的尊称,意思是"释迦族的贤人"。

乔答摩出身于刹帝利种姓,是迦毗罗卫国净饭王的太子,其母摩耶夫人早死,由姨母摩诃波阇波提(意译"大爱道")抚养长大。少年时代接受婆罗门教的传统教育,学习《吠陀》经典和五明[3]。后与觉善王女耶输陀罗结婚,生子曰罗睺罗。[4] 20 岁离家,到处寻师访友,探索人生解脱之道。

关于乔答摩出家的动机,佛教的传说不完全相同,有说是因为他看到了人体的丑恶;有说是因为他看到了生老病死的痛苦。从当时社会考察,可能与他经历了亡国灭族的惨祸有关。传说佛陀布教,曾得到拘萨罗国波斯匿王(即胜军王)的赞赏。但该国大臣利用波斯匿王不在国内的机会,发动政变,拥立他的儿子毗琉璃(即毗卢择迦)为王,不久发兵消灭了释迦的国家。当毗琉璃王兴兵方行之日,佛陀曾于路上劝阻,但未成功。被杀"释种","积尸如

---

① "悉达多"的意思是"目的达到了的人","乔答摩"的意思是"最好的牛"。

② 关于佛陀生卒年月,在南传和北传佛教中有许多不同的说法,国内外研究者对此也有不同见解。此处采用我国传统的说法。

③ "五明"是:"声明",即音韵训诂之学;"工巧明",即工艺技术之学;"医方明",即医药之学;"因明",即逻辑推理之学;"内明",即佛学。

④ 一说他共有三位夫人,耶输陀罗是他的第二位夫人。

莽,流血成池"。乔答摩曾听到释氏五百妇女被戮含苦称佛的声音,他无可奈何,唯有遣比丘为他们说法:"羁缠五欲,流转三涂,恩爱别离,生死长远。"①阶级关系的剧烈变化和战争的频繁,加剧了社会的不幸,当是促使乔答摩产生消极厌世思想的主要原因。

离家之后,乔答摩先到王舍城郊外漫游,跟随数论派先驱阿逻逻迦罗摩和郁陀迦罗摩子学习禅定。数月之后,感到不满。他不否认禅定的作用,但认为禅定不是目的。接着他尝试通过严格的苦行发现真理,寻求解脱。据说,他当时认为:摩擦湿木不能生火,摩擦干木才能取火;人身亦需经过苦行,清除体液,才能悟出真理。于是他逐渐减少饮食,直到每天只吃一粒,后来七天进一餐。他穿鹿皮、树皮,睡在鹿粪牛粪上,有时卧于荆棘上。六年后,身体消瘦,形同枯木,却依然没有发现什么真理。

乔答摩由此认识到苦行并不能获得解脱,开始净身进食。他渡过尼连禅河,来到伽耶(今菩提伽耶),坐在毕钵罗树(后称菩提树)下,沉思默想。据说,经过七天七夜,终于悟出了"四谛"的真理。这标志他真正觉悟成道了,因而被称为"佛陀",或简称"佛",意思是"觉悟者"。这一年他35岁。此后他就一心转向传教活动,历时45年,直到去世。他的活动地区主要在摩揭陀、拘萨罗和跋者三国,东面最远到过瞻波,西面最远到过摩偷罗(今马土腊)。当时这一带经济文化发达,沙门运动高涨,新的宗教团体和哲学派别大多在这里活动。

传说佛陀在成道后,首先赶往婆罗奈城郊的鹿野苑,寻找曾随他一道出家的阿若憍陈如等五位侍从,并向他们讲说"四谛"之理。由于从不同角度讲了三遍,佛史称作"三转法轮"。佛陀还主张要坚持"中道"原则,即既要避免极端苦行,又反对任情纵欲,只有"中道"才是解脱的"正道"。这是佛陀首次宣讲佛法,所以也称为"初

9

---

① 玄奘:《大唐西域记》卷六。本书所引汉文佛典,部分据《频伽藏》,部分据《藏要》;藏文佛典,除另有注明者,均据"拉萨版"藏文大藏经;外典据《四部丛刊》。以下恕不一一注明。

转法轮"。侨陈如等五人信仰了佛陀教义,成为他的首批僧侣,号"五比丘"。

佛陀一天的活动似乎很有规律,他黎明起床,坐禅静思,近中午时,外出乞食。有时在午饭前访问某些沙门。中午饭后,到聚落外的静寂处坐禅沉思。黄昏为弟子宣法,或到聚落里向俗人传教,一直到晚上。他一年中的大部分时间是漫游、布道,雨季停止旅行三个月,称为"伐沙"(坐夏)。

佛陀的这种生活方式,当是早期僧侣的生活缩影,后来就成了佛教的某些生活规则、戒律的雏形。

佛陀传教所走的道路,基本上是商道。《长阿含经·游行经》比较系统地记载了佛陀成道前由北向南所走的路,以及入灭前由南向北走的路,这两条路很少偏离当时的商道。佛陀常年来往于摩揭陀国的王舍城和拘萨罗国的舍卫城,这里沙门运动特别活跃,传说频毗沙罗王之弟迦留曾召集"九十六种外道"举行大斋。当时的王室是沙门运动的支持者,佛陀的传教就一直得到商人和王族的支持。他有两个最重要的经常说法的住处,一处在舍卫城南的祇园精舍,这是拘萨罗国富商须达多(给孤独长者)布施的;一处在王舍城的竹林精舍,竹林是迦兰陀长者①所赠,精舍是频毗沙罗王出资建造。传说佛陀悟道,从菩提树下站起来,首先向他奉献食物的也是两个商人。

佛陀在传教中经常与"外道"沙门辩论。据佛典记载,佛陀总是在辩论中取胜,使他们纷纷皈依佛教。有一次佛陀走在鹿野苑的路上,遇到一位"邪命外道"沙门,佛陀对他说法,表示自己已经成道,这位"邪命外道"摇头离去,走上另一条路。佛陀的道理并没能使一切人信服。

佛陀于80岁时逝世。据说他逝世在拘尸那迦城(在印度北方邦境内)附近的希拉尼耶伐底河边的娑罗林中。关于他一生的传说,很难肯定有多少真实的成分,不过从中大体可以看出早期佛教

①"长者",泛指富有者。

僧侣的一般生活情景,这有助于对佛教基本教义的理解。

二 早期佛教的基本教义——四谛说

按照佛教徒的传统说法,佛教古典三藏都是释迦牟尼亲自宣讲和制定而在第一次结集中确定下来的。在《阿含经》中还保存有佛弟子的言论而为佛肯定的思想。事实上,佛教经典决不是一个人的创造,也不是一个时代的产物。它们往往是随时随地就以"如是我闻"的格式在社会上涌现出来。佛教流传到哪里,哪里就会有新的经典出现。除了"论藏"部分有作者的署名之外,一切经、律,既无作者,也无真正的制作时间和地点。因此,佛教典籍既多且杂,很难作历史的考察。按佛教自身的传说,流传至今最古老的典籍,也是在佛教产生二三百年之后,由佛教不同派别的僧侣汇集编成的。因此,要判定哪些教义是释迦牟尼自己的思想,异常困难。但作为最早流行的一种思潮,即学术界所谓的"原始佛教"言,还可以看出一个轮廓。这些最古老的典籍,有许多共同的说法,反映了佛教的基础教义和历史的连续性,可以看作是早期佛教的基本内容。

作为沙门思潮的一种,佛教与其他沙门派别既有共性,又有差别。一般说来,早期佛教对当时沙门普遍关心的本体论问题不愿考虑。《杂阿含经》卷三四载:当"外道"沙门向佛询问关于世间"常"还是"无常",世间"有边"还是"无边",如来死后是"有"还是"无",身体与生命是"一"还是"异"等14个问题时,佛陀不置可否,拒绝作明确的答复。他认为,当前最紧迫的是人生解脱问题,讨论本体论徒劳无益。譬如人中了箭,不是马上去拔箭治伤,而是先讨论箭是什么做的,弓是什么形状等,那就是本末倒置,走入歧途。佛陀及其弟子们关心的问题,集中在关于人的本质和人的解脱方面。佛教的全部学说,基本上是按照这一主题展开的,这一主题又集中凝聚在"四谛"说中。

"四谛"是佛教各派共同承认的基础教义,形成可能较早,相传佛陀悟道的核心就是四谛,也是初转法轮的根本思想。

所谓"谛",有"实在"或"真理"的意思,是印度哲学通用的概念。

11

四谛亦称"四圣谛",意为"四条真理",即苦、集、灭、道。四谛又分为两部分,苦、集二谛说明人生的本质及其形成的原因;灭、道二谛指明人生解脱的归宿和解脱之路。或者说,前者侧重于解释世间因果,后者侧重于创造出世间因果。四谛的这种组织结构,可能借鉴印度医生治病的"四诀"①,早期佛教把人生本身就看作是一种病态。

（一）苦　谛

何谓"苦谛"？是把社会人生的本质断定为"苦",并将这一判断视作真理的教义。佛教把人的感受分为三种:苦受、乐受、不苦不乐受。但从根本上说,这一切感受都是"苦"。社会人生原是一大"苦聚",全无幸福欢乐之可言。这一教义,成了全部佛教的出发点。佛典关于"苦"的分类很多,有四苦、五苦、八苦、九苦、十一苦等。《增一阿含经·四谛品》中有一个代表性的说法:

> 彼云何名为苦谛？所谓苦谛者,生苦、老苦、病苦、死苦、忧悲恼苦、怨憎会苦、恩爱别离苦、所欲不得苦,取要言之,五盛阴苦。是谓名为苦谛。

这八苦可以分为两类:第一类是生、老、病、死,即认为人生的自然过程是苦;第二类是忧悲恼、怨憎会、恩爱别离和所欲不得,即把主观愿望不能得到满足说成是苦。最后归结为,"五盛阴"。"五阴"是佛教对"人"的一种特殊称谓,"五盛阴"指对人身的爱恋和追求,以此为苦,也就是以人的存在本身为苦。这样,"苦"就具有普遍的性格,只要是一个活生生的人,"苦"就是必然的。

以人生为苦的判断,以及由此带来的悲观厌世思想,从消极方面反映了当时社会的动荡和人生的离乱所造成的种种不幸,是早

---

① 《杂阿含经》卷一五记:"有四法成就,名曰大医王者,所应王之具王之分。何等为四？一者善知病,二者善知病源,三者善知病对治,四者善知治病,已当来更不动发。"

期佛教最大的偏见。它否认"苦"与"乐"的相对性及其界限,抹杀"苦"的社会内容,攻击只有人类才能具有的苦乐观念和感情,这在常人和哲人中都是难以通过的,但在软弱的失意者和绝望者中间,却容易引起共鸣。

生老病死是人生的自然规律,主观和客观的矛盾是人生过程中最普遍的现象。自然科学和社会科学的任务,就在于正确地认识规律,正确地处理矛盾,战胜它们,为人类的幸福不断开拓光明的前程。早期佛教教义缺乏这种积极的充满进取的乐观精神,在僧侣中曾引起自戕、自杀和互杀的陋习。佛教"戒杀"的律文,最初就是为了制止这一陋习而制定的。后期佛典屡屡教训人身难逢,人生可贵,要求信徒利用为人这一机会好好修道积福,看来也是为了纠正早期的悲观厌生情绪。不过从总体上说,佛教的人生哲学始终贯彻着轻贱人身、鄙薄人生的倾向。

(二) 集　谛

集谛是说明诸苦和人生原因的,它是早期佛教的理论基础,内容相当丰富,大体可以"五阴聚合"说、"十二因缘"说和"业报轮回"说加以概括。

"五阴聚合"说　佛陀认为,宇宙间一切事物和现象,都不是孤立的存在,而是由多种因素集合而成。"有情"(指包括人在内的一切有情识的生物,亦称"众生"),则由"五阴"组成。"阴"亦译作"蕴",有"积聚"或"覆盖"的意思,实指类别。"五阴"就是色、受、想、行、识等五类现象的总称。

"色"的定义是"质碍",凡具"质碍"作用的现象,统称作"色",相当于物质概念,但含有少数精神现象。"色阴"包括四大(地、水、火、风)、由四大组成的感觉器官(眼、耳、鼻、舌、身)和感觉对象(色、声、香、味、触),以及所谓"无表色"(指起质碍作用的精神现象)等。

"受",谓"领纳",指主体领受容纳客体给予的痛、痒、苦、乐等体验,相当于伦理学上的感受。"受阴"有三类:苦受、乐受和不苦不乐受。

13

"想",谓"取像"、"施设名言",相当于摄取表象,形成语言概念等思维活动。

"行"的定义是"造作",特指思想中决定和支配人的行为的那些因素,如目的、筹划、决断、心理趋向、意志等。

"识"的定义是"了别",指一切认识活动赖以发生的精神主体,早期佛教分为六种,即具有见、闻、嗅、味、触、思维作用的眼、耳、鼻、舌、身、意,通称"六识"。

"五阴"中的后四阴亦曰"非色四阴",简称为"名",因此五阴又叫作"名色"。"名色"可以泛指一切精神现象和物质现象;"五阴"则往往特指"有情",或作为人的代称。佛教对"非色四阴"的区分,在心理学和认识论中有重要意义,至今仍有探讨的价值。但"五阴"的理论,却是为了引出因果报应的宗教观念和"人无我"的哲学结论。据称,"五阴"本是以"类"的性质独立自存的,其所以集合成为千差万别的个体"有情",在于有一种追求和贪爱"五阴"的业力。由于业力不同,感得五阴聚合的形体也不同,因而有三界六道、贫富夭寿等果报差别。如是业报轮回,受诸苦恼。

既然"有情"只是"五阴"的聚合,是多种因素的集合体,所以"有情"自身不是独立永存的实体,没有单独的"自性",此即谓之"人无我"。佛教认为,"我"是一种"常一自在"的存在,即独立自主,有绝对自由的永恒精神体。"人无我"亦称"人空",是佛教空观的内容之一;他们往往据此而否定"有情"和人的真实性。永恒的灵魂和绝对的自由意志是确实没有的,这是真理,但据此否定人的真实存在,否定人生的价值,就是走向荒谬。

"十二因缘"说 "缘起"说是佛教标志性理论,用以解释世间人生和世间现象之所以发生和变化,构成早期佛学的基础部分。这一理论到大乘佛教还有更充分的发展,衍生出许多不同的宗教哲学体系来。

"缘起"说的基本命题是:"此有故彼有,此起故彼起。"也可以反面表述:"此无故彼无,此灭故彼灭。"意思是说,世界是普遍联系的,没有孤立存在的现象;任何现象都处在生灭变化中,没有永恒不变的事物。这些联系和变化,只有在一定条件下才能生起。这就叫"缘起",缘就是条件。所谓"有因有缘集世间,有因有缘世间集;有因有缘灭世间,有因有缘世间灭"①,此中的"因",指诸缘中起决定性作用的那些条件。离开因缘,就没有世间的一切。在早期佛教学说中,"缘起"和"法"(佛法)是同位的格,所谓"若见缘起便见法,若见法便见缘起"②,"缘起"说等于佛法的本质规定。

早期佛教的这一学说,反映了客观事物的最普遍的存在状态,含有辩证法的因素,但一旦具体运用于它的宗教观和人生观,立即显示出严重的缺陷来。首先,它把"缘起"说最终归结为因果铁律,认为一切缘起现象都是因果关系,因而世上所有联系唯有因果一种。这样,世界的一切事物,特别是人,统统被铸结到了一条因果链条上,几乎没有偶然和自由的任何可能。其次,是按照宗教的要求进行臆造和杜撰,往往把两件毫无联系或只是偶然的事件,强说成是因果关系,从而把因果律主观化、神秘化,最终导致业报轮回的教义,这就是"十二因缘"。

"十二因缘"是用"缘起"说解释人生本质及其流转过程的,后人称为"业感缘起"。因为是由十二个概念构成一个前后相续的因果链条,所以也叫作"十二支缘起"。在早期佛教经典中论述的地方颇多,从中可以看出,十二支是最后完成的说法,较早的只有五支、九支或十支说。这十二支可以由因推果,也可以由果追因,前者叫作"顺观",后者谓之"逆观"。按《长阿含经·大缘方便经》有关逆观的说法,这十二支及其关系是:

"老死":是人生的终结,原因是有"生",有"生"才有"老死",故曰"生是老死缘"。

"生":是人生的开端,原因是有"有"。这里的"有",是个具有特定含义的宗教概念,指那些能够决定未来世果报的思想行为之总和。所谓"有是生缘",意即彼生的全部思想行为(业)就是此

---

① 《杂阿含经》卷二。
② 《中阿含经》卷三〇。

世得生(果)的原因。

"有"：其本质是积聚并能引生后世的"惑"与"业"，即生命全部活动的总和；"有"之因是"取"。"取"指对人生和物欲的热切追求，由此造成必得后报的各种业行，是谓"取是有缘"。

"取"：其因是"爱"。"爱"主要指性爱和食欲，引申为一切贪欲。贪欲是促令人生炽烈追求的直接动因，叫作"爱是取缘"。

"爱"：其因是"受"。"受"谓苦乐感受，可泛指人的生理和心理获得的各种享受。"爱"的起因是为了满足个人的享受，故曰"受是爱缘"。

"受"：其因是"触"。"触"指肉体、精神与外界的直接接触，如果人不具备触觉能力，或者不接触外界对象，就无从感受，故曰"触是受缘"。

"触"：其因是"六入"。"六入"指眼、耳、鼻、舌、身、意等六种感觉和认识机能。没有这种机能，就没有触受外界的可能，故曰"六入是触缘"。

16

"六入"：其因是"名色"，指肉体与精神的统一，即有意识活动的人体。感知机能来自人的生命体，是谓"名色是六入缘"。

"名色"：来自"识"，早期佛教对此"识"的解释较杂，或谓"淫识"，或谓投生一刹那的精神体；早期汉译亦作"识神"，有灵魂的意思。人的生命体托识而成，此谓"识是名色缘"。

"识"：其因谓"行"。这里的"行"，也是含特定意义的宗教概念，指过去诸业和推动诸业趋向果报的过程或力量。"识"是由过去业行引发的，谓"行是识缘"。

"行"：其因是"痴"。"痴"亦译作"无明"，即愚昧无知，后来特指不明佛理。业力活动是愚昧的结果，故曰"痴是行缘"。

"痴"：是人生和世俗世界的最后本原。

在这十二支中，对人生和社会起最重要作用的是"生"、"爱"与"痴"。"爱"及其先后的"触"、"受"、"取"等诸支，构成了相当完整的心理分析和精神分析的理论体系，可以说是近现代以精神或心理分析解释人生活动和社会活动原因的鼻祖。但早期佛教把人生和社会看作桎梏,把"爱"等作为制造这一桎梏的原因,所以禁欲主义就成了必然的结论。作为人和社会最后本原的"痴",是宣布人的全部正常认识为"颠倒",社会人生是谬误的产物。据此,他们否定正常的思维活动和认识路线,从根本上动摇人们由正常的认识渠道获得真理的可能性,使人失去自我判断和独立生活的信心。而把"生"作为全部生命活动的直接本原,亦即"苦"的本原,就成了佛教厌生和提倡"无生"的理论依据。

于是,"十二因缘"的顺观就是这样的:无明缘行,行缘识,识缘名色,名色缘六入,六入缘触,触缘受,受缘爱,爱缘取,取缘有,有缘生,生缘老死。

"业报轮回"说　"十二因缘"是"业报轮回"的哲学基础;"业报轮回"是早期佛教的宗教核心。

按照后来佛教比较普遍的说法,"十二因缘"是历涉过去、现在和未来三世的因果链条,现世的果必然有过去世的因,现世的因必将引出未来世的果。十二支在三世因果中的循环运行如下:

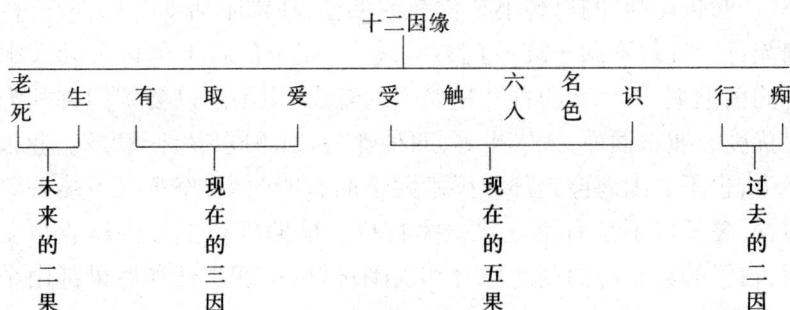

十二因缘

老死	生	有	取	爱	受	触	六入	名色	识	行	痴
未来的二果		现在的三因			现在的五果					过去的二因	

这就叫作三世二重因果。这里的"世",指有情生命的一生。过去的一生行为,决定今世一生的状况;今世一生的行为,决定来世一生的状况,这就是因果报应。

作为能够导致果报之因的行为,叫作"业"。"业"是梵文的意译,音译"羯磨",意思是"造作"。"业"分身(行为)、口(言语)、意(思想)三类,也就是人的一切身心活动。任何思想行为都会给行为者本人带来一定的后果,这后果叫作"报应"或"果报"。"业"有一种不导致报应决不消失的神秘力量,叫作"业力";"业力不失"是联结因果报应的纽带。决定"业"的性质的叫作"惑"或"烦恼"。作什么性质的业,得什么性质的报,这是铁的法则。所谓善有福报,恶有罪报,是其主要内容。报有迟早,有"此世报",也有"他世报"。报是必然的,不可逆转。按照善恶罪福的业报法则,有情流转在"三界五道"中。"三界"是佛教根据禅修的程度和想像,对世俗世界的划分,所谓"欲界"、"色界"和"无色界";"五道"则是按照经验和宗教传说对世间"有情"种类的划分,所谓天(神)、人、畜牲、地狱、饿鬼。也有讲"六道"的,即另增"阿修罗"一道。"阿修罗"意译"非天",是一类专与天神战斗的魔神,来自古印度神话。作善业的生于天、人二"善道",作恶业的堕于畜牲等"三恶道"。善恶有程度不同,即使生于同一"道"中,也千差万别。人的贫富寿夭,就是这种业报造成的。这"道"既包括"有情"自身,也包括不同"有情"所处的周围环境。这样,"业报"的宗教理论,就成了早期佛教的创世说,也成了解释人生差别和社会不平等起源的学说。

18

"业报轮回"的思想不是佛教的独创,在佛陀活动时期,似已普遍流行。佛教不同于婆罗门教的地方,在于佛教不承认有梵天那样的创世主,不承认四种姓是梵天的意志,更不能以婆罗门种姓为最优胜。业报面前,人人平等,四种姓"名虽不同,体无贵贱"。业报不失,也不会因偶像崇拜和巫术咒语而有所改变,祭祀决不能去罪得福,婆罗门不享有不受恶报的特权。早期佛教主张自作业自受报,自己的思想行为创造自身和周围环境,一切责任和后果都由个人承担。这类思想,有时相当激烈,把对婆罗门教的批判推向极端。这一理论要点,在近现代的西方一些思潮中还能发现。

"五阴"、"十二因缘"和"业报轮回"的思想,在理论上可以概括为"无常"和"无我"。"无常"指法无常体,没有什么永恒不变的事物;"无我"指人无独立永恒存在的实体。这无常、无我之说,构成早期佛教"空"观的主要内容,也被视作"苦"的本质所在,是世间人生的真谛。

早期佛教的这些说法,反映了客观事物的部分真理,即发展变化和普遍联系的方面,含有相当丰富的辩证法思想。但它否认相对稳定,否认整体有不同于部分的质,特别是否认人在改造物质世界上的能动作用,使这种辩证法导向屈从和悲观,是一种消极辩证法。

哲学理论上的"无我"说,与宗教教义上需要有一个轮回的承担者,有不可调和的矛盾;"无我"说可以使人对自己的行为完全不负责任,"业报"说则教人对自己的行为负全部责任。对这些矛盾,佛教内部进行过多种调解,但始终没有得到圆满的解决。

(三) 灭 谛

"四谛"中的"灭谛"提出了佛教出世间的最高理想——"涅槃"。"涅槃"是梵文的音译,意译作"灭度"、"圆寂"等。[①] 它的原意是指火灭或风散。印度的其他一些宗教也采用这个术语,作为人生的理想目标。

在早期佛教的理论中,涅槃是熄灭了一切"烦恼"[②],从而超越时空、超越生死,与现实世界对立的一种境界。《杂阿含经》(卷一八)说:"贪欲永尽,瞋恚永尽,愚痴永尽,一切烦恼永尽,是名涅槃。""涅槃"的另一个含义是"不受后有",即死后不会再生,意味着超越了"轮回"。把这种说法推向极端就是"灰身灭智",身不再生,智识全无。所以本质上,涅槃就是一种彻底的死亡状态。但佛教坚决反对把涅槃理解为死亡。因为按佛教教义,死是可以与再生联系起来的,死亡不过是有情从一个轮回阶位到另一个轮回阶位的转变,而涅槃的根本特点,就是不会再经生死苦难。这些说法使"涅槃"带上了极神秘的宗教色彩。

不过,涅槃虽是超世间的,但也离不开世间,它是在否定世间一切的前提下建立起来的。只有通过对世间的否定,才能达到涅槃。在这里,"涅槃"只有否定的意义,它自身除了"寂静"的规定性

19

---

① 《大涅槃经》举"涅槃"异名25种,《四谛论》举63种。
② "烦恼"指贪、瞋、痴等,可以概括世人的一切思想、情绪和欲望。

之外,别无内容。因此,它只是某些人逃避尘世烦恼,追求安稳宁静的精神境界,而被理想化了的产物,与其他宗教的天国说是完全不同的。在早期佛教看来,"天国"也是世间的一种形式。

东西文化在古代有无交流,是一个尚待研究的问题,但它们之间的确有惊人的相似之处,这勿庸置疑。"涅槃"的"寂静"特征,与希腊神灵的性格就非常接近。"理论上的宁静正是希腊众神性格上的主要因素,亚里士多德也说:'最好的东西不需要行动,因为它本身就是目的'。"[①]"涅槃寂静"当然也包含佛教的"至善"。

尽管涅槃也有不神秘的一面,但要使一个具有正常生活和思维能力的人达到它的寂静境界,却十分困难。所以,早期佛典中大量的篇幅是强调达到涅槃的必要性和可能性,并要经历一个漫长的、多方面修习的艰苦过程。通向涅槃的全部修习方法和途径,就叫作"道谛"。

(四)道 谛

早期佛教规定的解脱之路,即通向涅槃之路,被总结为"八正道",或曰"贤圣八道",即正见、正志、正语、正业、正命、正精进、正念、正定,从身、口、意三个方面规范佛徒的日常思想行为;再简要一些,又被归纳为戒、定、慧"三学",或扩展为"三十七菩提分"。"戒"是用来"制恶"的,是约束佛徒日常生活的纪律,后来扩大为极其繁冗的"律"。早期戒律,侧重于禁欲和禁止聚积财物,这与以"生"为苦、以家庭私有财产为樊笼的原始教义是相应的。

"定"或译作"禅定"、"止",是古印度普遍通行的一种宗教修习方法。从一般意义上说,"定"就是注意力集中;由于注意力集中的对象和引发的心理活动及其效用的不同,往往导致反常的、奇特的,甚至是病态的精神现象和生理现象,禅定就此被神秘化,成了宗教追求"神通"的手段。当今的瑜伽、气功、特异功能等科学性与神秘性混杂在一起,多半与此有关。但是,佛教也经常把禅定当作

---

① 《马克思恩格斯全集》第40卷,第215页,人民出版社,1982。

聚精会神思考哲理、悟得真理和对治各种非佛教思想情绪的基本条件,因而得到特殊的重视。

禅定的"禅",是梵文音译"禅那"之略,意译"静虑"、"思惟修",原指"四禅定"。

"四禅"是诸定中最基本的一种,以"离欲"为前提,亦称"四有色定",它们以"善一境性"为共性,按照思维活动的宁静程度和身心的感受程度,划分为高下四等。大体说,从初禅到四禅,是思维由粗到细,由借助语言寻伺达到完全凭借信仰支持即可本能活动的过程;感受也由有苦有乐升华到没有苦乐等区分的高度,最后,连自我的呼吸都感受不到了,这就是第四禅。

"四禅"所描绘的诸种心理过程,实是佛教进行各种禅观思维的共同心地。早期的佛教智慧,大多是通过这种心地精进思考实现的。

四禅之上,还有一种"四无色定",所谓"空无边处"、"识无边处、无所有处"、"非想非非想处"。实是由禅定达到的四种不同的心理混沌状态。

"四禅"与"四无色定",总名"八等至"。据说,达到这些禅定的人,死后可以分别生于"色界"诸天和"无色界"诸天。"色界"的根本特点是"无欲","无色界"的根本特点是没有物质。此二界加上以有欲爱为根本特征的"欲界",就是佛教关于世间"三界"的分类。据此可知,"三界"之说,主要是来自宗教禅修的幻想。

最后是关于"三学"的"慧"。按说"三学"都是解脱的法门,但早期佛教多看重"慧解脱"。修"慧"往往被看作起决定作用的环节。

"慧"或译为"智"、"智慧",实际所指,是考察人生和宇宙诸现象的一种特殊观点和思维方法。"慧"的发生,主要依靠经文和师长的教导,通过禅定沉思完成。它力图取消客观事物对主体认识的影响,遏制主体对客体的如实反映,所以由此形成的观念和方法系统,总是内省的、自我封闭的,同来自社会实践的认识处于对立的地位。由于佛教教条后来越出越多,内省体验各有不同,促使慧学特别发达,这是佛教哲学之所以丰富多彩的原因之一。佛教自始

21

至终着力于世界观的转变,与此传统也有关系。

修道的全部目的,都是为了"断惑",即断灭感召三界果报的所有原因。所谓"惑",即烦恼,实际包含世间一切思想观念、感情、欲望等,所以要想彻底铲除它们,必须几经生死的艰难历程才能实现。早期佛教依据断灭三界"惑业"的程度和仍须继续流转生死的处所、次数,设想出了四个阶段或四种果报,通称"道果"。得到这些道果的人,与凡人不同,被称作圣贤或贤人。他们是须陀洹(预流)、斯陀含(一来)、阿那含(不还)和阿罗汉。大体说,前两种断惑所得的道果,还要再到"欲界"降生修习;第三种道果,只会再生于色界或无色界,而不会退还欲界。至最后断灭一切惑业的"阿罗汉",已超脱三界,不再降生轮回。所以阿罗汉(简称"罗汉")亦译作"杀贼"、"不生";实现了"不生"就达到了"无余涅槃",是早期佛教修持者的最高果位,又谓之"应供"。

接近"四果"的修习者称"四向"。四向、四果亦称"四双八辈"。由这些果位体现出来的思想,更生动地反映了早期佛教浓厚的禁欲主义和出世主义的色彩,尽管这完全是宗教上的虚构。作为早期佛教最高位阶的阿罗汉,可能是在后来才被神化了的。在佛陀活动的时期,阿罗汉泛指受世间尊重的人或修行的完成者、圣者等,也应用于其他受尊重的沙门。佛陀的诸大弟子,就被通称为阿罗汉。由此可见,关于四向、四果的神话成分,是佛教进一步宗教化的反映。

三　创世说和种姓说

佛教的创世说,可能经历了一个相当的时间才完善起来的,但以"业"为创世纪的原动力,早就蕴含在业报轮回的宗教思想中了。后来为了给"业"增添善恶等复杂内容,又与"惑"(烦恼)结合起来,一并视作创世的本原,即不论是有情界还是自然界,都是"业"与"惑"的产物。"业"有"共业"和"不共业"两类,"共业"的果报是众生的共性及其共存的世界;"不共业"决定有情的个性及其特殊的生活条件。

据《长阿含经·世纪经》等说,众生共业感得的国土,是这样一种结构:一个日月所照之地,是一个世界单位;这个世界以"须弥山"为中心,分四大洲。释迦牟尼的传教所在,亦即佛的诞生地,属"南赡部洲"(亦译作"阎浮提")。一千个日月所照的世界,名"小千世界";一千个小千世界,名"中千世界";一千个中千世界,名"大千世界",总称为"三千大千世界"。此三千世界受众生业力的支配,按"空"、"成"、"住"、"坏"等"四大劫"的公式循环周转。住劫期间还要经受火、水、风及刀兵、饥馑、疾疫等多种劫难。这类说法,很容易在多灾多难的民间流行,成为佛教又一个影响较大的宗教观念。据传,"坏劫"时期,世界被火全部烧毁,一片黑暗,但一些修习到一定程度的众生,可以上生到"光音天"上继续生活。至于"成劫"之初,他们逐渐下生下界,有些生于"梵天",有些生于人间。梵天与人类同样是业报的产物。最初人间众生过着宁静和美、无须劳动的生活,由于人的食欲,引起了生产活动;又有了性欲,产生了两性结合,出现了家庭。家庭是私有财产的根源,私有财产是人际斗争、社会不安的根源。为了调和人际的争讼,出现了刹帝利和国家;有人厌世出家,"入山行道",于是产生了婆罗门。种姓制度由此产生。

此类创世说,在佛教不同典籍中,说法并不一致,但最终归结为"业",则是一条贯彻始终的主线。因此,在宇宙生成论和种姓起源上,佛教同婆罗门教的天神创世造人说,完全对立。吴译《摩登伽经》批驳说:你们婆罗门认为"自在天"造世界,头为天,足为地,目为日月,腹为虚空,发为草木,流泪成河,众骨成山⋯⋯这都是谎言。"夫世界者,由众生业而得成,何有梵天能办斯事!"《杂阿含经》卷二〇讲,世人谓婆罗门第一,余人卑劣,婆罗门从梵天口生,余人不是,这也不是实话,"其真实者,是依业者"。因此,四种姓者,皆悉平等,无有胜劣的差别。

这种创世原人说,直接驳斥婆罗门教神化四种姓和神化婆罗门种姓,在当时的沙门运动中是很突出的。有的经典提出,"微木能生火,卑贱生贤达",直接为贱民讲话,更加可贵。就整体言,业力创世造人和因果报应,在解释社会人生现象时,都带有命定论的

23

性质,有利于巩固现存的社会秩序,而不利于社会的变革,但有时亦能激发人的主体感和创造性,并有利于维护人的尊严。

早期的佛教充满着悲悯和同情受苦受难者的情绪,但对阶级矛盾则采取调和的态度,对种姓制度主张适当调整。《长阿含经·善生经》提出:主人要以"五事"教授奴仆,在役使过程,要注意他们的劳逸结合,按时给以饮食,病者要给医药等。同时告诫奴仆,亦须"五事"奉侍其主,诸如要早起,周密安排劳务,不许偷盗,应称誉主人等。

在早期经典中提到四种姓时,往往把刹帝利排在婆罗门之前,认为唯有刹帝利才是"天人中最胜"。至于种姓制度本身,没有触及。但是在宗教信仰方面,早期佛教却向一切阶级、一切种姓开放。社会上的种姓不平等,可以在佛教教义中得到解决,在佛法面前,佛徒一律平等,没有差别。佛陀宣布:"今我弟子,种姓不同,所出各异,于我法中出家修道。若如人问:姓谁种姓? 当答彼言:我是沙门释种。"①种姓平等被认为是"出世间法"的"施设",在早期的僧团组织中,看来是贯彻了的。

四 僧团的形成和僧伽制度

传说佛陀成道后,到鹿野苑为憍陈如等五人三转法轮,接纳了这五名信徒,号称"五比丘"。比丘意译"乞士",或有释作"破恶"、"净命"等,实指跟随佛陀出家,以乞食维持生活的人。后来还有女性出家者,称作"比丘尼",简称"尼"。比丘、比丘尼,就成了佛徒的古典称谓。诸多比丘或比丘尼构成一个集体组织,叫作"僧伽",或简称"僧"。僧伽意译"众和会",本是集合词,习惯上也把参与僧伽的男性叫作"僧"或"僧人"。五比丘当是最早的僧团组织。后来僧团逐渐扩大。

早期僧团吸收社会各阶层的人入教,即没有种姓出身限制,也不管先前有什么信仰。相传佛陀在赴摩揭陀的途中,吸收了三个

----

① 《长阿含经·小缘经》。

"事火外道"的婆罗门,这是初创时期佛教对婆罗门教斗争的首次胜利。此后,许多其他沙门派别的成员也陆续改信佛教,加入僧团。传说佛陀有十大弟子,其中的舍利弗与目犍连就曾是删阇夜·毗罗胝子的信徒,优婆离则出身于首陀罗种姓。佛教僧团向各种姓、各教派敞开大门,促进了僧团的壮大。早期僧团的成员都是比丘,只有到佛陀晚年,才开始接纳妇女入教。比丘尼相对于比丘,处在不平等的地位。早期佛教歧视妇女,不论在教义还是戒律上,妇女都是被视作卑下的,是与色情相应的象征,必须接受更严格的教诲和限制。

出家僧尼必须分别过独身的集团生活,性行为和类似的性行为,都被视为非法,严加禁止。僧伽不许从事生产经营,不许储蓄任何财物。僧尼以沿户乞食为生,过午不食。其他衣卧住行,也都有规定。佛教戒律就是在规范僧伽的日常生活,防止比丘过失,协调与国家法令的关系中形成的。因此,戒律往往因事而定,越来越多。相传佛陀在世时,戒律已达二百条。所谓不杀生、不偷盗、不邪淫、不妄语、不饮酒的"五戒",适用于出家和在家的一切佛徒,出现可能较晚。较早的戒律以禁欲为第一大戒,其次是盗、杀、妄语。犯此四者"波罗夷"(意为"极恶"),即摈出僧籍。

早期的僧团,多半追随导师过着云游生活。他们在城市和郊区,或静坐沉思,或说法布道,或流动乞食。由于雨季旅行困难,僧尼只能静居不出,所以有了雨季安居三个月的规定。僧众留居一地,自然产生了住房需要,但永久性的寺院出现于什么时候,还难以确定。

大概佛陀在世之时,已经出现了若干地方性僧团,他们各有自己的活动范围。这些僧团,除了拥戴佛陀为当然的权威之外,没有任何实体性的权力机构。佛陀去世以后,各地僧团间更没有隶属关系。只要僧团的正式比丘达到十人以上,就有权接受新成员,独立活动。僧团内部一般是民主的,重大措施都要经过讨论投票表决。往往是僧众中德高望重的学僧,自然形成僧团的领袖。

与当时其他沙门派别一样,早期佛教僧团不崇拜任何偶像,也没有对佛的偶像崇拜,但流行佛陀的遗物和法物崇拜。据说佛陀

25

死后,有八国分其舍利(骨灰),起塔供养。但更普遍的是供养象征转法轮的车轮等。这种供养,纪念的意义要大于宗教的意义。

佛教标榜的是"出世间",但它存在和发展的基础,实际是在"世间"。它的兴衰存亡,不但决定于社会的承认和支持程度,而且与它是否拥有社会信徒,以及这些信徒的社会成分和数量多寡有直接的关系。因此,向世间广泛布教,始终是佛教努力的方向。

佛教在社会上发展的信徒,主要是不出家的成年男女,所谓"在家二众",即"优婆塞"(清信士)和"优婆夷"(清信女),通称"居士"。同时为这类在家徒众制定了一整套有别于出家僧尼的理论和戒律,反映在早期经典丛书《阿含经》中,乃是"三论",所谓"施论"、"戒论"、"生天之论"。

"天论"的"天",具体指的是婆罗门教崇拜的"梵天"。能够生于"梵天",是婆罗门教徒的至高目标。上生"梵天"的基本条件是离家禁欲,独住修"禅"。凡以上生"梵天"为目的的婆罗门,称作"梵志";佛教僧尼为了争取婆罗门教的认同,有时也称自己为"梵志"。但是,像《中阿含经》中的某些经典,则认为"生天"不一定都要出家独修,居家男女同样可以做到,条件就是实行"布施"和"持戒"。"布施"是施惠于人,包括兴办慈善事业和救济贫困居民,但主要是供养沙门婆罗门,尤其是供养佛和佛弟子。布施者称为"檀越"或"檀那",意译"施主"。"布施"则被视为"福业",是施主获得生天快乐等福报的主要途径。由此在佛教僧团与社会间搭起了一座经济联系的桥梁,使佛教的发展,得到了经济上的资助和扶植。"持戒"是对在家信徒的行为规范,既有防非劝善的功能,也有保护和协调的作用,具体有五项,所谓不杀、不盗、不淫、不妄语、不饮酒等"五戒"。如果发愿皈依佛、法、僧"三宝",信守"五戒",就可以被接纳为在家居士。

佛教向社会宣教的主要对象,第一是商人。商人慷慨施舍日用品,宴请佛陀及其僧团成员,这类故事,在早期佛典中比比皆是。在佛陀的所有居士弟子中,最著名的给孤独长者,就是一个家财万贯的大富商。他在拘萨罗首都舍卫城买了波斯匿王太子逝多(亦

译"祇陀")一座园林赠给僧团,并在园中建筑居宅供佛陀使用。王
舍城的巨富迦兰陀长者皈依佛教,献出竹园,摩揭陀国王频毗沙罗
在此园中建精舍施与佛陀。给孤独园精舍(又称"祇洹精舍")和竹
园精舍成了早期佛教僧团活动的两大中心。其次是刹帝利王族。
王者被视为佛教的"外护",佛陀在世时,支持佛教的著名国王就有
摩揭陀的频毗沙罗王及其继位者阿阇世王,拘萨罗的波斯匿王及
其继位者毗琉璃王,由此并影响王后夫人和军政大臣的信仰。而
对佛教走向世界所起作用最大的,是后来的阿育王。第三是沙门婆
罗门,他们是宗教知识和文化知识的拥有者,争得了他们的信仰,就
是争得了宗教和文化领域。舍利弗和目犍连弃舍外道,加入佛教,在
对外宣教和维护僧伽团结上起了其他弟子所起不到的作用。

　　财富、权力、知识,构成了早期佛教的三大社会支柱。为了适
应家庭信众的需要,产生了佛教的家庭伦理学;为了适应商人的经
营需要,产生了佛教的商业伦理学;为了王者争夺和维护权力的需
要,遂有佛教政治学的出现。由于同"外道"持续不断的论争,则大
大丰富和发展了佛教的哲学体系。

　　然而这并非说佛教不注意在下层种姓的传播。《长阿含经·游
行经》中记,佛于垂暮之年游至毗舍离国,即接受"淫女"庵婆婆梨
的供养,不仅有上馔、宝衣之类,而且还有一座毗舍离城中景致最
胜的园观。佛即时接纳她为"优婆夷"。当然,这位"淫女"也是十分
富有的。

第三节　早期佛教的分派

一　佛教分派的时代

　　公元前6世纪下半叶,在伊朗高原兴起了古波斯的阿赫门尼
德王朝。大流士统治时期(前521—前486),古波斯帝国的势力逐
步扩张到印度河流域。大流士铭刻中记载了帝国的23个州名,其
中有犍陀罗(在今巴基斯坦白沙瓦)、马卡伊(在今巴基斯坦俾路支
一带)、信度什(在今印度河流域)三州,一直维持到公元前330年。

波斯帝国兴旺时期的领域从印度河延伸到地中海,给这片广袤土地上的各民族,提供了相互交往的便利条件,也促进了东西方文化的交流。印度河上游地区成了古代波斯文化、希腊文化和印度文化的交汇地。犍陀罗首府呾叉始罗(在今巴基斯坦拉瓦尔品第)是当时古印度文化教育的中心,曾出现过许多学校,恒河东部地区的上层子弟纷纷来此求学。古印度著名学者巴尼尼、政治家考底利耶,都曾到这里学习过。直到以后的孔雀王朝,还可以看到波斯政治制度的影响。在印度的文学中,也保留着大流士的称号。

公元前 327 年,马其顿亚历山大的军队侵入次大陆西北部。由于当地诸小国的顽强抵抗,加上希腊士兵的厌战情绪和恒河流域难陀王朝十分强大的传闻,亚历山大不得不在比阿斯河附近结束东征,于公元前 325 年撤兵。亚历山大对旁遮普地区的入侵虽然十分短暂,但为希腊文化进一步渗入这一地区,创造了更良好的条件。亚历山大崇拜希腊文化,在他的占领区努力推行希腊化。

亚历山大撤走后,旁遮普地区政局动荡不宁。出身首陀罗种姓的旃陀罗笈多(月护王),利用人民起义的力量,顺利地清除了希腊的残余留守部队,于公元前 324 年自立为王。然后率军挺进恒河流域,推翻了当时最强大的难陀王朝,定都华氏城(今巴特那),建立了孔雀王朝(约前 324—前 187)。到他的孙子阿育王统治时期(约前 269—前 236),孔雀王朝的版图,北起喜马拉雅山麓,南迄迈索尔,东达阿萨姆西界,西抵兴都库什山,成为古代印度史上空前统一、幅员辽阔的大帝国,与叙利亚、埃及和其他希腊化国家建立了联系。阿育王对内实行"达磨"(意译"法")治国,为各种宗教信仰提供自由传播的机会,晚年则皈依佛教,大力支持佛教的发展——广建寺塔,慷慨布施僧众。经过阿育王的积极提倡,佛教在印度境内得到了空前广泛的传播,同时开始走出本土,向世界宗教的大道迈进。佛教典籍记载了阿育王的许多传说,给予阿育王以"转轮王"的崇高称谓,把他看作是世间护法王的典范,使之受到历代佛徒的赞颂。

孔雀王朝在阿育王死后开始衰微,公元前 187 年左右,为部将普士亚米多罗所灭。北印度从此处于分裂状态,直到公元320年笈多帝国的建立。普士亚米多罗建立了巽伽王朝(约前180—前75),其统治范围主要是恒河中下游地区。他本人信奉婆罗门教,曾大举毁佛,佛教寺院和经典受到破坏,僧侣遭受迫害,或避难西北,或潜逃南方。在自己的故乡备受苦难的佛教,反而在北方和南方兴盛起来。大约公元前75年,巽伽王朝为甘婆王朝(前75—前30)所取代。佛教在巽伽王朝时期分化成为南传和北传两大系统,影响十分深远。

早在孔雀王朝衰落期间,在德干高原和半岛南端兴起了一些独立的国家,其中强大一时的有羯陵伽和案达罗两国。羯陵伽国据有哥达瓦里河以北地区,公元前1世纪曾经北征,使中印度摩揭陀一带的小国臣服。案达罗国统治哥达瓦里河以南的大片土地,海上贸易便利,商业发达,佛教在这里得到顺利的发展,成为产生新思潮的一个重要据点。在案达罗之南,还有朱罗人、潘地亚人和其罗人的三个小国,他们有可能受到佛教影响。

与此大致同时或稍晚,西北印度持续受到异族的入侵。大夏希腊人于公元前2世纪初进入旁遮普地区,其中一支弥兰陀王曾用兵恒河流域。希腊人统治者对佛教取积极支持态度,弥兰陀王本人就信仰佛教。继之安息人也进入印度西北部部分地区。他们建立的帕提亚王朝,到公元前1世纪,其势力已领有小亚细亚、叙利亚和巴勒斯坦的广大土地。他们信仰琐罗亚斯德教(祆教)。

原居于伊犁河一带的塞人,在公元前2世纪受到月氏的逼迫,越过葱岭,征服罽宾(今克什米尔),进入印度西北部。原居敦煌、祁连山一带的月氏,遭受匈奴和乌孙的攻击,西走阿姆河,然后南下,占领大夏,史称大月氏。塞人和月氏都是游牧民族,月氏到大夏后开始定居业农。塞人崇拜太阳和火,也流行原始巫术。公元前128年,汉使张骞经疏勒、大宛、康居,抵达大月氏,他发现东南有邛产竹杖,身毒(印度)有蜀布输入。这样,在印度河以北,兴都库什山以南,形成了东西方多种民族的汇聚地区,印度的、波斯的、希腊的、中国的,还有其他古代民族的文化和宗教,在这里彼此冲撞和融合,使这里的佛教,带上新的特色。

公元 1 世纪,贵霜王朝统一了北印度,佛教有了更新的变化。

二 僧团的分裂和经典结集

早在佛陀在世时,佛教内部就出现了分裂。传说佛陀堂弟调达(亦作"提婆达多",意译"天授")随佛出家,诵经六万法藏,身长一丈五,具三十相,智慧与异相仅次于佛。他公然提出异说,分裂僧团组织。他的异说有五,核心是"比丘尽寿在阿兰若①处住",行"头陀法"②。据此,僧众只能持钵乞食,不得到施主家中就餐或自作餐;只能露天住宿,不得居住房舍;只能素食,不得茹荤;只能着粪扫衣③,不得接受布施的衣服。佛陀对此持"分别说",认为是住阿兰若,还是住聚落,可以随心所乐,于道无障;肉亦非都不可食,不专为比丘屠杀者就可以吃;调达之说,是"破和合僧"行为,必堕地狱。这样,调达便率五百比丘另立僧团,与佛陀分庭抗礼。

对这一传说的真实性可以质疑。但调达的"五法"教义实是后来"十二头陀行"的原本,则可以肯定。东晋法显西游于拘萨罗国舍卫城时,还见过提婆达多的追随者。他说:"调达亦有众在,供养过去三佛,唯不供养释迦文佛。"玄奘在《大唐西域记》里记"羯拏苏伐剌那国"时说道:"别有三伽蓝,不食乳酪,遵提婆达多遗训也。"

关于调达自身的故事,大小乘经典有多种记载,有的说他曾多次阴谋杀害佛陀;有的把调达形容成与佛旨全面相悖,是诱胁众生不信从佛教的化身,是佛的永恒的破坏者。至《法华经》则将提婆达多提升为佛之师,佛之所以"成等正觉,广度众生,皆因提婆达多善知识故"。这说明调达一派在印度有相当的势力。

随着佛陀的逝世,僧侣间的意见分歧愈益严重,这就产生了统一思想的要求。到阿育王时为止,相传佛教经过三次结集。所谓

---

① "阿兰若",原意为树林,意译为"寂静处"、"远离处"、"无净声"。
② "头陀法",又称"头陀行",佛教苦行之一,共有 12 种修行规定。
③ "粪扫衣",用被遗弃的破布缝制的僧衣。

结集,意思是会诵经典,统一经、律、论,以维护团结,消弥分歧。

佛陀一生的教诫,本无文字记录,哪些是由他直接口述的、属于他本人的思想,已经无法考证。但在他的弟子群中口耳相传、背诵记忆者,为数相当可观,其中也少不了后学者的自我创作。把这些各以佛陀名义流传的教诫汇集起来,经过各地比丘集会共同讨论协商,最终形成大家一致认可的经典,是团结的需要,也是团结的前提。

关于结集的细节,南传和北传的说法稍有不同。据南传材料①,第一次结集是在佛灭后第一年的雨季,由佛陀弟子大迦叶召集主持,五百比丘参加,在王舍城的七叶窟举行,阿阇世王提供一切费用。这次结集,历时七个月,阿难受命诵出诸经("修多罗"或"法藏"),优婆离诵出戒律。据说,"律"的基本结构,包括戒律的性质、条款、制律的缘起等,都已成型;"经"作为"阿含"②的形式,分作五种,也大体固定下来。但这次会诵的经、律,仍无文字记载。

佛陀逝世100多年以后,由耶舍召集七百僧侣在吠舍离城举行第二次结集,再次统一经律,重心则是讨论戒律。据南传上座部传说,结集的结果,是以耶舍为首的摩偷罗西方僧侣确定"十非法事",宣布接受金银布施、储存多余食品等违背旧律者为非法;东方的跋耆国比丘则公然主张向施主索取钱财,以便僧众购置衣物。支持耶舍的是少数,但是"上座"地位高,所以强行通过了"十非法事"。跋耆比丘是多数派,反对这一决议,遂另组织上万人的"大结集",承认十事合法。早期佛教由此开始分裂为"上座"(长老)和"大众"(多数)两部。

按汉译《摩诃僧祇律》(大众律)记载,此次结集不是讨论"十非法事",而是"五净法事"。佛在结戒时,一方面按"少欲知足"的原则,严禁"邪命"求食蓄财,但在特殊条件下,不但允许僧侣接受金银财物,甚至可以进入市场贸易获利。是否允许僧侣储存剩余食

31

---

① 参见《善见律毗婆沙》。

② "阿含","容受聚集"佛说的意思,即佛教丛书。

品和财物,是佛陀与提婆达多分歧的继续,是制约佛教发展方向的内在原因,以此作为佛教根本分派的依据,是合乎逻辑的。此外,说一切有部的学者著《异部宗轮论》,认为佛教的这次分派,是出于"大天五事"。大天认为阿罗汉还有生理的本能欲望,对佛教不能完全信行,是否得道,还需要师长指教等,目的是贬低早期佛教最高果位的声誉,抬高佛菩萨的地位。大天一派构成"大众部",反对大天的一派就是"上座部"。此说的真伪难辨,但这种褒贬,或者反映了大乘和小乘的最早分歧。

南传佛史还记载,到阿育王时,又举行了第三次结集,地点在华氏城。以国师目犍连子帝须为首,有一千比丘参加。当时,阿育王确定了用汤药、饮食、衣服、卧具等四事供养比丘的原则,大力支持佛教的发展。"外道"梵志①为追求"利养",则大量混入佛门,而继续"以外道法教化诸人",致令佛法极大浊垢。其中或有事火者,或五热炙身,或大寒入水;在教义上,或言断,或言常,或言世间涅槃。结集的目的,就是为了剔除掺杂进佛教的这类外道教义,再次整理经、律、论三藏。传说《论事》一书就是目犍连子帝须为这次结集所作。关于这次结集,北传佛教没有记载,一般认为这只是上座部的结集。从《善见律毗婆沙》中可以看出,此次结集有许多重要内容,如国王要极大供养佛法;佛徒中多有刹帝利出家者,是佛法兴隆的标志;不论贫富,生子必须出家,始得入于佛法。这些内容,正是南传佛教具有的特点。传说此后派往师子国(今斯里兰卡)传教的法师,是阿育王的弟弟(一说是儿子)摩哂陀,即目犍连子帝须的徒弟。

关于三次结集的传说,即使在佛教的文献中,记述也不尽相同,这表明,早期的佛教典籍决不是出自某一个人或某一个僧团之手,而是在不断变迁中,汇集多种僧侣的思想凝结而成的。结集的过程,也就是佛教理论和神话编造与加工的过程。事实上,是否形成过统一的佛典,是可疑的。迄今发现的早期法藏,即《阿含经》,

---

① "梵志",此处泛指出家者。

就不是同一个派别的。至于律藏,也是各派自制,中国就传有"五部"之多。论藏是更晚些时候出现的一种体裁,各派在教义上的区别,主要表现在这一部分上。

尽管如此,关于结集的传说,仍然勾画出了早期佛教发展的大趋势:多数僧侣要求在民众聚居的地方活动,少数坚持远离世间的方针;多数僧侣信奉的教义含有"外道"的成分,群众性越加广泛,而少数上座,则向帝王靠拢,力图在现实的社会政治中发挥作用。

三　部派的形成及其地理分布

一再结集,一再分裂,最后是分头多极发展,是早期佛教的一个特点。形成这一特点的原因,主要在佛教内部。一种专门宣讲厌生遁世而又言行一致的学说,对社会生活不可能发生重大影响,更不可能作为一个集团长期存在。佛教对人生的基本判断,也逻辑地要求对许多新的理论问题和宗教问题,不断作出新的解释,以满足社会多层次的需要。

古印度的历史发展极不平衡,各地不仅政治、经济上的差异极大,而且在民族习俗、宗教文化上也有很大不同。固有的等级制度和变化着的阶级关系,加深了社会结构的复杂性。这样,凡是流向新的民族和地区的佛教,必然会带上该民族、该地区的新色彩,就成了一条规律。佛教传播得愈广,它的内容愈丰富,统一的佛教就愈不会是一个模式。

佛教的分裂,从上座部和大众部分派开始,又经过300多年的发展,到大月氏贵霜王朝建立(1世纪中叶)时,形成了很多独立的派别,佛史一般称为部派时期。关于分派的次序、名称、时间、数目和原因,南北传佛教各有许多不同的说法。已知的部派名称有40多个,考古资料证明有25个左右。南北传的史料均记作18部,唐译《异部宗轮论》载有20部。实际上部派存在的时间很久,演变也很剧烈,至公元7世纪尚有大众、上座、说一切有和正量等四部流行,而与大乘佛教并存。

大体情况是,上座和大众两派分离以后,从佛灭第二个百年,约公元前 3 世纪初开始,上座部内部发生分裂。据说,当时一位名叫犊子的比丘奉舍利弗、罗睺罗为祖师,声称得到一部《九分阿毗达磨》,据此提出了关于"人我"(补特伽罗)是"有"的新理论,遭到另一些人的反对,支持前者的僧侣称为犊子部,反对者叫化地部。与此同时,大众部中也分出两派,即鸡胤部和说假部。前者认为佛所说都是出世的,所以也称作"说出部",后者认为,佛所说法有些是出世的,有些则否,只是假说。以上六派都是在阿育王即位之前出现的。

在阿育王死后,从化地部中分化出说一切有部,它以"说一切有"的教义得名,主要在印度西北的迦湿弥罗和犍陀罗一带活动,是传入中国内地论著最多、影响最大的派别。化地部的另一支由中印到达西印,形成法藏部;法藏部以阿跋兰多国为基地,后来传到伊朗、中亚,汉译《舍利弗毗昙》就是属于化地法藏系的论书,而《五分律》属化地部,《四分律》属法藏部。还有一支东到尼泊尔地区(雪山),叫雪山部。化地部更有一支南下,在南印摩偷罗一带,成立制多山部,传说部主就是提倡"五事"的大天。后来制多山部再分解为西山住和北山住两部,通称案达派。案达派以案达罗王朝的强大为背景,是大乘思潮的一个摇篮,与它对立的是法藏部。法藏部后来被南传上座部视为佛教正宗。与此同期,从犊子部中分化出四个派别来,即法上部、贤胄部、正量部和密林山部。它们分化的主要原因是对佛经中某些颂文的解释不同,大体活动在半岛的中西部,今马哈拉施特拉和古吉拉特一带。这四派中的正量部,以后发展起来,成了犊子部系的正宗代表。

此后,佛教继续分化。大众部中的鸡胤部又分出多闻部。约公元前 2 世纪初到前 1 世纪,饮光部和经量部(亦名"说经部")分别从有部中脱离出来。到公元 1 世纪,则形成了所谓"大乘"与"小乘"两大佛教体系,而后更分"小乘"为婆沙(有部)和经部,"大乘"为中观和瑜伽等四家佛学思潮。

上述部派,既有比较稳定的活动中心,也有自己迁徙的历史。上座系的某些派别从阿槃底向南发展,后来渡海抵达斯里兰卡,在那里建立了牢固的基地,形成南传佛教的中心。说一切有部在舍卫城、江绕城和摩偷罗活动,逐渐转向西北,集中在犍陀罗和迦湿弥罗。最早在中亚立足的可能是法藏部,他们从阿跋兰多出发,循着贸易路线绕了一个圈子,经过伊朗,西至安息;继之,沿丝绸之路向东发展,进入中亚。当然各部派僧众杂处混居的情况也很多,如大众部有僧团在迦毕试,说出世部有僧团在巴支特里亚,犊子部有僧团在佛教发源地等。据文字资料和考古发现,各派主要势力在古印度境内的分布大致是:说一切有部、法藏部、化地部、饮光部和经量部集中在古印度西北,以迦湿弥罗和犍陀罗为基地。犊子、法上、贤胄、密林山、正量等部居留在印度西南和西部沿海地区。大众、一说、说出世、鸡胤诸部分散在中印度到西北印度一带。制多山、西山住、北山住等南方大众系流布在南印度;在这一地区和斯里兰卡,还有称作“方等”和“大空”的部派存在。

　　由于各个部派分布的地区不同,所以传教用的语言、编集经典用的文字也有不小差异。例如,西北最有势力的说一切有部,一般使用梵语或接近梵语的俗语佉卢虱底语(驴唇文);以西部苏拉赛那为据点的正量等部,使用阿帕普兰沙语;以阿瓦底为据点的上座部使用派萨奇语;以印度中南部马哈拉施特拉为据点的大众部,使用马哈拉施特拉语。这些地区、民族和语言上的差别,固然造成了佛教组织上的宗派化倾向,但同时也促进了它在思想内容上的多元化,培植了它特殊的适应各种社会条件的能力。这是佛教能够走向世界的一个重要品格。

四　上座系与大众系在教义上的主要分歧

　　早期佛教的分裂,直接表现在戒律的宽严上,同时也反映在对教义的不同解释上。对教义的新解释,影响更加深远,往往由此发展成为独具特点的理论体系。这里据《异部宗轮论》等记述,着重从上座系统和大众系统争论的要点上,考察当时佛教在教理上的某些特点。

（一）关于"法"及对"法"的争论

"法"，音译"达磨"，是佛教中概括性最大、使用范围最广的一个范畴。凡有质的规定性，并能引生一定认识的事物和现象者，都可称之为"法"。它还有许多特殊用法，如"佛、法、僧"中的"法"，就仅限于佛的说教，是"佛法"的略称。

前已说过，早期佛教最关心的是人生及其解脱问题，他们对这些问题的系统见解，主要是通过对"法"的分类，给分类诸法下定义，以及分析诸法间的关系表达出来。作为人生观和解脱观主体的是人(有情、众生)，从人的构成上可分解为"五蕴"和"六处"；由人的主体对客体的关系上可分作"十二处"(眼等六根，色等六境)；十二处加上主客观作用所引发的六识，扩大为"十八界"。蕴、处、界简称"三科"。"三科"中的每一"法"，都给以特定的解释，形成自身的概念，这样，每一概念都蕴含着佛教特定的义理，对诸法关系的分析，也就变成由概念自身组成的理论体系。

但"三科"的范围，其实是包括了物质世界和精神世界一切现象的，固然可以用于对人的分析，也可用来对宇宙的解释。这样，人生观很容易扩大为宇宙观，人的解脱问题变成了对世界的解释问题。

因此，关于"法"的问题，成了佛教各派必须讨论的基础问题，分类方法越来越多，概念也越来越复杂。此中引发佛教理论分派最大的问题，是"法"的真假有无问题。在一定意义上说，"法"的真假有无，是佛教哲学的基本问题。早期各派对这个问题的回答，大体有如下四种：

(1)"我""法"俱"有"论。这里的"有"，既泛指真实不变的存在，也特指佛所说各种道理的真实性。作为"五蕴"统一体和业报轮回的主体的"我"，是实在的，作为和合成"人"的各种组成因素和人的善恶等思想行为，如"五蕴"等，也是实在的。主张这种学说的有出自上座系的犊子部。出自犊子部的法上部、贤胄部、正量部、密林山部等，也沿袭此说。

(2)"法"有"我"无论。以出自上座系的说一切有部最有代表性,大众系的多闻部也持此论。他们认为,一切事物都可以包括在"色"与"名"的范围内,它们的本质属性("法性")是真实的永恒的存在("法体"),不受时间的限制,所以过去、现在和未来三世都是"实有"。但现实的具体事物,都不是单一的存在,而是由多种"法体"聚合而成,由"因缘"造成,没有自身独立的性质,因而被认为是虚假不实的。"人"就是"五蕴"的聚合体,受业报法则的支配,所以也不会有常一自在的"我"存在。这一派的思想,后来发展成小乘中论著最多、规模最大、以实在论为核心的哲学体系。

(3)"法"无过去未来论。这种主张属大众部本宗义,也为上座中的化地等派别所赞同。他们承认,诸法中的"无为法"①,诚如有部所说,是超越时态的"实有",但"有为法"则否,过去的已灭,没有实体;未来的未生,也没有实体;只有现在的一刹那,才有法体存在,所以说,"过去、未来非有实体"。

(4)"俗"妄"真"实和诸法俱"名"论。大众系的说出世部认为,世俗世界的一切存在都是不真实的,属于假名系统。与世俗世界相对的出世间,则是非颠倒,因而是真实的。

传说大众系的一说部进一步认为,不但"有为法"(世俗世界)是不真实的,"无为法"(出世间)也是不真实的,它们都是人们给予的名称。

这两派的主张,在很大程度上是针对有部的,发展到后来,就形成《成实论》所述的那样系统的宗教哲学;它们的唯名论倾向,是大乘空宗思想的重要来源。

对"法"的有无之争,还有其他一些说法,如上座系的饮光部认为:"若法已断,已遍知则无,未断,未遍知则有;若业果熟则无,业果未熟则有。"这是完全从宗教实践的角度,由行者对"法"的主观

37

---

① 佛教亦分一切法为"有为法"和"无为法"两大类。"有为法"指具"生、住、异、灭"变化的事物;不具"生、住、异、灭",不依因缘条件而变化的现象,叫"无为法"。关于"无为法"的范围,佛教各派的解释不尽相同。

感受来确定有无的。

由这些争论看，各个部派对于原始佛理的抽象化和哲学化，已经达到很高的水平，由此形成了两种基本倾向，这就是，上座系各派大多偏重说"有"，大众系各派大多侧重说"空"。说"空"道"有"，成了佛教表达哲学基本问题和人生观、宗教观的主要论题。这里需要特别指出的是，佛教的"有"，不等于客观物质的存在，说"有"者，不等于哲学唯物论；"空"不等于否定一切存在，更不等于哲学唯心论。佛教各派对"空""有"含义的规定，往往有很大的差异，在以后的发展中，也多因为对"空""有"的解释不同，而更新观念，形成新的宗教哲学体系。因此，"空""有"究属什么性质，需要作具体分析，不可一概而言。

（二）关于"我"与"无我"之争

"诸法无我"是佛教区别于印度其他教派的一个重要标志，然而，联系到"业报轮回"的宗教教义，便出现了矛盾。围绕解决这一矛盾，各派提出了各种调和的说法，也引起了相互争论。他们共同的特点是制造新奇的名称，曲折地肯定有一个承担世间轮回和出世间修道的主体。首先是上座系的犊子部提出"补特伽罗"这一概念。"补特伽罗"，意译"数取趣"，指可以数数追求人生、数数轮回生死的主体，是全部生命活动的统一体，也是从前世转到后世、从世间转向出世间的联系者，实质上是指与"人"或"有情"形象类似的灵魂，也就是变相的"我"。佛教各派都承认"人"是"五蕴"的和合。犊子部的特别说法是，"补特伽罗"既不可说成即是五蕴，也不可说成是离开五蕴，"即蕴"、"离蕴"均不可定说。这一说法很玄妙，目的在掩饰对"我"的坦率承认。一切有部在理论上坚决批驳有我之说，认为"补特伽罗"只是一种假名，并不真实。但此派承认有"同随得"，其作用与"我"无本质的差别。经量部针对有部"假名补特伽罗"之说，提出"胜义补特伽罗"，"胜义"是真实的意思。

此外，化地部立有"色""心"功能的"穷生死蕴"，南传上座部立"有分识"，大众部立"根本识"等，都属"我"的异说。

上述各派提出的各种名称,都是为了完善佛教的基本教义:既坚持"无我"的消极人生观,又肯定业报和修道有积极作用。"我"之由"五蕴"和"名色"的拟人化的规定,更向"心"、"识"的纯精神方向转化。这一转化,伴同"业力"说的更新,正在酝酿一种新的本体论哲学。

(三)关于"心性"的净与不净之争

佛教一般把"业"分为身、口、意三种。犊子等部认为,这三业是同等起作用的因素,有部则主张三业统一于"意","意"对身、口起支配作用。联系到各派陆续承认有行为的主宰者,而且逐步把这一主宰归结为精神实体,以致关于"心"的本性问题也成了讨论的一个热点。

大众系提出:"心者,自性清净,客尘所污。"意思是说,"心性"本来是清净的,只是受外在于心性的"客尘"烦恼染污才不洁净的,这就是世间的原因;通过修道,断除烦恼,本净的心性显现出来,这就是解脱。持有这种观点的还有上座系的化地部,南方上座部也有类似观点。

上座系的有部认为,贪、瞋、痴等根本烦恼,与"心"相应,随心而行,所以"心性"不能说是本净的;但解脱也需依心而行,所以心也有"离染"的一面。"杂染"与"离染"是心的二重性,修道的任务就是去掉杂染心,转成清净心。

此外,有部等还认为"心性"和其他事物的自性一样,都是后天因缘形成的;没有离开因缘而永远不变的现实事物。

以上这些不同的说法,对此后佛教义学的发展,影响都很大。

(四)关于佛菩萨和阿罗汉的争论

早期佛教文献中的佛陀认为,他的说教是终极真理,他本人是发现真理和传播真理的导师。他的学说应该信奉,他的行为值得效法。他有超人的神通,但他毕竟是人不是神。传说他在弥留之际告诫弟子辈:要依"法"不依"人",人是有生灭的,"法"才是永恒的。佛教分派之后,围绕佛陀是人还是神这一问题,有过很不同的意见。

相对而言,上座系倾向于把佛陀看作是历史人物,认为佛陀的肉体是有限的,寿命有边际。佛陀异于常人之处,主要在于他的思想伟大、精神纯洁高尚、智慧深湛。化地部认为,佛陀仍在僧数,供养现在的僧人比供养死去的佛陀功德还大。法藏部开始反对这种主张,认为佛虽属僧伽一员,但施佛所获福果大于施僧。据《异部宗轮论》,大众各部普遍地神化佛陀,认为佛陀完全是出世间的,他已经断尽漏失,根绝烦恼。他的话句句是真理,所化有情无不净信。他的肉体、寿命和威力都是无限的。佛陀没有睡梦,回答问题不待思维,一刹那心知一切法,等等。世人见到的佛只是佛身的一部分,而不是全部;世人以为佛用语言向他说法,事实上佛常在定中,并不言说。佛陀的长相也异于常人,所谓"三十二大人相","八十微妙种好"等。总之,从形体到精神,佛陀与一般常人已很少有共同之处,他被渲染成了神。

与此有关,此时佛教徒对佛陀的生平也开始神化。他们认为,佛之所以成为佛,是他累世修习的结果。佛在前世的修行,称作"菩萨行";实践菩萨行的人叫作"菩萨"。菩萨入胎作白象形,从母右胁出生。菩萨作为佛的准备阶段,也是神异的。

"菩萨"是"菩提萨埵"的略称,意译"觉有情"。大众系推崇菩萨,对整个佛教的发展有重大意义,因为随着菩萨这个概念的出现,带来许多全新的教义。大众系认为,菩萨已不起欲想,亦无恚怒瞋害之心。"为欲饶益有情",菩萨自愿生于地狱等恶趣,且"随意能往"。菩萨的这一基本品格,已经孕育着大乘学说的主要点。相反,上座系把佛陀作为历史人物看待,同时提高阿罗汉的地位:佛只有一个或可数的几个,常人修习佛教的最高果位是阿罗汉;阿罗汉标志着人的最后解脱。从最后的解脱说,阿罗汉与佛没有差别。但如前所述,以大天为代表的大众部认为,阿罗汉还有五种局限,不可以与佛相比。

总观早期佛教各派的争论,反映了佛教内部为适应社会不同阶层和地区特点的不同需要,从各种"外道"中吸取营养,促使各自竞相发展的繁荣景象。这一发展,呈现出两种明显的趋势:其一是以大众系为主,向内容日益庞杂的大乘佛教转化;其二是以上座部为主,形成较多地保持早期佛教特色的所谓小乘佛教。这两大系统,在印度的南北,又都各有过不同的经历和风格。

第四节　佛教对外传播与早期佛教经典

一　阿育王对佛教的支持和佛崇拜的发展

阿育王对佛教的支持,促进了佛教在社会各阶层中的广泛传播,也为佛教走向世界打开了通道。

传说阿育王即位之初,专横暴戾。他重用酷吏,设置"人间地狱",惩罚天下"罪人"。约公元前261年,他兴师征伐羯陵迦(今奥里萨),遇到顽强的抵抗。战争异常残酷,人民大批死亡,这使他怀疑武力征服的效果,意识到宗教在维持统治上的作用。认为"达磨的征服乃真正之征服","依法胜,是最胜"。于是,战后不久,阿育王改弦更张,开始实施"达磨"(法)治国的方针。他对"达磨"的解释是:"除邪恶,多善良,发慈悲,乐施舍,重诚实,贵纯洁。"同时规定"戒除杀生"。他的"达磨"就是给他的臣民规定的一系列道德规范。他告诫官吏,忠于职守,忠于国王,这就是善行,生时能获得宠信和赏赐,死后能升入天界。反之是恶行,生时要受惩罚,死后要下地狱。阿育王就这样把因果报应的教义与统治者的切身利益联系了起来,以维护他的政权。因此,他感兴趣的只是佛教中有利于世俗统治的部分,而对教义中一切皆苦的厌世思想、涅槃的最高目的,以及思辨性的抽象教理,都没有显示出关心的迹象。

出于同样理由,阿育王也支持其他宗教。传说他在晚年成了耆那教徒,但赞助佛教可能是主要的。据说他本人就是居士,在国师带领下朝拜过佛教圣地。著名的圣地有四处:佛陀降生地迦毗罗卫,成道地菩提伽耶,初转法轮地婆罗奈斯,涅槃地拘尸那迦。约公元前249年,阿育王朝拜佛陀诞生地,在蓝毗尼园留下了石柱

铭刻。阿育王还信仰过去四佛,证明当时已有过去诸佛的传说,释
迦牟尼只被视作诸佛中的一员。阿育王大规模地供养沙门,最有
影响。据说每天在鸡园寺供养的出家人就有上万,当然也包括佛
教以外的沙门。阿育王宣传佛教的最得力的方式是广建佛塔。据
说经他发现的佛骨分成八万四千份,为之建起同样数目的佛塔。
虽然这是一种夸张,但表明当时建塔之风已经盛行。建塔标志着
对佛教圣物的崇拜进入了高潮,对神化佛陀起了推动作用。

"塔",来自梵文,音译"窣堵波"、"塔婆"等,意译"方坟"、"圆
冢"、"大聚"、"灵庙"等。传说最早的佛塔是用来安置佛舍利和其他
遗物的,有纪念的意思。塔形为半圆土冢,后来造型日趋繁多,大
多由基台、覆钵(台上半球形部分)、方箱形祭坛、竿和伞等五部分
组成。据说还有一种没有舍利安置的塔,叫作"制多"。对窣堵波
或制多的供养崇拜,起源很早。各部派曾围绕这种供养可能获得
多少果报,有过分歧。如化地部认为所获果少,法藏部认为获果广
大。南方大众的制多部即以崇拜制多而得名。建塔之风在印度持
续了很长时间,也波及到其他佛教流布的地区和民族,而塔的形式
和用途也更加多样和广泛。随着对佛塔的崇拜,佛塔围栏上出现
了各种有关佛陀的雕刻画面,诸如宝塔、菩提树、法轮、足迹、宝座
等,以此表征佛陀的存在和活动。一头象表示佛陀降生,一匹马表
示佛陀出家,宝座暗示降魔,菩提树暗示成道,轮子象征说法,塔象
征涅槃,诸如此类,用实物的形象图解抽象深奥的教理。在这些雕
画中,完全没有佛陀本人的整体形象,可能与早期佛教反对偶像崇
拜有关。但对塔的崇拜恰巧成了通向佛像崇拜的桥梁。像著名的
巴尔胡特大塔,就刻有拜佛仪式,是通过诵经、顶礼、膜拜、献花和
烧香等佛徒的行为来表达的。对佛陀的神化,正在进一步变成对
佛的偶像崇拜。

佛塔及其的雕刻物的出现,产生了佛教艺术。塔的结构、雕刻
物和造型,反映了不同民族和地区的文化风貌;弘扬佛陀生平,图
解佛教义理,为佛教艺术提供丰富的题材和内容。到巽伽王朝时
期,佛教艺术在巴雅、贝德萨、巴尔胡特、桑奇等地,已达到很高的

成就。有学者认为,在公元前3世纪到公元前后的佛教文物中,已有波斯、巴克特里亚(即大夏)等外来艺术的影响成分。早期佛教中的神话多沿袭婆罗门教传说,而给以新意,注重于人生问题的思辨,部分注意道德。由于佛教艺术的兴起,佛教形象化的传播,更容易为广大的下层群众接受,也有了产生更多的寓言、神话的需要。佛教艺术促进了佛教更广泛的、多元化的发展。

二 佛教的对外传播

据《摩崖法敕》(第十三)记,阿育王为宣扬其"达磨治国"的德政,曾使"希腊王安条克所住之处,及北部的托勒密、安提柯、马伽斯以及亚历山大四王所住之处,南部的朱拉王国、潘地亚王国和锡兰,皆得法胜",总计八处。此中安条克住处,指塞琉古国(今小亚细亚西岸,西亚和中亚的一部分);托勒密住处,指埃及国;安提柯住处,指马其顿国;马伽斯住处,指西林尼国(今利比亚北部昔兰尼加);亚历山大住处,指伊庇鲁斯国(今希腊西北);朱拉、潘地亚,则是印度南端的两个小国;锡兰,即今斯里兰卡。阿育王宣扬的"达磨"、"正法"或"法胜",当包括他支持的佛法在内。

又据南传佛教[①]传说,阿育王第三次结集后,由目犍连子帝须长老派遣,十几位上座分成九路,到毗邻国家和地区布教。其中末阐提到罽宾(今克什米尔)和犍陀罗,摩诃勒弃多到臾那世界(今印度西北,希腊移民聚居区),末士摩到雪山边国(今尼泊尔),须那和郁多罗到金地(今缅甸或马来半岛),摩哂陀到师子洲(今斯里兰卡)。这样,到阿育王后期,佛教不但已遍及印度全境,而且影响西达地中海东部沿岸国家,北到克什米尔、白沙瓦,南到斯里兰卡,进入东南亚。佛教由此分为两条对外传播路线,以斯里兰卡为基地并向东南亚传播的,称作南传佛教;以克什米尔、白沙瓦为中心,继续向大月氏、康居、大夏、安息和我国的于阗、龟兹传播的,叫作北传佛教。

---

① 参见《善见律毗婆沙》。

约在公元前2世纪上半叶,佛教传进希腊人统治的大夏。这时的大夏,即巴克特里亚,领域北起阿姆河上游,南抵印度河流域,是势力最强盛的国家,希腊和马其顿的移民很多,有许多希腊化城市。汉译《那先比丘经》(即南传巴利文《弥兰陀王问经》),就反映了佛教在这个地区的一个城市国家舍竭(今巴基斯坦锡亚尔科特)初传的情况。舍竭国国王弥兰陀是希腊人,他向来自罽宾的那先比丘征询佛教教义,他们就沙门性质、人生本质、善恶果报、生死轮回、佛陀其人等一系列问题进行了讨论。弥兰陀王非常赞赏那先的观点,决定日供八百沙门,凡那先所欲,皆可从王那里取得,以为"得师如那先,作弟子如我,可得道疾"。弥兰陀王皈依佛教是事实,考古已发现弥兰陀王施舍的舍利壶。此外,一些碑文还记载了大夏希腊移民信仰佛教的情况,他们供养佛舍利,向寺院施舍石柱、水池和其他物品。大夏另一国王麦曼特尔,有学者认为即是弥兰陀,其发行的货币上铸有佛像。

《那先比丘经》是研究佛教在大夏,特别是在希腊移民中流布状况的重要资料。此经不假佛说的名义,也非阿毗昙式的论议,而是采用记述、辩论的方式,这在一般佛典的结构上是罕见的。与一般经律强调戒律和禅定者不同,此经突出"智慧"在解脱中的首要作用,抬高"智者"的地位,此点也令人注目。此外,经中反映有以"气"为"喘息",是"命",是"那先"(指人的统一体,神)的观点,以及那先力主人及万物皆当"过去"的观点,这都很容易使人联想到古希腊的哲学。佛教把世界的物质元素分为地、水、火、风"四大",希腊哲人讲水、火、土、气四元素,而且二者都把"地"浮在"水"上,作为宇宙结构的基础,当不是偶然的。

希腊文化的另一影响是它的艺术,尤其是雕塑造型,由此促使佛教进一步向偶像崇拜发展。这一艺术的中心在犍陀罗,故称"犍陀罗艺术",成为中国佛教造像艺术最早的外在来源,大同云冈石窟,就有它的痕迹。

公元前2世纪中叶,大夏衰落,被来自东方的大月氏征服,一些希腊式城市国家逐渐并入大月氏领地。这样,大月氏也直接承受了在大夏流布的佛教。约公元前1世纪,大月氏人已信奉佛教。公元前2年,大月氏王使伊存口授《浮屠经》给西汉的一位博士弟子,是有史记载佛教传入中国内地之始。

当公元前2世纪初佛教传进大夏后,继续向西北流动,至迟在公元前后,安息(即帕提亚)已有佛教传播。安息到公元前1世纪,已经领有西到小亚细亚、叙利亚和巴勒斯坦的广大土地;在东方,公元前2世纪已吞并大夏的一部和印度西北的一部,这些地方都有接触佛教的条件。在今阿富汗西部迦尔拉巴特盆地的安息旧址,已发现一些公元1、2世纪的佛塔遗址。公元148年,传为安息国太子的安世高,游学至洛阳,开始系统地翻译佛教经典为汉文,是中国有史记载的第一个佛经译者。他介绍的佛教思想被称作"禅数学",提倡禅与慧并重,属上座系说一切有部。或许安息王室也受到印度西北部奉行有部的传统影响。

安息西北是康居,自公元前2世纪,建国在阿姆河以北,咸海与巴勒喀什湖之间。佛教何时传入这一地区,已难稽考。汉末康巨、康孟详分别于公元187、194年来洛阳译经,可能都是康居人。但他们翻译所用的原本,不是由康居带来的,从中很难看出康居佛教的状况。

佛教由罽宾向东越过葱岭,约公元前1世纪,进入我国新疆于阗(今和田),于阗成了西域佛教和佛教传入内地的一个重镇。据《洛阳伽蓝记》,传佛法到于阗的是比丘毗卢旃(即毗卢折那),玄奘的《大唐西域记》称他是来自迦湿弥罗的阿罗汉,他劝说于阗王建造覆盆浮图,归信佛教,以佑王祚。王果感得罗睺罗变形为佛,遂造赞摩大寺供养。据此,于阗佛教一开始就与崇拜偶像有关。曹魏甘露五年(260),朱士行发自洛阳,到于阗求取《放光般若经》梵本,令弟子弗如擅赍还洛阳,他本人终于于阗。这说明大乘般若经在于阗的流行,时间可能要更早一些,但并未得到王室的支持;小乘学众以般若经为婆罗门书,横加指责,似乎受到官方的保护。

佛教向南方的传播,在斯里兰卡最为发达,自阿育王时摩哂陀传来以后,这里就成了南传佛教的主要基地。公元前3世纪中叶,大约在天爱帝沙王统治时期,首都阿努罗陀普拉近郊建起大寺,成为南传上座部的中心,后被称作"大寺部"。传说帝沙王还建造了另外一些寺塔拱卫他的首都。佛教上座部在这里得到国王的支持,有了稳固的基地。但也有说,大寺建成于公元前2世纪末。

此外,大众部案达罗派对斯里兰卡的影响也很深刻。案达罗派是在制多山部承认大天"五事"的基础上发展起来的。公元前1世纪后半叶,当伐陀迦摩尼王在位时(前43—前17),由大寺部分裂出无畏山部(亦称"法喜部")。据说当时国王支持摩诃帝沙长老,并为他在无畏山建寺。摩诃帝沙与印僧法喜所持观点与上座部不同,他们接受的是跋者子的新见解。跋者子就是印度佛教在根本分派时,组成大众部的跋者比丘,他曾公然语诸优婆塞:"应与众僧钱。"同时贬低阿罗汉,认为罗汉也有重新退堕的可能。在教义上提倡有"常我"存在。公元4世纪初,以萨迦利长老为首,从无畏山部中分出,成立祇陀林寺部(亦称"南寺部")。这样,大寺、无畏山、祇陀林三部就成了斯里兰卡佛教的三大派别。

据南传佛典《倡导疏》记载,至迟在公元前1世纪,斯里兰卡已与东南亚许多地方有海上往来,包括印度尼西亚的爪哇,泰国的盘谷以及檀马里(湄公河三角洲)等。加上有关阿育王时布教金地的传说,公元前就有一些僧侣到达东南亚地区是可能的,但似乎并没有产生什么大的影响。公元2世纪与3世纪之际,印支半岛北部,属中国交趾(今越南河内)的佛教义学已相当活跃,主要是受内地的影响。公元406年,师子国曾派沙门昙摩奉玉佛渡海送往东晋的建康。考古学者在苏门答腊、爪哇等地发现有佛陀雕像,属案达罗风格。至于缅甸和泰国,可能在公元4世纪,或者更晚,佛教才有较显著的痕迹可寻。佛教由海上向外传播,速度要比北传缓慢,史料记载也少得多。

总之,从阿育王时期到公元前1世纪中,在200余年的时间里,佛教僧侣的足迹已达到西亚、中亚、东南亚和南亚的许多地区,佛教开始成为世界性宗教。佛教与以后产生的世界宗教不同,它没有发动过宗教战争,它的传播主要靠和平的方式。它揭示人的诸种痛苦,并提出解脱痛苦的方案,容易拨动人们某些普遍存在的心绪;它提出的善恶报应,最受统治阶级的欢迎;它有很大的包容量,允许吸收各种异说,可以适应古代不同的民族和社会条件,并满足他们的原先或缺的需要。佛教走向世界,有它内在的原因。

三 早期佛教经典

前已说过,佛教典籍是在长期历史演变中由佛徒群众创造的,形成"三藏"这种丛书的形式,则是更晚的事。关于三次结集的传说,反映了被陆续创制的典籍已经超出了僧众可以共同接受的程度,当时不一定真的有"三藏"编纂出来。一般认为,佛典的流传由口诵改为文字记载,是后来的事。南方所传佛典,在公元前1世纪下半叶的斯里兰卡,用僧伽罗文音译刻写在铜片和贝叶上。原文据说是巴利文,有学者认为,这是原流传于西南印度的一种俗语。事实上,对已流传的佛籍,在公元5世纪由觉音、法护等又重新作过订正,采取律、经、论三藏和藏外四部分的编纂方法,可能也在这个时候才相对稳定下来。此中,律藏分为五种,即比丘戒本解说,比丘尼戒本解说,讲述受戒、安居等的"诸事"(犍度),通论戒的"本母"和"增一毗尼"(对戒依数递增的补充说明)。或分为三部分:分别部(戒条)、犍度(诸事)、附篇(戒条的解释)。经藏即是"阿含",分作五种:《长部》、《中部》、《相应部》、《增支部》和《小部》。论藏也以五分分类:问、非问、摄、相应、发趣;或分七论:《发聚》、《分别》、《界》、《双》、《发趣》、《人施设》和《事》。藏外更是后出的,分注疏和其他两部分。所谓注疏,指原用僧伽罗文对三藏的解说,共28种,公元5世纪转译成巴利文;其他包括《岛史》(成书于4世纪下半叶以后)、《大史》(成书于6世纪左右)、《弥兰陀王问经》和《清净道论》(觉音著,约成书于5世纪)。随着南传佛教先后传进缅甸、泰国、高棉(今柬埔寨)、老挝等国家,这些地方也都有了用本民族语言音译的巴利文经典。我国云南傣族等也有用傣文拼写的巴利文藏经。巴利文成了南传上座系的圣经语。

据现代学者依《阿含》等经典记载考证,佛典的最早组织法,恐怕是"九分教"(九部经)和"十二分教"(十二部经),经、律、论并不分家。这类组织法,既包括用散文、譬喻、颂体等表达的教义,与经藏相似,也记叙佛陀论说戒律的因缘和本生,大同于律藏的内容,同时也有论议,回答和议论教理上的问题,类似论藏的形式。在较早的汉译佛典中,有的就是经、律、论并存;现存的《阿含经》也有这样的情况。

现在,除南传上座部三藏保存比较完备以外,其他部派的三藏都已不甚系统,除个别在中亚发现有梵文的残片外,剩余部分都保留在汉文译籍中。

从汉文译经史看,最早出现的教义是禁欲苦行。传说公元1世纪译出的《四十二章经》,尽管含有个别的儒道成分,依然掩盖不住那种强烈的厌世和出世思想。这些,都与早期佛说逼近。当公元2世纪末,大规模汉译开始之际,也只有上座部《阿含》中的个别小本经被介绍进来,而综合论说"三科"和"禅慧"的更多,其中包括著名的《那先比丘经》。而能够反映早期三藏概貌的典籍,直到公元5世纪才完成翻译。其中律藏有说一切有部的《十诵律》、法藏部的《四分律》、大众部的《摩诃僧祇律》、化地部的《五分律》,及南传上座部的《善见律毗婆沙》。到公元6世纪,属犊子部的《律二十二明了论》也被译介进来。在作为经藏的《阿含》方面,译有属大众部的《增一阿含》,属有部的《中阿含》和《杂阿含》,以及属法藏部的《长阿含》。这四部《阿含》的部派归属还有其他异说。由此四部分经藏组成汉文的"四阿含"结构,与南传前四阿含大体相应。南传《小部》,汉译中没有相应者,但它的部分内容,分散在其他译籍中,像《六度集经》、《生经》、《义足经》、《法句经》等。论藏则多属有部,从公元2世纪的《阿毗昙五法行经》,到公元7世纪的所谓"一身六足",新译和重译不断,相当完备。此外还有属上座部的而由化地部和法藏部传播下来的《舍利弗阿毗昙》,属南传上座部的《解脱道论》,属正量部的《三弥底部论》,属贤胄部的《三法度论》等,也都在公元4、5世纪译出。

巴利文和汉文的这些经典,保存了早期佛教的基本内容。但由于它们成书的时间都比较晚,加上编者和译者不可避免地要带上民族的和时代的特征,所以不但这两大系统的同类三藏有许多不同的色彩,即使在同一文种的典籍中,也有许多不同的说法。只是相对于晚出的佛籍,它们才被称作早期佛典。

第二章 佛教大乘和小乘的确立
（前1—3世纪）

第一节 大乘思想的酝酿和兴起

随着部派佛教的发展，一部分徒众，愈益走向人世间。他们使自身的生活世俗化，并接纳在俗（在家）的男女为信徒，积极参与或干预社会现实生活，从而大幅度地更新了佛教的早期观念。这种思潮，从公元前1—3世纪，在南方的案达罗王朝，在北方的贵霜王朝，以及恒河平原上的吠舍离等地，纷纷涌现出来，与早期佛教教义形成明显的对立。这种思潮逐步成熟，其秉持者往往自称"方广"、"方等"或"大乘"，以后就汇集成了统称"大乘佛教"的思潮。

一 案达罗王朝与斯里兰卡的大乘思潮

继孔雀王朝而兴起的巽伽王朝，领域曾北抵锡亚尔利特，南到纳尔巴达河，成了恒河流域强有力的统治者。这个王朝一改阿育王利用佛教的政策，掀起了复兴婆罗门教的运动，佛教被迫从它的故土，向南北两方转移。

公元前1世纪中，一直在东南戈达瓦里河与克里希纳河生活的案达罗人，建立了娑多婆汉那王朝（亦称"案达罗王朝"）。它消灭了已经衰落的巽伽王朝，把自己的统治区域向北推进到马尔瓦，向南抵达卡纳拉，东西两面临海，一度经济发达，文化繁荣，直到公元3世纪方才覆灭。它的南面，另有操泰米尔语的三个小国，其中的朱罗国（即注辇），在公元前2世纪曾两次侵占锡兰岛的北半部；潘迪国善于经商，重视学术，公元前1世纪曾遣使进谒罗马皇帝奥古斯都。

娑多婆汉那王朝依然信奉婆罗门教,但也容许佛教自由传播。它的南边诸国,也大体施行这种方针。这一形势,使佛教在恒河流域恢复了一定活力,在南印,则有机会与海外的思想文化交流,尤其是发展同斯里兰卡的交往。由于佛教还得不到当权者在整体上的支持,它不得不进一步向中下层群众寻找信徒,其中与海上贸易有关的商人富户,以及由于社会动荡而不断产生的政治上的失势者,可能成为新信徒的中坚成分。

案达罗地区本来是大众部大天系统(制多山部)的活动基地。该部对"制多"的崇拜,在民间推动了建塔和供养塔的群众性信仰;大众部一般地贬低阿罗汉,神化佛陀,又大大提高了以救度众生为己任的菩萨的地位。此后,这一部派内部的思想仍然十分活跃,在分出东山部和西山部之后,又分出王山部和义成部。

案达罗是大乘中观派创始人龙树的故乡,他生于此,卒于此,思想影响异常久远。但关于案达罗整个佛教背景,现今所知甚少。北凉昙无谶译《方等无相大云经》(简称《大云经》)卷六说,佛灭后700年,南天竺有一小国,名"无明",其城曰"熟谷",其王名"等乘"。王死之后,王女增长嗣位,威伏天下,支持佛教,摧伏邪见,遍阎浮提起七宝塔,供养佛舍利。据考证,"无明"即是案达罗的误译,"熟谷"指克里希那河南岸的驮那羯磔国,"等乘"则是娑多婆汉那的意译。增长女王在娑多婆汉那王朝昌盛时期当权,是确有其人其事。说她特别提倡建造佛塔,与那里流行制多崇拜完全一致。又,康僧会世居天竺,公元3世纪中在吴都建业译出《六度集经》。此经用寓言故事的形式,按"六度"次第将菩萨行组织起来,它的主要篇章也收集在公元4世纪辑成的巴利文经典《小部》的《本生经》中。《六度集经》明显地反映了南印佛教的状况,而且恰当娑多婆汉那王朝时期。就内容言,不论是菩萨"六度"还是菩萨"本生",都是要求佛徒积极入世、慈愍众生的,属于大乘的基础思想。可以说,案达罗在娑多婆汉那王朝时期,大乘佛教已经酝酿成熟。

案达罗佛教向南传进锡兰岛,成了古代斯里兰卡佛教的一个重要来源。公元前1世纪初,在杜陀迦摩尼王(前101—前77在位)率领居民驱逐入侵者朱罗人的战争中,也得到了佛徒的支持。朱罗人信奉婆罗门教,同佛教徒在信仰上本来是对立的,加上民族间的战争,把宗教对立推到极端尖锐的程度。相传杜陀迦摩尼王获胜以后,曾因为战争杀人数千有违佛教教义而深表悔恨。但一个已得罗汉果的僧人劝他不必如此,因为所杀实为一个半人,即一个是皈依三宝的佛徒,半个是持五戒的人,其余都是"邪见者",与禽兽无异,杀之无罪。这当然是在反侵略的民族主义斗争条件下讲的,但被当作一种教义也在某些大乘经典中表现出来。晋宋之际译出的《大般涅槃经》,反映了南天竺的一些国家的情状,也发挥过类似的观点。其中公然提倡诛杀异教徒无罪,这可能是佛教中唯一的。

斯里兰卡佛教中的大乘倾向,起源于无畏山寺派。公元前43年,国内的叛乱和泰米尔人的再度入侵,造成人民巨大痛苦,著名的大寺完全荒芜了,一些僧侣再度卷入爱国斗争的运动。公元前29年,伐陀迦摩尼·阿巴耶王恢复了国家,为了报答摩诃帝沙长老在他流亡期间给予的帮助,摧毁了耆那教寺庙,在上面建造了无畏山寺,由摩诃帝沙主持。上座部系统的大寺是全国佛教的领导中心,他们以摩诃帝沙时常往来于俗人家中,违犯戒条为由,将他"摈出僧伽",褫夺僧籍。摩诃帝沙的弟子反对大寺僧团的判决,也被加上袒护"不清净者"的罪名,给以同样处分。相当一批比丘,投到了无畏山寺。大寺的权威地位受到了挑战,无畏山寺成了与大寺并立的教派。据说不久,又有一个叫达磨流支(法喜)的犊子部上座及其弟子,也从印度住进无畏山寺。帝沙长老赞赏他们的学说,由此形成了无畏山的达磨流支派。据此,无畏山寺派的思想,被大寺上座部视作外道邪说。

无畏山寺与大寺的分歧,大致集中在两个问题上。按照正统的佛教戒律,比丘不应该亲近国王、王子、大臣及诸女人,也不应出入世俗人家,大寺派正是引用这类戒条指责无畏山派的。大乘普遍认为,这类规定,只是对背离佛教原则的比丘适用,但不能僵化;假若不能随顺世法,深入一切众生,度脱他们,那将从根本上背离佛法,更不能容许。据此,无畏山长老的行为,同大乘的这一理论完全相应,而大寺派坚持的则是早期的正统戒条。其次,在教义上,犊子部提倡有胜义"补特伽罗",曾为许多部派所接受,某些后出的大乘经典,更公然主张有"常我"存在,贬低早期佛教"无我"的学说,也是对"补特伽罗"说的发展。无畏山寺派承认犊子部后学的思想,引起大寺正统派僧团的反对,是情理之中的事。

　　约在公元1世纪,案达罗地区还出现了叫作"方广道人"的另一极端派别,他们倡导"一切法不生不灭,空无所有,譬如兔角龟毛常无"①,号称"方广部",亦曰"大空宗",龙树斥之为"恶趣空"。后来传进锡兰岛,以无畏山为根据地,一度占有相当的优势。他们主张,人界所见的佛陀及其一生行事,只是佛的变化示现,佛、佛所说法、佛接受布施等等,本质上空无所有。同样,僧团也不是实体,供养僧团也不会得什么福报。又据《论事》记载,方广部还主张,在信仰和践行一致的条件下,出家人可以结为夫妇。这些说法已经含有大乘空宗的思想。

53

二　大乘佛教在西域的勃兴

　　自阿姆河到印度河,一直是民族关系特殊复杂的地区。亚历山大和塞琉古两个帝国相继衰落以后,来自地中海东岸的希腊人建立了大夏国(巴克特里亚),帕提亚人以伊朗为中心建立了安息国(帕提亚),还有越过帕米尔来自祁连山和伊犁河的塞人和月氏人,前者的一部分定居罽宾,后者的一支大月氏建立了著名的贵霜王朝。

　　喀布尔河流域和印度河流域,本来是东西文化荟萃之地,除了土著的思想信仰,还有希腊、波斯的宗教,尤其是有祆教和婆罗门教流行。张骞通西域以后,加强了罽宾和我国于阗、疏勒、龟兹及内地的联系,罽宾、于阗等地的巫术和我国内地的一些传统宗教观念,也汇集到了这里。大夏的统治不但使佛教得到广泛的传播,而

---

　　①《大智度论》卷一。

且在理论思辨上也有很大提高。安息继续对佛教采取支持态度，一度还将佛教作为压制和驱逐祆教的重要力量。公元1世纪中叶，大月氏的贵霜翎侯丘就统一内部，占领了罽宾和高附(今阿富汗喀布尔)，赞助佛教的发展。其子阎膏珍以犍陀罗为基地，建起了横跨中亚的强大帝国，与东汉王朝和我国西域一带有了更加密切的交往。他似乎曾转信希腊罗马诸神，也信奉湿婆。到第三代迦腻色迦王迁都白沙瓦，贵霜国势达到极盛。迦腻色迦王积极扶植佛教，使之发展到一个新的水平。其时文化也十分繁荣，早在亚历山大时期，即已酝酿的犍陀罗艺术，更充分地运用到弘扬佛教上。此外，地处阿姆河以北，介乎咸海与巴尔克什湖之间的康居国，受安息、大月氏的影响，佛教也有相当的传播。

上述诸国的佛教状况，除贵霜王朝以外，已经很难准确了解。现在只能从佛教传入中国内地的历史记载，反推那些国家的佛教概貌。

西汉元寿元年(前2)，由大月氏使臣伊存口授《浮屠经》给西汉末年的博士弟子，内容不详。但就当时的一般儒生言，都是既读"五经"，又善谶纬的。制造谶纬，需要妖言神话。东汉永平八年(65)，楚王英供养伊蒲塞(优婆塞)、桑门(沙门)，斋戒祭祀浮屠；十三年(70)，因结交方士、造作图谶，被控以密谋造反罪。在这里，佛徒被视作方士一类，佛经被当成谶纬看待，不只是反映了当时内地对佛教的认识水平，也表现了西域佛教的一个重要动态，即佛陀的神格化和佛教的巫术化。

巫术化是佛教走向民间的重要标志。《寂志果经》列举佛教内部的"异道邪见"中有：学修幻术、说日之怪、逢占观相、学咒欺诈术、学迷惑咒、观人相面、星宿灾变、风云雷雾、求索良田等，以为这都是要得畜牲恶报的行为，佛徒是不应该干的。像《摩诃僧祇律》等也把"手自然火"、"诵咒行术"等列入"邪命"范围，明文禁止。这说明，不但祆教对日和火的崇拜，已经渗入佛教内部，民间巫术的渗透更加严重而且普遍。某些僧团的禁令并不能制止这种趋向的发展，早期来华的知名僧侣，包括安世高、支娄迦谶，以至佛图澄、昙无谶等,都同时以巫术见长。现存有多种失译的杂咒佛经,大多出在公元2、3世纪,也反映了西域佛教的这一趋势。从总体上看,佛教的巫术化是佛教向大乘过渡的一个重要环节,大乘日益向多神主义发展,也是从此时这里开始的。

第一批来中国内地译经者有月氏人支娄迦谶和安息人安世高。他们在汉桓帝建和(147—149)初年进入洛阳,正是贵霜和安息的强盛时期。在公元2—3世纪中,还有来自康居、天竺和罽宾等地的译家,他们各自带来了故土的佛教消息。

安世高据传是安息国王子,可见当时佛教已进入安息的宫廷。他译介的佛典,集中在阐发早期佛教的基本教义上,其中有理论性很强的《阴持入经》,有把禅定与佛理结合密切的《十二门经》和《安般守意经》等,也有许多后来被收进诸《阿含》的小本经典。由此看安息佛教,依然保持早期佛教的古典内容和重视个人宗教践行的传统,但在理论上有很大提高,成熟而且系统。另有优婆塞安玄者,持戒通经,汉灵帝末年(189)经商到洛阳,与人共译了《法镜经》。此经特别为"居家开士"(在家菩萨)说法,把"救护众生"、"度脱众生"作为信奉佛教的第一大誓,以"布施"为中心,概述了"六度"的修道方法,这些大异于早期佛教的思想,表明安息也早有大乘佛教,并在商人中流行。此后,在魏晋之际,还有沙门昙谛、法钦等,也是来自安息的译家。前者译出《昙无德羯磨》,属法藏部律;后者译出《阿育王传》等,在天龙神话中杂说小乘教理。安息的小乘佛教占有明显的优势。

月氏有可能是早期大乘经典的主要产地。支娄迦谶的译籍中,几乎概括了大乘佛经的所有类别,其中《兜沙经》,后来被收入《华严经》,《道行般若经》被编入《大般若经》,《平等觉经》、《阿阅佛国经》等,被编入《大宝积经》,至于《般舟三昧经》、《文殊问菩萨署经》等,则被收进所谓的"方等部"。其中《道行般若经》,开辟了大乘空宗的广阔天地。《兜沙经》把佛推广到十方世界,随人变现,无所不在,释迦只是其中的化身之一;《般舟三昧经》将禅法引到观想诸佛和诸佛皆幻的境界;《平等觉经》则创造了一个阿弥陀佛的西方净土。

其经典之多,范围之广,内容之杂,显示月氏佛教的大乘化在公元1世纪已达到很高的程度。公元3世纪上半叶,在吴都建业(今江苏南京)的月氏人支谦,继续大量译介大乘经典,其中《维摩诘经》,号召佛徒深入社会底层,救拔众生,把在家佛徒的地位提高到诸大出家菩萨之上,对小乘佛教讥贬呵斥不遗余力,介绍菩萨的经典和各种咒经也占相当比重。月氏的小乘佛教在民众中的威望似乎远不如大乘高。

公元3世纪中叶在交州译经的支彊梁接,大概是由天竺经海路来的月氏人,他译出的《法华三昧经》六卷,已佚;稍晚一些,由另一个月氏人竺法护在河西走廊重译为《正法华经》。此经站在大乘的立场,对佛教内部各派采取调和态度。它分佛教为声闻、独觉和菩萨"三乘",认为"三乘"所持工具虽有不同,目的都是为了出离生死"火宅",故统归之一乘,所谓"佛乘"。它不但宽容了一贯反佛的调达,而且预言调达将来一定成佛。这是大乘思潮占有优势,充满自信的表现。

竺法护世居敦煌,约公元3世纪中,随师西游36国,带回大量佛典,经他译出的,有159部309卷,相当充分地反映了贵霜王朝末期,佛教在葱岭附近诸国的发展情况。此中除上述诸人译介者外,还有后来被收入"宝积"类的《密迹金刚力士经》,收进"华严"类的《渐备一切智德经》和《如来兴显经》,也有归为一般方等部的《普曜经》。其中《密迹金刚力士经》提出佛陀以身、口、意三密说法,佛徒以三密修行,为佛教向密宗的发展,奠定了真正的理论基础;《渐备一切智德经》用"三界虚妄,唯是一心作"统一"十二因缘"的多元论说法,为大乘唯识哲学的发展开辟了道路。这两部经,特别用日光譬喻佛身之普被众生,由佛身发大光明,表现佛之神威和慈愍。这种将佛喻为太阳的教义,显然是受太阳崇拜和祆教的影响。

贵霜王朝强盛时期,影响曾远及我国于阗。据《洛阳伽蓝记》和《大唐西域记》等记载,于阗佛教始自随商队来的迦湿弥罗比丘毗卢旃。他说服于阗王信奉佛法,建造伽蓝,时当公元前1世纪,正值大月氏统一之际。传说所建伽蓝,就是著名的赞摩寺(衢摩帝寺),曾是禅法传入我国内地的主要基地。公元5世纪著名的禅师佛驮斯那(佛大先)就曾居于此寺授徒。公元260年前,于阗有大乘经的消息,已为洛阳所知,朱士行遂去于阗求得《放光波若经》梵书正本90章。此经在将被送还洛阳之时,遭到于阗小乘学众的强烈反对,他们以为"汉地沙门欲以婆罗门书惑乱正典",要求于阗王禁止传出。经过若干波折,此经始在内地由于阗沙门无叉罗译出。公元286年,同本的《光赞般若经》也是经于阗沙门祇多罗传来,由竺法护译出。

这类简略的事实表明,于阗佛教在公元前即已流行,小乘佛教得到王室支持,占统治地位,大乘佛教被视作婆罗门外道,还没有取得完全合法的地位,但在社会上的流通,已经不可遏制。这大体反映了当时犍陀罗和迦湿弥罗的佛教状况。

龟兹是丝绸之路北道的交通要塞,也是大月氏佛教传进内地的必经之路,同罽宾、于阗、疏勒以及天竺交往颇频繁。公元3世纪下半叶,有所谓西域沙门白延者,游化洛阳,重译《首楞严经》、《无量寿经》等大乘经典,一般认为他就是龟兹人。帛尸梨蜜多罗,传为西域国王子,也是龟兹人,在两晋之交进入内地,善持咒术,译有《灌顶经》、《孔雀王神咒经》等,被视为江东有咒法之始。由此看龟兹,王室也崇信佛教,而且特别倾心于密教。有帛远者,河内(治所在今河南沁阳)人,晋惠帝时(290—306),在长安译出方等部大乘经和若干部阿含小经,也传有《无量破魔陀罗尼》等密教典籍。他"声被关陇,峰函之右,奉之若神",尤为羌人所拥戴。他的译籍,也反映了龟兹佛教的密教化状况。

由葱岭通向龟兹的第一大都是疏勒。疏勒之传进佛教,理应早于龟兹。《后汉书·西域传》载,东汉元初(114—120)中,疏勒王舅臣盘被徙于月氏;及至疏勒王死,月氏送臣盘归国,立为疏勒王。《大唐西域记》载,迦腻色迦王兵威至于葱岭以东,"河西蕃维畏送质子"。迦王为此质子住处建立专门伽蓝。有学者认为,此质子当就是臣盘。臣盘王回国为王,在疏勒推广佛教是当然的事。据后人历次游历疏勒的记载,此地供养"佛浴床"、"佛钵"、"佛唾壶"、"佛袈裟"等佛遗物非常突出,明显地保留着早期佛教信仰的特色,所以僧人也尽是小乘学者,偶尔才有外来的大乘僧人出现。国王大多是佛教的提倡者。

在大月氏北部的康居,佛教也颇流行。到公元 3 世纪,康居的译经者来汉地已有不少,如汉灵帝时的康巨、献帝时的康孟祥、曹魏时的康僧铠、孙吴时的康僧会等,所译经典大小乘都有。他们大多是随其先人或经商,或避乱辗转进到汉地的,有的在汉地定居已经数代,因此,他们译出的经典不能完全代表康居的佛教,但他们都信奉佛教,是由康居带来的传统。

第二节 犍陀罗和迦湿弥罗的佛教及说一切有部

一 犍陀罗和罽宾的佛教概况

大月氏贵霜王朝的统治领域,也是大乘佛教生长和发展的重要基地。在希腊文化的长期熏陶下,加上佛教对于佛本生的鼓吹,直接产生了对佛的偶像及其前生菩萨偶像的崇拜。为了表现佛的本生和菩萨诸行,一种新的佛教艺术形式应运而生,这就是犍陀罗佛教艺术。犍陀罗佛教艺术是希腊艺术的支派,早在大夏统治时期就影响了寺塔等佛教建筑和偶像崇拜的发展,使希腊的雕刻美术在佛教领域大放异彩,其传播范围,越过葱岭,沿丝绸之路进入中国内地。关于佛的本生和佛像崇拜,尔后也为早期佛教各派所接受。犍陀罗的佛教艺术,也反映了这种混杂的情况。但就整体言,这个王朝着力支持的是小乘佛教,特别是其中的说一切有部。

从支娄迦谶到竺法护这些来自月氏的译家,虽然以介绍大乘经典为主,同时也译有若干小乘经籍。除后来收入诸阿含的小经外,像不知作者的《那先比丘经》和法救的《法句经》等,就是有部的著名论著,而有部的活动中心,也正是贵霜王朝的统治中心——犍陀罗和迦湿弥罗。

犍陀罗和迦湿弥罗的佛教,据说是阿育王时由末阐提传进的。迦腻色迦王在位时,积极支持佛教的发展,在佛徒中赢得了仅次于阿育王的声望。传说他有鉴于佛教派别争论严重,召开了第四次结集。《大唐西域记》载,向迦腻色迦王提议举行这次结集的是有部学者胁尊者,主持者是有部论师世友;结集的结果是,对既有的经、律、论三藏重新释义,各30万颂,其中汉译《阿毗达磨大毗婆沙论》200卷,就是解释论藏的部分。

据近人研究[①],玄奘的这一传说,不完全符合史实。有部作为早期佛教的一个主要派别,在贵霜王朝之前的印度西北部,已有很大势力。从中出现的名僧多,文化层次高,论著的哲理性强,特别引人瞩目。他们为文,不假佛说,个人署名,在此之前是少见的。贵霜初期,有部即以犍陀罗和迦湿弥罗为据点,分为东西两个僧团。犍陀罗的西方师以法胜为最早,他著《阿毗昙心论》,为早期有部奠定了理论基础。稍后是胁尊者,著有《四阿含论》(无汉译本)。大体与迦腻色迦王同时代的则有世友,著《品类足论》、《异部宗轮论》、《婆须蜜所集经》,法救著《法句经》,妙音著《甘露味毗昙论》,此三人加上觉天(著作不详),号称"有部四评家"。此外,还有僧伽罗刹(众护),据说是迦腻色迦王之师,汉译有《僧伽罗刹所集经》。迦湿弥罗的东方师,论著也很丰富。约在迦腻色迦王以前百年,有迦旃延尼子作《发智论》(《八犍度》),他的弟子辈解释此论而作14卷之《鞞婆沙》。《发智论》也是有部的奠基性著作;此后又有《法蕴足》、《施设足》、《集异门足》、《品类足》、《识身足》、《界身足》等六部论著问世,发挥和补充《发智论》思想,构成所谓"一身六足"的群论体系。最后,形成200卷的《大毗婆沙论》,使"说一切有"的哲学具有了百科全书的形式。时间可能与迦腻色迦王同时或稍晚。

有部是佛教史上第一个组织起庞大的烦琐哲学体系的派别,带有浓厚的经院气,如果没有国家统治层的大力支持,不可能达到这种程度。他们特别愿意用阿毗昙的形式发挥佛教的思想,与这个地区一贯重视智慧在解脱中的作用有密切关系。东方师写《发智论》,西方师写《阿毗昙心论》,都是在智慧上做文章。

59

---

① 参见吕澂《印度佛学源流略讲》,第49—55页,上海人民出版社,1979。

有部的论著是在公元 4 世纪后期才开始大量译成汉文,译者大多来自罽宾。与此同时,有部的禅法也被译介过来,并成为中国早期禅思想的主要来源。

公元 5 世纪初,鸠摩罗什介绍佛教禅法,其中的五门禅,是综合有部大师胁比丘、世友、众护等的说法。稍后,觉贤译出《修行方便禅经》,更系统地介绍了有部后期达摩多罗和佛大先的禅法,他们二人都在罽宾活动,被认为是"西域之俊,禅训之宗"。

此外,在有部传承中还有一个被称为菩萨的重要人物——马鸣,在中外佛教史中知名度很高。据鸠摩罗什的《马鸣传》载,马鸣,中天竺人,先学外道,后为胁比丘弟子。当月氏进攻中天竺时,被强索至北天竺,受到国王崇敬,广宣佛法。按这一记载推测,马鸣应是迦腻色迦王时人。有部把马鸣当作本宗的重要传人,但他宣说的佛法却是"兼救"、"济物",大乘的倾向很明显;在印度,他还被看作名诗人,著有梵文的多种传记性史诗,如《美难陀》、《舍利弗行》等,以马鸣名义译成的汉文著作有《佛所行赞》、《大乘起信论》、《问无我经》和《六趣轮回经》等。早期禅史料中,还辑有他的若干颂文。在中国,他和龙树齐名。尽管如此,他的面貌却历来不清,他的著作也真伪难明。像《大乘起信论》,很早就有人疑为伪托。有学者认为,所谓马鸣,或许不只是一个人。

二 说一切有部的哲学体系

伴随着部派佛教的大多数派别愈益趋向入世,佛陀确定的简单明了的人生学说也朝着探讨人生本原和世界本原的方向转变。本体论成了诸大部派普遍关心的问题。在这个方面,最能把早期佛教的共同观点概括起来,并形成一个完整的思想体系的,是说一切有部。也可以说,有部的哲学是整个早期佛教的理论总结,因而被认为是"小乘"的真正理论代表。其影响于此后的佛教哲学,极为深远。

佛教哲学源于对人身和人生的观察。原始佛教多从"人生无常"的方面立论,《那先比丘经》则着重从"人身"是多因素的集合上着眼。那先比丘采取分析的方法,把整体的人还原为各种器官和肢体的综合,由此导出人身性空的结论。这种分析的和还原的方法,被认为是西方思维方法上的特征,但它贯彻在所有部派佛教中,尤其以说一切有部最为典型。

有部把分析"法相"作为自己的哲学入门,是《那先比丘经》所用方法论的抽象。"法相"的"法",指事物的质的规定性,或谓之"自性";"相"指事物的"相貌",即现象。"法相"就是本质与现象的统一,是一切认识必须直面的对象。从这个意义上说,"世间"没有不知法相的人,如"坚相地"、"湿相水"、"热相火"等。佛教解脱之道就在于超越世间认识,达到无常、无我等特殊的智慧。因此,分析"法相",还原它的本质规定,即"自性",就成了有部表达自己哲学的主要方法。

《阿毗昙心论》有一个为有部哲学奠基的颂文,谓:"诸法离他性,各自住己性,故说一切法,自性之所摄。"大意说,现实的特定事物,是由他的"自性"决定的,有什么样的"自性",就有什么事物,没有这种"自性",就没有这种事物。因此,"自性"是真实的存在,永恒不变,此即谓之"有",或曰"自性不空";相对而言,由自性决定只能在特定条件下显示出来的具体事物,是变化无常的,是虚假的存在,即谓之"空"。这样,"自性"和它的事物,就成了两种完全不同的存在。自性是蕴含着转变为具体事物一切可能的独立实体,现实世界则只是它的自性在因缘条件作用下的自我显现。

"自性"的概念,最初来自事物的分类,即对"种"、"族"等类的抽象,如婆罗门,作为种姓的存在,是绝对永恒的,但某个婆罗门个人,则是完全可变的。但任何"种"、"类",都需要用概念表达,因此,凡"概念"所表达的,必然有相应的实体存在,所以概念也是实在的。概念又需要用语言表达,同样道理,言说名词也是实在的。有部哲学发展到极端,就是肯定一切语言概念都是永恒的独立实体,都属于"有"的范围。把这种观点提炼出来,构成有部哲学的基本命题:"三世实有"和"法体恒有"。前一命题,表示"有"是超时态的;后一命题,表示"有"是一种实体。

61

根据有部的解释，"有"的主要特征是单一性、不变易、不可分、不可破，是绝对的无条件的存在。与"有"对立的概念是"空"，"空"的主要特征是可分性、无常性，是多样性的复合，是相对的有条件的存在。事实上，任何现实的具体事物，无不处在普遍联系和发展变化中，都是多因素的复合，所以本质都是"空"。有部用这种观点着重说明众生的本质，成了论证早期佛教的核心观念"人无我"的基础理论。问题是，独立自存的"有"，或者是"种类"、"名言"，是怎样和通过什么途径转变成具体的、本质是"空"的现实世界的？

《阿毗昙心论》认为，"自性"的另一特征是没有"自生"的能力，自性要转变为具体事物，必须凭借"众缘力"。如谷种不能自行生成谷子，必须借助土、水、肥等"众缘力"才行，所以"众缘力"是物种名言得以转化成具体事物的根本保障。《大毗婆沙论》说："有因缘故已生而生。谓一切法已有自性，本来各住自体相故。已有体，故说'已生'；非从因已生自体，因缘和合起故名生……体虽已有而无作用，今遇因缘而生作用。"意思是说，一切法的"自性"本是固有的，故曰"已生"；但它们只是一种单一的孤立存在，构不成聚合的具体事物，所以又说它们是"非从因已生自体"；只有当它们遇到"因缘和合"时，才能有真正意义的"生"发生。所谓"因缘"，是在生成具体事物中起决定性作用。

有部丰富了早期佛教的"因缘"说，从单一的"十二因缘"说向多因缘说过渡，而使之形成另外一种系统。它把事物生成的条件归结为"六因"、"四缘"①。这对以后佛教思想的发展有不小的影响。《大毗婆沙论》对"因缘"说强调两点：第一，"显诸法生灭，无不由因"。世上只有无因而存在的本质（自性），但没有无因而存在的现象（生灭法），既不能无因而生，也不能无因而灭，全部现象无例外地受因缘条件的制约，由因缘条件决定。第二，"显示因缘，若性若相，皆是实有"，就是说，因缘并不是事物表现为能够产生结果的

---

① "六因"是：能作因、俱有因、同类因、相应因、遍行因、异熟因；"四缘"是：因缘、等无间缘、所缘缘、增上缘。

那些关系或作用,而是脱离具体事物独立存在的实体,即"自性"的"种",所谓"因性"。

恒常的"法体"在"因缘"的作用下,仍不能形成运动中的具体事物。使事物产生并进入运动过程的,是另外一些独立的法体,所谓"生、住、异、灭",亦称"有为四相"。这样,六因四缘、有为四相,加上诸法法体,就形成现实世界一切现象的总根源和总动力。

有部的这类观点,看来有些怪异,但在中外哲学史上并不少见。凡是主张物种不变、理念在先、概念实在和理在事外的哲学派别,都属于同一种思想体系,一般称之为客观唯心主义,不过有部更具有多元论的成分。公元前5世纪,比佛陀稍晚一点的意大利人巴门尼德,曾提出一种"存在"哲学,认为思想和语言必然有与之相应的客体存在,而且这种客体的存在,不受时间的限制,所以也是永恒的。从柏拉图到黑格尔以至中国的朱熹哲学,都有这样的倾向,在西方中世纪的基督教神学中,称作实在论。现在还没有充分的根据,说有部哲学的基本观点是来自巴门尼德或柏拉图的哲学,但他们之间有如此相似之点,确实容易使人联想到希腊文化在犍陀罗地区的影响。

有部哲学的直接目的,是为早期佛教的"业报"学说提供理论说明。那些相互分离的、僵死的、永恒存在的自性,为什么会在"因缘"等条件下,积聚成活生生的具体事物? 有部归结为是"业"与"惑"的作用。"业"与"惑"也就是决定人及其周围一切现实事物的"因缘"。所谓三界五道、穷富夭寿,就是由于"惑业"不同而感召的法体自性在积聚复合上的差别。为了求得福果避免恶报,甚至从生死达到涅槃,就必须改变"业"的性质,从而在根本上改变法体自性的复合结构。这就是宗教修习和道德实践的任务。

为了实现这一任务,有部对"一切法"作了新的分类。佛教最早把"一切法"分为名、色两大类,继之将"名"扩展为受、想、行、识四阴,加上色阴,总称"五阴"(又称"五蕴")。有部发展到世友的《品类足论·五事品》时,提出了"五位六十七法",尔后完善为"五位七十五法"的分类法,这具有重要意义。它力图把世界和人生的关系凝结在这一分类上,即此等元素的结合上,并通过这种分类法把佛教践行定型化。

有部新分的"五位"法,第一类仍然是"色法",其次是"心法"、"心所有法"、"心不相应行法"和"无为法"。此中"无为法"是指永远不会发生变化的现象,即当时佛教所理解的"虚空"、"涅槃"等,其余四位都属"有为法",也就是处于发展变化中的真正现实世界。值得注意的是,它把全部精神现象分为"心"与"心所"两种。"心"的作用有三:"集起"①、"思量"和"了别",特指眼、耳、鼻、舌、身、意六识的活动,属一般哲学认识论研究的范畴。"心所"是指伴同认识过程而发生的其他心理活动,共分 6 类 46 种。第一类"大地法"10种,指在任何认识活动中都必然伴有的心理现象,如"作意",是发动认识主体摄取对象的功能;"三摩地"是注意力集中于认识对象而不分散;"胜解"是对所认识的对象有确定的认识而不犹疑;"念"指记忆,"受"指主观感受,"触"指主客观的接触,"思"指意向等。第二类"大善地法"10 种,指在任何善性思维活动中都必然伴有的道德心理,即信、不放逸、轻安(身心安适)、舍(内心寂静)、惭、愧、无贪、无瞋、不害、勤等。第三类"大烦恼地法"6 种,指任何令人烦恼的思想活动中都必然伴有的心理,即无明(愚蠢)、放逸、懈怠、不信、昏沉(暗昧)、掉举(轻浮)。第四类"小烦恼地法"10 种,指思维所必然伴有的非道德性心理,即忿、覆(隐瞒过错)、悭、嫉、恼、害、恨、谄、诳、憍等。第五类"大不善地法"2 种,指任何恶性思维活动中都必然伴有的不道德性心理,即无惭、无愧。第六类"不定地法"8 种,指善恶不定的心理活动,即寻(寻求)、伺(伺察)、睡眠、恶作(追悔)、贪、瞋、慢、疑等。

有部把"心"与"心所"分开,就是把认识活动与心理活动分开,这有两个明显的目的:其一是给一般的认识论提供一种心理学基础,使修习者沿着一系列心理学概念的规定,控制自己的思维路

---

① "集起"这个概念,到大乘瑜伽行派时作为第八识的别称,实指认识具有摄取对象、保存记忆和指导再认识的作用。

线,达到佛教所要求的正确认识;其二是确定心理活动的道德属性,通过心理训练,以去恶从善,勤于佛教。因此,认识活动与心理活动又毕竟是统一的。据后来《俱舍论》的意见,"心"与"心所"为"相应"关系:"心、心所五义平等,故说相应,所依、所缘、行相、时、事皆平等故。"用现在的话说,任何现实的认识过程,不论是感性的还是理性的,都要与一般的心理活动相联系,而且必然伴同一系列是非、善恶、苦乐、利害等道德的、美学的和价值的观念发生,并受到它们的影响和制约。同样,道德的或宗教的,美学的或价值的,不论什么具体观念发生时,都要建立在认识论的基础上,并受到其他心理和观念的影响与制约。有部的这些说法,对于哲学认识论和普通心理学,是一种有意义的贡献。

五位法中"心不相应行法",在人类认识的发展史上也值得重视。此类法有两大特点:第一,与"心"不相应,不能列入单纯的精神现象;第二,"非色等性",也不能列入单纯的物质现象。因此,"心不相应行法"实属介于物质与精神之间的第三类现象,比如说,所谓"名、句、文身",即语言文字,就其表达的内容言,应归于精神,但它的外壳表现则属于物质;表达运动变化的"生、住、异、火",固然是物质的属性,但在精神现象中同样存在。从哲学基本问题看,把现象分为物质的和精神的两大类,有重要意义,但在现实生活中,却往往不能这样简单从事。第三类现象基本上属人类的创造物,对人的生活和认识影响更为直接和重大。

像有部这样庞大、多产、经院气十足的佛教派别,只有在富庶的王朝直接资助下才能存在和发展。作为有部领袖之一的胁比丘宣称,他的学说"当令天下泰平,大王长寿,国土丰乐,无诸灾患",并以此摧伏"外道"。这番话道出了有部受到国王特殊爱戴的原因,也表明了有部企图承担一定的社会作用。除犍陀罗和迦湿弥迦是有部的主要基地外,在古印度其他地区,如恒河周围,也有它的势力。

第三节　天竺佛教和龙树提婆的大乘中观学

一　天竺佛教概况

公元前 1—3 世纪,处于案达罗和贵霜两个王朝之间的恒河流域,是一个被争夺的地区,那里的佛教情况更难详知。根据汉文资料,从说明是来自天竺的僧人中可以略见一点眉目。

汉魏之际进入内地的天竺僧人,大小乘都有,且大多由外道出家。昙摩柯罗,中天竺人,家世大富,学《四围陀论》,风云星宿、图谶运变,莫不该综。从读《法胜毗昙》,转到佛教门下,诵大小乘经及诸毗尼。维祇难,天竺人,世奉异道,以火祠为正。后有一沙门,以咒术令其家所事之火灭而复生,维祇难惊叹沙门的"神力胜己",也改信佛,善四阿含。这些记载,反映了公元 2 世纪古印度佛徒相当普遍地吸取巫术咒语,以构造佛教"神力"的趋向。"以火祠为正"的外道,当是拜火教;佛教有一种自称可以发出火光的禅法,可能就是受这种拜火教的影响。

此外,东汉灵、献帝时候,有昙果者,由佛陀的故国迦毗罗卫得梵本《中本起经》和《修行本起经》。这两种经,都是讲佛陀作菩萨当太子时的故事。迦毗罗卫成了产生佛陀本生传说的重要基地。据公元 5 世纪初法显游历此地时目击,从太子乘白象入胎,到佛上忉利天为母说法下来处,种种神话,都有遗迹可寻,或有塔像纪念。他的故土曾掀起神话佛陀的种种活动,而且为时很长。但到法显去时,"城中却无王民",只有僧民数十家,人口稀疏,道路怖畏,一片荒凉。

这里需要特别一提的是僧人耆域,他发自天竺,至于扶南(今柬埔寨),经诸海滨,爰及交广,然后北上襄阳,于晋惠帝(290—306)之末抵达洛阳。及至洛阳兵变,他又转向长安,西渡流沙,回归天竺。耆域是有史记载的第一个由海路进入中国,又由陆路返回天竺的印度僧人,也是有史记载的第一个完成海陆两条丝绸之路上中印交通环行圈的旅行家。此后,又经过一个世纪,才有我国法显的陆往海归的再次环行之游。耆域信奉的诚言是："守口摄身意，慎莫犯众恶，修行一切善，如是得度世。"这正是南传上座部的基本思想。他强调道德实践，讥讽洛阳僧人"衣服华丽，不应素法"，也带有南传僧人严于律己的学风，但他善咒语，现示分身术，并说人的前世因果。与早期佛教的正统派比较，由他表现的佛教，仍不纯正。耆域初到洛阳，惊诧于宫城建筑，称："仿佛似忉利天宫"，这种评价，客观上反映了当时印度和域外与中国在经济文化发展水平上的悬殊差别。

二 般若经类及其思想特点

在公元前后，大乘思潮已经遍及古印度全境，并影响相邻的南北各地，出现了许多新的经典。它们的立论各异，信仰芜杂，呈多元化发展的态势，而不是一种有领导的统一运动。其中有一类叫作"般若经"的典籍，讨论问题的面最广，理论色彩最浓，影响也最大，在这一时期的大乘思潮中占据主导地位。

唐玄奘编译的《大般若经》600卷，共收进以"般若"命名的经典16种。其实，还有许多大乘经典，虽然并未标明"般若"二字，但指导思想全属般若系统，其数量决不小于编入《大般若经》的部分。这类经典，并不是一个时期在一个地区完成的。从佛经汉译史看，最早的般若经类可能是《道行般若经》（亦称《小品般若经》）和《放光般若经》（亦称《大品般若经》），前者起码在公元2世纪中已在月氏流行，后者在公元3世纪中从于阗发现。但也有学者认为，《金刚般若经》（简称《金刚经》）言简意赅，或许比上两种经出现得更早。

《金刚经》被后人作了许多发挥，但它自身的思想却比较单纯，即认为：世俗世界的一切现象（有为法），"如梦幻泡影，如露亦如电"；人们所见所思维的一切对象（法相）均属虚妄；人们用言说表达的事物，包括佛所说法，都非真实。因此，佛所说法，不可以"言说"取，佛不可以"相"取。把握佛的真髓（如来），只有去把握"实相"，而"实相"则是"非相"，是"无相"，既不可言说，也不可思议。

在这样由梦幻和语言构成的世界中，唯一能使菩萨修道者达到"心清净"的办法,是"不应住色生心,不应住声、香、味、触、法生心;应无所住而生起心",即让自己的精神世界绝对不受认识对象的支配,而处于超然物外的状态。

《金刚经》的这些说法,否认了人类认识有把握客观真理的能力,把直面人生的现实世界视作虚妄的幻觉;同时它又不肯定在虚妄的世界背后,是否还另有什么真实世界,从而导向了怀疑一切、否定一切的倾向。

这种世界观,有相当普遍的社会意义,但它特别用来抨击的对象是,以"声闻弟子"自居的早期佛教信徒,因为他们就是从"佛说"出发,把佛所说一切法视为当然真理的。《金刚经》言:"如来说一切法皆是佛法",而"所言一切法者,即非一切法"。作为早期佛教哲学代表的说一切有部,把分析"法相"当作自己的理论出发点,《金刚经》则说:"无法相,亦无非法相,凡所有相,皆是虚妄。"

《金刚经》没有肯定世俗世界的任何东西,对所谓"实相",除要求从否定性的"非相"上理解外,也再无任何说明。由此推论,早期佛教所说的四谛真理、业报轮回、修习解脱等等,当然也成了虚妄执着的表现。在般若思想中,后来有被大乘中观派斥责为"恶趣空"的,可能就包括《金刚经》这类主张。

《小品般若经》对般若空观给予了更系统的理论论述。它认为,现实世界之所以是虚假的,是由于"因缘合会"、"因缘所生"。世上没有什么可以离开内外条件而独存的东西,任何事物都是多种因素的组合,受多种关系的制约,因此,一切具体存在物都不会存在本身固有的"自性",而"无自性"就是"空"。世人之所以把现实事物看成是有"自性"的,是实的,那是"相"(通"想")、"名字"、"言说"的结果,自性和实在性全是"名相""概念"强加给现实事物的。据此,凡属名相概念所指谓和思虑的对象,全是虚妄不实的。在这里,"因缘合会"、名相概念不能说是非存在(非非有),但只能称为假有;名相概念强加给"因缘合会"法的"自性",本质是"无",名曰"性空"。"假有"、"性空"就成了此后般若经类普遍承认的两个内在同一的基本命题。

般若经类比说一切有部更强调智慧在解脱中的决定作用和统帅作用,所以特别用"般若"来标经名。般若就是认识世界的一种特殊智慧。智慧探讨的是真理问题,佛教称作"真如"、"如"、"如如"、"实相"、"真谛"等,指事物的本来面貌或真实面貌。在《小品般若经》那里,真如既是指假有、性空的道理,也指对假有、性空这一道理的认识。此种真如,早期译作"本无",意谓,世人视作真实的事物,本来是不存在的,真理只有通过对世人的认识加以否定,才能把握。因此,"本无"这个概念更生动地揭示了"真如"的内涵。

《小品般若经》与《金刚般若经》相比,最显著的差别,是在论述性空假有的同时,提出"方便"、"善巧"作为般若智慧的一翼。般若是空观的抽象理论,方便是般若的实际运用。方便要求在般若理论的指导下,深入世俗社会,深入众生生活,为他人弘扬佛法,为自己积累功德,既作为出家僧尼处世务的手段,也为在家居士开拓出世超脱的广大门路。

方便善巧被当作般若智慧的实施,为整个大乘思潮的日趋世俗化,提供了坚实有力的辩解武器,使早期佛教那种严峻的禁欲主义和悲观逃世主义得到根本的改造,成了佛教得以扩大影响、广泛发展的重要动力。《维摩诘所说经》(简称《维摩诘经》、《维摩经》)是把般若和方便结合为一的典型,也是佛教世俗化的典型。

传说维摩诘(意译"净名")是吠舍离拥有"资产无量"的"长者"。他是一个居家在俗的佛徒,即居士。他有超越沙门的"般若正智",又有无限灵活的"善权方便"。他所讲的佛理,不但优于声闻弟子,而且也高于出家的大菩萨,他的三昧神力还能够调动诸佛。他住在都城闹市,过着十足的世俗贵族生活,上交王公大臣,下游赌场淫舍。但他有着佛一样的高尚精神境界。他的一切世俗行为,都属于"方便"范畴,动机全是为了救度众生出离世间。维摩诘这个范例向人提示:社会上任何一个人,只要具有维摩诘那样的般若"方便",都可以成为大菩萨;人的一切世俗活动,哪怕是最卑劣的活动,也都可以提到佛事或菩萨行的高度。就这样,《维摩诘经》为所有世人,不论出家在家,不论从事何种职业,不论干什么勾当,都

69

敞开了佛教的大门。它把佛教的世俗化运动推到了一个高峰,这在大乘的一般思潮中,也是很突出的。

与世俗化的实践有关,《维摩诘经》对当时已经出现的"佛国论"和"佛性论"问题,提出了独特的回答。"佛国论"是《阿弥陀经》等弘扬的早期大乘思潮之一,认为生前观想和诵念阿弥陀佛(无量寿佛),死后即可生于阿弥陀佛主宰的"西方净土",这块"净土"译作"极乐世界"、"安乐国",是一个没有烦恼、充满幸福、寿量无限的理想国。《维摩诘经》反对此说,主张"蚑行喘息人物之土,则是菩萨佛国"。佛国并不是超脱世间众生之外的另一种存在,它就存在于众生日常聚居的社会中,因为佛国不可能在空中建成,而是通过菩萨教诲众生,净化人的意识实现的。"以意净故,得佛国净","意净"是"佛土净"的根本保证。从这个意义上说,"秽土"即是"净土",离开"秽土",即无"净土"。《维摩诘经》把这一论点推向极端,认为即使客观环境得不到改造,只要人的意识得到净化,这个人就是建起了自己的佛国。这样,佛国就由外在世界移到了人的内心世界。

"佛性论"讨论的是众生成佛或建立佛国的可能性问题,是大乘思潮中的一个重要议题,有各种各样的议论。《维摩诘经》把"佛性"称作"如来种",认为"如来种"并不是像上座部等派别所承认的是什么"清净心",可以引发信仰佛法的行为,倒是相反,乃是三毒、四倒、八邪、十恶之类的世间污垢。莲花生在卑湿污田,佛法生自烦恼尘劳。众生没有苦难,就不会渴求解脱;佛法若无烦恼作为对治的对象,就失去了自己存在的根据。但是,"种"不等于"果",由"如来种"变为"佛国",需要条件,需要转化过程,这就是深入一切世间,特别是深入地狱等三恶道中,拯救众生,拔脱烦恼尘劳。

按照佛土与秽土统一、佛性与烦恼统一的观点,《维摩诘经》提出了"不二法门"这一在佛教理论和实践上都有重要意义的口号。它以"色即是空","非色灭空,色自性空"为纲领,将早期佛教所讨论的许多对立范畴,诸如生死与泥洹(涅槃)、有漏与无漏、相与无相、善与恶等,一一统一起来,归根结底,是把世间和出世间统一起来,为大乘佛教的积极入世作解释。但这种解释的理论结果,往往是抹煞善恶是非的界限,在实践上则导向游戏和混世。

三　龙树与提婆

目前无法弄清楚龙树同般若经类的关系,但是龙树把早期的般若思想组织起来,形成一个更严密的宗教哲学体系,则无疑问。他的弟子提婆,在完成这个体系中,起了重要作用。

在以后的佛教史上,龙树是一个传奇式人物。他是大乘中观派的创始者,在密宗中有极高的声誉,瑜伽行派也很推崇他。他成了佛教大乘的权威作家,号称"千部论主",其论著成了不容置疑的经典。因此,关于他的传记就很模糊,带有浓重的神话色彩,以他的名义流传的著作也较复杂,实际上不一定都出自他的手笔。鸠摩罗什所撰《龙树菩萨传》,是有关龙树生平最早的记载,相对而言,比较可信,《付法藏因缘传》采用其说。

龙树(亦译"龙猛"),生于南天竺的婆罗门家庭,自幼学婆罗门圣典"四吠陀",至于"天文地理、图纬秘谶及诸道术,无不悉综"。初以"骋情极欲"为人生至乐,因与契友三人共学"隐身术",潜入王宫,侵凌宫女,被王设计杀死三人,龙树幸免,遂诣一佛塔出家受戒。先诵小乘三藏,次入"雪山"得大乘经典,再于"龙宫"受诸"方等"。"雪山"或指兴都库什山,或指喜马拉雅山;"龙宫"当是傍湖的山窟岩洞。此时这些地区都处在犍陀罗和迦湿弥罗佛教的影响下,有部占统治地位,这可能使前三个世纪曾经十分活跃的大乘思潮,陷入艰难的境地,只能小范围地流传。这样,龙树不得不重返南天竺大弘佛法,造《庄严佛道论》、《大慈方便论》、《无畏论》、《中论》等。他与婆罗门比咒术获胜,又自命"一切智人",以魔术示天与阿修罗战,令南天竺王归化佛法,万余婆罗门接受佛戒。后因"小乘法师"忿嫉,遂"蝉蜕"而死。天竺诸国为其立庙,敬奉如佛。

根据这一传记,龙树去世的时间离鸠摩罗什(344—413)为之作传"始过百岁",可以断定他是公元3世纪人。当时的南天竺,正值案达罗王朝衰落、甘蔗王朝兴起之际,龙树把这里当作他的传教基地,与案达罗普遍兴起大乘思潮形势是吻合的。但是,这里也是南传上座部的影响范围，婆罗门教的势力更是根深蒂固，三者围绕争夺国家的支持，或对国家的控制权，展开了激烈的角逐。鸠摩罗什说，龙树之死是由于"小乘法师"的逼迫；《大唐西域记》说，龙树原是扶助南㤭萨罗国引正王的[①]，引正王在黑峰山为他建造了一座豪华的五层伽蓝。由于龙树之力，引正王寿长治久，王子急于嗣位，听从母后建议，逼令龙树自刎。这两个传说，情节尽管不同，但都说明，龙树是因为把自己的传教活动导向了残酷的政治斗争或思想斗争，以致死于非命。

龙树弟子提婆，鸠摩罗什也为之作传，玄奘在《大唐西域记》中所传亦多。他生于师子国，出身婆罗门种，特到南㤭萨罗国与当时受到引正王敬重的龙树论议，遂从龙树受业。曾代龙树去摩揭陀的波吒厘城（在今巴特那西北至订那浦尔之间），战胜该城国王支持的外道，重树佛教威德；又到朱木那河与恒河汇流处，破除在此河沐浴可以消罪得福、自沉能够升天受福的外道和传统迷信之说。此汇流处有钵罗耶伽国（今阿拉哈巴德），在这里，提婆曾与婆罗门外道展开著名论战，以"天"（提婆名之意译）是"我"，"我"是"汝"，"汝"是"狗"的循环论辩，说明"循名求实，实不可得"的空观道理。他相当坚决地反对对大自在天的偶像崇拜，认为假黄金、颇梨等饰以惑人，是不应该的，他主张"以威灵感人，智德伏物"，并将神眼凿出。这种反偶像的言行，显然也适用当时已流行的佛像崇拜。后被婆罗门弟子所杀。他的著作有《百论》、《广百论》等。

龙树、提婆两人的经历非常相似，都出身于婆罗门，但又都成为婆罗门的对手。他们不但依靠自己的辩才，而且时常采取巫法和魔术，用以战胜论敌和弘扬佛教。他们的生活放浪不羁，热衷于权势富贵，同上座部和有部的严戒苦律，禁制五情，形成鲜明的对比。在大乘思潮中，始终存在一种纵欲主义及密教化倾向，这在龙

---

① 南㤭萨罗国在今印度纳格浦尔以南钱达及其以东康克尔地区。关于引正王，有说即是案达罗的萨达瓦哈纳王朝之王；又有说，萨达瓦哈纳王朝是甘蔗王朝的误传，当时应是甘蔗王朝时期。

树、提婆的生平中也有端倪可寻。

四 中观思想的基础结构

汉文翻译的龙树著作有 20 余种,藏文有 118 种。但其中有不少是假龙树之名,而实非龙树的著作。传说提婆的著作也很多,假托的也不少。按照最早系统传播中观派思想的鸠摩罗什介绍,参考与之相应的其他译著,最能概括二人思想纲领的,是《中论》、《十二门论》和《百论》,号称"三论";《大智度论》、《回诤论》、《广百论》、《百字论》等,也很重要。仅是这些著作,已经构成一个规模宏大的理论体系。

这些著作的思想从般若空观出发,但却更深层地去挖掘人的认识本性,也就是更自觉地从人的认识本性方面解释般若性空的道理。《中论》开首有一个著名的"八不"颂:"不生亦不灭,不常亦不断,不一亦不异,不来亦不去。""生灭"、"断常"、"一异"、"来去",是表达现象存在和变化的最普遍的范畴,但它们能否反映和把握世界的真实状况呢?《中论》取彻底否定的态度。据后来的青目释,"生灭"范畴是用来讨论世界万有本原问题的,世界万有是从哪里产生的? 是"自在天"或"韦纽天"的意志吗? 不是。是毫无原因,"自然"出生的吗? 不是。是由最小的"微尘"聚积而成的吗? 不是。是由"时"、"世性"等不变的属性联合组成的吗? 不是。如此等等"外道"所主张的宇宙起源论,一律不能自圆其说。那么,是按照早期佛教一贯主张的"众因缘和合"而生吗? 回答也是否定的,因为世界万物从来没有被"他生"过,也没有"自生"过,更没有由"他"、"自"共生过。不论从哪个角度讲"生",都是错误的,此即谓之"不生";由于根本无生,故曰"亦不灭"。这样,"缘起"本来是早期佛教说明现象生灭的原因的理论,现在反而变成了解释现象不生不灭的理论,所以有人也称"八不"之说为"因缘无生"论。

那么,为什么说现象毕竟是"不生不灭"呢?《中论》等归因于生灭范畴本身的矛盾,而这种矛盾又植根于人的认识存在矛盾。按照"有部"的说法,"生"是万物的动因,万物皆由"生"所生。这样,

73

逻辑上必须承认"生"亦有生,所谓"生生"者生于"本生",而"本生"还须生生。如此循环无限,使"生"的动因本身无法实现。世人常用"生"的概念解释能生与所生的关系,以为能生是"因",所生是"果","因"能生"果"。《中论》争辩说,这种因果论的讲法很多,不论说因中有果或因中无果,或因变为果,或说因果同时,或因果异时,都会造成因果概念自身的矛盾,不能自圆其说。在这里,中观学派的创始者把早期佛教持作宗教基础的因果律的实在性完全否定了。《百论》中有一段总结性的话说:"物物非物,物互不生。物不生物,非物不生非物,物不生非物,非物不生物。"这也是从概念本身的矛盾中来说明"生"之不可能的。

其他三对范畴,"常断"是回答世界万有的连续性还是中断性问题;"一异"是回答万有的同一性还是差别性问题;"来去"是回答万有是否存在转化的问题,特殊地说,是讨论众生的本原和归宿问题。中观的创始者以同样的论辩方法予以否定。以"一异"而言:世间眼见谷不作芽,芽不作谷,由此"不一"可以成立;但世间亦见芽、茎、叶,都属一谷所有,所以"不异"也可以成立。两个相反的命题可以同时成立,这就是矛盾,而矛盾就是虚妄,就是不真实。为了论证概念以及判断、推理和人的全部认识本质上不能达到真实性,只能存在虚妄性,他们到处去寻找矛盾,揭示矛盾,甚至人为地制造矛盾。

在批判有部把概念实在化的论议中,中观派诸论甚至猜测到了主观概念与客观事物的矛盾。有部与世人一般的理解接近,即概念的规定性是永恒不变的,但现实的事物却是生灭无常的;同样,概念的规定性往往是单一的,而现实事物总是处在多种因缘关系之中。以静止的单一的概念去把握处在变化和联系中的对象,是完全不可能的。这种主观与客观的对立,是人的认识最终不能获得客观真理的基本原因。

应该说,发现概念的矛盾,特别是发现认识与对象、主观与客观的矛盾,是中观学派的一大贡献。他们揭露有部和世人把概念凝固化和单一化的偏颇,在人类认识史上有重要意义。但他们停滞在这种揭露的前面,完全不了解这些矛盾的意义,以至于错误地把矛盾等同于虚妄,从根本上否定了人的认识能力。这样,他们也为般若经类断定名言概念及其指谓的内容全是虚妄提供了更深厚的理论依据。提婆说:"除非不说,一说即有可破。"又说:"若有所说,皆是可破,可破故空。"原因就在于语言概念所表达的皆是"识处"(指认识对象),即"义"。而"义"是不可认识、不可言说的。他们把"过一切语言道,心行处灭,遍无所依,不示诸法",作为契合真理的最高精神境界,就是从上述理论中引申出来的结论。

既然认识在本性上不可能达到客观的真实性,所以认识就只有相对意义,而无绝对意义,真理也只有实用性而无客观性。认识分多重层次,诸如肉眼、天眼、慧眼、法眼、佛眼等,它们各有自己的作用范围和存在价值;真理也是多元的,因为真理只有在特定条件下相对特定的众生才能成立。《大智度论》在定义"实相"时说:"一切实,一切非实,及一切实亦非实,一切非实非不实,是名诸法之实相。"意思是说,对同一件事,既可以说是实在的,也可以说是不实在的,不论怎么说,都可以是真理,前提是,该判断是否符合被判定者所处的具体情况。如无名指,说它长也对,说它短也对,"观中指则短,观小指则长,长短皆实"。有一种草,治风症时是"药",而"于余病"则是"非药"。说它是"药",与说它"非药",都是正确的。中观学派看到了认识的相对性,强调真理是具体的,有实用价值,这无疑都是合理的因素,但他们反对相对中存在绝对,只以"利益"原则解释真理的条件性,这样,他们就由否定认识具有客观内容而导向了相对主义和实用主义。

集中表现这种相对主义和实用主义的,是中观学派用来命名自身的"中观"说。《中论》有一个偈说:"众因缘生法,我说即是空,亦为是假名,亦是中道义。"此中"众因缘生法",是泛指世间万有;它们由多种因素合成,无固有不变的"自性",所以"我说即是空"。但世人毕竟给它们以各种名字,假施设为有,这也不容忽视,故曰"是假名"。

"因缘法"的"自性空"和"假名有"是统一的,世间和出世间是

75

统一的,二者互为条件、相互依存,这种关系即谓之"中道"。用"中道"的观点作为观察和处理世出世间一切问题的根本原则,就是"中观"。"中观"的本质,在于为身居世间、心怀出世间的人提供一种处世哲学。

中观学派还侧重发展了般若方便的思想,提出了"二谛"的说法。"二谛",一是"世俗谛",简称"世谛"或"俗谛";二是"第一义谛",亦称"真谛"、"胜义谛"。"俗谛"指随顺语言所表达的,世人认为是真实的真理;"真谛"表明,世人认定的真实,都是颠倒虚妄,本来空无所有,对于佛教圣贤,这才是最高真理。简单说,"俗谛"就是世人的普通认识,"真谛"则是般若性空的特殊观点。据说,这两者都有益于众生,有益于佛徒,不可偏废,所以都是真理。例如,人和鬼神,世人相信都是实有的业报轮回之说,对促使世人行善是有利的,这类说法对世人就是真理,即是"俗谛"。"真谛"固然可以全部否定"世谛"所肯定的这一切,但"俗谛"也可以把"真谛"否定的一切全部再肯定回来。因此,中观学派在理论上表现为批判的、怀疑的、蔑视一切权威的倾向,甚至达到了无神论的程度,但在实践上往往又成为最保守的、承认和维护一切现存秩序的派别。

"二谛"说提倡的是双重真理论,在实际的运用中,进一步多元化,成了中观学派证明自己总是有理,论敌总是无理的最主要的武器,也是为他们从事世间各类活动作论证的得力辩辞。在某些处于升发和沉落之间的社会层,特别是知识层中,有人看破红尘,或轻蔑信仰和道德的禁约,或玩世不恭,纵情极欲,就很容易接受中观学派的哲学观念。"二谛"说也为此后的大乘各派和绝大多数小乘所接受。

从早期般若经类到龙树、提婆的论著,始终贯穿着怀疑论的精神。怀疑论在根本上否定人的认识有把握客观真理的能力,在人的认识之外,既不能肯定是有,也不能肯定是无,因为认识主体无力回答客观世界的真实面貌问题。我们知道,这也是世界历史范围的一种哲学思潮,早在古代希腊罗马的哲学中已经表现得相当鲜明突出,像埃利亚学派的塞诺芬尼、智者派的高尔吉亚,就是著名的代表。此后的皮浪学派和继承柏拉图传统的学园派,进一步把怀疑论系统化,直接影响了公元3世纪以前的罗马哲学。有趣的是,般若中观的许多观点,甚至思维模式,都与希腊罗马的这些怀疑论者相似。比方说,皮浪认为:"对任何一个事物来说,它既不不存在,也不存在,或者说,它既不存在而也存在,或者说,它既不存在,也不不存在。"①用汉译佛语来说就是:"诸法非非有亦非有,既非有而亦有,非有亦非非有。"意思都表示认识是不可靠的,对任何存在都不可能也不应该作出肯定性或否定性的判断。般若中观一贯采取所谓"遮诠"的表达方法,即只用否定句不用肯定句,只破不立,就是与这种怀疑论要求相适应的。

如果说,有部还只是在哲学体系上同巴门尼德有类似之处,所以推想可能受到希腊哲学的影响,那么,到了早期般若学和中观学派,已经可以看到希腊罗马怀疑论向佛教哲学渗透和扩展的明显痕迹。当然,细节还不清楚。像皮浪曾随亚历山大军队进入印度这样的事情,我们知道的就很少。从汉文译籍保存下来的材料看,佛教的怀疑论比古希腊罗马的怀疑论更丰富而系统。

77

第四节　大乘佛教的一般特征及其与小乘的对立

一　大小乘的称谓

大乘思潮作为早期佛教的异端分化出来,经过了相当激烈的斗争。它被攻击为"外道"、"魔说"、"惯闹行者",它的信奉者被大批地摈出戒律严谨的僧团组织。坚持佛教正统的僧伽则自命"声闻者"、"远行者",一再举行结集,以统一思想,纯洁组织。这些正统的僧伽,后来主要用"阿毗达磨"②的形式,也不断地修订、补充和发挥佛教的早期教义,到公元5世纪,形成了与大乘佛教对立的四个较

---

① 《古希腊罗马哲学》,第341—342页,生活·读书·新知三联书店,1957。
② "阿毗达磨",亦译"阿毗昙",略作"毗昙",意译"对法"、"无比法"、"大法"、"论"等,指解说和论证佛经义理的一种体裁。

大的派系,即上座部、说一切有部、经部和正量部。但由于它们的"三藏"经典早已定型,发展余地很小,所以在理论和实践的基础体系上,仍然与早期佛教接近。

大乘的基本特征是力图参与和干预社会的世俗生活,要求深入众生,救度众生,把"权宜"、"方便"提到与教义原则并重,甚或更高的地位。因此,它的适应能力强,包容范围广,传播渠道多,发展速度快,内容也异常繁杂。凡它影响所及之地,无不带上该地的民族特点,并产生相应的教化法门;这些法门之间,往往没有内在的逻辑联系,甚至可以说相互矛盾。

大乘佛教一般并不公开斥责早期佛教,对最早的派别亦尊称"声闻"[①],对不由佛陀的说教而自觉者尊称"缘觉"[②],二者合称"二乘"。而实际上却认为,早期佛教只是佛陀对浅根下愚者的权便之说,而非"究竟"之言,所以在多数情况下,贬斥其为"小道"、"小乘",而自命"大道"、"大乘"。近代学者习惯上也沿用大小乘的称呼,但已经不具有褒贬之意了。

二 大乘经典及其基本特点

大乘沿袭小乘以"如是我闻"作为佛经开首的惯例,不断为自己创造新的佛经——大乘基本教典。此外,还有大量个人署名的释经论和专论,以及少许讲大乘戒律的典籍。但大乘佛教从来没有做过统一的结集,经典不时涌出,加上种类杂多,很难理出它们产生的历史顺序和准确的地点。一般认为,最早的大乘佛经,当是讲"般若"的那类,即般若经类。然而从最早的汉译《道行般若经》等看,在般若经类之外,还有其他类大乘经典。大乘的基本特征,主要表现在这些早期的经典中。

第一,强化佛的崇拜和构造佛的本生。

---

① "声闻",意为听闻佛陀言教的觉悟者。

② "缘觉",亦作"独觉",音译"辟支迦佛陀"、"辟支佛"。关于此乘的解释纷纭,是佛教史上的重大悬案之一。

佛由人变为神,以及由觉悟了的释迦牟尼扩展为三世佛、四世佛、七世佛等说,在部派佛教那里已经开始。支娄迦谶译出的《兜沙经》,把世界分为十方,每方都是无量、无边际的;诸佛即分布在这十方世界,有十方佛刹,数量亦无量无边,由此形成多佛主义、多佛世界。佛徒修行的目的,最终在于成佛,但成佛是一个异常艰辛的、必须经历无数劫才有希望完成的漫长过程。从修持的角度,这过程可分"十住"、"十行"、"十无尽藏"、"十回向"、"十地"、"十定"等六个十阶次,每一阶次都规定有为众生必做的功德和为自己应积累的福与智,由此体现自利利他和自觉觉人的大乘精神。

《兜沙经》后被编进大部《华严经》的《序分·名号品》,一般认为,这是《华严经》的最早提要。与此类多佛信仰相应,还出现了有关佛身的经典。支娄迦谶译《佛说内藏百宝经》谓:"诸佛合一身,以经法为身。"意谓"佛身"由诸佛的"生身",上升到了以佛经所说法为"身"的"法身"。在公元3世纪的汉译大乘佛经中,"法身"已被普遍地抽象化和神格化,认为"法身"无形无体,无作无言,不可以言说得,不可以思维求,亦不接受众生的供养布施,但它真实、圆满、寂静、永恒,充塞于世界万物之中,并构成万物的普遍本质,平等地仁慈天地诸有,悦护一切众生。

与"法身"相对,佛的"生身"被称作"色身"。"色身"是"法身"的幻化,是为满足众生信仰需要的一种示现,亦称"化身"。"化身"随民俗不同,众生构想不同,形象各异,差别很大,但大多认为他们具有"十力"、"四无所畏"、"十八不共法"等超人的能力和"三十二相"、"八十种好"等超人的形体。此类"化身",遍布三世十方,其密集的程度,犹如甘蔗、竹芦、稻麻等。

在《维摩诘经》等经典中,还含有"报身佛"的思想。"报身"指佛自身应该享受的特殊国土和形体,据说,只有积得与该佛功德相同的菩萨,才能见到这种"报身"。

"法身"、"化身"与"报身",被称作佛的"三身"。"三身"把大乘佛教的本体论哲学与偶像崇拜紧密地结合起来,把佛塑造成了至真至善、至高至尊、全知全能,甚至具有了拯救众生的救世主品格,使佛教在纯宗教领域也发生了重大变化:在固有的自作自受的业报信条上,又增添了对外在神力的信仰;人的命运不仅决定于自己的业力,而且决定于佛加被的神力。

第二,弘扬菩萨和菩萨行。

早期大乘佛典之所以把成佛目标定为无限长的过程,是因为它把深入世间、解脱众生当作自我完善、满足成佛条件的前提。所谓"众生",不仅指人类,而且包括被世人理想化了的"天",被视作"三恶道"的"畜生"、"饿鬼"、"地狱"等,凡此都是应予拯救的对象。众生无限,法门无限,修习的过程也必然无限。这种寓自我解脱于救苦救难、普度众生中的践行,叫作"菩萨行";发誓从事"菩萨行"的佛徒,就是"菩萨"。

"菩萨"的概念,在部派佛教中已经出现,它是以修得佛的三十二相八十种好为目的,以获取无上"菩提"为标志的一种全新的修习方法。大乘给菩萨的定义是:"具足自利利他大愿,求大菩提,利有情。"[1]其基本精神,表现在所谓"慈悲喜护"的"四等心"中,而把成就"无上菩提"定为高于涅槃的理想。"大慈"从仁爱万物出发,"大悲"从怜悯众生出发,据此使一切世人得到欢乐幸福,而卫护他们的安宁、救度他们的厄难者,这就是菩萨。《度世品经》等说,诸当来劫,一一世界中,只要有一人尚未度脱生死,即要为他们勤奋修持,这就是"菩萨行"。据说释迦牟尼成佛以前,是菩萨中的典范;他做菩萨经历过三界五道无数劫,其全部业行,就是理想的菩萨行。早期出现的所谓"本生"、"本业"、"本起"等类经典,讲述的就是这类菩萨行的故事。公元3世纪编译的《六度集经》,把这些菩萨行的故事和寓言组织到"六度"也就是这一大乘公认的修习体系中,"六度"成了菩萨行的根本内容。

"六度"的"度",是梵文"波罗蜜多"的意译。"六度"指由此岸世界过渡到彼岸世界的六类途径,即布施、持戒、忍辱、精进、禅定和智慧。此中的"戒、定、慧",称为"三学",是对早期佛教的继续而有

---

① 《佛地经论》。

新的发挥,其余三度,则是随大乘思潮出现的创作。

"布施"是实施慈悲精神的主要方面,原指佛徒对于贫穷困厄者的无私救济,转而成为佛徒用个人私有财产向僧侣的无条件施舍;后来走向极端,变成了对一切无理勒索者也要给予满足的信条。布施的范围从衣食车马到土地居室,以至奴仆媒女、家人妻子,直到个人的四肢五官、骨髓头颅,无所不包,使含义本来善良的布施走上畸形。当"布施"进一步被解释成众生可以通过对佛、法、僧"三宝"的供养获得福报时,"布施"也就成了寺院和僧侣聚集财产的主要手段,成了寺院经济的基本来源。

以供养"三宝"为名的布施,反转来推动了佛教向多崇拜方向发展。除普遍兴起的塔、像等外,还出现了对"法师"和经典的崇拜。"法师"自命是佛法的拥有者和佛智的体现者,尤其在般若中观派那里,具有绝对的权威,因而也是一切布施的主要享有者。法师崇拜象征着佛教宗派观念的膨胀,也标志着寺院财产出现了继承权问题。

在大乘经典的结构中,一般都有讲该经"流通"的部分,有些是反复出现,号召诵读、书写、传播、供养该经可能获得的各种功德。这种宣传,对于促进大乘佛经的广泛流布和向民间普及,起了巨大作用。佛经崇拜促进了对佛典的手写、雕印和石刻,使大量佛教文献得以完善地保存下来。

"六度"中的"忍辱"和"精进",是要求坚定的信仰者和弘道者必须具有的两种品格。特别是在其信仰受到歧视或排斥,传教遇到阻力或打击时,往往需要忍受常人所难于承受的精神压力和肉体折磨,这两种品格起着坚持信仰、百折不回、勇往直前的作用。"忍辱"与"精进"也有普遍意义,是在任何负重任、跋长途者那里,都可以发现的心理要素。不过,在后来的许多解释中,"忍辱"变成了信徒必须无原则地忍受一切痛苦和屈辱的教义,信仰的坚定性反而被忽略了。

早出的大乘经典虽然并不否认"涅槃",但批判小乘的"中道涅槃",倡导"生死涅槃"不二,实际上是把"涅槃"放在一个无足轻重的地位上。"菩萨行"规定的最后目标是成佛,而成佛的标志是成就"阿耨多罗三藐三菩提",所以"阿耨多罗三藐三菩提"这个概念,比之"涅槃"要重要得多。

"阿耨多罗三藐三菩提"意译"无上正等正觉"、"无上正遍道"、"无上正遍知",亦简称"菩提"(意为"觉悟"),其实是对大乘全部观念和方法的概括指谓,具体包括三种"般若"智慧。"三智"中的"一切智"指对"总相"、"共相"的认识;"一切种智"指对别相、个相的认识;"道种智"指对各种佛教成道方法的认识。也可以说,"一切种智"是指对世间、出世间一切有差别事物的认识,包括一切世俗知识;"道种智"泛指通晓救度一切众生的所有方法与技能;"一切智"所指谓的"共相",因大乘佛教派别差异而有不同的规定,当时主要以"空相"为共相。据说,这类智慧能够觉悟一切真理,遍知一切诸法,平等无差别地普度众生,唯佛可以达到完满的程度。

"三智"的要点,是要用"毕竟空"的"共相"认识,指导佛徒的一切世俗认识和世俗活动,因此,在看来满怀救世热忱的菩萨行中,始终没有离开早期佛教那种消极悲观的基调。

第三,提倡内外调和与容纳多种信仰。

大乘的入世思想和权宜之说,促进了佛教内部宽容调和倾向的滋长,也兴起了吸取"外道"思想和土著宗教观念的新潮流,由此形成了许多新的经典。其中影响最大的,有这样三类:

(1)法华经类。《法华经》是站在大乘佛教的立场,调和佛教内部各派最具代表性的经典。它认为声闻乘和辟支佛乘同菩萨乘一样,同出诸佛之口,也都是为了救度众生脱离生死"火宅";其差别仅在于众生"根性"有"利钝",佛说法有先后、权实的不同而已。所以"二乘"或"三乘"之说,究竟是"唯一佛乘",这就叫作"会三归一"。在哲学理论上,《法华经》一方面把般若空观作为方法论,同时承认众生有先天的"佛智"(佛之知见);佛教修持的重要内容,是开发自身这一固有的"佛智",这为后来的信奉者提供了作多层发挥的口实。《法华经》的宗教气氛也比般若经类浓厚,认为诸佛固然是由凡人修成,但一旦成佛,都可达到"常住不灭";至于偶像崇拜,包括塑绘和礼拜佛像、建造塔庙、供养舍利，则不但是积累功德的手段，而且也是通向成佛的途径。它塑造的"药王菩萨"，以自戕和自焚作为对信仰虔诚的表现，把"舍所爱身，供养于世尊"作为佛徒的崇高美德来提倡，对后世的影响相当久远。

（2）净土经类。"净土"是大乘某些派别为佛教构画的理想王国。其中《阿弥陀经》弘扬西方净土，以为西方有"极乐世界"，此方众生专念"阿弥陀佛"（意译"无量寿佛"），死后即可生于由此佛主持的西方净土。《阿閦佛国经》弘扬东方净土，以为东方有"妙喜世界"，此方众生发愿供养"阿閦佛"（意译"不动如来"），死后即可生于由此佛主持的东方佛国。东西方净土都是无限美妙，充满快乐的，明显地反映了对此方"秽土"产生的厌恶和远离的心理，同其他诸大宗教渲染的"天国"本质上相同。弥勒上生信仰，把理想国安置在属于"欲界"的"兜率天"上；弥勒下生信仰把世俗的理想化王国建立在人间。除此之外，还有《维摩诘经》等提倡的"唯心净土"，用净心的方法，改秽土为净土。

（3）秘密经类。咒术是早期佛教视作"邪命"骗财而予以激烈排斥的东西，由于大乘佛教向民间的发展，它逐渐成了炫耀佛教神通、传播佛教教义的手段，由此出现了大批专以咒语治病、安宅、驱鬼役神、伏龙降雨等类的佛典。同时，佛徒在教学过程中，往往把长篇巨幅的经文简化成少数文字或字母，以便于诵念记忆，形成所谓的"陀罗尼"（意译"总持"）；陀罗尼的神秘化，也就成为一种似乎具有神通力的咒语，经常出现在经文中。

咒术只是佛教吸取民间巫术的一种，占星、占卜和生肖说等，对大乘佛教也有相当的影响，像《摩登伽经》等，就很有代表性。

本来，早期佛教的禅定就含有若干神秘的因素，认为修禅达到高级阶段，能够获得五种"神通"[①]，见人所不能见，闻人所不能闻，推演过去，预知未来，洞察他人心态，以至于自在变化、任意飞行。大乘佛教进一步吸取了在古代民间普遍流行的巫术，大大增加了

---

① "五神通"是：神足通、天眼通、天耳通、他心通、宿命通。

83

佛教的神秘主义成分,这固然有利于佛教的普及,但离早期佛教的原旨就越来越远了。

《密迹金刚力士经》在公元3世纪译成汉文,后被编入《大宝积经》中。此经提出,法身如来亦具"身"、"口"、"意"三业,但高深莫测,不可思议,非世俗认识的对象,故曰"秘密"。这样的"三业"称为"三密":"身密",指如来无所思维而"普现一切威仪礼节";"口密",指如来虽无言说,而"悉普周遍众生所想";"意密",指如来"神识"永恒不变,但又具"识慧",能现示诸种色身。"三密"之说,不但把佛陀全然神化,而且也为后人秘密修持开辟了重要门径。

佛教的密教化倾向,在早期大乘阶段已经有相当的含蕴了,后逐渐发展成为一个独立的派别,史称"密教"或"密宗"。

第五节　佛教向中国内地的传播与初传期的中国佛教

一　佛教向中国内地的传播

佛教传进中国内地,是佛教史上的重大事件。但对传进的具体时间,说法很多①,学术界一般认为,汉哀帝元寿元年(前2年),大月氏王使臣伊存口授《浮屠经》,当为佛教传入汉地之始。此说源于《三国志》裴松注所引鱼豢的《魏略·西戎传》:

> 昔汉哀帝元寿元年,博士弟子景庐受大月氏王使伊存口授《浮屠经》。回复立(豆)者,其人也。《浮屠》所载临蒲塞、桑门、伯闻、疏问、白疏问、比丘、晨门,皆弟子号。

大月氏于公元前130年左右迁入大夏地区,其时大夏已信奉佛教。至公元前1世纪末,大月氏受大夏佛教文化影响,接受了佛教信仰,从而辗转传进中国内地,是完全可能的。

在佛教界,则普遍把汉明帝夜梦金人,遣使求法,作为佛教传

---

① 参见汤用彤《汉魏两晋南北朝佛教史》上卷,中华书局,1983。

入中国的开始。此说最早见于《四十二章经序》和《牟子理惑论》(简称《理惑论》)。《理惑论》说:

> 昔汉明皇帝,梦见神人,身有日光,飞在殿前,欣然悦之。明日,博问群臣:"此为何神"? 有通人傅毅曰:"臣闻天竺有得道者,号之曰'佛',飞行虚空,身有日光,殆将其神也。"于是上悟,遣使者张骞、羽林郎中秦景、博士弟子王遵等十三人,于大月支写佛经四十二章,藏在兰台石室第十四间。时于洛阳城西雍门外起佛寺,于其壁画,千乘万骑,绕塔三匝。又于南宫清凉台及开阳城门上作佛像。明帝存时,预修造寿陵,陵曰显节,亦于其上作佛图像。时国丰民宁,远夷慕义,学者由此而兹。

《四十二章经序》所记与此大同小异,但都未说明感梦求法的确切年代。袁宏《后汉纪》及范晔《后汉书》等正史,亦未记其年月。后来则有永平七年(见《老子化胡经》)、十年(见《历代三宝记》、《佛祖统纪》)、三年(见《汉法本内传》)、十一年(见陶弘景《帝王年谱》)等多种说法。至梁《高僧传》,更称汉明帝于永平中遣蔡愔等往"天竺"求法,并请得摄摩腾、竺法兰来洛阳,译《四十二章经》,建白马寺。于是佛、法、僧完备,标志着佛教在汉地真正的开端。

但是,这类记载不仅神话成分居多,内容也相互矛盾。事实上,《后汉书·楚王英传》记,永平八年(65),佛教在皇家贵族层已有相当的知名度,不必由汉明帝才开始感梦求法。

此外,还有汉武帝时传入说。《魏书·释老志》记,汉武帝元狩年间(前122—前117),霍去病讨匈奴,获休屠王金人,"帝以为大神,列于甘泉宫。金人率长丈余,不祭祀,但烧香礼拜而已。此则佛道流通之渐也"。此说原出南朝宋王俭托名班固撰之《汉武帝故事》,国内学者一般持否定态度,但海外有些学者认为可信。

总之,根据信史的记载,佛教传入汉地,当在两汉之际,即公元前后。它是通过内地与西域长期交通往来和文化交流的结果。

从两汉之际到东汉末年的200多年,是佛教在中国的初传时期。它经历了一个反复、曲折的变化过程,终于在中国特定的社会条件和文化背景上定居下来。

西汉末年,社会矛盾日益尖锐激化,富者田连阡陌,贫者无立锥之地,已经成为普遍现象。王莽托古改制,不但没有缓和阶级对立,反而激起了全国范围的农民起义,西汉王朝最终为刘秀的东汉王朝所取代。在意识形态上,董仲舒草创的谶纬神学,由于国家实行五经取士,处处需用图谶论证皇权的合理性,以致经学与妖言、儒士与方士搅混不清。王莽改制用图谶,刘秀取国也用图谶,图谶成了两汉的官方神学,既是文人做官的门径,也是巩固政权或夺取政权的舆论工具。史载第一个接受《浮屠经》的是汉哀帝时攻读"五经"的"博士弟子",同当时的这种风气是相适应的。

《后汉书》关于楚王英奉佛的记载,有助于了解佛教在这种大背景下的具体情况。

楚王英是汉明帝的异母兄弟,建武十五年(39)封王,二十八年(52)就国。《后汉书》本传记:"英少时好游侠,交通宾客。晚节更喜黄老学,学为浮屠斋戒祭祀。"永平八年(65),"诏令天下死罪皆入缣赎。英遣郎中令奉黄缣白纨三十四诣相国曰:托在蕃辅,过恶累积,欢喜大恩,奉送缣帛,以赎愆罪。国相以闻。诏报曰:楚王诵黄老之微言,尚浮屠之仁祠,洁斋三月,与神为誓,何嫌何疑,当有悔吝? 其还赎,以助伊蒲塞桑门之盛馔"。明帝将此诏书传示各封国中傅,明显含有表彰和推广的意思。后来刘英广泛交结方士,"作金龟玉鹤,刻文字以为符瑞",遂以"招聚奸猾,造作图书",企图谋逆罪被废,次年,在丹阳自杀。

结交宾朋(多是方士),造作图谶,起码在光武诸王中是很流行的。像济南王康、阜陵王延、广陵王荆等都是。但他们制造的图谶,已不再作为"儒术",而是当作黄老的道术;早先侧重附会《五经》,也转向了"祠祭祝诅"。楚王英对"浮屠"的"斋戒祭祀",是这种活动的重要方面。由此可见,佛教在中国内地是作为谶纬方术的一种发端的。

汉明帝对于楚王英一案的追究很严,株连"自京师亲戚、诸侯、州郡豪桀及考案吏,阿附相陷,坐死徙者以千数"。诸侯王作谶纬方术,直接成了大逆不道的罪状。自此以后近百年中,史籍不再有关于佛教在中土传播的记载,显然,也是这次株连的结果。

自和帝(89—105 在位)开始,东汉王朝在阶级对立的基础上,又形成了外戚、宦官和士族官僚三大统治集团的长期斗争,至桓、灵之世(147—189)达到顶点,最终导致了黄巾起义(184),东汉皇权陷于全面崩溃。佛教在这种形势下,有了新的抬头。

但作为东汉官学内容之一的天人感应,包括图书谶纬、星宿神灵、灾异瑞祥,始终没有中断过,皇室对方术的依赖也有增无已。汉章帝(76—88 在位)继明帝即位,赐东平宪王苍"以秘书、列仙图、道术秘方"。神仙术已为皇家独享,所以也当作最高的奖赏。到了汉桓帝(147—167 在位),更有了明显的发展。他继续楚王英的故伎,在"宫中立黄老、浮屠之祠",或言"饰华林而考濯龙之宫,设华盖以祠浮图、老子"。其目的,一在"求福祥"、"致太平",一在"凌云"而成仙。佛教进一步被王室视作崇拜的对象。

然而,佛教自身在这个时候已有了义理上的内容。延熹九年(166),襄楷疏言:"浮屠不三宿桑下,不欲久生恩爱",又说,"此道清虚,贵尚无为,好生恶杀,省欲去奢。"①这是早期佛教禁欲主义的标准教义,在传说为明帝时译出的《四十二章经》中,有较为集中的反映。

《四十二章经》是译经还是经抄或汉地所撰,以及它成于什么年代,近代学者有很不相同的意见。但它的部分内容,在襄楷疏中已有概略的表现,则没有疑问。此经从"辞亲出家为道"开始,始终贯穿禁欲和仁慈两条主线,与襄楷的主张全合。其中言"树下一宿,慎不再矣",与襄楷所说"浮屠不三宿桑下",都是佛教头陀行者(苦行游方者)的主张;又言天神献玉女于佛,佛以为"革囊众秽",襄楷疏中也有完全相似的说法。因此,汉桓帝时重新出现的佛教,已经具有了出家游方和禁欲仁慈的重要教义。但在形式上,与道

87

———————————

① 《后汉书·襄楷传》。

教的结合比同五经谶纬的结合更加紧密。襄楷本人是奉行于吉"神书"的,此"神书","专以奉天地顺五行为本,亦有兴国广嗣之术",即道教早期经典《太平经》的原本《太平清领书》。襄楷引用佛教的上述教义,主要在于论证"兴国广嗣"的正确之道。他特别提到当时的传说:"或言老子入夷狄为浮屠",把产生于古印度的佛教说成是中国老子教化夷狄的产物。这意味着佛教处于依附道教的地位。

桓、灵之世,经过两次党锢(166—176)和震撼全国的黄巾起义,接踵而来的就是董卓之乱,军阀混战。连年战火,灾疫横生,人民处在死亡线上,痛苦、无望的阴影,笼罩着社会各个阶层。这在社会思潮上,引起了重大变化。首先,两汉神学化了的纲常名教,即独尊的儒术,受到了严重的冲击,汉桓帝在宫中立黄老、浮屠之祠,就是对儒术失去信心的表现;黄巾起义奉《太平清领书》为经典,张鲁的五斗米道用《老子》作教材,广大的农民唾弃了官颁的"五经";在官僚和士大夫阶层,名教礼法或者成了腐朽虚伪的粉饰品,或者为有才能的政治家和军事家所轻蔑。两汉正统的文化思想已经丧失了权威地位,社会酝酿和流行着各种不同的思想和信仰,其中不少可以与佛教产生共鸣。所谓"名不常存,人生易灭",以"形"为劳,以"生"为苦之类的悲观厌世情绪,以及由避祸为主而引生的不问是非的政治冷淡主义和出世主义等,更是便于佛教滋长的温床。

此外,与图谶方术同时兴盛的精灵鬼神、巫祝妖妄等迷信,也空前泛滥,为佛教信仰在下层民众中的流传提供了条件,加上统治阶级运用政治和经济手段的诱胁,在汉末的某些地区,使佛教有了相当广泛的群众基础。《三国志》和《后汉书》均载,丹阳(今安徽宣城)笮融督管广陵(今江苏扬州)、下邳(在今江苏宿迁西北)、彭城(今江苏徐州)漕运,利用手中掌握的粮食,起大浮屠寺,可容 3 000 余人,悉课读佛经;又以信佛免役作号召,招致人户 5 000 余,"每浴佛,多设酒饭,布席于路,经数十里,民人来观及就食者且万人"。

从西汉末年到东汉末年的 200 年中,佛教从上层走向下层,由少数人信仰变为多数人信仰,其在全国的流布,以洛阳、彭城、广陵为中心,旁及颖川、南阳、临淮、豫章、会稽,直到广州、交州,呈自北向南发展的形势。

二 佛教向交州的传播

交州(今越南河内),汉魏亦称"交趾",也是中国早期佛教最发达的地区之一。汉末士燮(137—226)任交趾太守(同时领有广州),在郡40余年,相对安宁,中原士人往依避难者以百数,一时学术荟萃,思想文化十分活跃。士燮本人倡导儒学,尤精《左传》、《尚书》;佛教和道教方面的"异人"也集中不少。与士燮同为苍梧人的牟子,就是佛教的代表人物。

牟子与笮融同时,将母避乱至交趾,从其所著《理惑论》看,这里的佛教义学已相当成熟,与儒家"五经"和道家《老子》相调和,全力排斥道教神仙辟谷之术,为佛教的发展开路。据此可见,交趾的佛教最初是来自内地北方。但也有材料说明,交州佛教原是由海路南来,并由此北上中原,成为佛教传入内地的另一渠道。三国吴赤乌十年(247)抵达建邺的康僧会,原籍康居,世居天竺,其父因商贾移居交趾,可以说,他自幼受到家传天竺文化的影响。但康僧会又是生长在交趾儒学绍隆之区,使他的佛教思想中充满着儒家精神,同当时已经流传于大江南北的玄学和般若学大异其趣。《高僧传》本传称他"初达建邺,营立茅茨,设像行道",为舍利建塔,成为江左建寺之始。这是典型的天竺风气。他编译的《六度集经》有关菩萨"本生"的故事,在天竺大多能找到相应的遗迹。其中太子须大拏的传说,亦见《理惑论》。据《大南禅苑传灯录》记:"交州一方道通天竺,佛法初来,江东未被,而赢陵又重创兴宝刹二十余所,度僧五百余人,译经一十五卷……于时有比丘尼摩罗耆域、康僧会、支疆梁接、牟博(即牟子)之属在焉。"因此,说康僧会所传佛教是经海路迁入交趾,然后又北上南京,不是没有根据的。

此外,三国吴时在交州译经的还有西域僧人支疆梁接,译出《法华三昧经》。晋惠帝(290—306在位)末年,天竺耆域经扶南至洛阳,取道交、广。晋隆安(397—401)中,罽宾高僧昙摩耶舍达广州,交州剌史女张普明咨受佛法,耶舍为其说佛生缘起,并译出《差摩经》。他的弟子法度,专学小乘,禁读方等,独传律法,在江南女尼中有甚深影响。求那跋摩在阇婆国弘教时,宋文帝曾敕交州剌史泛舶延请。南朝齐梁之际,有释慧胜,交州人,住仙洲山寺,从外国禅师达摩提婆学诸观行,诵《法华》日计一遍。与慧胜同时的还有交趾人道禅,亦于仙洲山寺出家,以传《十诵律》著称。他们后来都进入南朝京都,声播内地。交州自汉末以来,就是佛教沿海路传入中原的重要门户。

早期的交州佛教,大小乘都有。此后信奉《法华经》则比较突出。《法华经·药王品》把焚身供佛作为最上供,影响很久。《弘赞法华传》载,交州陆平某信士,"因诵《法华》",仰药王之迹,自焚之后,出现奇迹。公元 5 世纪上叶,黄龙昙弘适交趾之仙洲山寺,亦于山上聚薪自焚。

三 初传期的佛教译著

汉末的社会历史状况,为佛教在中国的发展提供了适宜的温床。据现存最早的经录《出三藏记集》(简称《祐录》)记载,从汉桓帝到献帝的 40 余年中,译为汉文的佛教经典 54 部 74 卷,知名的译者 6 人;唐《开元释教录》(简称《开元录》)勘定为 192 部 395 卷,译者 12 人。这标志着中国佛教开始了大规模的发展。译者中最有代表性的是安世高和支娄迦谶。

安世高,本名清,原为安息国太子。父死,"让国于叔,驰避本土",游历西域各国。汉桓帝(147—167 在位)初年,进入中国内地,在洛阳从事译经。至汉灵帝建宁(168—171)时,20 余年间,共译出佛经 34 部 40 卷(《开元录》订正为 95 部 115 卷),主要有《安般守意经》、《阴持入经》、大小《十二门经》、《修行道地经》等。灵帝末年,关河扰乱,安世高避难江南,经庐山、南昌至广州,卒于会稽。他行走的这条路线,大体反映了当时佛教传播的路线。

据《出三藏记集》和《高僧传》等记载,安世高善"七曜五行,医方异术",并懂"鸟兽之声",带有浓厚的方士色彩。他在佛教上的贡献,是首次系统地译介了早期小乘经典。其中一些译典属于四阿含中的单行本,另有一些是自成体系,大致相当于上座部中的说一切有部之说。晋释道安评论安世高:"博学稽古,特专阿毗昙学,其所出经,禅数最悉。"[1]他用"禅数"之学来概括安世高的佛学特点。

所谓"禅数"的"禅",即是禅定;所谓"数",指用四谛、五阴、十二因缘等解释佛教基本教义的"事数",从佛典的文体上说,属于"阿毗昙",以其能使人懂得佛教的道理,亦称为"慧"。因此,"禅数"也就是后来中国佛教常说的"定慧"、"止观"。安世高所传禅法,影响最大的是"安般[2]守意",后称"数息观"。它要求用自一至十反复数念气息出入的方法,守持意念,专心一境,从而达到安谧宁静的境界。他们相信,这种禅法最后可以导致"制天地,住寿命","存亡自由"。这种修禅的方法与古代中国神仙方术家的呼吸吐纳、食气守一等养生之术相似,很容易为人们接受。隋智颚将其改造为《六妙法门》。作为一种气功,安般禅至今还在流行。

安世高的"数"学,即佛教教理,集中反映在《阴持入经》上。"阴持入",新译作"蕴、处、界",亦称佛教"三科",是着重说明人生和世界之所以存在及其本质的。此经的中心,在于把人的世俗观念(无明),特别是通过感官的感受和观念说成是苦的远因,而人的爱欲,主要是食与性,则是苦的近因。人生在世必然是苦。据此,它要求通过禁欲主义途径,达到出世的目的。

安世高所译佛经"义理明晰,文字允正,辨而不华,质而不野"[3],比较通顺。他所介绍的教理,在汉魏两晋都有影响。当时临淮人严佛调撰《沙弥十慧章句》,开始发挥安世高学说;三国吴康僧会曾从安世高弟子南阳韩林、颖川皮业、会稽陈慧随学,并与陈慧共注《安般守意经》;晋僧道安为大小《十二门经》、《安般守意经》、

91

---

[1]《出三藏记集》卷六《阴持入经序》。

[2] "安般",梵音"安那波那"之略,指呼吸。

[3]《出三藏记集·安世高传》。

《阴持入经》、《人本欲生经》等经作序作注；东晋名士谢敷也曾为《安般守意经》作序。可见安世高的译籍，不但流传时间长，影响亦较广泛。

支娄迦谶(简称"支谶")，月氏人，桓帝末年游于洛阳，在灵帝光和、中平之间(178—189)译出佛经14部27卷，影响最大的是《道行般若经》、《首楞严三昧经》和《般舟三昧经》。

《道行般若经》亦称《般若道行品》，与三国吴支谦译《大明度无极经》，姚秦鸠摩罗什译小品《般若波罗蜜经》属同本异译，相当于唐玄奘所译《大般若经》第四会。此经是大乘般若学介绍进中国内地之始，它的怀疑论倾向和否定一切权威的批判精神，在分崩离析的现实世界和精神世界中，引起强烈的反响。

支谶在翻译中，把"真如"译作"本无"、"自然"、"朴"等，很容易与《老子》的概念相混。《道行般若经》在陈述"缘起性空"时，强调相对主义的方法，既把"性空"视作终极真理，又把"缘起"当作"性空"的表现，从而导向折衷主义的双重真理观，这又与《庄子》的某些思想相通。魏晋玄学盛行时，般若学在佛教中得到突出的发展，此经起了不小的作用。

《般舟三昧经》和《首楞严三昧经》都是讲大乘禅法的。"首楞严"意译"健相"、"勇伏"等，"三昧"即是禅定的另一种梵音。这种禅定，在于用幻想示现种种境界、种种行事，证明行者具有不可思议的神通力量，从而激励勇猛精进，修习佛教，超度众生。所谓"般舟"，意为"佛立"、"佛现前"。修此"三昧"，在于使"十方诸佛"在虚幻想像中出现于行者面前。此经中还特别宣扬，只要专心思念西方阿弥陀佛，并在禅定中得见，死后即可往生西方净土极乐世界。这为中国的净土信仰奠定了基础。但这种禅定也提供证明，"佛"不过是"心"的自我创造，本质也属空无，所以在理论上，与般若经类相互补充。以上两经自支谶译出至于姚秦，200余年中，先后有多种译本，说明这种用大神通游戏世间的思想，有很大的吸引力。

在这个时期，除了译经之外，也开始出现了中国人自己写的佛教著述。像《安般守意经》就保存有多家注解。上述《沙弥十慧章句》已佚,《四十二章经》也可能是汉末人所辑。比较完整地反映汉魏之际的中国佛教思想的,是《牟子理惑论》(简称《理惑论》)①。

牟子本人"锐志于佛道,兼研《老子》五千文"。又"玩五经为琴簧",熟悉中国的正统思想。他的立论就是用"儒典"和《老子》,证成佛家学说,为佛教义理的发展披荆斩棘。其中反映当时攻难佛教的言论,主要有:佛经非儒典所载,乃"夷狄之术";"出家毁容,不合孝道";"妄说生死鬼神,非圣贤之语"等。对此,《理惑论》一一作了辩解。它说:"君子博取众善",子贡亦曰"夫子何常师之有乎?"所以"书不必孔丘之言"。至于华夷的界限本是相对的,何况"禹出西羌","由余产狄国","昔孔子欲居九夷",对佛教"尊而学之",决不意味着"舍尧舜周孔之道"。沙门"捐家财、弃妻子",剃头毁容,属权变小节,重要的是,"修道德"、"崇仁义",与圣人无异。"至于成佛,父母兄弟皆得度世",更是大孝大仁。佛教讲"人死复当更生"的因果报应,最为当时所惑,《理惑论》则以招魂的习俗和《孝经》所言"为之宗庙,以鬼享之"等证明这都是中国古已有之的事。总之,"尧舜周孔修世事也,佛与老子无为志也",两者虽有出世和处世的差别,但都属"君子之道",不可使之对立。

佛教作为外来的一种宗教,在中国的流传过程中,曾长期受到传统文化观念,特别是儒家观念的挑战,引起多次争论,虽历两晋南北朝而至隋唐,未曾停止。而就其涉及的根本内容言,大体不出《理惑论》的范围;从佛教立场解决中外两种宗教文化的冲突与融合,也基本上采取《理惑论》这种既保持佛教的一定独特性,又依附或适应中国某些传统思想的路子。

假若说,两汉之际佛教是依附于儒学方士,到桓灵之世又成为道教方术的补充物,那么《理惑论》则同《老子》五千文站在一起,依附儒典七经,重点转向抨击道教的神仙长生术。佛教在汉魏之间,已经与道教明确分家了。

《理惑论》中提到"今沙门剃头发,被赤布",又记问者言"今沙

93

---

① 此论亦有疑为晋宋之际始出者,但根据不足。

门耽好酒浆,或畜妻子,取贱卖贵",说明在汉人中间,出家为僧者已不是个别现象,骨干则是落魄的士大夫,像临淮的严佛调,是早期的译家之一,广陵、彭城二相,则是开创佛经讲座最早的知名者。

第三章 佛教的黄金时代 (4—6世纪)(上)

第一节 印度的笈多王朝和佛教的发展

一 印度社会与文化概况

公元320年,旃陀罗·笈多一世创建笈多王朝,在华氏城(今印度北部巴特那)建都,以恒河与宋河、朱木拿河流域为中心,逐步向外扩张,经过沙摩陀罗·笈多和旃陀罗·笈多二世(超日王,380—413在位)的武功与联姻,使原处于分裂的印度达到了近乎孔雀王朝那样的统一,经济和文化更加昌盛。

笈多王朝在西北部,臣服了贵霜后人(大月氏人)和塞人的许多小国,但不久又受到了白匈奴的入侵。西方史学家称作白匈奴的,中国史书称"哦哒",公元5世纪分布在阿姆河以南,建都巴底延城(在今阿富汗伐济纳巴德),势力强盛,乃大规模南下。笈多王朝虽然作了抵抗,但效果甚微。到5世纪末和6世纪初,他们已经稳固地占领了锡亚尔科特地区和东马尔瓦,中国的疏勒、于阗也在他们的控制之下。笈多王朝退缩到摩揭陀,延续到7世纪中叶,史称"后笈多王朝"。519—520年,北魏宋云在犍陀罗谒见哦哒王,就是白匈奴的戈拉斯,也就是入侵的主要统帅米希拉古拉。6世纪中叶,哦哒国势衰退,被突厥与波斯所灭。

笈多王朝强大期,声威远及隔海相望的斯里兰卡岛,但始终没有在德干高地建立起真正的政权。这个广大地区,由很多不同的种族建立的许多小国分别统治。5世纪上半叶,在建志(马德拉斯附近)建都的帕拉瓦王朝兴起,6世纪下半叶统一了南方诸国,征服了斯里兰卡。这个王朝在发展南印度的政治文化上,有重要的历史地位,建志城成了婆罗门教和佛教的重要学术中心。

从总体上说,笈多王朝着力支持印度教的发展,所以这个王朝统治的时期,被认为是一个婆罗门教复兴的时期。其中对于毗湿奴(遍净天)和湿婆(大自在天)的崇拜尤其盛行。由此形成的两大教派,也得到北方呋哒等外来统治者和南方帕拉瓦等王室的赞助。不过所有这些王国,大多对宗教采取宽容政策,允许各种信仰并存,自由辩论和竞争。在这样的气氛下,佛教依然遍及全印,持续高涨。

这个时期,印度的对外交通继续扩大。北部经波斯,沿里海抵达地中海,与西方罗马帝国有商业和文化交往。东逾帕米尔进入我国新疆和河西地区,往来日益频繁。南部沿海形成许多海上贸易的港口,西经亚历山大港驶入红海,也是沟通罗马帝国的重要渠道;向东则通向中南半岛和马来半岛、苏门答腊、爪哇等地,与中国大陆的水上联系也紧密起来。

二 北印佛教

公元 399 年,东晋高僧法显发自长安,渡流沙,越葱岭,横穿印度,抵师子国,411 年搭商船回国,经苏门答腊或爪哇的耶婆提国,于 412 年漂回山东半岛,从崂山登陆,次年回到建康。从陆路去由海路归,完成了有史记载以来第一次这样规模的旅行。所著《佛国记》有极高的史料价值。

法显在印度接触的是以商人为主体的中下层民众和僧侣,他在《佛国记》中的记载反映了当时民间的习俗和信仰。大致说,北印佛教依然以犍陀罗为中心,包括陀历(在今巴基斯坦奇特拉尔以南)、乌苌(在今巴基斯坦北部斯瓦特河地区)、宿呵多(在今巴基斯坦境喀布尔河支流斯瓦特河流域)、竺刹尸罗(在今巴基斯坦拉瓦尔品第西北)、弗楼沙(在今巴基斯坦白沙瓦西北)、那竭(在今阿富汗东北部贾拉勒阿巴德)、跋那(在今巴基斯坦班努)等国,伽蓝众多,僧徒聚居,除个别大小乘兼学者外,多属小乘学者。有关佛的遗物,如佛遗足迹、佛齿、佛骨顶、佛剃发剪爪、佛钵、佛锡杖、佛影等,散布诸地,建塔供养,亦有僧众居止。其中佛本生故事,如菩萨割肉贸鸽、以眼施人、投身喂虎等,也有遗迹存留,所建四大宝塔,金银校饰,诸国王臣民竞兴供养。弗楼沙原是犍陀罗首都,传说迦腻色迦王曾在此处建大塔,高40余丈,众宝校饰,壮丽威严,"阎浮提塔,唯此为上",亦即宋云所记之"雀离浮图"。此地的佛钵,被视作佛法兴衰的象征,建塔及伽蓝供养,有僧700余名。建塔已成普遍风气,那竭国城更有阿罗汉、辟支佛塔千数。其醯罗城的佛顶骨精舍,成为全民的崇拜中心,国王每早先诣精舍礼拜,后听国政;居士长者,亦先供养,后修家事。

480年,哒灭大月氏,据有犍陀罗,势力远及康居、安息、于阗、疏勒和30余小国。518年,即法显自天竺回国百年后,北魏宋云、惠生,也游历了乌苌、犍陀罗等地。据他的记录,当时哒国王"不信佛法,多事外神,杀生血食"。犍陀罗由哒贵族子弟为王,治国二世,"多行杀戮,不信佛法,好祀鬼神"。但国中婆罗门崇奉佛法,好读经典,当是大乘信仰者,与犍陀罗王矛盾甚深。该王又与罽宾连续进行了三年战争,不得人心。罽宾历来是小乘有部的活动基地,没有发现因战争遭到严重破坏的迹象。所以哒统治者的非佛态度,对佛教的发展影响或许不大。乌苌国亦在哒的势力范围内,那里的佛迹崇拜依然兴旺,且有新的发展。国王笃信佛教,素食长斋,晨夜礼拜,日中以后始治国事。此等行事,显然是法显所记那竭国王奉佛的延续。该国寺院亦多,僧徒自50人至300人不等,戒行精苦。

乌苌国的佛教带有国教性质,国王奉佛列为每日三时的必修课,民众也把礼佛安排在日常生活之中,这种情况延续了一个相当长的时间。556年,进入北魏邺都的那连提黎耶舍说,他游历诸国,北背雪山,南穷师子,自所经见,唯有乌苌国主乃真大士。他描述的乌苌国处理政教关系的情况,与宋云所见大体相同。

在6世纪下半叶,游方来到中土的乌苌国学僧,除那连提黎耶舍,还有毗尼多流支等,译出《月藏》、《日藏》等多属大乘经典,突出地表现了佛教吸收原始宗教,从咒术星象到天龙鬼神,向多神多信

97

仰转化的迹象,其特点,集中强调诸鬼神在护法、护国、护民中的作用。此类经典后被编入《大集经》,在某种程度上反映了阿富汗、巴基斯坦和我国新疆西部地区当时佛教信仰的状况。

三　中印和东印佛教

法显渡印度河,进入以朱木拿河为中心的印度佛教发源地,包括毗荼国、摩偷罗国、僧伽施国(在今卡脑季西北)、罽饶夷城(今卡脑季)、沙祇大国(今卡脑季东南阿约底)、拘萨罗国舍卫城(今北方邦拉普提河南之塞特马赫特)、迦毗罗卫(在今尼泊尔境内)、兰莫国拘夷那竭城(今卡西亚或加德满都东)、吠舍离(今木札法普尔)、摩揭陀国(今巴特那与加雅地区)、巴连弗邑(即华氏城,今巴特那)、王舍新城(今比哈尔西南之拉杰吉尔)、伽耶城(伽雅)和迦尸国波罗捺城(在今瓦腊那西)、拘睒弥国(在今阿拉巴德之西南)、达嚫国(在今德干高原中部)、瞻波(在今巴加尔普尔地区)、多摩梨帝国(在今加尔各答西南)等。这些国家和城市可以分为如下两类:

一类是以摩偷罗和摩揭陀等为代表的中天竺诸国,这里的气候宜人,物产丰富,文化宗教发达,佛法转盛,寺院众多,规模宏大,有的可住僧六七百人。据说,"天竺诸国国王皆笃信佛法,供养众僧",包括居士在内。为众僧起精舍,供给田宅、园圃、民户、牛犊。"铁卷书录后,王王相传,无敢废者",众僧住止房舍,衣食无缺。看来寺院经济已经普遍发达,僧侣生活方式有了根本性变化。众僧聚居和崇拜对象,按其奉行的教义而有区分,所以其住处所建诸塔,亦有差别。阿难曾请世尊听女人出家,以是比丘尼多供养阿难塔,而诸沙弥多供养罗云塔,阿毗昙师供养"阿毗昙",律师供养"律",摩诃衍人则供养"般若波罗蜜"和文殊师利、观世音等。他们每年各有自己供养的节日。这样,必然形成大小乘多种教派杂居交融的状况。

摩揭陀国的华氏城,为中天竺最大的都城,其宫殿建筑神工鬼斧,雕文刻镂,被疑为非世间所造。"民人富盛,竞行仁义"。时有大乘婆罗门子名罗汰私婆迷的,为国王师,举国瞻仰。僧众造摩诃衍伽蓝,四方高德沙门及问学人,欲求义理,皆诣此寺。法显于此寺得《摩诃僧祇律》、《萨婆多部众律》、《杂阿毗昙心论》、《方等般泥洹经》、《摩诃僧祇阿毗昙》等,可见大乘寺也是容纳小乘经典的。婆罗门子之师曰文殊师利,即住此寺,受到大乘比丘的崇敬。每年二月八日行像,彩画诸天,上悬幡盖,四边作龛,皆有坐佛,菩萨侍立,可有二十车,庄严各异;境内道俗皆集,作倡伎乐,华香供养。婆罗门子请佛入城,通夜燃灯。长者居士各于城中立福德医药舍,凡贫穷、孤独、残破、疾病等人,皆可诣此舍取得医药饮食供给。摩揭陀国华氏城成了当时大乘学的重镇,也是以大乘化众理国的样板,不过小乘寺僧依然并存。5世纪上半叶,智猛西游至华氏城,"有大智婆罗门,举族弘法,王所钦重","猛于其家得《大泥洹》、《僧祇律》等",仍是法显所见的情形。

另一类可以拘萨罗国舍卫城与迦毗罗卫国为代表。后者是释迦牟尼的诞生地,土地空荒,人民稀疏,道路怖畏,野兽横行。城中亦无王民,只有僧众民户数十家。但几乎处处都有释迦圣迹,从白净王故宫、太子入胎,到佛陀得道、为父王说法等,遗址一一可指。释迦牟尼是当地人民的骄傲,人们给他创造的神话和指定的遗迹,饱含着对他的怀念。伽耶城的情况类似,佛得道处有三伽蓝,仍有僧住,由民户供给。拘萨罗国有九十六种外道,各有徒众,于旷路侧立"福德舍",供给行路人及出家人,以求福祐。佛陀布道重地舍卫城,人烟稀旷;尤可注意者,迦叶、拘楼孙、拘那含牟尼所谓过去三佛的生处,也都在舍卫城周围。有调达僧众住处,他们是供养过去三佛,而不供养释迦文佛,可见释迦佛徒在这个地区实质上已经失势,佛教也不甚兴盛。对于佛陀布道的另一个重要据点吠舍离,法显只记载了若干佛教遗迹,而未提及僧众情况,或许佛教也比较冷落。

多摩梨帝国,地处西孟加拉邦入海处,那里有二十四僧伽蓝,尽有僧住,佛法兴盛。从法显在这里用两年时间写经、画像看,佛教文化相当发达。从这里可以东渡缅甸,南航斯里兰卡,当是佛教走出印度的重要口岸。

99

四　斯里兰卡佛教

斯里兰卡佛教在大乘思潮的不断冲击下,促使无畏山寺内部发生了分化。公元309年哥塔巴耶王即位后,一个叫乌西利耶帝沙的长老率领三百僧人离开了无畏山寺,到南山寺另辟据点。其中的萨伽利(意译为"海")长老,后来主持了大军王(334—362在位)赐予的祇陀林寺,倡导大乘中观派主张,被称作"祇陀林寺派"。这是斯里兰卡佛教史上的第二次分裂,由此形成了大寺派、无畏山寺派、祇陀林寺派三足鼎立的局面。

佛教大乘思潮并不都受到国王们的欢迎。据《大史》记,哥塔巴耶王就曾对无畏山寺的方广部采取严厉的制裁,将该部60名僧人驱逐到南天竺的注辇(朱罗)国。此后诸王对大乘佛教也多半实行限制政策,到12世纪,正式取缔了祇陀林寺派。当然,这并不意味着大乘思想对斯里兰卡佛教没有深广的影响,就在大军王统治期,斯里兰卡的史籍提到了第一尊大乘菩萨像的出现。汉译《六度集经》中的菩萨行故事,在南传三藏中也有保存。

继承大军王位的是室利·弥伽婆拉(362—409在位),从印度羯陵伽国(哥达瓦里河以北,孟加拉湾沿岸)迎来了佛牙和部分舍利,并由国王亲自安置在宫中,无畏山寺的长老主持了盛大的奉祀典礼。这是斯里兰卡佛教史上的大事,也是文化史上有意义的事件。此后每年一度,都要将佛牙从王宫迎往无畏山寺供养。佛牙成了斯里兰卡的国宝,佛牙出行成了举国欢庆的节日。据说,以后在楞伽岛上只有真正拥有佛牙的人,才能够成为国主。如今,佛牙保存在康提的佛牙寺中,被视作文化传统的一种象征。

410年,法显抵达师子国。时国王笃信佛法,净修梵行,佛教大为兴旺。城内四衢道头都有"说法堂",每月三次铺设高座,道俗四众皆集听法。共有僧众五六万人,由国王于城内供养者约五六千人。无畏山寺有僧5 000名;寺东40里,有支提精舍,也有僧2 000名;城南有摩诃毗可罗精舍(大寺),有僧3 000名。王为众僧每造新寺,乃选上好牛一双,令其自耕四边,然后割给民户和田宅,书以铁券。众寺建有僧库,多储珍宝、无价摩尼,令王者为之生贪。

法显目睹了每年三月佛牙出行的壮观场面。出行的前十天,饰王者骑象击鼓,演唱菩萨为众生苦行成佛的种种故事,道路两边作菩萨五百身以来的种种变现,然后佛牙出中道而行,随路供养到无畏山寺佛堂。道俗云集,烧香燃灯,种种法事,昼夜不息,满90日始还归城内。

如果说无畏山寺是法事的中心,而支提寺则有大德达摩瞿谛,大寺亦有高德沙门,并为国人和王者所宗仰。法显在这里两年,更求得《弥沙塞律》、《长阿含》、《杂阿含》和《杂藏》等。据此可见当时的斯里兰卡尚非上座部一系的世界,化地部就相当流行。到法显的时代,师子国已成为南方佛教的重要圣地。

412年,师子国律师僧伽跋尼在东晋庐山传律,译出《弥沙塞律抄》一卷。429年和433年,先后有两批师子国尼众共19人来到南朝宋都,在转道师子国来华的求那跋摩的主持下,为宋境尼众300余人重新次第受戒。为供养师子国尼众而建造的寺院名铁萨罗寺,铁萨罗是她们的领袖。488年,师子国觉音(亦译"佛音")所注优波离集的律藏,即《善见律毗婆沙》传来南齐,由僧伽跋陀罗在广州译出。其中载有"众圣点记",是确定佛灭时代的重要依据。与罽宾南北相望,师子国也是向外传播戒律的一大基地。觉音是南传佛教史上最重要的学者,5世纪生于印度菩提伽耶的一个婆罗门家庭,随勒婆陀大德顶受佛法,后遵师嘱去斯里兰卡。他将僧伽罗文的三藏佛典译成巴利文,并对当时的许多佛教著作作了注疏。

觉音的代表作是《清净道论》,据说就是在优波底沙所著《解脱道论》基础上扩大而成的。后者于515年在南朝梁被译成汉文。《清净道论》用戒、定、慧三学组织佛教全部学说和实践,确立了南传佛教独具特色的禅法体系:持戒是修禅的前提和保证,修定在于对治贪、瞋、痴等诸种烦恼和观想思维早期的佛教教义,由此证得佛教真理,达到所谓无相、无愿、空的"三解脱门",此即谓之"慧"。"三解脱门"也是大乘系统看重的禅法,不过《清净道论》更发挥了小乘佛教对于禅心理和禅过程的细腻分析,相当烦琐。

101

五 南洋群岛诸古国佛教

法显经海路归国,途经耶婆提国(今印尼苏门答腊或爪哇),"其国外道婆罗门兴盛,佛法不足言"。与法显乘同一商船东行的旅客,也多是婆罗门。如此,则直到公元5世纪初,佛教在南洋群岛尚未广泛流布。

据《高僧传》载,5世纪上半叶,罽宾僧求那跋摩经师子国到阇婆国(爪哇),说王母及王归信于佛教,由此一国皆从受戒;王为跋摩立精舍,"导化之声,播于邻国"。佛教对今印度尼西亚境的影响,当自此开端。跋摩后经林邑、广州抵达梁都建邺。

近代考古发现,马来西亚吉打州武吉骄林有5世纪的佛寺遗址,其中一石上刻有属印度跋罗婆字体的梵文佛偈;霹雳州亦有一块梵文碑铭,除佛偈外,另有为船主佛陀笈多求平安的刻文。这些材料可与中国文献记载相印证。

六 罽宾(迦湿弥罗)佛教

从汉文的翻译史看,在公元3世纪下半叶到5世纪中的150余年中,罽宾(迦湿弥罗)佛教继续保持高水准的发展。自西晋到宋元嘉年间,国外译家绝大多数来自罽宾,包括僧伽提婆、佛陀耶舍等;在汉地传播佛教的名僧如佛图澄、鸠摩罗什、昙无谶、佛驮跋陀罗等,也都到罽宾留学过。汉地向西求法者,罽宾也是必游之地。罽宾当时是阿毗昙和小乘学的中心,律学与禅学也很发达。禅学以佛大先为首,阐发其师达摩多罗的禅法,中土的早期禅学主要来自这个系统。

七 扶 南 佛 教

佛教何时传入扶南,已经难以考证。据三国吴时出使扶南的朱应、康泰记述,当时扶南疆域已达湄公河及洞里萨河的下游全部地区,向西控制了从印度洋往马来半岛的商路。吴使抵达时,正值范寻在位(240—287),国人俗裸,唯妇人着贯头。范寻听吴使建议,始令男子着横幅。但已有文字,类似"胡文"。公元375年(晋升平元年),其王名竺旃檀,或是天竺人;其后王名侨陈如,本是天竺婆罗门,由是改行天竺法。此时佛教和婆罗门教可能并行。侨陈如王朝统治的时间颇久,与南朝宋、齐多有使臣往来。6世纪初,其王侨陈如阇耶跋摩连续遣使送珊瑚佛像、天竺旃檀瑞像及婆罗树叶等至梁,同时僧伽婆罗、曼陀罗仙、须菩提等名僧先后来华译经,说明扶南佛教早在5世纪已有相当的发展。其中齐时来华的僧伽婆罗偏业《阿毗昙》,广习律藏,译出《解脱道论》、《阿育王传》,属小乘体系;曼陀罗仙在梁都共僧伽婆罗译出《宝云经》、《文殊般若经》、《法界体性》,须菩提共曼陀罗仙为陈主重译《宝云经》等,属大乘系统。考古发现的6世纪高棉人的碑铭说,律陀罗跋摩(514—539)"王归依佛法僧三宝,信仰笃深,离一切染污",此王也曾派使向梁献佛发、舍利。此时的佛教十分昌盛。此外,西天竺优禅尼国(今印度乌贾因)的真谛(拘那罗陀),也在这个期间来到扶南,并于546年受梁朝之请,被扶南王遣往梁都传法。真谛是弘扬印度瑜伽行派的著名学僧,《解脱道论》是斯里兰卡上座系佛教的代表性论著,它们都是通过扶南传来中国的。扶南在5—6世纪即成了沟通印度和斯里兰卡与中国佛教文化的又一条重要渠道。

6世纪初,扶南北方的柬埔寨人国家真腊逐步崛起,其疆域包括今柬埔寨北部和老挝南部。大约在6世纪中后期,扶南开始成为真腊的属国。真腊也有佛教传播。磅同省发现有护卫佛陀的碑文,暹粒省有记述建造观世音菩萨像的碑刻,时间约在6—7世纪。

第二节　印度小乘的新发展

婆罗门教在全印范围的复兴,无疑加速了小乘佛教向大乘佛教的转化。同时,受到大乘佛教压力和被指责为小乘的那些教派,也不得不有新的变化。

从《佛国记》的记载看,直到公元5世纪初,小乘势力在北印和南印的佛教中,仍然占主要地位,居僧伽蓝和僧众的大多数。他们

103

依然戒律严谨,秩序井然。然而由于布施丰盛,寺院经济自给有余,那种普遍的游街乞食现象已经少见了。对窣堵波的供养遍及所有佛教遗迹和寺院周围,对佛陀的偶像崇拜也逐步压倒对佛遗迹的崇拜。这一切,无疑也渗透到小乘诸派中。

小乘佛教在教理上也有很大变化。他们用"阿毗昙"的形式,发挥或重新组织已经固定的三藏体系;他们在同内外论敌的论战中,也发表了不少新的观点。据7世纪唐玄奘和义净去印度的考察,当时小乘主要有四大派,即大众部、上座部、有部和正量部。其中上座部主要流行于南方及东方;有部的据点在北部,也流行于中部和西部;正量部流行于西部和南方,中部与东部也有。影响佛教发展较大的还有经部。

一 经部与《成实论》

按玄奘传说,经部原出自说一切有部的譬喻师,它的创始人"根本经师"拘摩罗多(童受)也是譬喻师的著名开创者。譬喻师是用寓言故事解释佛经的法师,像有部四大论师中的法救所撰的《法句譬喻经》,则是譬喻师的代表作之一。拘摩罗多原在北印呾叉尸罗(在今巴基斯坦拉瓦尔品第附近)弘法,据说他作为北方一大家,与东方之马鸣、南方之提婆、西方之龙树齐名,在公元3世纪的佛教界,并称为"四日照世"。后来揭盘陀国(在今我国新疆塔什库尔干),一个也叫孔雀王的,胁迫他至揭盘陀,造伽蓝供养。汉译《大庄严经论》可能就是拘摩罗多的著作。

拘摩罗多的弟子诃梨跋摩(师子铠),原中天竺人,随拘摩罗多学有部迦旃延的阿毗昙,后不满于师说,转到华氏城,从大众部僧习大乘方等,撰《成实论》,斥有部。屈优楼佉的弟子,被摩揭陀王奉为国师。

《成实论》在中国三论宗以前声望很高,后来被视作小乘空宗的代表作,陈真谛则断定它是经部的著作。全论按"四谛"的结构组织起来,鲜明地突出了以人生为"苦"的悲观厌世思想,及解脱方法上的禁欲主义倾向。它把人生诸苦和流转生死的最后根源归为

"无明",解脱的根本途径是用"真智"灭"无明"。所谓"无明",它定义为"随逐假名"之心,即完全按名言概念支配自己全部行为的观念体系。假若能用"空心"(视名言概念为"空"的观念)灭除"假名心",再用"灭空心"灭除"空心",即可达到最高的理想境界——"无余涅槃"。这种观点,类似大乘般若学所讲的"空亦复空"的主张,特别是它还引用了提婆《四百论》中的两句话:"小人身苦,君子心忧",所以有受到龙树、提婆思想影响的明显痕迹。它还强调,"心性"是后天形成的,从而全然否定上座部主张的"心性本净"之说。但是,由于全论的立足点是放在治"心"上,对于认识对象自身的真假问题极少置言,甚或认为色、香、味、触所谓"四尘"是实有的,所以仍然没有完全摆脱有部的哲学影响,它的涅槃说也与大乘不能相容。

此后,经部继续发展,在般若中观的影响中,又酝酿有瑜伽唯识的某些观点,特别是在认识论方面,像后来陈那主张的唯识"带相"说、心有"自证分"等,就是由经部首先提出来的。经部对有部的批判,也更加深入。它驳斥有部主张的五蕴、十二处、十八界皆为"一切有"的主张,否定"三世实有"的根本观点,同时证明,认识发生的过程,应该是"根"、"境"在先,"识"属后果,纠正有部"识必有境"的观点,更增加了朴素的唯物论成分。倡导这些观点的代表人物是胜受(室利罗多)。

胜受的名望很高,有人说他也是童受的弟子,曾在阿踰陀城郊伽蓝造经部《毗婆沙论》,此论已佚。约5世纪末,又有世铠(婆薮跋摩)著《四谛论》,有真谛的汉译本,则将譬喻师说、经部师说和新有部的思想糅杂在一起了。

二 新有部与《俱舍论》

有部学说到了世亲的时代,也发生了较大的变化,被称为"新有部"。

世亲出生于富娄沙富罗国(意译"大夫城",贵霜王朝时犍陀罗的首都,在今巴基斯坦白沙瓦西北),于有部出家,常居阿踰陀①。
阿踰陀原为侨萨罗国故都,笈多王朝超日王时,由华氏城迁来,作
为新都,文化繁荣,各种宗教派别十分活跃。世亲在这里作《七十
真实论》,破外道僧佉论(即数论师),得到正勤王的赞赏,太子和王
妃均奉世亲为师。太子登位,名新日王(亦译"幼日王"),继续供
养。② 因破"毗伽罗论"(意译"声论师"),又得到新日王与母后的奖
励。世亲先后于大夫国、罽宾国和阿踰陀国造寺,又在阿踰陀分别
造尼寺、萨婆多部(有部)寺、大乘寺各一座。这大体可以反映他一
生的活动范围和教理倾向。

世亲的新有部思想③,集中表现在《阿毗达磨俱舍论》(简称《俱
舍论》)中。此论以《阿毗昙心论》和《杂阿毗昙心论》为纲要,概括罽
宾有部(东方师)的《大毗婆沙论》,同时又采用经部思想批驳和纠
正有部的旧说,形成了一个结构严密的新体系。它以"四谛"为中
心,把小乘佛教对世间和出世间的基本观点规范化和系统化,概念
明晰,哲理性强,可以称是小乘佛教最后的哲学代表。

《俱舍论》把现实世界分为两大类:"有情世间"相当于动物、人
类和鬼神系统,所谓三界、五趣、四生、四有、五蕴、十二因缘等,以
此解释"有情世间"实际存在的和宗教幻想的各种现象;"器世间"
指有情世间所居的物质世界,包括这个世界的广度、厚度和形状,
它们的物质构成和地理布局,以及它们生、住、灭的劫数和灾难等,
由此完善了以须弥山为中心的三千大千世界说,即佛教特殊的宇
宙结构论和地理观念。

在讨论世间及其差别的原因时,《俱舍论》归结为"业"与"随
眠"。"业"的本质是指令意识起造作功能的"思";"随眠"指"贪瞋

---

① "阿踰陀"(又作"阿踰阇")的地理位置说法颇多,或指印度北方邦之奥德,
或指坎普尔、法特普尔地区。

② "正勤王"可能是普鲁笈多,"新日王"可能是那罗僧诃,两人在位时间约
467—473 年。

③ "新有部",一般指批评《俱舍论》,维护有部旧说的学者。事实上,古典有部
的终结,实开端于《俱舍论》。

痴"等"烦恼"(惑)的潜在状况。在"业"与"随眠"之间,"随眠"又被视作决定世间诸有的根本因素,而"业"则是实现它们的根本力量。

正因为如此,它把出世之道归结为克服"业"与"惑"的"智"与"定",显示出它在宗教实践上侧重于"治心"的倾向。

《俱舍论》采取经部教义,主要在于纠正有部把一切法说成皆是"三世实有"的荒唐性,但不否认确有永恒不变的法体存在。但即使如此,也受到《大毗婆沙论》弘扬者们的不满。其中众贤著《顺正理论》,就是通过注释对《俱舍论》进行抨击。其结果,又进一步发展了有部的学说。

《俱舍论》承认"心不缘无法"、"心必有境",所谓有此心必有此境。《顺正理论》发挥这一重要主张,认为过去、未来虽然没有现实的认识生起,但作为认识对象的法体必然存在,因为过去的认识是由它引生的,未来一旦心生,仍须以它的先验存在为条件。《顺正理论》对于"一切法三世实有"这一命题的新论证,在方法上,上与柏拉图证明理念的实在性相近,下与11世纪安瑟伦的本体论论证相似。这种认为没有客体的存在就不会有主观的存在的思维方式,有相当的普遍性。但它又肯定,"所缘缘"先于"能缘"存在,实际上承认事物先于认识,客体先于主体,带有朴素唯物论的倾向。

三 正量部的发展

正量部是从早期佛教犊子部分化出来的,尔后成为犊子部的代表,活跃在西印和西南印。据公元7世纪上半叶玄奘记述,除北印以外,正量部已遍及全印19个国家,僧众6万人,中心在摩腊婆[①]。西南摩腊婆与东北摩揭陀,并列为五印的两大学术重镇,其时,正量部有寺数百座,僧徒2万余人。但关于此部的具体历史状况,所知很少。

正量部,亦称"正量弟子部",其创始人是三弥底耶。该派的经

---

① "摩腊婆"的地理位置说法很多,参见季羡林等校注的《大唐西域记校注》,中华书局,2000。

律论三藏已经散失,汉译有《三弥底部论》;署名"犊子部提婆罗大菩萨"写的《大丈夫论》,也属于正量部系统。

正量部是与大乘思想联系密切的小乘派别,特别接受了菩萨行的入世和救世思想。但对与其同时兴起的瑜伽唯识学说,则取批判态度。传说南印老婆罗门般若毱多(智护)以正量部的观点作《破大乘论》,可能就是针对瑜伽行派的。正量部强调境在心外,心外有境;心之取境,是直线式的反映,不经过任何中介。这种说法,同瑜伽行派全力主张唯识无境和"带相"缘境之说,全然对立。显然,正量部的说法是符合常识的,但失之于粗糙。

正量部坚持犊子部的补特伽罗有"我"说,同时发展了"业力不失"的宗教观念。它认为,在"业"中起决定作用的因素,不是有部所主张的那种"意业",而是表现为语言行为的"表业",也就是说,它不赞成动机论,而是把直接造成实际后果的言论和行动放在第一位。

108

第三节　大乘佛经的续出与瑜伽行派的确立

佛典原是民众的一种创造,只要有这种需要和才能,随时随地都可以用佛的名义诵读和编纂出来。这种趋向在龙树、提婆以后的大乘佛教中,越演越烈,使大乘思想更加丰富和庞杂起来。其影响较大的有下列几类:

一　华严经类

早在公元2、3世纪即已译出的《兜沙经》、《本业经》、《十住经》、《渐备一切智德经》、《如来兴显经》、《摩罗伽经》等,后来被增添了许多新的内容,扩大编纂为《大方广佛华严经》(简称《华严经》),在5世纪初译成汉文60卷,世称"六十华严"。7世纪末,唐代又重译了一遍,增加了个别新品,成80卷,称为"八十华严"。前一译本的原本,由支法领得自于阗;后一译本原本也是从于阗求得,而且由于阗僧人实叉难陀译出。考虑到其他一些因素,一般认为此类经典大多出自于阗,并在于阗最后定型。

《华严经》有许多新特点,它强调"诸佛真法"是佛菩萨"法身"的本体,佛法高于佛身;"法身"的体现者是《杂阿含经》中曾出现过的毗卢舍那佛,一切佛菩萨全是毗卢舍那佛的应化身,他们教化世间和拯救众生的善行,也都是毗卢舍那佛秘密神力加被的结果。在这里,释迦牟尼佛和其他诸佛已经黯然失色,对毗卢舍那佛的崇拜取代了对其他佛的崇拜。

"毗卢舍那"原有"光明普照"的意思,是太阳的别名,毗卢舍那佛即意译为"大日佛"。他无形无质,无言无行,无思无虑,但遍及一切,感应无方。所示十方诸佛,无边无际,其量不可计数,能发大光明,普照三界六道。这类思想,一方面出自佛徒对于佛陀无限赞美的譬喻,另一方面可能受祆教和摩尼教对于光明崇拜的影响。就佛教信仰体系言,《华严经》中的毗卢舍那佛的出现,标志着在信奉释迦牟尼为唯一教主的佛教体系之外,又产生了一种全新的形态,为大乘佛教创造了一个新的或称作"佛日"的教主。

随着大乘佛教的发展,在小乘佛教中被视作佛陀的诸大圣徒,诸如迦叶、阿难、舍利弗、侨陈如、罗云等,全都退到次要地位,逐步为新树立的诸大菩萨所代替。《法华经》突出了观世音菩萨,他成了救苦救难的象征,在山野行人和航海商旅中,信徒尤多。《华严经》则强调普贤和文殊师利的作用。"普贤行"被当作"菩萨行"的范本,文殊则是解说佛法、引导信徒实践"普贤行"的典范。《华严经·入法界品》塑造了一个求索一切善知识的"善财童子",他在"普贤行"的指导下,向最普通的比丘、比丘尼和王者、长者、优婆夷及婆罗门、外道、海师、工匠等各种职业者、信仰者学习,也向天神、地神、夜神等虔诚礼拜。显然,《华严经》要求它的信徒深入到社会一切阶层和行业之中,不分信仰地向他们学习世间知识和技能,由此弘扬佛法,并成就自己的"一切智"。《华严经》在提倡向外在世界追求、促进佛教世俗化方面,起了更深层的作用。

《华严经》在哲学理论上对大乘佛教的发展,也有许多新贡献。它宣称,一微尘能容一切法界、一切众生;无量佛菩萨世界,均可纳入一毛孔中,所谓"一切即一,一即一切",以粗鄙的形式提出了个别与一般、部分与全体的关系问题。它也倡导,无有众生不具足如来智慧者,但众生颠倒不知不见而已,一旦受到法师经书教诲,"具见如来在其身内,与佛无异",这就是最高的觉悟。因此,《华严经》也宣扬了向内心世界反求的路线。

《华严经》影响极大的另一个论点是:"所有诸法,皆由心造。"三界五阴唯心,如来菩萨也属心造。懂得这个道理,才是"真见佛"。这些说法,已经包含大乘佛教向唯识一派发展的基本要素。

二 大集经类

现存《大方等大集经》(简称《大集经》)60卷,是隋代僧就所集。其中前30卷,亦曰《方等大集经》,系昙无谶于公元5世纪上半叶编译。谶译之前,它的第一、二品和第六、十一、十二诸品,已有西晋竺法护作为单经译出,到那连提黎耶舍,先后又补进《日藏经》和《月藏经》,遂形成现在这样的系列。竺法护曾游历西域30余国,但活动中心是敦煌、酒泉。

昙无谶传为天竺生人,实是由罽宾进入龟兹的僧侣,活动于鄯善(今新疆若羌)、姑藏(今甘肃武威)和敦煌。那连提黎耶舍为乌苌国人,游诸天竺后又返回乌苌,再进入北齐境内,在《日藏经》中还特别记载了有关阗历史和现状的神话。由此推测,大集经类可能反映了3—6世纪,自阿富汗经于阗到敦煌一路佛教信仰的另一种动向。

《大集经》的突出特点,是吸取和融合各民族的多神崇拜,构成佛教的有机部分。尽管佛教历来都不否认鬼神的存在,但他们只被当作轮回世间众生的一分子,严格地受业报法则制约,并不具有左右国运、祸福人生的特殊威力。《大集经》彻底改变了佛教这一固有的鬼神观念。它把鬼神分为善恶两大类:恶鬼以波旬为首,专门败坏佛法僧三宝;当善神不再护佑众生时,恶鬼就会制造各种灾难,甚至使人们互相残杀,国土城邑荒无人烟。善神都是佛教的皈依者,对一切佛徒起护佑作用,令恶鬼不得为害。因此,决定人的命运的业力,已经退到微不足道的地位,更多地要听命于鬼神的摆布。这样,唯一的出路就是信仰佛教,因为鬼神对众生的态度,全依众生对佛教的态度为转移。

《大集经》所列鬼神范围广,种类多,包括地水火风、山河草木,也都是神灵。其中天帝释,原是婆罗门教诸神之一,一般佛经把他作为获得地上最胜果报的天神,大乘则让他由异于佛教的立场,转变为佛教的护法者。《大集经》,特别是类似《大集经》的《金光明经》,还更加突出帝释的部属,所谓"四大天王"在护法和治世中的威慑力量。此外还有所谓"天龙八部",是四大天王的部属;"天龙八部"又拥有所谓"二十八部"鬼神。显然,在这类经籍所反映的地区和民众中,佛教在更大程度上失去了它本身的魅力,而必须借助鬼神才能维持和推广。

《大集经》还记有十二兽,昼夜常行,各自教化它们的同类,劝善离恶。它们是蛇、马、羊、猴、鸡、猪、犬、鼠、牛、狮子、兔、龙,显然是采自汉民族的十二生肖说。至于用二十八星宿算命,预卜吉凶等生属、星相说,在《舍头谏太子二十八宿经》等佛典中多有弘扬,《大集经》对其灵验程度虽有怀疑,但也大量采录。

我们知道,认为天上二十八宿能预示地下人事,早在《史记·天官书》中已相当系统了。汉文化对于西域的影响,在佛教领域里也有表现。

咒术在佛典中出现很早,在魏晋时候已有个别经典译出,但只有到了《大集经》,才把"陀罗尼"列为佛徒的必修课目,与"戒"、"定"、"慧"三学并列,作为菩萨行的"四种璎珞庄严",同时连篇累牍,鼓吹用咒语驱鬼消灾,役神护法。信佛的巫觋,被提到了菩萨的高度。

三　大涅槃经类

现存《大般涅槃经》40卷,公元421年由昙无谶在北凉译出。此前,法显与佛陀跋陀罗共同译出《大般泥洹经》6卷,相当于谶译的前5品10卷,被称为《大般涅槃经》的"前分",其余称作"后分"。

至唐,若那跋陀罗又译有《大般涅槃经后分》2卷,唐义净认为,这是从《阿笈摩经》中抄出来的,思想与《大般涅槃经》不同。

《涅槃》"前分"的原本,最早由法显得自天竺华氏城;智猛也在那里的"大智婆罗门"罗阅家中得到过同样的本子。华氏城大乘佛教的发展形势,是产生《涅槃》"前分"的直接根源。《涅槃》"后分"原本来路不明,一说是某"胡道人"从敦煌送到姑臧译场的,一说是昙无谶回于阗寻得的。总之,"后分"不是天竺的产物,它反映的是我国古代西北地区的佛教情况。

《大般涅槃经》的总体精神,是纠正小乘视涅槃为死亡的悲观论调和般若中观以涅槃为虚妄的虚无主义态度。它不同意"如来唯修诸法本性空寂",而要确立诸佛如来是最真实的"有"。这个真有的具体规定,就是与世间人生"无常、苦、无我、不净"相对立的"常乐我净",亦名"涅槃四德"。"常"指寿命无限,"乐"指幸福无忧,"我"指绝对自由,"净"指情操高洁。这种理想的人生和理想的王国,据说只要坚持修习大乘佛教,一定能够达到。这样,《大般涅槃经》就一扫佛教中的怀疑主义和绝望观念,给身受现实苦难的人们提供了一个可以憧憬的,最美满、最完善的世界,尽管只是一种美好的幻想。

"涅槃四德"的提出,使佛教的神学体系更加完善;在哲学理论上,则是对一切有部思想的进一步发展。《大般涅槃经》认为,"物"是"无常"而"性"是"常","事"可变而"理"不变,"实"是"假"而"名"是"真"。因此,在因缘制约、变化万端的现象世界之外,还存在一个由"性"、"理"、"名"等构成的真实世界,即由概念范畴组成的逻辑体系,这个体系就是形成"常乐我净"这一理想王国的认识论基础。

《大般涅槃经》另有一个影响巨大的命题是:"一切众生悉有佛性"。"佛性"为众生先天固有,无一例外,它是众生所以能够接受佛教、最终成佛的内在根据。但什么是"佛性"?它的解释则相当散杂,从"五阴"、"十二因缘",直到"涅槃四德",都可以说成"佛性",当然,由什么"三归"、"佛智",以及因果关系上,也可以判定许多佛性。这样,佛性的规定性,就成为此后佛教诸多争论的问题之一。

"众生悉有佛性"与"众生悉能成佛"，是两个不同的命题。《涅槃》"前分"肯定了前者，却否定了后者，认为众生中有一种"一阐提"①，虽有佛性却无力开发，甚至因罪垢所缠，永远不得出离。在《大般涅槃经》中，"一阐提"特指外道婆罗门和反对大乘佛教的人。"前分"据此主张，护法国王对这样的"一阐提"可以鞭挞整治，甚至夺其生命，以迫令他们遵修善法。"后分"则完全改变了这种主张。它从众生悉有"佛性"、未来必定"见性"推出，一切众生也"定当得果"，即一切众生皆可成佛。显然，"前分"充满了排斥异教的情绪，而"后分"则取宽容异教的态度。

四　胜鬘经类

《胜鬘师子吼一乘大方便方广经》（简称《胜鬘经》）与《不增不减》、《无上依》等经，性质相近，同归胜鬘经类。

《胜鬘经》创造并发挥"如来藏"的思想，认为众生皆有"如来"之"藏"，只是为"无量烦恼藏所缠"，成为"非思量境界"，非凡夫二乘所知。这同《大般涅槃经》的佛性论相似。但《胜鬘经》强调，如来藏的定义，是"如来法身不离烦恼藏"，就是说，生死烦恼是有为法，如来藏则常住不变；如来藏是生死烦恼之所"依"、"所持"，也是"建立"生死烦恼和成就佛法的根据。这样，如来藏不但是现在修持、未来成佛的因素，也成了世间生死的本体，所以说，"生死依者是如来藏"，"有如来藏说生死"。此种把如来藏说成是世间得以依持和建立的观点，就形成了佛教哲学的又一流派，即"如来藏缘起说"。

《胜鬘经》代佛说法者，是波斯匿王与末利夫人之女胜鬘夫人。她居于阿踰陀国宫中，佛现妙法身为其授记，说她未来世当于"天人中为自在王"；此后，还会成佛，号"普光如来"，其国纯一大乘，自在快乐胜于他化天和自在天。这是大乘佛教继创造出在家男性菩萨维摩诘之后，又创造出的在家女性菩萨。这两位男女在家菩萨，

---

① "一阐提"，梵文音译，意为"不具信"，或称"断善根"，指被认为是断绝一切善根的人。

都是创造理论体系的居士。居士的地位,在佛教中明显上升了,甚至成为思想的主导。胜鬘所居的阿踰陀是瑜伽行派创始人无著、世亲弘法的主要基地。这也标志着大乘佛教深入宫廷,并成为创新和传播的中心。

五 唯识诸经

提倡"心造诸法"的大乘唯识学,早在《华严经》中已初见端倪,继之出现《解深密经》、《楞伽经》、《大乘密严经》等,将这一学说深入发挥,为形成全部佛教中最庞大的哲学体系,提供了经典依据。大乘瑜伽行派及其所著诸论,也都是以这些经典为基础的。此外,属于这类的经典还有《如来出现功德庄严经》、《大乘阿毗达磨经》,原本皆佚。后一经典的主要内容,在有关的汉文译籍中有所保存。

《解深密经》系唐玄奘译。此前,公元 5 世纪的求那跋陀罗和 6 世纪的真谛,分别译出过此经的一部分;6 世纪初的菩提流支则全译作《深密解脱经》。《楞伽经》有三个译本,即 443 年求那跋陀罗译的《楞伽阿跋多宝经》、513 年菩提流支译的《入楞伽经》和 8 世纪初实叉难陀译的《大乘入楞伽经》。《大乘密严经》出现较晚,到 7 世纪地婆诃罗和 8 世纪不空有两个同名译本问世。它们的组织结构和论议的侧重点不都相同,但在建造唯识学的理论体系,提倡用此体系指导大乘佛教的实践方面,却是共同的。

首先是确立"唯识无境"的基本命题。据它们考察,不同的人对同一境界(对象)的认识往往有很大差别,同一个人对同一对象的认识,前后也有差别。这说明"识"并不受"境"的制约,倒是"境"依"识"而变化。还有些认识现象,例如梦境、幻境和其他谬误的认识,或者并无实境可循,或者与实境不符,更可以证明,不是"境"引生"识",而是"识"创造"境"。"识"的想像力和创造力几乎是无法估量的,禅定能够开拓无限多的,在现实世界并不存在的境界,也是"唯识无境"的最好证明。假若确有实境客观存在,所有人的认识就都应该符合真理才是,但事实上,一般人的认识往往谬误多于真理,甚或完全颠倒。唯识学对认识的这种主体性方面作了很多发掘工作，是对思维科学的一种贡献，它批评那种镜面式的直线反映的认识论，也是正确的，但以此作为否定客观物质存在的理由，却是无力的，不充足的。

与建立"唯识无境"的命题相关，唯识学同时勾画了"识"造"境"和识"境"的具体过程，对认识主体作了细腻的微观推测。佛教传统上把认识机能和活动分为"六识"，所谓眼、耳、鼻、舌、身、意，唯识诸经增添了"阿赖耶识"①和"末那识"②，扩大为八识。这个变化意义很大。原来的"六识"，是指与受、想、行等其他心理和思维活动并列的一类精神活动，相当于感觉、知觉、表象、概念、推理等纯认识论的领域，所以定义为"了别"。"八识"则包括了所有精神现象，诸如经验、记忆、意志、情感、道德、美感、价值观念等，也被列进诸识之内。这样，使认识主体大大丰满起来。

阿赖耶识定义为"所知依"。"所知"指一切认识对象，"依"谓"依止"、"依持"，意谓阿赖耶识是三界六道、凡圣众生及一切万物赖以存在和变化的根本依据，是人生与世界的最高本体。它的性质表现在"三相"上："因相"，指明它是现实物质现象和精神现象得以发生的永恒起作用的原因；"果相"，表示它是无始以来诸种经验习惯的积累结果；这种既作为人生和世界的本原，又作为人生历劫经验的沉积的统一，就构成阿赖耶识的第三相"自相"，亦即其本质规定。此中，作为经验、积累的存在叫作"习气"，当这种习气被储存起来，能够成为派生同类事物的原因时，叫作"种子"。"习气"和"种子"主要有三种，所谓"言说"（概念）、"我见"（关于自性不变的观念）和"有分"（决定继续生死的善恶行为）。"习气"来自"熏习"，即思想行为对认识主体的熏陶；"种子"萌发事物名曰"现行"，即沿袭既有的观念和习惯，去把握和创造与之相应的周围环境和生活方式。

唯识学用语拙朴、晦涩，若用现代语言表达，其实并不难懂：人

---

① "阿赖耶识"，意译"无没识"、"藏识"，别称"阿陀那识"、"种子识"等。

② "末那识"，意译"意识"。

的经历在自己的精神世界必然留下痕迹,全部经验则作为表象、概念和习性保存起来;由此形成为观念的、情感的和习惯的意识之流,支持人的生活,支配人的再认识和再行动。因此,阿赖耶识就相当于人的记忆系统和信息系统,也是人的包括潜意识在内的总体意识,即通常所说的世界观,思想和行为的精神主体。唯识学家对于这一识体的存在,有过很多论证,主要理由是前六识各司其职,"互不相通","意识"不能视"色","眼"不能听"声",缺乏一个把全部精神活动联系起来的有机体。前六识需要直面对象(前五识),或自觉对象(第六识),才能发生,否则,就不会发生,例如熟睡、休克等,就是前六识处于不活动的状态,故曰"易动坏"。事实上,意识之流并未停息,人生仍在继续。这种能够保持意识的前后连续性和精神各部机能统一的有机体,就是阿赖耶识。不过,唯识学家还说,这一统一的连续的精神主体,不但贯彻人的一生,而且也是轮回的主体,也就是始终不死的灵魂,尽管在理论上他们坚决反对所谓"我见"。

116

末那识的内涵是"恒审思量",它的主要职能是执持阿赖耶识为"我",有自我意识的含义和给现象以"自性"的功能,而肯定有"我"和有"自性",就是"无明"的源泉。所以,一切颠倒认识,大多发源于此识,被称为"染污识"。

这样,唯识经典就把人的认识分为阿赖耶、末那,加上前六识,共三大类;人的全部认识活动,本质上又只是在第八与前七识之间进行的:前七识熏习第八识,形成所谓"种子";第八种子识现行,支配着前七识的活动。所谓人及其周围世界,或是作为种子,或是作为现行,或是作为认识建立的对象,或是作为名相概念,都被纳入这八识的因果循环圈内。大乘修习者的目的,就是要充分把握诸法唯识性的真理,用清净法转换第八识中的污染成分,直到把污染的阿赖耶转变成为清净阿赖耶,是谓"转依"。这样,唯识学家就明确地提出了世界观的根本转变,才是成佛的唯一途径。

将唯识理论与宗教实践进一步密切结合起来的是"三自性"说,由此构成了唯识学家分析"法相"的骨干内容。

　　唯识诸经认为,认识对象在性质上很不相同,大体可分三类,即"遍计所执性"、"依他起性"和"圆成实性"。此中"依他起性",指对象生起必须依因托缘的条件性,也就是佛教传统所讲的"缘起"性质。但此处讲的"因",实指阿赖耶识"种子",所谓"缘",则指"识"所变现的"所缘"和体现识自身一维运动的特点"等无间"等,所以"依他起"的"他",也就是"识"。假若能够在"依他起"上如此认识唯识所起,唯有识性,叫作"圆成实性",也就是真理和真理性认识。反之,把"依他起性"的对象当作客观的各具自性的实在,叫作"遍计所执性",被认为是虚妄和虚妄颠倒的认识。这"三自性"分别表达了唯识学家对于现象、真象和假象的看法,由此形成他们确定谬误与真理的标准,并以此批判般若中观派的怀疑论思想,认为他们在否定"遍计所执性"上是正确的,但进一步否定对象的"唯识性",那就错了。唯识诸经就是要创立一个用"唯识性"取代用"空性"解释一切的宗教哲学体系。

六　瑜伽行派及其始祖弥勒

　　把唯识和法相学说组织起来加以弘扬和发展的,是瑜伽行派。传说这个学派的祖师是弥勒,实际的创建者是无著和世亲。

　　署名弥勒的论著共有5部,所谓"弥勒五部"。其中规模最大的《瑜伽师地论》100卷,唐玄奘译;其基本思想集中在前50卷的《本地分》,而《本地分》的中心则是《菩萨地》。北凉昙无谶与南朝宋求那跋摩分别译有《菩萨地持经》和《菩萨善戒经》,实是《本地分》的原型。真谛和玄奘分别译有《决定藏论》和《王法正理论》,也与《瑜伽师地论》的《决择分》相同。可以说,《瑜伽师地论》也是一部编纂性的著作。《辩中边论颂》也收在真谛和玄奘分别译出的《分别中边论》和《辩中边论》中,但仅署世亲造,不别署弥勒作颂;唐义净译《金刚经论颂》题无著造;此前北朝魏菩提流支译《金刚般若经论》和唐义净译《金刚般若经论释》,都含有此类颂的内容,但唯题世亲造,不但无弥勒署名,亦无无著署名。至于《分别瑜伽论》,无汉译本,但相当于《解深密经》的《分别瑜伽品》,此品系弥勒提问,由佛作答,而非弥勒所说。据此,"弥勒五部"虽是瑜伽行派的重要著作,但不一定是弥勒所作,学术界对有无弥勒其人,也表示怀疑。

弥勒菩萨是大乘诸佛菩萨崇拜中的一个重要形象。公元4世纪开始译出的《弥勒下生经》(亦见4世纪末译出的《增一阿含经》卷四四)中,已完成这一形象的塑造:释迦文佛预言,在久远的未来,弥勒将要由兜率天①降生,后于夜半出家,在龙华树下成佛,三次集会说法,所度阿罗汉均系释迦弟子。据说,弥勒未来降生的土地丰熟,人民炽盛,谷食价贱,多诸珍宝。此经同时弘扬摩诃迦叶,说他是过去释迦文弟子,头陀苦行最为第一,辅佐弥勒劝化人民。5世纪继续有宣扬弥勒信仰的译典出现,鸠摩罗什译《弥勒大成佛经》以为,行"慈心"者得报,可生于弥勒佛国。弥勒被誉为"人中最大果报","三界眼目",能放大光明。又有沮渠京声译《观弥勒菩萨生兜率天经》,称"兜率天"才是弥勒净土,凡持戒和念弥陀名号的人,可以生于此土。由此在中国形成弥勒上生信仰和弥勒下生信仰两个系统。前者多在知识僧侣和文人中奉行,后者在民间影响巨大。

据法显记,印度的弥勒信仰,以北方为盛,也散见于中印和斯里兰卡。陀历国木雕弥勒菩萨像,高八丈,"诸国竞兴供养"。恒河沿岸婆罗捺城北,有佛为弥勒授记处,建有塔寺,有僧住。师子国也盛传弥勒将出世成佛一类的神话。据7世纪玄奘西游所记,曾作为瑜伽行派奠基者活动中心的阿踰陀国,城西南大庵没罗林有故伽蓝,是无著夜升天宫,于弥勒菩萨处受《瑜伽师地论》等,昼为大众宣讲妙理的地方。如此种种,瑜伽行派攀附弥勒为始祖,显然是藉民众的信仰心理、自我神化的表现。

七　无著与世亲

据真谛撰《婆薮盘豆法师传》,无著、世亲系北天竺富娄沙富罗国(在今巴基斯坦白沙瓦西北)人,即贵霜王朝犍陀罗的首都,出生在国师婆罗门家庭,同名"婆薮盘豆"(意译"天亲"或"世亲"),同时

---

① "兜率天",传说为欲界六天之一,居此天者,通体光明,照耀世界。

于一切有部出家。兄曾乘神通往兜率天咨问弥勒菩萨，由是得悟"大乘空观"，故名无著（音译"阿僧伽"）。后来弥勒也于夜时下降阎浮提，放大光明，为信众诵出《十七地论》（即《瑜伽师地论》），是谓大乘弥勒菩萨教，或即瑜伽行派的本名。无著本人修"日光三摩提"，使昔所未解悉能通达，所见所闻永忆不忘，由是造大乘诸论，广弘弥勒之说。"瑜伽"，意译"相应"，指按一定道理去切身践行、体验的意思，这里特指相应唯识道理的禅定而言。唯识法相家的论著特别强调"奢摩他"（定）与"毗钵舍那"（观）在全部修持中的作用，与他们自称"瑜伽师"的意义相同，这也是把他们称作瑜伽行派的原因。无著所修"日光三摩提"，表示其所持瑜伽有成就智慧的意思，其所以取"日光"为名，正与描绘弥勒能大放光明一样，多是与受摩尼教的影响有关。

无著的弟弟但称婆薮盘豆，以阿踰阇国为布道基地。此国曾是憍萨罗国的故都，经济文化发达，商旅云集，人口众多。据传，原有法师婆娑须拔陀罗者，曾在罽宾偷学有部要典《大毗婆沙论》回来传播，为僧佉外道所败。世亲耻之，乃作《七十真实论》破《僧佉论》。《七十真实论》又名《阿毗达磨俱舍论》，取经部说，立有部新义，破罽宾毗婆沙师所执有部旧义。玄奘所传，与此稍异，以为世亲早期活动的基地，亦在犍陀罗之首府；其师"如意"，是《毗婆沙论》的作者，为外道所败而死。事实上，世亲的活动是得到阿踰阇国王香必诃罗摩诃秧多（即正勤王）赞赏的。玄奘亦将此国译作"室罗伐悉底国"，即舍卫国，是继阿踰阇之后的憍萨罗国首都；其王译作"毗讫罗摩阿迭多"，意译"超日王"。由此看，真谛与玄奘所传的历史背景是相同的。

正勤王曾令太子新日就世亲受戒，王妃亦从之出家。新日王登位，即留世亲于阿踰阇供养。世亲用王室所奉金，在富娄沙、罽宾和阿踰阇各起一寺。这大体上也是瑜伽行派早期的酝酿流布地区。

尽管《俱舍论》受到毗婆沙师的多次抨击，但世亲仍然坚持小乘，"谓摩诃衍非佛所说"。直到受无著批评，始就其兄遍学大乘义。无著死后,世亲方造大乘诸论,对《华严》、《涅槃》、《法华》、《般若》、《维摩》、《胜鬘》等大乘经典进行诠释,也广释无著的论著,如作《释摄大乘论》等。80岁时终于阿踰阇。

此处涉及到无著、世亲的年代问题,说法颇多,学术界尚无定论。但据真谛所作传记考察,他们当处在笈多王朝相对强大,经历两王换代,而后王更加支持大乘佛教的时刻。近人有把超日王定为旃陀罗笈多二世(约376—380即位,卒于413—415)。但另有塞建陀笈多也采用超日王称号,他的统治则终于467年。或许无著、世亲就活动在5世纪这个历史期间。

八 无著与世亲的著作及其传承

署名无著的著作,汉藏文译本共约30种;世亲与龙树并称"千部论主",其汉藏文译本共50余种。无著的代表作有《显扬圣教论》,是继《瑜伽师地论》对瑜伽学说重新组织的纲要。《摄大乘论》和《大乘阿毗达磨集论》着重用不同形式,概括唯识法相的整体思想;《金刚经论》和《顺中论》则分别注释《金刚经》和《中论》初二颂,对般若空观作新的解释。另有《六门教授习定论》,是讲授瑜伽方法的。世亲的论著除真谛本传所记者外,还有发挥弥勒和无著论本的其他释论,以及自著的《成业论》、《五蕴论》、《二十唯识论》、《三十唯识论》等。他的《十地经论》、《无量寿经论》影响也很大。

从中国的翻译史看,系统介绍无著、世亲思想进入中国内地的有三次。其一在6世纪上半叶,经由西域抵达北魏的北印菩提流支和佛陀扇多、中印勒那摩提和瞿昙般若流支等译出;其二在6世纪中后叶,由西印经扶南到达南朝梁陈的真谛译出;其三是在7世纪中前期,由去印度留学那烂陀寺归国的唐玄奘译出。据此可见,瑜伽行派在世亲去世后的一个半世纪中,依然以北印和中印为主,并进一步扩大到了西印和南印,同时经海陆两路传进中国。不论从传播的范围、规模和速度说,都是空前的。5—6世纪,是瑜伽行派的昌盛期。

然而,以上三次传译的无著、世亲思想,前后有很大的差异。

大致说,菩提流支所译《十地经论》与真谛所译《摄大乘论》及其《论释》在哲学观点上是相近的,因此,中国北方的地论师与南方的摄论师能够逐步汇合起来。真谛的译籍表现这种哲学特点尤为明显。佚名的《十八空论》认为,阿赖耶识是一切世间的直接本原,所以是染污的,但在阿赖耶识之上还有一个阿摩罗识(意译"无垢识"),亦称第九识,则是纯一清净的。署名世亲的《佛性论》,以唯识学重新解释"一切众生皆有佛性"的命题,也主张最高本体的性质是绝对清净的。菩提流支译的《入楞伽经》,认为"如来藏"也是世间诸法的终极原因,只有它处于生灭状态时,才成为阿赖耶识。玄奘传译的主张则完全不同。他的译籍一贯认为,阿赖耶识是一切"染净"所依,不论染净的熏习和染净种子的储存,以及实现由染转净的过程,均是由阿赖耶识实现,没有另一个清净识体独立存在。这些说法上的不同,决定了他们对众生群的看法,也影响了他们的宗教实践。

翻译史上的这类差别,反映了唯识法相学在其本土发展的一个过程,那就是以清净心为本体向后期主张以杂染心为本体的转变。也就是说,瑜伽行派的创始者的论著及其所依的经典,可能是经过后人加工过的。

121

无著弟子有师子觉,世亲弟子有金刚仙,此外的传承不甚明了。但弘扬瑜伽唯识学说的知名人物却相当多,仅糅进玄奘编译的《成唯识论》中就有十家,其中与世亲同时的有亲胜、火辩,后于世亲的有护法、德慧,护法有弟子胜友、胜子、智月,德慧有弟子安慧、净月,比安慧稍前一点的是难陀。藏文材料传说,世亲之后有四大家,除安慧外,还有陈那、德光和解脱军。这些学僧构成了早期瑜伽行派的骨干,他们大致向两个方向发展:其一是更细致地构想认识主体的内涵,另一个是重构论证"唯识无境"的认识论和方法论。

在进一步构想认识主体的内涵过程中,形成了两个支流,一是以难陀为首,坚持世亲旧说较多,被称作"唯识古学";另一是以陈那为代表,比较注重自由发挥,被称为"唯识今学"。在认识论和方法论上,则发展了量论和因明学。

九 唯识古学

关于难陀的身世,不甚清楚。他明确提出八识诸主体各有两种作用,一是能摄取对象的能力,叫作"见分",一是作为被摄取的对象,叫作"相分",主体的认识活动,就是自己的"见分"去取自己的"相分",而"相分",说到底又是由"见分"转化而成的。自己的眼是"见分",所见"色"即是由能见的"眼"转变而成的。这样,难陀就为"唯识无境"的主张,提供了更深层的论证,也向唯心主义经验论迈进了决定性的一步。不过难陀认为"相分"并非实体,相当"三自性"中的"遍计所执性"。"见分"无另外"行相",属唯识分别性质,相当"依他起性"。所以这种经验论还显得粗浅,一般称为"无相唯识说"。

"见分"与"相分"及其相互关系,是由阿赖耶识"种子"功能决定的。按传统的说法,"种子"又由"熏习"而成。据此难陀认为,熏习即表示种子并非本有,所谓"无漏"清净种子,亦待现熏而成,此谓之"新熏"说。此说强调后天修学的重要性,同主张"心性本净",侧重向内心探求者有所不同。

安慧也是唯识古学的一大家,南印度人,活动在 6 世纪初。北魏时菩提流支译的《宝积经论》、真谛译的《随相论》、玄奘译的《杂集论》,都是他的著作。藏文译籍中保存了他的更多论疏,如《俱舍实义疏》、《释轨论释》等。其中《辩中边论注》还有梵本。他继承难陀之说,并受陈那"三分"说的影响,认为"见分"和"相分"都是"虚分别"的产物,均属"遍计所执性",不是实在,唯有心识的第三分,即"自证分",才有一定的实在性,属"依他起性"。

十 唯识今学

作为"唯识今学"首席代表的陈那,是印度大乘佛教中期发展中最有成就的学者,著作很多。据唐义净传,仅"因明"学方面就有八论,其中汉译的有《观总相论颂》、《因明正理门论》、《取因假设论);汉藏文均有译本的有《观所缘论》;藏文译本的有《观三世论》和《集量论》,后者近被转译成汉文;另有《因门论》和《非因门论》,不详所在。八论之外,还有汉译《解拳论》(即《掌中论》)、《圆集要义论》等。但关于陈那的生卒年代,至今尚无定论,大致可界定在5世纪后半叶到6世纪上半叶这个期限。他是南印度人,出身于婆罗门家庭。其某些论著,早在6世纪中后叶,即由扶南传来中国,并于南朝译出。

唐玄奘译《观所缘论》,真谛译作《无相思尘论》,对于认识对象(即"所缘"、"境"或"尘"),特别是感觉(眼等"五识")对象("色"等"五境")的性质问题,作了专门的考察。他认为,能够构成感觉对象的,必须具备两个条件:第一,它应是"实体",并表现为一定相状,即所谓"体相",以便相应的感觉托缘而起;第二,感觉生时,必然挟带该对象的"行相",即有其"映象"存在。这种说法,是很合乎常识的。但是,这样的感觉对象,能否在识外自行成立呢?陈那取断然否定的态度。他以上述两个条件为准绳,驳斥了有唯物主义倾向的"极微"(亦译作"邻虚")说和"极微和合"说,也反对用感觉的复合证明有极微和合的客体存在。他认为,眼等五识的对象,如坚、湿、暖、动、青、白、赤、黄等"相",是单一性质,按当时共许的认识,单一性就是实体,所以可以满足作为对象的第一个条件;这样的"实体",作为"相分",能够为"见分"所取,使之成为映象,这就满足了作为感觉对象的第二个条件。但是,坚、青等"相",本质上是第八识异熟所生"五根"的派生物,即主观感觉自身功能的产物,并非外在于识体之外的东西。因此,外境肯定是没有的,但识体所变之"内色"现似"外境",则是存在的。这样,识体的"见分"就具有了派生"相分",并能以"行相"形式反映"相分"的职能,而"相分"则变成了实在的,可以为"见分"反映的实体。此种说法,把唯心主义经验论发挥到了极点,被称作"有相唯识"说。

陈那在"识分"论上也有新发展。他认为,识体除见、相二分之外,还应有一个"自证分",即"见分"了知"相分"是直接的、无所间隔的那种功能,是直觉亲证的作用。这种功能作用,还作为"见"了知

123

"相"的结果存在,那就是识的自体本身。说通俗一些,"自证分"就是识的了境作用及由此获得的直觉结果的统一。此种说法,被称为"三分说"。

传说陈那门下的著名弟子是护法。他是南印建志城大臣的子弟,活跃于中印度,曾在当时学术中心的那烂陀寺做过住持,后居于有名的伽耶大菩提寺,玄奘之师戒贤就是他的门徒。护法死时年仅 32 岁,约在 6 世纪 60 年代。他的论释保存在汉译中的有《观所缘论释》、《广五蕴论》、《成唯识宝生论》、《二十唯识论释》等。护法在唐代唯识家中的声望很高,因为他的《唯识三十论释》是玄奘编译《成唯识论》的重要依据。唐代还译有他的《杂宝声明论》,是论述文字学的,已佚。

护法对于唯识学的发展,首先表现在对于"唯识性"的解释上。唯识家一般主张,世界一切现象都是"识"的表现,所以"唯识性"就成了所有事物的共性。护法认为,"唯识无境"只是指境不离识,没有离识独存的现象,并不能因此抹煞"色"、"心"等法在根本性质上的差别。世亲曾作《百法明门论》,在说一切有部的"五位七十五法"的基础上,对世间和出世间"一切法"重新安排,重新解释,形成所谓"五位百法"的新体系。它以"心法"为"最胜",把"色法"规定为心"所现影",视"不相应行法"为心的"分位差别";"无为法"则是心由染转净之"所显示"。这样,它就把世界万物无一遗漏地纳进了唯识的范围。有关"唯识性"的不同解释,就是在发挥这一基本思想中产生的。

护法的"种子"说也很有影响。他认为,第八识种子来源,既存在"本有"的,也有"新熏"的。作为成佛因素的"无漏种子",也有这两种情况。但是,在决定修持者究竟是信奉小乘还是大乘等方面的"种子",是稳定的,所以佛教的"种姓"是不能更改的。"种姓不变"说特别为玄奘门徒中窥基一系所接受。

护法对于"心分"说也有补充。陈那所讲"三分"说中的"自证分",尽管在区分作为了知活动的直觉与作为留下印象的直觉方面不是绝对没有意义的,但同时也带有相当的神秘性质。护法更进了一步,认为见、相二分只属于心体的外层关系,即对貌似外在世界的认识;心体深层还有一种认识关系,即"自证分"及其作为对象被叫作"证自证"的心分所认识。"证自证分"是护法的独创,其用以亲证"自证分"的功能,愈益神秘莫测。这种主张被称作"四分说"。

十一 量论与因明

其实,陈那一系的最大贡献在于为佛教开辟了另一条修持的道路,即通过对认识论和逻辑的探究,走向把握佛教终极真理的途径,这就是他的量论和因明。

印度的逻辑学与亚里士多德的形式逻辑、中国的墨辩相比,起步较晚。约在公元2世纪,正理学派形成体系,但很快影响其他某些教派。传说有部大师法救(达摩多罗)著有《论议门论》,是佛家在这方面的最早著作。龙树、提婆建立般若性空学说,与重视语言思维准确性的逻辑方法相抵触,对于正理学派及其在佛教内部的反应作过多次批判,集中表现在《回诤论》和《广破论》上。前者有汉译本,后者有藏译本。不过,这并没有阻住佛教其他学派对认识形式和论议规则的研究。相反,到无著、世亲时代,更以"因明"为名,当成确立本宗主张的重要工具加以发挥。据说世亲有《论轨》和《论式》两书,前者即是藏译的《解释道理论》。

现存最早的汉译因明论著,是北魏吉迦夜译的《方便心论》(472)与南朝真谛译的《如实论反质难品》(550)。此二论的作者,已不可考。

《方便心论》的重点是讨论立论的认识论基础问题,认为任何论题若要成立,必须以正确的"知见"为基本条件。"知见"来自四个方面,即现见、比知、喻知和"随经书"。后三种知见又建立在"现见"基础上,所以"现见"在一切知见中为上为胜,并成为证明其他知见是否真实的最后尺度。不过这里所讲的"现见",还只是笼统地泛指通过五种感官获取的感觉,并且认为这类感觉"有时虚伪",例如错觉、幻觉等,并非一切时都是可靠的。因此,《方便心论》又提出"唯有智慧,正观诸法,名为最上",即同时承认"随经书"所得的"空智"才是"实见"的来源和衡量真理的标准。对于"随经书"的"书",或者指圣贤所证之"法",也不是都可信赖的,因为他们之间的说法并不一致。在"现见"和"随经书知"上,《方便心论》存在明显的困惑,所以前后有些矛盾。

《方便心论》分"比知"为前比、后比、同比三种。"前比"指由现在推知过去,"后比"指由现在推知未来,"同比"指从已知的现象推断未知的同类现象。这三类比知,在很大程度上仍然囿于感觉经验的范围,但也含有某些逻辑的因素。例如见火有烟,这是经验;后时见烟便知有火,这是演绎推理。或者由前饮海水为咸,推知后来海水皆悉同咸。从认识论上说,这是由个别到一般,在逻辑上,就是归纳推理。又例如,天上日月,"现见"不见其动,但自人之由此至彼,必经过"行"这一普遍现象,可以推知日月之东出西没,也必有其"行"的结论。这个结论本身并不科学,但在方法上,确实含有归纳的性质。

126

关于"喻知",指由譬喻类比而知。譬喻分为"具足喻"和"少分喻"两种,作为"相似法",在论议中用来"决疑"或阐明"正义"。引喻要有条件,即所用譬喻应为我与论敌共知同解;"不知"与"有疑",以及喻与所喻不相类,均不得为喻。《方便心论》对"喻"的讨论最多,反映了"喻"作为知识来源和推理依据,需要解决的问题不少。

上述四种"知见"的来源,总称为认识之"因";能通达如何由"因"取得正确认识,把握真理者,名为"知因"。"知因"的重点是鉴别"正因"和"似因"。"似因"被视为"论法"中的"大过",《方便心论》列出八种,范围包括"用语颠倒,立因不正,引喻不同"等,即后来因明学中所谓的"过类"。

如果把《方便心论》的这些说法,同真谛译介的"如实论"作一比较可知:后者把前述之四种知见除去"喻知",称之为"识量"或"量",即现量、比量和圣教量。这里的"量"可训为"见",也是讲认识来源的,但更侧重用来作为"决是非"的手段,即获得真理并检验真理的方法。"三量"中的"圣教量",相当于"随经书知",也可以扩大为世间普遍承认的公理,其真理性如何,最后仍要受现、比二量的验证，所以在真谛的译籍中没有多少论述，相反，现、比二量就成了他讨论的核心。

真谛继续坚持"现见"为一切认识之基础的思想，说："一切量中证量最胜"。"证量"即"现量"，相当于"现见"，但其所指，已经不是泛泛的感觉经验，而是有特殊规定的直觉经验："亲证"，所谓"直对前色，不能分别"；"唯见一色，不证于瓶"。意思是说，只有感官机能直面前境生起的感觉，才属现量，因而现量总是片断的、刹那灭的，决不会形成多种感觉综合的完整表象，更不能掺有概念推理；假若有概念推理参加，或形成了多种性质的表象，那是思维"分别"在起作用，不属于"现量"的范围。例如"瓶"现量，只能直觉到它的色、香、味、触等，但不能认识到它是"瓶"。"瓶"的认识，不属于"现量"的范围。据此，"现量"的对象被认为就是构成具体事物的单一性，即不可再破解的"自性"或"自相"。有关现量的这些规定，对于瑜伽行派的认识论和宗教实践有重大意义。真谛译籍特别把幻事、幻物也当作现量的内容，使他的量论更密切地与唯识空观结合在一起。但对于"比量"的性质，则没有正面的讨论。

如果说《方便心论》重在"立"论，《如实论》则偏向于"破"，即驳难或立难，对于比量的形式和作法，都没有展开阐述。只是《方便心论》的许多举例，是很典型的"三支"作法，而《如实论》则以"五分义"作为比量的具足形式，这从因明传播史上看，似乎有些颠倒。但从涉及的内容看，后者依然比前者成熟。前者以"喻"为四"知见"之一，后者取消了这一项目，显然是移进因明的"喻支"中去了。《方便心论》称作"知因"的概念，可能就是"因明"的早期译法，其时还是从如何获得正确认识的角度来谈的；至于《如实论》则明确地提出了"根本法"（遍是宗法性）、"同类所摄"（同品定有性）、"异类相离"（异品遍无性）的"因三相"来，将"因"这一概念运用到了纯粹的因明规则上，完全成了逻辑学上的概念。这种由认识论提炼为因明逻辑，历史的轨迹清晰可辨；因明逻辑始终与认识论联结在一起，也就构成了瑜伽行派的方法论特点。

瑜伽行派在论辩中讲认识来源和认识结构的部分，一般称为

"量论",讲认识的正确形式和规则的部分称作"因明",二者都既是取得真理的来源,也是验证真理的尺度。把量论和因明系统化与完善起来,并使之成为论证"唯识无境"、通达真实境界、求得完全解脱的主要手段,是从陈那开始的。

陈那首先是把上述现量规定在直觉范围之内,彻底排除名相概念的参与。他把这类现量分为四种,其中上述由五种感官直面对象的直觉活动叫作"五根现量",属于原始基础现量。此外,还有一种"意识现量",特指感官所得直觉在引发意识活动,并成为意识缘虑对象时的地位和作用,也就是五根现量进入意识领域,但尚未形成概念时被给予的一种称谓,用传统的因缘说解释,这时的五根现量相当于意识发生的"等无间缘"。第三种叫"自证现量",其实就是"心分"说中的"自证分";这种"自证"亦名"亲证",由于没有分别,直取自境,所以也列为现量。值得特别注意的是第四种"瑜伽现量",即在熟知佛教道理和深入禅定基础上,对于佛教真理的直观亲证,亦称"现观"、"现证"。佛教历来主张,像"四谛"、"真如"等佛教道理,要完全把握,变成修持者自身的东西,必须扬弃语言文字的中介,使认识主体直接地无间隔地与所证对象契合为一,由此获得的认识叫作"无分别智",是佛教全部认识和修习过程中的一个关键性的转折。陈那将这类认识也纳进了"现量"的范围,大大减弱了原先以直觉为全部认识起点的观念,提高了非理性认识的地位,为继续向神秘主义滑行创造了更多的条件。

所谓"比量",在因明学中指推理而言。陈那在完善比量的形式和规则上,起了决定性作用。此前的比量,通用宗、因、喻、合、结"五支"作法,陈那精炼为"宗"、"因"、"喻"三支。上述的"因三相"也是由陈那最后确定下来的。这里的"因",指作为推理根据的理由;正确的理由,必须具有三种性质,使宗、因、喻诸判断间的逻辑联系得以成立。此外,陈那对于运用因明形式可能犯的逻辑错误,也作了归纳,作为"过类",组织到了他的因明学中,使因明的逻辑规则趋向严密。相对于五支作法的"古因明"言,陈那的具有"因三相"的三支作法,被称作"新因明"。

由于陈那把量论和因明作为取得一切知识和证得真理的基本手段,所以他幻想一旦成佛,便能体现真正的"量",称为"为量者",也就是无所不知,成了真理的代表。这是陈那的量论和因明学伴有宗教神学的又一表现。

第四章 佛教的黄金时代
(4—6世纪)(下)

第四节 佛教在中国魏晋南北朝的急剧发展

一 魏晋南北朝历史概况

公元4—6世纪,相当于中国的东晋南北朝时期。为了陈述的方便,这里还要追记此前三国与西晋的80年历史。

东汉末年爆发的黄巾起义,沉重地打击了汉王朝的统治基础。与此同时,各地豪强为镇压起义军群相竞起,不断发展和扩大私人武装,形成遍及全国大小不等的军阀集团。东汉王朝已经名存实亡,各路军阀间展开了武力兼并。公元220年,曹氏在洛阳代汉立魏,控制整个中原地区;继之,刘氏在成都建蜀称帝,占据西南地区;孙氏在建业(今江苏南京)立国为吴,统治长江以南,史称三国。这是自秦汉以来中国大一统形势的首次正式分裂。

曹魏政权统治初期,采取了一些恢复生产、发展经济的措施,使大乱后的黄河流域得以相对稳定。239年,魏明帝去世,曹氏集团开始衰落,政权为司马氏豪强集团所控制。263年,司马昭带兵灭蜀。265年,司马炎以禅让方式代魏,改国号为晋。280年灭吴,全国重新统一,史称西晋。自汉末以来,经历了将近一个世纪的动乱和分裂,至此得到了短暂的安定。

西晋王朝是在门阀士族支持下建立起来的,统治集团内部长期进行着争权夺利的斗争。289年,晋武帝死,皇室宗亲间爆发"八王之乱",西晋王朝的力量消耗殆尽,居于北方的少数民族贵族纷纷进入中原逐鹿,西晋的统一不过十余年,就陷入了更严重的分裂之中。

304年，匈奴贵族刘渊建立汉国于左国城（今山西离石）。316年，同族刘曜攻陷长安，俘晋愍帝，其余王室和门阀士族先后南渡长江，拥戴琅琊王司马睿于建康建都，是谓东晋。东晋王朝的建立，开始了对江南广大地区的大规模经济开发，也为开辟海上交通创造了有利的条件，但在政治上，仍然是门阀士族的代表。只是由于几个大士族集团势力互相牵制，得以保持平衡，在持续动荡中维持了百余年时间。420年，出身于低级士族而又屡建军功的东晋将军刘裕，废除晋帝，建立宋朝。此后，江南地区政权迭经更替，先后经历了齐、梁、陈几个朝代，直到589年统一于隋。宋、齐、梁、陈四代均以建业为国都，以长江流域为基地，与北方诸国长期对抗，史称南朝，加上原先的吴与东晋，又通称六朝。

在黄河流域的北方中国，自西晋灭亡后，有匈奴、鲜卑、羯、氐、羌等几个少数民族，先后建立了16个国家，另外还有几个汉人控制的小国。他们之间也是战争连年，互相兼并，最后基本统一于鲜卑的拓跋魏王朝。

鲜卑族原是北方的一个游牧民族。386年，鲜卑拓跋部落酋长拓跋珪即代王位，同年改国号曰魏。398年，建都平城（今山西大同），史称北魏。次年称帝，号道武帝。至439年，魏太武帝灭北凉国，完成了黄河流域的统一。493年，魏孝文帝又迁都洛阳，加快了汉化进程，改姓为元。

北魏政权入主中原后，采取了一系列改革措施，如任用大批汉族士人为官，吸收和利用先进的汉文化和科学技术，发展农业生产等等，巩固了统治。这一局势维持了一百多年，至534年分裂为东魏和西魏。

东魏建都于邺，政权实际上掌握在贵族高欢手中。550年，高欢之子高洋代东魏称帝，史称北齐，建都洛阳。557年，西魏宇文觉代魏称帝，国号曰周，史称北周。577年，北周灭北齐，北方统一。581年，北周隋国公杨坚灭北周，建立了隋朝。589年，隋灭南朝陈，从而结束了长达几百年的南北分裂，中国重归统一。

从曹魏代汉到隋灭陈止，共计369年，总称魏晋南北朝。魏晋南北朝是战乱频仍、灾难深重的历史时期,但在局部地区或短暂时期,又有相对稳定和繁荣的局面出现。这使佛教在全国范围得到了多方位的传播。它深入社会的各个阶层和生活的各个领域,与中国传统的思想文化冲撞激荡,参差交会,形成了独具中国历史特色的佛教思潮,影响甚至支配着南北朝一些大国的统治思想。

二 魏晋南北朝佛教的流传

(一)三国、西晋佛教

继汉末儒家正统观念的崩溃,三国的思想解放运动有更深层的开拓。曹操曾起用"不仁不孝"而有真才实学的人做官,在实践上已经提出了对纲常名教的挑战。至魏末嵇康倡导"非汤武而薄周孔",标志着对传统儒学的批判达到了一种新的自觉。何晏、王弼开创"正始之音"①,发挥《老子》的宇宙观,突出《周易》、《论语》的地位,并作全新的解释。由于他们立意玄远,甚少务实,故其学亦称"玄学",或称"清谈"。

玄学完全清除了两汉儒学的谶纬妖妄之言,而以简练的文字探讨本体论和认识论问题,确立一种新的人生观和价值观。由于它远离政治和实际生活,抽象程度高,哲理性强,对于力图逃避或钝化当时残酷的权力斗争的部分知识贵族和士大夫,有很大的吸引力,从而成了魏晋时期占统治地位的思想形态,尽管在思想内容上并不是一个统一的派别。

非儒之风和玄学的兴起,为佛教的全面发展创造了良好的思想条件。

"正始之音"是在汉末崇尚《老子》的风气中形成的,着重阐发"以无为本"的主张,一般称作"贵无"派玄学。支谶译《道行般若经》(或另有灵帝时竺佛朔译本)几乎与《老子》在汉末的盛行同时。至于三国,研究《般若经》也开始成为一门独立的学问,即般若学。般若学是佛教以纯理论形式进入中国上层社会的开端,直到两晋,始

---

① "正始",曹魏年号,时当公元240—249年。

终是佛教中的显学。

魏、吴两国对《般若经》的讲习都有相当的开展。释朱士行曾在洛阳开讲《道行般若经》，"觉文章隐质，诸未尽善"，遂于甘露五年(260)西渡流沙，至于阗求得《放光般若经》(《大品般若》)胡本。这说明洛阳听众对般若学提出了新的要求。不过，魏自曹操开始，对张扬黄老神仙术的方士取羁縻政策，对民间的鬼神祭祀作为"淫祀"加以禁止，大规模的宗教活动受到严格的限制。嵇康曾讥讽过"乞胡"，表明游化洛阳的西域僧人已经引人注目。但佛教在社会底层的传播情况，则很难了知。见于僧传的佛经翻译者，则有沙门昙柯迦罗、昙帝、康僧铠等。

昙柯迦罗，中印度人，于魏嘉平(249—254)年间来洛阳从事译经工作，《高僧传》本传记："于时魏境虽有佛法，而道风讹替，亦有众僧未禀归戒，正以剪落殊俗耳；设复斋忏，事法祠祀。迦罗既至，大行佛法，时有诸僧，共请迦罗译出戒律。迦罗以律部曲制，文言繁广，佛教未昌，必不承用，乃译出《僧祇戒心》，止备朝夕。更请梵僧立羯磨法受戒。中夏戒律，始自于此。"

又有安息国沙门昙帝者，亦善"律学"，正元(254—256)中，游洛阳，出《昙无德羯磨》。

魏境的佛教特别重视对戒律的译介，反映出家僧侣的数量已经相当可观，有了整顿和规范内部纪律的需要。当然，这也与曹魏对宗教的禁约有关。

曹氏集团与佛教的关系，是个历史疑案。刘宋陆澄的《法论》序称："魏祖(曹操)答孔(孔融)始知英人开尊道(指尊佛)之情"。曹植据《庄子·至乐》作《髑髅记》，与佛教小乘的悲观厌世情绪极为接近。僧史称曹植读佛经，"能转读七声升降曲折之响"，为后人诵经所宪章；尝游鱼山，"闻空中梵天之赞，乃摹而传于后"。"梵天之赞"，简称"梵呗"，属佛教的赞美歌。曹植被认为是中国佛教音乐的创始者。或言魏明帝曾为佛陀"作周阁百间"。不过这都不能作为定论。

吴都建业的般若学，相对而言更加发达，主要的弘扬者是支谦。

支谦,亦名支越,字恭明,原籍月支,其祖在汉灵帝时归汉。支谦的汉文水平很高,又"备通六国言"。曾从支谶的弟子支亮就学。东汉末年,避乱至吴,为孙权所闻,拜为博士。赤乌四年(241)太子登祚,支谦退隐山中,从沙门竺法兰受持五戒。据支愍度《合首楞严记》说,自黄武(222—228)至建兴(253—254)年间,支谦共出经数十部。《出三藏记集》著录36部48卷。其中重要的是《大明度无极经》、《维摩诘经》。

《大明度无极经》是《道行般若经》的改译本,原译的晦涩诘诎处,大多改得通畅可读,胡语音译则改为意译。这显然是出于普及般若学的考虑。此处所谓"大明",就是"般若"的意译;"无极"则是支谦添加的,是对于"大明度"威力无限的形容。由此可见他在翻译上的一般特点:雅顺而不甚忠于原文。《维摩诘经》同《般若经》的空观思想相通,在蔑视世俗正统观念和批判小乘出世间苦行方面,同样激烈,但更表现得玩世不恭,很便于为贵族的纵欲主义辩护。它认为,佛教的根本目的,在于深入世间,解救众生,所以修道成佛不一定落发出家,只要证得佛教义理,居士也能出俗超凡;在享受"资财无量"的世俗生活乐趣中,就能达到涅槃解脱的境界。因为佛国与世间,无二无别,离开世间的佛国,是不存在的;"如来种"存在于"尘劳"(烦恼)之中,离开"尘劳",也就无所谓"如来"。此经在西晋时还有竺法护、竺叔兰的两个异译本,至姚秦鸠摩罗什、唐玄奘也都有重译本。在魏晋南北朝的士族阶层中,大受欢迎,比《般若经》的影响还要深远。直到隋唐,其风犹酣。

支谦另外一些异译也颇有影响,其中《太子瑞应本起经》是康孟详、竺大力于汉末所译《修行本起经》的异译,是叙述释迦牟尼佛本生的故事,带有浓厚的传奇色彩,加上译文流畅,对促进中国文学的发展产生过一定影响。

支谦还改订过维祇难、竺将炎共译的《法句经》。此经原是为初学佛教者所作,带有入门的性质,它对早期佛教思想作了概略的论述,比较系统,流布很广。

支谦深谙文辞音律,据说他曾根据《无量寿经》、《中本起经》制"赞菩萨连句梵呗"三契。看来,三国时期也是中国佛教歌咏和音乐的创作期。

吴地佛教的另一主要传播者是康僧会。他原籍康居,世居天竺,其父经商移居交趾,是有史记载的第一个自南而北传播佛教的僧侣。他不但"明解三藏",且"博览六经",文字也好。曾随南阳韩林、颍川皮业、会稽陈慧等,学习安世高的禅数学,参与过《安般守意经》的注释并作序。赤乌十年(247),康僧会至建业。相传他利用佛舍利显神异,说动孙权为其建立佛寺,号"建初寺",是有史记载江南建寺之始。

公元 256 年,孙皓即位。这是一个性情昏暴、行为凶残的帝王。康僧会曾劝其信奉佛教,行"孝慈"、"仁德"之道。"以皓性凶粗,不及妙义",所以康僧会"唯叙报应近事,以开其心",取得了一定成功。因此,佛教史籍都将康僧会的传教活动作为江南佛教的开端。

康僧会译经,《出三藏记集》录有 2 部 14 卷,僧传所记则多一些。他曾制"泥洹呗声,清靡哀亮,一代模式",也是中国佛教音乐的创作家。最能代表他的佛教思想的,则是《六度集经》。

《六度集经》共 8 卷,按大乘菩萨"六度"分为 6 章,编译各种佛经共 91 篇。中心在用佛教的菩萨行发挥儒家的"仁道"说。他从佛教的"悲愍众生"出发,力图把孟子的"仁道"作为"三界上宝",要求"王治以仁,化民以恕"。甚至认为,对于"利己残民,贪而不仁"的君主,臣民们可以起而弃之。像这样把佛家思想与儒家思想协调起来,尤其是把佛教中的消极颓废因素改造成为可以容纳儒家治世安民的精神,为中国佛教的发展开辟了另一蹊径,也体现了他所谓"儒典之格言即佛教之明训"的观点。《六度集经》的教义全是通过有关佛的前生故事陈述出来的,取材自虫兽鸟龙、天王帝释,包含有丰富的寓言和神话,有助于启迪智慧和文艺创作。

西晋皇祚历时不长,只有半个世纪(265—316),但思想形态又为之一变。向秀、郭象注《庄子》,肯定一切存在都是合理的,为西晋统治和士族特权辩解;裴𬱟著《崇有论》,斥责玄学贵无派,要求士人积极治世。王戎、王衍立论，则祖述何晏、王弼，仍主"以无为本"。西晋玄学呈"崇有"与"贵无"两派并行的态势。佛教的小乘"禅数学"，以"法体实有"论证士族品类等级不灭；大乘"般若学"用空观否定世俗认识和世俗世界，也是论"有"道"空"，与玄学遥相呼应。在这种风气下，佛教得到长足的发展。据《洛阳伽蓝记·序》言，"洛阳至晋永嘉唯有寺四十二所"；《法苑珠林》称，"西晋两京合寺一百二十所"。其所出佛经译家知名者 12 人，共译经典《出三藏记集》录为 167 部(失译者不计)，《开元录》勘定为 333 部。佛教在全国的流布情况，可以据此推度。

在支持佛教发展上，皇室贵族中有中山王和河间王，士族官僚中有周嵩和石崇，一批名僧因为结纳了这类贵族官僚，开始上升为清谈的名士，诸如支孝龙、刘元真、法祚等。支孝龙的名言是"无心于贵而愈贵，无心于足而愈足"，此种"无心"和"自足其性"之说，与向、郭的《庄子注》大同。然而流行最广的仍是般若思想。朱士行于于阗所得的《放光般若经》，于元康元年(291)由竺叔兰和无罗叉在陈留仓垣水南寺译出，受到中山王的热烈欢迎，同时"大行京华，息心居士翕然传焉"。

竺法护，音译"昙摩罗刹"，是西晋最有成就的译经家。其祖籍月支，世居敦煌，8 岁出家，万里寻师。除诵读佛经外，还博览《六经》和百家之言。后随师游历西域各国，遍学 36 种语言，搜集大量胡本佛经，回归长安。西晋末年，避乱东向，卒于渑池。他一生往来于敦煌、长安之间，前后达 47 年(266—313)，译经 150 余部，除小乘《阿含》中的部分单行本外，大部分是大乘经典，包括般若类的《光赞般若经》、华严类的《渐备一切智德经》、宝积类的《密迹金刚力士经》、法华类的《正法华经》、涅槃类的《方等般泥洹经》等等。对早期大乘佛教各部类的有代表性的经典，竺法护都有译介。这些佛籍的内容非常庞杂，既包括有思想深沉的多种哲学流派，又含有形式粗鄙的原始宗教观念，大体反映了当时由天竺到西域的佛教基本面貌。竺法护在沟通西域同内地的早期文化上，作出了卓越的贡献。《高僧传》本传评论说："经法所以广流中华者，护之力也。"

东晋名僧支遁称赞竺法护"濯足流沙，领拔玄致"。名士孙绰作《道贤论》，也赞其"德居物宗"，比作"竹林七贤"中的山涛。

《光赞般若经》10卷，晋泰康七年（286）译于长安。是《放光般若经》的同本异译，但内容只相当于后者的前30品。东晋道安于泰元元年（376）获得此经，与《放光》作对比研究，著《合放光光赞随略解》、《光赞析中解》、《光赞抄解》等，将对此经的研究推及内地，促进了东晋般若学的流传。

《正法华经》10卷，晋泰康七年（286）译于长安。中心思想是"会三归一"、"藉权显实"，也就是肯定了佛教在流布过程中广泛吸取别种宗教流派的做法是合理的。它把已经融会于大乘佛教之中而又异于原始佛教的思想信仰，解释成是佛陀教化众生的方便手段，同时也给原始佛教以恰当的地位，看作是同一"佛乘"的不同表现形式。这些说法，调和了佛教内部的派别对立，也为进一步容纳其他民族民间信仰崇拜进入佛教范围开创了道路。

《法华经》前后共六译，现存除《正法华经》外，还有秦译的《妙法莲华经》。隋代据上述两个译本作了改订，名《添品妙法莲华经》。秦译与《正法华经》不是一个原本，主要差别是在哲学基础上。《正法华经》提倡"诸佛本净"、"法身常存"，属大乘"有宗"；同时肯定分裂释迦僧团的提婆达多，给予其重要地位。《妙法莲华经》宣传"佛种从缘"、"道法"无常，属大乘空宗，不含《提婆达多品》。今本有此一品，是南北朝时添加的。因此，《正法华经》的译文也反映了竺法护整个佛教思想体系。

《渐备一切智德经》10卷，晋元康七年（297）译于长安西寺，与鸠摩罗什所译《十住经》同为《华严经·十地品》的异译本。此经主要是讲述大乘菩萨修行所必须经历的十个阶段。其中有一个命题，所谓"其三界者，心之所为"，鸠摩罗什等译作"三界虚妄，但是心作"，标志着大乘佛教由般若学向唯识学的转变，在佛教哲学的发展史上占有重要地位。

助竺法护译经、出力最多的，有佛教居士聂承远、聂道真父子。聂承远富有文才，对竺法护所译诸经，多有参正，像《正法华经》、

《光赞般若经》等就是。他自己译有《越难经》1卷。聂道真除担当笔受外,还自译有《文殊师利般涅槃经》、《异出菩萨本起经》等24部36卷。据《历代三宝记》卷六载,他还撰有《众经目录》,记载竺法护所译部分佛经目录。

大约与竺法护同时在长安译经的,还有帛法祖。法祖一名帛远,姓万氏,河内(今河南沁阳)人。《出三藏记集》有传,说他深研佛经,博读世典。在长安造筑精舍,以讲习为业,僧俗禀受者近千人。惠帝末年为镇守关中的河间王颙所敬。道士祭酒王浮,与佛教争邪正,每为法祖所屈,王浮愤而作《老子化胡经》,攻击佛教,成为两晋佛道二教争论优劣中的一大公案。法祖的影响远及关陇,"崤函之右,奉之若神",在西北少数民族中享有极高的威信。死后,"群胡"共分祖尸,各起塔庙供养之。他精通胡汉语,译有《弟子本》、《五部僧》等小本佛经,并注《首楞严经》。东晋孙绰的《道贤论》,将他比作"竹林七贤"中的嵇康。

西晋长安是佛教义学最发达的地区,而洛阳有译者法立、法矩、安法钦等,仍不寂寞。此外,竺叔兰为河南(在今河南洛阳东)尹乐广的宾客,曾同无罗叉于陈留仓垣(在今河南开封北)译出《放光般若经》。交州有"西域人"支疆梁接,"志情旷放,弘化在怀",太康二年(281)译出《十二游经》。佛教教义在全国多处扩展。

(二) 东晋、十六国佛教

西晋亡后,北部中国陷入了十六国的混战。佛教在后赵、前秦、后秦、北凉等一些有影响的大国中,受到最高统治者的信仰和支持,发展特别迅速。

北方诸国与佛教 后赵的创造者是羯人石勒,公元312年建都襄国(今河北邢台)。328年杀刘曜,灭前赵,隔年称帝。后赵与东晋以淮水为界,一度占有除东北燕外的北方所有领土。

石勒大力提倡儒家经学,保护和起用士族,以汉文化教化各族民众;同时推崇神僧佛图澄,与狂乞者麻襦、禅者单道开等,共以神异惑众,大兴佛教。时人为逃避租役,多"营造寺庙,相竞出家"。至石虎即位，335年迁都于邺，曾下书谓："佛是戎神，正所应奉"，"其夷赵百蛮有舍其淫祀乐事佛者，悉听为道"，致使"中州胡晋略皆奉佛"。[①] 安定人侯子光自称"佛太子"，曾以"妖状"煽惑，聚众数千人。佛教在某些地区已经有了号召民众的能力。

352年，氐族的前秦建国于长安。357年，苻坚即帝位，据有黄河流域和长江上游的广大地区，征集各地高僧。379年，攻破襄阳，以"贤哲者国之大宝"，俘名僧道安回长安，集"僧众数千，大弘法化"。385年，羌人姚苌杀苻坚，据长安，是谓后秦。394年，姚兴立，先后灭前秦，降西秦，亡后凉，成为西部强国。姚兴在领内绍隆儒学，重视佛教义学，在十六国中，是文化最呈繁荣的朝代。401年，败后凉吕隆，迎鸠摩罗什到长安，集沙门5 000余人，一时名僧大德辈出，领南北中国佛学之先；其州郡事佛者，十室而九，声振西域天竺，吸引了更多的外来僧人进入内地传教。姚兴本人受江左风气的影响，把佛学视作"玄教"，所以虽主神识不灭、三世因果，但并不崇尚灵异神通、巫术妖言。这在先前的北方少数民族国家中是罕见的，是一大进步，也是南北胡汉各族相互接近、相互融合的一种表现。

匈奴族主沮渠蒙逊，于412年占据姑臧（今甘肃武威），称河西王。420年灭西凉，史称北凉。沮渠氏的统治沟通了内地与西域诸国的往来。他兴造佛像，促进了佛教的普及。又请昙无谶译经，以《涅槃经》佛性说为中心，影响远及长安、建康，使姑臧成为西陲的义学重镇。昙无谶并教沮渠蒙逊的女媳多子之术，自称能够咒神役鬼，开创了密法的实际传播。经西域诸国传进内地的佛教，其时不断有新的思潮出现。

另据《高僧传·僧朗传》记，僧朗以苻秦皇始元年（351）移居泰山，别立精舍，闻风而造者百余人。秦苻坚、后秦姚兴、燕主慕容德、魏主拓跋珪以及东晋孝武帝，或征请，或致书，或供养，竞相招致。名僧成了各割据国家争取的对象，而山东泰山也成了早期佛

---

① 《高僧传·竺佛图澄传》。

教的一个传播据点。

佛教普及到东晋十六国的各个民族,并成了一些主要国家为争取民众而予以共同支持的一种信仰。这对于增进南北各族人民的相互了解和相互联系,对于形成各族人民的共同心理,起了比儒学还重要的作用。

在北方十六国中,影响最大的僧侣当是佛图澄、道安和鸠摩罗什。

佛图澄的传教活动　佛图澄(232?—348),是以神异著名的僧人,《高僧传》有传。本姓帛,西域(可能是龟兹)人,曾到罽宾受学,晋怀帝永嘉四年(310)来洛阳。时值晋末大乱,他通过石勒部下信佛的大将郭黑略会见石勒,以预知"行军吉凶"、烧香咒水生莲花等道术取得石勒信服,被尊为"大和上"。石勒不但将其诸稚子多养于寺中,"有事必咨而后行",且令佛图澄直接参与外灭刘曜、内平叛乱等军政要务。石虎继位,对佛图澄倍加推崇,誉为"国之大宝","衣以绫锦,乘以雕辇,朝会之日,和上升殿,常侍以下,悉助举舆,太子诸公扶翼而上,主者唱大和上至,众坐皆起"。石虎还派司空朝夕问候,太子诸公则五日一朝。佛图澄成了石赵的精神支柱。

佛图澄传播的佛教,充塞着妖妄;他的一生行事,亦多由诡秘的预言构成。据《高僧传》本传记,他"善诵神咒,能役使鬼物。以麻油燕脂涂掌,千里外事皆彻见掌中"。又能"听铃音以言事,无不效验"。其他如敕龙出水降雨,治病复生,观天象知休咎,与天神交通,在相当程度上,反映了西域的原始巫术渗入佛教的情况。佛图澄开创了中国神异僧侣的一途,成了中国佛教密教的先声。

石勒、石虎在历史上以暴虐残忍著称,即使在十六国那样战乱频仍的时期,也很突出。面对这样的暴君,佛图澄宣传"帝王事佛"之术在于"体恭心顺,显扬三宝";执政之术则"当杀可杀,刑可刑",但"不为暴虐,不害无辜"。他曾劝说石勒效"王者",行"德化",又恐吓石虎:"布政猛烈,淫刑酷滥,显违圣典,幽背法戒,不自惩革,终无福祐。"《高僧传》说石勒听了佛图澄劝谏后,"凡应被诛余残,蒙其益者,十有八九";石虎"虽不能尽从,而为益不少"。

据《高僧传》载,来自天竺、康居等地的数十名僧,足涉流沙诣澄受训;道安、竺法雅等内地名僧听澄讲说。佛图澄"亦妙解深经,旁通世论。讲说之日,止标宗致,使始末文言昭然可了"。但他究竟讲说的是什么经论,已不可考。他本人持戒甚严,并曾与净检尼一起为当时兵部令女儿比丘尼安令首授戒。道安亦曾为比丘大戒事就正于"澄和尚"。所以佛图澄也是戒学的阐扬和践行者。佛图澄的声望远播内外,随从者常有数百,前后门徒几且万人,所历州郡兴立佛寺893所。

佛图澄卒于后赵建武十四年(348),在北中国活动了30多年,他把巫术神异和参与军国机要同佛教教义融为一体,使佛教在中国历史上第一次被封建最高统治者作为真正信仰所崇奉,并纳入国家扶植之中。

释道安的传教活动 道安(312—385),俗姓卫,常山五柳(在今河北正定南)人,少孤,12岁出家,驱役田舍,劳务三年。他的一生可分三个阶段,大体反映了当时佛教在全国的发展状况。

第一阶段,在北方避难传播禅数学时期(365以前)。

道安很早就过着颠沛流离的生活。他曾在邺向佛图澄学律。石赵之末,逃难至护泽(今山西阳城),继之北上飞龙山(在今山西浑源西南),再转东南至太行恒山(在今河北阜平北)。约357年,又回到邺,折向邺西北的牵口山,入王屋女林山(在今河南济源西北),渡河而抵陆浑(河南嵩县东北)。365年,经新野投奔东晋治下的襄阳。从佛图澄之卒(348)算起,在这17年中,道安经历了石赵的内部之乱,冉魏挑起的民族之战,慕容燕与冉魏、东晋之战,辗转逃亡。但追随他的学徒很多,所到之处,总是讲习佛理,成为传播佛教的热点。而聚集在他周围的僧众日渐增多,从数百以至上千,声望直达东晋领地。

道安在这个时期研习弘扬的佛理,全属小乘教义,特别是安世高的禅数之学。从他序注《阴持入经》、《十二门经》、《人本欲生经》等经中可以看出,他厌恶爱欲、家庭和私有财产,认为这是人际争斗和人生痛苦的根源;他逃避社会,力图从出世的禅思中寻找一条人生解脱之路,所谓"无知无欲无为"的境界。从这方面讲,道安是超脱的,虔诚地服膺于佛教教义。但同时,他受中国传统文化的影响甚深,所以对这些佛教教义的解释,又都安置在《老》、《庄》和贵无派玄学的哲学基础上,使佛教蒙上玄学的色彩,又使玄学糅进了佛教的内容。他的最重要的命题是:"执寂以御有,崇本以动末"。此中既有神通的幻想,也有持道干预社会生活的理想,更有严于守戒律己的要求,所以既不同于贵无派玄学,也不全同于佛教的本来思想。

道安的民族正统观念很强,时刻不忘夷夏之辨,心怀"皇纲纽绝"、"犷犷猾夏"、"山左荡没"之苦,所以不但行文中时露悲壮之气,而且最终也以佛教"佐化"自任。他告诫门下"不依国主则法事难立",这几乎成了中国佛教的一大原则。在新野路上,更沿江分散徒众,促使"教化广布",像法汰至荆州,成为江南般若学的一大家;法和入蜀,创西南佛教义学之始。

中国佛教主张不但是为己的,也是为人的;不但求个人解脱,也求社会群体的安宁福祉,与此相应,也力求当权者的赞助,与最高统治集团合作。这种思潮和倾向至道安而成为主流。

第二阶段,在襄阳弘扬般若学时期(365—379)。

道安南下是为了追踪晋室,但停于襄阳,则是应东晋名士习凿齿之请。习凿齿称颂道安"天不终朝而雨六合者,弥天之云也……彼直无为,降而万物赖其泽",道安因此而被誉为"弥天释"。晋孝武帝奉以王公待遇,激励他"居道训俗"。

当时的襄阳,是东晋抗击北方诸胡的前沿阵地,道安之所以受邀至此,一住15年,实有安抚军士、稳定民心的作用。据说师徒数百,斋讲不倦。既不用伎术惑人,又无威势整人,"自相尊敬,洋洋济济"。这当然会影响民风,所以习凿齿在寄谢安书中,给予了极高的评价。

这个时期,道安着重研习的是般若学。他为《道行品》作《集异注》1卷,为《般若放光品》作《析疑难》1卷、《析疑略》2卷、《起尽解》1卷,为《光赞般若经》作《析中解》、《钞解》各1卷,还有《合放光光赞随略解》等。每年又要为大众讲《放光般若经》两遍,思想有了新的变化。他把"智度"提到至高无上的地位,不再用"禅数"并行去概括佛教全体。他特别清算了"贵无贱有"、"卑高有差"的旧主张,建立了"本末等尔"、"有无均净"的新主张,即所谓"御大净而万行正,正而不害诸有"。这种思想上的变化,实质上反映了道安由消极出世到积极入世的转变。

第三阶段,晚年在长安译介"毗昙"时期(380—385)。

378年春,苻坚派兵围攻襄阳。道安再次分散徒众,像昙翼、法遇去江陵,成为楚荆士庶的佛教领袖;昙徽至荆州,"每法轮一转,则黑白奔波";慧远入庐山,成为此后统摄南北的佛教中心。道安本人,则与守将朱序等共镇城池。次年二月,城破被俘。

苻坚视道安为"神器",安置他在长安五重寺,"僧众数千,大弘法化";同时救诸学士,"内(佛教)外(佛教以外诸学)有疑,皆师于安"。故京兆为之语曰:"学不师安,义不中难。"道安成了北方学界领袖。在政治上,道安曾劝说苻坚不要过江攻晋,没有成功。这也曲折地表现了他对晋室的爱国情操。

143

早在375年,苻坚下诏:"尊崇儒教,禁老庄、图谶之学。"道安的到来,对这个禁令有所突破。因为他继续每年讲两次《放光般若经》,其形式与老庄玄学实无明显的分别。然而,他最多的工作是组织由官僚赵政资助的、有多名译者参与的译经活动。翻译的重点是小乘有部论著和小乘经典,包括《鞞婆沙论》、《阿毗昙心论》、《僧伽罗刹集经》等,由此开创了一门佛教"毗昙学"。小乘集经四阿含中的《中阿含》和《增一阿含》也在此时翻译成功。北方各地小乘教义比江南流行,这个传统,一直延续到北魏中期。所谓"毗昙学"则是"禅数学"的继续和深入。

道安博学多才,成就是多方面的。习凿齿称他"内外群书,皆略遍睹,阴阳算数,亦皆能通"。道安又长于诗赋文章,熟悉鼎铭篆书、古制斛斗。还著有《西域记》,这是中国第一部从佛教文化角度介绍西域诸国情况的专著,可惜已经散失。

道安在发展中国佛教方面有很多创造,主要表现在以下几个方面：

第一，确立佛教唯依国主才能成立的原则，主动承担对社会施行"教化"的使命。这就使佛教原先以个人或"众生"为本位的学说，转变成了以国家和社会为本位的学说，由此强化了佛教的政治色彩。

第二，总结佛教传入中国的历史，促进佛教中国化的进程。他勤于搜集佛典，编纂了中国历史上第一个完备的佛教目录——《综理众经目录》，始自东汉光和年间(179—183)，止于他逝世，前后200年左右，共收入译家17人，所译经、律、论244部，失源佛典309部，疑伪经26部，注经25部，总计604部。由此开创了中国佛教的史料学和目录学，为考察佛教流传的全体，辨别真伪，区分外来译著和本土撰著等，提供了第一手记录。

道安还总结了佛经翻译的历史经验，认为译胡为汉，始终有文质两派。"质派"近于原著，但文辞不雅，诘诎难读；"文饰"适于今俗，难于识其原作义趣。据此，他发出"五失本"、"三不易"的困惑，提请译家慎重对待。概括说来，胡汉语在语法关系、经文结构和文风习惯上，都不相同，要想把千古圣人之言译为"今时"汉语，若不"失本"，是不容易做到的。原本一般繁冗重叠，中国当时习尚婉便简约，二者很难调和。他本人力求文辞易晓，传事"勿失厥义"，目的在于探求佛教原旨。他在襄阳抄集《十法句义》，到长安组织译介阿毗昙，也是为了弄清佛教名相，更确切地把握佛理。

但是，从总体上看，道安译介佛典的重点仍在使佛教适应中国的情况，满足"今时"的需要。早年他曾是"格义"的追随者，即"以经中事数(名相)，拟配外书(中国传统经典)，为生解之例"。后来否定了这种方法，改用玄学的观点剪裁佛教的义理，又把佛教的内容融会到玄学的潮流之中。外来佛教义学最终能够通过玄学进入中国上层思想领域，道安是真正的奠基人。他为大小乘佛经作释作序作述，总计40余种，大多是佛玄交融，内容非常丰富；他的翻译理论，实际在肯定"方俗不同，许其五失胡本"。可以说，他为佛教的中国化作了理论上的示范，也为中国化佛教的发展，提供了方法论上的指导。

第三,制定僧尼轨范,统一佛徒姓氏。中国僧侣自身的日常宗教修习和活动仪轨,由道安制定的"僧尼轨范"开端,"天下寺舍,遂则而从之"。条例有三:"一曰行香定座上经上讲之法,二曰常日六时行道饮食唱时法,三曰布萨(说戒忏悔)差使悔过等法"。这种礼仪法式的规定,大大增强了僧尼生活的组织化和戒律的实际效果。

汉魏以来,僧尼名前多加异国或异族名称以为姓氏,如"安"、"支"、"康"、"竺"等,其中一部分与来自外籍或沿袭祖籍有关,但不少汉人也以胡音为姓。道安以为,佛徒莫不尊崇释迦,"乃以释命氏",遂为永式。僧尼以"释"为姓,减少了由姓氏上表现的国界和民族差别,强化了宗教统一的色彩,这在当时分裂的局势下,对维系一种稳定的共同文化心理是很有意义的。

第四,倡导弥勒上生信仰,以兜率天为世间净土,开辟中国学僧和文人的崭新信仰领域,一直延续到唐代玄奘、窥基以至白居易等。弥勒被视为常乐的象征,又是佛学权威,般若经类和瑜伽行派以及部派佛教中一切有部的论著中,都尊他为佛学导师。

145

道安的影响相当深远,时人称为"手印菩萨",居于"西国"的鸠摩罗什则以"东方菩萨"誉之。

鸠摩罗什及其门下的传教活动 鸠摩罗什,意译"童寿",祖籍天竺,其父迁居龟兹,7岁随母出家学毗昙,9岁随母同去罽宾游学,从名德槃头达多法师学《杂藏》及《中阿含》、《长阿含》。12岁时,其母携还龟兹,途经沙勒(即疏勒,在今新疆喀什一带),住一年,诵阿毗昙,讲《转法轮经》,博览《四围陀》及"五明"诸论,并习阴阳星算等术。后遇出身莎车贵族的大乘名僧须利耶苏摩,从受《阿耨达经》,闻"阴、界、诸入皆空无相"的教义,遂由小乘杂学转向大乘中观学,受诵《中论》、《百论》、《十二门论》等。此后,罗什即经温宿国(在龟兹北)回龟兹,广说方等诸经。20岁受戒,更从卑摩罗义学《十诵律》。

鸠摩罗什回龟兹后,住新寺,披读《放光般若经》和其他大乘经论,宣传大乘教义。一时声誉雀起,名满西域。诸国王每至罗什升座讲经,皆"长跪座侧,令什践而登焉"。

382 年,苻坚遣骁骑将军吕光率兵西伐,384 年攻陷龟兹,获鸠摩罗什,并妻以龟兹王女。在此前一年(383),发生淝水之战,苻坚兵为东晋所败,前秦国内大乱。吕光在归军途中,占据凉州,立后凉国,建都姑臧。鸠摩罗什追随吕光至凉州,羁留 16 年,以说阴阳灾异等为吕氏充当军政咨询。对于佛教,"吕氏父子,既不弘道",鸠摩罗什也只能"蕴其深解,无所宣化"。

401 年,后秦姚兴出兵西伐吕凉,凉军大败,鸠摩罗什被邀进长安,受到国师般的礼遇。姚兴是北方诸国中最有作为的帝王之一。他注意招徕人才,提倡儒学和佛学,一时长安集中了许多学者,成了北方文化重镇,影响及于江南和西域、天竺。他请罗什入住逍遥园西明阁,组织了庞大的译经集团和讲经活动。"使沙门僧䂮、僧达、法钦、道流、道恒、道标、僧叡、僧肇等八百余人,咨受什旨。更令出《大品》,什持梵本,兴执旧经,以相雠校。"说明佛教译经已正式成为国家的一项宗教文化事业。四方义学沙门因此慕名而至,汇集于长安的僧尼达 5 000 余人,其中影响较大、有姓名可考的有 30 余人。

姚兴崇佛有几个显著特点。首先,他不是着意于兴建庙宇,作诸佛事,也不倡导灵异辅政,而是注重义学理论,把它作为争取贤能、赞助"政化风俗"的"玄教"来提倡。在他带动下,一些王公大臣也把佛理当作"参玄"的内容。因此,后秦的佛教,更带有两晋的玄学色彩。但由于它用佛理取代了"三玄"的地位,讨论的问题大大超出了原来玄学的范围。

姚兴为鸠摩罗什建立译场,促进了全国的理论重心明显地向佛教义学方面转变。突出的表现是,南北谈玄的贵族达官竟以知识僧侣为师,知识僧侣因此成了玄谈的理论创制者,而佛籍译场即是理论的策源地。这种文化思想上的变化,使胡汉各族的界限空前地缩小了。

罗什从弘始三年(401)到长安,到弘始十五年(413)去世,前后十余年间,与弟子共译大小乘经、律、论,《祐录》列为 35 部 294 卷,

《开元录》勘定为74部384卷，现存39部313卷，大致可分两类：一类是应长安僧俗要求，新译或重译的佛典，如《坐禅三昧经》，是适应中土对禅法的需要而自行编译的，既非原本，亦非罗什本人的主张；重译的《妙法莲华经》、《小品般若经》、《维摩诘经》等，既为中土人士所需，又与罗什的思想倾向一致。另一类是罗什侧重弘扬的龙树、提婆的中观学派的代表论著，如《中论》、《百论》、《十二门论》和《大智度论》。此外，《金刚般若经》、《成实论》等，亦很有影响。

罗什的翻译，在中国整个翻译史上树起了一块里程碑。从总体上说，他的译文简练精当，流畅可读，使原著的思想内容，更加清晰明了，其中有的已接近"信达雅"的完美程度。因此，他的佛典译本与其他人的译本相比，流传最广，影响最大。但是，他的翻译理论与实践有矛盾。他认为，翻译如同嚼饭予人，对于理解原籍并不是一个好办法，如要翻译，也是直译为好；事实上，他不得不屈从中土文士喜简略、厌繁冗的风气，以致原本上某些很美的颂文也给删掉了。像提婆的《百论》，原由罗什自己译出，但被僧俗学人目为"谬文"，后经学僧"与什考校正本，陶练复疏"，始得通过。罗什也按自己的意见对原本有所增删。像他用龙树署名的《大智度论》100卷，明显地夹有他自己的解说。《中论》是由龙树的颂文与青目的注疏合成的，但在使用青目注时，他作了率直的批评，并"裁而神之"。这样，罗什的译经，既反映了中土僧俗的某些需要，也表达了罗什本人的特殊信仰。

其实，罗什不只是翻译家。他有自己一套独立的佛教哲学观念，并顽强地表达出来。僧叡在《毗摩罗诘提经义疏序》中总结此前译经的倾向时说："此土先出诸经于识神性空，明言处少，存神之文，其处甚多。"这里的"神"或"识神"，指不死的灵魂。罗什的译籍，就是充满着对诸"神"不死的批判，不只是灵魂，像梵天、大自在天之类的天帝也在批判之列。

大约与此同时，慧远在东晋治下的庐山，广为弘扬"神不灭"论，影响至大。因此罗什在长安特别渲染破神论，就不是偶然的。罗什曾致函问候慧远，并请他为《大智度论》作序；慧远也写信向罗什请教佛教义理多则,这番问答,后人集成《大乘大义章》。由中可以看出两人在哲学和神学上的重大分歧。

罗什所传龙树、提婆的中观思想,最显著的特点是突出怀疑论的成分,从根本上否认语言概念在把握真理上的可靠性,否认人的认识能力。他不承认有任何实体,也不相信有不灭的识神,甚至佛性、涅槃也不过是一种名言假设。佛是众生的自我创造,彼岸的净土并非真实存在。这种思想,在中土的虔诚佛徒中极少有信奉者。当然罗什还承认,上述怀疑论观点,只属于佛教的"真谛",是为高层次人讲的;佛教还有"俗谛"方面,即对于世俗人说,世间一切关系和一切观念都是合理的,不但现存世界是真实的,一切神、鬼、菩萨、佛也是真实的。这种"二谛"说,可以导向多重真理论,为混世主义提供辩解。

据僧传,罗什"为性率达,不厉小检"。至长安,又娶宫女为妻,生子2人,并受伎女10人。不住僧房,别立廨舍,供给丰盈。这与佛教戒律及其所传的教义大相违拗。因此,每至讲说,常先自说:"譬如臭泥中莲华,但采莲华,勿取臭泥。"

罗什门下集当时全国僧侣精英,人才辈出,他们大多"学该内外",既善佛典,又通《老》、《庄》、《易》、《论》和六经。经理世务,亦有才干。后有所谓"四杰"、"八俊"、"十哲"等美誉。其中僧䂮为"国土僧主"(即僧正),僧迁为"悦众",法钦、慧斌"共掌僧录",成为国家统一管理僧尼的正式官吏。自此为始,中国佛教基本上要由国家委派的僧官管理,形成制度。另有门徒道恒者,作《释驳论》,认为沙门体无羽毛,不可袒而无衣;腹非匏瓜,不可系而不食,僧徒从事农工商医卜,肆力以自供,于中国历史有征,是完全合理的。由此清除了外来佛教鄙视生产劳动的坏习气,为中国佛徒经营独立经济实体制造了舆论。

罗什门下最大的成就,还在于发展中国化的佛学理论,扩大佛教义学的传播范围。其活动于东晋和南朝的徒众,有阐发佛性论的道生,有主持建业译场的慧观;道融在彭城,闻道至者千余人,门徒数盈三百;僧嵩的"成头学",影响整个北魏一代;昙影"会通二谛",慧仪擅长"实相"之说,他们的声望都能影响一时。这里需要特别提出的,是僧叡和僧肇。

僧叡曾师事道安,罗什的重要译籍大多经过他的手笔,且多有序言。他也是最早的中国佛教思想史学家和佛教思想评论家。他晚年所著《喻疑》一文,反映了晋宋之际,内地佛教思想上的重大转变。他说:"三藏(小乘)祛其染滞,《般若》除其虚妄,《法华》开一究竟,《泥洹》阐其实化。此三津开照,照无遗矣。"这标志着自魏晋以来,般若学一直居于佛教理论统治地位的时代已经结束。罗什传播的中观派,把般若空观推向了顶峰,也使般若学走到了终点。

罗什死后,他的僧团迅速解体,佛教义学以《法华》、《涅槃》为中心,向多元化发展。其中《法华》,"开方便门,令一实究竟,广其津途。欣乐之家,景仰沐浴"。由此进一步强化了中国佛教的适应能力,促进了佛教内部各派的调和和对其他各部异说的吸收。至于《涅槃》,法显所译,主"泥洹不灭,佛有真我,一切众生,皆有佛性",更是风靡一时,成了中国以后所有佛教派别无不信奉的教义。僧叡根据此经所说,对于罗什关于无神无佛性的主张,作了婉转的批评。

僧肇(?—414),是罗什门下年纪最轻、也最有才华的学僧。他幼年家贫,以佣书为业,"遂因缮写,历观经史,备尽坟籍"。志好玄微,每以《老》、《庄》为心要。后见《维摩诘经》旧译,披寻玩味,因此出家。他的论著颇多,尤以《肇论》著名。《肇论》由《物不迁论》、《不真空论》、《般若无知论》和《涅槃无名论》四篇论文组成。这些篇名最早见于南朝宋明帝(465—471在位)时陆澄所撰的《法集目录》,到南朝陈时又收入了《宗本义》而成今本《肇论》。

《肇论》具有完整的哲学思想体系。它把郭象一派的《庄》学同《维摩》的般若观点相融会,同时协调三世因果和后出的《涅槃》,对当时玄学,也是佛学讨论的一些主要问题,作了总结性的回答。他把佛教神学问题和哲学认识问题紧密结合起来,以高度抽象的理论形式表达出来,标志着中国佛教的哲学理论和当时的玄学水平达到了一个新的阶段。《肇论》与罗什弘扬的"三论"不同,也与《庄子》及郭象注有异。它是中国道家古典哲学同外来佛教哲学在特

149

定的政治文化条件下相冲撞交汇的产物,是中国佛教哲学发展史上的一部划时代作品。

(三)东晋佛教

1. 佛教概貌

西晋亡后,以原琅琊王司马睿为首的一部分皇室和士族东渡,在江南建立了偏安的东晋王朝。东晋在阶级结构和政治制度上是西晋的继续,社会学术思想也大致相同。但在继续以《老》、《庄》等道家经典为玄学谈论对象外,以清心养性、服药长生为主要内容的道教,在上层社会中得到更广泛的信仰。繁荣于魏、吴、西晋的佛教般若学,成了佛教占主导地位的思潮,并渗透到了上流士大夫阶层,涌现出的名僧和议论佛理的名士越来越多,推动了佛教在江南社会的迅速扩展。

帝王贵族奉佛　《高逸沙门传》谓:"元、明二帝,游心虚玄,托情道味。"其实,东晋诸帝,无不信奉佛法,结交僧尼。晋元帝曾诏令沙门竺道潜入内殿讲经,可以著屐登殿。晋明帝善书画,尤善画佛像,挂于宫西南之乐贤堂;又在皇兴寺召集义学沙门百余人讲论佛道。哀帝"好重佛法",曾请竺道潜入宫讲《大品般若经》。简文帝"尤善玄言",亲临瓦官寺听竺法汰讲《放光般若经》。孝武帝立精舍于殿内,引沙门居之,允许僧尼出入宫廷,干预政事。他和琅琊王司马道子尤敬比丘尼妙音。妙音显赫一时,"供嚫无穷,富倾都邑","权倾一朝,威行内外",公卿百官竞相奉承结交,其门口常有车马百余辆。晋恭帝更是"深信浮屠道",造丈六金像,往瓦官寺迎接之。

东晋王朝的政权,实质上掌握在王、谢、庾、桓等世家大族手中。他们也多是佛教的支持者,其中王导、王敦、庾亮、谢安、谢石、郗超、谢琨、桓彝、周颢、周嵩、王恭等,都与名僧有密切交往。王导之子王洽、王珣、王珉,其孙王谧,以及其他著名文士如许询、戴逵、王羲之、顾恺之、谢灵运、孙绰等,都曾向当时高僧问学,或执弟子礼。中书令何充与其弟何准信佛尤专。何充"性好释典，崇修佛寺，供给沙门以百数，糜费巨亿而不吝"，但亲友贫困却不肯接济，遭到时人讥讽。中军殷浩被废后，大读佛经，遇到疑难处，则作出标记，向僧人请教。由此，豪门强族和文人名士构成了当时提倡玄谈的骨干。王导"过江左，止道'声无哀乐、养生、言尽意'之理而已"，也就是说，只是重复西晋在洛阳的旧话题，没有新意。自向秀、郭象注《庄子》，创崇有派新理论之后，东晋玄学的理论重心，已经转向佛教义学方面。东晋名士普遍向名僧求教，阐发佛理，就是这一转变的标志。

名士佛学 名士奉佛，在思想倾向上大体有两种类型：其一是像桓彝、谢琨等属所谓"八达"中的人物，"散发裸裎，闭室酣饮"，继承玄学中放浪形骸、不拘礼法的传统，同《般若》、《维摩》的大乘空宗接近；另一类是调和佛教同儒家的正统观念，也很注重佛教的因果报应和佛性法身等说，倾向于佛教有宗。后者的代表，是孙绰和郗超。佛教义学向文人学士中间渗透，是与当时道教思潮的兴盛相协调的，并影响于书法、绘画、诗歌、文学的题材、情调和风格，这些都是前所未有的。

孙绰（320—377）曾著《道贤论》，把两晋竺法护、帛远、支遁等名僧比作魏晋之际的"竹林七贤"，各为之吟咏赞叹。又作《名德沙门题目》，品题道安、法汰、支愍度等名僧。他是很明确地用玄学名士的标准来评论当时名僧的。现存他写的《喻道论》，则把佛视作"体道者"，认为其"无为，故虚寂自然；无不为，故神化万物"，则是以玄学惯用的《老子》语言，塞进大乘法身与化身的思想。他特别宣称"周孔即佛，佛即周孔"，提倡儒佛全面一致，唯内外有别而已。

郗超，曾在桓温时为中书侍郎，权势倾朝，与竺法汰、支遁等讨论佛教般若学，被誉为"一时之俊"。其所著《奉法要》，论述佛法要点，是东晋士大夫对佛教的典型认识，属中国佛教义学史上的重要文献。此文提倡用佛教五戒"检形"，用十善"防心"。善恶有报，天堂地狱，均系乎心，强调人们必须"慎独于心，防微虑始"。这样，就把本已突出超脱的人生哲学，解释成了一种治心从善的道德学说，把佛教的道德作用提到了首位。此文特别改正了中国传统上认为积善积恶必将祸福子孙的报应说,认为"善自获福,恶自受殃,是祸是福,都是自作自受,不能延及后代亲属"。据此,他推演人生遭遇,"通滞之所由,在我而不在物也"。都超对般若学也有独特的认识:般若之"空",决不是"空中行空","夫空者,忘怀之称,非府宅之谓也……有无由乎方寸,而无系于外物",故"非灭有而后无"。对般若空观的这种解释,就是后人称为"心无宗"的一种具体主张。

佛寺与僧尼 据唐法琳《辨正论》记,东晋共有佛寺 1 768 所,僧尼 24 000 人。皇室贵族竞相修建寺庙,成为东晋王朝奉佛的一个特点。晋元帝立瓦官、龙官二寺,明帝建皇兴、道场二寺,成帝建中兴、鹿野二寺,简文帝建波提、新林二寺;康帝褚后造延兴寺,穆帝何后建永安寺,恭帝褚后建青园寺;彭城敬王司马纯建彭城寺,会稽王司马道子建中寺等三寺。此外,中书令何充、侍中王坦之、右将军王羲之等也各造名寺。这些佛寺都建在建康及其周围,至于地方上一些佛寺的修建情况,可以由此比知。

佛寺本是僧尼聚居生活的处所,主要有两个职能:一是作为佛教偶像供养和进行法事活动的据点,直接影响周围民众;二是作佛教义学活动的中心,进行佛教经典、宗教哲学、道德文化的创造,与社会知识层沟通。佛教建筑、雕塑、绘画、音乐等艺术形式,大部分表现在寺院及其活动中。

佛寺的修建费用和僧侣的生活费,主要依靠权贵和富有者的布施捐赠。作为施主,他们的目的大多是为了修福避灾、忏悔免罪,其社会效果则是吸引了国家中的某些游离分子进入僧侣队伍,同时缩减了游方乞食僧侣的数量。因此,寺院的发展,一方面反映了一些人对现实和未来存有强烈的恐惧心理,同时也反映了国家安定和富裕的程度。

当时寺院和僧侣的另一种收入就是"营生"、"自供",包括垦殖田圃、商旅博易、聚畜委积、机巧异端、占相卖卜、行医治病等,其中农耕、行商、工艺、高利贷等,构成寺院经济的独立部分,使佛教与世俗社会更紧密地联结起来。经营俗业、管理财务,也成了寺院的另一职能。

佛寺按所住僧侣性别分男僧寺和女尼寺。内地的女性出家者,最早可追溯到两晋之际,有净检等 20 余人,第一个尼寺就是为她们在洛阳建造的竹林寺。后赵时有更多的女性出家,仅从安令首为尼的就有 200 余人。东晋治下的江南,妇女出家为尼特别突出,像尼昙备有徒 300 人,尼僧基亦有徒众数百人。何充所造建福寺,是建康的第一个尼寺。诸皇后所建寺院,主要为安置女尼。女尼的领袖人物,多半出身官僚士大夫家庭,她们的作用几乎与男僧相同,如:康明感"专笃禅行,戒品无愆";尼昙罗、道仪等,博览经律,精心妙理;尼道容逆知祸福,为明帝、简文帝所敬;尼妙音博学内外,为孝武帝和司马道子所重,并直接参与朝政。

佛法与礼法之争 佛教的发展,在社会中形成了一个前所未有的新阶层,即僧侣阶层。他们的人数虽然不多,但影响巨大,至东晋已显示出其与世俗社会相矛盾的方面。晋成康之世(326—344),中书监庾冰辅政,代晋成帝诏,斥责沙门不向王者致敬是"矫形骸,违常务,易礼典,弃名教",为了统一国家的礼制、法度,集中王权,沙门必须尽敬王者。尚书令何充与左右仆射等联名反复上奏,认为佛教五戒之禁,实助王化;奉上崇顺,出于自然,反对让沙门尽敬王者。这是有史以来有关中国佛教同国家政权关系问题第一次高层次的讨论,也反映了外来佛教仪则与中国传统礼法的矛盾。后来庾冰的主张未被采纳实行。东晋末年,太尉桓玄专政,曾重申庾冰之议,遭到中书令王谧、高僧慧远的反对。及至桓玄篡位成功,又取消了前议,原因是双方作了妥协:佛教主动表示为王权服务,而当时的王权还没有能力统一礼制。

早在隆安年间(397—401),桓玄即提出沙汰僧众的意见,其中提到佛教泛滥,"京师竞其奢淫,荣观纷于朝市,天府以之倾匮,名器为之秽黩,避役钟于百里,逋逃盈于寺庙,乃至一县数千,猥成屯落,邑聚游食之群,境积不羁之众"[1],因而要求追查沙门名籍。义

---

① 桓玄:《与僚属沙汰僧众教》,载于《弘明集》卷一二。

熙年间(405—417),"江左袁、何二贤",与桓玄持论相近,更列佛教为"五横"之一,严加斥责。从最高执政到文士舆论看,佛教对于当时国家的政治和经济,对于社会的道德和安宁,都已形成相当的威胁。其不归属于寺院管理的僧侣,为数当大大多于法琳的统计。桓玄曾要求稽查沙门名籍,也未办成。

2. 般若学的盛行和六家七宗

汉魏以来,般若经类受到内地士大夫的特别青睐。东晋般若学进一步盛行,王室贵族和一切奉佛的士族官僚,几乎没有不研习《般若》思想的。《般若》成了名士玄谈的重要资料,般若学上升到东晋佛教显学的地位。所谓名僧,一方面需要有《老》、《庄》等传统文化的较高修养,但其成名,大多由于讲说般若能出"新义"。

据姚秦僧叡总结,在鸠摩罗什之前,般若学的发展有两个阶段,即"格义"和"六家"。"格义"是用《老》、《庄》等中国固有的名词去解释佛教思想的一种方法,从竺法雅到道安,魏晋以来大多数知识僧侣都经过这个阶段。道安后期觉察到了"格义"对理解佛理的乖违,转而译介毗昙。因为毗昙采取给概念下定义的方法表达佛理,其准确性是"格义"所不可比拟的。但这并没有在根本上动摇人们继续从传统文化和现实需要的角度解释佛理的总趋向。

僧叡所说的"六家",未指明是谁。与僧叡同学的僧肇,点出了三家的要义。隋吉藏沿袭僧肇三家之说,略有发挥。唐元康的《肇论疏》引梁宝唱《续法轮》之说,刘宋昙济作《六家七宗论》,并列出各家名目,所谓"本无宗"、"本无异宗"、"即色宗"、"识含宗"、"幻化宗"、"心无宗"、"缘会宗"。这里所谓"宗",不是宗派,而是指一类主张;其所用的名目,在般若经类中大多能找到出处,以此概括当时流行的思想,大体反映了东晋般若学的面貌。

据僧肇介绍,"心无者,无心于万物,万物未尝无",与上述郗超的说法相近。刘孝标则谓,"心无"是指"佛智"作为本体存在的"虚无"状态,因为只有"虚而能知,无而能应"。此宗的代表人物有支愍度、竺法蕴、道恒等。僧肇又介绍说:"本无者情尚于无多,触言以宾无。故非有,有即无;非无,无即无。"是谓本无派否定一切存在,连"假有"也不承认。此说在文字上近于竺法汰主张的本无义,所谓"非有者,无却此有;非无者,无却彼无"。但法汰的侧重点在破除主观"执着",与前者主客观一并否定者不同。吉藏认为,道安也主"本无义",谓"无在万化之前,空为众形之始",这是从"业感缘起"的角度讲"本无"的:凡因缘造就的现象,本性皆无。吉藏认为,此属般若正义,不能列入"偏而不即"的"六家之内"。"本无异宗"主张"从无出有","无"是派生万物的本原,与《老子》"有生于无"的命题相似,所以受到后来的佛教学者的普遍反驳。关于"即色宗",僧肇转述说:"即色者,明色不自色,故虽色而非色。"吉藏以为主此说者有两家,其一是"关内即色义",另一家是支遁。前者以为"色"由"极微"构成,故虽"色"而空,但极微则"实",属于小乘"破析空"之说;后者认为"色"由"因缘"造成,或相对言"色",故"色"是空而"因缘"与相对物不空。其余诸宗的说法,虽有细小差别,但内容大体相近。

155

持"六家七宗"之说的僧人,大多往来于王室豪族之中。如竺法汰先投身桓温于荆州,后至建康为简文帝所敬,请讲《放光般若经》,王侯公卿莫不毕集。竺道潜,字法深(琛),原是王敦之弟,渡江之后,受到中宗、元后和明帝礼遇,为丞相王茂弘、太尉庾元规所敬,号称"方外之士",曾受哀帝诏,于御筵开讲《大品》。《高僧传》本传记:"潜尝于简文处遇沛国刘惔,惔嘲之曰:'道士何以游朱门?'潜曰:'君自睹其朱门,贫道见为蓬户。'"这种身游朱门、目为蓬户的说法,活画出一些名僧的品格和风度。支愍度在过江之始,与人谋曰:"用旧义往江东,恐不办得食。"遂立"心无义"。可见有些名僧立意,主要在于迎合时尚,投靠高第,不一定自己就信仰和坚持某种观点。

另一个接近王室而又影响极大的名僧是支遁。支遁(314—366),字道林,时人评他不减王弼,比作向秀。与王洽、刘恢、许珣、殷浩、桓彦表、王敬仁等一代名流过往甚密,尤为谢安所重。晚年曾为哀帝讲《道行般若经》,郗超、王羲之等皆师其说。著有《释即色本无论》、《即色游玄论》、《道行旨归》、《妙观章》等,用"即色本无"和"即色游玄"两个命题,把般若的"空观"同庄子的"逍遥"结合起来,使般若学和玄学都达到了一个新的水平。《世说新语·文学篇》载,他所注《庄子·逍遥游篇》,被认为拔理于郭象、向秀之外,称为"支理"。自此之后,解《庄》的权威,也移向了僧侣。

魏晋般若学流行的原因,与玄学产生和发展的原因大致是同样的。东晋是一个极不稳定的朝代,经常发生的社会动荡和政治危机,使士族阶层中本来存在的无常感和虚幻感,在佛、庄空气的浸润下,愈益自觉起来。自我的失落感强化了人们对"因缘"说和"无我"说的兴趣,然而又必须在现实世界中找到一个安身立命之所,这就使"即色"和"无心"等思想更易于被人们接受。

3. 慧远的庐山僧团

慧远(334—416),本姓贾,雁门楼烦(在今山西宁武附近)人。13岁随舅至洛阳、许昌一带游学。此时正值后赵统治,石氏既提倡佛学,也看重经学,许、洛地区仍不失为中原的文化中心。慧远在这里"博综六经,尤善老庄",这深刻影响了他对佛学的认识。

公元349年石虎死,中原再次陷入战乱,慧远辗转避难,于354年至恒山,投在道安门下。由此以为"儒道九流,皆糠秕耳",遂专业佛教。但直至他独立开讲,往往仍"引《庄子》义为连类"。这也是当时的风尚。365年,慧远随道安至襄阳,成为道安和竺法汰的得力助手。

378年,前秦围攻襄阳,道安分遣徒众,慧远率弟子数十人南下,到荆州住上明寺,381年至浔阳,见庐山清静秀丽,足以息心,遂定居此地。江州刺史桓伊为他更建东林寺。慧远住庐山30余年,"影不出山,迹不入俗",直到逝世。

慧远有弟子百余人。其中慧持受到卫将军王珣的敬重,曾应豫章太守之请讲《法华》、"毗昙"。399年入蜀,又为刺史毛璩看重,蜀郡沙门有"升其堂者,皆号登龙门"的谚语。法安,戒禅并习,善讲经义,义熙年间(405—418),新阳(湖南宁乡西)地方为他立寺,左右田园皆舍给寺众。道祖在整理魏吴以来的佛经目录方面，很有成就，后到建康讲经，桓玄极为赞赏。僧彻，精《般若》，善诗赋，慧远死后，至江陵弘教，宋彭城王刘义康、征西将军萧思话等从之受戒法。昙邕，原是前秦卫将军，淝水之战后出家，是慧远与鸠摩罗什南北书函联系的主要使者。慧要，善技巧制作，于泉水中立十二叶芙蓉，流波转动，定山中十二时，晷影无差，曾制木鸢，能飞数百步。慧远门徒中多才多艺者不少，入山林、处都邑者都有，修戒、行禅、讲经也不偏废，因而成为在大江南北影响最大的僧团组织。

元兴元年（402），在慧远倡导下，集"息心贞信之士百有二十三人"，于庐山般若台精舍阿弥陀像前建斋，誓相提携，共登西方神界，史称此次集结为"白莲社"或"莲社"，作为中国净土宗之始。净土宗以西方阿弥陀佛（无量寿佛）的国土为崇拜对象。在这个国土中，自然环境优美、人民生活富裕、社会安定，与当时的社会现实和人民的生活状况形成鲜明的对比，但与道安信仰的兜率天弥勒净土有很大的差别。事实上，净土类的经典《无量寿经》（《阿弥陀经》）、《般舟三昧经》（《念佛三昧经》）等，早在汉末即有翻译，此后异译不断。可见有关西方净土的信仰流行很早很广。但它能够上升为知识僧侣的信仰，并为上层士大夫所奉行，则是从慧远开始。此种信仰，以"念佛"或"观佛"为基本法门，希望因此能于死后进入这个"极乐世界"。东晋能够使这种思想特别发展起来，与接近平民的知识界对现实的普遍苦闷不安有关，同陶潜写《桃花源记》的社会根源是一致的。

慧远在庐山传播佛教，得到了东晋各种统治力量的支持，历届江州刺史都与他结交。392年，殷仲堪在赴荆州刺史任中，登庐山拜会慧远，共论《易》体。399年，桓玄攻荆州，杀殷仲堪，亦向庐山慧远致敬，共论《孝经》。桓玄拟议沙汰沙门，唯庐山除外。405年，何无忌与刘裕等诛杀桓玄之后，侍卫晋安帝返回建康，安帝遣使进庐山慰问。此后，何无忌亲临庐山，又与慧远书，论沙门袒服事。410年，卢循攻杀何无忌，也登庐山，与慧远叙旧。同年，刘裕追讨卢循，特派使入庐山，馈赠粮米。当时的北方大国后秦主姚兴，与

157

慧远的过往也很密切,除日常"信饷"不绝之外,还赠以龟兹细缕杂变像等,其左将军姚嵩亦献珠佛像等。

东晋士大夫中的隐居者,与慧远的交往更加深厚。刘遗民(352—410),幼读百家书,曾任县令,后隐居庐山,专心空门,与陶潜、周续之并称"浔阳三隐"。他和慧远共研僧肇的《般若无知论》,并提出问难,可见对般若学修学有素;另撰有《释心无义》,已佚。雷次宗(386—448),少入庐山,师事慧远,明"三礼"、《毛诗》。慧远讲《丧服经》,雷次宗与宗炳等并执卷受教。后雷著《略说丧服经传》,宗炳以为义出慧远,寄书嘲之。雷次宗晚年应征至京师,授儒业;又为皇太子、诸王讲《丧服经》。周续之(377—423),读《老子》、《周易》,通《五经纬候》,入庐山师事慧远,刘宋初年,应征入京,教授儒典《礼》、《毛诗》、《公羊传》等;曾与戴逵就善恶报应问题进行辩论,作《难〈释疑论〉》,驳戴逵的《释疑论》。宗炳(375—443),在殷仲堪、桓玄、刘裕等执政时先后征聘,皆不就。曾入庐山,与慧远考寻文义。现存有他的《明佛论》,发挥慧远的"神不灭论"和道生的"众生皆可成佛"的思想,以为"精神不灭,人可成佛;心作万有,诸法皆空",是晋宋之际最有代表性的佛教文献之一。及至何承天就《白黑论》致书宗炳驳难其说,由此揭开了南北朝无神论与有神论之争的序幕。

慧远的这些在俗弟子,不只向他学佛,也向他学儒学道。可知慧远对于儒、佛、道都有极深的造诣。这使慧远有能力将外来的佛教思想同中国的传统文化更紧密地结合起来,尤其将以"孝"道为核心的宗法观念同佛教的"自性不空"、"法体恒有"结合起来,影响了一代文人。

慧远继承了道安研习和弘扬佛教的根本学风,一方面广为介绍外来佛典和外来思想,以求准确把握佛教本意;另一方面坚持佛教必须适应"今时"习俗需要,不惜"失本"地将其纳入我国传统文化的轨道。

慧远有感于江东禅典未备,律藏残缺,至庐山后,即派弟子法净、法领等西行求经。太元十六年(392),罽宾沙门僧伽提婆自长安转至庐山,受慧远之请,重译了《阿毗昙心论》,改译了《阿含暮钞解》为《三法度论》,由此推动了毗昙学由北向南的流通。其重要结果,就是增加了人们对佛教义学的更全面也更确切的认识。

410年,佛驮跋陀罗及其弟子慧观等人南下至庐山,应慧远之请,译出《修行方便禅经》。此经按不净观、慈悲观、因缘观、数息观、界分别观等五部组织,分别对治贪、瞋、痴、寻思等烦恼,其中数息观和不净观被称为"二甘露门",得到特别重视。此种禅法比安世高和鸠摩罗什所译介的禅法更加系统,也更讲传承,对于增强修禅者的师承观念,起了重要作用。慧远所作的《禅序》及有关庐山禅修的心要,对唐代禅宗的形成有不小的影响。

慧远也勤于研习戒律。说一切有部《十诵律》,姚秦时弗若多罗译未毕而亡。慧远听说昙摩流支进入关中,乃请他续译剩余部分,成为完本。

由于慧远在开创译经事业方面的重要作用,梁释僧祐说:"葱外妙集,关中胜说,所以来集兹者,远之力也。"[①]

慧远在中国佛教史上的主要贡献,在于将佛教同儒家的政治伦理和道家的出世哲学协调起来。何无忌(何镇南)作《难袒服论》,以为《老》、《礼》诸典,均以"右"为"凶"、"丧"的标志;沙门以右袒"寄至顺"、"表吉诚",是有违中国名教礼制的。慧远解释说,右袒能使沙门与俗人区别开来,便于出家者冲破世俗名分等级的限制,服膺佛家教条,是佛教的礼制。佛教与名教,如来与尧孔,在出世和处世上或有差别,但最终目的总是同一的。因为按佛教的说法,如来化世,可以为仙帝卿相、国师道士;同样,诸王君子,迂回曲折,毕竟要走到佛教一途上来。所以内外礼制虽然有异,而"内外之道可合"。慧远与桓玄论沙门不敬王者,更明确地认为,佛教包含两大任务:"一者处俗弘教,二者出家修道。"前者教人忠孝之义,奉上尊亲;后者在隐居求志,变俗达道。隐居变俗使沙门在形式上表现为"内乖天属之情"、"外阙奉主之荣",但实质上能令"道洽六亲,泽

---

① 《出三藏记集·慧远传》。

流天下"，起到"协契皇极，大庇生民"的作用。慧远的这种思想，使佛教走上了自觉地为整个封建制度服务的轨道。这一大方向，此后再没有发生重大变化。

慧远特别重视的佛教理论，不是当时盛行的般若学，而是佛教的神学基础——三世报应说。他在《沙门不敬王者论》、《明报应论》、《三报论》等文中，反复阐发这个主题。他大力提倡的神不灭论，具有鲜明的中国特色，也是使三世因果说能够确立起来的支柱。他和支遁一样，都是从《庄子》的相对主义不可知论出发，以为人的视听有限，所以不知有"神"和"神界"；但一旦超出常人耳目，就可以体认到另一个世界，或曰"安养国"，或曰"涅槃"。能够超越常人耳目的途径，是禅定神通；能够使人达到涅槃安养的，则是清除精神污染，使"神"不再受生死之累。"神"，是存在于此岸世界和彼岸世界的一种"精极而灵者"，"感物而非物，故物化而不灭；假数而非数，故数尽而不穷"。"物"指身形，"数"指寿命，形死寿尽而神不灭，这是慧远为中国佛教奠定的最牢固的神学基石。

"神不灭"是中国传统信仰"祖宗崇拜"的前提，在《孝经》、《周易》、《庄子》等经典中都有表现，但对"神"的性能，却缺乏具体规定。佛教小乘犊子、有部和大乘涅槃、唯识等派别，虽从不同角度对不灭的神给予肯定，但总是羞羞答答，言语模糊。至于佛教的其他派别，特别是魏晋流行的般若经类和大乘中观学派，更是持断然否定的态度。慧远比较细致地论述了神与情、识的关系，指出了去情识、存神明的解脱之路，这是他把中国传统思想与外来思想结合起来，形成中国佛教特有的神学理论的重要创造。

慧远在庐山的神学观点，受到鸠摩罗什在长安的批评。罗什所译龙树、提婆的"四论"，对神不灭论的破除，不遗余力。据僧叡在述及罗什以前的译经状况时曾说："此土先出诸经，于识神性空明言处少，存神之文，其处甚多。"以此表明，自道安以来，中国佛徒对佛教均持有神论，实是一种由误译带来的误解。从后人所辑慧远与鸠摩罗什问答的《大乘大义章》看，鸠摩罗什对慧远所持"四大"是"实"、"自性"是"有"、"法身"永存等观点，持严峻态度，甚至直斥慧远所言近乎"戏论",原因就在于这些观点可以直接导向有神论,并构成有神论的哲学基础。

慧远并没有接受鸠摩罗什的批评。相对于般若中观派的放浪形骸,不拘名教礼法言,他的神不灭论,包括三世报应和净土信仰,更容易激发人的宗教热情和恭谨虔诚,尽管在探讨人的思维本性上,退了一大步。

(四)南北朝佛教

1. 佛教与政治

南北朝(420—589)是中国佛教全面持续高涨的时期。据唐法琳《辨正论》记,南朝到梁(502—556),共有寺院2 846所,僧尼82 700人,比东晋时寺院增加1 000余所,僧尼增加三倍多。《魏书·释老志》记,魏太和元年(477)有寺6 478所,僧尼77 258人。延昌中(513—515)有寺13 727所,增加一倍多,僧尼亦应成倍增加。再过37年,到东魏末年(550),魏境"僧尼大众二百万矣,其寺三万有余"。因为种种原因,这些统计数字不一定准确,但大体能够反映出佛教在南北朝时异常迅猛的发展速度。

佛教如此发展的直接原因,是统治阶级的大力扶植。但这种扶植与先前统治层把佛教只看作是一种祈福的手段、太平吉祥的象征或争取人才的途径不同,而是进一步自觉地把佛教当成维护自身统治的工具;一些都城僧侣,也往往给世俗政权以佛教神权的论证。南朝宋文帝曾与臣下谈论佛教的社会作用,认为"若使率土之滨,皆纯此化,则吾坐致太平,夫复何事?"他曾设筵招待道生等僧众,"众咸疑日晚,帝曰:始可中耳。生曰:白日丽天,天言始中,何得非中?"这些在僧史上当作美谈的故事,很典型地表现出当时封建政治需要佛教,而佛教服膺政治权势的状况。在北魏,政治与佛教相互利用的情况尤为突出。早在魏道武帝(386—409在位)时,即以法果为"道人统",令其绾摄魏境僧徒,供施甚厚。法果则以武帝"即是当今如来,沙门宜应尽敬",并谓:"能弘道者人主也,我非

161

拜天子,乃是礼佛耳。"法果卒于泰常(416—423)中,前后被授以子、侯、公等爵号,追赠"老寿将军"、"赵胡灵公";其子曰猛,诏令袭法果爵位。道生、法果的言论同庐山慧远与王者抗礼的意见相比,更要求佛教进一步直接地依附于眼前当政的国主,有些佛教上层分子实际上成了世俗政权的组成部分。

在崇拜佛教的形式上,南北两地的统治者略有不同:南朝继东晋重视佛教义学的传统,在佛教理论上多有创造。特别是刘宋一代,在建康组成了以佛驮跋陀罗和求那跋陀罗为核心的译场,涌现出慧观、慧严等一大批学僧,继续影响着士大夫的思想风貌。齐竟陵王萧子良广召宾客学僧,也是着力弘扬佛教教理。他本人自讲经义,编纂有关佛教文字 16 帙 116 卷,造经 35 部,对当时流行的经论,普遍涉猎。南朝佛教到了梁武帝达到极盛。梁武帝以为道有96 种,唯佛为尊。他先后四次舍身同泰寺,又令臣下以亿万钱奉赎;施舍财物,动辄以千万计。他所建的诸大寺院,立丈八佛像,其富丽宏大在南朝都是罕见的。他还明令禁断肉食,只许食素;又创立忏悔法,号"梁皇忏"。这些行动,促进了佛教向社会深层的广泛流布。梁武帝对义学更是多方提倡,自疏《涅槃》、《净名》等经典,自讲《般若》义,自立《神明成佛》义,诏编《众经要钞》、《经律异相》、《义林》等佛教类书,推崇成实论师和十诵律师。他发动王公朝贵 60 余人,对范缜的《神灭论》进行文字围剿,强制推行佛教因果报应的神不灭论。他的长子昭明太子、三子简文帝、七子元帝,也都以好佛理著称。陈代皇祚较短,在各方面都步梁朝后尘,继续推行舍身、忏法和戒律,在教理上,尤重《大品》和"三论",引为同调。

北朝诸帝,除北魏太武帝和北周武帝短暂毁佛外,无不扶植佛教。与南朝相比,它偏重兴办福业建造和禅行神异,其义学则在宣扬律己禁欲,并开始引进古唯识学。

北魏道武帝(386—409 在位),"好黄老,颇览佛教"。在统一北方的战争中,"见诸沙门道士,皆致精敬"。同时,建立"道人统",对僧尼严加管理,一开始就规定沙门须拜王者。

明元帝(409—423 在位)于都城平城(今山西大同)四方建造佛

像。太武帝(423—452在位)于毁佛之前,曾命后凉沮渠蒙逊送"晓术数禁咒"的昙无谶诣京,未果;又礼敬自长安来的"身被白刃而体不伤"的白脚禅师惠始。至文成帝(452—465在位),重振佛教,为其祖先铸释迦立像五尊,高丈六,用赤金25万斤。又任昙曜为昭玄沙门都统,于平城西武州塞开凿石窟五所,各镌佛像,雕饰奇伟,冠于一世,这就是著名的云冈石窟。献文帝(466—471在位)起永宁寺,构七级佛图,高300余尺,天下第一。又于天宫寺造释迦立像,用赤金10万斤,黄金600斤。后来自动退位,于北苑建鹿野佛图、岩房禅堂,容纳禅僧。孝文帝(471—499在位)为其父资福,度僧起寺。同时亦略重佛义,以为《成实论》可以"释人染情",故推崇成实论师系统。495年,迁都洛阳。次年,诏于少室山阴立少林寺,安居西域沙门跋陀(即佛陀)。宣武帝(500—515在位)即位之初,诏于洛南伊阙山为其父母营造石窟两所。此后经历代陆续营造,开创了规模宏大的龙门石窟群。孝文帝本人笃好佛理,常于禁中亲讲经论,并为西域来僧建永明寺,组织了以菩提流支为首的译场,影响遍及整个北国。孝明帝(516—528在位)时,灵太后专权,在城内起永宁寺,佛图九级,高40余丈,中有金玉佛像10余驱,僧房楼观1 000余间。时洛阳有寺500余所,杨衒之在《洛阳伽蓝记》中为之作传的即有80余所。

孝静帝(534—550在位)时,北朝魏分裂为东西二魏。高欢东迁静帝于邺都,洛阳僧尼大半随迁。于是邺都又成了佛教重镇,新寺竞立。550年,北齐取代东魏,对佛教愈加看重。邺都有寺4 000所,僧尼近8万,全境寺院4万所,僧尼200万。魏孝静帝信奉净土昙鸾,影响久远;齐文宣帝以国储的三分之一供养僧尼,以法上为昭玄大统,邺都成了地论师的活动中心。西魏都长安,重兴长安佛教。557年,北周取代西魏,也大事建寺度僧。至武帝建德三年(574)灭佛时,仅勒令还俗的僧道即有200余万。577年,周武帝灭北齐,又没收齐境寺庙4万所,还俗僧徒近300万。次年,武帝死,在其继位者的主持下,佛教陆续恢复。

南北朝佛教的显著特点,是在与儒道二教的深层冲击和融合中,持续扩大影响面,向多元化发展。

2. 佛教续传与西行求法,中国佛教与域外佛教的联系

佛教续传 佛教传入中国内地,历来有两条通道:一是北沿陆上丝绸之路,二是南沿海上丝绸之路。但后者比较稀疏,鲜为人知。至南北朝时期,两条路线都明朗起来。从西晋到南北朝,自陆路进入中原传法最多的是来自罽宾的僧人,其中著名的译家有僧伽提婆、昙摩耶舍、弗若多罗、卑摩罗叉、佛陀什、昙无谶、昙摩密多等。由天竺来的也不少,如菩提流支、勒那摩提、佛陀扇多、瞿昙般若流支。其他如来自迦维罗卫(即迦毗罗卫)的有佛驮跋陀罗[①],来自兜佉勒的有昙摩难提,来自波头摩国的有攘那跋陀罗,来自摩伽陀国的有阇那耶舍等。经海路进入中国内地的僧尼,发自天竺或罽宾或师子国不等,经南洋群岛或中南半岛的交趾、扶南,抵达广州以及青岛崂山等地。如来自罽宾的译家求那跋摩,就是经师子国、阇婆国,再经交州抵广州的。师子国两次派尼众至宋都建业,说明佛教界的交往已相当密切。中天竺求那跋陀罗也是经师子国,随舶至于广州;菩提拔陀则发自南印之歌营,经马来西亚之勾稚、孙典(典孙)至扶南、林邑而进入宋境,而后又辗转抵达北魏洛阳;天竺沙门僧伽跋摩,自流沙而至宋都建业,元嘉九年(432),随西域贾人自南海乘船返国。此外,直接来自扶南的还有僧伽婆罗、曼陀罗仙和本贯西天竺的拘那罗陀(真谛)等。联想西晋末年耆域起自天竺,经扶南、交广至于襄阳、洛阳,最后又渡流沙西归的情况,南海北陆,在两晋之际已经贯通,形成了一个佛教文化循环遨游的大圆圈。这个圆圈到南北朝,流转的速度骤然加快,往来的僧众明显增多。

外来僧侣进入内地,以其细密的哲思和渊博的知识,博得中土文士的赞赏。东晋琅琊王珉在评及帛尸梨蜜多罗时认为,传统观念以为戎狄贪婪,无仁让之性,但据他观察,"卓世之秀时生于彼,

---

① 《高僧传》有传,说他是经海路到东莱郡登岸的。

逸群之才或侔乎兹,故知天授英伟,岂俟于华戎"。王珉的言论有相当的代表性,他们改变了对戎狄的一贯鄙视态度。外来僧侣对中华文明也非常钦佩,天竺耆域,见西晋洛阳宫城,感叹"仿佛似忉利天宫",又说:"匠此宫者,从忉利天来,成便还天上矣!"菩提达摩历涉诸国,游至魏都洛阳,拜赞永宁寺之宏伟精丽,"阎浮所无","实是神宫"。

中国内地佛教以其昌盛繁荣和独有的风貌,向西方早期的佛教流行地区反馈,在东晋时期已经相当明显。《华严经》称清凉山是东方菩萨的聚居地,佛徒普遍认为此山就是山西省的五台山。至于道安,名播西域,号称"东方菩萨",受到鸠摩罗什的敬仰。外国僧人烧香礼拜慧远,誉他为"大乘道士"、"护法菩萨"。来自天竺的著名译家菩提流支,则尊称北魏昙无最为"东方菩萨",并将他著的《大乘义章》译为梵文,传回大夏。北齐刘世清译汉文《涅槃经》为突厥语,以遗突厥可汗。

晋宋以后,西来的僧侣越勤越密。北魏洛阳永明寺,接纳"百国沙门三千余人",远者来自大秦(罗马)和南印度,洛阳成为当时世界佛教最盛的圣地。南朝的建康是江南外籍僧侣的活动中心,也是出译籍、出义理的主要基地。建康与中天竺、南天竺、斯里兰卡和扶南等国的佛教联系尤为密切。梁代优禅尼国月婆首那被任命为京都"总知外国使命",江南佛教同域外佛教的联系也日益紧密起来。

求法运动　自朱士行取经于阗,陆续西去取经求法和观瞻圣迹的僧人不断,至于晋宋之际,掀起了一个高潮。慧叡游历诸国,曾达南天竺界,回国后,为谢灵运著《十四音训叙》,条列梵汉,使译经昭然可了。智猛与沙门15人,于公元404年西入流沙,经于阗过葱岭,至波仑国、罽宾、奇沙国,抵释迦牟尼的故乡迦毗罗卫,求得《大泥洹》、《僧祇律》等梵本;424年与昙纂发自天竺,经高昌回归凉州译经;437年入蜀,曾造传记,述其所游。道泰受智猛影响,与师友29人,自高昌诣天竺。法勇(昙无竭)与僧猛等25人,于420年西向龟兹、沙勒,进入罽宾,渡辛头那提河入月氏,抵中天竺,后由南天竺经海路于广州登岸。他笃信观世音，译有《观世音受记经》，所历事迹，亦有记传。其他西游的知名僧人还有不少，最有代表性的，南方是法显、智严、宝云等，北方有宋云、惠生等。印度室利笈多王为安置日益增多的中国游僧，距那烂陀寺东四十驿处，曾造蜜栗伽钵那寺。

　　法显(约337—约422)，平阳武阳人，20岁时受大戒。慨律藏不全，矢志寻求。晋隆安三年(399)，与慧景等四人从秦都长安出发，经张掖遇智严、宝云等，一并西进。自敦煌渡流沙，经鄯善(今新疆若羌)，北上焉夷(今新疆焉耆)转西南至于阗(今新疆和田)、子合(今新疆叶城)、于麾(今新疆塔什库尔干)，北折竭叉(今新疆喀什)，由此进逾葱岭，抵北天竺陀历国(在今巴基斯坦北境)。尔后，渡新头河(今印度河)到乌苌国(今印度河上游及斯瓦特地区)、犍陀卫国(在今巴基斯坦喀布尔河下游)和弗楼沙国(今巴基斯坦白沙瓦)，游历那迦罗诃国那竭城(今阿富汗贾拉勒阿巴德)、罗夷国(今巴基斯坦拉基)、跋那国(今巴基斯坦中部之腊江腊尔)、毗茶国(今巴基斯坦乌奇)，进入中天竺境的摩头罗国(今印度马土腊)。然后往东南向僧伽施国(在今印度卡瑙季西北)、罽饶夷城(今印度卡瑙季)、沙祇大国(在今印度瓦拉那西北)、拘萨罗国舍卫城(在今印度北方邦奥德境内)进发，到迦毗罗卫和拘夷那竭城(在今印度哥拉克普尔以东)、毗舍离国(今印度木扎法普尔地区)，南下摩揭提(即摩揭陀)国巴连弗邑(即华氏城，今印度巴特那)。法显在巴连弗邑留住三年(405—407)，游王舍新城(在今印度比哈尔西南)，登耆阇度瓦崛山，访伽耶城(今印度加雅)。向西到过迦尸国波罗棕城(印腊纳西)、拘睒弥(在今印度阿拉哈巴德西南)，最后沿恒河东下，经瞻波国(今印度巴加尔普尔)到达海口多摩梨帝国(在今印度塔姆卢附近)，居住两年(408—409)，乘船到师子国(今斯里兰卡)。法显在师子国住两年(410—411)后，搭商船归国，途经耶婆提国(今印尼的苏门答腊或爪哇)，停五个月，又搭商船向广州进发，后因季风漂至晋境长广郡牢山(今山东青岛崂山)登岸，时在东晋义熙八年(412)。次年，法显到达建康。

法显于399年自长安出发,413年达建康,首尾合15年,经历29国,第一次完成了自陆路游历印度,由斯里兰卡经南洋群岛航归的伟大旅行。他去国的目的,本为求取佛律,实际所述,是巡礼佛迹,参谒圣地。带回来的主要佛典,有得自师子国的《弥沙塞律》、《长阿含》《杂阿含》《杂藏》,有得自中天竺的《摩诃僧祇律》《萨婆多律》《杂阿毗昙心》《方等泥洹经》《摩诃僧祇阿毗昙》等。回国后,他住在建康道场寺,与宝云等共译出经律等6部63卷,其中《大般泥洹经》,开拓了中国佛教上另一影响巨大的思潮,波及至为深广。他撰述的《佛国记》,记录了他的行程和见闻,不但是了解当时沿途佛教情况的重要著作,也是研究当时一般史地和文化概貌的重要文献。

法显以宗教的虔诚和热忱,与僧侣结伴,沿商旅路线陆往海归,历尽艰难险阻。同行的慧景死于小雪山,宝云等中途折返,道整留住中天竺,独法显一人完成了这一伟大壮举。追随法显足迹西行的智猛,本与沙门15人共往,行至葱岭,有9人退回,余者坚持前进,经波仑国(在今克什米尔西北)、罽宾入迦毗罗卫国,转至华氏城,然后取经返国。时4人已在路上亡故,唯有智猛与昙纂还至凉土,前后经历21年(404—424)。在法显之后,像智猛一类的求法者不绝于路,形成了一时的风尚。人的认识有参差,信仰有不同,但那种为了真理和事业,坚忍不拔,百折不挠,勇猛向前,以至献身殉道的精神,始终是推动一个民族发展的重要因素。

过了约一个世纪,北魏神龟元年(518)十一月冬,胡太后遣崇立(灵)寺比丘惠生与宋云等西游。发自洛阳,出赤岭(今青海西宁日月山),穿流沙,经吐谷浑(在今青海布哈河与都兰间)、鄯善、左末(今新疆且末)、捍么(今新疆于田)、于阗、朱驹波国(今新疆叶城)、汉盘陀国(今新疆塔什库尔干),进入葱岭之钵盂城、不可依山(克里克山),至钵和国(今阿富汗瓦汉),抵达嚈哒统治境。然后经波斯国(今阿富汗泽巴克)、赊弥国(今巴基斯坦马斯图季)、钵卢勒国(即智猛所至的波仑国),进入乌苌国和乾陀罗国。游历了这些地区的诸多佛迹,最西到达那迦逻诃国那竭城。惠生、宋云等在乌

167

茌国住了两年,正光三年(522)回国。他们西行共历时四年,取回佛经170部。其西行之目的与法显、智猛等出自信仰,属个人行动者有所不同。他们是北魏派出的国家代表,同时负有宣扬国威和华夏文化的使命。出发时,"皇太后敕付五色百尺幡千口、锦香袋五百枚、王公卿士幡二千口",从于阗始,至乾陀罗,分别供养于路上所有的佛迹处,前后还为浮图施舍奴婢四人,可见此行规模之宏大。在乌茌国,宋云向国王具说周孔庄老之德,次叙蓬莱山上的银阙金堂、神仙圣人,又说"管辂善卜,华陀治病,左慈方术"。国王遥心顶礼,认为魏境即是佛国,称曰:"我当命终,愿生彼国。"他们在王城东南山行八日之如来苦行投身饿虎处,造浮图一所,并刻石铭颂魏功德。这是中国传统的宗教和文化通过求法路线,自觉地向西方传播的最明确的记录。

西域地区佛教 沿河西走廊到葱岭,是我国西域地区,那里早就有佛教流行,至法显、宋云时依然炽盛。法显记,于阗几乎全民信佛,居家门前,皆建小塔,小者亦有三丈许,有僧数万人,多习大乘,受国家供养。全国有十四大伽蓝,最著名的是瞿摩帝寺,有大乘僧3 000人。每年的四月初一开始行像,国王徒跣持华香,翼从出城,迎拜佛像入市。门楼上夫人婇女遥散众花,纷纷而下。行像到四月十五结束,王及夫人始乃还宫。民俗死后火葬,上起浮图,这也是受佛教的影响。宋云亦记,城南15里大寺,住僧300人。但火化已限于民众,"王死不烧,置之棺中,送葬于野,立庙祭祀,以时思之"。这显然是儒家的习俗。

自东晋南北朝以来,先后往来于阗的西域高僧名家有鸠摩罗什、昙无谶、沮渠京声、佛陀斯那(佛大先)、求那跋陀罗等。有许多重要的汉译经典,原本即来自这里,或产于此地,如《贤愚经》,是北魏时赴西域求法的昙学、威德等路经于阗,在于阗大寺无遮大会听法后整理的记录,其他如《华严经》、《涅槃经·后分》、《大品般若经》、《胜天王般若经》,以及《大集经》的《月藏经》和《日藏经》等,也有证据说明是出自于阗者。于阗的佛教文化和佛教义学相当发展,以致能够成为吸引诸多名僧游学讲道之地。

　　法显所记的子合国也是以大乘佛教为主的国家,国王精进,有千余僧。宋云等称子合国为朱驹波国,不立屠杀,风俗言音与于阗相似,文字则与婆罗门同。到公元6世纪中后期,阇那崛多路经此地所见,彼王已纯信大乘,诸国名僧入其境者,小乘不留,摩诃衍人请停供养。王宫自有《摩诃般若经》、《大集经》、《华严经》三部大经,并诱导诸王子礼拜。"城外山内安置《大集》、《华严》、《方等》、《宝积》、《楞伽》、《方广》、《舍利弗陀罗尼》、《华聚陀罗尼》、《都萨罗藏》、《摩诃般若》、《八部般若》、《大云经》等凡12部,国法相传,防护守视。"这里的大乘佛教似乎带有国教的性质。

　　竭叉,即疏勒,佛教在该地的地位也很高,有僧千余,尽小乘学者。法显去时,正值国王作"般遮越师"大会,四方沙门云集,王及群臣如法供养,然后再以马匹珍宝等发愿布施;布施已,还从僧赎。据《日藏经》传说,于阗国本已荒芜,"今有三万大福德人,见于四谛,从沙勒国而往彼住"。如此,则疏勒曾向于阗大规模移民,并将早期佛教带进了于阗。唐译《华严经》将宋译《华严经》之"边夷国"改为疏勒国,谓其国牛头山,从久以来诸菩萨于中止住。这表明,疏勒佛教的业绩已得到后来于阗大乘的充分肯定,尽管它始终是小乘系统。

　　此外,法显所经的鄯善国,国王奉法,有僧4 000余,悉属小乘。其国僧俗,尽行天竺法,出家人更习天竺语文。焉夷国(今新疆焉耆)亦有僧4 000余,皆小乘学,法则亦很整齐。

　　惠生、宋云沿新疆南路西行,那时的鄯善隶属吐谷浑,佛教情况不详。由此向西至左末城,佛教明显地具有内地风貌。"城中佛图与菩萨,乃无胡貌",这是公元382年吕光出兵焉耆、龟兹时所带去的影响。捍么城南有大寺,住僧300余。有丈六金像一躯,面恒东立,不肯西顾,于阗王曾封400户供养。后人于此像周围造像塔数千,悬彩幡万计,其中属魏国者过半,时间在495—513年之间;最早的一幅,属姚兴时代(394—415)。宋云又传,汉盘陀国在久远以前,曾向乌苌国学婆罗门咒,咒龙悔过,开通商路,但他对当时的佛教情况未作记录。

总的看来，从葱岭向东，内地佛教和风习的痕迹越来越浓厚，到宋云经过时，天竺的影响已比法显时淡薄得多，开发中原文化向这一地区传播的，主要是后秦、北魏和北齐诸代。

3. 佛经翻译

南北朝是中国佛教史上产生译人与译典最多的时期。据《开元释教录》(简称《开元录》)记载，从南朝宋永福元年(420)到陈后主祯明三年(589)，经南北 8 个朝代 169 年，共有译者 67 人，译籍 750 部 1 750 卷。这个译经高潮，实发端于姚秦鸠摩罗什译经集团(402—413)，传译的中心则向多方向发展，北方有敦煌、姑臧、长安、洛阳、邺城等；南方在建康之外，还有广州、豫章及沿江地区的江陵、襄阳、庐山等。佛籍译介的范围，比任何时期都要广泛。

首先值得注意的是，《大般涅槃经》、《华严经》、《胜鬘经》、《楞伽经》、《深密解脱经》等与般若经类迥异的大乘经典竞相译出，由此开辟了佛性论和唯识论这一新的佛学领域，成为南北朝以至隋唐的热门话题；同时，由南北二途分别传进了无著、世亲创始的瑜伽行派的系列著作，如《十地经论》、《摄大乘论》等，也影响了几代佛学思潮。

小乘经论的传译，日趋完备。作为小乘经典丛书的"四阿含"，自符秦开译《增一阿含》以来，至南朝宋译出《杂阿含》，即全部完成。小乘不同部派的论著也大规模涌进来，一般称为"阿毗昙"，绝大多数属一切有部，如《杂阿毗昙心论》、《阿毗昙毗婆沙论》、《俱舍论》等，但也有属正量部的《三弥底部论》，属上座部的《解脱道论》等。著名的《那先比丘经》也在这个期间两次译出。"阿毗昙"是采取论辩和解释名相的形式以发挥佛家思想的一种体裁，比起"经"的结构松散、语言模糊来说，体系严密，定义清晰，更易于吸引一类循文求义的知识僧侣。它的盛行，表现了人们探索外来佛教本意的兴趣在普遍加深。

关于净土思想的佛经，既有重译，也有新译。其中《观弥勒菩萨生兜率天经》、《观世音授记经》、《观普贤菩萨行法经》、《观无量寿佛经》等，影响较大。净土信仰到南北朝已经有了群众基础。密宗是唐代兴起的一个强大的佛教宗派,它的早期经典自东晋就有译本流传,至此则显著增多,像《孔雀王陀罗尼经》、《八吉祥咒》、《七佛神咒》、《十一面观音咒》、《护法童子陀罗尼咒》等,大体可见,咒术渗入佛教早已形成专门经典,在南北朝占有相当的势力。

佛教戒律在南北朝的译传异常集中,属于小乘的有萨婆多部(有部)的《十诵律》、昙无德(法藏)部的《四分律》、大众部的《摩诃僧祇律》、化地部的《五分律》(《弥沙塞律》)、上座部的《善见律毗婆沙》、犊子部的《律二十二明了论》等;大乘戒律如《菩萨戒本》、《优婆塞戒经》等,也开始传进。戒律的流布,反映了僧侣成分日趋混杂,已经普遍感到必须用纪律进行整顿和约束的程度。

此外,有关佛教逻辑的专著,包括大乘空有两宗者开始传进,如《方便心论》、《回诤论》、《如实论》等。有关天竺佛教史料的译介也在加强,如《十八部论》、《部执异论》、《付法藏因缘传》等;继鸠摩罗什的《马鸣传》、《龙树传》和《提婆传》后,还有《诃梨跋摩传》和《婆薮盘豆传》译出。其他如数论师的名著《金七十论》,介绍天竺历法的《婆罗门天文》(已佚),介绍天竺多学科的《五明论》(已佚),也有所翻译。西游归来的僧侣竞相撰写旅途纪事,除法显的《佛国记》外,还有智猛的《游行外国传》、宝云的《外国传记》、昙无竭的《历国传记》、宋云的《家纪》、惠生的《行传》,以及《历国传》、《扶南记》等,反映了当时内地社会通过佛教的交往,产生了对外来文化和外在世界渴望了解的需要。

晋宋之际和南北朝的译经事业,在南北不同的朝代和地区情况有所不同。按照地理分布,大致可分四个译经集团:

凉州的昙无谶译经集团　　自竺法护之后,沿河西走廊建立的诸凉和西秦等国,译事从未中断。道安时列凉土译经 59 部 79 卷,《开元录》著录的有西秦圣坚译 15 部 24 卷,前凉支施仑出 4 部 6 卷,相对来说,比较寥落。及至沮渠氏建立北凉(401—439),译事有较大的发展。在这个政权控制的 38 年中,有译者 9 人,所出佛典 82 部 311 卷(包括新旧失译),是历史上河西地区译经的第二个高峰,此后再未复兴。

171

北凉译事发达的原因,直接出于沮渠蒙逊政权的建立。401年,蒙逊据有张掖,412年占领姑臧,420年灭西凉(国都敦煌),完全开通了向西域的道路,为佛教向内地传播提供了良好的政治条件。蒙逊本人酷信妖言巫术,为了求得佛菩萨鬼神的护佑,也支持佛教的译经事业。其中的主要译者是昙无谶。

昙无谶,原籍天竺,游历过罽宾、龟兹、鄯善等地,最后转至敦煌、姑臧。他自称能役神使鬼,左右灾异,咒龙禁雨,令妇人多子,并能"言他国安危,多所中验",为蒙逊所敬惮,在西域号称"大神咒师"。他所译佛籍,《出三藏记集》(简称《祐录》)列11部104卷,《开元录》刊定为19部131卷。内容大略可分"涅槃"、"大集"、"菩萨戒"等三类。现存《大方等大集经》60卷,其中前30卷即是昙无谶所译。其显著特点是强化鬼神系统和禁术咒语,把万物有灵和多神主义引进佛教。这在相当程度上反映了西域各族的土著信仰,也含有在汉地流行的十二生肖、二十八宿等传统的神话与迷信。昙无谶也是瑜伽行派的最早译介者。其中《菩萨戒本》很有特性,它一反小乘戒律动辄数百条的严苛琐细,而用"四波罗夷"法统摄之。中心有两条:第一,衡量佛徒的准则,不再看他是否犯有杀、盗、淫等实际罪行,而是决定于他是否有贪、瞋、悭等不端正的思想动机。第二,在思想动机中,最根本的戒条是对"大乘"要绝对忠诚,若有违背,罪等叛教;若勤于护持,就是履行"本戒"。因此,这种戒律以禁锢人的意识活动为基石,把宗派观念作为超乎社会和个人的一切利益和一切道德之上的至高原则。在佛学思想上影响重大的是《大般涅槃经》。法显译的《大般泥洹经》,承认有"佛性"存在,使佛学从般若学的怀疑论中解放出来,但它否认"一阐提"可以成佛,仍然成为一副枷锁。《大般涅槃经》把这一枷锁也解除了,认为不但一切众生悉有佛性,而且人人皆能成佛。这一说法立刻风靡全国。《涅槃》在南北朝的流行程度,堪比《般若》之在魏晋,几乎没有一个中国知识僧侣不加研习的。由于此经对于佛性下过多种定义,可以有多种理解,以及由此引起的先天"佛性"与后天修持等关系问题,触发了当时的热烈讨论。

时在凉州译经的还有浮陀跋摩等。他译出的《阿毗昙毗婆沙》100卷,是有部前期的宏论巨著。参与译事的义学僧侣有慧嵩、道朗和道泰、道挺等300余人。

南朝的佛驮跋陀罗和求那跋陀罗译经集团 据《开元录》,在南朝宋的近60年(420—479)中,共有译者22人,所出佛典(包括失译)465部717卷,是南北朝诸国中成果最富的朝代。公元413年,鸠摩罗什卒,417年,刘裕攻入长安,聚集在罗什周围的知识僧侣先后南下,成为刘宋的佛教中坚。439年,北魏拓跋焘进军姑臧,掠虏僧侣,焚荡佛籍,使围绕在慧嵩、道朗周围的凉州僧众,除西行者外,也大多流入宋境。446年,拓跋焘下"灭佛法诏",又迫使魏境沙门大批南逃。这样,散布于全国的义学僧侣,大多集中到江南一地,从而也带动了刘宋一代译经事业的蓬勃开展。

先是北天竺沙门觉贤(佛驮跋陀罗)游学罽宾,应秦僧智严的邀请来到长安,传播禅法,显示禅异,与鸠摩罗什门下僧众发生激烈冲突,约411年被摈出境,与慧观等40余人南投庐山慧远,着手译经。经年许,西适江陵,为出征至荆州的刘裕罗致,回到建康,住道场寺,前后译出佛典13部125卷。其中他与法显等共译的《大般泥洹经》10卷,系《大般涅槃经》的"前分",在鸠摩罗什弟子群中引起爆炸性反响。僧叡说,"泥洹不灭,佛有真我,一切众生皆有佛性",这一《泥洹经》的基本观点,使长期困惑于般若空观的学僧豁然开朗,即使罗什在世闻得此理,也"应如白日朗其胸襟,甘露润其四体"。此经的译出,是中国佛教思潮由般若学转到佛性论的重要标志。觉贤应慧远之请译出的《达摩多罗禅经》,传播的是罽宾佛大先的禅法,达摩多罗是佛大先之师,属于萨婆多部系统,尤重厌生禁欲的不净观,与主苦行的头陀行接近,在中国早期禅思想发展中占重要地位。《大方广佛华严经》(简称《华严经》)60卷,由支法领自于阗取回,觉贤在建康百余人参与下将其译出,开创了全面研习《华严经》的新阶段。《华严经》的思想繁杂,在理论上将说明世界人生本原的十二缘起统一到"唯一心作";在实践上号召僧侣学习生产和其他谋生技能,把菩萨行彻底贯彻到社会日常生活中。这

173

种理论与实践的结合,要求融合各种关系,磨灭一切矛盾,据说这就是佛光普照无限万有,无限万有都能纳进诸佛胸怀的表现。此经特别推崇毗卢舍那佛,贬低释迦牟尼的地位,显示了佛教在信仰上的又一变化,为密宗在中国的发展提供了新的崇拜对象。

主持觉贤译事的,是他的弟子慧观、慧严。他们二人原是从鸠摩罗什问学的,后来成为觉贤译经的得力助手,得到刘宋朝廷支持,重要的译家求那跋摩、僧伽跋摩、卑摩罗叉、求那跋陀罗等,或由他们招致,或由他们笔受,是南朝宋最主要的佛教组织者和学者。从西域归来的学僧,如法显、宝云等,也集中在这里。

觉贤卒于 429 年。435 年,中天竺求那跋陀罗经师子国到广州登陆,进入扬都(建康)。宋文帝敕慧严、慧观等接待,并着手译经。一时声誉大振,“通才硕学”颜延之“束带造门”,彭城王刘义康、谯王刘义宣均以师事之。有徒众 700 余人。446 年,刘义宣镇荆州,请与俱行,继续有经译出,法勇传译。454 年,刘义宣谋叛,求那跋陀罗亦随军东下。叛平,孝武帝命人护送进京,未作追究,而译事中断,468 年卒。《开元录》记其所译佛籍 52 部 134 卷。其影响于佛教义学发展的部分,都是在建康的 10 年中译出的;至荆州后,则着手传译杂咒和净土类典籍。

求那跋陀罗最主要的译籍是《杂阿含经》,另有慧观笔受的《胜鬘经》。《胜鬘经》以在家的女居士为佛的代言人同《维摩诘经》以在家的富户男居士为佛教的说法者一起,成为居士佛教最重要的经典,对中国佛学的影响极大,由此形成所谓“如来藏缘起”的理论体系,成为中国佛教义学的主流。

求那跋陀罗又译《楞伽阿跋多罗宝经》(简称《楞伽经》),以“一切佛语心”作为全经品名,用“五法”、“三自性”、“八识”、“二无我”等唯识法相家的组织方法,发挥“如来藏缘起”的思想,同时也谈及大小乘在禅观上的差别,为多种宗派所信奉。其中专习者称“楞伽师”,是中国禅宗的先驱。此外,传说《十二头陀经》也是求那跋陀罗译的,此经提倡远离村落都邑,游化乞食,苛戒苦行。“行”即“头陀行”,与“不净观”禅法结合起来,在游离的下层僧侣中有广泛影响,也是禅宗的先行部分。

北朝译经和菩提流支译经集团 自鸠摩罗什卒后,北方诸国再无重要译事。北魏自迁都平城,佛教陆续兴隆,信仰盛于南方,但着力在兴办佛教福事,除昙靖伪造《提谓波利经》和昙曜造《付法藏因缘传》外,在译介佛典上几乎无可记述。孝文帝(471—499在位)加强了对佛教义学的研讨,宣武帝(500—515在位)更"笃好佛理",孝明帝(516—522在位)遣惠生等往西域求经,魏境才真正有了译经的需要。据《开元录》载,有魏一代155年,共出译者12人,译经83部274卷。这个数字很小,且基本上集中在宣武帝至迁邺后的35年(508—543)中,这就是以菩提流支为"元匠"的译经集团。

菩提流支,北印度人,魏永平(508—512)初年至洛阳,开始译经,通过昙无最而为魏帝所重,后随迁至邺城(534),不知所终。他共译出佛籍30部101卷,笔受者有僧朗、道湛、僧辩、昙林、觉意、崔光等。他重译4卷《楞伽经》为10卷《入楞伽经》,解释"如来藏缘起",同以后所传的《大乘起信论》的思想接近,是个值得注意的现象。比菩提流支稍后的佛陀扇多,也是北印度人,自525—539年,译出佛籍10部11卷,昙林等笔受。此外,勒那摩提,中印度人,508年来洛阳,译经3部9卷,笔受者有僧朗、觉意、崔光等。瞿昙般若流支,中印度人,516年来洛阳,随迁邺城后,自538—543年,译经18部92卷,笔受者昙林、僧昉、李希义等。毗目智仙,北印度人,从538—541年,于邺城译出佛籍5部5卷,亦由昙林笔受。

175

以上五僧所译经籍的种类虽不尽相同,但却共传无著、世亲的瑜伽行派的经论。研习这些经论的成果,似乎甚少,义学的作用发挥不多。唯一的例外,是对世亲的《十地经论》的研讨。《十地经》原是《华严经·十地品》的单行本,由世亲作论发挥,提出了两个带世界观性质的论点:第一,《经》谓三界"唯是一心作",《论》谓这"一心"就叫作"阿黎耶识";第二,《经》谓众生有"种种心差别相",《论》谓这"种种心"中就有一种是"自性清净心"。但是,作为世界终极本原的,究竟是"阿黎耶识"还是"自性清净心",《论》本身并未讲清,由此引起了佛教义学界持续长久的争论,从地论师的南道、北道的分歧,一直波及到唐宋。

南朝真谛译经集团 刘宋之后,南朝译事相对沉寂,自齐至陈(479—589)的 110 年中,译者 15 人,译籍 92 部 260 卷。其中梁陈之际的真谛(499—569)是译经史上的一颗明星,也是知识渊博的佛教学者。

真谛,梵音"波罗末陀";又名亲依,梵音"拘那罗陀"。优禅尼国人,后游学扶南。梁大同(535—546)中受命抵梁,公元 548 年进入京邑,梁武帝请他译经。同年秋,侯景叛乱,南朝陷入了历史上罕有的战乱中,真谛由此过起颠沛流离的生活,辗转于富春(今浙江富阳)、建康、豫章、始兴(今广东韶关)、南康(今江西赣州)、晋安(今福建福州)等地,562 年至广州。他在艰难飘泊的生涯中,没有中断译事,但主要经典的翻译是在广州完成的。在这里,以慧恺为主,形成了有僧宗、法忍、法泰、法准等学僧参与的民间译场。据《续高僧传》本传记,真谛来华 23 年,共出经论记传 64 部 278 卷;《开元录》刊定译籍为 49 部 142 卷,所撰义疏 19 部 134 卷。他译介和注疏的中心,是瑜伽行派无著、世亲、陈那等人的论著,属佛教大乘有宗体系,与陈代推崇"三论"和《成实》的空宗学说抵触很大,因而受到建康官方僧侣的激烈排斥,不得不终生浪迹天涯。但在译介同一瑜伽行体系中,真谛的思想同元魏菩提流支等的译籍接近,同唐玄奘所传则有较大差别,由此在中国形成了"相宗"的新旧两译,在整个佛教史上,则产生了有无两个世亲的怀疑。此外,还有以真谛名义译出的马鸣著《大乘起信论》和天亲著《遗教经论》,流通极广,有些学者认为二者都是中国人的伪托所造;元代入录的马鸣著《大宗地玄文本论》,更是明显的造假之作。

真谛有代表性的译籍是《摄大乘论》及其《释论》、《俱舍论》,此二论均形成过专门的学派。其他如《大乘唯识论》、《无相思尘论》、《十八空论》、《佛性论》、《解拳论》、《三无性论》等也很重要。

真谛传播的思想,是瑜伽行派的共同命题:"唯识无尘"。但他把这一命题分解成双重内容:一是"方便唯识",用"阿黎耶识"(新译"阿赖耶识")说明客观对象的虚妄,从而也说明阿黎耶的不实。

二是"正观唯识",在阿黎耶识之上,另立一个"阿摩罗识"(无垢识),亦名"自性清净心",或云"第九识"。就虚妄不实的阿黎耶识及其派生的世俗认识和世俗世界言,一切皆空;但普遍存在和适用于一切现象的这种虚妄不实的道理,或曰"空理",则是"不空",是"常乐我净",或曰"佛性"、"法界"、"如来"、"自性清净心"等。因此,"唯识空理",既作为一切事物的"通相"(共性)实存,也作为世间出世间的本原(无垢识)实存,并为一切凡圣、一切众生所共有。真谛译籍的这类说法,同《大般涅槃经》的佛性说遥相呼应,成为此后中国佛学思潮的主流。

4. 南北朝的多种佛教师说

由于朝代更迭频繁,佛教译籍多渠道、多种类地大批量涌进,佛教对社会的影响逐渐形成多角度的态势,一些有代表性的佛典,大多有僧俗学者研习发挥。这些学者被称为"师",他们据以发挥的思想叫作"师学"或"师说"。其中影响较大的有:

三论学 "三论"指鸠摩罗什所译《中论》、《百论》、《十二门论》;加上《大智度论》,亦称"四论"。这些本是大乘中观学派的基本著作,在南北朝的流行,则是魏晋以来般若学的变态和延续。陈隋之际的吉藏,更以"三论"命宗。最早研习"三论"的,是僧叡、僧肇、昙影等;《肇论》被推为三论学的中国经典。他们的思想,称为"关河旧义"。此后,"三论"流行的重心转向南朝。宋明帝(465—472在位)初,有智林者,"申明二谛有三宗不同",时汝南周颙作《三宗论》,与林意相符,成为这个时期的代表作。

梁初,僧朗继法度于摄山栖霞精舍(南京郊区)弘扬"三论",梁武帝曾派人就学;其弟子僧诠,号称"山中师",摄山遂成为梁陈两代三论学的重镇。梁昭明太子萧统作《解二谛义令旨并问答》,可为梁代的代表作。僧诠有勇、辩、朗、布四弟子,号称"四友"或"四公",均为陈王朝所重,三论学遂成了陈王朝的官方佛学。

三论学者素以善辩好争著称。他们的共同点是用"二谛"、"中道"统摄全部佛教,不同处是对"二谛"和"中道"作了不同的解释。

177

"二谛"和"中道"是中观学派把世间和出世间联结起来的纽带,是认识论上的彻底空观与实践上的实用原则系为一体的核心观念。但从什么角度讲"二谛",又从什么意义上讲空说有或非空非有,各家的解释大有不同。但就总的倾向言,在吉藏之前,三论学者普遍将真俗二谛统一于"真谛"一面,在说"性有性无"中侧重"性无"一方。到吉藏形成三论宗,与涅槃佛性说协调,思想有了新的变化。

涅槃学 公元418年,6卷《大般泥洹经》在建康译出,引起大江南北佛学界的震动。421年,36卷本《大涅槃经》在敦煌译出。宋元嘉(424—443)中,建康又依上述二本整理为南本《大涅槃经》问世,研习《涅槃》及其所陈"佛性"思想,成了宋梁二代最时髦的佛学思潮。

首先注意到《涅槃》佛性思想对清除佛教怀疑论有重大意义的是僧叡,着重发挥《涅槃》佛性理论内容的则是道生、慧观和道朗。6卷《泥洹》曾言,除一阐提(意译"断善根者"),一切众生皆可成佛。道生加以纠正,认为一阐提人亦得成佛。道生著有《法身无色论》、《佛无净土论》、《佛性当有论》、《善不受报义》等,从论题可以推知,他把成佛的根据移植到个人内心的自我完善,贬低偶像崇拜和净土信仰。他对中国佛教影响最久的主张是"顿悟成佛义",即认为真理是一个整体,不可分割,因此,要么不悟,一悟顿了,不容阶梯。谢灵运追随道生,著《辨宗论》,用儒家的"理归一极"来加以补充。道生之说,受到宋文、孝、武诸帝的赞赏,曾请其弟子道猷和法瑗、宝林等持续弘扬。慧观与谢灵运都是南本《涅槃》的整理者,但慧观却力主渐悟。他认为"真如"必须经"定慧"修习才能渐知,而"定慧"需有阶级相乘。像这样提倡渐悟、反对顿悟的也有一批名僧,如慧琳、法晶等。

道朗与慧嵩在佛教义学上独步河西,直接参与了《大涅槃经》的翻译。道朗有《涅槃义疏》,强调涅槃与"法性"为一,"法性以至极为体,至极则归于无变",因而法性也是"常乐我净"。据此,他抨击当时讥谤《涅槃》非佛说的言论,为佛性思想的传播开路。

南朝齐代的涅槃学未断,至梁武帝又重加提倡,曾命宝亮撰

《涅槃义疏》,并为之作序,以为佛教经论不出两途,"佛性开其本有之源,涅槃明其归极之宗"。在这种思想指导下,本与《涅槃》主张迥异的经论也被调和起来,像梁代弘扬《成实论》的三大师及三论学者,大多也是涅槃师。北朝地论学的兴起,与南朝涅槃学的盛行遥相呼应,成为南北朝后期遍及全国的强大潮流。

《大涅槃经》"前分"的原本来自中印的华氏城,为婆罗门族居士写出,天竺、罽宾和龟兹的信奉者甚少,它的"后分"则来自于阗,流行于高昌、敦煌。看来,此经在葱岭以西或未传播开来,汉译本得到广泛持久的传播,说明在涅槃佛性方面,无疑也表现了中国佛教思想与天竺佛教的差别。

毗昙学　毗昙的研究发端于道安,僧伽提婆受慧远之请,译出《阿毗昙心论》和《三法度论》,公元397年进入建康,得到名士王珣、王弥等的支持。433年,僧伽跋摩与宝云按慧观要求译出《杂阿毗昙心论》。于是,"毗昙"几乎成了南朝所有论师共习的科目。其中僧韶(447—504)专以"毗昙"擅业,法护(439—507)以"毗昙"命家,慧集(456—515)丁毗昙学擅步当时,其他僧侣多是兼学。道安也为北方毗昙学打下了基础。414年,昙摩耶舍等又译出《舍利弗阿毗昙》,姚秦时备受重视。此后,北方的成实论师大多兼习"毗昙",其中慧嵩活跃在元魏、高齐之际,足迹遍及江表、河南,时人称为"毗昙孔子",弟子甚多。

毗昙学之所以在诸多论师中普遍流行,在很大程度上是因为它解释名相清楚,便于揭示佛教的实际含义,但它在思想上也有重大影响。"毗昙"的宗教哲学建立在物种不变,因而诸法"自性"不变的观念上。不变的自性种类,是一种超时空的永恒存在,此即谓之"有";一切个别事物,则是自性种类在特定因缘条件下的再现,有变化,有生灭,此即谓之"无常空",或"因缘空"。据此说明,善恶染净等自性不变,众生按照自身所聚业惑自性的不同,感得的世间和出世间等罪福果报即有差别;众生有生死,业报则不失。这一基本思想,得到慧远等内地佛学家的发展,在三世因果、业报轮回的基础上,正式确认了身死神不灭为佛家的信条。刘宋时罗含作《更生论》,进一步提出了"人物有定数"的观点,以为宇宙万有"各自其本,祖宗有序,本支百世,不失其旧",为业报轮回的教义提供了一种循环论的论证,同时融入了中国固有的宗法观念。

僧伽提婆也是《中阿含》和《增一阿含》的最后定本者,当时作为"三藏"和"小道"的论师与弘扬大乘的鸠摩罗什齐名。昙摩耶舍曾与竺佛念共译《比丘尼戒本》,其弟子法度,"专学小乘,禁读方等,唯礼释迦,无十方佛"。法度所制尼律,在出身中小官吏家庭的尼众中通行。提婆与耶舍都是罽宾人。罽宾是说一切有部的势力范围,此部的思想对南北朝佛教的影响极深。此外,慧导疑惑《大品般若》,昙乐非难《法华》,僧嵩、僧渊讥谤《涅槃》。晋宋以来,小乘三藏学者对大乘经论屡有抨击,般若学对涅槃学和唯识学的抨击也时有发生,这或许是域外佛教派系斗争在内地的一种反响,而内地佛教的总趋向则是调和,更确切地说,是以我为主对他宗的容纳。

成实学 《成实论》由古印度诃梨跋摩所著,鸠摩罗什译于长安。传说此论是与当地尊奉大乘的僧祇部僧人共斥迦旃延《毗昙》而作。由于它特别否定"心性本净"之说,强调"心性"是后天形成的,吉藏视作小乘空宗的代表。

长安是成实学的发源地,《成实论》最有影响的弘扬者,都出自鸠摩罗什的门下。其中僧导居寿春,僧嵩住彭城,形成成实学的两大系统。彭城系的僧嵩及其弟子僧渊,是公开反对《涅槃》佛性说的著名人物,在北朝很有声望。僧渊有弟子四人,其中昙度、慧纪、道登,并为魏主元宏所重。元宏特别提倡《成实论》,对鸠摩罗什、僧嵩等追念不已。

僧渊之后,此系思想发生分化,道登善《涅槃》、《法华》,彻底改变了排斥佛性说的立场;僧渊的另一弟子慧球,临终"遗命露骸松下",似仍坚持《成实》的原来主张。此外,有灵珣、道凭、道纪、慧嵩者,是魏末北齐时知名的成实论师。灵珣以后转到了地论师慧光的门下。道纪撰《金藏论》,调和佛教信仰与儒家孝道。道凭则断绝骨族血亲往来,不游权贵豪家。慧嵩被高昌王夷其三族,不以为意。这表明，北朝成实论师，除转向者外，大多坚持厌生离世、严峻冷酷的学风。

南朝成实学的开拓者，是寿春系的僧导。僧导并学"三论"、《维摩》，于刘宋王朝有功，门徒众多，动辄上千。其中昙济亦修《涅槃》，以《七宗论》名闻后世。就学于寿春的还有道猛和道钟。公元449年，道猛东游京都，结交湘东王刘彧。刘彧即位曰明帝，倍加礼敬，敕猛为兴皇寺纲领，该寺遂成为南朝成实学的重要据点。萧齐王朝也重《成实》，其中僧钟、慧次、僧柔等成实论师均受到王室的特别崇敬。萧子良召集京师硕学名僧500余人，讲说《成实》，最后集成《成实论钞》9卷。周颙、僧祐都是此次聚会的参与者，据他们说，当时《成实》之所以被看重，并不是像北朝那样去厉行它的教义，而是因为它的条理清楚，更便于理解大乘妙典，排斥外学。因此，南朝到齐为止，成实论师多同习《涅槃》、《华严》、"三论"等，没有相互责难的倾向。

梁代成实学略有波折。先是从僧柔、慧次就学《成实》的僧旻、法云、智藏升为梁王朝最显贵的僧侣，被称为梁代"成实三大师"。506年，僧旻（467—527）受请为帝室家僧，制注《般若》，敕讲《胜鬘》，侧重弘扬《观世音经》，为京师学士和地方守宰所尊，号称"素王"。他对语言诗韵似甚有研究，著有《四声指归》、《诗谱决疑》等。法云（467—529）于萧齐时以讲《法华》、《净名》等著称于世，号"作幻法师"。至梁，为朝贵演说《般若》，亦为皇室家僧，525年，敕为大僧正，是梁武帝发动围攻《神灭论》的具体组织者。智藏（458—522），曾为梁武帝授菩萨戒，为皇太子讲《涅槃》，给帝室讲《般若》。他第一个把诵读《金刚般若经》当作解厄延寿、去凶化吉的佛教法门，使此经成为道俗上下普及率最高、影响最广的佛典。综观上述三师特点，也是着重调和，尤其是调和与儒家孝道的关系。简文帝曾以《成实论》为各种佛说的最终旨归，但反响很小。三大师死后，梁武帝重奉《大品》，对《成实论》表示轻蔑。吉藏独树"三论"旗帜，也着重批判成实论师说。成实学到了陈代，有了所谓"新成实论师"的出现，主要代表是受陈、隋两代王朝礼遇，并与三论学者吉藏对抗

181

的智脱(541—607)。大多数成实论师则去小从大,转向了《涅槃》、《大品》、"四论"等。

地论学 关于《十地经论》(简称《地论》)的翻译,隋唐以来就异说纷纭。据崔光《十地经论序》谓,北魏永平元年(508),宣武帝命菩提流支和勒那摩提并译此论,佛陀扇多传译,有义学缁儒十余人参加,四年(512)夏,翻译完成。不久,北朝传此论以菩提流支为主译(见《李廓录》),南朝传此论以勒那摩提为主译(见《宝唱录》),还有说为二人各自译出者。对译者的争论,反映在解释《地论》问题上有意见分歧。

魏宣武帝(500—515在位)长于释氏之义,曾为诸僧朝臣开讲《维摩诘经》,而后又亲自主持和笔受《十地经论》的翻译。崔光在宣武、孝明(516—528)两代高踞要津,也每为沙门朝贵讲《维摩》与《十地》,有义疏30余卷。因此,地论学继成实学之后,成了北魏以至东魏的官学。其中弘扬《地论》最早的僧侣是道宠和慧光。

道宠,儒生出身,元魏东迁之后,从菩提流支学《地论》,并自开讲,其"堪可传道"的弟子千有余人,知名者有牢宜、僧休等,隋初名僧志念亦曾从其就学。这一地论师系统被称为"北道系"。他们的著疏不存,情况难明。相比之下,慧光创始的"南道系",名僧辈出,门徒遍及全国,历经魏、齐、周而至隋、唐。

慧光,曾向少林寺佛陀学律,故善《四分律》;后参与《地论》翻译,深得《地论》纲领。在北魏末年即见重于当朝,任国都;随入邺都,以"绥缉有功",转为东魏国统;至于北齐,"重之如圣"。仅见于僧传的知名弟子,即有十五六人。他们或弘义理,或广戒律,所长虽异,但普遍受到当权者的重用。在魏、齐、周、隋数朝中,出自这一系的僧官,包括大统、国统、国都、州统等,为数最多。他们的一般论师,则多游化各地,自洛、邺出发,足迹遍及齐、楚、晋、魏、燕、赵、卫、郑,任务多是巡察僧徒,弘教民间。南道地论师成了北朝后期最有权势的佛教力量。法上是慧光诸弟子中最突出的代表,当时已经译出的主要大乘经,他无不讲习,并有注疏。后为魏大将军高澄邀请入邺,成为魏齐二代统师,著有《佛性论》、《大乘义章》等。

所部僧尼200余万,高洋事之如佛,天保年间(550—559),敕命"大统"。法上有弟子法存、灵裕等,尤以慧远的成绩最大。慧远创讲《地论》,伏听千余。周武帝酝酿毁佛时,慧远曾出众抗争,后畏祸潜入山中。隋初,出任洛州沙门都,后敕居西京净影寺,故称"净影慧远"。他的注疏很多,所撰《大乘义章》,记述当时最流行的佛教名数,是重要的佛学史料;另有《大乘起信论义疏》,是最早用《起信》观点解释瑜伽唯识思想的著作。

在上述南北二系以外,还有一些地论师。其中靖嵩于周武毁佛时,与同学300余僧南达江左,从建康法泰咨决真谛所传瑜伽行派经论,包括《摄论》、《唯识》等。590年,重还江北,留住徐州,着重弘扬摄论学,著《九识三藏》等。净愿重律,先学《地论》,后准《摄论》,隋初至长安,与《四分律》和《涅槃》等同时讲说。北朝地论学和南朝摄论学,在涅槃学的基础上的汇合,是南北朝末期和隋初佛教思想上最可注意的事件,以此为契机,佛学普遍地转向对"心性"问题的探讨。

地论师南北二道对"心性"的解释有许多差别。简略地说,北道师把世界的最高本体归结为具杂染性质的"阿黎耶识",所谓众生悉有"佛性",是指众生经历后天的熏习,最后必当成佛而言,是谓"当常"之说;南道把世界的最高本体归结为"清净阿黎耶识",或"如来藏"、"无垢识",去除污染障蔽,使本有的清净心性得以显现,即可成佛,被称作"现常"之说。这南北现、当二说在判教上有四宗、五宗之别,其实就是,在理论上规定心性是净是染,在实践上是发扬本有心性还是消灭本有心性的问题。但南北二师的界限不一定如此清楚。作为慧光十大弟子之一的冯衮著《捧心论》,认为"当为心师,不师于心",显然就是主张心性杂染的。

摄论学　无著的《摄大乘论》(简称《摄论》),北魏时由佛陀扇多初译,但它的流行,是在真谛重译并另译了世亲的《摄大乘论释》和自行解说为《义疏》之后。真谛宣扬瑜伽行派思想,着重的是《俱舍论》和《摄大乘论》。《摄论》是瑜伽行派唯识学的奠基性著作,着重探究"心"的性质和"心"生万有的机制,以及人的认识过程和据

183

此修持成佛的道路,创造了一个庞大的唯心主义体系。特别是它的八识说,提出了"阿黎耶识"作为世界的本体和认识的本原,确立了"唯识无尘"的宇宙观,在南朝引起震动。但陈王朝及其官僧支持的是般若学和三论学,对真谛一系公开排斥,所以直至陈亡,真谛之说在建康甚少流布。

摄论学的著名僧人来自两个系统:一是真谛门下,如智恺、智敳、道尼、曹毗、法泰等;一是地论南道,如慧光的再传弟子昙迁,法上的再传弟子靖嵩,以及净影慧远的弟子辩相等。出自真谛门下的摄论师,大多在陈隋之际由广州向北,经建康,或去蜀或入长安;出身地论学者的摄论师,在周隋之际,发自京邺,或至建康,或住徐州、长安。这表明摄论学与地论学在全国重新统一的新形势下,同风靡当时的佛性论、唯识论等最后汇合,为隋唐佛教宗派的形成,作了理论上的准备。

律学　戒律是约束佛徒行为和规范僧团生活的纪律。只有按一定仪式发誓接受一定戒律的人,才能充当僧侣或居士,也才是完全意义上的佛徒。早在三国时,已有戒律传入内地,至南北朝,各种律经戒本更是大规模地被集中译介进来,属小乘戒的有《十诵律》(有部)、《四分律》(昙无德部)、《摩诃僧祇律》(大众部)、《五分律》(沙弥塞部)、《善见律毗婆沙》(上座部)、《律二十二明了论》(犊子部)等,属大乘戒的有《菩萨戒本》、《优婆塞经》等。

小乘戒律均规定"四波罗夷法",即以淫、盗、杀、妄语等四种行为为重罪,犯者必须摈除出僧团,也就是最严厉的处分。以"淫"为重罪之首,把"杀"排在第三位,且重点在制止僧尼的自杀,正反映了早期佛教严苛的禁欲主义和厌生之风。另有一些小本律典,归纳诸戒为"五戒",即戒杀、盗、淫、妄语、酒,主要用于在家佛徒,所谓"优婆塞"(清信士)。此中"杀"与"淫"的次第作了颠倒,而戒"杀"扩展到了一切有生类,成了仁爱万物的一种硬性规定;戒"淫"仅限于合法婚配之外的性行为,对家庭伦理已全无妨碍,佛教的原始面貌为之大变。

大乘菩萨戒也有"四波罗夷法",但内容更加不同,其侧重限制的是受戒者的思想动机,而非行为的实际后果。衡量思想动机是否纯正,最根本的一条是对"大乘"的态度,若勤于"大乘",就是忠于"本戒",在"大乘"的名义下,可以不受任何约束。

在南北朝,所谓"大乘菩萨戒",多是授给帝王、贵族和居士的;国家支持并在僧侣中通行的仍然是小乘戒律。齐梁僧祐是南朝律学大家,尤重《十诵》,齐竟陵王每请讲律,听众常七八百人;梁武帝倍加礼遇,凡僧事硕疑皆敕就审决,曾为六宫受戒。北魏慧光是北朝律学之宗,造《四分律疏》,删《羯磨戒本》,著《仁王七诫》、《僧制》等,在僧侣中广为奉行,被后人视作律宗的奠基者。

从三国吴开始,一部分佛徒主张也用佛教戒律作为国家教化民众的普及手段,用"五戒"比附"五常",用"十善"遏制"十恶"。这种意见特别为南朝梁和北朝魏所接受,所以一些著名律师也往往就是国家的僧官。

梁慧皎说:"入道即以戒律为本,居俗则以礼义为先。"大体代表了律学的基本观点。但有些律师走向极端,以戒律为指针,斥责数论义学为虚诞;一些数论家则言:"地狱不烧智人,镬汤不煮般若。"以此轻蔑戒律。律学与义学的对立,是南北朝佛教内部纷争之一。

禅学 魏晋文士重般若轻禅定,至晋宋之际,禅智并重始在僧侣中占主导地位。及至佛驮跋陀罗、慧严、慧观等传罽宾达摩多罗和佛大先的五门禅法,"以禅命宗",力图用"禅"统摄佛教的一切修为,禅学逐步独立,成了与义学鼎立的另一股力量。

禅学的特点之一是能以神异惑众,在贫困和破产的民众中有一定的影响力和号召力,一些著名的禅师往往能聚拢很多禅僧共同行止,所以受到官方的特别注意。佛驮跋陀罗在长安传习禅法,聚众数百人,因而被摈出走;玄高自麦积山蓄徒至300人,先后为西秦、后凉、北魏所敬,但也屡遭打击,终于被拓跋焘杀害。

然而就总体而言,北朝更重禅法。惠始、佛陀、僧稠等,都受到北朝帝王的殊礼。原因也在于禅僧影响广泛,同时内容又不出禁欲、堪忍等"调心"的范围,很合乎统治集团的需要。

185

在官方支持的禅法之外,还有更多的鲜为人知的禅法在民间流行,其中之一是菩提达摩的禅法。

菩提达摩的事迹不可确考,后人的记载多有矛盾。唐初学者把他与僧稠并提,成为南北朝后期影响最大的两个禅僧团。僧稠在北魏,特别是在北齐,权势熏天,是由民禅升到官禅的典型代表。他的禅法是"四念处",与"五门禅"属同一类型的小乘禅。菩提达摩以 4 卷《楞伽》传法,崇尚"虚宗",极端鄙视"不净"、"骨锁"、"无常"、"苦"等禅观,所以在思想倾向上与僧稠禅是对立的。传说达摩又以"二入四行"教人,不仅重视坐禅,而且重视教理。他要求通过壁观,识自本有"真性",在实际上达到无爱憎、无得失、无悲喜、无是非、超脱一切的精神境界。他和其弟子慧可等,也在北朝活动,曾受到地论师和其他官方禅师的排斥和迫害。在慧可门下,形成大批"楞伽师",于周、隋、唐之际,向南流动,成了唐代禅宗的先驱者。

三　佛教与中国传统文化的交涉

魏晋南北朝时期,被冠以"五胡"的少数民族,竞相进入内地争夺势力范围,建立国家。在文化上,这些少数民族在吸取传统儒学的同时,无不信奉佛教,推动了佛教的大发展。而各国急剧动荡的社会变化,也引发了各阶级对佛教的多方面兴趣。外来佛教的各种思潮和典籍,在此时可以说是以空前绝后的规模涌进内地,同时也与中国的传统文化和传统观念发生全面接触,在儒释道之间迸发了广泛涉及政治、经济和思想文化等领域的论战和斗争。

汉魏佛教依附于传统文化,并以儒道两家的经典论述作为佛教在中国理应得到传播的佐证。但始自三国,佛教便与道教在宗教观上开始分家。佛教主张有生必有死,以"无生"为理想,斥责道教愚惑欺诈;道教主养生长寿,以"不死"为目标,抨击佛教是"修死之道"。道教还指责佛教为"夷狄"之教,是老子出关用以教化不知礼仪的胡人的产物,不适用于文明的华夏;佛教则揭露道教行"三张伪法",把男女合气作为成道的手段,败坏人伦,造反闹事。由此发展成纯宗派性的互相攻击,几乎历代都有。正统的儒家思想,始终是佛教广泛扩展的主要阻力,也是力图加以融合的主体。佛教在孝亲祭祖、奉上敬王等最基本的伦理观念和政治观念上,完全服膺儒家学说,使佛教的基础教义,有了全新的变化,所以历来只有儒家对佛教的批判和佛教对这类批判的辩解,佛教很少表露对儒家的不满。

东晋以来,这种形势发生了变化。佛教不但对道教,而且对道家的经典和儒家的思想也开始公开贬斥。僧肇每以老庄为心要,但认为比之佛教,"犹未尽善"。慧远听道安讲《般若经》,乃悟"儒道九流皆糠秕耳"。到南北朝,佛教要求包容儒道而为三教之首,成为中国思想文化发展史上的一个显著特点,不过,这在大江南北的表现也不尽相同。

(一)南方的儒释道论战

东晋庾冰、桓玄先后执政,诏令料简沙门、僧尼须向王者致敬。这个决定反映了佛教的扩展已经达到了与世俗政权相冲突的程度,由此导致的儒释道间的争论,延续到梁代,佛教获得全胜。

庐山慧远在总结晋末的这类争论中,为建立既不同于外来佛教,又不完全依附于传统文化的独立的中国佛教,奠定了理论基础。他分佛教为"内道",儒学为"外道",确立了"内外之道可合"的原则,认为佛教理应发挥社会教化的作用,为巩固皇权、维护封建秩序服务;但是僧尼"出家"即是变俗,在仪行礼制上,必须保持独立的风貌。佛教传播迅速,导致僧尼秽杂,难以避免,国家干预澄清是必要的;但佛教有自身的特殊修道科门,有约束沙门生活的明确戒律,也应该得到国家的尊重和保护。慧远在宗教观念上的主要创造,是把"神不灭论"明确引进佛教的业报轮回体系,其思想来源,实出于儒家的孝道和积善积恶之说,也受道家"神不化"的影响。与此同时,他又依据佛教传说,贬低"天地"的地位,认为"天地"以"生生"为大,故"功尽于运化";佛教倡无生不变,故"不顺化以求宗"。讲"生生为大"的主要是《周易》,以"天地"为大的还有《老子》,

慧远认为,这都属世俗世界,不能和佛教的出世领域相比。同样,体现天地生化的是帝王,在世间为尊;不存身以顺化的是佛,比帝王要高。不过慧远补充说,佛可以化身为帝王;帝王曾是菩萨行的一个阶梯,所以帝王与佛,毕竟是殊途同归。

这种超孔超老、唯佛为贵的言论,受到儒道两方面的反对。宋释慧琳作《黑白论》,抨击佛教幽灵神验之说、"本无""析空"之理,受到坚持周孔之教的何承天的支持。何承天认为,佛教不失为九流之别家,杂以道墨,慈悲爱施,与中国不异;其鬼神之论,作为神道设教也未尝不可,但若目之为实,则缺乏明证。宗炳为折《黑白论》而著《明佛论》,谓"中国君子明于礼义而暗于知人心"。《周易》所谓"阴阳不测",而不能置言,其实指的就是不死的精神。群生"神"本相同,随缘迁流而成粗妙之"识";练粗成精,即是圣人。神、识、形三者本质不同;神之不灭,缘会之理,积习而圣,构成了佛教全部学说的大纲。宗炳此说甚得慧远思想的精髓,还把中国传统哲学同外来佛教哲学巧妙地结合了起来。中国佛教哲学此后的发展,大体上是沿着这个方向行进的。

慧琳和何承天是站在儒家立场反对佛教神不灭论的。何承天还作《达性论》,进一步反对佛教把人与"飞沉蚑蠕并为众生"之说。颜延之作《释达性论》,驳难何论,使争论更加深入。神灭和神不灭的问题,成了刘宋学术界讨论最热烈的话题,其中罗含的《更生论》,运用毗昙思想把神不灭论与儒家"祖宗有序,本支百世"的观念融为一体,有颇高的理论水平。此外,范泰、谢灵运还主张:"六经典文,本在济俗为治耳;必求性灵真奥,岂得不以佛经为指南耶?"佛教在这里提出的"性灵"之学,就是指承认三世因果,看重心神之用。何尚之对此加以发挥,受到宋文帝的赏识。

但反佛教鬼神系统的思想并未停息。至于齐梁,范缜著《神灭论》,先后抨击神不灭论,发言激烈,立论严谨,当时影响极大。他以刀利关系比喻形神关系,认为刀为利之质,利为刀之用,即质即用,离质无用,"未闻刀没而利存,岂容形亡而神在?"他还用偶然性解释人的贫富寿夭,否定因果轮回;抨击佛教败俗蠹政,亦甚有力。

《神灭论》涉及的理论面很广,锋芒所指,无不披靡,是中国哲学发展史上里程碑性的无神论著作。梁武帝对他的言论冠以"违经背亲"的罪名,发动朝贵60余人撰文围剿。在理论上,佛教是受挫了;在政治上,仍然取得胜利。从本质上看,范缜持的是正统儒家观念,与何承天是一致的,他们并不否认"神道设教"的必要。

南朝神灭、神不灭的争论也影响了北朝。北朝魏齐之际,邢子才主无神论,以为"神之在人,犹光之在烛;烛尽则光穷,人死则神灭",人死还生之说,是为蛇画足。杜弼精通佛学,认为烛、人不能同喻,"光"受烛质制约,"神"却不受"形"所系。相对言,杜弼的神不灭论显然比梁朝贵族所论为高。

南朝佛教与道家的争论,也有颇高的理论水平。宋齐间,张融以《孝经》、《老子》和《小品》、《法华》调和三教之道,作《门论》谓:"道之与佛,逗极无二。寂然不动,致本则同。感而遂通,达迹成异。"周颙善《老》、《易》,而贵佛理,曾著《三宗论》,是当时三论学的名作。他驳斥《门论》,认为《老子》以"虚无"为主,《般若》以"法性"为宗,表面上似乎一致,但前者置"无"于"有"之外,是把"有"、"无"分裂了,实践上必然造成世间与出世间的对立,所以称之为"有外张义";后者提倡"色即是空,空即是色",以非有非无为最高境界,他名之为"即色图空",是道家所不能及的。周颙此说,基本上划清了释老二家在哲学本体论上的差别。

在南朝三教的论战中,除了范缜的《神灭论》外,佛教可谓所向披靡,完全占据了理论上的优势。

(二) 北朝的三教斗争与排佛运动

北朝的宗教政策基本上受政权的需要左右。需要利用时,放手扩展,失控时,残酷打击;加上阶级斗争比南朝还要激烈,致使佛教的发展,呈大起大落的状况。

北朝各代普遍重视儒家思想,相对稳定,但佛道势力往往波及政局甚大。魏太武帝任用崔浩,奉行寇谦之的天师道,公元440年,改元"太平真君",限制沙门,征兵僧侣。太平真君六年

(446),太武帝至长安,发现佛寺藏有兵器、财物和妇女,遂从崔浩之议,自谓"承天之绪,欲除伪定真,复羲农之治",诏令魏境悉坑沙门,破毁佛像胡经。道教领袖寇谦之反对诛杀沙门,毁灭佛教。太子晃监国,缓宣诏书,沙门因此多得逃亡藏匿,经像也部分隐藏下来。这一毁佛行动的直接后果,是使中国佛教增强了"末法"意识,驱使佛徒大批南下。

魏文成帝即位,下诏重兴佛教,起用昙曜为沙门统,铸造金像,开凿石窟,建"僧祇户"和"佛图户",促使佛教愈益发展。"僧祇户"是专供僧曹谷物,以备赈饥之用的民户,多是掠来魏境的俘虏,地位比寺院的佃农还低;"佛图户"是专为寺庙充役和耕作的奴隶,全由判重罪者和官奴充当。"僧祇户"和"佛图户"的建立,强化了佛教的经济实力和社会作用,既使寺院承担了国家给予的部分救济慈善事业,更把僧尼推上了稳固的特权地位。及至北魏迁都洛阳,佛教的发展到了滥无限度的程度。

中国的僧官制度最早出现在北方。魏道武帝以法果为"监福曹道人统"。"监福曹"是国家对佛教的管理机关,"道人统"是国家任命的僧官。这一类管理机关和任命的僧官,构成僧官制度的核心。佛教管理机关和僧官的名称,各国和各时期不尽相同。如后秦设有僧主、悦众、僧录等职,北魏文成帝时,改称"监福曹"为"昭玄曹","道人统"为"沙门统"或"昭玄统";又在地方设置"维那"、"上座"、"寺主"等,重要的"寺主"则由皇帝敕授。相对而言,南朝虽然也设有管理全国僧尼的"僧主"或"僧正",但机构和权力都很小;一些敕授的寺院"法主"或"寺主",倒是权限较大。这说明,北方沙门发展所带来的社会政治问题比南方要严重得多。

当上层社会倾尽财富奉佛以谋求自身福业的同时,对因贫困和破败流入佛教队伍的下层僧侣却保持高度警惕。自魏孝文帝至宣武帝的40余年间,沙门聚众谋反八次,均遭镇压。熙平二年(517)以后,未见再有沙门叛乱,此中僧官制度的强化起了重要作用。

在南朝,社会与佛教的矛盾,即使有严重的政治经济背景,也主要表现为思想文化的争论。而在北朝,即使是思想信仰上的分歧,往往也要以阶级斗争和政治斗争的形式表现出来。如魏孝文帝曾诏令道士姜斌与僧昙无最辩论释道真伪,姜斌论败,帝将加以极刑,得菩提流支苦救乃止。北齐继续有佛道争论,至周而演化为第二次毁佛事件。

周武帝最重儒术,因道与儒均系华夏文化,加上道士张宾对道教的弘扬和释卫元嵩对佛教的抨击,所以也倾向道教而有疑于佛教。魏太武帝曾斥佛教为"西戎虚诞,妄生妖孽",周武帝也耻同五胡,斥佛法为非"正教",可见二武毁佛有很强烈的汉文化背景,尽管他们都是少数民族。天和二年(567),卫元嵩上书以为:"唐虞无佛图而国安,齐梁有寺舍而祚失……但利民益国,则会佛心。"他提议建立"平延寺",以城隍郭邑为寺塔僧坊,不论道俗亲疏,平等安置,"即周主是如来",和夫妻,推令德,尊耆老,选仁智,求勇略,行十善,示无贪,其实也就是倡导君主高度集权,并确立一种以儒家为体,以佛教为用的文化体制。

南朝佛教自慧远与王者抗礼以来,到梁武帝致敬僧侣,舍身入寺,起码在形式上,帝王的尊位可以不尊,思想文化更是佛教自由驰骋的领地。卫元嵩即以周主为"如来",著《佛道二论》,谓"我不事二家,唯事周祖","我事帝不事佛道",相当明显地反映了北朝强化君权的趋势,不只政令需要统一,在思想文化上也需要统一。自此为始,至建德六年(577)的 10 年中,周武帝七次主持三教辩论,实际上只是佛道二教的争夺。太建二年(570),甄鸾上《笑道论》3 卷 36条,痛揭道教伪妄蛊俗;大中兴寺道安作《二教论》12 篇,辟道贬儒,以为"佛教者,穷理尽性之格言,出世入真之轨辙",应为宗本。其破老氏的言论,受南朝佛学影响;贬儒观点,多是庐山慧远的思想;在佛教义学上,接近地论师的主张。在理论上能与佛徒相抗衡的言论,依然稀疏无力。

建德六年,周武帝终于以佛教费财伤民、悖逆不孝为名,正式宣布毁法,名僧净影慧远、前释任道林等面争无效,遂于北周全境扫尽官私所造一切佛塔,"融刮圣容",焚烧经典。"八州寺庙出四十千尽赐王公,充为宅第;三方释子减三百万,皆复军民,还归编户"。道教也同时受到一定破坏,唯有六经儒教独被存立。次年,周武帝卒,佛教再次复兴。

周武帝毁法为时极短,但打击着实酷烈,其影响于佛教者,比第一次更甚。僧尼逃匿山林,与北魏以来的流民混杂一起,成了后来隋朝的重大社会问题,直到唐初,仍是左右统治者决策的一个重要因素。

(三) 本时期的中国著述

从历史全貌看,不论中国固有的文化与外来佛教发生何等激烈的争辩,也不管统治集团出于经济政治考虑对佛教采取限制以至打击的政策,都没有制止住佛教在全国范围内急剧广泛的传播和向社会生活各方面的渗透。儒释道的斗争在更深层的领域,促进了三教的相互吸收和相互融合。东晋以来,儒释道的界限似乎更加清晰了,但在某些思想内容上,却往往是相当混淆。在这种形势下,中国佛教取得了既有异于外来佛教,又有异于传统文化的独立地位。能够反映这种独立地位的程度及其持续发展状况的,主要表现在日渐增多的汉文佛教著述上。汉文的佛教著述,在汉末已开始陆续出现,至东晋南北朝,由少至多,由浅入深,已经达到了可观的规模。其中最能代表当时的民族和时代风貌的,首先是各种论著。刘宋陆澄撰《法论》,辑此前释教论著16帙103卷。梁宝唱撰《续法论》,所辑当亦不少。两书均佚。梁僧祐撰《弘明集》,唐道宣撰《广弘明集》,保存了其中的一部分。各种经论序记反映了当时人的佛教思想,也是重要的文献,大多被集中在僧祐的《出三藏记集》中。这类论著的作者很广,从高僧大德、文人学士,到帝王朝贵,在有文化的各阶层中,都能找到代表。

注疏经论是中国佛教发挥自身思想最常用的方式。像汉魏之际的《安般守意经》,就夹有多家的注疏,保留了内地佛教在那个时期的模样。自康僧会、道安之后,没有哪个佛学大家是不注疏经论的。但自北朝地论师开端,到陈隋之际的智颙、吉藏,这类注疏日趋烦琐,隋唐庞大的经院哲学,就是在这样的基础上发展起来的。

　　表达中国佛教思想的另一种形式,是对汉译佛典的抄略和编纂。晋支愍度作《合首楞严经》、晋慧远有《大智度论钞》、僧旻纂《众经要钞》、魏昙显撰《菩萨藏众经要》等都是。齐梁魏末期间,编纂大部头的各种佛教类书达到高潮。

　　编纂佛教史传和经录,是中国佛教的一大创造。魏晋以来,与玄风相应,一般名僧多有品藻,简略的传记在有关的序言中也有记载。至于东晋,为名僧个人写专史的已经不少,梁僧祐开始编纂成书,僧皎扩大为《高僧传》14卷,宝唱另撰《比丘尼传》4卷。其他已佚的各类僧史还有不少。

　　中国僧传的创建,使北传佛教史增进了相当准确的历史纪年和地理概念,形成为一种良好的传统,有多方面的重要意义。

　　经录也是两晋以来内地佛教的创造。自支愍度、道安至梁僧祐而逐步完善。僧祐的《出三藏记集》所辑佛经目录,条例清楚,由此可见此前中国佛教典籍的全貌。此书也可以说是隋唐佛教经录大发展的先声。

193

　　以种种名义假造佛教经论,也是南北朝佛教的重要一面。晋道安记其所知之伪经25部28卷,可见造经之风很早即已流行。梁僧祐增至45部257卷;至隋初法经等统计,疑惑者55部68卷,伪妄者141部314卷,数目剧增。疑伪经论中的绝大多数,是出自中土人士的创造,尤能反映当时的思潮。西晋道士王浮造《老子化胡经》,称老子为教化胡人而为释教之祖,至南北朝流行《清净法行经》,则谓孔子、颜渊、老子系佛陀为教化震旦而派遣的三弟子,这是释道二教宗派斗争的产物。北魏孙敬德梦受《高王观世音经》,反映观世音崇拜在南北朝的普及化;昙靖造《提谓波利经》,以五行五方配五戒,另有所谓《首罗比丘见月光童子经》,记"甲申年洪水,月光童子出世事",推算吉凶,妄言祸福,显然是受图谶方术的影响。此外,像《佛说决罪福经》、《像法决疑经》、《小法灭尽经》等,表达了自晋末世乱迄于北朝毁佛的末世思想。

　　此外,专记因果报应和菩萨灵验的著作,如《冥祥记》、《幽明录》等也有不少。它们对中国民间信仰和文学创作都有影响。

第五章　佛教中心的转移
（7—10 世纪）（上）

第一节　印度佛教的经院化和密教化

一　7—10 世纪的天竺社会

随着笈多王朝的瓦解，天竺社会出现了长期割据和混战的局面。公元 606 年，建都恒河西岸曲女城（卡瑙季）的曷利沙王子执政，经过 6 年战争统一了印度，612 年正式称帝，号戒日王。戒日王强盛期的领域，北起东旁遮普、北方邦，南到比哈尔、奥里萨，东自孟加拉，西抵阿拉哈巴德和德干的甘贾姆，成为笈多王朝之后，在印度中心地带建起的最著名的王朝。戒日王世代信奉湿婆教，他本人尤喜佛教。他扩建了作为印度学术重镇，也是佛教义学重镇的那烂陀寺，与来天竺游学的唐僧玄奘交友，又从迦湿弥罗取得佛牙舍利供养，自著有《龙喜记》，叙述菩萨行悲舍身救鸟的故事。

戒日王卒（约 646—647），中天竺重新陷入混乱。8 世纪上半叶，曲女城王国在耶输跋摩的统帅下，有短暂的中兴，继续保持戒日王奖励学术、同中国建立外交关系（731）这一类做法。但不久，耶输跋摩在与迦湿弥罗战争中死去。8 世纪下半叶，曲女城被波罗王朝所征服。直到 836 年，罗提诃罗王朝据有曲女城，才建立起比较稳固的统治。到 9 世纪末，势力范围已推至北到旁遮普的佩霍瓦，南到中印的德奥加尔，西到卡提阿瓦的乌那，东到孟加拉的帕哈尔普尔。此后兴衰不定，一直延续到 11 世纪。

迦湿弥罗在 7 世纪时，兴起卡尔科特王朝，西败印度河上的吐蕃人、突厥人和达尔德人，南挫曲女城和高达（在今孟加拉西北）的统治者，一时成为北印的强国。这个王朝也大力提倡宗教敬神，赞助学术活动。855年,阿槃底跋摩推翻前朝,继续对外扩张,更取得旁遮普的一部分。但不久即陷进长期内乱,1003年,被洛哈罗王朝取代。

7世纪,在孟加拉建起了高达和文加两个姊妹王朝。8世纪初,受到曲女城和迦湿弥罗两个方面的威胁。瞿波罗将两个王朝统一,建立了波罗王朝,把孟加拉推向了历史上最昌盛的时代。约780—815年,在位的达摩波罗占领了曲女城,并把政治中心再度转到华氏城(巴特那);提婆波罗(815—855在位)把疆域向北推到甘蒲阁区,南抵文迪亚山脉。他们都是宗教的积极支持者,前者在恒河南岸新建毗俱罗摩尸罗寺,意译"超行寺"或"超岩寺"、"超戒寺",成为佛教密教的发展要地;后者与那烂陀寺住持婆罗门雄天过往密切。此后国势日衰,而继位者的宗教热情始终不减。它的历代王者都是佛教的虔诚信徒,在政治上则力争婆罗门大臣的支持,对那罗延天派和大天派的教徒也是平等看待。后来应邀来西藏传播佛教的燃灯阿底峡(982—1045),就是属于这个王朝的著名学者。12世纪中叶,这一王朝被斯那政权推翻。

以上是北印度的一般形势。南印度自6世纪开始,以瓦达比(在今孟买辖区)为首都的遮娄其王朝兴起,同以建志城为首都的帕拉瓦王朝之间展开了长期的霸权斗争,互相残杀和袭击对方首都。8世纪上半叶,遮娄其的超日王二世,曾占领过建志城,但不久,即753年左右,遮娄其王朝被拉什塔拉库塔王朝取代。帕拉瓦王朝因为继续受到来自南方朱罗王朝的不断攻击,于9世纪末覆灭。

拉什塔拉库塔王朝强大时,其领域曾北到古吉拉特南部和马尔瓦,南到科佛里河流城的坦焦尔,东到恒河之间地带。它的国王与中国皇帝、巴格达的哈里发和君士坦丁堡的君主,被阿拉伯作者并列为当时世界的四大帝王。它臣服了建志的帕拉瓦王朝,并使孟加拉的达摩波罗屈从。973年,这个王朝发生政变,它的封臣泰拉二世夺取了政权,史称后期遮娄其王朝。新王朝一建立,就与南方坦焦尔的朱罗人展开了新的争夺。

正值南北印度连续几个世纪热衷于割据混战的时候,穆斯林军队逐步开进了这个古老的国度,并改变了她的历史和文明。约637年,当遮娄其王朝的补罗稽舍二世武功正盛时期,阿拉伯的部队就从海上进入了孟买附近的塔纳,继之,在信德(在今巴基斯坦东南)沿海登陆。7世纪中,穆斯林从陆路攻入阿富汗南部和俾路支的马克兰。到8世纪初,穆罕默德·伊本·卡西姆率军沿印度河前进,抵木尔坦,占据了印度河下游及其周邻地区。约在962年,从萨曼王朝独立出来的伊斯兰加兹尼王国(在今阿富汗喀布尔西南)宣告成立。从1001年开始,苏丹马茂德进行了大规模的征伐,先后占据了白沙瓦、木尔坦、旁遮普,直捣曲女城,消灭了罗提诃罗王朝,在整个北印确立了穆斯林的统治。据说,阿拉伯人在开始攻击印度河口时,曾得到了某些佛教僧侣的援助,而伊斯兰教的一神教教义,对以崇拜偶像为重要内容的印度教和佛教的宗教设施,造成了毁灭性的破坏。在穆斯林军队所到之地,大批异教徒不得不改信新的宗教。

196

二 印度及其邻国佛教变化大势

正当阿拉伯的哈里发国家向东胜利进军的时候,在隋代统一基础上强大起来的唐王朝,也越过帕米尔向西扩张。从公元7世纪30年代到8世纪中期的100多年,唐的势力远达里海东岸和阿姆河、锡尔河流域,并在与阿富汗接壤的波斯境内设置都督府。大约同时,在青海到咸海的广大地带,来自阿尔泰山的突厥、由漠北南下的回纥、从喜马拉雅山兴起的吐蕃,也都参与了同东西两大帝国的争雄。犬牙交错,时战时和的复杂形势,促进了东西南北多民族的大范围的流动和大面积的接触,加上源自古印度的传统影响,使这一地带的文化和宗教的面貌,也发生了重大变化。

8世纪初,新罗僧人慧超发自中国南海,经海路进入天竺,自中印向南印,转西印而抵北印,继续北上阿富汗、伊朗,迄于河中地区(在阿姆河与锡尔河之间),然后折回阿富汗,逾帕米尔回到龟兹(727)。记载他这次旅行的《慧超往五天竺国传》(已经残缺),大体勾画出了当时这一大区域的宗教形势:从拂临国(在地中海沿岸)、大食国到波斯国,均"事天不识佛法";建在阿姆河和锡尔河流域的安、康、曹、史、米、石诸国,"总事火祆,不识佛法";跋贺那(中亚的费尔干那)与葱岭的识匿(在帕米尔的锡克南)诸国,也无佛法。但是,以犍陀罗为中心,印度河上游的乌苌国、喀布尔河北岸的滥波国,以及以迦湿弥罗为中心、处于克什米尔及其附近的大小勃律国和胡蜜国(今阿富汗东北之瓦汉),佛教依然十分盛行,且有短期复兴之势。

拿几个重要国家作个比较看:7世纪上半叶,玄奘到达犍陀罗,那里的僧寺十余所,全已荒废,塔多颓坏,"天祠"百数,异道杂居;约90年后,慧超来时,突厥占有其地,王室敬信三宝,王室及首领等竞相立寺,其信仰也由法显时代的"多学小乘",改成了"专行大乘";8世纪下半叶,唐僧悟空在城内还巡礼了突厥王子和皇后所造诸寺。地处印度河上游和斯瓦特地区的乌苌国,法显时代有伽蓝500所,皆学小乘;玄奘来游,改信大乘,伽蓝增至1 400所,但多荒芜,僧众18 000人;慧超到时,"僧稍多于俗人",显然也有新发展。相对而言,迦湿弥罗的佛教比较稳定,玄奘所见,有伽蓝百余所,僧5 000余人;慧超来时,伽蓝增至300余所,包括突厥王室新建的部分,大小乘俱行。这里一直是说一切有部的大本营,所以悟空记为"皆萨婆多学",不过这也许仅是律学方面的情况。

佛教在这些地区的复兴和发展,与突厥贵族皈依佛教和迦湿弥罗的强大直接有关。地处今阿富汗喀布尔以南的漕矩吒国,玄奘时即有伽蓝百所,僧徒万余人,均习大乘;慧超时突厥统治者继续敬信三宝,行大乘法;罽宾之西谢飓国,其突厥王亦"极敬三宝",行大乘法。处于今巴基斯坦旁遮普地方的磔迦国,玄奘原记作"少信佛法,多事天神",到慧超时记:"王及首领百姓大敬信三宝","足寺足僧,大小乘俱行"。同磔迦国西境接壤的新头故罗国(即造《顺正理论》的众贤之故国),其佛教状况也与磔迦相同。这两个国家也都由突厥统治。这个时期正是阿拉伯人向木尔坦行进的时候,慧超说,新头故罗国已有半国为大食所侵,就反映了这一局势。不过,由于突厥、迦湿弥罗和唐朝、吐蕃的势力依然强大,大食的东进明显受阻,而上述诸国全是支持佛教信仰的。从大食完全占领的吐火罗(在葱岭以西,阿姆河以南)看,初期对佛教也还是宽容的,国王、首领及百姓依然"甚敬三宝,足寺足僧,行小乘法"。但稍久一些就有变化,玄奘见到的波剌斯国(即波斯),尚有伽蓝二三,僧数百,学一切有部,到慧超时,被大食所吞,国俗已是杀生事天,不识佛法。

总之,原先在月氏和康居地区盛行的佛教,到8世纪初,已被源自波斯的火袄教挤出河中地区,唯有康国残留了一寺一僧,表示这里曾经是佛教的重要基地;波斯的佛教和火袄教又被事天教(伊斯兰教)逐出了国境;印度河上游和喀布尔河流域,在6、7世纪被印度教压得衰退了的佛教,在新统治者的支持下,到8世纪又有了短暂的复兴,大乘佛教不断壮大,取代了小乘学派。这个高潮一过,紧随东方诸国的内乱和衰弱,大食相继占领了这些地区,佛教也逐步消失。就是说,佛教向西、向北的传播道路彻底被阻,原有的大片活动地区不得不退出来,向东向南另觅发展方向。

198

作为释迦牟尼创教活动的主要舞台,中印度的佛教从5世纪初即已现出衰败现象,到玄奘、义净巡礼时,进一步集中到了几个地区和几个大寺院,而大范围的则是持续的衰败。其中摩揭陀的佛教最发达,法显来时,首府巴连弗邑有大小乘僧众六七百人;玄奘记有伽蓝50余所,僧徒万余人,多习大乘。这里有著名的那烂陀寺,僧数千。师子国王为其国旅印僧众建摩诃菩提伽蓝(大觉寺),有僧近千人,所习为"大乘上座部学"。义净还记,大觉寺西有迦毕试国寺,异常富有,是小乘学者聚居处,北方来僧,多住此寺。大觉寺东北两驿许,有屈禄迦寺,是南方屈禄迦国王造,南印诸僧多住于此。10世纪下半叶,宋僧继业行至摩揭陀,还记有迦湿弥罗寺和汉寺。"汉寺"是义净之后专为中国来僧建造的,故名,继业说"僧徒往来如归"。在新王舍城中,还有一隶属汉寺的兰若。另有支那西寺,即古汉寺,似乎也已修复。从这些记载看,摩揭陀也是国际游僧的集中居留地,以中国、斯里兰卡和迦湿弥罗的来僧最多。

曾作为诸国争夺重点的曲女城,在法显时还只有小乘两寺,到玄奘时,急剧扩展成为寺百余所、僧徒万余人、大小乘兼习的佛教大镇。这当然与戒日王的支持有关。但到继业来游时值热衷宗教的波罗王朝晚期,曲女城已成了"塔庙甚多"、"全无僧尼"了。另外一些佛教活动地区,如吠舍离国,玄奘时伽蓝数百,"多已圮坏,存者三五",僧徒稀少,及至慧超再来,连庵罗园寺也已荒废无僧,佛教几乎绝迹。中天竺诸国佛教处在这种逐步衰败之中,是普遍的。造成这种大波动的原因,固然与战争频繁、政治和文化中心时有变动有关,但更重要的是印度教,特别是崇拜大自在天的"涂灰外道"(即湿婆教)急速兴起,大大冲击了佛教的地盘,以致威胁了佛教的继续存在。就以摩揭陀为例,玄奘记有佛寺50所,天祠亦有数十个。那烂陀寺住有"正邪"万余人,佛徒只占4 000人。戒日王时的曲女城是佛教最发达之处,佛徒引以为豪,但也难与外道平分秋色,时佛寺只有百余所,而天祠有200多所。至于佛教在其他地方,例如婆罗痆斯国,伽蓝30余所,僧众3 000余人,单独看为数不少,然而比较而言,天祠百余所,湿婆教徒万余人,是佛教的三倍。舍卫城在法显时,佛教已经败落,但圣迹祇园精舍周围尚有18所伽蓝,唯有一处无僧居住。玄奘时有伽蓝数百,多半圮坏,僧徒寡少。相反,"天祠百所,外道甚多"。

　　佛教退到几个主要国家和主要寺院,既是印度教在广大群众中不断扩大影响的结果,也是佛教越来越多地失去群众基础所致。

　　据玄奘说,五印境内有两个学术发达的国家,一个是摩揭陀,另一个是西南的摩腊婆国。摩腊婆约在纳巴德河北马尔瓦一带,玄奘列其为南印度。当时有伽蓝数百(或百数),僧徒2万余,属小乘正量部。但民众同样是"邪正杂信",有"天祠数百,异道寔众,多是涂灰之侣"。此外,在南印度曾经支持佛教大发展的案达罗国,玄奘去时有寺20余所,天祠30余所;恭建那补罗国(今贝尔高姆)有伽蓝百余,天祠数百。秣罗矩吒国(在今马拉巴尔一带),寺院存者既少,僧徒亦寡,而天祠则有数百,异道寔多。

　　玄奘列出东印五国,除乌荼国(今奥里萨地区)外,几乎全是外道的势力范围,迦摩缕波国有天祠数百,外道数万;恭御陀国有天祠百余,外道万余人,都是完全不信佛法的。西印度有 15 个国家,信度国(今巴基斯坦信德之苏库尔),是小乘正量部力量最强的地区,伽蓝数百,僧众万余。但这里也是阿拉伯最早攻占的地区,所以佛教兴旺的时间并没有维持多久。在印度河下游的阿点婆翅罗国(今巴基斯坦之海德拉巴)和河口以北的臂多势罗国(今巴基斯坦卡拉奇)同信度的佛教情况几乎完全相同。余下的所有国家,全是外道,特别是涂灰外道占绝对优势。

伴同印度教在五印范围持久地扩展,佛教逐步向几个文化大国和主要寺院退缩,由此造成了两个关系重大的后果:一是佛教的经院化,二是佛教的密教化。经院化把佛教的理论阵地全部限制在寺院之内,特别是那烂陀寺,除在逻辑方面有些新贡献外,只能作些细琐的注释和无关宏旨的争论,这就扼杀了佛教的理论生命。密教化似乎为佛教重新夺回群众开辟了一条新路,但也因此而越来越失去它的固有本色,反而成了信徒离开它投向印度教的桥梁。佛教在自己本土,不但受到日渐南下的伊斯兰教的威胁,它自身的内在结构也危机重重。它的新出路是越过自己的国境,从南北两路持续地向东流传,造成一股历史大势。到 7 世纪和 8 世纪,中国的隋唐和吐蕃,密切结合本地的传统文化和土著信仰,形成了两个新的佛教传播中心,即汉传佛教和藏传佛教。大约与此同时,以斯里兰卡为基地的南传佛教也有新的变化,与汉传佛教一起,影响着海上丝绸之路上的诸国。

据玄奘所闻,当时僧伽罗国有伽蓝数百所,僧徒 2 万余人,"遵行大乘上座部法"。大寺派依然是斥大乘,习小教;无畏山寺则学兼二乘。可见当时"大乘"很有势力,与"二乘"必然互相影响。总的看,斯里兰卡的佛教依然兴盛,但远非南传上座部独占。

4 世纪时,师子国王尸迷法跋摩(约 352—379 在位)曾请笈多王朝的三谟陀罗崛多王(约 330—375 在位)帮助在摩揭陀佛成道的菩提树附近建立"摩诃菩提僧伽蓝",专门安置自楞伽岛来此巡礼的僧侣。玄奘到时,此寺有僧近千人,亦习"大乘上座部法"。7 世纪前后,"大乘上座部"当是斯里兰卡佛教特有的派别。作为佛牙舍利产地的印度羯陵迦国,有伽蓝 10 余所,僧 500 人;坎贝湾东岸的跋禄羯呫婆国有寺 10 余所,僧 300 人;卡提阿瓦半岛及其东岸马希河一带的苏剌侘国,有寺 50 余所,僧 3 000 人,也都属于大乘上座部。它们都是沿海国家,受斯里兰卡佛教的反影响是很方便的。

所谓"大乘上座部",或指"大乘"及"上座部"两个派别,或指接受大乘思想的小乘上座系统,对于它的思想主张和思想源流已很难考证,而无畏山寺派是其最显著的代表。斯里兰卡的佛牙供养是其一大特色,名震东方。据义净记,仅 7 世纪中后期,唐僧前往瞻礼佛牙的就有大乘灯、义朗、无行、僧哲等八九人,其中僧明远曾潜入阁内,密取佛牙。另有高丽玄游,随师僧哲在这里出家,并定居岛上。佛牙对岛外佛徒有如此强烈的吸引力,反映了斯里兰卡佛教变向发展的一个重要侧面,这是否是大众部"制多"崇拜的遗续,值得研究。

在唐代传播密教的"开元三大师",有两个人与斯里兰卡有关。其中金刚智(671—741)于南印修学《金刚顶瑜伽》等密典,来唐之前,两次往楞伽城,住无畏山寺,顶礼佛牙,陟楞伽山顶,瞻仰佛迹,曾被师子国王室哩室罗延入宫中供养。室哩室罗王可能就是阿迦菩提四世,他接受密教信仰,崇奉的也属金刚乘系统,中心在南传上座部大本营的大寺。另一个人是金刚智的弟子不空(705—774),他本身就是师子国人,随师入唐。开元二十九年(741)被遣送回国,受到师子国王尸逻迷迦的"殊常"礼遇,迎住佛牙寺,"重学秘密总持,三密护身,五部契印,曼陀罗法,三十七尊,瑜伽护摩,备皆精练",经三年,奉王命献方物至唐,天宝五年(746)抵京。据此可见,斯里兰卡的密教到 8 世纪中已相当发达,它的几个主要寺院都是密教的基地。在古首都考古发现,13 块铜板上镌刻的全是密教陀罗尼。密教沿海向东传播,斯里兰卡成为最重要的口岸。直到晚唐时期,还有师子国来唐僧人译出《吒哕罗天女法经》。

10—11 世纪之际,北宋再次打通了海上交通,与斯里兰卡的往来也有所恢复,师子国沙门先后来中国的有佛护、觉喜、觅得罗、妙德等,带来的有梵经、佛舍利、菩提树和画像等。但一般认为,密教的盛行冲击了上座系统的传承,致使戒律败坏,佛教衰微。传说到1072年,维阇耶巴护一世(1055—1113在位)再次打败注辇人,企图着手整顿佛教时,国内竟然已无五个受过具足戒的僧侣来主持剃度仪式。

此外,从5世纪初法显著《佛国记》,7世纪玄奘说《大唐西域记》和此后义净撰《南海寄归内法传》,都记载提婆达多(亦作"调达",意译"天授")这样一个派别在印度域内活动的情况。据诸部律典传说,提婆达多本是悉达多的堂兄弟,而后因为分裂佛教僧团受到几乎所有早期佛经和律典的斥责,但直到义净旅印,这个派别依然存在。在信仰上,提婆达多众供养"过去三佛",但不供养释迦牟尼佛;他所立"五法",即不食乳酪、不食鱼肉、不食盐、着衣"不截缕绩"以及"听住村舍",都与当时的释迦僧团相悖,由此也可以了解原始佛教的另一番情景。此派也有自己的"三藏",行乞食,净行(禁性行为),主张"五道轮回、生天、解脱",都与佛教相同。义净称其"芯刍"为"随党",实际上肯定它是佛教内部一个未被佛教正宗承认的特殊宗派。

提婆达多到了大乘,评价有所变化。在流行极广的《法华经》中,提婆达多的地位飙升到释迦牟尼之师的高度,而且就是《法华经》的传授人。这是佛教史上的一大公案,在中国汉译《法华经》上也有相应的反映:西晋竺法护译《正法华经》中有《提婆达多品》,鸠摩罗什译《妙法莲华经》略去此品,到了南朝齐梁间,又把这一品增补到了《妙法莲华经》中,而成为今日的流行本。

又据义净于7世纪末旅印回国所记,天竺及其东海上诸国佛教的流通状况"大纲唯四",即大众部、上座部、说一切有部和正量部。18部均可计入这四部中。其中,摩揭陀"四部通习,有部最胜";罗荼、信度"少兼三部,正量尤多"。北方"皆全有部,时逢大众";南方"咸遵上座,余部少存"。至于海外,南方"师子洲并皆上座,而大众斥焉";"东夷诸国,杂行四部"。

此处所谓"东夷",指那烂陀寺东行"五百驿"(相当于1.5万华里)的地区,包括缅甸、吐蕃南畔、蜀川西南,以及马来半岛、泰国、越南南部等处。而南海诸洲十余国,包括印尼的苏门答腊、加里曼丹、爪哇以及新加坡、越南昆仑岛等地,"纯唯根本有部,正量时钦。近日已来,少兼余二"。至于占波(越南南部)"多是正量,少兼有部";扶南(柬埔寨)先是"人多事天,后乃佛法盛行,恶王今并除灭,迥无僧众,外道杂居"。

若以大小乘分,则北天竺、南海诸郡,"纯是小乘","神州赤县之乡(指中国),意在大教。自余诸处,大小杂行"。大小乘所行律制是一样的,并"通修四谛"。区别在于:"若礼菩萨,读大乘经,名之为大;不行斯事,号之为小。所云大乘,无过二种:一则中观,二乃瑜伽。中观则俗有其空,体虚如幻;瑜伽则外无内有,事皆唯识。"

这是义净的见闻,载于《南海寄归内法传》。也可以视作7世纪佛教的基本形势。

三 佛教理论的经院化和大乘两派

公元7世纪以后,表达佛教哲学新体系的经典和论著日渐稀疏,能够影响时代的佛教哲人也寥若晨星。小乘正量部在枝节问题上尚有若干新意出现,而以擅长义理著称的说一切有部,至此已大多不知所云。能够支撑理论场面的,主要是大乘瑜伽行和中观两大派别。五天竺佛教的义学活动日渐萎缩,而且集中在几个大的寺院中,像摩诃菩提伽蓝和超行寺等,特别是摩揭陀那烂陀寺的经院一隅。

那烂陀寺,意译"施无厌寺",在今印度的比哈尔邦巴特那境。传说该寺建立的年代极早,但直到帝日王(即笈多王朝的拘摩罗笈多,415—455在位)才建造成为真正的学术中心。此后,经过历代诸王的续建,到玄奘来游时(约633),已扩建成为拥有6院的全印最高学府,除佛教大乘兼小乘18部外,同时开设"俗典《吠陀》等书,因明、声明、医方、术数"等,寺内常住僧4 000余人,"外客道俗通及正邪,乃出万数"。约675年义净再来时,那烂陀寺增为8院,寺内僧众有3 500人,外道诸派10余个。平日各承所宗,并无交杂,"若有斋会聚集,各各自居一处,并与僧尼无竞先后"。寺内讲座,日百余所。793 年,当寂默(牟尼室利)离开那烂陀时,该寺扩大成九寺一门,周围 48 里,住者仍有万余人。976 年由印度回国的继业说,围绕那烂陀寺南北还各有数十寺。此时期的佛教学派和佛教思潮,大多与这个学院有关,印度内外的佛教巡礼者和佛教学者,也大多以这里为活动的轴心。

除了玄奘和继业等外,在这期间到那烂陀寺留学或巡礼的中国僧人,还有 7 世纪的义净、玄照、道希、道琳、无行、灵运、道生、大乘灯、佛陀达摩等,同时还有经唐境来的新罗僧人慧业、阿难耶跋摩等。8 世纪下半叶,唐僧悟空也在那烂陀寺参学三年。由那烂陀寺学习出来对外传道的僧侣,当为数不少,其中 7 世纪初入唐的波颇蜜多罗,8 世纪初和 8 世纪末分别入唐的善无畏和般若,就是著名的代表。吐蕃赤松德赞(755—797 在位)曾礼聘那烂陀寺的寂护及其弟子莲华戒入藏弘教;受阿里王子绛曲微之请入藏传法的阿底峡(982—1054),也在那烂陀寺任过住持。

作为佛教学术中心的那烂陀寺,也是当时世界佛典储藏最多的地方。东方求经者,无不到那里抄写,唐代许多高僧也把本土的佛籍带到那烂陀寺供养。早于义净到摩揭陀游学的道希,即携有"唐国新旧经论四百余卷",保存在那烂陀寺。唐本经籍,当是那烂陀寺藏书的一部分。

那烂陀寺纪律严明,学风自由,所传佛教也不拘一派,但以大乘瑜伽行派和中观派最为发达,新兴的密教则越来越有压倒一切的优势。波颇蜜多罗和玄奘都向当时的唯识大师戒贤就学过《十七地论》(《瑜伽师地论》),同时钻研因明。戒贤是唯识新学护法的弟子,而护法担任过那烂陀寺的住持;唯识古学的德慧,也在那烂陀寺活动过。护法弟子除戒贤外,还有胜子、胜友、智月。戒贤弟子除波颇蜜多罗、玄奘外,则有亲光、胜军,他们也都以那烂陀寺为基地。比玄奘稍后来印的玄照,曾从宝师子大德受《瑜伽十七地》,说明在戒贤法系之外,还另有讲授瑜伽学说的高僧。后来义净住那烂陀寺求经十载,他译出的佛籍中包括有弥勒、世亲、护法和陈那等人的著作,都是玄奘所未译的。直到 8 世纪后半叶,般若在那烂陀寺受《唯识》、《瑜伽》、《中边》、《因明》等论时,仍有知名的论师智护、进友、智友等。瑜伽行派始终是那烂陀寺最有势力的学派。中观学派也相当活跃,玄奘在该寺时,有中观派的重要代表师子光;义净时代有中观学派的后期代表月称,他曾是那烂陀寺住持;另一代表是7世纪末8世纪初的寂天。以弘扬瑜伽行派著称的波颇蜜多罗所译《般若灯论》,是中观派的中期代表清辨(亦作"分别明")的著作,玄奘也译有他的另一重要论著《掌珍论》。玄照时有胜光法师,更以讲授《中论》、《百论》等知名。

在龙树、提婆之后,中观学派的知名学者有南印的罗睺罗跋陀罗和身世不详的青目。前者著有《赞般若偈》、《法华略颂》,其片断散见于汉藏文佛典中;青目撰有《中论注》,汉译《中论》的长行解释就是以他的注解为底本编写的。4世纪末,这一学派在沙勒、莎车和龟兹等西域地方传播,经须利耶苏摩到鸠摩罗什的弘扬,在中国内地发生巨大反响,有了全新的变化。

印度本土的中观学派受到不断壮大的瑜伽唯识思潮的冲击,也有不少变化。传说与无著、世亲同时代的有佛护,与护法同时的有清辨,他们都是标榜中观学说的。佛护也有《中论注》,藏译有部分保存。他改变了龙树、提婆"只破不立"的古典论法,提出了所谓"应成"的方式,即"就敌论随言出过",显然是受了瑜伽行派运用因明的影响。清辨的论著较多,除了汉译《般若灯论》和《掌珍论》外,还有藏译的《中观心论》。他的理论重点在用中观学派传统的"二谛"说,解释瑜伽行派的"三自性"说,使这两大派别在"有无"、"净染"这类关系佛教认识论和道德实践重大问题上的界限明晰起来,但同时,他又受到瑜伽行派方法论之影响,承认因明在破他显己方面有积极的作用。

月称和寂天都是南天竺人。南天竺本是印度教盛行的地区,7世纪以来,佛教的密教化在这个地区表现得特别明显。那时,那烂陀寺容纳的"外道"甚至比佛徒还多,密教也很发达。在这种条件下熏陶出来的佛教学者,普遍带有密教的色彩,月称和寂天就是他们中的重要代表。

月称是南印萨曼多人,出身婆罗门家庭,投在属佛护系统的莲华觉的门下。他的著作大多保存在藏文译本中,有关密教和显教的各有 9 部,还有一部分梵文原本。近人法尊译宗喀巴撰《菩提道次第论》和《辨了义不了义论》两书,引用了月称的《明句论》,为从汉文了解他的思想提供了部分资料。《明句论》是月称的代表作,原是注解和通论龙树所撰《中论》的。月称的整个理论就是通过注解龙树和提婆的论著表现出来的。他坚定地维护佛护提倡的重点破他的方法论,恢复龙树、提婆那种彻底的怀疑论传统,否定一切自性、一切实在。据此,他反对清辨肯定因明的主张,认为因明立量,必须以概念的确定性和稳定性为前提,即承认"自性"的存在,这与中观的基础理论"无自性"思想是对立的,是不能容许的。月称发挥的佛护这些说法,形成了所谓"随应破派",而清辨及其追随者被称作"自立量派"。中观学派由此分成两个小思想派别。

月称对瑜伽行学派的批判,同清辨是一致的,但重点放在破除唯识有"性"上。按照唯识家的说法,"识"的活动及其创造物是"空",而识体和识性并不空。月称认为,"空"是指"自性"空;承认识体和识性是"有",就使"自性空"的般若理论无法贯彻到底。据此,月称否认阿赖耶识的实在性,但承认它是假设,属于假有。

月称把中观"无自性"的理论发展成为"性空缘起",也就是说,正因为一切本无所有,才为"缘起"提供条件。这种说法大同于《般若》、《维摩》等经所讲的"从不住本立一切法",在轻蔑一切权威和教条的外观下,用"方便"的口号辩解个人一切可能的任性行为。这种思想成了密宗得以向纵欲主义方向发展的基础理论之一。

月称之后的寂天原是南印梭罗修多罗国的王子,出走至于东天竺,经 12 年,入那烂陀寺出家,拜在护法一系的胜天门下。东天竺也是密教昌盛地区,所以他一进那烂陀寺就能显示超人的奇迹。此后,他又回到南天竺,是他弘教的主要地区。他的代表作有三部,北宋初年都有汉文翻译,其中《菩提行经》误作龙树造,《大乘集菩萨学论》误作法称造,《大乘宝要义论》未署作者。这三部著作,藏文也有译本。总的看来,寂天依然弘扬中观学派的"无自性"理论,批判瑜伽行派以"识"为实体的观点。他特别否认以"自证"论"识"为实和用"记忆"说明种子不虚的唯识思想,继续发挥月称的主张。

月称和寂天的学说,对于佛教密教的理论化,或者说,对于引导中观学派向密教化发展,起了显著的作用,一直影响到中国藏传佛教宗喀巴的思想。

在瑜伽行派方面,陈那之后出现了法称一家。法称是南天竺侏陀摩尼国人,婆罗门出身,后来改信佛教,在那烂陀寺入护法门下,当与戒贤同时,比玄奘稍早,约 7 世纪上半叶人。到义净游印时,他的声望已与陈那、护法、戒贤等并称。他在学术上的主要成就,在于"重显因明"。

陈那的因明学,经他的弟子自在军、天主的发展,在论证的形式上完善了不少。但陈那对整个量论涉足不多,护法则连因明的著述也没有。法称继承了陈那的量论,又重向自在军和天主问学,将量论和因明推向了历史的顶端,对于藏传佛教和西藏文化的影响尤为深远。他的著作《释量论》(《量评释论》)、《量决择论》、《正理一滴论》等,有总论的性质,《因一滴论》、《观相属论》、《成化身论》(《成他相续论》)、《议论正量论》(《诤正理论》)等则发挥总论中的四个侧面,与上三论合称"法称七支",它们都完整地保存在藏文译本中,梵文不全。近年法尊法师将藏文《释量论》译为汉文,同时编译了《释量论略解》,大体可见藏传量论的概貌。此外,北宋年间还译有法称的《金刚针论》,中心是批判婆罗门教的"四种姓"说,尤其在关于婆罗门拥有"成仙"和"五通"等天赋神权的说法方面,将婆罗门教弘扬的所有宗教神迹,全部安置在四种姓一律可以经后天修持获得的基础上。

法称的量论,突出了语言与思维一致的原则。按传统的因明理论,比量中的"自比量"属于个人内在的逻辑推理,"他比量"则是用语言表达给他人了解的逻辑形式,二者在正确程度上是允许不一样的。也就是说,思维可能是正确的,语言不一定正确,反之亦然。语言与思维的这种分离,在辩论中可能出现两家立论各有理

207

由,同样成立的情况,陈那称之为"相违决定"。法称的量论否定了这种情况的逻辑意义,认为正确的思维必须同语言表达的正确一致,两个相反命题不可能同时成立。与此有关,法称改造了陈那的三支比量,认为宗、因、喻中的"喻支",应该与"因支"合为一体,放置于三支作法的最前面,使"他比量"更加具有演绎推理的性质,也合乎通常人的思维习惯。此种变革,与玄奘承袭护法、清辨而完善化的陈那三支作法,即更带有归纳推理性质,是有差别的。

瑜伽行派经过法称的发挥,使陈那开辟的量论领域大加扩展,几乎成了阐述唯识理论的唯一途径。受到他的熏陶的学者很多,仅注解他的"七支"著作的就有 15 家共 21 部,与此有关的还有 60 余部。汉文没有译本,也大多保存在藏文大藏经中,另外有一些梵文原本。

法称之后,瑜伽行派的有影响人物是月官(梵音"旃陀罗瞿民")。他生于东印度,活跃在 7 世纪下半叶。传说他通晓内外,博学多才,有关世间声明和工巧、佛家赞颂和义理等四类著述各有 108 部,总计 432 部,号称"大才雄菩萨人"。在佛教方面,特别弘扬《般若经》、《楞伽经》、《月灯三昧经》和《华严经》的《十地品》、《入法界品》,这大体可以看出他所宗敬的倾向。义净在《南海寄归内法传》中记他的一个偈,以为"毒境"比之"毒药"危害更重,可知他的为学重点在治理"毒境"。汉文译籍中没有他的著作,藏译有 40 余部,多半属于密教性质的。月官因撰声明根本经典《波腻尼经》的注释书《旃陀罗记论》而被称作"难学论师派",与刹帝利出身的自在铠因撰《迦罗波经》注释书而被称作"易学王者派"相对,此两人之注论并列为西藏研习梵文者的必读书。月官的另一著述《菩萨律仪二十论》,将大乘菩萨戒的条例略作开合,成为藏传佛教菩萨戒的主要依据。月官即以精通声明和显密二教闻名于藏传佛教。

从哲学体系上看,瑜伽行派和中观派一开始就存在明显差别,前者的理论重点在成立唯识无境上,后者则侧重于否定人的认识能力。由此形成两种全然不同的思维方法,如果再向两端发展,就可以形成严重的对立。传说龙树对于正理派和因明学的逻辑方法,有过严厉的批判,认为它们容易堕于执着而无益于把握"实相"。汉地佛教对"戏论"和"名相"之学的抨击,就包括瑜伽行派在内,藏传佛教中的反响也很强烈。传说弥勒、无著在《菩萨地》中对"恶趣空"的指责,就是针对中观学派的。"恶趣空"否认因果铁律的真实性,也否认佛和涅槃等的真实性,当然会为愈益宗教化了的佛教所不能容忍。这种对"恶趣空"的清理,也曾成为汉、藏佛教中的一项重要任务。不过将这两派的对立尖锐化起来的,还是从中观的清辨及其门徒同瑜伽的安慧、德慧、护法等人的辩论开始的,到了月称和月官,推向高潮。据说月称用中观的"无自性"说解释"中道",月官从瑜伽的"唯识性"阐发"中道",连续争辩达七年之久,最后以瑜伽行派的观点取得胜利告终。当然,这主要是藏传佛教中的一些记载。

事实上,中观和瑜伽都把认识面对的现实世界看作是忆想分别的产物,也是一种必须承认的、假立的存在。所以在对待社会实践和断定人生价值方面,有更多相通之处。就理论自身言,无自性与唯识性相互靠拢,也是合乎逻辑的。因此,就在大乘这两个派别发生争论的同时,也出现了强有力的调和者,这就是在印度留学的唐僧玄奘。

玄奘在当时的印度学术界有极高的权威,他曾经在戒日王召集的曲女城大会上,面对18国国王、4 000余僧、2 000余外道,用他自著的《会宗论》和《制恶见论》的论点立宗,驳斥小乘正量部对于唯识学的批评,维护大乘二派在基本思想上的统一。在18天的会议上,没有人能提出反对的观点来,故而获得"大乘天"的称号,影响巨大。《会宗论》三千颂原是为调和那烂陀寺瑜伽贤戒和中观师子光两家对立的作品,尽管他是站在瑜伽行派的立场上立论的。可惜的是,玄奘在印度的论著没有流传下来,具体内容已不可知。

到8世纪,东印度的寂护在那烂陀寺担任主讲,远承清辨和法称的思想,明确地把瑜伽行派的学说纳入中观派之中。比寂护稍前一点的有智藏一家,加上寂护及其弟子莲华戒,号称"东方自立量派"的三大家。但特别能够从中观派立场上熔大乘这两大派于

209

一炉的是寂护,人称"瑜伽中观派"。

寂护的主要著作是《中观庄严论》和《摄真实论》,二者都有藏译本。前一论著对于中观派的基础概念"无自性"作了"唯识无境"的补充:正因为一切"唯心",所以诸法"性空",由于"境"是虚妄,"心"亦非有。后一论著用瑜伽行派的"真实论"批驳佛教以外流行的各种"真实"观,对此,莲华戒有详细注释。"真实"论是讨论世界本体和真理问题的,寂护的著作和莲华戒的注释保存了印度哲学史上的许多重要资料。此外,寂护还注释过法称的《论议正理论》,对于量论也有所发挥。莲华戒另著有《修道次第论》,有北宋年间的汉译本,题名《广释菩提心论》。

寂护的另一门徒是师子贤。师子贤随一个名叫遍照贤的法师研习弥勒的《现观庄严论》,并作了通释,此后又采用此论的方法通释了《般若经》,所以也属于中观瑜伽派人物。师子贤的论释在藏传佛教中也有影响。

四 佛教的密教化

佛教的神秘主义倾向,自有文字记载以来就没有中断。其中最明显的是禅定对于"三界"的体认以及关于"神通"的构想。"三界"是佛教关于世俗世界基本结构的设想,源于禅定所达到的心理和生理状态,凡是遵循经典禅法修习的人,大概都会获得类似的体验。所以由此建立的三界宇宙,佛教各派从来没有异议。至于"神通",早期佛教分为神足、天眼、天耳、他心、宿命等"五通",也为印度"外道"所习,被称为"五通仙人",中国道教则吸收来构画自己的"神仙"群。佛教的正统派别贬低神通,或提出"漏尽通"以补救"五通"的世俗性质,但并不绝对排斥;在向民众弘法过程中,还往往以灵异眩人,诱慑信徒。这是佛教向密教转变的内在根据。

流传于各民族和各地区的杂咒、星占和卜算,曾对佛教向民间的扩展提出严重的挑战。佛教的人生哲理和终极目标,并不能满足在现实苦难中煎熬的广大民众的迫切需要,倒是原始的巫术更能解答与他们的生活切实相关的各种疑难问题。因此,尽管杂咒巫术受到早期佛教的激烈抨击,且始终为佛教正统所不齿,但它毕竟渗透到了佛教内部,并成为向大乘佛教转化的重要契机。三国吴支谦译介《微密持经》,即已将持咒当作"必成至觉道"的捷径。更普遍一些的,是将杂咒巫术当作保卫佛弟子、维护佛权威、争取民众皈依的手段。

此后,佛教继续向婆罗门教和其他地区及民族吸取民间信仰,包括吸收中土的方术和道教,使密教法门越来越多,除陀罗尼(咒术)、星象之外,又增添了护摩(火祀)、曼荼罗(结坛作法)、印契(手式召神)、灌顶(表征必定成佛)、书符以及供养、大乐、双修和对其他种种佛菩萨及天神和恶神的崇拜。特别是将传统的禅法,提升为专门的瑜伽术,把大日如来(毗卢遮那)确定为永恒的、遍及一切的、冥冥中可起万能作用的神秘力量;其后又把瑜伽的内证"观想",与"大日"的外部"加持"结合起来,从而把一切密教法门统领起来,形成了一个包容一切佛说和神变,自称可以随心所欲、无所不能的庞杂体系。就其宣称的功能言,首在护国卫土、保家安身,所谓禳灾致福、预卜吉凶、忏悔消罪、诅咒禁制之类;但就佛教本身修持者言,却重在养生长寿、迅疾成佛、得大安乐等享受和成就上。力图给密教以理论上说明的,最早可以上溯到公元288年译出的《密迹金刚力士经》、北凉译《方等大集经》及418—421年译出的《华严经》等。但考虑到对后来密教形成诸大派别的影响,一般认为首先是《大毗卢遮那成佛神变经》(即《大日经》),将密教法门和仪轨,从理论高度上组织起来。此经可能在7世纪已流行于西南印度,由唐善无畏于724年译为汉文,被称为密教"胎藏界"的根本经典,据此形成的派别称"真言宗"或"右派密教",亦称"真言救世者"。

《大日经》以日喻"如来",称"如来"遍照法界,能平等开发无量众生"种种善根",成办世间出世间一切"殊胜事业"。其所以能够发挥这种作用,在于它所体现的佛理遍存于一切众生心中,即"自性清净心",或所谓"菩提"(觉)。人们根据清除覆障、现观自心本性的程度,感受"如来"相应的神变"加持",达到预期的"苏悉地"(成就)。在这里,"如来"只是一种随缘感召才能体认到的因素,"缘谢

211

则灭,机兴则生,即事而真,无有终尽"。因此,就个体修习者言,"菩提"才是真正成佛之"因"。据《大日经》,菩提是一种完全无规定性的心体,形同"虚空",心、空、菩提三位无异,欲证菩提,当证自心,所以成佛之道,毕竟还在观心。这些观点,与中国禅宗的理论没有大的区别。但《大日经》不止于此,它在提出菩提心的同时,又强调"大悲为根本,方便为究竟"。"大悲"之旨在"救世",不容个人孤证;由救世之心所生"曼荼罗",能产生"我即本尊,本尊即我"的心理效果,在一定的仪轨导引下施作"神变",说法度人,满足信众的各种愿望。所指"方便",范围极广,随顺不同时间方所,无论出家在家,凡能吸引信徒的一切手段,均可称为"方便"。在密教实践中,方便被当作"菩提"和"大悲"的表现,原来的手段也就变成了目的。

当然,密教的最终目的还是成佛,而且要为成佛提供最快捷的方法,《大日经》称之为"即身成佛"。它把这修行得果的全过程,概括为"三密"修持、"五相"成身。"三密"指手结"契印"、口诵"真言"、意观"菩提心",亦即赋予身、语、意一切言行以神秘主义的含义。据认为,借此能够具备一种以"金刚心"和"金刚身"为特征的"无上菩提",这就是佛本尊了。

约在 7 世纪末,在东南印度又产生了《金刚顶经》,据此形成的派别称作"金刚乘",或名"左派密教",或曰"咀特罗派"。723 年,唐金刚智译出《金刚顶瑜伽中略出念诵经》,继之,不空又译《金刚顶一切如来真实摄大乘现证大教王经》(简称《金刚顶经》),到 1012—1015 年,还有《金刚顶经》的全译本。

实际上,《金刚顶经》与《大日经》在哲学基础上并无原则区别,但更强调众生"自性清净"与毗卢遮那"佛心"的聚结,认为自性清净心流入"佛心",能够聚生极坚固物,成大欢喜形,被称作"金刚体",也就是他们追求的佛身。这种自性心与佛心的结合,都需要在瑜伽三摩地(禅定)中完成,因此,瑜伽三摩地实践就成了金刚乘修持的主要特点。

《金刚顶经》突出认为,自性清净心是随"染欲"自然存在的;要达到"离欲"清净的目的,必须采取以"染"害"欲"的手段,使修持者在享受安乐中得到"调伏"。此中弘法者要满足信众爱乐的需要，按信众"意欲"说教；信众对弘法师长，则要无条件供养，尤其是以身供养和"由贪染供养"。佛法的这种授受关系，是在"金刚曼荼罗"中完成的。入此曼荼罗者，不管是为了饮食还是为了染着，都可以得到满足。

这里的"染欲"等，主要指两性关系言。左派密教中的"大乐"一系，就专以性关系为解脱手段。宋代汉译《一切如来金刚三业最上秘密大教王经》、《最上根本大乐金刚不空三昧大教王经》等，是"大乐"思想的代表作。它们认为，五欲本性空，亦即本性清净、本性解脱，因此，要求离欲调伏世间人，并不能达到真正清净，故经曰："云何清净法？谓大欲大乐。"

演说大欲大乐，成就"大妙乐"，并使之永恒，被认为是既利益于诸有情，也是成佛的更便捷之路。其他密教还讲"即身成佛"，"大乐"系更提出"刹那成佛"，认为一切犯杀盗等罪、应下无间地狱的众生，入此秘密法中，也悉能"成就诸佛自性"。

"大乐"一系的金刚曼荼罗，也需要持咒诵经，有一套繁缛的仪轨，此后逐步简化，要求一切秘密践行，并全由导师教授，被称为"易行乘"。此后密教又发展出一种"时轮乘"。它以《时轮经》为典籍，认为现实世界将同"时轮"一样消逝，只有那创造一切的"最初佛"才是永恒的。人的身体由"生命之风"维系，通过瑜伽修持，控制"生命之风"的运行，能够使生命超越时间流转的影响，变人身为佛身，从而得到永生。

密教发展到后来，由神秘主义走向肉欲主义，宣告了印度佛教的终结。但密教也不全是荒谬与淫秽。它的瑜伽中包含健身和养生术，是值得发扬的遗产。它提供了大量心理治疗、心理变态和精神异常的现象，从心理生理学和精神病学及医学角度，是应该予以研究的。

密教的思想来源是学术探讨的问题之一。中国道教有一支很早就提倡通过"御女"和"房中术"成仙的方术，而且认为所御女人越多越容易长寿以至成仙。至少在有史的记载中，道教的这种主

213

张比印度佛教要早。密教传入中国最早的记载是东晋时的帛尸梨蜜多的"咒术",他译有《孔雀王经》。两汉之际传来的佛教被时人认为是一种"方术",也可能与杂咒密教有关系。

密教在佛教内部原是作为非合法潮流成长起来的,虽然流布很广,却无严密的组织和传承,所以很难确切弄清它产生的时间和地区。但至少到7世纪,它已经接过中观派和瑜伽行派的理论武器,构成自己的哲学基础,渗透到了几乎所有的佛教国家和地区,成为最强大的佛教势力。

在印度,密教走进经院学派的殿堂,成了中观和唯识两大学派最重要的实践内容。据义净记,他在那烂陀寺期间(675—685),那里的密教已经有经常性活动,他曾"屡入坛场,希此心要"。传说有《持明咒藏》十万颂,合汉译300卷,龙树"特精斯要"。龙树有弟子难陀,持咒有感,撮集明咒万二千颂,深为陈那所赏识。从由唐来印专求密法的道琳的足迹看,除那烂陀寺外,东起耽摩立底国,南向南天竺国,西至罗荼国,都有"咒藏"、"玄谟"、"灵坛"可以参访。

到8世纪,密教有一个突发性的发展。唐代密宗三大家的善无畏,即出身那烂陀寺,从达摩掬多学习密法,所传《大日经》,带有浓厚的经院派色彩。金刚智在那烂陀寺受具,从寂静智学声明论,"尤工秘术,妙闲粉绘"(指曼荼罗)。对后来西藏佛教影响很大、并邀莲华生入藏的寂护,曾任那烂陀寺寺主,他创立的瑜伽中观派,与密教将唯识和空观混合运用的情况相同。这些迹象说明,那烂陀寺由显密共修,明显地向密教倾斜。大约在8世纪后半叶,波罗王朝在恒河右岸建起了规模宏大的超岩寺,成为密教发展的又一中心。此寺的创立者达摩波罗王所封国师师子贤及其弟子,都是既弘扬般若空观,又倡导密教的著名人物。11世纪入藏的阿底峡,从学于那烂陀寺,曾任超岩寺首座,与同时的另外七名知名的显密大师,并称超岩寺"八贤"。

密教的发达并不止于上述两寺。自8世纪以后,密教逐步占领了印度所有的佛教领地,其与印度教和民间巫教的界限,实质上已很难区分。它北传乌苌、于阗,一度成为唐中期最显赫的教派,在吐蕃占有很大势力;南以斯里兰卡为基地,对介乎中印之间的南洋群岛和中南半岛诸国,也发生过巨大影响,为许多王朝所推崇。朝鲜和日本则经过中国的桥梁,相继传进密教。一时间,密教在世界佛教中也成了压倒一切的教派。

但与此同时,密教受到了两方面的抵制和反对:一方面是来自社会和其他思潮的;另一方面是来自佛教内部的。到12—13世纪,在印度和南洋群岛诸国,伊斯兰势力最终消灭了佛教,密教首当其冲,受到打击;在斯里兰卡,密教与上座部佛教,经过长期较量,也以失败告终。密教在中南半岛诸国的经历,与此大体相近。中国密宗的命运不长,尽管在北宋时期还引进过大量密典,但儒家的伦理观念与佛教禅宗化的倾向,使它缺乏在中土发展的适宜气候;倒是藏传佛教重新兴起,由于同苯教的结合及政教合一的体制,才使密教得到充分的表现,一般称为"藏密"或"西密"。在藏密和缅甸密教的影响下,云南大理地区也有密教长期流行,它与当地少数民族的政治和原始信仰结合,也有颇强的生命力,俗称"阿阇梨教",亦名"滇密"。日本从中国传去的密教有两支:由空海建立的真言宗,称为"东密";由最澄、圆仁所传天台宗密教,名曰"台密"。

密教为印度佛教敲响了最后的丧钟。12世纪末到13世纪初,随着伊斯兰教的侵入,以那烂陀寺和超岩寺的毁灭为标志,佛教基本上被驱逐出了印度国境,密教占据佛教优势的时代也宣告结束。但它作为佛教的一个派别,在一些国家和地区依然长期流传。

第二节　隋唐五代佛教的昌盛与发展

一　概　述

当佛教在葱岭以西遭受挤压,在印度本土也愈显衰败的时节,经过南北朝急剧发展的隋唐佛教,却在亚洲东部大陆上,以崭新的风貌繁荣昌盛起来,并名扬佛教世界。唐初来华的印僧那提,历游五天竺、师子和南海诸国,经多见广,在他的眼里,"脂那东国,盛转大乘,佛法崇盛,赡洲称最"。赡洲即赡部洲,亦译作"阎浮提",作为地理概念,泛指当时已知的世界所有地区。中国佛教的兴旺发达,居世界第一,当是那提作了比较后的结论。唐中期著名的不空三藏制造释迦如来悬记,谓"一乘典诰,兴在中华",意思与那提的相同,都是指佛教的中心已经转移到了中国。两人也同样指出中国佛教的特点,乃是统一于"大乘"或"一乘",与印度大小乘各派分立并存、斯里兰卡重在上座部,确有不同。

隋唐佛教的繁荣,以国家的统一和空前富强为社会背景。隋朝的统一为时短暂,唐朝的发展达到了中国封建社会的顶峰。它的领域曾西到咸海,与波斯接壤;东至平壤城,同新罗交界,沿海岸线延伸到库页岛和外兴安岭以北;北越沙漠、贝加尔湖,抵达安加拉河流域;南至南海,与印支半岛上的林邑、真腊相望。领域的开拓,强化了与四周邻国的往来,密切了同域外诸民族的关系,为丰富和发展中华文化,提供了良好的外部条件。在历法、医术、药学、种植,以及音乐、舞蹈、雕塑、建筑等方面取得的新成就中,都明显地含有外来的先进成果。除佛教外,其他一些世界性和区域性宗教,也在这个时期传进,或得以进一步传播。基督教的一支聂思脱里教(景教),经波斯于贞观九年(635)传入长安。伊斯兰教在公元7世纪中叶从大食传到中国沿海口岸。波斯的火祆教(琐罗亚斯德教)早在北魏时传进,至唐而大盛;波斯的摩尼教,在唐延载元年(694)传入,不久就遍及黄河、长江两流域的许多地区,从新疆到内地,从长安到乡间,成为佛、道之外的两大宗教势力。这些宗教,作为一种特殊文化载体,其影响当然不会限于信仰的范围。

隋的统一,结束了近300年的战乱和分裂,进入内地的各民族,已基本与汉族融合为一。一种以儒家为主体,辅之以佛道的思想文化格局,大体已经稳定下来。儒释道三家纷争很多,有时波及全国,但三家在维护君主专制国家方面,是绝对没有分歧的;佛道都积极地吸收儒家的政治伦理思想,作为自己的教义和戒条,也没有问题。但是,佛教凭借着自己多种精细的哲学体系,在理论领域遥遥领先,几乎控制了所有思想领域,也深刻地渗透并改造着儒家的思维模式。佛教的多神崇拜,又使它向民间空前普及,大大地限制了其他外来宗教的活动领域。可以说,佛教融会儒家和道教学说,开始了完善化的过程,与其相应的一整套文化艺术形式一起,影响民俗,熏陶民族性格。

佛教的适应力强,生命力旺盛。它在和平和富裕期,可以是锦上添花似的装饰;在战乱和贫困期,又能成为挣扎于生死线上的慰藉。在这个历史时期,它经历了隋唐换代、安史之乱、唐武灭佛、黄巢起义、五代十国,可以说是备尝苦难,屡遭破坏,但这只是暂时的,使它改变了某些形态和活动方式,并没有从根本上动摇佛教持续兴盛的总趋势。周世宗第四次发动毁佛运动,就是对佛教势力持续强大的反应。

继南北朝佛教多种师说,特别是融会儒家的伦理道德观念和道教的神仙长生思想,隋唐佛教建立起独具特点的诸大宗派,所谓天台、三论、三阶、法相、华严、禅宗等,各自发展徒众,判教立宗,著书弘教,创造新的理论体系。

从翻译史上看,隋唐五代300年的译经事业,远远落后于此前的300年。北宋赞宁说:"朝廷罢译事,自唐宪宗元和五年(810)至于周朝(951—960)相望可一百五十岁许,此道寂然。"隋唐译事,完全控制在国家手里,国家不许,民间极难进行,所以译事集中在宪宗以前。据《开元录》和《贞元录》统计,自隋开皇元年(581)到唐贞元十六年(800)的220年中,约有僧俗译著者49人,共出经籍传录491部2 622卷,相比南北朝约170年中,有译者67人,译籍750部1 750卷,卷数上是增多了,但部类上却大大缩小。其卷数之所以增多,主要是编译的丛书分量巨大,像《大般若经》有600卷,《大宝积经》有120卷;一些重译的经论,也加大了部头,如《大毗婆沙论》200卷、《华严经》80卷。

隋唐译典有两个鲜明的特点,其一是重译多,另一是密教多。隋代最大的译家是阇那崛多,共译39部192卷,其中重译20部,占全部译籍的一半以上,明显的密教经籍15部。玄奘是唐代第一大译家,共译出76部1 347卷,占隋唐全部译经卷数的二分之一强,但也多数属于重译,除《大毗婆沙论》外,还有《大般若经》中的《大

217

品》、《小品》、《文殊》、《金刚》、《实相》诸经,法相宗特别尊奉的经论如《解深密》、《俱舍》、《摄大乘》等,也都早有译本。经他译介的密教经典约12部。至于号称中国四大译家之一的不空,共译111部143卷,几乎占隋唐全部译籍部类的四分之一,全都是密教的经典仪轨。这个简单的统计说明,隋唐之际至于开元以后,密教在中国的发展特别引人瞩目,而其他宗派的形成,除法相宗外,很少与新译的佛典有关。隋唐佛教的诸宗派,有强大的经济实力和群众基础,有经过数百年战乱考验并不断获得新质的传统文化作背景,具有运用和摄取外来资料创造诸种新体系的雄厚潜力。

假托翻译,实是创作的所谓伪经伪论,是补充外来佛籍的不足,满足中华本土特殊需要的重要表现。南北朝后期出现的《占察善恶业报经》和《大乘起信论》(简称《起信论》)、唐代出现的《大方广圆觉修多罗了义经》(简称《圆觉经》)和《大佛顶如来密因修证了义诸菩萨万行首楞严经》(简称《楞严经》)等,对隋唐佛教的影响巨大,而在佛教目录学上时有疑惑。这些经论,实际上代表了隋唐佛教理论的发展方向,由此展开的以"真心"、"圆觉"、"灵知"为最高本体的佛教心学,以及特别强调向自己内心探求成佛之路的宗教实践,几乎为所有有社会影响的宗派所接受。法相宗分化为圆测和窥基两派也与此有关。韩愈对儒家思孟学派的重新发现和重新估价,李翱撰写《复性书》,开两宋儒学的先河,也是在这种佛家思想的氛围中发生的。

由北朝地论师开端,经天台宗智顗和三论宗吉藏发扬起来的佛典章疏之风,至隋唐达到高潮,仅据收入《新编汉文大藏经目录》部分统计,现在还留存下来的隋唐章疏有160余部1 400余卷,实际数量要大大超过同期的新译佛典。章疏本来是用来注解佛教圣典的,只负责解释文义的通俗化任务,但事实上,大多数是借题发挥,用来表达章疏者自身的思想。隋唐诸大宗派,除禅宗外,没有一个不是通过这种方式来组织和发挥本派学说的。与此相应,僧侣个人署名撰写的佛教论著也增多起来,粗略估计,约有90余种260余卷。从玄颐、净觉(688—746)、神会(? —760)开始,记录禅师开坛说法和禅师言行的一种新的佛籍体裁——"语录"或"传灯录"大量出现,成为唐末五代以后,中国佛教表达自己思想的最重要的形式。

中国诸宗的祖师都出在隋唐两代,他们的章疏论著言行,逐渐被当成正式的佛教经典流传开来,更直接地影响着中国佛教此后的发展,影响着东方邻国,特别是朝鲜、日本和越南的佛教。以隋唐宗派佛教为基调的汉传佛教,在亚洲东部开拓了新的领域,与其流向的民族和国家的社会历史条件相结合,形成前所未有的新宗教和新文化。

隋唐佛教的另一个显赫成就是中国藏传佛教的创立。

吐蕃在松赞干布时代(617—650)开始强盛起来,以逻娑(拉萨)为首都,南服尼婆罗(尼泊尔),北和大唐,逐步向外扩展,到8世纪中下叶,势力西抵克什米尔以西(大小勃律),东至云南大理,经四川、甘肃境,至青海西宁,北取西域四镇(焉耆、龟兹、于阗、疏勒),一度占领唐都长安(763),成为西御大食的主要力量。吐蕃活动疆域的扩大,促进了内部社会结构和文化结构的重大变化,唐王朝的影响尤大。文成公主(?—680)下嫁松赞干布(641),金城公主(?—739)下嫁墀德祖赞(710),以及流入吐蕃地区的内地民众和往来僧侣,都起了重要作用。

同吐蕃发生交涉的四邻国家,没有一个不是盛行佛教的。松赞干布同尼泊尔和唐两个奉佛国家联姻,统治集团首先接受佛教影响是可能的。在吐蕃占领的国家和地区,佛教依然兴旺,如7世纪初的大勃律、扬同、婆播慈三国,均有寺有僧,敬信三宝。唐僧玄照去印度巡礼,经吐蕃,蒙文成公主送往北天竺。义净时有唐僧慧轮等20余人,从蜀川牂牁道进入中天竺,礼拜摩诃菩提,也是通过吐蕃辖区。从吐蕃经尼婆罗进入天竺是唐代僧徒往来的一条重要通道。正是在这种周围关系中,形成中国佛教的另一巨大支派——藏传佛教的前弘期。藏传佛教以其特有的文化形态,独树一帜,不但成为此后西藏地方占据统治地位的意识形态,而且东进内地,跨越黄河,抵达长江;西出喜马拉雅山;北逾沙漠,构成了佛教的另一个广大的流传地区。

二 隋 代 佛 教

隋朝的统一,给全国各族人民带来了相对和平、稳定的生活,一时出现了"户口滋盛,仓库盈积"的升平景象。但战争遗留下来的和新产生的社会问题,依旧很多。隋王朝为解决这些问题,巩固自己的统治,方法之一是提倡佛教,把佛教作为重要的工具。

开皇元年(581),隋文帝杨坚即位,诏令在全国范围恢复佛教,"听任出家,仍令计口出钱,营造经像。而京师及并州、相州、洛州等诸大都邑之处,并官写一切经,置于寺内,而又别写藏于秘阁"。致使"天下之人从风而靡,竞相景慕。民间佛经多于六经数十百倍"。① 文帝在位 20 年间,共度僧尼 23 万人,立寺 3 792 所,写经 46 藏,13 286 卷,治故经 3 853 部,造像 106 560 躯②。

据载,杨坚少时受尼智仙的养育,故即位后"每以神尼为言,云'我兴由佛'"③,于是着意复兴佛教。开皇十三年(593)更说:"弟子往藉三宝因缘,今膺千年昌运。"这都是一些神化自己政权的说法,不必定信。实际上,隋王朝复兴佛教有更深远的考虑。

南北朝后期,佛教在北方地区已发展成为不可忽视的社会力量。北周武帝废佛,使"三方释子减三百万,皆复军民,还归编户"④。从国计民生着眼,这是必要的措施,但却不能从根本上解决问题。在佛教已成为广大民众普遍信仰的情况下,激烈的行政手段往往引发出信奉者更为强烈的宗教感情。宋人宋敏求曾指出:"隋文承周武之后,大崇释氏,以收人望。"⑤这相当准确地揭示了杨坚复兴佛教的政治意图。

此外,早在北朝时期即已发生的流民问题,隋初更加严重,为

---

① 《隋书》卷三五《经籍志》。
② 参见《释迦方志》卷下。
③ 《舍利感应记》,载于《广弘明集》卷一九。
④ 《历代三宝记》卷一一。
⑤ 《长安志》卷七。

数约近总人口的一半,对恢复和发展经济是重大障碍,对社会的稳定则是一大隐患。隋文帝声势浩大地招揽逃匿僧侣出山,开皇十年(590)听许私度僧尼出家,一次受度者50余万人,使非法的流亡者取得合法地位。这种措施明显地带有召唤流民归土的经济意向和维护社会稳定的政治目的。

与此同时,隋文帝更致力于传统儒学的复兴。意图很明确,那就是网罗人才,巩固皇权。开皇十一年(591),文帝下诏曰:"朕位在人王,绍隆三宝,永言至理,弘阐大乘。"①就是说,他是以"人王"的身份来复兴佛教的,所以佛教也必须树立皇权至上的观念,忠实地"为国行道"。文帝在给天台宗领袖智顗的一封敕书中,明确申述了这一指导思想,要智顗"宜相劝励,以同朕心"。② 他在京城兴建了具有"国寺"性质的大兴善寺;又以学问僧组成"二十五众",作为国家管理全国僧尼和领导佛教方向的中心。又于相州战地建伽蓝一所,为战死者追福,将造寺的宗教活动上升为国家事务。

接受历代帝王崇佛或废佛的经验教训,隋文帝力图建立以儒学为核心,以佛道为辅助,协调三教为一合力的统治政策。他宣称:"门下法无内外,万善同归;教有浅深,殊途共致。"③据此要求在儒家崇拜的五岳建造僧寺。他又说:"朕服膺道化,念好清净,慕释氏不二之门,贵老庄得一之义。"对于道教也采取容纳政策。这样,李士谦的"三教鼎立"说和王通的"三教合一"说就应运而生。李士谦认为,三教的关系,犹如"三光在天,缺一不可"④;王通认为,三教都有助于封建统治,故待"皇极之主",以"共叙九畴"⑤。这些主张,逐步成为唐以后处理三教关系的主流。

在以儒家学说为根本统治思想的前提下复兴佛教的政策,对统一国家的重建、民族矛盾的缓和、南北文化的交流等诸方面起了

221

---

①③《历代三宝记》卷一二。

②《国清百录》卷二。

④ 刘谧:《三教平心论》。

⑤《中说·周公》。

积极的作用。但文帝在后期,逐渐"不悦儒术,专尚刑名",进而沉湎于佛教,反而失去了原先对佛教只在利用的本旨。

隋炀帝杨广在历史上以暴君著称,但对佛教也采取积极扶持的政策。隋平陈时,杨广亲制愿文,自称"菩萨戒弟子",对佛教取扶植姿态。平陈之后,杨广于扬州装补故经,并写新本,合612藏,29 173部,903 580卷;修治故像101 000躯,铸刻新像3 850躯;度僧尼1 620人。但另一方面,他对佛教又严加控制,使其绝对服从皇权的需要。早在开皇十年,杨广就把江南宗教界有影响的和尚、道士集中到扬州,受其支配;大业三年(607),更下令沙门致敬王者。

隋炀帝的佛教政策在他与智𫖮的特殊关系中尤能清楚地反映出来。开皇十一年,作为晋王的杨广,招请智𫖮来扬州,智𫖮授杨广"总持菩萨"(意谓功德圆满的菩萨)法号,杨广则赐智𫖮"智者"大师称号。次年,智𫖮函请杨广做庐山东林、峰顶两寺的施主,杨广当即复书应允。又过三年,杨广遣使迎智𫖮;智𫖮奉命东下,答应为杨广撰写《净名经疏》,并请杨广做荆州玉泉、十住两寺的施主。这显然是一种王权与教权之间的相互利用,最后是要教权服务王权。因此,杨广在尊崇智𫖮的同时,特别提醒他要"率先名教,永泛法流,兼用治国"[1],即必须把名教置于佛法之上,维护国家的秩序。智𫖮也清楚地意识到:"王兼国法,兼匡佛教。"[2]"今王途既一,佛法再兴,谬课庸虚,沐此恩化,内竭朽力,仰酬外护。"[3]他选择了通过王权外护以确保佛教发展的方针。佛教必须接受王权的护持,并在适应王权需要的条件下发展正宗思想,这到隋代已完全成熟了。

(一) 佛教宗派的形成

由各类"师说"发展成为大型宗派,是隋唐佛教的一个重要特征。它们的形成需要寺院经济的高度发达,前后一贯的学说体系,

---

[1][3]《续高僧传》卷二一《智𫖮传》。
[2]《国清百录》卷三。

拥有相对稳定、人数众多的社会信仰层,以及保证师徒延续的法嗣制度。它们弘扬不甚相同的佛教教义,反映着不全相同的政治力量、经济利益和时代风貌,在社会上发挥着不同的作用。

陈隋之际,是政治上由南北分裂走向全国统一的转变时期,天台宗首先在此时建立起来。智𫖮创建天台宗的活动是在学派纷争的基础上进行的,是对南北朝佛教运动的总结,体现了从割据到大一统的政治需要和复杂的时代动态。

隋的统一,促进了各地文化的交流,使以往南北各有侧重的佛教信仰得以相互补充、融合。南北佛教僧侣交相往还,沟通教义,南北各家师说走向调和会通,在佛教内部出现理论与修行并重的要求和"破斥南北,禅义均弘"的做法。

南北朝时期,寺院经济已具相当规模,隋以后又有新的发展。一方面是统治阶级继续投入大量财物,另一方面是僧众们大规模的自我垦植。寺院经济不但强盛,而且相对稳定,使提倡某一佛教思想的学者可以长期定居,研究教理,教授学徒,形成各具风格的僧侣集团,参与争取群众和统治者支持的竞争,凡此,促使僧侣采取排他性强的宗派形式来维护本集团的利益。这些宗派以某些大寺院为据点,以某些名僧为领袖,形成各自的势力范围,一般历史较长,影响政治,影响社会,影响人的思想。

南北朝以来,由于译经浩繁,种类杂多,致使歧义纷出,师说林立。为调和各类佛典之间的矛盾,克服佛教内部的理论分歧,南北朝时已出现了判教的做法。所谓判教,是断定佛教的主要经典和体系各有存在的理由和价值,但以本宗信奉的那部分为最高最尊,处于圆满地位的特殊论述方法。这类判教,至隋而特别流行开来。它们虽缺乏史实根据,却反映了隋唐宗派佛教的一个共同倾向:宗派性尽管是强烈的,但对异己者是宽容的;调和是主流,斗争仅限于高低主次的理论领域。

关于隋唐佛教宗派的划分,中外学者有不同的意见。我们认为,创立于隋代的有天台宗、三论宗、三阶教;产生于唐代的有华严宗、法相宗、禅宗、律宗、净土宗、密宗和藏传佛教。

223

（二）天台宗的创立及其教义

天台一宗，渊源于北齐、南陈，创于隋，盛于唐，后传入朝鲜、日本，中唐以后，在中国趋于衰落，宋代有所谓的"中兴"，尔后延绵不绝。

天台宗的先驱者是慧文和慧思。慧文是生活在北齐时期、学风严谨的禅师，他的思想以《大智度论》的大乘空观为指南。慧思也是禅师，而以苦行实践又注意解经为特点。当他在北方学禅时，受慧文等禅师影响，通过诵读《法华经》而自悟"法华三昧"，开始了对《法华经》的崇拜。他到南方后，提倡"教禅并重"、"定慧双开"，开辟了佛教的新格局。道宣记述："自江东佛法弘重义门，至于禅法盖蔑如也。而思慨斯南服，定慧双开，昼谈义理，夜便思择，故所发言，无非致远。便验因定发慧，此旨不虚。南北禅宗，罕不承绪。"①"昼谈义理"，是指弘扬佛教理论；"夜便思择"，是指修定。由此确定了天台宗"止观双运"的基本风格。

智顗(538—597)，俗姓陈，出身官僚。世居颍川(今河南许昌)，后迁居荆州华容(在今湖北监利西北)。18岁出家，23岁投慧思受学，为慧思所偏爱。慧思南下衡山隐居前，令智顗往金陵弘法，从此开始了智顗与陈隋两朝长达30年之久的合作。

陈光大元年(567)，智顗抵达金陵，受到陈宣帝和上层官僚的礼遇和敬重。后受请住瓦官寺，凡八年，讲解《大智度论》，演说禅法(即现存的《释禅波罗蜜次第法门》)及《法华玄义》。陈太建七年(575)，入天台隐居，实修止观，九年内形成了成熟的"圆融实相"说。之后，重返金陵，奉诏赴太极殿受天子躬礼三拜。陈后主祯明元年(587)，于金陵光宅寺讲《法华经》，其内容由弟子灌顶记录整理成书，名《法华文句》。陈亡后，离开金陵，前往庐山。次年，隋文帝诏令他出山，与隋王朝合作。开皇十三至十四年(593—594)，智顗到荆州玉泉寺，演说天台教义，完成《法华玄义》、《摩诃止观》，此二书

---

① 《续高僧传》卷一七《慧思传》。

与《法华文句》合称"天台三大部",是天台宗的代表性著作。

智颛著述十分丰富,除"三大部"外,还有所谓的"五小部"①,以及其他多种。他还曾造寺 36 所,雕印大藏经 15 部;亲手度僧 14 000 余人;造旃檀、金、铜、素画像 80 万躯;传弟子 32 人,得法自行,不可称数。②

智颛一生致力于创宗立派活动。通过广建寺院,收授门徒,加上陈隋两代朝廷的支持,建起了以天台山、荆州为基地的传教中心,遂使天台宗成为当时最有势力的宗派。

天台宗的教义以智颛的宗教修持法为主要内容,其核心是止观学说。"止观",原意是通过止息散心,观想简择,获得般若智慧,本是佛教所有修持方法中的一种。智颛所说"止观",乃是把它升华为佛教解脱的根本途径,甚至概括成佛教的全体。智颛说:"泥洹之法,入乃多途,论其急要,不出止观二法","当知此之二法,如车之双轮,鸟之双翼,若偏修习,即堕邪倒"。③ 灌顶更说,智颛的止观学说"摄一切佛法,靡所不该"。

天台止观学说的早期理论,是沿袭鸠摩罗什所传大乘中观派的"实相"论。中观派所谓的"实相"是指世界并不像世人认识的那个模样,如果能自觉到人的认识这一特点,就是"实相"。能够觉知或契合实相的认识,属于佛智,也就是般若。如何通过止观,获得佛智,把握实相,就成了天台宗全部止观的出发点和归宿。据说慧文在读到《大品般若经》把佛智分为道种智、一切智和一切种智的"三智"时,联系《大智度论》对三智的解释,谓"三智"可由"一心"中得,由此确立了"三智一心"之说,其实,是在把"三智"统一到般若上。慧文又读《中论》,认为此论"三是偈"所表达的"空"、"假"、"中",就是一切因缘法的"实相",他称之为"三谛";"三谛"亦可"一

225

---

① "五小部"指《观音玄义》、《观音义疏》、《金光明经玄义》、《金光明经文句》、《观无量寿佛经疏》(伪作)。

② 参见《智者大师别传》。

③ 《修习止观坐禅法要》。

心"中得,叫作"三谛一心"。其实是在阐述般若的核心内容,不外乎空、假、中。这里强调的是,不论"佛智"还是"实相",都需要"一心"顿得,而不是以"多心"分别成就。将这个道理用于止观实践上,就叫作"一心三观":于一心中同时观察因缘所生法的空、假、中三者统一。

慧思进一步发展了实相说。他依据《法华经·方便品》(鸠摩罗什译本)阐述的"十如是",即事物的相、性、体、力、作、因、缘、果、报、本末究竟等十种性质或关系,提出"十如是"实相说。认为这十类普遍而又稳定的性质或关系,是构成众生的基本因素,也是一切法的实相;佛智究竟的内容,还在于把握这"十如是"。慧思的这一说法,使天台的止观法门发生重大变革。依照大乘的思路,把握"三谛"实相,属于"一切智"的任务,是把不真实性当作现实世界的共性。这种主张与当时的三论宗相近,都没有超出龙树中观派的范围。相对而言,"十如是"实相则是"一切种智"把握的对象,要求从性相、体用、因果等特殊性和特别关系中认识众生。这种说法有可能把止观的重点转向对现实人的真实关系的思考上,促使天台宗向世俗化的道路前进。但作为实际创宗者的智𫖮,并没有沿着这一方向走多远,就转到了宗教的构想中。

智𫖮是天台宗的实际创立者。他将慧文的"一心三观",提炼为"圆融三谛",使他们的止观学说完全成熟,也就是把世界人生定位在假与空的联结上(中)。他还认为,止观所要成就的任何法,都具有"三轨",即"真性"(实相)、"观照"和"资成"。此"三轨"与"三谛"相配,则"真性"为"中","观照"为"空","资成"是"假"。意思是说,止观要求认识主体(观照)必须处于虚寂状态(空),借助(资成)佛教所说言教(假),去认识特殊事物的"真性"。这种"真性"是"假"与"空"的统一,所以叫作"中"。这样,"中"就变成了"真性",也就是最高的"实相",其实也还是"假"和"空"。不过这样就带有了"真"、"实"的外观,表示这就是绝对真理了,由此也调和了有与空、世间与出世间的矛盾。由于这三谛不是一种先后次第关系,而是并存于同一对象上的不同侧面,在观法上不容将它们对立起来,所以称作"圆融三谛"。

最能代表智颢思想的,是他晚期提出的"一念三千"说。据他看,"十如是"是一切法的别相;区别众生则有"十法界",即轮回六道和佛教四圣(声闻、缘觉、菩萨、佛)。"十法界"中任何一类众生,都必然具有自身的性、相、体、用等"十如是"的因素;"十如是"的任何一类性能,也必然会贯彻在"十法界"中。"十法界"与"十如是"的这种相互包容的关系,可以构成一千种差别。按照佛教分类,世界又可以从"五阴世间"、"有情世间"和"器世间"的角度进行观察和分类。这三种世间也遍及于上述千种差别,总成为"三千"差别。智颢强调,这三千差别,是自然本有的存在,不是谁的创作,也无人能够消灭。它们与"心"并存,任何一刹那心念都会包容无遗。他说:"夫一心具十法界,一法界又具十法界、百法界;一界具三十种世间,百法界即具三千种世间。此三千在一念心。若无心而已,介尔有心,即具三千。亦不言一心在前,一切法在后;亦不言一切法在前,一心在后。"[①]这三千差别世界虽然纷然杂陈,但一念具备,故称之为"一念三千"。

"一念三千"是用来说明世界本体的。世间、出世间一切法各有自性,互相依赖,互相渗透,形成一个全体,不生不灭,"法界本然",遍存于人的一切心念之中。现实世界和人生之所以千差万别,在于众生作业不同,使本具的三千有隐有显,呈现的果报有了差别。这种本有的三千,也就是"实相",或曰"法性"。"法性一心"本有三千,就叫"性具"。智颢说"观念念心,无非法性、实相"[②],就含有这个意思,但如果没有"心",这作为"法性"的"三千世间"是否存在,以及存在于何处,天台宗始终不作正面回答。

按法性本有不变,因业感更生而循环,这一思想源于东晋南北朝十分流行的毗昙学,南朝罗含的《更生论》有扼要的论述,智颢丰富了它的内容,同时吸收唯识家的"种子"说,强调了法性归于"一

227

---

① 《摩诃止观》卷五上。
② 《摩诃止观》卷七下。

心"，从而形成了一个新的本体"三千世间"，并同当时流行的缘起说区别开来。他认为，地论师主张诸法依持法性(真心)生起，摄论师主张诸法依持阿赖耶识(妄心)生起，这两种缘起说都不完备，有堕入外道主张的诸法自生或他生的缺陷。唯有"一念三千"说能够阐明诸法不必要再有依持，法性本来圆满，自然存在，本具于一念之中，一切真心、妄心都统一于"一念无明法性"中。

慧思曾说："如去来之藏，俱时具有染净二性。"①智𫖮继承了这一思想，并发展成性具善恶之说。"问：缘了既有性德善，亦有性德恶否？答：具。问：阐提与佛，断何等善恶？答：阐提断修善尽，但性善在；佛断修恶尽，但性恶在。"②就是说，众生与佛既同具染净二性，又同具善恶二性。一阐提人虽断"修善"，但仍具"性善"；佛虽断"修恶"，但本具"性恶"。在"性具"上，众生与佛是全面平等的。宋代天台宗的代表人物知礼，特别推崇这一说法，认为性善说已为一般佛教学者所接受，而同时具有性恶，却是智𫖮的独创；从"性具善恶"入手，则"一念三千"就很容易理解了。所以知礼说："只一具字，弥显今宗。"③

智𫖮的"性具善恶"说，与主张藏识有染净二类种子的瑜伽行派说法相似，但更多的是来自中国固有的伦理观念。董仲舒曾把众人之性分为上、中、下三品，与天台宗分性为善、恶、无记三类一致。但"三品"说在于否认众生先天的平等，与"人皆可为尧舜"的另一传统观念有矛盾，所以扬雄提出："人之性也善恶混。修其善则为善人，修其恶则为恶人。"④这一人性论，给一切人以成圣成贤的充分权利和机会。对此，智𫖮特别加以发挥："人心复何空？为善则善识，为恶则恶识，不为善恶则无记识。此三识何容顿同水火？只背善为恶，背恶为善，背善恶为无识，只是一人三心耳。"⑤这

----

① 《大乘止观法门》卷二。
② 《观音玄义》卷上。
③ 《观音玄义记》卷二。
④ 《法言·修身》。
⑤ 《法华玄义》卷五下。

一理论更彻底地抹煞了道德的社会根源,使之变成纯粹个人的思想问题,也就是道德上的自由意志问题。

最后,智𫖮启用南北朝时创造的判教方法,提出了"五时八教"的判教说,为天台宗的建宗和确定主导地位制造经典和历史根据。

所谓"五时",是将全部佛典按照佛说的时间先后给予安排,即:第一华严时,谓佛首先对慧根人说《华严》"圆顿"之教,令速悟入;第二鹿苑时,谓佛以初学者为对象,说小乘"四阿含";第三方等时,谓佛对有小乘基础的人宣说大乘方等类经典;第四般若时,谓佛为显示中道实相、大乘空宗教理而说般若类经典;第五涅槃时,佛说《法华》、《涅槃》。五时的主要区别是:"《华严》广明菩萨行位;三藏偏说小乘;'方等'破小显大;《大品》历法遣荡会宗;《法华》结撮始终,开权显实;《涅槃》解释众经,同归佛性常住。"①五时的关系,仿照《涅槃经》的牛乳五味之喻,华严时如牛出乳,至法华、涅槃时,"是时无明破,中道理显,其心皎洁如清醍醐"②。第五时显示的是最完满、最清净的真实境界,天台宗所宗的《法华经》就在其中。

229

所谓"八教",从教化众生的形式,分有"化仪四教"和"化法四教"。化仪四教即顿、渐、秘密、不定。智𫖮认为,"法唯一味","众生机缘不一,是以教门种种不同"③。顿教,是对利根人直接说的大乘顿教教义;渐教,由小到大,是对钝根人逐渐引导。秘密教,指同一种教义,闻者各据自己的理解而有收获,但互不相知。不定教,指佛根据不同情况,运用神通,使听者有不同的理解。"化法四教",是从佛说法的内容上划分,即藏、通、别、圆。藏教指小乘《阿含》;通教是由藏教到别教的过渡,指《般若》等大乘经;别教是对少数有佛教素养的人讲的,指《维摩经》;圆教说大乘的最高道理,圆融不偏,指《华严》、《涅槃》、《法华》诸经,其中又唯有《法华》属于纯圆。

智𫖮的门徒很多,最有名的是灌顶(561—632),号"章安大师",

---

① 《维摩经玄疏》卷六。

② 《法华玄义》卷一〇下。

③ 《四教义》卷二。

所谓天台三大部就是经他记录和整理的。智颛的思想,多经他的传播才得以流传。著有《涅槃玄义》、《观心论疏》、《国清百录》等。

智颛、灌顶之后,各宗势力兴起,天台宗没有大的发展。中唐时,智颛五传弟子湛然担负起了"中兴"的重任。

湛然(711—782),俗姓戚,世居常州荆溪,"家本儒墨"。他以天台三大部为基础,糅进了《起信论》的思想,用"真如随缘"解释"一念三千",谓"诸法真如随缘而现,当体即是实相",这接近了华严宗的宇宙发生论。他批判法相宗,驳难禅宗,也与华严宗展开论战,大大促进了天台宗的兴盛。他特别针对华严宗只承认"有情有佛性"之说,提出了"无情有性"说。他说:"余患世迷,恒思点示,是故呓言,无情有性。"①认为,即使没有生命的东西,如草木瓦石等,也都具佛性。

从释迦牟尼起,佛教一向认为,成佛是"有情"众生的事;"无情"没有意识、感觉、思维等活动,所以无佛性可言,更无成佛之事。但湛然认为,佛性是永恒的精神实体,世界一切都是佛性的具体表现,"一尘,一心,即一切生佛之心性",因此,"万法是真如,由不变故;真如是万法,由随缘故。子信无情无佛性者,岂非万法无真如耶? 故万法之称,宁隔于纤尘? 真如之体,何专于彼我?"②真如佛性既是世界本原,它遍于一切,无所不在,则无情必当与有情同样具足。佛性既摄"一切世间",则"安弃墙壁瓦石等耶?"③。世界现象虽丰富多样,但最后的精神实体只有一个,即真如佛性,贯彻于一切事物之中。"是则无有无波之水,未有不湿之波。在湿讵间于混澄,在波自分于清浊。虽有清有浊,而一性无殊;纵造正造依,依理终无异辙。"④

佛性问题是大乘佛教的中心问题之一,在南北朝时期已经引起很大争论。湛然的"无情有性"说,发展了道生的"一阐提"也能成佛的学说,进一步扩大成佛的范围,在佛教界有深刻影响。它一方面补救了佛性不具普遍性,管辖范围有限的缺点,似乎是把整个

①②③④《金刚錍》。

物质世界纳入佛性的支配之下;另一方面,又势必破坏佛性的至高无上的尊严性,在佛教内部制造新的危机。也就是说,无情有性表面上扩大了神干预自然界的范围,实质上却缩小了这种权力。一草一木也有佛性的命题,已经接近"物质能不能思维"的边缘,接近了泛神论或自然神论。这种思想的理论来源,在中国可以追溯到《庄子》之谓道在"稊稗"、"瓦甓",在佛教则发自《华严》、《楞伽》以至《起信》等经论的万物有灵论和泛识论,后经过地论师等的倡导,又影响于后来的禅宗。

(三) 三论宗的思想体系

南北朝的三论学到吉藏而构建成一个新的宗派体系。他本人把自己的思想来源追溯到"关河旧义",后人也以鸠摩罗什、僧肇为三论宗的先祖,把吉藏看成是印度中观派的嫡传。事实上,这个体系的理论特点,是借助那种只破不立的方法,批判一切执着,融解一切不可融解的观念,从佛教的角度,反映了全国统一的趋向。吉藏说:"诸佛为众生失道,是故说经;菩萨为众生迷经,是故造论。"[①]说明他之所以用"论"命宗,而不崇"经"的原因,就在于以"论"破"迷经"者。

231

吉藏(549—623),俗姓安,祖籍安息,后迁南海,再移金陵。7岁皈依法朗出家,19岁时替法朗复讲经论;隋平百越(今浙江、福建一带)后,住会稽嘉祥寺,宣讲"三论",听者常千余人,后世尊他为"嘉祥大师"。后受隋炀帝敕命,住扬州慧日寺及长安日严寺。在长安时期,他著书立说,完成了创教工作。唐灭隋后,被征为统辖全国僧侣的十大德之一,继续受到唐王室的敬重,但势力已经衰微。他在那些战火频仍的年代,勤于搜存各种佛教著疏,使他成为当时最富有南北朝佛史知识的人。他的著作有《中论疏》、《十二门论疏》、《三论玄义》、《大乘玄义》、《二谛论》等。

吉藏弟子也很多,知名的有慧远(蓝田悟真寺)、智颛、硕法师、

---

① 《三论玄义》。

慧灌等。其中出自硕法师门下的元康,算是吉藏再传弟子中的佼佼者,此后式微。慧灌是高丽僧,他把三论宗传入日本,并成为该宗在日本的祖师。

三论宗的思想驳杂多端,与法相宗的细密烦琐,并称为中国佛教史上的难治之学。造成这种印象的主要原因,在于吉藏的理论体系是在论战中形成,并通过论战表达出来的。

吉藏在《大乘玄义》中说:"以'有''无'教,表非有无理。"又说:"能表是'有''无',所表非有非无。"这可以说是三论宗的哲学基础。此中所谓"教"、"能表",指思想意识、语言文字,或曰"名"、"假"、"假名"等;所谓"理"、"所表",指不依人的意识而独立存在的客观实在,亦名"体"、"性"、"境"、"实"、"义"等。总的意思是,在言语思维与客观实在之间,有一条不可逾越的鸿沟,前者以分别有无是非等差别性为特点,绝对不可能对无任何差别性的后者作出正确的反映,故曰"文言终不得理"。这种观点属于不可知论,三论宗就是从这里出发,来讨论当时佛教的主要问题的。

232

首先是"二谛"论。"二谛"是南北朝佛教的热门话题之一,梁代昭明太子曾组织过一次规模颇大的专题讨论。他在《解二谛义令旨》中说,真俗二谛,"以定体立名",所以真谛是"实",即"无生境";"俗谛"由"浮伪"所作,境是"生灭流动"。这种把"二谛"当作两个对立的实体,很容易引导人们抛却世俗世界,去追求另一个"无生境界"。吉藏的"二谛"论集中批判这种观点,他说,"以理不二",所以"二谛"只是"假名"。假名二谛,又分"于谛"和"教谛"两种:"诸法性空,世间颠倒谓有,于世人为实,名之为谛;诸贤圣真知颠倒性空,于圣人为实,名之为谛,此即二于谛。诸佛依此(二于谛)而说,名为教谛。"[①]这就是承认众生间的各种认识,哪怕是完全对立的,也各具真理性;佛所说法,包括各种论师的理解,不论如何矛盾,均可以成立。但本质上,它们又只是假说,达不到绝对真理。

三论宗关于"中道实相"的理论,同样具有这种色彩。吉藏发

---

① 《大乘玄义》卷五。

挥《中论》的"三是偈"说:"一者因缘是空义:以因缘所生法即是寂灭性,故知因缘即是空义;二者因缘是假义:即无自性故不得言有,空亦复空故不得言空,为化众生故以假名说,故因缘是假义;三者因缘是中道义:即此因缘离于二边,故名为中道。"①就是说,从假名上可以言"缘起"法为"有","自性"是"空";从实体上既不可言有,也不可言空。离有离空等诸种"边见"才是"实相",也就是"中道"。所以说,"缘起有,性空无——二是为假,二非为中"。

对于《中论》开首皈依颂所说的"八不",吉藏给予了高度评价,认为它是"正观之旨归,方等之心骨;定佛法之偏正,示得失之根源"②。据此,他依二谛实相之理,作了许多新的解释,提出"八不"中的"俗谛中道"、"真谛中道"、"二谛合明中道"等许多烦琐的说法,其实意思是一样的:诸法实相也是远离生灭、一异、断常、来去等范畴的。"不执二边"就是"中道"的原理,在这里得到更广泛的运用。

吉藏倡导的"中道实相"说,是用破执的方法说明本体不可知、不可思议,即所谓"诸法实相,忘言绝虑",其要求于践行方面则是心"无所得"。他说,正邪的表现很多,总之"不出二种,谓有得与无得。有得是邪须破,无得是正须证"。"有得"与"无得"的根本区别,是前者有"性执",后者视一切为"假名",因此,对任何道理都不要当真计较,不要把是非得失看得太重。反之,从假名的角度看,各种说法都有相对真理,不容彼此说短道长。这种说法,很容易导出"立处皆真"的结论,即承认一切现实的都是合理的。

吉藏的言论看起来批判性很强,但最后仍然归于圆融无碍。他在《三论玄义》中反复强调:"以内外并冥,大小俱寂,始名正理。悟斯正理,则发生正观。正观若生,则戏论斯灭,……苦轮便坏。"反之,"若存心内外,情寄大小,则堕在偏邪",必然受苦无尽。

吉藏的这类主张,是针对当时佛教内部师说竞起、社会上三教争立而言的,在客观上反映了隋唐统一的要求,而理论上则要求泯灭是非、无是无非。

233

---

①② 《中论·因缘品疏》。

（四）三阶教概述

三阶教，又名"三阶宗"、"普法宗"，是产生于南北朝末期，于隋代兴起的一个被视作"异端"的佛教宗派。

创教者信行(540—594)，俗姓王，魏郡(今河南安阳)人。出家后，博涉经论而蕴独见之明，与先前的高僧大德解行不同，开始以巡游远近影塔，周行礼拜为主，表达其敬世礼俗和反对厌离世间的独特主张。继之于相州法藏寺，舍小乘具足戒，专行菩萨乘，甘愿"居大僧下，在沙弥上"，行"头陀乞食，日止一食。在道路行，无问男女，率皆礼拜"①，实践《法华经》中的"不轻菩萨"行。他发愿为众生亲服劳役，倡导16种"无尽藏"行，在下层贫困群众中产生了广泛的影响。隋开皇初，被召入京，仆射高颎邀住真寂寺(化度寺)，继续在长安推行他的学说。在短短的十数年中，于京师又建寺4所，其他寺院亦赞承其度，习其仪礼，学其乞食。著有《对根起行杂录集》、《三阶位别录集》等。

三阶教自信行卒后，曾多次遭受重大打击。开皇二十年(600)，隋文帝有敕禁断，不听传行。而"其徒既众，蔓延弥广，同习相党，朋援繁多"，仍有持续扩大之势。唐武则天证圣元年(695)，有制将三阶教著述定为伪经，列入"伪杂符录"的范围，似乎也没有产生什么效果。所以圣历二年(699)又敕："其有学三阶者，唯得乞食、长斋、绝谷、持戒、坐禅。此外辄行，皆是违法。"开元十三年(725)，唐玄宗敕将诸寺别建的"三阶院"，一律除去隔障，与大院相通，众僧错居，不许别住。同时，全部除毁三阶教特有的集录著述。代表官方的一些高层僧侣，也激烈反对三阶教。唐释智昇说，三阶教"即以信行为教主，别行异法，似同天授(即提婆达多)，立邪三宝"②。据此断定三阶教为"异端"，理由是十分充足的。净土宗的怀信更说，洛阳福先寺某僧见信行去世后变大蛇身，三阶禅师受神鞭打。

---

① 《历代三宝记》卷一二。
② 《开元释教录》卷一八。

234

唐初的另外两大宗派的创始人——法相的窥基、华严的法藏,也都持批判态度。

但也有不少学僧对三阶教表示同情。隋费长房认为,"涅槃一理,趣有万途,信行所行,亦是万衢之一术";有人爱同恶异,才对三阶教进行攻击。唐道宣还补充说,不管怎样禁止,"其属流广,海陆高之"。同样,统治阶级也不都是采取打击的态度。神龙二年(706),越王李贞撰《信行禅师兴教碑》,就是支持三阶教的一个证明。安史之乱以后,三阶教更有新的发展。据古本《贞元释教录》载,到贞元年间(785—804),京城内 55 寺别置三阶禅院;住持相续200 余年,僧尼千人以上。贞元十六年(800),化度寺僧善才等状请三阶教籍入藏获准,并即编入《贞元新定释教目录》中,也就是说,三阶教得到了官方的承认。只是在经过会昌法难以后,它才逐渐湮灭无闻。

公元 8—13 世纪,日本与高丽都有三阶教流行的痕迹,对域外佛教有一定的影响。

三阶教提倡"解"、"行"并重。它的基本理论是三阶普法说,最重要的实践是"无尽藏行"。

信行将整个佛教依"时"、"处"、"人"(根机)划分为三个历史阶段。据佛经说,佛灭后经历"正法"、"像法"、"末法"三个时期。佛灭后的第一个五百年为正法时期,第二个五百年为像法时期,千年后进入末法时期。依处和人分,正法期是"净土",为一乘(佛菩萨)众生居处;后两个时期均属"秽土",其中像法期是三乘(声闻、缘觉、菩萨)的"秽土",而末法期则是世间众生(邪解邪行)的"秽土",亦名"五浊诸恶世界"。信行认为,他所处的时代,属于末法期,所处的世界是五浊诸恶世界,一切众生戒见俱破,根性低劣,亦名"第三阶机"。按当时佛教通行的说法,众生能否接受佛教和接受什么教法,取决于众生自身的根性利钝优劣。既然"末法秽土"众生根劣,所行佛法就不能与"正法"和"像法"期的利根众生相同。"第一阶"行"一乘"法,"第二阶"行"二乘"法,各有特殊的所信所教,被称作"别教",相对而言,第三阶于"法"不能再分大小,于人不能再分

235

"圣"、"凡",理应无差别地普信一切法,普敬一切人,是谓"普法",全称"普真普正佛法"。

"普法"的另一个含义是"认恶",即认识自己具有的过恶。唐临的《冥报记》说,三阶教大旨在"劝人普敬认恶,本观佛性,当病授药,顿教一乘"。把对他人的"普敬",同对己的"认恶"结合起来,形成了三阶教的许多特殊的实践和信仰,称为"普行"。他们反对净土信仰,主张念"地藏菩萨"。据说地藏菩萨介于释迦之后,弥勒之前,立誓度尽众生,拯救诸苦,始愿成佛。他们还皈依五种佛,其中四种佛名是自己独创的。有一种叫作"普真普正佛",又分为如来藏佛、佛性佛、当来佛、佛想佛四种,也就是世间一切众生;一切众生又实为同一的"普佛"。据此,他们不崇拜释迦牟尼,而普礼一切众生。

然而三阶教提倡的这一切普行,中心则是"无尽藏行"。

"无尽藏"是专为支持和发展佛教而求得和储藏的财物积蓄,始建于梁武帝时代,三阶教把它作为最重要的普行手段,并成为此教的一大特色。信行认为,"以无尽藏物,施贫下众生,由数得施故,劝发善心,即易可得";"教贫穷人,以少财物同他菩萨无尽藏施,令其渐发菩提之心"[①]。用无尽藏的财物,施给贫人,可以激发其从善之心;而施财物给无尽藏的人,则可发菩提心。信行还特别强调,布施不应该是个人的独自活动,而需要成为集体的事业。他说:"若复有人多饶财物,独行布施,从生至死,其福甚少;不如众人,不问贫富贵贱、通俗,共相劝化,各出少财,聚集一处,随宜布施贫穷、孤老、恶疾、重病困厄之人,其福甚大。"因此,他要求每个人的思想行为都必须实现于"无尽藏行"中,加入无尽藏的,每天至少要"舍一分钱或一合粟"。事实上,京城施舍,也遍及官僚富户。

"无尽藏"的建立和提倡,使三阶教的经济实力迅速增长。三阶教的"无尽藏",既包括一般金钱、财物,以致"钱帛金绣积聚不可胜计",也包括大量的土地、庄园、六畜。

---

① 《无尽藏法释》,见矢吹庆辉《三阶教之研究·别篇》。

　　关于"无尽藏"的使用,据《太平广记》卷四九三记:"其无尽藏财分为三份:一份供养天下伽蓝增修之备,一份以施天下饥馁悲田之苦,一份以充供养无碍(斋僧)。"①其中的"悲田"、"无碍"两部分,具有明显的慈善救济性质。此类做法,在东汉五斗米道中曾经有过,但像这样大的规模,在中国历史上实属罕见。这使三阶教对下层群众具有特别的吸引力。"无尽藏"的另一部分用于整修伽蓝,据说燕、凉、蜀、赵咸来取给。从现有资料还看不出僧侣挪用于奢侈生活的情况。武则天在位期间,曾先后敕令检校洛阳福先寺和长安化度寺的"无尽藏"。唐玄宗开元元年(713),敕令取缔"无尽藏",禁止士女施钱,同时命将化度寺的"无尽藏"财物、田宅等,分散给京城寺观,剩余部分也归到化度寺住持名下。看来,统治者对于拥有强大经济实力,并以此影响下层群众的做法是相当不安的。

　　东晋以后长期的社会动乱,民生凋敝,加上北魏太武帝、北周武帝的两次灭佛运动,使部分佛教徒有理由认为末法时期已经来临。房山石经的开刻,三阶教普敬、认恶的提倡和"无尽藏"的经营,从精神和物质两个方面力图摆脱末法的危机。

237

①《两京新记》卷三。

第六章 佛教中心的转移
(7—10世纪)(下)

三 唐代佛教

(一)唐王朝与佛教

公元618年,李渊父子利用农民起义的力量,建立起新的统一的唐王朝。他们接受隋王朝覆灭的历史教训,采取了一系列发展生产、稳定民心、巩固社会秩序的政策,出现了"贞观之治"和"开元盛世",进入中国封建社会的全盛时期。佛教文化作为唐代意识形态的一个重要组成部分,也达到了鼎盛阶段。在隋代佛教宗派形成的基础上,入唐后又相继建立起许多新的宗派。这些宗派有高度发展的寺院经济作支柱,创造了各自庞大的理论体系,代表了当时哲学思维的最高水平,影响着大批士人,左右时代思潮;而佛教的进一步普及化,深入民众的日常生活,使佛教的某些基本教义也变成了大众的观念。

唐代诸帝对于佛教的态度,出于真正信仰者较少,普遍地是从政治上考虑,并且集中表现在对于儒释道三教关系的安排上。从总体看,唐王朝对三教是采取以儒为主体,调和并用的政策,表明在思想统治的方法和手段上开始成熟起来,为宋代理学的形成作了准备。但由于复杂的社会和政治原因,各个朝代在执行中往往各有侧重,给佛教的发展带来很大的影响。

唐初佛道之争 武德四年(621),太史令傅奕上表斥佛,请求罢废。他突出指责佛教"剥削民财,割截国贮","军民逃役,剃发隐中;不事二亲,专行十恶",建议国家采取措施,"令逃课之党,普乐输租；避役之曹，恒忻效力"①。当时以护法者自居的佛教界代表人物法琳"频诣阙庭"，多方申辩，高祖李渊对上表暂时搁置。武德七年(624)，傅奕再次上疏曰："佛在西域，言妖路远；汉译胡书，恣其假托。故使不忠不孝，削发而揖君亲；游手游食，易服以逃租赋。演其妖书，述其邪法，伪启三涂，谬张六道，恐吓愚夫，诈欺庸品。"②坚请罢除。道教徒借此机会，也展开对佛教的抨击。

武德九年(626)，清虚观道士李仲卿著《十异九迷论》，刘进喜著《显正论》，托傅奕奏上。法琳著《辨正论》，以"十喻九箴"回敬道教徒，佛道之争激烈化。

至太宗即位，傅奕再次上书，"请令僧吹螺，不合击钟"③。贞观七年(633)，太子中舍辛谞设难问佛教徒，释慧净著《析疑论》予以回答，释法琳更广《析疑》为答。佛道的争论，引起了社会的注意。贞观十一年(637)，李世民表态，谓"殊俗之典，郁为众妙之先；诸夏之教，翻居一乘之后"的现象，是不能容忍的，于是下诏宣称："朕之本系，起自柱下。鼎祚克昌，既凭上德之庆；天下大定，亦赖无为之功。"故令"道士、女冠可在僧尼之前"。④ 这样，佛道在宗教上的高下之争，变成了体现李唐尊卑等差的政治问题。佛教徒对此不服，智实等上表反驳，攻击道教，受到朝堂杖责。贞观十三年(639)，道士秦世英密奏法琳所著《辨正论》一书攻击老子，讪谤皇宗，有罔上之罪。唐太宗令推问法琳，沙汰僧尼。不久法琳被流放益州。

这次佛道之争，就其本身来说，是为了竞争新王朝对自己的有力支持，争夺社会舆论和更多的信徒，宗派情绪十分浓厚。但从斗争的最终结局看，反映的是唐王朝在宗教政策上的犹豫不定，最后决定对佛教加以抑制。

佛教在隋代再度成为一股强大的社会力量，唐初的统治集团

239

---

① 《广弘明集》卷一一《辩惑篇·太史令傅奕上减省寺塔废僧尼事》。

② 《旧唐书》卷七九《傅奕传》。

③ 《广弘明集》卷七。

④ 《唐大诏令集》卷一一三。

对此了如指掌。作为隋末农民起义信号的,是隋大业六年(610)弥勒信徒发起的突击端门事件,以及大业八年(612)陕西凤翔沙门向海明聚众数万人的事件。河北唐县宋子贤拥众千余家,也用"弥勒出世"号召群众,武装暴动。唐武德三年(620),李世民率军围击洛阳王世充,需要联合少林寺僧众;武德五年(622),李渊在马邑(山西朔县)沙门中,募兵2 000余名。江南禅僧密集,与叛军乱民混杂在一起,情况更加复杂。新王朝要巩固自己的政权,简单地打击佛教或扶植佛教,显然都不合适。

此外,唐朝李氏虽然出身贵族,但并非望族,为了抬高出身门第,给新政权增添尊贵的色彩,攀附道教主李耳作祖先,在政治上也是必要的。武德八年(625),高祖诏叙三教先后曰:"老教、孔教,此土之基;释教后兴,宜崇客礼。今可老先,次孔,末后释宗。"①这样,更明确地道出了这种安排的原因。

随着唐太宗统治地位日臻稳固,唐王朝对外交流逐步扩大,经济、文化蒸蒸日上,使他有可能总结思想统治的历史经验,重新估价以往的佛道政策。贞观十五年(641)五月,唐太宗亲临弘福寺,为太穆皇后追福,手制愿文,自称菩萨戒弟子,斋供财施,"以丹诚归依三宝"。他向寺僧解释道:"师等宜悉朕怀。彼道士者,止是师习先宗,故列在前。今李家据国,李老在前;若释家治化,则释门居上。"②

贞观十九年(645),潜出国境去印度留学的玄奘,载誉回到于阗,太宗立即召令到长安相见,并组织了盛大的欢迎法会,倾城轰动。此后,玄奘成为太宗的相知,恩遇优渥,他的译经和讲经事业直接受到太宗的赞助,集中了全国沙门中最优秀的分子,为法相唯识一宗的建立创造了政治和经济条件。

唐太宗供奉玄奘,当然也有政治原因。玄奘在印度赢得崇高威望,贞观十四年(640),戒日王会晤玄奘;次年,遣使至唐,太宗亦遣使抚慰,中印两国历史上第一次建立了正式的友好关系,玄奘起

---

①② 《集古今佛道论衡》卷丙。

了纽带作用。就在这一年，戒日王在曲女城举行无遮大会，玄奘立论，取得全胜。

贞观十七年（643），李义表、王玄策奉命出使西域，游印度诸国，先后在王舍城耆阇崛山勒铭，于摩揭陀国摩诃菩提寺立碑。贞观二十一年（647），王玄策再度出使印度，值戒日王卒，国内大乱，王玄策联合吐蕃与泥婆罗兵平定之。同年，李义表自西域还，奏称东天竺童子王请译《老子》，命玄奘翻译。这样，太宗对于玄奘的特殊礼遇，就不只出于宗教的原因了。

但是，唐太宗晚年转向佛教信仰，也是事实。贞观二十二（648）年诏谓，他的宿疾近日见好，当是"福善所感而致此休征"，据此要求"京城及天下诸州寺宜各度五人，弘福寺宜度五十人"。时海内有寺 3 716 所，计度僧尼 18 500 余人，成为初唐以来最大的度僧活动。同年，王玄策携印僧那逻迩娑婆寐进京，翌年，太宗饵其长生之药暴疾崩。卒前，还向玄奘问过因果报应，深为信纳。这样，唐初的先道后佛政策，实际上有了变化。

241

这里需要强调的是，不论唐王朝对佛道二教在形式上有什么抑扬变化，但以儒学为本的方针始终不变，宗教神学必须严格服从政治、经济、军事的需要不变。唐高祖就说："父子君臣之际，长幼仁义之序，与夫周孔之教，异辙同归；弃礼悖德，朕所不取。"[1]唐太宗表示："朕今所好者，唯尧舜之道、周孔之教，以为如鸟有翼，如鱼依水，失之必死，不可暂无耳。"[2]贞观八年（634），文德皇后更对太子说："道释异端之教，蠹国病民，皆上素所不为。"[3]

因此，如何协调三教关系，使其各自发挥有利的作用，就成了唐代诸帝的重要议题。其中"三教谈论"就是在这种背景下的创造。武德七年（624），唐高祖幸国学释奠，"命博士徐旷讲《孝经》，沙门慧乘讲《心经》，道士刘进喜讲《老子》。博士陆德明随方立义，遍

① 《唐会要》卷四七。

② 《贞观政要》卷六。

③ 《资治通鉴》卷一九四。

析其要。帝悦,曰:三人者诚辩矣,然德明一举则蔽"①。所谓"德明一举则蔽",就是以儒家学说统率佛道思想,使之符合封建统治的需要。这种"三教谈论"的方式,几乎为唐代诸帝普遍采纳。

武则天与佛教 唐太宗以后,高宗、中宗、睿宗都提倡和利用佛教。高宗李治为太子时,即优礼玄奘,赞助玄奘译经,为之作《述圣记》,继续成为慈恩宗的有力支持者。但高宗更信奉道教,"广征诸方道术之士,合炼黄白"②。同时又敕中天竺沙门那提,往昆仑诸国采取异药;命玄照往迦湿弥罗取长年婆罗门,为其合"长年药"。中宗李显时,"营造寺观,其数极多,皆务取宏博,竞崇瑰丽"③,"造寺不止,费财富者数百亿;度人无穷,免租庸者数十万"④。睿宗李旦佛道并重,认为"释典玄宗,理均迹异;拯人化俗,教别功齐"⑤,把佛教推向一个新的发展高度的是女皇武则天。

高宗自显庆(656—661)以后,苦于风疾,百官表奏,皆由武则天详决,实质上是武则天掌握了唐朝政权。垂拱四年(688),武承嗣伪造瑞石,文曰"圣母临人,永昌帝业",令雍州人唐同泰表称获之于洛水。则天名此石为"宝图",后改为"天授圣图"。⑤同年,又有人伪造瑞石于汜水,文有"三六年少唱唐唐,次第还唱武媚娘","化佛从空来,摩顶为授记"等,进一步暗示武则天当做天子是佛的意志。载初元年(689),沙门表上《大云经》,并造《经疏》,谓经中所说"即以女身当王国土"者,即应在当今的武则天身上。据此,武则天"敕两京、诸州各置大云寺一区,藏《大云经》"⑥,并于当年正式称帝,改国号为周。长寿二年(693),菩提流志等又译《宝雨经》上武则天。该经是梁曼陀罗仙所译《宝雨经》的重译,但新添了佛授记"日月光天子"于"摩诃支那国","故现女身为自在主"的内容,译者也因此受到武则天的赏赐。

---

① 《佛祖统纪》卷三九。
②③ 《旧唐书》卷一九一《叶法善传》、卷八八《韦嗣立传》。
④ 《资治通鉴》卷二一〇。
⑤ 《旧唐书》卷七《睿宗本纪》、卷六《则天皇后本纪》。
⑥ 《资治通鉴》卷二〇四。

　　然而,作为宗教思想体系,武则天着重扶植的乃是华严宗。华严宗之能够成为中国佛教史上一大宗派,直接受益于她的支持。此宗所奉的根本经典《华严经》,把世界形容得无穷无尽、恢宏廓大,但以"法界"为总相,统摄万有,万有又各自独存,"圆融自在",颇能表现盛唐期国家博大雄浑和含容万象的气势。如意元年(692),武则天派军收复西域四镇,此后发使于阗,求访80卷本《华严经》梵本和译者实叉难陀回京,证圣元年(695),于洛阳译出,武氏亲受笔削,并制序文,谓斯经"添性海之波澜,廓法界之疆域"。如果联系她在龟兹、疏勒等地建立以汉僧为主体的大云寺,将于阗的实叉难陀请到京师担任译场主译,给以高于其他外来僧侣的特殊优礼,而法藏也以"康藏国师"为号等,可以说武则天之于华严宗的关系,已经超出个人利害的范围,有更重大的政治背景。特殊地说,是为了强化与西域的文化联系。

　　当然,武则天直接面对的政敌是李唐家族。为了夺取和巩固自己的皇权,她需要制造舆论,其中举佛抑道,以贬黜李氏的宗系,是主要措施之一。因此,她一即位便宣布"释教开革命之阶,升于道教之上"①。武则天统治期间,佛教备受崇奉,使唐代佛教达于极盛。她打破唐太宗由玄奘一统译场的局面,接待各方译僧,除实叉难陀外,还有于阗提云般若、中印地婆诃罗、南印菩提流志,以及汉僧义净等。她鉴于禅僧在群众中日益上升的影响,令神秀禅师入京行道,亲加礼拜;又征慧安禅师入禁中问道,待以师礼,确定支持东山法门的方针,从而使禅宗获得合法地位,促进了在全国的大发展,以此作为稳定农村人口的重要措施。

　　武周之世,"铸浮屠,立庙塔,役无虚岁"②。她曾命僧怀义作夹纻大像,其小指犹容数十人,日役万人,"所费以万亿计,府藏为之耗竭"③。

243

────────────────

　　①《资治通鉴》卷二○四。
　　②《新唐书》卷一二五《苏环传》。
　　③《资治通鉴》卷二○五。

　　由于武则天的崇佛,使当时佛道力量对比明显有利于佛教,乃至出现道教徒弃道为僧的现象。这一情况到唐玄宗李隆基执政期间才有所调整。

　　玄宗是著名的尊崇道教的君主,他在即位之初曾对佛教多方限制,但成效不大。整个社会经过周武的经营,至于开元年间,"贞观之风,一朝复振"①,可称唐代的黄金时期。统治阶级踌躇满志,充满自信,中外文化交流渠道畅通,容纳各类文化形态而无所顾忌。因此,隋唐已经建立的诸多宗派,继续繁衍昌隆。开元二十四年(736),玄宗亲为《金刚经》作注,将其与《老子》、《孝经》一起,并颁天下。印度善无畏、金刚智、不空相继来华,玄宗给予了相当的礼遇,为另一佛教派别——密宗的确立和发展,奠定了基础。密教的正式成宗,及其在开元、天宝以至肃宗、代宗诸朝的兴盛发达,是中国佛教史上的重要事件,对藏传佛教和日本佛教都有影响。

　　唐武宗灭佛　隋唐佛教势力的急剧膨胀,扩大了僧侣阶层与世俗地主在经济利益上的矛盾,造成社会上反佛意识的高涨。

　　元和十四年(819),唐宪宗敕从凤翔法门寺迎佛骨,先在宫中供养三天,然后送京城各寺礼敬,再次煽起全国性宗教狂热。对此,韩愈从儒家立场出发,予以坚决反对。他上表说,佛教只是夷狄之法,"口不言先王之法言,身不服先王之法服,不知君臣之义,父子之情"。乃提出"以此骨付之有司,投诸水火,永绝根本,断天下之疑,绝后代之惑"②。韩愈有感于安史之乱后中央政权的削弱与儒学的衰微有关,写下《原道》、《原性》、《原人》等文,认为只有大力扶植名教,提倡忠君孝亲的孔孟之道,限制佛老传布,才能有效地巩固中央集权的统治。为了达到排佛目的,韩愈特别推崇《大学》。《大学》将治国平天下列为头等大事,并与个人的道德修养联系起来,佛教提倡出世主义,既违背封建伦常,又否认国家至上观念,所以佛教是不可容忍的。

---

① 《旧唐书》卷九《玄宗本纪》下。
② 《韩昌黎全集》卷三九《谏迎佛骨表》。

韩愈反佛是傅奕反佛的继续和发展。他的立论根据，是为了强化中央政权的政治经济利益，确立儒家文化的正统地位，比傅奕涉及的社会和思想问题要深刻得多。他的反佛理论为此后唐武宗的灭佛提供了依据；他提出儒学独尊和儒家"道统"，成了宋代理学的先驱。但在当时，韩愈因为《谏迎佛骨表》，受到流放处分。

宪宗在唐中期还算是个有作为的皇帝。此后朝政腐败，朋党相争，国势日衰，而穆宗、敬宗、文宗照例提倡佛教，僧尼之数继续上升，寺院经济持续发展，这都大大削弱了朝廷的实力，加重了国家的负担。到唐武宗，在整顿朝纲、收复失地、稳定边疆的同时，决定废除佛教。他在废佛教书中说："洎于九州山原，两京城阙，僧徒日广，佛寺日崇。劳人力于土木之功，夺人利于金宝之饰；遗君亲于师资之际，违配偶于戒律之间。坏法害人，无逾此道。且一夫不田，有受其饥者；一妇不蚕，有受其寒者。今天下僧尼不可胜数，皆待农而食，待蚕而衣。寺宇招提，莫知纪极，皆云构藻饰，僭拟宫居。晋、宋、梁、齐，物力凋瘵，风俗浇诈，莫不由是而致也。"①他认为，废佛是"惩千古之蠹源，成百王之典法，济人利众"②，要求切实贯彻。

245

会昌二年(842)，武宗令僧尼中的犯罪者和违戒者还俗，并没收其财产"充入两税徭役"③。会昌四年(844)七月，敕令毁拆天下凡房屋不满200间，没有敕额的一切寺院、兰若、佛堂等，其僧尼全部勒令还俗。会昌五年(845)，灭佛运动达到高潮。其年三月，敕令不许天下寺院建置庄园，勘检寺院、僧尼、奴婢及其财产之数。四月，在全国范围内实施全面灭佛措施。八月，宣布灭佛结果：天下所拆寺4 600余所，还俗僧尼26.05万人，收充两税户；拆招提、兰若4万余所，收膏腴上田数千万顷，收奴婢为两税户15万人。同时勒大秦穆护、祆3 000余人还俗。④

会昌灭佛给佛教以沉重的打击。其后不久，唐末农民战争爆

---

①②③《旧唐书》卷一八上《武宗本纪》。

④《入唐求法巡礼行记》卷二。

发,对佛教又是一次冲击。由于寺院经济被剥夺,僧尼被迫还俗,寺庙遭毁,经籍散佚,致使佛教宗派失去了繁荣的客观条件。佛教需要新的权势者的倡导,采取新的生存和发展形式。

(二)唐代的寺院经济

僧侣,作为社会上一个特殊阶层,如何取得维持自己生活和弘法的资粮,直接影响着佛教的组织形式和发展趋势,而统治者的经济政策,则在很大程度上制约着它的兴衰。佛教一传进中国,就当作方外之宾,被免除了一切世俗国民的义务,特别是兵役、劳役和赋税。逃避役赋,成了僧侣队伍不断扩大,并与国家皇权发生矛盾的主要原因。历史上一再发生沙汰沙门和毁佛灭法事件,也植根于此。

按佛教教义,僧侣应以乞食为生;寺院建立以后,则靠施主的布施维持。乞食中的高级僧侣可以往来于庙堂,做清客,任谋士,而大多数是游走江湖,贫困无着;寺院生活相对稳定,但由于施主的穷通变化,贫富相差亦很悬殊。东晋末年,僧侣中普遍出现经商、做工、从医、为巫等自谋生路的现象,遭到社会舆论的谴责,到北魏,采取浮图户和僧祇户办法,使寺院同时成为社会的一种特殊的经济实体。而在南朝,像梁武帝用“舍身”一类手段,为寺院经济积累募金。这样,佛教对于民众的吸引力,远远超出了避役逃赋的消极目标。某些僧侣权势熏天,富贵安适,到隋唐达到令人目眩心醉的地步,以致有“选官不如选佛”的谚语。贵族出身的净觉,“不窥世典,门人与宣父中分;不受人爵,廪食与封君相比”。一个并不著名的和尚怀信作《释门自镜录》,序其优裕生活道:“至于逍遥广厦,顾步芳荫,体安轻软,身居闲逸。星光未旦,十利之精馔已陈;日彩方中,三德之珍羞总萃。不知耕获之顿弊,不识鼎饪之劬劳。……若乃悠悠四俗,茫茫九土,谁家非我之仓储,何人非余之子弟?……盱衡广殿,策杖闲庭,曳履清谈,披襟闲谑,避寒暑,择甘辛,呵斥童稚,征求捧汲……”

唐初实行均田制，"凡道士给田三十亩，女冠二十亩，僧尼亦如之"[①]。国家正式承认寺院经济属于社会经济的一种成分，而其免役免赋的特权并未取消。结果是，寺院经济恶性膨胀，丁口急剧流入僧门，政府不得不三令五申，颁布度牒，限制度僧，而私度始终不止，无籍僧尼大大超过国家可以统计的数量。安史之乱及其以后，国家不得不用鬻卖度牒的方法，筹集军饷，充实国库，僧尼愈滥。

唐代的寺院经济大体有两种类型，首先是朝廷敕建的"国家大寺"，如长安西明、慈恩等寺，"除口分地外，别有敕赐田庄。所有供给，并是国家供养"[②]。其中西明寺，仅唐高宗赐给的田园就有百顷之多，并配以"净人百房，车五十辆"。开元年间，金城公主奏请，将范阳某"麦田庄并果园一所及环山林麓"，"永充（云居寺）山门所用"。至于其他王公大人，类似的布施也比较普遍。诗人王维将辋川"别业"舍为清源寺，草堂精舍、竹林果园一应俱全。因此，时人有这样的议论："沙门盛洙泗之众，精舍丽王侯之居。既营之于爽垲，又资之以膏腴。擢修幢而曜日，拟甲第而当衢。王公大人助之以金帛，农商富族施之以田庐。"[③]

这种由政治庇护、财经资助的寺院，一旦有了独立经营的权利，立即从事兼并，越州跨县，建造各种庄园。唐睿宗为昭成皇后追福，改建洛阳景云寺为昭成寺，此寺于河阴（在今河南荥阳与武陟之间）置有"僧朗谷果园庄"，从代宗广德二年（764）到德宗贞元二十一年（805）的 41 年中，以施地和买地的方式兼并周围土地 17 915 亩。浙江天童寺有田 1.3 亿亩，跨三都五县，有庄 36 所；山东长白山醴泉寺有庄园 15 所。所谓"比置庄田，恣行吞并"，成为唐代特有的寺院经济格局，以至于出现"膏腴美业，倍取其多；水碾庄园，数亦非少"，"京畿之丰田美利，多归于寺观，吏不能制"的局面。

庄园式的大寺院经济，是中国佛教宗派得以形成和发展的重

247

---

① 《大唐六典·户部》。
② 《法苑珠林·祭记篇》。
③ 《广弘明集》卷一五《内德篇·辨惑》。

要因素。只有在强大的经济实力支持下，才能为创造发达的宗教哲学体系提供丰富的学术资料和学术气氛，并使这种学术水平持续下去，得到丰富和更新，从而培养出一大批有学问的僧俗弟子，组成比较稳固的，有独立性格的教团。从这个意义上说，隋唐的诸大寺院，也是国家重要的学术中心。

但是，国立寺院即使再发达，也远不能满足与日俱增的出家人的需要。居民集资和僧人自建的简陋寺院，大大超过国立寺院的数量。它们大多处在山野偏僻地区，介乎合法与非法之间，其成员多由各色逃亡的流民组成，经济情况与官寺迥然不同。其中禅僧禅寺最具代表性。

中国专业禅师的大规模兴起，有深刻的社会根源。他们着手为自己建立稳定的生活基地，当始于道信，至弘忍而取得巨大的成功，势力遍及全国，足以与所有国立寺院的诸大宗派相抗衡。他们聚居的人数，动辄成百上千，居处多为自造的茅茨岩穴，甚至见不到可以崇奉的诸佛偶像。文化素质很低，不读经典，不做功课，但以劳作为务，以疗治饥寒为教义。这种禅运动经过安史之乱，在南方得到特别迅速的发展，引起朝廷和地方官府的严重注目，终于形成了可以为国家承认和保护的另一类寺院经济体制，即禅林经济或农禅经济。

公元8世纪中叶，马祖道一在湖南、江西一带提倡农禅结合，影响很大，他的门徒散居南方山林，竞建禅院，自谋生计。道一弟子百丈怀海制定"上下均力"的"普请"法，同时重整佛戒清规，成为其他禅寺争相效法的楷模。8世纪上半叶以后，佛教屡受打击，连阡带陌的大寺院及其寺院经济破坏几乎殆尽，而山林禅寺及其禅林经济相对完好。在诸帝恢复佛教的条件下，更逐步壮大。其以自给自足为特征的经营方法，也渗透到了其他寺院。9世纪中叶，江南禅林经济已有了长足的发展，其性质也有重大变化，世俗地主庄园经营方式普遍出现。见于禅宗典籍的较早的禅林庄园是普愿的池州南泉庄。唐末著名的有义存在福州的雪峰庄、智孚在信州的鹅湖庄、道膺在洪州的麦庄等。他们有些把土地出租给契约佃农，直接收取地租,如庐山东林寺出租荆州田亩,"收其租入";大沩同庆寺,"僧多而地广,佃户仅千余家"。禅林经济完全世俗地主化了。

尽管禅林经济与前述的大寺院经济均属封建地主经济,但前者始终以独立的自我经营为主,在经济上极少甚或不依附国家的资助或官僚的布施,加上远离城邑闹市,所以表现在教派学风上,往往是游离于当前严酷的政治斗争之外,对当权者保持一种疏散的、有时是不合作的态度。这种超然的境界,对于失意落魄,或一时需要心理平衡的士大夫,有相当大的吸引力。

早在大历唐德宗即位之初(780),都官员外郎彭偃就提出过限制僧道经济特权的建议,认为未满 50 岁的出家男女,应"就役输课",与百姓同,结果未行。继之,全国推行两税法,据地出租,随户杂徭,当然也会推及寺院,但由于寺院僧尼不在户籍,只限于纳税,依然享受免役特权。这也是晚唐禅寺继续扩大的重要原因。这种情况,直到宋代规定一切寺院必须缴纳助役钱和免丁钱,才有重大的变化。

249

（三）玄奘与法相宗

玄奘生平 玄奘(600—664),俗姓陈,名祎,洛州缑氏(今河南偃师缑氏镇)人。少罹穷酷,随兄长捷法师居洛阳净土寺。13 岁破格受度为僧。隋末大乱,从兄西去长安,然后逾剑阁而抵蜀都。当时成都的佛教义学颇盛,尤以讲习有部诸论和《摄大乘论》为最。玄奘参与各家讲席,表现出惊人的记忆力和理解力,由是"雄伯沙门"。后因不满于四川一方之隅,于武德五年(622)背兄出走,与商人结侣,经三峡至荆州,北转相州和赵州,沿途既讲且学,质难问疑,探索不止,最后入于长安。在这里,玄奘继续多方参学,而似乎疑惑愈多。《慈恩三藏法师传》谓:"法师既遍谒众师,备餐其说,详考其义,各擅宗途;验之圣典,亦隐显有异,莫知适从,乃誓游西方以问所惑。"

总观玄奘在国内所学,基本上是《涅槃经》和瑜伽行派及有部诸论。他所经历的参学路线,主要是南方摄论师和北方地论师的活跃地区,而当时争论的中心,则是由南北朝末年即已开始的心性和佛性问题。玄奘在去国时写的《启谢高昌王表》中提到国内义学的状况,认为佛教典籍因翻译上的差舛,"遂使双林一味之旨,分成当现二常;大乘不二之宗,析为南北二道,纷纭诤论,凡数百年,率土怀疑,莫有匠决"。他之誓死西行,就是企图解决这一疑案。[①] 当然,西游的最后成就,大大超出他的初衷。

贞观三年(629),玄奘陈表出国,有诏不许,遂乘道俗逐丰就食之便,孤身孑影,偷出边卡,抵达高昌。在高昌王和突厥叶护可汗的大力赞助下,玄奘艰难地通过了中亚地区,进入北印度境,渡印度河,经呾叉尸罗,至迦湿弥罗。他在这里参学两年,听老法师讲授《俱舍》、《顺正理》、《因明》、《声明》诸论。随后至磔迦国(今印度旁遮普西部),从老婆罗门学《经百论》、《广百论》,至那仆底国(今阿姆利则或费罗兹浦尔),从大德调伏光学《对法论》、《显宗论》和《理门论》,再至阇烂达国(今贾朗达尔),就大德月胄习《众事分毗婆沙》,然后转入中印度境。在禄勒那国,听阇那毱多讲《经部毗婆沙》,在秣底补罗国,从德光弟子密多斯那习《辨真论》、《随发智论》,在曲女城从毗离耶犀那习《佛使毗婆沙》、《日胄毗婆沙》。贞观八年(634)到达王舍城,入那烂陀寺。这个经历,大体反映了北印和中印的学术状况和玄奘的学术兴趣。

玄奘在那烂陀寺被推为十大德之一,地位尊崇,待遇优厚。他着重听戒贤三藏讲《瑜伽师地论》,旁习瑜伽行派的其他论著和有部、中观诸派的代表,前后历时五年。

贞观十二年(638),玄奘离开那烂陀寺,继续游学东印、南印和西印诸国。在伊烂那钵伐多国,听两论师讲《毗婆沙》、《顺正理》等论;在南憍萨罗国,从婆罗门学《集量论》;在驮那羯磔迦国,从两僧

---

① "当现二常",指解释"佛性"(常)问题上的两种观点。主"当常"者认为"一切众生悉有佛性"一语,是指众生在将来(当)都有成佛的可能性,而不必一定现在已经具备;主"现常"者认为,"佛性"人人具有,未来成佛,只是使既有的"佛性"现显出来。"南北二道"一般指地论师在解释佛性上的当现二派。

学《大众部根本阿毗达磨》；在建志城遇僧伽罗国两大德，问学《瑜伽要文》及僧伽罗佛教情况；随后，从西印转至北印的钵伐多国（在今巴基斯坦旁遮普境），居两年，学《正量部根本阿毗达磨》及《摄正法》、《成实》等论，返回那烂陀寺。寺西有低罗择迦寺，玄奘就该寺的般若跋陀罗问学有部三藏及《声明》、《因明》等论。又往枝林山，从饮誉摩揭陀的著名学者胜军居士学《唯识决择》、《意义理》、《成无畏》、《不住涅槃》、《十二因缘》、《庄严经》等论，并就《瑜伽》、《因明》等质疑。又两年，于贞观十六年(642)，再回那烂陀寺。戒贤请他为寺众主讲《摄大乘》、《唯识决择》。

此前中观派论师师子光，用本宗"二谛"说反对瑜伽行派的"三自性"说，玄奘著《会宗论》三千颂，加以调和。南印正量部论师般若毱多著《破大乘论》，玄奘著《制恶见论》一千六百颂破之。玄奘在五印学界的声誉日高，受到戒日王和拘摩罗王[①]的特别敬重。他们隆重会见玄奘，支持他与南方正量部的论战，或许有一定的政治目的；同时详询大唐国情，为中印友好往来沟通了消息。这次会见，决定在曲女城为玄奘召开五印论师大会。届时到会者有18国国王，僧众3 000余，婆罗门及尼乾外道2 000余，那烂陀寺僧1 000余。作为论主的玄奘，将论意写出，由明贤法师读示大众，并别悬一本于会场门外，请人问难，竟18日无人发论。玄奘取得全胜，被誉为"大乘天"和"解脱天"。继之，又从戒日王等随喜于钵罗耶伽国（恒河与阎牟那河合流处）的圣地施场，举行五年一度的无遮大会，到会道俗50余万，历时75天。

此后，玄奘谢别戒日诸王，踏上回国路程，重越葱岭，于贞观十九年(645)初，被荣耀地迎进长安。首尾历时17年，亲履110国，传闻28国，遂述《大唐西域记》12卷，成为研究古印度和中亚史的重要文献。由玄奘将唐太宗与中印戒日王和东印童子王联结起来的

251

---

① 东印迦摩缕波国（在今印度阿萨姆邦西部）之国王，意译"童子王"，或称"日胄王"。

活动,开创了中印两国正式友好交往的新篇章。①

唐太宗在洛阳接见玄奘,并按照玄奘的意愿,安排他到长安弘福寺译经。玄奘从印度共带回梵经 520 箧 657 部,经 19 年,总共译出 75 部 1 335 卷,只占总种类的八分之一强。唐太宗为他的译籍作了《大唐三藏圣教序》。玄奘的译介重点是瑜伽行派和说一切有部论著,最后是对般若经类作了系统的编纂。有关上座、大众、三弥底、弥沙塞、迦叶臂耶、法密等小乘诸部的经律论,以及另外一些因明和声明的著作等,都未译出,是非常可惜的。

玄奘的翻译,是译经史上的最高成就。此前隋彦悰在东晋道安的"五失本"、"三不易"的基础上,总结历来的译经情况,提出"十条"、"八备"的新要求,认为把译经事业同个人的道德素质、理解水平和汉梵文字能力统一起来,才有可能出现完善的译文。以此标准衡量译家,玄奘是当之无愧的佼佼者。玄奘提出"五不翻"的原则,规定凡汉文中无可对应和佛教特用的词,只音译而不意译,以避免望文生义。他本人是译场的主持者,梵汉精通,解决了梵师与笔受间的矛盾。因此,尽管他的翻译是有倾向的,但却能如实地表达出他所宗经典的内容。他的译文凝炼而精美,既保持了原本的文采风貌,又显示了汉文的典雅明畅。

玄奘自己的著作不多。除《西域记》外,前述之《会宗论》、《制恶见论》和为童子王写的《三身论》等,均不传。他的许多见解散见在他的门徒记述中。《成唯识论》是他杂糅唯识十家对《唯识三十颂》的注疏编译而成,可以看作玄奘思想的代表作,也是慈恩一宗的奠基性论著。

玄奘门下和法相宗 玄奘的译场规模宏大,集中了当时著名的佛教学者,从他门下出来的人才,大多出类拔萃。其中由于对唯识学的解释不同,又分为两个系统,即圆测学系和窥基学系。

圆测(613—696),新罗人,曾就学于真谛一系的法常和僧辩。

---

① 有说,公元 640 年玄奘著《会宗论》,秋末晤戒日王;641 年戒日王遣使至长安,太宗命梁怀璥持节抚慰。

玄奘移居西明寺时(658)，敕选五十大德同住，圆测是其中之一，故亦称"西明"。他和窥基等从玄奘听讲《成唯识论》和《瑜伽师地论》，但在某些问题的解释上，与窥基不同。他的知名弟子大多是新罗人，他被朝鲜佛教推为新罗法相宗的始祖。他和他的弟子辈注疏有关唯识和因明的论述很多，也是全面研究玄奘思想及其影响的重要文献。

窥基(632—682)，长安人，出身唐贵族鲜卑尉迟氏。据传，他以独受玄奘所讲陈那之论，而大善因明三支，"纵横立破，述义命章，前无与比"；又独受玄奘的"五性宗法"，与玄奘的其他门徒截然有别。他追随玄奘，信奉弥勒兜率净土，弘扬《法华经》。先后曾到五台山、太原、博陵等地传法，有三车跟随，前乘经论，中乘自御，后乘家伎女仆食馔，被讥为"三车和尚"。他才华横溢，撰述极多，号称"百本疏主"。据他说，玄奘编纂《成唯识论》就是根据他的提议。他的代表作是《成唯识论述记》，此外还有《成唯识论掌中枢要》、《因明入正理论疏》、《瑜伽师地论略纂》、《法华经玄赞》、《大乘法苑义林章》等。他对于《异部宗轮论》和《辨中边论》、《唯识二十论》等，都有述记。有关《说无垢称》、《金刚》、《弥勒》等经，也有疏释。一般认为，窥基属于玄奘的嫡传。由他代表玄奘创始的唯识法相宗，亦称"慈恩宗"。

窥基的知名弟子有慧沼、智通、智达等。慧沼(651—714)，淄州(今山东淄博)人。初师玄奘，继而师事窥基。著《成唯识论了义灯》，反驳西明圆测的《唯识论疏》；另著有《能显中边慧日论》、《因明入正理论义纂要》等，阐述唯识教义，使该宗进入全盛时期。智通、智达是日本的入唐求法僧，回国后，成为在日本传播法相宗的重要一支。

慧沼弟子有智周等。智周(668—723)，濮阳人，初学天台教义，后师事慧沼。著有《成唯识论演秘》、《因明入正理论前记》及《因明入正理论后记》等。智周有日本弟子玄昉，新罗弟子智凤、智鸾、智雄等，他们形成日本法相宗中的另一重要支派。

此外，日僧道昭也曾入唐师事玄奘，是在日本弘扬法相宗的初

253

传大师。法相唯识宗在日本传承不断,一直延绵至今。

此外,玄奘门下还有一部分重点研习有部论著的学僧。其中普光受玄奘的"俱舍学","多是记忆西印萨婆多师口义",因著疏解判,称《俱舍光记》,又撰《俱舍论宗原》。法宝从玄奘译《大毗婆沙论》,曾责难玄奘"以凡语增加圣言量",遂"咆哮颉颃于奘之门",亦精通《俱舍》。玄奘的另一弟子神泰,亦有《俱舍疏》,使真谛以来的"俱舍学"又有新的发展,并传播于日本。

法相宗的宗教哲学特点　法相宗远承印度瑜伽行派,特别是护法一系的思想。窥基把本宗所依佛典归纳为"六经十一论",实际上,他们所重视的是《解深密经》和《瑜伽师地论》。作为中国佛教的一个派别,他们的哲学思想主要表现在《成唯识论》中。

《成唯识论》把瑜伽行派的唯识学说精炼而成新的系统。《述记》解释"唯识"时说:"唯遮境有,执'有'者丧其真;'识'简心'空',滞'空'者乖其实。所以晦斯'空'、'有',长溺二边;悟彼'有'、'空',高履中道。"这样,就把传统上强调的"唯识无境"更明确地表达为"无境有识",也更突出了"识"之作为世界本体的意义。

《成唯识论》沿袭"八识"之说,突出八识都有变现认识对象的功能,被变现的对象称为"似境"。识的这种功能被分为三类,叫作"三能变"。第一能变是"阿赖耶识",或曰"异熟能变",据说它能"内变"为八识"种子"和人身器官,"外变"为器世间(自然界)。第二能变属第七识,亦称"思量能变",具有经常把阿赖耶识思量为"我"的那种功能。第三能变属前六识,亦称"了境能变",所了之境,即是识的变现。

关于八识所造和所缘之"境",玄奘从其性质上分为三类,对印度唯识学作了新的补充,这就是窥基在《成唯识论枢要》中引用的"三类境"颂:"'性境'不随心,'独影'唯从见,'带质'通情本,性、种等随应。"这个颂涉及到他们的"种子"说和"见、相"等分说,十分琐细,各家理解也很不一致,但重要的是,它把当前真实存在的对象(性境)和纯属主观幻觉、回忆、想像中的景象(独影境),以及确有实事被反映在内的心识活动(带质境)分别开来,从而改变了通常将幻境与实境模糊不分的弊端，无疑是一大进步；它特别承认，反映在前五识主观影像（相分）中的，乃是一种"不随心"而存在的实物（"质"或"本质"），这又使它添置了某些朴素唯物主义的成分。当然，这里讲的"性境"，仅指直觉的对象；而将意识对直觉的综合表象，列入"独影"；所谓"本质"或"质"，则依然归结为"种子"的派生物（即八识之相分色），所以始终不能冲破唯识家在世界观上的一般框架。

中国的唯识家有两大系。以菩提流支与真谛为首的旧译家，本质上都是把诸识的最高本体归结为"自性清净心"，同当时遍及佛学界的"一切众生悉有佛性"的观念相通。玄奘新译所讲的"阿赖耶识"则有所不同：它是染与净的共同所依，无始俱生，而非纯净无染。旧译认为，"清净心"就是真如，即唯识理；新译认为，"清净心"属"佛智"范围，是契合了真如唯识理的结果，自身并非胜义谛。慈恩宗的这些有异于当时的主张，给宗教实践带来许多新的特点，这就是"种姓"和"转依"说。

所谓"种姓"，是借用印度种姓制度的概念，表示众生在成佛的可能性上存在差别。慈恩宗立种姓为五，即声闻、独觉、菩萨三乘和无性、不定二者。其中无性有情完全没有佛性，二乘（小乘）既入于无余涅槃，决定不会归转大乘。这种说法突出了佛教必须对社会和众生尽责的大乘菩萨行，更坚定地贬斥小乘的个人解脱之路，但与当时流行的《法华》、《涅槃》思想和中国儒家的传统观念不甚协调，故而受到以天台宗为首的多方责难，玄奘的弟子圆测、法宝等也反应冷淡。

"转依"的"依"，在唯识家那里通指作为染净根据的精神实体，慈恩宗即指阿赖耶识。他们认为通过宗教修持的"熏习"，藏识中的染污种子减弱，清净种子增强，最后转"识"成"智"，使杂染阿赖耶变成纯净阿赖耶，这就是成佛。因此，"转依"就是世界观的根本转变。这也是佛教大乘所有派别都可以接受的结论。但由于慈恩宗一系把"佛智"与"真如"分离开来，认为只有转变对"真如"之"迷"（识）为对"真如"之"悟"（智），才能转变藏识中的染分为净分，因而

255

"真如"就成了一种似乎可以独立于识外的东西,慧沼称之为"理佛性"。只有"理佛性"纳入阿赖耶的"事识",才能促使"事识"转变,实现由染转净的解脱。这类说法,同当时普遍主张"即心即佛"的禅思潮和"真如"即是"正智"的旧译大相径庭,但对于视"理"为"事"外另一客体的宋代理学家,则有明显的影响。

关于量论与因明的介绍,虽然不是始于玄奘,但只有经过玄奘和窥基的阐扬,才在中国传播开来,涌现出一批专门研究因明的学者及注疏。玄奘本人对佛教因明三支作法的完善化也有贡献,主要表现在他于印度针对小乘正量部反对"唯识无境"的命题而作的《真唯识量》中。"真唯识量"可能是《制恶见论》的核心思想,是在曲女城大会上精炼出来的。

据《因明大疏》和《宗镜录》记,"真唯识量"是这样的:"真故极成色,不离于眼识(宗);自许初三摄,眼所不摄故(因);犹如眼识(同喻)。"关于这个比量,历来众说纷纭。但含义十分简单:所缘(认识对象)与能缘(认识主体)不能相离,二者是同一识体上的"相分"与"见分"的关系。它的逻辑特点是,在"共比量"上加上了"简别"(即限制、有条件)的字眼,如"真故"、"极成色"、"自许"等。这些简别词大大增强了因明立量的针对性和条件性,使其只有在同论敌论议的特殊情况下,才能判断正确与否。此量针对的是正量部破除"唯识无境"的论题,对于正量部的立论来说,它是正确的,是无可指摘的,但对于非正量部来说,这些简别词就失去了一般的意义。换言之,玄奘把因明的组织形式严密化了,使它更好地成为论战的工具。但因为失去了普遍性,因明在认识论上的价值反而相对降低了。

(四)华严宗的宗教理论体系

传承 华严宗以阐扬《华严经》而得名。对《华严经》的研究,自晋代至梁代,在南方的一些佛教学者中已经开始;南北朝后期,南北学者的有关研究转而兴盛。北魏宣武帝曾敕勒那摩提讲《华严经》;地论师、律学大家慧光兼修《华严》;隋代地论师净影慧远作

256

《华严疏》7卷。其时在长安南郊终南山至相寺聚集对《华严》有研究的佛教学者数十人，华严宗的先驱法顺、智正、智俨等，都长期活动在这里，使该地区成为华严宗的发祥地。

法顺（557—640），俗姓杜，世称杜顺，雍州万年（今陕西长安）人。18岁出家，先习禅法，后学《华严》。在他所著的《华严五教止观》中，根据佛教各种经论的不同教义，把止观分为五类，并将《华严》放在大乘圆教的最高地位。这一分类，后经智俨、法藏的继承发挥，形成华严宗独特的判教说。在《华严法界观门》中，他把《华严经》的主要思想概括为真空观、理事无碍观、周遍含容观等三个方面，后经智俨、法藏补充发展，构成华严宗的"四法界"理论。

智俨（602—668），俗姓赵，天水人。12岁随法顺于终南山至相寺出家。曾从智正学《华严》，并从慧光的《华严经疏》中得到启发，著《华严搜玄记》、《华严一乘十玄门》、《华严孔目章》等，阐述华严"六相义"、"十玄门"等思想，构画出了华严宗的主要理论框架。他的弟子很多，著名的有怀齐、义湘和法藏。其中义湘是新罗人，学成回国，大弘《华严》，号称"海东华严初祖"。将华严宗从宗教哲学方面系统起来，并组成一股强大宗派势力的乃是法藏。

法藏（643—712），先世为康居人，故俗姓康，号"康藏法师"。出生于长安。17岁出家，入终南山听智俨讲《华严经》。他的创宗活动是在武则天执政时代完成的。28岁时，受武则天命在太原寺开讲《华严经》，及至诏令实叉难陀重译《华严经》，他也受命参加译场。圣历二年（699），武氏诏令法藏在洛阳佛授记寺讲新译《华严经》，据说当讲到"华藏世界品"时，堂宇震动，则天下祝贺，以为是"如来降迹"于武氏政权。传说《华严金师子章》就是法藏为武则天讲授的提纲。又传说武则天赐法藏号为"贤首"，所以华严宗又名"贤首宗"。

法藏前后讲《华严》30余遍，并参与《华严》、《楞伽》、《宝积》等重要经典的译场证义，著述很多，除《华严金师子章》外，还有《华严探玄记》、《华严经旨归》、《华严策林》、《华严五教章》、《华严问答》、《华严义海百门》、《妄尽还源观》、《游心法界记》、《文义纲目》等。

257

与法藏同时而着重研究新译《华严经》的学者有李通玄(635—730)。他用《易经》会通《华严经》,别有新意,但不为华严宗承认。所撰《新华严经论》40卷,影响悠久,明代李贽、方泽等都从这部论著入门习佛。

法藏弟子很多,其中高句丽僧审祥,传华严教义到日本,被视作日本华严宗的始祖。但法藏的上首弟子是慧苑。慧苑著《续华严经略疏刊定记》,对师说有所修正,后被澄观指为异端。慧苑弟子有法诜,以《华严经》、《菩萨戒》、《起信论》为教旨,撰《华严仪记》。法诜弟子中有著名的澄观。

澄观(738—839),俗姓夏侯,越州山阴(今浙江绍兴)人。11岁从宝林寺霈禅师出家,颂《法华经》。后遍游名山,从名僧学相部律、关河三论和《起信》、《涅槃》等,然后在法诜处研习《华严》。之后又就湛然习天台止观,并从慧忠等禅师咨决南宗禅法;谒见慧云禅师"了北宗玄理",更翻习经传子史等俗书。39岁后长住五台山大华严寺,专行方等忏法,主讲《华严经》,以为"文殊主智,普贤主理,二圣合为毗卢遮那,万行兼通,即是《华严》之义"[1],将佛菩萨崇拜同《华严》教义密切结合起来,强化了五台山与峨眉山作为文殊、普贤道场的地位。贞元十二年(796),应诏入长安,参与《华严后分》和《守护国界主经》的翻译,同时讲经、疏文,为朝廷和大臣所重。传说德宗曾赐号"清凉",故亦称"清凉国师"。

由于澄观参学广泛,思想驳杂,与法藏体系已有差别。他把禅宗与天台思想引入华严教法,体现了中唐以后诸宗相互渗透的总趋向。他在《华严经随疏演义钞》中明确表示,他的宗旨即在"会南北二宗之禅门,摄台、衡三观之玄趣"。

澄观撰著约400余卷,被称作"华严疏主"。其中《华严经疏》、《华严经随疏演义钞》、《法界玄镜》、《华严经略策》、《三圣圆融观门》等,今存。澄观有门徒百余人,最著名的是宗密。

宗密(780—841),俗姓何,果州西充(今四川西充)人。"家本豪

---

① 《宋高僧传·澄观传》。

盛,少通儒书",唐宪宗元和二年(807),从禅宗荷泽神会系的遂州道圆出家,一个偶然机会,得受《圆觉经》。元和五年(810),游学至襄汉,遇澄观弟子灵峰,从学澄观所著《华严经疏》等。不久即赴长安拜谒澄观,亲受其教。元和十一年(816)后,时常往来于终南山与长安之间,后居终南山草堂寺南的圭峰兰若,世称"圭峰禅师"。在政治上,他赞助君权对宦官势力的打击,见重于宰相李训,曾遭逮捕;在思想上,他着力调和禅教二派和儒释道三家的对立,得知于相国裴休,对于佛教的发展趋向,影响深远。他的著疏也多,大致可分三类:其一是弘扬《华严》的,如《华严经行愿品别行疏钞》、《注华严法界观门》、《华严原人论》等;另一类是关于禅的,如《禅源诸诠集》、《禅门师资承袭图》等;第三类是发挥《圆觉经》的,如《圆觉经大疏》、《大疏释义钞》、《略疏之钞》等。此外,对《金刚》、《盂兰盆》等经论也有疏注。宗密一生,除了阐述华严教义,还致力于禅学的实践和研究,成为唐中后期影响最大的禅宗学者。他合华严、禅为一,同归之为一乘显性教,认为"经是佛语,禅是佛意,诸佛心口必不相违",历来祖师"未有讲者毁禅,禅者毁讲"[1],揭出以教之三种与禅之三宗对应的理论。裴休指出,宗密的这一思想,"以如来三种教义,印禅宗三种法门,融瓶盘钗钏为一金,搅酥酪醍醐为一味;振纲领而举者皆顺,据会要而来者同趋"[2]。

自南北朝以来,佛教内部就存在以讲解经典义理为专业的法师(教),与重视禅行实践的禅师间的矛盾,有时达到互相攻讦、势不两立的地步。天台宗曾用"止观双运"进行融会,但作为佛教的整体学风,只有到了宗密,才有了根本的转变。

尤可注意的是,宗密把佛教内部诸宗的统一推广到儒释道三教的调和上,他在《原人论》序中说:"孔老释迦,皆是至圣;随时应物,设教殊途;内外相资,共利群庶。策勤万行,明因果始终;推究万法,彰生起本末。"

---

① 《禅门师资承袭图》。
② 《禅源诸诠集都序叙》。

华严宗的哲学思想　华严宗用来解释人生和宇宙发生的理论是"法界缘起"。所谓法界,定义为"总相"(共性、一般)和诸法之"因",具体指一切众生本有的"无二真心"或"如来藏自性清净心"。据说这种清净心,由于忽然起念引生"阿赖耶识",从而生起世界万有,善恶染净;人之成佛或堕落,也都依据这一真心而定,这是"法界"作为诸法之"因"的本体意义。但这样的"心体",并不是孤立的自存,它还贯彻在一切事物和一切行为中,成为个别现象的共同本质,被称为"心性"或"法性",这是"法界"作为诸法"总相"的共性意义。所以法界缘起又叫"性起缘起"。

法藏在《起信论义记》里说:"如来藏随缘(起念)成阿赖耶识,此则理彻于事也;亦许依他缘起无性同如,此则事彻于理也。"他把当作世界本体和事物本质的"如来藏"概括为"理",把代表现象世界个别事物的"阿赖耶识"概括为"事",然后用"理事"这对中国哲学的抽象范畴发挥他的主张,使华严宗的思想大大超出了他们所继承的地论师和所依据的《起信论》,创造了新的理论体系。"理"作为诸法之"体","事"则是一体之"用",于是有了"体用"这对范畴的运用。"理"是事物的"总相","事"则是"别相";"总"与"别"在大多数情况下,被当作一般(共性)与个别(个性)来运用,有时也当作全体与部分看待。"理"在事曰"性","事"或曰"尘","性"与"尘"的关系,相当于现象同本质、个别与一般,"理"是全体,是"一";"事"是全体的组成部分,简称"多"或"一切","一"与"多"或"一"与"一切",完整地表示整体与部分的关系。但"十"是《华严经》特别崇拜的数字,往往代表"圆满",成为"理"的象征。"一"是"十"的构成部分,又有"事"的含义。这样,为了从多方面多层次说明"理事"关系,他们创用了许多成对的概念,如主和伴、全与分、正与依、同与异、成与坏、摄与彻,以及力与无力、缘与待缘、相即相入、含受自在等,大大丰富了整个佛学的内容。

"法界缘起"说到宗密更加严密。宗密在《注华严法界观门》中说:"唯一真法界,谓总该万有,即是一心。然心融万有,便成四种法界。"这"一真法界"在万有中表现出来的四种法界,也反映着修持者对理事关系上的认识过程，构成禅观的内容。第一种名"事法界"，指事物的个性和差别性，或人的初级认识。第二种名"理法界"，指事物的共性、普遍本质，也特指佛教对"空性"的认识。第三种名"理事无碍法界"，即"理彻于事"，"事遍于理"。这开始了华严宗对真谛唯识学的特殊概括。《华严发菩提心章》阐述说："能遍之理，性无分限；所遍之事，分位差别。一一事中，理皆全遍，非是分遍。何以故？以彼真理，不可分故。""能遍之事，是有分限；所遍之理，要分无限。此有分限之事于无分限之理，全同，非分同。何以故？以事无体，还同理故。"不可分割的真理本体通彻于每一有分限的事物中，每一具体事物都摄真如本质全尽。"理事"的这种圆融无碍的关系，就是"一即一切，一切即一"。同一本体显现为纷然杂陈的各种事物，是谓"一即一切"，千差万殊的事物，属共同本质，是谓"一切即一"。第四种名"事事无碍法界"，是最能显示华严宗理论特色的说法。《华严发菩提心章》说："事无别事，全理为事"，"谓事诸法，与理非异，故事随理而圆遍，遂令一尘普遍法界；法界全体遍诸法时，此一微尘亦如理性，全在一切法。"就是说，事本相碍，大小等殊，自性各异；但理则包遍一切，如空无碍，以理融事，全事如理。由于诸事含容一理，所以万有之间就构成"相即相入"，你中有我、我中有你，层层无尽、圆融无碍的关系。因此，华严宗人也称"法界缘起"为"无尽缘起"。

为进一步阐述这种无尽缘起之说，华严宗又提出"六相圆融"说和"十玄无碍"说。

"六相圆融"也称"六相缘起"。六相是：总相、别相、同相、异相、成相、坏相。法藏在《华严金师子章》中以金师子为喻，说明六相关系："师子是总相，五根差别是别相。共从一缘起，是同相；眼耳等不相滥，是异相。诸根合会有师子，是成相；诸根各住自位，是坏相。"师子是总相、同相、成相，五根是别相、异相、坏相。师子相与五根相相即相入，圆融无碍，不可分离，形成一个圆满的有机整体，故名"六相圆融"。一切事物都具此六相，而六相无不圆融相摄。在《华严五教章》中，法藏又用房舍与椽瓦为喻，更深入地说明六相的关系。他说，"总相"是"舍"，"别相"是"椽"。但更应该懂得，椽即是舍，舍即是椽，"若不即舍不是椽，若不即椽不是舍"，所以"总"由"别"成，"别"由"总"成，"总相"与"别相"总是"相即"的。椽瓦等同为"舍"之缘，是谓"同相"；椽瓦等相望，形类各异名"异相"。"同"、"异"也是相对而言，也是"相即"的关系。同样道理，由椽等诸缘舍义得成，由成舍故，椽等名缘，是谓"成相"；由椽等缘各住自性，本不是作舍的部分，以其本不作舍的部分，始能成舍，是谓"坏相"。这样成坏相望，成相即是坏相，坏相即是成相。

法藏关于"六相缘起"的结论是："一切缘起法，不成则已，成则相即熔融，无碍自在，圆极难思。"这种理论的核心，是把个别事物纳入普遍联系之中，认为只有各具个性的事物，才能形成圆满的整体，而个性只有在其整体联系中，才能体现自身的价值和意义。这种既承认共性，又承认个性，既肯定整体，又肯定个体的主张，在中国佛教史和思想史上都是不多见的。但由于华严宗把"相即"的关系绝对化，最终导致了无矛盾，甚至无差别的结论。也就是说，现实的矛盾和差别，最终要被那个一般的"理"所浸没。

"十玄无碍"也称"十玄缘起"。《华严经·贤首品》在描述佛的境界时说，一微尘中有无量世界，而这些世界又具染净、广狭、有佛无佛等不同情况，犹如天帝网交相涉入。此经还用教义、事理、境智、行位、因果、依正、体用、人法、逆顺、感应等十对名目说明世界万物的圆融无碍关系。智俨在《华严一乘十玄门》中据此提出"十玄无碍"理论，阐述法界缘起、相即相入的观念。他的理论为法藏所继承和发展。由于两人立说略有不同，故有"古十玄"和"新十玄"的区分。

法藏的"新十玄"是：同时具足相应门、广狭自在无碍门、一多相容不同门、诸法相即自在门、隐密显了俱成门、微细相容安立门、因陀罗网境界门、托事显法生解门、十世隔法异成门、主伴圆明具德门。法藏认为，"此十门同一缘起，无碍圆融，随为一门，即具一切"①。由十玄门的圆融无碍而及于现实世界一切事物的圆融无碍，相即相入，重重无尽，其思想没有超出以上六相之说。

华严宗对于佛教哲学的主要贡献是，自觉地、广泛地运用了理事、体用、总别诸范畴，相当精彩地解释了个别与一般的关系问题。个别与一般的关系，几乎是所有的宗教神学都要涉及的问题，也是哲学史上的重大问题。在佛教大乘各派哲学中，也普遍地有所触及，但只有到了中国华严宗，才如此明确和详尽地作出专题论述，从而构成这一宗派的主要理论特色。

华严宗对于中国哲学史的影响很大，这在程朱理学中尤为明显。程颐认为，华严宗所谓"理事无碍"、"事事无碍"，"一言以蔽之，不过曰万理归于一理"②。这"万理归于一理"之说，反映了理学家和华严宗在理事关系问题上的逻辑联系。事实上，程朱理学建立之初，无论是论题的提出，还是范畴应用以及思维方式等，都曾从华严宗那里得到启示。

程朱理学的重要命题是"理一分殊"。朱熹说："本只一个太极，而万物各有秉受，又各自全具一太极尔。如月在天，只一而已，及散在江湖，则随处而见，不可谓月已分也。"③太极，即相当于华严宗所说的"理"或"一真法界"，只不过给予的内容不同而已。朱熹还说："释氏云：一月普现一切水，一切水月一月摄。这是那释氏也窥见得这些道理。"④显然，这种照抄的"释氏"之言，出自华严宗的"一切即一"，"一即一切"。程朱又以"体用一源，显微无间"说，来表述一切事物都是"一理"的体现，则出自华严宗的"理事无碍"之说。因他们与华严宗的思想过于相似，故程颐有"泄露天机"的感叹。

（五）禅宗的兴起和繁盛

禅宗的建立　禅宗的形成，是整个佛教史上的大事。但后人

---

① 《华严经探玄记》卷一。
② 《二程遗书》卷一八。
③ 《朱子语类》卷九四。
④ 《朱子语类》卷一八。

的记述纷杂不一、异说多端。据早期文献史传记载,从禅思潮在与
义学对立中兴起,到禅众形成为僧侣中的特殊群体;从禅众批量流
动的生活方式,到群聚定居,经历了一个相当长的历史过程,有极
深刻的社会原因,特别是与北魏以来波浪式出现的流民问题息息
相关。

传说的达摩一派禅师,自北向南流动,代表了隋唐之际禅众发
展的主要方向。慧可门下僧璨已在南方活动,但形踪难详。至于
僧璨的弟子道信(579—651)先入舒州(安徽潜山)皖公山,再往江西
庐山,最后定居蕲州黄梅(湖北黄梅县)双峰山,一住 30 余年,聚众
500 余人,成为禅宗真正的发端者。

道信以双峰山为据点,在皖、鄂、赣临界地区的官民中间产生
过重大影响。杜朏的《传法宝记》载,道信"每劝门人曰:努力勤坐,
坐为根本。能作三五年,得一口食塞(疗)饥疮,即闭门坐,莫读经,
莫共人语"。在这里,定居聚徒,坐作并行,不读经,不共人语,都是
禅宗初期的基本特征。

在道信门下从学的禅师,难以考证,能够发扬他的成果,终于
使禅宗成为遍及全国最大宗派的,则是弘忍。弘忍(600—674)被奉
为禅宗五祖,在道宣时已知名于世。他 7 岁奉事道信,后迁至双峰
山东山寺,所弘禅法号称"东山法门"。玄赜在《楞伽人法志》中记
述弘忍的特点是,"缄口于是非之场","役力以申供养","生不嘱文,
而义附玄旨",这依然是坚持道信的禅风。但他更有新的发展,尤
其提倡"静乱无二","语嘿恒一","四仪皆是道场,三业咸为佛事",
把禅(静、嘿)贯彻到了日常"役力"生活中,这既改变了凡禅必坐的
传统,也从根本上改变了禅的面貌。所谓"役力",与"作"一样,均指
体力劳动言。日常劳动和与之有关的俗务,被引进禅学内容,是禅
宗对传统佛教思想的重大改革。这一改革,到弘忍时代已经达到
相当的理论自觉。

弘忍自我标榜他的信仰依据是达摩提倡的 4 卷本《楞伽经》,所
以一般也把他划在楞伽师之列。他认为此经的精义,只能"心证了
知",所言则是"佛语心第一"。他又据《文殊说般若经》讲的"一行三

昧"，认为只要"念佛"，"心"即是佛，所以他的"东山法门"也被归结为"一行三昧"。事实上弘忍对两部佛典的解释是十分任意的，目的在于排除向外求佛的传统教义，包括偶像崇拜、净土信仰、沉溺经教、着意修持等，从而把解脱的希望转移到自我内心的调节上。

弘忍的门徒难以确计，被认为能传其禅法的有11人，南到韶州（今广东韶关），北至潞州（今山西长治），西到资州（今四川资中北），东到越州（今浙江绍兴），分布全国，各为一方师，聚徒传法，声震朝廷。其中法如和老安（慧安）在嵩山，声望极高，直接影响东京；玄赜在安州（今湖北安陆），后入洛阳，被贵族禅师净觉一系推奉为师长；智诜在资州，开成都净泉（众）、保唐一大禅系；神秀在荆州当阳（今湖北当阳），名闻西京，后被推为禅宗北宗领袖；慧能在韶州，扎根山林市民，被推为禅宗南宗始祖。此外，被后人引为道信另一弟子的法融，在南京牛头山经智威、慧忠等的持续经营而成牛头禅系。

禅师们的活动吸引了众多的追随者，受到从地方到中央各级官吏的普遍关注。以宋之问上表请迎神秀入洛为契机，武则天先后接见了以神秀为首的弘忍门徒，如老安、玄约、智诜、玄赜等，表示"东山法门"是天下行禅修道者的极宗。原本隐遁山林、自食其力的禅宗，开始由朝廷直接控制；一些禅师一旦成为帝师，随着就有一批贫困的禅众上升为富有的官僧。禅宗内部有了重大的分化，争夺禅宗正统、争夺官方承认和扶植的斗争激烈起来。

经过安史之乱，到唐中后期，禅宗内部已出现了宗派林立、争讼不已的状况。据宗密所收，殆且百家，有独特宗义者十室并为七派，它们是：神秀门下普寂等北宗提倡的"拂尘看净，方便通经"；智诜所开净众寺金和尚一系提倡的"三句用心（指无忆无念莫妄）为戒定慧"；老安门下俗弟子陈楚章一系提倡的"教行不拘而灭识"；慧能门下怀让、道一提倡的"触类是道而任心"；慧能门下神会一系提倡的"寂知指体，无念为宗"；牛头法融门下慧忠、道钦一系提倡的"本无事而忘情"；传说也是弘忍弟子的宣什一系（亦称"南山念佛门"禅宗）提倡的"借传香而存佛"。这些派系，争刻碑铭，竞撰史传，各出语录，除了弘扬本宗教义外，主要是为了确立自己的正宗地位。

到宗密为止,禅宗各家所述祖谱不完全一样,谁是禅宗始祖,就有求那跋陀罗、菩提达摩多罗、达摩多罗和菩提达摩四种说法。至于谁是弘忍嫡传,弘忍并没有确定,后人则集中在神秀和慧能二人身上。① "南能北秀"大体反映了此后禅宗的主要潮流。

南北分宗 据张说撰《大通禅师碑》,神秀姓李,陈留尉氏(今河南尉氏县)人,生于隋末,"少为诸生,游问江表",精通《老》《庄》《书》《易》,三乘经论,古字古语。50岁始投弘忍门下,"服勤六年,不舍昼夜",后"涕辞而去,退藏于密",行踪不详。直到凤仪中(677—680),年近古稀,始取得正式僧籍,隶荆州当阳玉泉山玉泉寺。他在寺东山地别造兰若,荫松藉草,一时"就者成都","学来如市",两京学徒,群方信士,不远千里赴此禅门。以致"庵庐雁行于邱阜,云集雾委"。久视元年(700),武则天遣使迎神秀入京,被推为"两京法主",又因受睿宗、中宗礼遇,号称"三帝国师"。

神秀的著名弟子是普寂、义福等四人。义福在神秀病危之际被邀入京,开元年间又受到唐玄宗的恩宠,尝随驾往来两京,开元二十三年(735)卒,谥"大智禅师"。普寂在神秀卒后,被唐中宗诏令"统师徒众,宣扬教迹",卒于开元二十七年(739)。天宝元年(742),李邕为其作塔铭谓:"四海大君者,我开元圣文神武皇帝之谓也;入佛之智,赫为万法宗主者,我禅门七叶大照和尚(普寂谥号)之谓也。"可见其当时的声势何等显赫。

从神秀入京算起,这一禅系的领袖人物,高据两京,君临一切禅徒,加上时处盛唐,声势之高,天下无与伦比。但是,北宗始终未能将全国禅众统一起来。禅宗新贵与不安于山林贫困的禅众间产生了新的斗争,奉谁为六祖,就成了这场斗争的触发点。

首先发动这场斗争的是自称慧能弟子的神会(?—760)。开元十二年(724),正当北宗炙手可热之际,他在滑台(今河南滑县)无遮

---

① 禅宗六祖之分,当始于武则天永昌元年(689)写的《法如禅师行状》,此文以法如为菩提达摩以来的第六代。

大会上与崇远法师展开了有关南北宗是非傍正的争论。他认为北宗的"传承是傍,法门是渐";只有慧能得到了弘忍的"顿门"嫡传及其传宗信物"法衣"。天宝八年(749),神会入洛阳荷泽寺,继续非斥北宗,御史卢奕奏其聚众不轨,天宝十二年(753)后,连续被贬弋阳(在今江西)、武当(在今湖北)、襄州(今湖北襄樊)、荆州。安史之乱,副元帅郭子仪通令全国大府各置戒坛度僧,收取"香水钱",以助军费。神会在这一活动中起了积极作用。

神会有弟子孤独沛,开元二十一年(733),整理出《菩提达摩南宗定是非论》(已残),另有《南阳和尚顿教解脱禅门直了性坛语》和其他语录残本。神会还请名诗人王维撰《六祖能禅师碑铭》(简称《能禅师碑》),都正式把慧能作为禅宗六祖。

经过安史之乱,两京寺院破坏严重,作为神秀继承者的普寂表现无特操。北宗在经济上和声誉上受到双重打击。在神会的号召下,出现了一个全国性的破北宗、树南宗的运动。慧能的声望空前高涨。王维的《能禅师碑》,已经传出则天太后、孝和皇帝曾多次征其赴京的说法;宗密一系更传贞元十二年(796),唐德宗敕皇太子集诸禅师楷定禅门宗旨,正式立神会为慧能嫡传,奉为第七祖。据柳宗元和刘禹锡撰的《大鉴禅师碑》,慧能之被奉为六祖,在南方已经普遍流行,但正式得到朝廷谥号,则是元和十年(815)的事,离慧能去世已有百余年了。这个谥号的重要作用,是使此后的禅众纷纷争做慧能的法系。

关于慧能的身世和思想,后来传说很多。据王维记神会所述,他俗姓卢,出身低微,大约生在岭南的一个农猎家庭。后来参谒黄梅弘忍,密受袈裟,遂销声异邦,混杂于农商编人之中,历16年。后于南海(广州)听印宗法师讲《涅槃经》,质以"真乘",印宗不能答,反从请益,并领德众,慧能由是削发具戒,大兴禅法。慧能另一弟子名法海者,作《曹溪大师别传》、《六祖大师缘起外纪》等,并记录慧能在韶州的弘法言论为《南宗顿教最上乘摩诃般若波罗蜜经六祖慧能大师于韶州大梵寺施法坛经》(简称《坛经》),其中也介绍了慧能的历史和思想。于是在慧能名下,又出现神会与法海两个系统,

267

而两系所记不尽相同。

按神会一系的介绍，北宗主"渐"，指的是神秀门下嵩岳普寂与东岳降魔禅师的主张，即"凝心入定，住心看净，起心外照，摄心内证"。《坛经》则把矛头直指神秀，并将神秀的禅法归为一偈："身是菩提树，心如明镜台，时时勤拂拭，莫使有尘埃。"此后宗密更将北宗宗旨精炼作"拂尘看净，方便通经"。这些不同的记载，实质上反映了自神秀之后，北宗走向了坐禅读经的旧路。

相对而言，南宗禅众依然生活在下层民众之间，生气勃勃。王维记慧能的禅法纲领是"忍"，"忍者，无生方得，无我始成"。以"忍"为教首，达到"定无所入，慧无所依"，"根尘不灭"，"行愿无成"，"举手举足，长（常）在道场，是心是情，同归性海"，由此就能"即凡成圣"。这一主张，视修定（坐禅）学慧（读经）蔑如也，既不需要控制自我官能（根），也不必改变对外界（尘）的观念，更不必选择特定的道场，在日常生活之中，以平常人的心识，即可得道成佛。据此可以认为，南宗的创始者，发展了道信、弘忍将劳动引进禅学的做法，进一步把禅法贯彻到了世俗社会和世俗人家的全部世俗生活。

一般认为，慧能的代表作是《坛经》，典型思想表现在他用以与神秀对抗的偈上。事实上，法海本《坛经》记的是两个颂，即"菩提本无树，明镜亦非台，佛性常清净，何处染尘埃"和"心是菩提树，身为明镜台，明镜本清净，何处染尘埃"。这两个偈的哲学基础并不相同，前者倾向般若性空，后者是《涅槃》佛性论，但二者又都承认"心性本净"，与神秀的观点并无原则区别。这反映《坛经》容纳的理论很杂，引用《楞伽》、《起信》、《金刚》等经论的痕迹就很明显，一直到宋元两代，还不断有人进行增删，整理新本。但《坛经》影响于此后禅宗的发展确实很大，原因在于它简明地概括了弘忍以来，特别表现在神会、法海、处寂等诸禅系身上的一些普遍主张，例如，贯彻"一行三昧"，提倡"定慧体一"，主张"无念为宗，无相为体，无住为本"，以及批驳北宗的坐禅看净等。它强调众生"本性自有般若之智，自用智慧观照"，又强调"一切万法尽在自身心中，何不从于自心顿现真如本性"，这几乎成了南宗各家的理论纲领；它提出一些口号,诸如"若识本心,即是解脱","直指人心","见性成佛"等,则成为南宗各家的实践指南。据此,他们提倡不假文字经典,不向心外求索,不以造寺、布施、供养为功德,不计较在家出家的形式等,形成各种不同的禅门。

但《坛经》有些内容是比较独特的。它以《金刚经》为旗帜,把教授《坛经》规定为传法不失本宗的标志,模仿《楞伽师资记》记述慧能临终嘱咐十弟子"各为一方头",这些在神会一系的文献中都是没有的。事实上,十弟子中除神会外,在禅宗史上没有任何地位。法海一系大抵只限在岭南韶州一地。

南岳与青原　正值禅宗南北争论正傍的时候,湖南、江西又悄然涌现出了新的派别,这就是后来被说成也是慧能传承的另外两系——南岳怀让和青原行思。

传说怀让(677—744)是金州安康(今陕西安康)人,先就学于嵩岳老安,再受教于曹溪慧能,后到湖南衡山修禅,终身无闻于世。怀让之所以扬名于后代,是他的徒孙辈在京师弘扬本宗法门,于宝历(825—827)中获得朝廷敕谥。

真正使南岳禅法哄动官民的是道一。道一(709—788),汉州(今四川广汉)人,俗姓马,时称"马祖"。从资州唐和尚(即处寂)出家,开元中,参衡岳怀让,后游化临川(今江西抚州),止于龚公山,受到当地郡守河东裴某的信奉;裴某北迁庐江、寿春为牧,依旧率化道一宗门。后应地方官邀请,至于钟陵(在今江西南昌附近)。建中年间(780—783)有诏勒令游僧归还旧壤,"元戎鲍公密留不遣"。卒后,观察使李某于建昌(在今江西永修北)鄘山为其营塔,宪宗追谥"大寂禅师"。马祖势力遍及江西,号称"洪州禅"或"江西禅"。

道一的弟子怀晖、惟宽,游化江西、福建、浙江、山东、河南等地,黑白徒众百千万计。元和(806—820)初年,被唐宪宗先后诏入京师,传禅说法,朝寮名士多来参问,大大扩张了洪州系的势力范围。促使洪州禅法持久发展的,则是道一的另一弟子怀海(720—814),号"百丈禅师",原籍福州长乐(今福建长乐)。他于南康从道一受教,后居新吴(今江西新奉)大雄山,接纳四方禅众。按传统律制,大德禅师多居律寺,制约苛细;道信、弘忍以来,即使禅僧领袖,也往往离寺别居茅岩,戒律荡然。至于怀海,决定另立禅居,"令不论高下,尽入僧堂;堂中设长连床……卧必斜枕床唇,谓之带刀睡;朝参夕聚,饮食随宜,示节俭也;行普请法,示上下均力也;长老居方丈……不立佛殿,唯树法堂"①。这些规定说明,既禅且农的做法已经成为一种稳定的寺院经济形式,禅众集团长期形成的同吃同住同劳动和平等消费的生活方式,开始规范化和制度化。与此相应,坐禅的宗教观念和驯从封建秩序的纪律,也得到加强。这一制度,立即在天下禅宗中通行,如风偃草。元代重修为《百丈清规》,更成为官方颁布的必行戒条。洪州宗至怀海而将农禅带向成熟。

青原行思(? —740),吉州(今江西吉安)人,于本州青原山修禅,生平不详。僖宗年间(875—888)始受谥号。

行思的弟子是希迁(700—790),号"石头和尚",端州(今广东肇庆)高安人。传说曾参慧能,又"上下罗浮,往来三峡",于岭南、四川等地游学,后从行思就教。天宝(742—755)初,于衡山南寺石台上结庵行禅,被尊为"湖南主",与江西道一并为一时的"二大士"。他撰的小品《参同契》,对禅思想的发展影响较大。他卒后30年,弟子道铣请国子博士刘轲为碑记德,长庆(821—842)中受谥。

希迁的知名弟子是天然(737—824),生平不详。先后参问江西、天台、伏牛等诸派禅法,"洛下归信者翕然"。元和十五年(820)入南阳(河南境)丹霞山结庵,以"无事僧"著称当时。

综观唐武宗毁佛之前,全国名山几乎为禅宗占尽,出现或大或小许多中心。它们几乎遵循同一规律:先是默默无闻,游化聚徒,然后定居一处,地方官吏扶植,最后是朝廷追谥,国家予以承认。这些被承认了的宗派,又各自标新立异,甚至互相攻讦,所谓"南能北秀,水火之嫌,荷泽、洪州,参商之隙"。这种趋势,自安史乱后,日甚一日,与密宗的同时勃起,构成中唐佛教的两大显著特点。

关于南岳与青原两系的思想差别,后人有些传说。宗密所记

---

① 《宋高僧传》。

江西的"触类是道而任心"，可作南岳一系的禅要。所谓"触类是道"，指起心动念，弹指磬咳，扬眉动睛，都应视作"佛性全体之用"，即众生如来藏的体现；据此要求，实践上不起心造恶修善，不为修道学法成佛所拘，任运自在，是谓"任心"，亦即解脱。马祖门下师徒授受，往往是有哭有笑，脚踢棒喝，目的也在启悟"一切皆真"的道理。

青原一系的思想，宗密归为"泯灭不寄宗"，即般若性空，以为石头希迁与牛头、径山（法钦）同属此类。牛头的禅要是："本无事而忘情"，"谓心境本空，非今始寂。迷之谓有，所以生憎爱等情。了达本来无事，即须丧己忘情，情忘即度苦厄"。曾有僧问希迁，何谓"解脱"？答曰"谁能缚汝"；又问"净土"，曰"谁能垢汝"。这也含有"忘情"的意思。但从《参同契》看，希迁用"明暗"、"本末"、"源流"、"回互不回互"等，说明"事理"的关系，颇受华严宗的影响；其主"即心即佛"，也是以如来藏佛性论为理论基点的。

从总体看，南岳、青原及其以后的禅家，都没有什么完整深邃的理论体系，杂糅含混，极少个性。加上参禅者日多，纷纷扰扰，往来憧憧，师徒、宾主间晤别问答之间，出现许多各逞机辩但意义不清的话语，使彼此的原则界限愈加模糊。《景德传灯录》记载了大量这类话语。例如明州大梅山法常参谒道一，听到"即心是佛"，言下大悟，遂聚徒传道。有人告知："马师近日佛法又别，谓'非心非佛'。"法常气愤地说："任汝'非心非佛'，我只管'即心即佛'。"道一听到倒很高兴，谓："梅子（法常）熟也。"旧有的宗派观念，相对缩小。

禅师们的机辩，亦称"机锋"，内容不一，有的富于哲理，启迪人生；有的妙趣横生，谐谑兼备；有的则语义晦涩，文字游戏。传统佛教视作神圣权威的东西，他们却当作对谈的话柄，使权威贬值，神圣无光。据说李翱问石头门徒惟俨："如何是戒、定、慧？"俨答："贫道这里无此闲家具。"希迁本人也以"定慧"为"奴婢"。某次普请镢地，忽有一僧闻饭鼓鸣，举起镢头大笑便归，怀海云："俊哉，此是观音入理之门！"有僧问："如何是三宝？"怀让法嗣总印师答："禾、麦、豆。"问者曰："学者不会。"师曰："大众欣然奉持。"在这些农禅并行

271

的丛林中,充满着生活的情趣。

这类禅风,或称"游戏三昧",以追求内心解脱、自然任运为鹄的。它飘然于政治是非、人际爱憎之外,表现为一派安逸闲适、不受拘束的模样。对于安史乱后,由于朝政持续腐败,朋党倾轧不已,不得不忧心忡忡地禁闭自己内心和言行的官僚士大夫来说,无疑是另一个天地,从中可以暂释重负,松宽紧束,取得某种心理平衡。在弘忍、神秀时代,政府抬举著名禅师,带有明显的羁縻性质;至此,士大夫普遍与禅师结交,则因为禅宗创造了新的境界,开发了自然美,有了补充和丰富精神世界的吸引力。

禅宗五家 以会昌(841—846)"法难"为开端,佛教继续遭受王仙芝、黄巢起义(874—884)在南方的打击,军阀混战(884—907)在北方的破坏,最后形成五代十国(907—960)的分割局面,致使以官寺庄园经济为基地的经院派诸宗一蹶不振,也迫使山林禅众不断扩散转移。另一方面,由于外患内乱不息,国家控制能力大减,流入山林的人数愈众,禅宗在各种势力夹缝中反而获得新的发展。唐末五代兴盛的禅宗五家,就是这种社会条件的产物。

据僧传灯录记载,江西怀海门人众多,其中灵祐(771—853)辟潭州沩山(在今湖南宁乡县境)为据点,会昌毁佛遭澄汰,后因相国崔慎由之力,于大中(847—859)初得到复兴。他的弟子慧寂(814—890)至袁州(今江西宜春)大仰山开拓,禅徒臻萃,遂成"沩仰"一家。怀海的另一弟子希运(?—855),居洪州高安黄蘗山,禅众常千余人。会昌毁佛,得到裴休保护,大中二年(848),重新聚徒。他的弟子义玄(?—867),于唐大中八年(854),在镇州(今河北正定)建临济禅苑,学侣奔凑,势力散布在河北大名到北京之间,颇受李存勗的保护,形成"临济"一家。

出于青原惟俨、昙晟门下的良价(807—869),于大中末年开始,在新丰山接引学徒,后移豫章高安之洞山弘化。他的弟子本寂(841—901),居抚州(今江西抚州)之曹山传扬师说,后移宜黄,法席大盛,史称"曹洞禅"。另有青原一系的道悟,传崇信、宣鉴而至义存(822—908),在福州象骨山雪峰创建禅院,得到福建地方州帅扶植，经常徒众不下千百人，唐懿宗赐号和紫袈裟。他的弟子文偃（？—949），去韶州云门山（在今广东乳源县北），受到广州地方官支持，形成"云门禅"。雪峰义存的另一弟子师备（837—908），经桂琛而至文益（885—958），先居临川开堂，南唐李璟迎往金陵清凉寺。死后李璟追谥其为"大法眼禅师"，该派遂成"法眼禅"。

五家禅中，"沩仰"兴起最早，于宋初衰微。"法眼"形成最晚，随吴越之亡而势减。属这一法系的延寿（904—975），以佛学渊博知名于宋初，编纂《宗镜录》以调和禅教矛盾，著《万善同归集》提倡三教合一。高丽王曾遣僧30人从其参学，法眼禅由是传至东海。"云门"在北宋仍然兴隆，出身此系的契嵩（1007—1072），重订《坛经》，编纂《传法正宗记》等，被收入官藏，影响后世。"曹洞"，特别是"临济"，流传的区域最广，时间最长，直到近代，时有名师问世。"曹洞"传至明州（今浙江宁波）天童山如净（1063—1128），有弟子日僧道元，创日本曹洞宗。"临济"的法席始终很盛，传至石霜楚圆（987—1040），有徒慧南（1002—1069），居南昌黄龙山，学侣辐辏，称"黄龙宗"；楚圆的另一门徒方会（992—1049），住筠州（今江西高安）杨岐山，弟子亦多，名"杨岐宗"。上述五家与此二宗，僧史通称"五家七宗"。杨岐门下蒙庵元聪，传日僧俊芿，成为日本杨岐宗初祖。临济各派不断流传到日本。

严格地说，五家七宗的哲学特色不多，始终保持一种杂糅诸学，随机应境说教的倾向。直到宋初，禅僧中普遍劳动、上下均力的制度没有大的改变，看不到师徒间有显著的分化。而思想上更趋超脱，追求伸屈自由。一些有见识的禅僧，多由参学诸山名家而独树一帜，以致"行脚"、"参禅"成风，禅师间平等竞争，十分激烈。因此，"应机接物"、"开堂说法"的成败如何，也就成了决定禅师地位的重要因素，处理好宾主师徒间的往来酬对，则变成了日常重要的议题。禅宗五家各有自己的"家风"、"门庭"、"宗眼"（宗旨），主要表现为这种应机接物的方式，当然也反映一定的思想内容。

临济一家"应机"多用"喝"与"棒"，棒打喝斥成了交流某种道理的中介，时称"棒喝"。所以灌谿志闲说："我见临济无言语，直至

273

如今饱不饥。"事实上，义玄也很重视灵活运用语言的艺术，他说："夫一句须具三玄门，一玄门须具三要，有权有用。"所谓"三玄"中"体中玄"，指由正面言说显示本宗道理；"句中玄"，指以语义不明的言说显示妙理；"玄中玄"，指极尽言说之妙，以体现真理之玄的境域。所谓"三要"与"三玄"配合，指言说不失本宗的要义，第一"要"强调破除外境，第二"要"注意不执着言句，第三"要"重视随机发动。汾阳善昭说："三玄三要事难分，得意忘言道易亲；一句明明该万象，重阳九日菊花新。"他把"三玄三要"的理论基础概括为"得意忘言"，认为言说的含义可以很多，都不能完全表达真实意境，但借作一种手段，可以随机翻出许多新花样。

义玄还有两段名言："我有时夺人不夺境，有时夺境不夺人，有时人境俱夺，有时人境俱不夺。""我有时先照后用，有时先用后照，有时照用同时，有时照用不同时。"前段称"四料简"，后者名"四照用"。"夺人"指摈斥"我执"，"夺境"指摈斥"法执"。"照"谓寂照，指般若空观；"用"谓妙用，指承认假有。意思是，他的言说全在临机发挥，讲空说有，或夺或不夺，言不尽意，没有常规，他人听来，总在可解与不可解之间，而说者并不因此迷失本宗。

义玄设立审视主客问答成败的方法为"四宾主"。他假立善知识是师，是主；学人是徒，是宾。双方言论往来有四种情况："宾看主"，学人比禅师更有见地；"主看宾"，与上述情况相反；"主看主"，禅师与学人见解一致；"宾看宾"，禅师与学人见解都错，是参学双方无可挽救的失败，因为学人本来是"披枷带锁出善知识前"，善知识却"更与安一重枷锁"。

义玄的宗旨，是打破一切枷锁。他认为，"佛"就是"心清净"，"法"就是"心光明"，"道"则是所思所行"处处无碍"。因此，真正的学道人"且要自信，莫向外觅"，做一个"不受人惑的人"。他倡导"大善知识，始敢毁佛毁祖，是非天下，排斥三藏，骂辱诸小儿，向逆顺中觅人"。又号召"向里向外，逢着便杀；逢佛杀佛，逢祖杀祖，逢罗汉杀罗汉"。这些话的根本目的，是要人们把解脱的希望寄托在"自悟"、"自信"、"自主"的基础上，这可以说是禅宗创始以来的一贯主张，但至此发展到公然提倡呵佛骂祖、非经毁佛的程度，使佛教的传统面貌完全丧失了。禅宗反对偶像、轻蔑教条的风气，至此达到顶端。

曹洞禅也有一套接待学徒的方法，叫作"权开五位，善接三根"，即用五种不同的说法，分别对待上、中、下三类参学者。这"五位"是用"君臣"、"偏正"、"事理"、"体用"等概念表达对佛教基本问题——"色""空"关系问题的理解，亦称"君臣五位"。其中"正位"指"空界"，谓"本来无物"；"偏位"指"色界"，谓"有万象形"。结合君臣、事理等看色空关系，可以产生这样一些认识："正中偏"，是"背理就事"；"偏中正"，是"舍事入理"；"兼带"者，"冥应众缘，不堕诸有，非染非净，非正非偏"。"君为正位，臣为偏位。臣向君是偏中正；君视臣是正中偏。君臣道合是兼带语"。这类说法，在有关的记载中不尽相同，总的意思是清楚的：对于空有、理事、君臣等，若看成是各自孤立的两"位"，固然不对，说成二者可以舍此入彼的关系，也不正确。唯有体现"非正非偏"、"君臣道合"的"兼带语"，才是"虚玄大道，无着真宗"，而这"兼带语"，也就是离色离空达到"混然无内外，和融上下平"的境地，也即是华严宗讲的"理事圆融，事事无碍"。

与曹洞宗同出于青原一系的法眼宗，也受华严宗"理事圆融"思想的影响，提倡佛教内部的融合。清凉文益在《宗门十规论》中提出"理事不二，贵在圆融"的口号，认为当时禅宗弊端很多，挽救的最好办法是实行禅教统一。这一主张，反映了五代后期禅宗思想的新变化。曹洞宗吸收华严思想，但更注重与儒家学说的融合。它提倡"臣奉于君，子顺于父"，"修己行孝，以合天心"的伦理原则，同时启用儒家经典《周易》来为它的"君臣五位"作解，如良价的《宝镜三昧歌》、本寂的《五位旨诀》等，均属此类。进入宋代，禅宗思想与儒家的距离就愈益缩短了。

华严宗和禅宗的宗教哲学都曾予程朱理学以重大影响。但宋代华严宗已极衰微，经籍散佚，而禅宗五家中临济、曹洞、云门三家却仍然保持着某种繁荣局面。由于禅教融合的提倡，禅僧为适应

275

当时士大夫参禅之风,普遍对华严教义表现出兴趣。所以,宋代理学家接受华严学说,实际上是通过五家禅,尤其是曹洞禅进行的。程朱反复申述的"体用一源,显微无间"说,与曹洞宗的"君臣五位"说有着内在的联系。陆学则更直截了当,几乎把禅宗的精髓融入自己学说之中。总之,程朱和陆王都曾从后期禅宗五家那里吸取营养,禅宗自身发展理论的能力反而枯竭了。

(六) 密宗的兴衰

概况 密教经典传入内地的时间很早,多属真言咒语(或称"陀罗尼"、"总持")性质。三国时,竺将炎译《摩登伽经》,支谦译《无量门微密持经》,都很有名。西晋永嘉中(307—313),帛尸梨蜜多罗在建业更专门传播陀罗尼法门,译有《大灌顶经》、《大孔雀王神咒经》、《孔雀王杂神咒经》等。东晋对杂密的介绍增多,孝武帝(373—396 在位)时,竺昙无兰译出《陀邻尼钵经》、《请雨咒经》、《止雨咒经》、《咒小儿经》、《咒时气病经》等 20 余部[1];北方地区的佛图澄,"善诵神咒,能役使鬼物",常"以道术欸动徒众"[2]。昙无谶早年便"与同学数人读咒","明解咒术,所向皆验,西域号为大咒师"。南北朝以后,传播咒术、译介咒法的中外僧侣延绵不断。这些咒术的应用范围很广,诸如息灾、求祥、安家、治病、驱鬼役神、降龙祈雨,无所不能,兼而也采取火祀、占卜、星象等法术,通称"杂密"。

杂密的内容与中国传统的道术、儒术和民间巫术有许多是相通的,它在中国的流传,带有强烈的本地色彩。像后汉失译的《安宅神咒经》中,不但有日月五星、二十八宿、青龙白虎、朱雀玄武等道教神祇,且有"百子千孙,父慈子孝"等儒家思想。它同外来禅师宣扬的"神通"往往结合一起,妄说吉凶,制造"预言",颇为当权派所忌,但在下层备受苦难的群众中,它又是最廉价的消灾祛病的手段,同道教和其他民间信仰一样流行,以致在宗教实践上相互影

---

[1] 据吕澂勘定,此中多数为失译经。
[2] 《高僧传》卷九《佛图澄传》。

响,很难区别。

将佛教某些显教理论秘密化的经典,早在两晋之际竺法护时已有译本,将某些杂密用显教理论予以系统化的经典,到东晋昙无谶时也被介绍进来,但在中国佛教史上真正发挥作用,并形成一个宗派的,乃是把密教正式引进朝廷殿堂的"开元三大士"。

昙无谶曾以善言"他国安危"与"令妇人多子"之术,受到鄯善王和河西王的恩宠。昙无谶因术被杀之后,密教被历代王朝排斥在国事和宫闱之外。唐太宗作为一代伟人,把中华帝国推到了鼎盛,但晚年因袭秦始皇、汉武帝的旧例,迷信长生不老,向胡僧和域外求药,终于暴亡。唐高宗也步这条道路,他令瑜伽行派密教大师那提往昆仑诸国采药,命玄照往乌苌国请"长年婆罗门"卢迦逸多合长生药,致使大权旁落。唐玄宗笃信道教,在政治因素之外,主要加进了"长生"的考虑。初唐诸大译家中,包括玄奘,没有一个不译介密教典籍的。密宗之所以能在开元期间兴建起来,与历史的这一发展和玄宗的支持有极大关系。

277

安史乱后,外患频仍,藩镇割据,君主大多昏庸,密教进一步上升为皇室护国保家、禳灾御难的重要法门。唐代宗与鱼朝恩于永泰元年(765)组织不空编译《仁王护国般若波罗蜜经》(简称《仁王经》),时正值仆固怀恩招引回纥、吐蕃等兵十万,聚集灵武,凭凌泾阳,郭子仪率师往讨,而代宗则敕百名法师,在资圣寺"为国传经行道",京城其他寺观僧道,也于每日两时,"为国家"举众齐念"摩诃般若罗蜜多"。郭子仪获胜还京,代宗又设"无遮斋",重赏诸僧,倾城轰动,以为边境清平,乃是"圣力经威"所感"福应"。密教法师一时成为显贵,得到比禅师更加优渥的待遇。

开元三大士及其门徒 中国密宗的建立者,一般推为"开元三大士",即善无畏、金刚智和不空。其实,他们的弟子一行和惠果起了很大作用。

善无畏(637—735),中天竺人,出身贵族。舍王位出家后入那烂陀寺,投达摩掬多为师,受学总持瑜伽三密法门。唐开元四年(716),经北印抵长安,先住兴福寺,后住西明寺,传说玄宗曾尊他为国师,命于内建立灌顶道场,所赍梵经,尽许翻译。皇族宁王、薛王等,多从他灌顶受法。善无畏所译第一部经是《虚空藏求闻持法》。继之,以一行为助手,译出《大毗卢遮那成佛神变加持经》(即《大日经》)、《苏悉地羯罗经》、《苏婆呼童子经》。《大日经》是密教理论的主要体现者,属密教胎藏部的根本经典;《苏悉地羯罗经》和《苏婆呼童子经》则宣传咒术和作法方式。善无畏的弟子有一行、玄超、义林等。

金刚智(669—741),中天竺人,由南印某将军表荐入朝,亦称南天竺人。出身婆罗门,自幼出家,先习经律,广学中观、瑜伽诸典,后专密教。开元七年(719),经师子国、佛逝抵广州,次年入洛阳,再入长安。传说玄宗也礼为国师,敕住慈恩寺,造毗卢遮那塔,后移大荐福寺。经常随帝往来于东西两京间,广弘密教,建曼陀罗场,立坛灌顶,奉诏行密法求雨。与一行、不空等先后译出《金刚顶瑜伽中略出念诵法》、《金刚峰楼阁一切瑜伽瑜祇经》、《七俱胝佛母准提大明陀罗尼经》等密教经典多部。其中《金刚顶瑜伽中略出念诵法》,是略自《一切如来真实摄大乘现证三昧大教王经》,后者属"金刚顶部"的根本经典,也特别重视密教实践。开元二十九年(741),敕令归国,途经洛阳卒。其弟子有一行、不空。

"开元三大士"中,活动能力最强、影响地域最广的是不空(705—774)。据唐圆照的《贞元录》,不空原名智藏,师子国人。后于阇婆国(爪哇)遇金刚智,随其来洛阳,参与他的译经活动,并往返两京。开元二十九年,金刚智与不空同时被勒令归国,不空经广州,附舶去师子国。国王以唐使之礼接待,安置在佛牙寺。在此,不空重学秘密总持、三密护身、瑜伽护摩等。天宝五年(746)携梵箧再来长安;九年(750),又命回乡。发自京都,行至韶州,因病暂止。天宝十二年(753),河西节度使哥舒翰,奏请不空赴河西边陲,"请福疆场",遂至武威,翻译密典,兼开灌顶,演瑜伽教,置曼陀罗,节度"使幕官寮,咸皆咨受",声达西域四镇之安西(今新疆库车)军民。安史乱起,皇太子李亨敕令入朝。不久,不空身陷长安,但仍使人向在灵武、凤翔的唐肃宗问安献忠。及至两京收复,不空连续表贺，并上"虎魄宝生如来像"一躯，请皇帝缄带，谓可得本尊福佑延寿。肃宗自称"信受奉行，深为利益"，令搜集全国既有未翻的梵筴请不空翻译。译经成了国家兴办的福事。代宗即位，不空又上"白檀摩支像"一躯，为译《仁王》《密严》二经，代宗为之作序。颁行之日，举朝表贺。永泰元年(765)，授不空特进试鸿胪卿，号"大广智三藏"。次年，入五台山传法，修建金阁寺、玉华寺等密教道场。大历五年(770)，诏请不空往五台山修功德作法会。弟子有五台山含光、新罗慧超、长安青龙寺惠果等。大历九年(774)不空卒，代宗为之辍朝三日，追赠司空。所译佛典 100 余部，主要是密教系统，其中《金刚顶一切如来真实摄大乘现证大教王经》(简称《金刚顶经》)是《一切如来真实摄大乘现证三昧大教王经》初分，对密宗的建立有重要影响。

一行(? —727)，俗姓张，巨鹿(今属河北)人。少博览经史，尤精天文历算、阴阳五行。武三思欲与之结交，为逃避此请，出家为僧，从嵩山普寂学禅。后去天台国清寺学算术，再去湖北当阳从悟真学律。善无畏来长安，一行从受胎藏法，助译《大日经》，并最后删缀成文。所撰《大日经疏》，是阐释密宗理论的权威著作。及至金刚智来华，又从学陀罗尼密印，继续助译。一行在中国科技史上占有重要地位，在天文、数学、大地测量诸方面都有新的贡献。他奉玄宗诏改撰新历，经多年努力，周密推算，终于完成《开元大衍历》52 卷。一行亦通达儒学，他探究《周易》，撰《大衍论》，创易学上一家之言。卒后玄宗谥号"大慧禅师"。

惠果(752—805)，俗姓马，京兆(今陕西西安)万年人，9 岁随不空弟子昙贞学佛，17 岁入内道场。后从不空受灌顶，又从善无畏弟子玄超受密法。惠果之学，兼具善无畏、不空两家之长，将金刚界密法和胎藏界密法融会在一起，建立"金胎不二"之说。此后常应诏入内殿，修法祈祷，受代、德、顺三帝优礼。又在长安青龙寺东塔院设灌顶道场，时称"秘密瑜伽大师"。不空去世后，惠果成为第一位传法阿阇梨，受法弟子甚众，其中辩弘，系诃陵僧人；惠日、悟真，均是新罗僧人；空海，日本僧人。空海回国后，传瑜伽密教，成为日

279

本真言宗初祖,他所撰的《文镜秘府论》,对汉语音韵学建设多有贡献。惠果的国内嗣法弟子有辩弘、惠则、义操等,其中义操一支传承稍久。

密宗经晚唐的多方打击,完全衰败,至宋初,又有新的复兴,但限于译经。不久,译经亦止,标志着外来佛教的终结。

教义、仪轨和修持 密教的哲学理论无甚独创,或依《华严》,或依唯识,或依中观,经常是杂糅的。但据此萌生的神鬼系统、法式仪轨和修持方法极多。践行者想要达到的效用,更是五花八门,数不胜数。按"开元三大士"弘扬的密宗,着重在以下方面。

(1) 曼陀罗灌顶

不空以为这是金刚智所传密宗的中心,故曰:"曼陀罗灌顶坛者,万行之宗,密证之先,将涉觉路,何莫由斯!"曼陀罗,或作"曼荼罗",意译"坛"、"坛场",指按一定要求制作之土坛,上绘相应的色彩图画,并依特定方位,置以瓶、灯、花、香、饭等饰物,以此象征诸佛菩萨金刚等无不聚集于此,或具备大悲、智慧、方便、大空等一切教理圆满。修法者,定期祭祀供养,并各按所需,或念动"真言",或禅坐观想,期望达到预想的宗教目的。事实上,曼陀罗可以成为做各种宗教法事的场所,所以也译作"道场"。在其后的发展中,曼陀罗也多用壁画纸绘,同样被当作某种无限神秘功能的表征。

就不空言,他更推崇"灌顶"。他说,大日佛之教,有顿有渐,"渐谓小乘登坛学处,顿谓菩萨大士灌顶法门——是诣极之夷途,为入佛之正位"。"灌顶"源自天竺国王即位时,由"韦陀梵志"用水灌于新王头顶并作一定教诲的一种庄严仪式,密宗借来用于阿阇梨之嗣位。阿阇梨意译"轨范师"、"教授",是密宗中表示已获得最高成就的称号。不空的解释说:"顶谓头顶,表大行之尊高;灌为灌持,明诸佛之护念。"据此,灌顶的仪式主要在表征诸佛给予了护念加持。但灌顶的具体运用,范围很广,所谓"息灾"、"增益"、"降伏"、"欢喜"等,据说都能以灌顶法成就。一切灌顶都得在道场进行,总以曼荼罗为前提,所以也称"曼荼罗灌顶"。其后,灌顶的概念不断开拓,含义另有许多变化。

（2）金刚瑜伽

指依《金刚顶经》所行瑜伽。瑜伽意译"相应"，这里特指依密教宗旨，贯彻于全身心的一种禅定，或称"三密瑜伽"。它用手式（身）、咒语（口）和观想（意）的方法，表征和想像一切如来金刚萨埵加护于己，使自身聚集无限神变和享受一切的能力，由是了知"此心本性清净，随彼所用，随意堪任"，达到了自身即是菩萨身的自觉，这就具备了入坛场、受灌顶做阿阇梨的资格。这样，瑜伽就成了个人修持中最重要的法门。不空说："金刚顶瑜伽法门，是成佛速疾之路；其修行者，必能顿超凡境，达于彼岸。"[①]瑜伽在藏传佛教中有极大发展，一部分通向神秘主义，一部分成为健身延年之术。

（3）护摩

意译"烧"、"火祭"，本属婆罗门燃火祭天祈求消灾降福的信仰，密宗将其引来，构成阿阇梨理应具备的法术之一。《大日经》和《大日经疏》进一步分护摩为内外两种：外护摩与婆罗门教全同；内护摩则结合瑜伽进行，象征以智慧火烧弃灾难，成就涅槃之义。

281

密宗的这类法门和法术，对下层民众百姓有特别的蛊惑力，但"开元三大士"所行，则完全是为了皇权国家。《仁王经》用佛的名义说："我以是经付嘱国王，不付嘱比丘、比丘尼、优婆塞、优婆夷。所以者何？无王威力，不能建立。"唐代宗作序则言："其镇乾坤，遏寇虐，和风雨，着星辰，与物无为，义人艰止，不用般若（指《仁王经》所说）其能已乎！"密教与政治结合，比佛教任何一个派别都要直接而密切，这个特点在藏传佛教中得到最充分的表现。

四　五代十国佛教

五代十国（907—960）历时只有半个世纪多一点，但对中国历史的发展，影响相当深远。来自西北的各部族，完全控制了河西广大疆域，直逼灵州、秦州；发自东北的契丹，寒光铁骑，出入于河北境内。以两京为中心的中原地区，不断进行改朝换代的战争，前后建

---

① 《贞元续开元录》卷上。

起梁、唐、晋、汉、周五代政权，而势力只能向南推到淮河流域。江淮以南，也是群雄竞起，割土立国，先后出现十个小朝廷。大一统的中华帝国，再一次陷入分裂和混战的局面。

北方五代，大多是军阀当权，他们迷信长枪大剑和金钱万能，不得已时，还有出卖国土、做儿皇帝的一途；对于国家治理，经济和文化建设，不知为何物。南方诸国相对稳定，地方经济得到新的开发，文化中心随之南移。全国南北的经济文化格局，开始了重大的调整，也影响了佛教的发展。

（一）五代王朝的佛教政策和周世宗限佛

北方诸朝不停息的战乱，造成赋役沉重，掠杀连年，既给佛教设施以严重破坏，也驱使更多的丁壮和人口流入僧侣阶层。从政治上说，佛教对统治者是无害的；从急需兵源和财力上说，佛教却是暴敛和强征的重大障碍。因此，北方诸朝对佛教普遍采取限制赏赐名僧和度僧人数的政策。

梁龙德元年（921），祠部员外郎李枢上言："请禁天下私度僧尼，及不许妄求师号、紫衣。如愿出家受戒者，皆须赴阙比试艺业施行，愿归俗者，一听自便。"[①]诏曰："两都左右街赐紫衣及师号僧，委功德使具名闻奏。今后有阙，方得奏荐，仍须道行精至，夏腊高深，方得补填。每遇明圣节，两街各许官坛度七人。诸道如要度僧，亦仰就京官坛，仍令祠部给牒。今后只两街置僧录，道录、僧正并废。"[②]

这是后梁君臣对佛教的基本态度，也是整个五代王朝对佛教的基本态度。唐庄宗同光二年（924），"敕并无名额小院舍"[③]；明宗天成元年（926），敕此后不得辄造寺院，私剃度。晋高祖天福二年（937）亦敕，今后违章私度者，"并请重行决断发遣，归本乡里收管色

---

①②《旧五代史》卷一○《梁末帝本纪》下。
③《义楚六帖》卷二一。

役；其元招引师主及保人等，先具勘责违犯条流惩罪，亦请痛行决断"①。至后汉乾祐二年（949），司勋员外郎李钦明上疏，更请沙汰僧尼；国子司业樊伦上疏，请禁僧尼剃度。

君臣上下的这种三令五申，说明统治者于限制佛教的膨胀有过不止一次的决心，但实际行动可能适得其反。史载，有胡僧自于阗来，"（唐）庄宗率皇后及诸子迎拜之；僧游五台山，遣中使供顿，所至倾动城邑"。"庄宗自好吟唱，虽行营军中，亦携法师谈赞，时或嘲拶"。唐末帝也对佛教"颇宗奉"。晋高祖更多次赐寺院名额及僧尼紫衣、师号。出令者就是毁令者，这是有令不行的重要原因；而只禁"此后"，实则承认全部现状，往往使国家政令变成儿戏。在中原地区真正做到限制佛教扩张的，是周世宗。

951年，郭威建国周，从称帝之日便着手进行改革，包括对佛教的切实控制。广顺三年（953），柴荣以开封尹兼功德使封晋王；功德使管理僧道，执掌出家、度牒、试经等事项。同年诏废都城开封无名额僧尼寺院58所。翌年，柴荣继位，是为周世宗。他在坚决击退北汉刘崇和契丹联合进攻的同时，推行改革，整顿国务，对佛教则采取大规模压缩和坚定限制的方针。显德二年（955）诏令禁止私度僧尼，违者重惩；严禁"奴婢、奸人、细作、恶逆徒党、山林亡命、未获贼徒、负罪潜窜人等"出家；废除所有无敕额寺院，并不许再建任何寺院、兰若；鼓励僧尼还俗。其中对革除佛教旧弊的规定尤其精彩："僧尼俗士，自前多有舍身、烧臂、炼指、钉截手足、带铃挂灯、诸般毁坏身体、戏弄道具、符禁左道、妄称变现、还魂坐化、圣水圣灯、妖幻之类，皆是聚众眩惑流俗，今后一切禁止。"

准确地说，周世宗是整顿佛教，而不是毁灭佛教。上述措施的结果是，所存寺院凡2 694所，废30 336所；僧尼系籍者61 200人。② 从另一方面看，其存废寺院总数比会昌毁佛时的44 600所要少万余所，但唐武宗令行全国，周世宗只能实施于中原一地，可见

① 《五代会要》卷一二。
② 《旧五代史》卷一一五《周世宗纪》。

唐末五代以来,中原的佛教不仅没有削弱,反而在继续发展。周世宗以前的限佛法令,全是废话。

柴荣是五代中最有作为的君主。当权以后,"区区五六年间,取秦陇,平淮右,复三关,威武之声震慑夷夏。而方内延儒学文章之士,改制度,修《通礼》,定《正乐》,议《刑统》。其制作之法皆可施于后世"①。他正是从儒家的政治理念和宗法伦理角度,废除淫祠,整饬佛教教团的。当然,经济也是一个重要因素。赵匡胤开宝二年(969)巡访正定龙兴寺时说:"朕忆得先皇显德年中,世宗纳近臣之议,以为奄有封略,不过千里,所调租庸不丰,边备校贯屡空,于军实算□莫济于时,□于是诏天下毁铜像铸以为钱。"②

周世宗采取的佛教对策和振兴儒家的设想,对宋代确立新的统治思想无疑是有影响的。

(二) 吴 越 佛 教

唐末五代,随着文化逐步向南转移,佛教也受到南方各国帝王们的保护和支持,继续广泛而又稳定地传播。禅宗五家中除临济宗创立于北方,其余四家都在南方,而临济宗的后继者,不久也渡江南下,标志着佛教中心也在往南迁徙。

南方十国的佛教,以吴越、闽、南唐诸国为代表。

后梁太祖开平元年(907),钱镠被封吴越王,此后历5世72年,至宋太宗太平兴国三年(978),钱俶归顺北宋,吴越境内未受战乱之扰。吴越诸王以杭州为中心,大力提倡佛教,使这一地区逐渐成为佛教的一大中心。

吴越武肃王钱镠,青年时代信奉道教,后转而并奉佛道,晚年则深信佛教。据载,钱镠的奉佛与禅僧洪諲的活动有关。"初,諲有先见之明。武肃王家居石鉴山,及就成应募为军,諲一见握手,屏左右而谓之曰,好自爱,他日贵极,当与佛法为主。后累立战功,

---

① 《新五代史》卷一二《周本纪》。
② 《金石萃编》卷一二三《正定府龙兴寺铸铜像记》。

为杭牧,故奏署谮师号。见必拜跪,檀施丰厚,异于常数。终时执丧礼,念微时之言矣。"①为了收罗才学异人,钱镠吸引各地高僧来杭州,"僧侣者,通于术数,居两浙,大为钱镠所礼,谓之国师"②。同时钱镠广建寺塔,"倍于九国"。

文穆王钱元瓘继承钱镠的佛教政策,予高僧以优礼,他专为禅僧道怤创建龙册寺,"学侣奔凑,由是吴越盛于玄学"。

吴越诸王中奉佛最热忱的是忠懿王钱俶。据传,当周世宗整饬佛教时,他曾制八万四千铜塔,中间封藏《宝箧印陀罗尼经》刻印卷子,颁发境内。又以杭州为中心,兴建大型寺院数百,招揽当时全国的佛教精英,其中突出的有德韶、义寂、延寿等。德韶是法眼宗创立者文益的法嗣,当钱俶早年刺台州时,便已"延请问道";嗣王位后,"遣使迎之,申弟子之礼",尊为国师。义寂是天台宗著名僧侣,曾被钱俶召至金门建讲,"问智者教义",钱俶又特为他在天台山建螺溪道场。延寿是德韶法嗣,也深受钱俶优礼。北宋建隆元年(960),钱俶重建灵隐寺,请延寿主持,次年又接住永明寺。

吴越佛教对以后中国佛教影响最大的是关于"三教合一"的提倡。钱俶在为延寿《宗镜录》所写的序文中说:"详天域中之教者三。正君臣、亲父子、厚人伦,儒,吾之师也。寂兮寥兮,视听无得,自微妙升虚无,以止乎乘风驭景,君得之则善建不拔,人得之则延贶无穷,道,儒之师也。四谛十二因缘,三明八解脱,时习不忘,日修以得,一登果地,永达真常,释,道之宗也。唯此三教,并自心修。"就是说,儒释道三教各有特色,都是修心的必要课目。钱俶的这一说法,协调了有唐以来三教互争长短高低的纠葛,对开创宋代的"三教合一"说有重要意义。延寿的《宗镜录》保存了大量唐代各宗的思想资料,评述了他们的教义,体现了作者以"心"为宗,调和禅教两家的愿望,受到钱俶的特别重视。

为了寻找国内散佚殆尽的天台宗论疏,义寂奏请向各处搜求,

---

① 《宋高僧传》卷一二《庆诸传》附。
② 《十国春秋》卷八九。

钱俶乃遣使往高丽、日本等国。其后高丽僧谛观携带大量天台诸部论疏来华,使天台宗在宋初时呈现"中兴"之象。相对于北方诸国佛教重戒律和经义而言,以杭州为中心的禅宗和以天台山为中心的天台宗相融合,构成吴越佛教的基本特点,也是南方诸国的普遍现象。

吴越对东南经济的开发是有贡献的。在这个政权统治下,社会比较安定,生产得到发展,佛教的寺院经济也繁荣起来。钱镠晚年,招致台州禅僧师彦,师彦经"累召,方肯来仪",最后以"寺仓常满"为由辞去。事实上,居留于"仓常满"寺院的禅师多起来,中唐以前南方禅师多隐遁山林的状况,至此有了显著的变化,其中部分又回到了都城闹市。

南方热衷奉佛的国家还有闽。闽以福州为国都,对福建的开发和中外海上交通的开辟,作用良多,经济和文化也都有相当的发展。太祖王审知待禅僧义存以师礼,"凡斋僧构刹,必请问焉。为之增宇设像铸钟以严其山,优施以充其众"。义存居闽讲法40余年,"四方之僧争趋法席者不可胜算矣,冬夏不减一千五百"[1],使福州地区成为禅宗活动的重要基地。义存弟子也多得闽王礼遇,如师备在闽说法30年,闽帅王公待以师礼,奏赐紫衣、师号。王审知子王延钧也奉佛,曾于后唐天成三年(928)"度民二万为僧,由是闽中多僧"[2]。

南唐君臣更是酷好佛教,常为史家所讥。

五 吐蕃佛教

(一)松赞干布与佛教初传

按西藏佛教史籍的神话传说,佛教初传西藏约在公元5世纪中叶,拉脱脱日年赞在位时候;据可靠的历史文献,则始于松赞干布执政期间。

---

① 《宋高僧传》卷一二《义存传》。
② 《资治通鉴》卷二七六。

松赞干布(617—650)是与唐太宗同时代的巨人。他先后征服孙波、羊同等，以拉萨为中心，统一了青藏高原诸部，建立起日渐强大昌盛的吐蕃王朝，也开始了与尼婆罗、天竺、大小勃律、唐王朝等佛教国家和地区的密切交往。西藏自此成为唐与天竺间的又一条重要通道。

古代西藏文化十分落后，普遍盛行土著的苯教。苯教是一种原始信仰，它崇拜日月星辰、山川草木等一切自然物，特别重视部落神和地方神。主要活动是祭祀、诅誓和占卜，类似内地古代的"巫觋"，经常用于祈福禳灾、预算休咎、驱鬼降神等。为了祈禳需要，往往大量宰杀牲畜，有时多达数千头。这种信仰既贯彻在民间的日常生活中，又参与部落和国家的重大决策。因此，一些上层苯教徒，不仅能够协助赞普威慑和控制部属臣民，而且也可以用来制约世俗政权，左右部落首领和赞普。在古代西藏，苯教也是政治斗争的重要工具。

287

松赞干布在统一的伟业中，同时注意从周围民族中吸取文明，以建设新的藏文化。除创立文字、历算，制定官制、法律，发展医药、百工，促进对外贸易之外，具有历史意义的是引进佛教。松赞干布先与尼泊尔联姻，娶国王盎输伐摩(光胄)的女儿布里库提(又名"赤尊")为后。传说尼泊尔公主携来不动佛像(现供在小昭寺)、弥勒菩萨像(现供在大昭寺)等。641年，松赞干布又与唐联姻，娶文成公主为后。传说文成公主携来释迦牟尼像(现供在拉萨大昭寺)。为供奉诸圣像，尼泊尔公主建大昭寺，文成公主建小昭寺，松赞干布在拉萨周围建造了四边寺、四边外寺等12座小寺，此外还修建了许多修定道场。各寺所供奉的圣像有释迦、弥勒、观音、度母、佛母、光明佛母、妙音天女、马头金刚、甘露明王等。佛典也在这个时候开始翻译，译师中有汉人、藏人和印人、尼泊尔人。所译经典有《宝云经》、《观音六字明》、《阎曼德迦法》、《摩诃哥罗法》、《吉祥天女法》等。[1] 据传，松赞干布所制法律，主要是依佛教的十善戒，规

① 参见《青史》第20页。

定斗殴者罚,杀人者抵偿,盗窃者加八倍罚款,奸淫者断肢体流放,欺妄者割舌。① 又规定 16 条人道伦理法,其中第一条就是"敬信三宝"。②

佛教刚刚传入吐蕃,就遭到苯教的强烈抵制。传说修建大昭寺时,"昼日所筑,入夜悉为魔鬼摧毁,不见余痕"③。实则是被激怒了的苯教巫师及其信徒们干的。

近代史学家对于上述传说的可信性,不同程度地持保留态度。佛教在当时的西藏社会生活中,几乎没有任何实际影响,也没有藏族出家的僧尼。只有在其后的发展中,才充分显示出这次佛教进入西藏及其由此引起的佛苯之争的真正意义。

(二)赤松德赞与佛教的建立

佛教与苯教的斗争 公元 650 年,松赞干布逝世,实权把持在信奉苯教的贵族大臣手中,吐蕃王朝的主要精力用在武力扩张上,初传的佛教受到严重压制。赤德祖赞(704—755 在位)即赞普位后,再次和唐室联姻,710 年迎金城公主(? —739)进藏,金城公主积极赞助王室提倡佛教。据说她派人找回被隐匿的释迦牟尼像,供于大昭寺,不动佛像供于小昭寺,并派汉僧主持佛寺日常香火供养。当时于阗的一些佛教僧侣由于动乱逃向吐蕃避难,金城公主建议收容、供养他们,为其修建了七座寺庙。这些僧侣对吐蕃王朝的部分大臣信仰佛教,产生过一定的影响。

750 年,伊拉克屈底波发动"东征",中亚一些地区的佛教僧侣向东逃避,先到勃律,同于阗僧侣会合一起抵达吐蕃本部。此外,赤德祖赞还派人到内地迎请汉僧,组织他们从事佛经和有关天文、星相、历算、医药等书籍的翻译工作。④ 佛教和先进的文化一起,再

---

① 参见福幢《藏王纪》,第 33 页。
② 参见阿旺罗桑嘉措《西藏王臣史》(拉萨版),第 16 页。
③ 萨迦·索南坚赞:《西藏王统记》,王沂暖译,商务印书馆,1955。
④ 参见《册府元龟·外臣部风土三》。

次输入西藏,并开始活跃起来。

王室的倡佛举动在贵族和苯教巫师中再度引起抵制,他们散布谣言,中伤金城公主,阻拦王室使臣前往唐朝,煽动反佛情绪。739年,吐蕃发生瘟疫,支持苯教的贵族们借口说这是外来僧人引起鬼神发怒造成的,发动了驱僧事件,除汉僧和尼泊尔僧人外,全部逐出境内。但赤德祖赞始终未改扶植佛教的初衷,晚年派桑希①等四人到内地取经,取回《金光明经》、小乘律典和一些医书。

赤德祖赞逝世后,其子赤松德赞幼年即赞普位(755—797在位),由苯教贵族辅政,重新压制佛教。桑希曾劝请赞普奉佛,并奉命组织汉僧与迦湿弥罗僧翻译佛经为藏文,同时派巴·赛囊(明照)等人到长安取经请僧。但取经返回后立即遭到崇苯权臣们的排斥,被贬到芒域(今济咙)一带。② 与此同时,吐蕃王朝发布了禁佛命令,在辖区内全面禁止信仰佛教,包括驱逐汉僧和尼泊尔僧人,改大昭寺为屠宰场,把文成公主带去的释迦牟尼像送出拉萨等,是为藏族史上第一次禁佛运动。

寂护与莲华生 赤松德赞成年后,对苯教势力进行反击。他把连年天灾、饥饿、瘟疫和大臣患恶疾等现象全部归罪于权臣仲巴结和达扎陆贡等灭佛所致,坑埋了仲巴结,把达扎陆贡流放到藏北高原,宣布废除禁佛令,恢复庙堂和译经工作。770年左右,被贬到芒域的巴·赛囊回归拉萨,途中遇到在尼泊尔传教的寂护,便约他到吐蕃弘法。寂护到吐蕃后,会见了赤松德赞,并向他宣讲了佛教的道德规范和基础知识。佛教开始由上向下推广。

不久,吐蕃地区洪水暴发,冲毁桑耶地方的旁塘宫,拉萨玛波日山上的宫殿遭雷击,传染病流行,牲畜发生瘟疫等等,苯教徒把这些自然灾害都归罪于寂护讲经说法,一般臣民也认为是信奉佛教的结果。寂护被迫返回尼泊尔。

寂护是印度瑜伽中观派的创始人,他的宗教理论带有浓厚的

---

① 桑希是随金城公主入藏汉人的后裔,是一位禅师。
② 参见刘立千《印藏佛教史》,民族出版社,2001。

289

经院烦琐性质,对于寺院佛学尚未起步的吐蕃来说,当然是难于接受的。传说寂护临别时建议赤松德赞"迎请邬仗那的密咒大师莲华生前来调伏魔障,显扬佛教"①。可能寂护已经意识到,只有通过密教才能为佛教的传播扫清道路。赞普大约同意寂护的意见,所以过了一个阶段,又派巴·赛囊去尼泊尔迎请寂护。在芒域,巴·赛囊遇到寂护和被邀的莲华生,他们一起辗转到达桑耶。在这里,寂护讲经,莲华生显示"神通",开始了西藏佛教以密教传法的新路。

莲华生号"乌金大师",乌苌国人。乌苌也是密教活动的中心地带。被视作出长生术的地方。他在桑耶,以神通降伏一切天魔非人,咸令立誓,改心向善,作正法护佑,也就是用类似苯教那套神秘的巫术,迎合人们相信驱魔摄鬼的传统心理,将苯教神灵穿上佛教衣装,吸收到佛教的神灵世界。莲华生的做法取得了相当的成功,许多印度的密咒大师由此接踵而来。与此同时,由"开元三大士"所创的密宗在唐王朝两京和西域的军民中,其崇奉达到高潮,对吐蕃也无疑会产生重大影响。这些为后来佛教在藏族社会的地方化,形成别具一格的藏传佛教,指出了方向。

约公元779年,在吐蕃王室的支持下,于山南泽当地方建成桑耶寺。这一工程由寂护设计,仿照印度的欧丹达菩黎寺(意译"飞行寺"),按佛教传说的世界结构建造。中分须弥峰、十二洲、日月二轮,外有垣墙围绕,四角建四舍利塔,四门立四碑。主殿分三层,下层取藏式建筑,塑像为藏人形;中层建筑采汉族式样,塑像仿汉人形貌;上层为印度式建筑,塑像为印人模样,大致反映了三种文化形态在新兴的佛教文化中的亲疏结构。全寺设有译经、密宗、戒律、禅定、声明等部和财务部,成为西藏最早的一座兼具印汉佛教和显密同修,并拥有独立财产的寺院。藏族出家为僧的制度也从此形成。据说,由寂护任剃度仪式的堪布,为藏族贵族和平民7人举行了剃度仪式,成为藏族最早出家的僧人,号称"七觉士"。继后,又有300余人出家。

---

① 萨迦·索南坚赞:《西藏王统记》,第8章。

在建造桑耶寺之前，佛苯曾开展过一次重要的争论。扎达陆贡等崇苯大臣和赞普妃属庐氏一起宣称，佛教并不比苯教优胜，信仰佛教没有好处；而信佛大臣、汉地和尚和印度大师等认为，"佛教与苯教好比水火，无法共处，同一地方兴两种宗教不祥"，建议佛教和苯教比试辩论教理，如苯教获胜，佛徒们各回家乡，"如佛教胜利，则应废止苯教，在吐蕃弘扬佛教"。[①] 据说当时还有 27 名贵族联名给赞普上书说："旧法（指苯教）已不适用了，请王发展和遵行佛法。"于是赤松德赞组织了一次辩论会，在墨竹苏浦地方江布园宫前举行。佛教方面以寂护、莲华生、无垢友为首，苯教方面以来自香雄的香日乌金等为首。辩论的结果，苯教败北。赞普宣布佛教有理，给苯教徒指出三条出路：一、改信佛教，当佛教僧人；二、放弃宗教职业，做王朝纳税百姓；三、既不愿改教，又不愿当平民者，流放边远地区。同时将苯教经籍或毁或埋，禁止流通。但苯教的祈祷吉祥、禳解、火葬、烧烟祭天、焚魔等仪式，则加以保留，为后来的佛教所吸收利用。当然，苯教也并未因此而消亡，它也吸取和改造佛教教义，成为有教理教义和经典的新苯教。

为了进一步推行佛教，赤松德赞采取传统的盟誓形式，在统治集团内部巩固兴佛成果。这是一种庄严的仪式，在桑耶寺共举行两次，参加者有王子、诸尚论、诸内相、诸外相、诸千户和将军们。与盟者向神歃血宣誓：长信三宝，奉行佛言，像祖先赞普那样供佛，取得善知识的确实支持。不遵誓言将堕入地狱，如遵守盟誓，即可成无上正觉。盟文用金汁或银汁写成几份，置于金匣里保存起来，重要的内容还勒之石碑，公布于众。这一著名的"桑耶大誓"表明，佛教已经完全进入吐蕃统治集团，开始成为占统治地位的宗教。

汉僧与摩诃衍 吐蕃佛教既受印度、尼泊尔的影响，更受唐和西域的影响。公元 7 世纪下半叶以来，吐蕃势力重点向三北和三东扩张，与唐王朝的西部边疆和属地大面积接触，有战有和，有杀掠俘虏，有经济文化交融。此中，佛教成了沟通汉藏人民相互联系和

---

① 参见东嘎·洛桑赤列《论西藏政教合一制度》（藏文本），民族出版社，1981。

了解的重要纽带。781 年,唐德宗应赤松德赞之请,遣良琇、文素二学问僧去吐蕃讲学,二人轮流前往,两年替换一次。吐蕃曾时断时续地控制着由长安经安西四镇、逾葱岭的佛教通道,对占领区的佛教采取保护和扶植政策,也强化了与汉地的关系。

敦煌是介于中原与西域之间的文化古城和佛教重镇。8 世纪下半叶由吐蕃占领,原唐瓜、沙二州僧统吴某继续留任僧统。据《吴僧统碑》称:"圣神赞普,万里化均",四邻广附,"佛日重晖"。时沙州(今甘肃敦煌)有大禅师摩诃衍等三汉僧,奉赞普命至逻娑(今西藏拉萨),传播内地禅宗宗旨,"令百姓官僚尽洞晓知",受到赞普妃没庐氏、赞普姨母及诸大臣夫人 30 余人的信奉。[①] 据说摩诃衍"判佛教为顿门与渐门,并谓吾法易修,利益广大,其修供养礼拜等身语妙行不能成佛,唯全无所作乃能成佛耳。西藏僧俗多随之修"。寂护卒后,禅宗更有所发展,"唯有吉祥音与宝护等少数僧人,仍依静命之教法而修"。[②] 桑耶寺专门设立禅那部,说明禅宗在吐蕃的势力足以与密宗相匹敌。

摩诃衍自述本宗旨归为"离言说相,离自心分别相",同时又依《法华》讲三乘方便,凡属三归五戒十善,以至于一称南无佛、一合掌一低头,都看作是入道法门。因此,他既坚持不依经典、不重仪轨、不涉神通的自家传统,也不反对采用其他修持方法,起码到拉萨以后,他是取和解态度的。摩诃衍的"顿悟禅宗"受到婆罗门僧的强烈反对,以为汉僧所授"并非金口所说,请即停废"。赞普诏令双方"商榷是非"。此中问答条目颇多,中间婆罗门僧与某些大臣谋结朋党,有追随禅宗的吐蕃僧因此而捐躯殉法者。直到戌年(794),诏命"摩诃衍所开禅义","任道俗依法修行"。

据以后的藏传佛史记载,这次密教与禅宗的辩论,在密教方面,是派人去印度迎请寂护的门徒莲花戒来吐蕃,作主要代表进行的。莲花戒(约 730—800),以注释寂护的著作而知名印度,撰有

① 参见《顿悟大乘正理决叙》。
② 法尊:《西藏民族政教史》卷一,重庆汉藏教理院木刻版。

292

《修道次第论》、《菩提心观释》等。在质难摩诃衍中，莲花戒认为，假如一个人全部放弃他的意识活动（无念），仅仅通过"瑜伽"（特指禅定）去认识诸行无常、诸法无我的道理，实际上是不可能的。因为当他对自己说"我将不想一切法，我将不要有一切思虑"时，这已经是一种思想、一种念头。如果完全没有思虑（无为、无想），才是应该追求的最高目的，那么，只有丧失知觉能力的人和醉汉才最接近顿门的理想。归根结底，人们不可能通过无念、无思、无为达到成佛的目的。辩论的结果，摩诃衍一派失败，被迫向莲花戒献上花环，返回内地。赤松德赞下令，有关汉地佛教的经典禁止流通，不许吐蕃人学习禅宗教法。

有关这次密禅之争的记载，汉文史料比藏文史料要可靠一些，因为前者全是当事人的原始文件。但禅宗作为一个宗派，在西藏确实没有流传下去，这不仅因为引禅师入藏的赤松德赞在这次辩论之后不久老死，而且由于禅宗那种放浪形骸、任运自在的风格在西藏没有足以发展的土壤。虽然如此，禅宗的某些重要思想仍为藏传佛教所吸收。如后期宁玛派的"大圆满法"和噶举派的"大手印法"，都含有禅宗"放下屠刀，立地成佛"这类观念。土官《宗教流派镜史》说："心要宗（即禅宗），汉人呼为宗门，就其实义与噶举巴相同，即大手印表示之传承。"西藏密宗宣扬的"即身成佛"和禅宗讲的"顿悟成佛"，意思是一致的，都是提倡廉价的"快速成佛"法。至于他们都以般若和唯识为自己的理论基础，那就更加一致了。

赤松德赞对佛教采取的政策基本上是大乘、小乘、显宗、密宗、禅宗等讲修兼收并举，同时要求将龙树的中观论和一切有部的戒律，作为理论指南和行为准则。此时所译典籍，密教方面除无上瑜伽部，显教方面除阿含经类及部分中观论和因明论外，其余的显密经论大体上都已具备。这样，赤松德赞由建造佛教寺院，剃度藏人出家，开始确立僧伽制度，广译经论，讲学修行，引导佛教对外战胜苯教，对内解决宗派之争，为佛教在吐蕃社会的进一步发展，奠定了信仰和理论上的基础。

（三）赛那累、热巴巾与佛教的高速发展

继赤松德赞的是牟尼赞普（797—798 在位），在位时间极短，但努力兴佛。他参加桑耶寺举行的重要宗教仪式，表示王室对佛教的重视；曾三次下令在属民中平均财富，争取破产平民对佛教的支持，也就是对王权的支持。结果是加剧了王室同贵族间的矛盾而无法继续下去。据说，从赤松德赞开始，即用王朝收入供奉僧众，牟尼赞普继续执行这一措施，并将它巩固下来，使西藏佛教具有了强大的经济后盾，意义是深远的。

牟尼赞普于公元 798 年被母蔡邦萨毒死，由他弟弟赛那累继赞普位（798—815 在位），又称"赤德松赞"、"牟底赞普"。他之能够当上赞普，在很大程度上是得到一批僧人的支持。他的"师僧"叫娘·定埃增桑布，赛那累继位后，对娘·定埃增桑布为首的僧人倍加信用，同时采取新的措施扶植佛教的发展。他修建了著名的申德噶琼寺，该寺修建时的石碑还在。①

佛教经典的翻译这时也有了新的开拓，使"三藏经典得以大备"。赛那累特别命令优礼僧侣，规定：对已经出家的人，不许再予以奴役，要免征他们重税；不让他们做体力劳动，以使他们受到保护，并由赞普给以尊崇的地位。赛那累还规定：凡有三宝的地方，所需供养不得减少。

赛那累扶植佛教的措施中，影响最大的是将佛教引进王室，令僧侣参政，管辖教育。他让长子藏玛出家为僧，以抬高僧侣的尊贵地位。又在王宫设置供奉"三宝"的道场，表示王室对佛教的虔诚。早在赤松德赞时，曾任命僧人担任"却论"，以分减世俗贵族大臣的权势。赛那累更设置"钵阐布"（特指参与国事的大僧人），其地位排在王妃、小邦王子之后，大论（宰相）之前。② 赛那累

---

① 此碑文收入意大利学者图奇的《藏王墓》一书的附录部分。

② 参见巴俄祖拉陈瓦《贤者喜宴》。此书成书于 1564 年，藏版于山南洛扎岱瓦宗拉陇寺，故又名《洛扎教史》。作者巴俄祖拉陈瓦本名顿珠，属噶举派。

还规定，赞普的子孙从幼年到执掌国政，都要以佛教僧人"善知识"为师；新立王妃和新任大臣都要在立誓信佛的人中选立和任命。这样，佛教上升成为国教，僧侣干政和佛教教育开始影响西藏社会的全部生活。

赛那累卒于815年，他的第五子热巴巾即赞普位（815—838在位），又称"赤祖德赞"，唐书译为"可黎可足"，是吐蕃王朝将佛教推向顶峰的人物。在藏文史籍中，他与松赞干布、赤松德赞合称"三大法王"。

热巴巾推动佛教发展的重要措施，是组织校订前此所译佛典和大量翻译新经。他规定翻译主要应以梵本为据，以大乘显宗为主，限制密宗经典译介，小乘佛教则只允许传译说一切有部的论著。这次译经要求统一体例，统一译语，使译文能够清楚准确地表达原本的含义，从而推动了整个藏文的改革，包括改进拼写规则、丰富词汇内容、完善语法结构等，在历史上被称为藏文规范化运动。这对巩固藏民族的统一，促进藏文化的发展，有重要意义。

受汉地佛教编目学的影响，吐蕃佛教自赤松德赞时期即已开始对藏译佛典进行编目，当时由译师完德贝则热支达等人将存于旁塘噶麦佛殿的佛经按八个音节为一颂，300颂为一卷计算，登记了佛经章节篇目，被称为《旁塘目录》。此后，又由贝则等把在东塘丹噶宫的所有佛经译成藏文，并将校勘订正过的经论篇目制成目录，称为《丹噶目录》；再后，又把钦浦宫的全部佛典编制成目，称为《钦浦目录》。这三个目录至热巴巾时最后完成，并规定，凡见诸上述目录的经典不再重译，所录译本均经修订，可作范本。这表明，译经事业始终掌握在统一的王权手中。《钦浦目录》、《旁塘目录》今已不存，《丹噶目录》中收入的书目有六七百种，包括赤松德赞以后的部分译籍。

热巴巾本人也带头崇佛，他布物于地令僧人坐踏，表示他对佛教的虔诚。他广造佛寺，用玉石作建筑材料。他还规定，每七户平民要负担供养一个僧人，即所谓"七户养僧"制度；同时拨给寺院土地、牲畜、奴户作为固定寺产。大臣蔡邦·多日所建江浦寺的碑文

295

说："赞普天子赤祖德赞恩诏,在堆垅江浦地方建寺,立三宝所依处,住有比丘四人,作为寺院顺缘之奴户、土地、牧场、供器、财物、牲畜等一并交付寺院,作为赞普常川不断的供养。"说明政府拨给寺属庄园的制度已经确立。

热巴巾承袭赛那累的做法,继续把王朝军政外交大权交给僧官钵阐布贝吉允丹掌管,并使他的地位高于其他大臣。他对于反佛情绪和行为,一律严厉镇压。据说,他规定:"凡以恶指指僧人者断指,以恶意视僧人者剜目。"①

从赤松德赞到热巴巾,由王室自上而下地推行佛教,有对内对外的双重原因。对内,它需要将那些利用苯教、分散于部落贵族和弄权大臣手中的权力集中统一到王室,并加以巩固;对外需要与周围佛教国家争夺土地和民众,并维持和平往来。唐元和四年(809),唐蕃议和,次年徐复往使,唐宪宗赐钵阐布以敕书。长庆二年(822),唐蕃舅甥和盟,热巴巾以贝吉云丹为"却论"(教法大臣),与入蕃的唐使刘元鼎主盟。可以说,吐蕃佛教在促进西藏统一,提高藏文化水平,密切与内地的联系上,是有历史功绩的。但当时佛教密教部分,已经含有相当野蛮血腥的成分。传说赤松德赞的正后才邦氏揭露金刚乘密教:"所谓嘎巴拉,就是人的头盖骨;所谓巴苏大,就是掏出来的人的内脏;所谓风凌,就是用人胫骨做的号;所谓兴且央希,就是铺开来的一张人皮;所谓啰克多,就是在供物上洒人的鲜血……所谓金刚舞士,就是带有人头骨做花鬘的人。"②这样的仪轨和用具,引起藏民的憎恨是理所当然的。

热巴巾的崇佛,受到"爱做坏事"的贵族们的极大愤恨。他们利用人民对于扶植佛教某些措施的不满,积极策划消灭佛教势力,并作推翻热巴巾的准备。③ 他们先把亲近赞普的长兄藏玛以占卜

---

① 萨迦·索南坚赞:《西藏王统记》。

② 《贝玛噶塘》第七十九品,转引自王森《西藏佛教发展史略》,第13页,中国社会科学出版社,1987。

③ 参见布顿·仁钦竹《布顿佛教史》,中国藏学出版社重刊,1989。

者预言中伤流放,途中由那囊妃芒末支毒死之;次把忠于赞普的王妃昂楚玛与钵阐布贝吉允丹诬为通奸先后致死;最后在墨竹地方由大臣韦·达那巾等三人将热巴巾勒死。

（四）达磨灭佛

热巴巾死后,达磨被立为赞普(约 838—842 在位)。他原是赛那累的第四子,由于他的禁佛,佛教徒说他是"牛魔王下界",并在他名字前加上一个"朗"字(意为"牛"),因此,一般佛史称他为"朗达磨"(亦作"朗达玛"),以表示对他的反感。这时,韦·达那巾任大论,朝政由反佛的贵族大臣把持,达磨成了傀儡。

在吐蕃历史上,大范围的自然灾害和病疫十分频繁。一旦发生,往往成为宗教斗争的重大口实。达磨即位不久,重复了这样的事件,反佛的贵族大臣把当时发生的自然灾害归罪于佛教,达磨的诏令说,"文成公主带来的释迦牟尼像是印度妖魔的像",是不吉利的象征,要想保护吐蕃的"好风水",就要"消灭佛教和寺院,让僧人们还俗回家"。[1]

由此开始了吐蕃历史上的第二次禁佛运动,内容包括:停建、封闭佛教寺院,正在修建的一律停止,桑耶寺、大昭寺等著名寺院用泥土封闭,小昭寺变成牛圈;破坏寺庙设施,如抹掉寺内壁画,将许多佛像扔到河里;毁烧佛经;镇压僧人,其中上层僧人被杀,中层僧人遭流放,一般僧人还俗为民,不服从者迫令充当猎人,有的则被迫弃佛归苯。

这次禁佛运动大约始于公元 838 年,止于 842 年,时间并不长,但对佛教的打击却非常沉重,在此后的百年左右,没有起色。西藏佛教史籍称之为"灭法期"或"黑暗期",此前则名之为佛教的"前弘期"。

842 年,达磨在拉萨大昭寺前被佛教僧人白吉多吉射死。围绕赞普的继承人问题,大臣们分成两派,分别拥护他的两个儿子永丹

---

① 参见东嘎·洛桑赤列《论西藏政教合一制度》。

和欧松争夺王位。从此吐蕃王朝内部分裂,相互混战。各地将领拥兵自据,彼此争伐,原先的属部相继脱离吐蕃管辖。接着爆发奴隶平民大起义,吐蕃王朝彻底崩溃了。

六 云 南 佛 教

云南历来是我国多种少数民族聚居的地区,原始宗教普遍流行,又各呈异态。自唐代建立南诏国(738—902),云南大体统一,东北与唐内地沟通,西北与吐蕃接壤,东南同中南半岛诸古国相邻,既有长期的和平交往,也有因间断性战争而短期隔离,在文化和宗教上,也受到这些方面的冲击和影响。南诏亡后,经过短暂的战乱,成立了大理国(937—1253),接受汉文化的倾向愈益强烈,最后为元朝所统一。元朝以来诸王朝的宗教文化政策,对云南宗教的演变也有很大的作用。

从南诏开始,云南就处在佛教国家的包围中。内地佛教可以从成都或交趾进入云南,然后经中南半岛同南亚诸国的佛教衔接起来。吐蕃佛教则直接进入云南西陲,使云南沟通了与尼泊尔、印度佛教的联系。

(一)南传上座部佛教

与云南接壤的缅甸骠国,早在公元 5 世纪就有上座部佛教传播。约 7 世纪,这个教派从这里传进今傣族聚居地区,后来情况不明。11 世纪下半叶,蒲甘王朝重兴上座部佛教,再次从今缅甸景栋传入西双版纳,形成润派佛教;又有从缅甸传入德宏州等地的佛教,形成摆庄派。1277 年开始有傣文的贝叶经出现。1569 年,缅甸金莲公主下嫁第十九代宣慰使刀应勐,随来之僧团携带大批佛像佛经,并在景洪地区兴建塔寺。不久,佛教又传至德宏、耿马、孟连等傣族中。除早期的润、摆庄两派外,后又形成多列、左抵两派,所用经典,系巴利语三藏的傣语音译本,重要部分有傣语翻译。此外,傣语和布朗语的佛教注疏和著述也不少。

（二）阿阇梨教

密教传进云南比唐代内地还早。据邓川大阿阇梨段公墓记，唐贞观己丑年(629)，一个名叫观音的，自乾竺率段道超、杨法律等五十姓之僧侣来到大理地区，传播密印，南诏奇王之朝密教大兴，号为"阿阇梨教"。其中杨法律为印度人，被尊为阿阇梨教始祖。

据传，840年来自摩揭陀的赞陀崛多，受到南诏王的崇敬。在鹤庆、越州等地传播阿阇梨教，创建三密道场，弘扬瑜伽。在公元9世纪来南诏游化的还有梵僧李成眉及其弟子禅和子等。872年，南诏王世隆(859—877在位)在弥勒造铁柱，于铁柱周围建寺庙，崇拜大黑天。事实上，阿阇梨教还带有明显的土著信仰色彩，特别是原始神祇和巫术等。

大理建国后，继续崇奉阿阇梨教。这个王朝自段思平到段兴智，凡22主，其中七主禅位为僧，一主被废为僧；所有官吏都必须是阿阇梨教徒。一些头面人物，也多以"观音"、"般若"等命名。阿阇梨教实际上成为大理国的国教。

元朝统一大理之后，阿阇梨教转向民间发展，曾成为反对异民族压迫的重要力量。明初曾禁止这里的密教流行，后设阿阇梨纲司予以严格管理。清政府更迭下禁令，限制愈严。最后，在儒学和藏传佛教及内地禅宗的冲击下，阿阇梨教逐步失掉本有的特色，趋向衰落。

第三节　南海佛教概况

一　中南半岛佛教

（一）安南与林邑佛教

自隋入唐，"交州"名称废止。唐调露元年(679)，于今越南河内置安南都护府，史称"安南"。

隋唐以来，交州依然是中国佛教与海外佛教交往的要冲。据《大唐西域求法高僧传》记，益州明远，南游诃陵、师子而至印度，即以交趾为附舶的出发点。益州会宁于诃陵将译出之《涅槃经后分》寄往交州,公元 676 年,再由交州都督遣使送往京都。凡经海路向南、向西去的僧侣,大多以此地为中转站。唐代在这里传教的僧人也不少,洛阳昙润,善咒术,闲玄理,路经交趾,"缁素钦风"。原康居人僧伽跋摩,唐高宗时奉敕至交州采药,适逢当地灾荒,人物饥饿,乃每日设法营办饮食,救济孤苦,涕泣外流,时称"常啼菩萨",大有三阶教的作风。

出自安南本地的名僧见于中国史籍的也不少,其中经海路求法者,有与唐僧昙润同游的运期,善昆仑音,颇知梵语,《涅槃经后分》就是由他送往中土的。窥冲是明远弟子,二人曾同时泛海经师子国至印度王舍城,其他如慧琰、木叉提婆(解脱天)、智行、大乘灯等,也都是冒险远游者。此外,还有一些应唐帝之请,入京讲经,与内地文士结交而知名的佛徒,如杨巨源作诗送别的奉定法师,贾岛作诗送别的惟鉴法师和黄知新居士等。沈佺期在安南时,谒九真山净居寺无碍上人,开首谓"大士生天竺,分身化日南"("日南"在今越南清化以北)。来安南弘化的印度僧人中,也有精通汉学,并知名于内地士林的。

隋唐时期的交州安南佛教,实是内地佛教的一个侧面,但又具本地固有的特色,这主要表现在禅宗的发展上。据传,天竺毗尼多流支,汉名灭喜(?—594),574 年游学长安,适逢周武灭佛,遂避难邺城,得受禅宗三祖僧璨心印;然后南下广州,居于制止寺,译出《象头精舍经》和《业报差别经》。580 年抵达交土,驻锡北宁(在今河山平省境内)法云寺,创"灭喜派禅宗"。此派影响在越南极大,直至李朝太宗李佛玛还写诗赞颂。

灭喜派第一代弟子法贤(560—626),曾四处传法,发展极快,前后在峰山(今山西)、爱州(今清化)、骦州(今义安)、长州(今宁平)兴建佛寺,其在慈山建造的众善寺,有弟子 300 余人。第四代清辩(?—686),居天德府华林(在今北宁东岸)建阳寺,专以《金刚经》传禅。此后,代有名师闻世。第十代法顺,因在黎朝(980—1009)建国中起过重要作用,被封为国师。《大南禅苑传灯录》述之曰:"博学工读,负王佐之才,明当世之务。少出家,师龙树扶持禅师。既得法,出语必合符谶。当黎朝创业之始,运筹定策,预有力焉。"其所著《菩萨忏悔文》最为著名。

在400多年中,灭喜派的禅思想有很多变化。后人传说,灭喜本人也讲究"不立文字,不依言语,以心为印"。他形容的"心":"圆同太虚,无欠无余",属真如佛性说。清辩随法灯习《金刚经》,当是受到唐室着重提倡此经的影响。及至法顺倡导菩萨忏悔,用符谶参与政治,使禅宗具有了新的特色。这一系禅法,也被称作"禅宗前派"。

9世纪上半叶,无言通(?—826)在安南创立第二大禅派。无言通原籍广州,俗姓郑,于婺州(今浙江金华)双林寺出家,后从百丈怀海学禅,唐元和十五年(820)来到安南,驻锡北宁仙游县建初寺,收徒传禅,史称"无言通禅派"。他弘扬内地关于"心、佛、众生三无差别"思想,实行"面壁观禅"的达磨观法,所以又称"观壁派"。他强调"西天此土,此土西天",以为心性"清净本然",成佛不必心外别求,与《坛经》的观点大同。

无言通的传法弟子感诚(?—860),将建初寺经营成无言通禅派的重要基地。其第四代吴真流(930—1011),原有志于儒学,后入佛门,丁朝先皇帝尊之为"匡越大师",历仕丁、黎、李三朝,担任僧统。这一系禅法,也叫"禅宗后派"。直到李朝统一,禅宗始终在安南佛教中占据统治地位。这与唐末五代以来内地佛教发展的总趋向是一致的。

安南以南是林邑,属占人国家,2世纪末在今越南中南地区建立占婆国,深受印汉两种文化的影响。《隋书》记其习俗:"人皆奉佛,文字同于天竺。"据考证,此"奉佛",当与信仰婆罗门教相混杂,约4世纪后半叶在位的跋陀罗跋摩王,即崇奉湿婆教。隋仁寿(601—604)末年,隋大将军刘方出兵击败新即位的商菩跋摩(即梵志),攻陷林邑首都陀罗补罗,所获佛经564筴1350余部,并昆仑书(一种古马来文)多梨树叶,后交由彦悰编叙目录,"分为七例,所谓经、律、赞、论、方、字、杂书",相当于汉文2200余卷。由此可

301

见7世纪林邑的佛教和文化已有相当的发展。《旧唐书》亦载:"俗有文字,尤信佛法,人多出家。"义净也将林邑列为"极尊三宝"的"东裔"国家之一。

义净另记,东裔诸国所奉佛教,乃是小乘有部、正量、大众和上座等"四部杂行"。但至少在因陀罗二世(854—893在位)时代,即已在今眉山东南建有大乘佛寺。此外湿婆教依然流行,特别是与土著信仰混合为一的人面林伽,象征着湿婆与国王的结合,更受到当地居民的崇拜。

(二)真腊佛教

公元7世纪,真腊依然以流行婆罗门教和佛教著称。隋大业十二年(616),遣使来隋。其时"城东有神名婆多利,祭用人肉。其王年别杀人,以夜祀祷。……多奉佛法,尤信道士"。《旧唐书》亦云:"国尚佛道及天神;天神为大,佛道次之。"唐玄奘把伊赏那补罗国(真腊首府,在今柬埔寨磅同市以北)作为知名当时的佛教国家记传。中印僧人那提(福生)三藏,经执师子和南海诸国于656年到长安,颇不得志。真腊国合国宗师假途远请,即于同年再来真腊。那提通晓大小乘,亦精《四围陀》,从他在长安译的《八曼荼罗》、《礼佛法》等看,更善于密法。由此亦见真腊佛教的一斑。7世纪下半叶,唐僧义朗到朗迦成(即狼牙修),经过这里,义净仍称它为扶南。但及至义净撰写《南海寄归内法传》,谓:"跋南国,旧云扶南,先是裸国,人多事天,后乃佛法盛流。恶王今并除灭,迥无僧众,外道杂居。"这大概是在唐贞观年间真腊灭扶南以后的事情。

8世纪末,在爪哇夏连特拉王朝作质子的阇耶跋摩回国,将首都迁往荔枝山附近,并统一了水、陆真腊,为后来的吴哥高棉王国打下了良好的基础。阇耶跋摩二世宣称自己信奉婆罗门教的诃里诃拉神,即湿婆与毗湿奴的混合物,王宫中供奉的则是湿婆教的林伽。可见在真腊统一后的相当长一段时期里,他的王朝是不支持佛教的。但是,由于在这个地区的下层民众中始终盛行原始宗教,婆罗门教与佛教诸神的界限也不清楚,甚至同本民族的英雄崇拜混在一起,所以佛教并没有因为国王的态度而完全绝迹。

9世纪后半期,因陀罗一世在位,开始营造著名的古都吴哥城。此时,佛教与婆罗门教业已同时并行。他的儿子耶索跋摩继位,迁都吴哥,公然声明自己是信仰佛教的,尽管他并不排斥其他宗教。这时的吴哥王朝已经征服了中南半岛大部,佛教势力有很大的增长。以后的吴哥诸王,或奉佛,或信湿婆,但都允许异己存在,以致形成柬埔寨特有的婆罗门教与佛教相混合的色彩。苏利耶跋摩一世在11世纪初登基,宣称他是佛教的信奉者,但同期的碑铭说明,当时依然是婆罗门教与佛教大小乘并行。

（三）骠国佛教

今缅甸东北部掸邦高原一带,建有掸国,公元1世纪,即与汉王朝有使者往来,成为联结罗马（大秦）与洛阳的重要枢纽。这条中国同西方交通线的开辟,可能要早于经交趾的那条路线。永宁元年(120),掸国王遣使"献乐及幻人",这位幻者自称"海西人",即大秦人。

公元初,在今缅甸卑谬建立的骠人国家,在7世纪已将领域推到了东邻陆真腊,西近东天竺,东北接南诏,西南濒大海。在卑谬发现的巴利文佛典残片说明,这里至迟在5世纪已经有了上座部佛教。到唐代时,据《新唐书》记述,当时骠国有属国18个,镇城9个,部落298个。国城周160里,有12门,四隅作浮图,相传为舍利佛城。城内"有寺百余区,堂宇皆错以金银,涂以丹彩,地以紫矿,覆以锦罽。其俗好生恶杀"。"男女七岁则落发,止寺舍,依桑门;至二十不悟佛理,乃复长发为居人"。寺院具有教育青少年的职能。佛教成为全民信仰。

唐贞元(785—805)中,骠王遣其弟入唐,献乐凡10曲,乐工35人,"乐曲皆演释氏经论之词意"。义净在《南海寄归内法传》中称卑谬为"室利察呾罗国",也以"极尊三宝"著名。

9世纪初,南诏附唐,势力大增,逐步向外扩展。832年,攻掠骠国,骠国由是瓦解,缅人取得了这一地区的统治权。849年,他们在蒲甘建起新的王朝。当时的缅人流行原始宗教,十分昌盛。他们相信,一切自然物都有精灵统治,这类精灵被称作"纳特",主要的纳特就有 37 个。纳特崇拜成为缅人的主要宗教,佛世尊被视作是至高无上的纳特,佛教完全被溶化到了土著信仰中。因此,当 11 世纪蒲甘名王阿奴律陀大力扶植南传上座部佛教时,此前的信仰被斥为邪教。

当 8 世纪天竺、唐、吐蕃等王朝密教盛行的时候,蒲甘和室利察咀罗也受到影响。特别是左道密教,提倡以乐为解脱,影响尤深,缅甸称之为"阿利教"(亦作"阿梨教")。阿利僧享受信徒米饭、牛肉和酒等各种供奉,甚至拥有初夜权。蒲甘的难陀曼耶寺和巴耶通沙寺窟内的壁画,绘有男女合抱的神像。他们崇奉蛇,相信念咒可以除罪降福。蒲甘郊外的阿利僧寺院塔马提,最盛时有僧 30 人、弟子 8 万。

(四)暹罗佛教

"暹罗"是泰国的古称。据佛统和蓬迪出土的文物考证,一般认为,公元初在暹罗中部已经有佛教信仰存在。其中在佛统发现有以鹿为底座的法轮,象征佛在鹿野苑说法;另有佛陀足迹的图案和刻有"诸法从缘生"的巴利文铭文,这都是佛偶像尚未受到崇拜时的佛教情况。有学者从艺术风格上推断,认为它们当属印度笈多王朝时期的产物。在蓬迪,发现有数座佛寺遗址,并有青铜或石雕的佛像,显然,这是更晚一些时候的文物。

约在公元前 5 世纪,孟人在下缅甸直通一带和昭披耶河(曾误译为"湄南河")下游建立国家。其中东孟人的国家名堕罗钵底,国都在今曼谷以西 30 里的那空佛统,考古发现最早的碑铭为公元 6 世纪;其后首府迁往富华里,那里的碑铭最早为 8 世纪。7 世纪的玄奘和义净,均把此国作为知名度很高的佛教国家来记述。与义净同时的爱州(今越南清化)僧大乘灯就是在这里出家的,后随唐使郯绪回到长安,从玄奘修学。在那空佛统发现的帕梅尼寺遗址,其平面结构与缅甸蒲甘阿难陀寺一样,而后者是缅甸王江喜陀

(1084—1113在位)在听取了印度前来避难的八名僧人对奥里萨乌陀祇利山的阿难陀寺洞窟的描述后建立的,因此,帕梅尼寺属印度风格。在乌通和库巴也有佛寺遗址,有的布局则是斯里兰卡样式,支柱基础是大象,并有僧人聚会的大堂。属于堕罗钵底王朝时代的雕塑也很多,青铜或石刻的雕像都以孟人为原型,艺术风格有属阿摩罗瓦提的、笈多王朝的和后笈多王朝的,也有属波罗王朝的。堕罗钵底王朝在11世纪被吴哥王朝征服,此后,高棉人信奉的印度教也在这里传播开来。

据中国史籍记载,6世纪以后,泰属马来半岛诸国的佛教已相当发达。其中盘盘国(在万仑和斜仔一带)在南朝梁大通年间(529—534)多次遣使送来舍利、画塔、菩提树叶等,《旧唐书》卷一九七记其"人皆学婆罗门书,其敬佛法"。《隋书》卷八二记,赤土国(在佛头廊和宋卡一带)"其俗敬佛,尤重婆罗门";其王姓瞿昙氏,所居僧祇城,有门三重,"每门图画飞仙、仙人、菩萨之像……又饰四妇人,容饰如佛塔边金刚力士之状,夹门而立"。王父"则释王位出家为道"。《梁书》卷五四记,狼牙修国(在北大年吉打一带)于梁天监十四年(518)遣使携国书通好,书中有言:"离淫怒痴,哀愍众生……慈心深广,律仪清净,正法化治,供养三宝。"

至义净撰《大唐西域求法高僧传》时,狼牙修成了密切联结中国佛教与斯里兰卡、印度两地佛教的重要枢纽。益州义朗律师等三人,发自长安,越江汉至乌雷(广西钦州湾犀牛脚)附商舶,"越舸扶南,缀缆朗迦戍(即狼牙修),蒙朗迦戍国王待以上宾之礼"。洛阳义辉、荆州通陵也都经过这里。玄奘和义净也将狼牙修视作"极尊三宝"的国家。

由于暹罗佛教的来源不一,信仰颇杂,有小乘上座部,也有大乘系统,观音崇拜最为流行。

二　南洋群岛佛教

佛教何时传入南洋群岛,已不可确考。今马来西亚与泰国接壤的吉打州武吉梅林,曾发现有公元5世纪的佛寺遗址,残有石刻属印度跋罗婆字体的梵文佛偈;霹雳州也发现过梵文碑铭,包括佛偈和某船主祈求平安的祷文。这都是大乘佛教传入马来半岛的证明。但佛教影响更大一些的,则是今苏门答腊和爪哇。

(一)诃陵佛教

爪哇,古称"诃陵"或"阇婆"。公元412年,法显由斯里兰卡回国经过耶婆提(爪哇的另一译名)国,这里是中印、中斯商业交通的中转站,"其国外道婆罗门兴盛,佛法不足言"。但不久,罽宾高僧求那跋摩经师子国来阇婆,国王母子先后皈依佛教。跋摩曾为王献策退敌,为咒治病,"于是一国皆从受戒",对周围邻国影响颇大。南朝宋元嘉元年(424),宋文帝曾拟遣使邀跋摩前来弘教。《宋书》记,元嘉十二年(435),阇婆婆达国(即阇婆国)国王婆达(《高僧传》译作"婆多加"),遣主使佛大陁婆、副使葛抵来宋通好,其国书有"敬礼一切种智安隐天人师,降伏四魔,成等正觉,转尊法轮,度脱众生"等语,说明当时的王朝是相当笃信佛教的。求那跋摩来宋,经始兴,在虎市山寺北壁手画罗云像及定光儒童布发之形,并多显灵异;后于京都开讲《法华》、《十地》,翻译《菩萨善戒》等,可以推想他在阇婆弘扬的范围。

阇婆洲上另有诃罗单国,也于南朝宋元嘉年间和梁天监、普通年间多次致书修好,书中也充满佛教语言。

另据考古资料证实,5世纪的爪哇也崇奉印度教。在西爪哇发现有多罗磨国国王补尔那跋摩(约5世纪时在位)的碑铭,碑上印有该王及其所乘大象的足迹,这是婆罗门教神化王权的标志。另一碑文说到王向婆罗门施牛1 000头。

在中爪哇曾经建有两个王朝世系,其中珊阇耶王朝(即马打兰国)早期信奉婆罗门教,而后也间有信奉佛教的国王。夏连特拉王朝则相信佛教,日惹东部的卡拉桑神庙,就是夏连特拉王朝为其"增添光荣的人"建造的。8世纪下半叶,这个王朝完全控制了中爪哇,它的王师"劝说"珊阇耶的大王为多罗女神建造壮丽的庙宇和僧院,并保证世代给以土地、村落等供养。最后珊阇耶被迫迁往爪哇东部。一般认为，这个夏连特拉王朝就是中国史籍中的诃陵国。

据《新唐书》载，诃陵国"有文字，有星历"，王居"阇婆城"，其祖延吉东迁至婆露伽斯城，有属国28个。至上元间(674—676)，国人推女子为王，号"悉莫"，"威令整肃，道不举遗"，成为抗拒大食的威慑力量。从大历到咸通的百余年中(766—873)，屡与唐朝通好，献物中有"僧祇僮"、"僧祇女"，亦通称"僧祇奴"。他们是寺院中善歌舞的奴隶。此前，唐麟德年间(664—665)，益州会宁律师至诃陵洲停住三载，与诃陵多闻僧若那跋陀罗(智贤)于《阿笈摩经》内译出如来涅槃焚身之事，即《涅槃后分》。这种《阿笈摩经》当是本地产物。此外，明朗、道琳、昙润、法朗等唐僧，也都到过这里。

8世纪以后，爪哇的佛教具有了浓厚的密教色彩。号称唐代密宗三大士之一的金刚智由印度来唐途中，首先止于阇婆国，并在这里遇到不空，开元八年(720)至洛阳。开元十九年(731)，不空奉敕回乡，与弟子含光、慧辩等附昆仑舶先去诃陵停留。建中(780—783)初，诃陵国僧辩弘，以本国法具奉上长安青龙寺惠果阿阇黎，求授胎藏毗卢遮那大法。这反映当地已有相当的密教基础，并有新的需要。夏连特拉王朝的势力曾经达到马来半岛，在洛坤(泰国境内)建造"三圣庙"，供奉释迦牟尼和文殊、金刚手菩萨，时间为775年。

研究者认为，爪哇岛上的大乘佛教建筑，都有形而上的意义。事实上是密教教义的图解，也是曼荼罗的进一步演变，同样存在于中国汉藏两系密教的建筑物上。最早建于蒙梯兰的纳汶陵庙，由五座神龛组成，每座神龛各有五尊神像，代表密教崇奉的大日、阿閦、宝生、不空、弥陀等五佛和法界理性、妙观察、大圆镜、平等性、成就所作等五智。9世纪初建造的曼杜陵庙，中间的释迦牟尼象征最终真实，右侧观自在象征最终真实生出的大慈悲力，金刚手则象征密教特有的理论与实践。

中爪哇的婆罗浮屠，是一个以小丘为基建起的窣堵波(佛塔)，规模异常宏大，与柬埔寨的吴哥窟同样闻名于世，始建于夏连特拉最强盛的800年左右。这一浮屠的构造，既象征佛教大乘的某种理论,又具祖先崇拜的含义。据说它的全名应是"步弥三巴罗步陀罗",意谓"菩萨修行十地山",代表菩萨修行的次第,它的第一级用土覆盖起来,则是为夏连特拉因陀罗王未来成菩萨时占有的。距婆罗浮屠不远的曼杜陵庙外面,有九尊菩萨,传说那就是夏连特拉王朝的九位祖先。

(二)室利佛逝佛教

"室利佛逝"是苏门答腊的古称,与中国有记载的交通约在公元 3 世纪上半叶。到 7 世纪,岛上至少有两个国家,一是建于占碑的末罗游,另一个就是在今巨港的室利佛逝,是全岛的真正统治者。据义净记载,南海诸州的佛教,盛多敬信,"人王国主,崇福为怀,此佛逝郭下僧众千余,学问为怀,并多行钵,所有寻读乃与中国(指天竺)不异,沙门轨仪,悉皆无别"。其国高僧释迦鸡栗底(即释迦称)与当时印度羯罗荼寺、那烂陀寺等的大德齐名,并通因明、瑜伽、中观、有部诸学,与义净交往密切,义净译介了他的《手杖论》,说明当时佛教义学也很发达。唐咸亨至开元间,其王曷蜜多数遣使入唐,所献物中亦有"僧祇女",可见佛教习俗当与诃陵相似。

671 年,义净在乘波斯舶到印度途中,于室利佛逝居留六个月,学习声明,尔后由国王送往末罗瑜,转羯荼(苏门答腊岛西北端),再乘王舶向印度进发。685 年,他离开印度,及至再次来到这里,末罗游已被室利佛逝吞并。从 685—693 年,他在佛逝居留六年,从事翻译和撰著。义净以为,唐僧西游,最好先在这里学习一二年再行,这是因为佛逝可以提供学习语言和西方知识的便利条件。仅据《大唐西域求法高僧传》记录,前来佛逝的僧人就有与义净同行的怀业、交州运期、晋州智行、高昌彼岸、智岸,以及新罗两僧人等。其中洛阳智弘、荆州无行还受到佛逝国的特异厚礼,布金华,散金粟,四事供养,后亦乘王舶经末罗瑜到羯荼,再转舶西行。后来有慕义净西行的东莱慧日,于 8 世纪初亦从佛逝中转。金刚智来唐的路上,佛逝国王曾将金伞盖、金床奉迎。9 世纪以后,中国史籍改称室利佛逝为"三佛齐"。宋太平兴国八年(983),法遇由印度回国,途经三佛齐,时天竺僧弥摩罗失黎也在这里。咸平六年(1003),三佛齐国王思离咮啰无尼佛麻与华遣使通好,请宋帝为其在本土所建的一座寺院赐额,宋真宗名以"承天万寿",并铸钟相赠。就是这位国王,在南印注辇国内建造了一座以自己名字命名的佛寺,注辇王为此拨给一个村落赋税供养。此前,约在9世纪,佛逝国王还曾为本国留学印度的僧人,在那烂陀寺建过一座寺院。佛逝与中、印均取友好态度。

从现有资料看,室利佛逝多属小乘,也有大乘,密宗相当流行。出土于684年的塔兰、图沃碑文中不只提到"菩提心"、"三宝",而且还有"金刚身"。11世纪初,东印阿底峡(982—1054)受邀进入西藏传播密教之前,先在室利佛逝师事法称达12年。法称被认为是佛逝的硕德高僧,他的主要著作《现观庄严论疏》等,被译成藏文,这表明佛逝的密教有深厚的传统,并达到足以影响印度和西藏的程度。

第七章　朝鲜佛教和日本佛教的建立（7—11世纪）

第一节　佛教传入朝鲜及其早期阶段

朝鲜是中国的近邻,自古与中国在经济、政治和文化上有着密切的关系。从很古的时候起,中国北方居民不断移居到朝鲜,在朝鲜的经济、文化发展中发挥了重大作用。秦末汉初,燕人卫满率移民到朝鲜,在今平壤一带建立卫氏政权。汉武帝时发兵侵入朝鲜,灭卫氏,建立乐浪、玄菟、临屯和真番四郡。此后除乐浪郡外,其他三郡或撤或移入辽东。公元3世纪以后兴起高句丽、百济、新罗三国,经过长时期兼并争夺,至7世纪中叶新罗在唐王朝支持下灭高句丽、百济,建立了统一的王朝。新罗王朝存在260多年,后被高丽王朝取代。

在朝鲜三国时代,佛教开始从中国传入,到新罗、高丽王朝时期达到极盛。佛教在朝鲜的流传发展过程中形成带有朝鲜民族特色的宗派,对朝鲜古代的历史和文化发生过深远影响。

一　佛教传入朝鲜

朝鲜佛教是通过中国传入的。开始于三国时代位于半岛北部的高句丽。高句丽于公元前1世纪立国,原是个部落联盟,长期流行原始巫教信仰。《三国志》卷三〇《乌丸鲜卑东夷传》载,十月国中举行"东盟"大会,祭天神;国东部有一个大隧穴,也于十月迎隧神祭祀之。高丽僧一然《三国遗事》卷三载,高句丽小兽林王即位二年(372),前秦王符坚派使者和僧顺道到高句丽,送佛像经文;四年(374),前秦僧阿道到高句丽传教。王为顺道建肖门寺,为阿道创伊弗兰寺。一般认为这是佛教传入朝鲜之始。实际上,早在东晋支遁(314—366)时,即与"高丽道人"有书信往来。

此后中国佛教又传入百济。百济在公元3世纪兴起于半岛西南部马韩的故地。百济以汉山城(京畿道)为中心逐渐征服马韩其他部落,4世纪占领带方郡,与北方高句丽进行争斗。百济国小势弱,国都一再南移,474年移都熊津(在今公州),538年又移至泗沘(今扶余),其统治者曾借助东晋南朝政权和日本的势力对抗高句丽和新罗,国内亦盛行天地鬼神信仰。《三国志》卷三〇《乌丸鲜卑东夷传》载,韩人每年五月播种之后,"祭鬼神,群聚歌舞,饮酒昼夜无休",十月秋收之后也举行祭鬼神仪式;"信鬼神,国邑各立一人主祭天神,名之天君"。据《三国遗事》卷三记载,百济枕流王即位之年(384),东晋的胡僧摩罗难陀到达百济,被迎进宫内受到礼敬。第二年在汉山州创立佛寺,度僧十人。

新罗位于半岛东南部,北隔高句丽与中国北方相接,西与中国南方的水路因受阻于百济,佛教传入最晚,传入的时间也有不同的说法。《三国遗事》卷三载,第十九代讷祗王(417—458在位)时,沙门墨胡子从高句丽来到新罗,住于一善郡毛礼家。当时梁朝使者赠给王的礼品中有衣物和香,君臣不知香名及使用方法,遍问国中,墨胡子介绍说,焚香可以"达诚于神圣,神圣未过于三宝,若烧此发愿,则必有灵应"。还有一种说法,谓第二十一代毗处王(一作"炤知王",479—499在位)时,有位叫作我道(或阿道)的和尚来到一善郡,住于毛礼家数年而死,其侍者三人常与人讲读佛经,有人开始信奉。但亦有说,墨胡子与我道实是一人。到第二十四代的法兴王(516—539在位)时佛教有较大发展,王于京城庆州建立兴轮寺等七寺。

新罗国发源于半岛东南部辰韩部落联盟中的斯卢部落,从公元4世纪以后以都城庆州为中心不断向周围扩张,原斯卢六个氏族的贵族成为新罗的统治集团,朴、崔、金三姓是最大的王族。5世纪以后,新罗建立了系统的政权机构,社会农耕经济有较大发展,在对外战争中不断取得胜利。562年消灭日本在半岛南部设的据点任那。660年新罗联合唐军灭百济。668年又联合唐军灭高句丽,于675年文武王在位时统一朝鲜。新罗是朝鲜历史上第一个统一的王朝,经济文化发展迅速,与唐王朝交流密切,佛教也普及到全社会。

二 三国时代的佛教

有关三国时代佛教的状况,史书的记载甚少。大体是这样的:

佛教传入高句丽后传播较快,到广开土王三年(394)平壤已建佛寺九所。因高句丽与中国北朝关系密切,所以多受北朝佛教影响。据《续高僧传》卷八《法上传》记载,高句丽国大丞相王高德派僧到北齐国都邺,向昭玄统法上(495—580)问一些佛教问题,其中有:释迦文佛涅槃以来至今多少年? 佛法何时传到汉地? 齐、陈佛法传承情况如何?《十地经论》、《大智度论》等的传承关系和内容怎样? 由此可见高句丽佛教在公元6世纪的发展水平。其中《十地经论》是北朝地论学派研习的基本经典。一些高句丽僧还过海到日本传教,6世纪有慧便、慧慈,7世纪有僧隆、云聪、昙徵、慧灌等。他们除传教外还介绍大陆的文化技术。其中慧灌住奈良元兴寺,传三论宗,被后世奉为日本三论宗始祖。

百济佛教受中国南朝的影响最大。在阿莘王在位时(392—404)曾下令"崇信佛法求福"。说明在当时统治者心目中,佛教能给他们带来福乐。在圣王十九年(541)时派使臣渡海入梁朝贡,并求《涅槃经》等义疏、《毛诗》博士及工匠、画师等,梁朝满足了这些要求。法王即位(599)下令禁止杀生,焚毁渔猎工具。第二年创建王兴寺,度僧30人。百济佛教对隔海的日本有直接影响。据《日本书纪》记载,在日本钦明天皇十三年(552),百济圣明王派使者到日本献金铜佛像、幡盖、经论等。此事被认为是佛教传入日本之始。①此后僧道深、日罗、丰国、慧聪、观勒、慧弥、道欣、道藏等人都从百济到达日本传教,主要弘传三论宗和成实学理论。观勒在602年到

---

① 据《上宫圣德法王帝说》,百济王派使者献佛像是在公元538年。

日本,带去历书和天文、地理以及遁甲、方术等书,对当时日本文化有一定影响。道藏撰《成实论疏》,为研习成实学的学人所重。

新罗在三国中传入佛教虽晚,但发展较快,由于它是灭高句丽、百济而完成朝鲜统一的,有关它的各种史料也多。高丽金富轼《三国史记》、一然《三国遗事》及唐代中国佛教史书中关于新罗佛教记载都比较多。

新罗真兴王(540—575在位)时佛教有很大发展。他在庆州建皇龙、祇园、实际等寺,派使者入梁迎请佛舍利和经书,为管理僧尼仿照中国北朝僧官制度设"国统"、"大都维那"等。他在晚年剃发着僧衣,号"法云",命王妃也做尼僧住永兴寺。从他开始,王室经常为祈祷国泰民安、五谷丰登而举行百座讲经会,请僧人讲读《仁王般若波罗蜜经》等护国经典,并为战死的将士举行八关斋会等佛教法会。此后以奉佛著称的还有真平王(579—631在位)、善德女王(632—646在位)、真德女王(647—653在位)等。在真兴王时新罗贵族中有称作"花郎"的组织出现,带有浓厚的氏族亲兵制的色彩。花郎由青年贵族担当,每个花郎组织有几百人到几千人不等,在对外战争中起很大作用。在思想上,花郎受中国儒释道三教的影响,尤以佛教影响最大。据《三国史记》记载,新罗统一的功臣金庾信15岁即加入花郎集团,并是"龙华香徒"。据考察,花郎组织接受《弥勒下生经》的思想,相信弥勒菩萨在未来将下生人间在龙华树下成佛。花郎集团把日常修养和训练与弥勒下生信仰结合起来,培养忠于国家和勇敢尚武的精神。①

新罗统一朝鲜前的名僧有圆光和慈藏。

圆光(532—630),俗姓朴(或云姓薛),25岁时渡海到南朝陈学佛法,兼习儒术,曾师事成实论师僧旻的弟子,对《成实论》、《大涅槃经》等最有心得,后到虎丘讲《成实论》与《般若经》,名声渐闻

---

① 日本镰田茂雄《朝鲜佛教史》(东京大学出版社1987年版)第一章认为,花郎精神的支柱是"护国佛教的理念",培养国家骨干人才和集体训练的指导原理是"弥勒信仰"。

于世。隋初到国都长安，又讲习《摄大乘论》，为时人所重。新罗王闻名请他回国。受到真平王的崇信，尊之为师，常咨以军政事宜。他常向国王和大臣讲大乘佛经。在高句丽、百济发兵攻打新罗之时，他应国王之请向隋朝作乞师表，请隋帝派兵援救。他在新罗外抗高句丽、百济，内谋发展的形势下，变通佛法戒律，提出"世俗五戒"的说法："一曰事君以忠，二曰事亲以孝，三曰交友有信，四曰临战无退，五曰杀生有择。若等行之无忽。"不难看出，其中多是为治国用兵需要的儒家伦理。在新罗谋求武力统一全国的时候，"事君以忠"与"临战无退"有着特殊意义。他还在皇龙寺设百座道场，请名僧讲经，以《占察善恶业报经》为人预卜吉凶。

慈藏，俗姓金，出身新罗贵族，《续高僧传》有传。唐贞观十二年(638)率门人僧实等 10 余人入唐巡拜佛迹，学习佛法。贞观十七年(643)带着唐朝所赐藏经一部及佛像等物回国，得到国王的欢迎，受任"大国统"，管理僧尼事务。慈藏常住京城的芬皇寺，应请入宫讲《摄大乘论》，在皇龙寺讲《菩萨戒本》。在慈藏及其弟子的努力之下，新罗的佛教发展很快，道宣于其本传中说："一代佛法，于斯兴显。"在慈藏的提议下，真德女王三年(649)下令全国服唐朝衣冠，第二年奉唐正朔，用"永徽"年号。慈藏卒于唐永徽年间(650—655)。著有诸经戒疏 10 余卷及《观行法》1 卷。

三 新罗统一王朝时期的佛教

新罗统一全朝鲜后，各方面受到唐朝的影响。在佛教领域，前期盛行法相宗和华严宗，后来又传入密宗和禅宗，净土宗也日渐流行。由于新罗历代国王都崇信佛教，造寺度僧数量日增，劳动力和兵源减少，给国家财政经济带来极大负担。由此佛教受到国家的限制，这是新罗后期佛教衰落的原因之一。

（一）元晓、义湘和朝鲜华严宗

元晓(617—686)的神异传说很多。据《宋高僧传》卷四、《三国遗事》卷四及朝鲜《高仙寺誓幢和上塔碑》等碑刻资料，俗姓薛，幼名誓幢,新罗湘州人,29岁于皇龙寺出家,随师学佛法,后慕唐朝玄奘、窥基之名,与义湘结伴入唐,半路遇雨宿于墓地之中,悟"心生故种种法生,心灭故龛坟不二","三界唯心,万法唯识,心外无法,胡用别求",决定携行李回国。此后言行狂悖,或入酒肆娼家,或持金刀铁锡,或为《华严经》制疏以宣讲,或游山水坐禅。国王请为《金刚三昧经》作疏,疏成开讲,"王臣道俗,云拥法堂",由此名闻当世。这里所说的《金刚三昧经》疑即是元晓本人的编纂;他并撰有《金刚三昧经论》进行注疏,在唐佛教中很有影响。又著《大乘起信论疏》2卷,也称"海东疏",唐法藏撰《大乘起信论义记》多引用之。其他著作还有很多,重要的有《华严经疏》10卷、《涅槃经宗要》1卷、《十门和诤论》2卷、《无量寿经宗要》1卷以及中观三论、瑜伽唯识等论疏80余种,现存20余种。元晓的华严宗也称"海东宗"、"法性宗"、"芬皇宗",以主张融会、"和诤"为基本宗旨。

对朝鲜华严宗建立影响最大的是义湘。关于义湘的生平,《宋高僧传》、《三国遗事》以及崔致远的传说等,不很一致。大体是这样的:义湘(625—702),俗姓朴(或云姓金),出家后与元晓同行入唐求法,元晓中途折回,义湘渡海经登州(山东文登)到长安终南山,师事智俨(602—668),与后来创立中国华严宗的法藏同学,研习《华严经》。回国后奉旨在太伯山建浮石寺,并聚徒讲《华严经》。著有《华严十门看法观》、《华严一乘法界图》、《入法界品钞记》、《阿弥陀经义记》等。其中《华严一乘法界图》最有代表性;此书吸收智俨的思想,据《华严经》和《十地经论》论述华严宗的基本教义。法藏曾托新罗的胜诠给义湘书信及著作多种。信中对义湘归国宣传华严教义表示赞赏,说:"仰承上人归乡之后,开演华严,宣扬法界无碍缘起,重重帝纲,新新佛国,利益弘广,喜跃增深。"所赠的书有《华严经探玄记》、《一乘教分记》、《起信论义记》、《十二门论疏》等。义湘将《华严经探玄记》等传送十寺讲授。义湘的弟子很多,著名的有悟真、智通、表训、真定、真藏、道融、良圆、相源、能仁、义寂。义湘在后世被尊为海东华严宗的初祖。

（二）圆测、太贤和新罗法相宗

圆测(613—696)，出身新罗王族，名文雅，是唐玄奘得力的弟子之一。据《金石萃编》卷一四六《圆测法师佛舍利塔铭》及《宋高僧传》卷四《圆测传》等载，圆测 3 岁出家，15 岁游学中国长安，从法常、僧辩学佛教经论，住元法寺学《毗昙》、《成实》、《俱舍》等论书。后从玄奘学《瑜伽师地论》及《成唯识论》等。显庆元年(656)，被召为西明寺大德，撰《成唯识论疏》、《解深密经疏》、《仁王经疏》等。在唐高宗后期和武周时期被选入译经馆，助天竺地婆诃罗译《大乘密严经》、《大乘显识经》等。其间新罗神文王曾召请圆测归国，但遭到武则天的拒绝。据《新编诸宗教藏总录》及《东域传灯目录》等载，圆测的著作有 18 种，其中关于法相唯识教义的除前述者外，还有《成唯识论别章》、《二十唯识疏》、《百法论疏》、《观所缘缘论疏》等多种。他的著作大多已佚，现存有《解深密经疏》以及《般若心经赞》、《仁王经疏》等。

圆测的《解深密经疏》原本 10 卷，第九卷后遗失，1971 年南京金陵刻经处据新罗道伦的《瑜伽论记》补成第十卷，此后日本稻叶正就又从藏文大藏经所收法成的译本中把第十卷译出还原。近年中国释现空亦据藏文本还原全部遗缺部分（即 40 卷本中的后 6 卷）。他在自己的著作中多处引用真谛的译文，形成了与窥基所传不甚相同的唯识学说。

圆测虽然没有归国，但他对新罗佛教有很大影响。继承圆测法系的新罗学僧有道证、胜庄等。道证，武周长寿二年(693)由唐归国，著有《成唯识论要集》、《辩中边论疏》、《因明理门论疏》、《因明入正理论疏》等，均佚。胜庄著有《成唯识论诀》、《杂集论疏》、《梵文戒本述记》等。

道证是维护圆测思想的主力，他的嫡传弟子则是太贤。太贤的生平不详。《三国遗事》卷四说他是新罗瑜伽之祖，自号"青丘沙门"，曾应请为景德王讲《金光明最胜王经》，以南山茸长寺为中心传播唯识教义，为时人所重。据日本学者考察，太贤著书 50 余部

100多卷,现仅存5部,其中《成唯识论学记》是他的代表作,还有《起信论内义略探记》以及《梵网经古迹记》等。

新罗的法相唯识学者还有道伦(亦作"遁伦")。他是窥基的弟子,所著《瑜伽论记》(对《瑜伽师地论》的注释)今存,有重要的史料价值。此外,曾师事玄奘,留学中国未归国的还有法海寺沙门神昉,著有《成唯识论要集》等。

当时,玄奘的名声誉满朝鲜半岛,研习法相者遍及各种学僧。有新罗顺憬者,标榜"法相大乘了义教",抨击《华严经》关于"发心便成佛"之说。又据因明批评玄奘的"真唯识量",而立"决定相违不定量",于唐高宗乾封年间(666—668),因使臣入唐附至长安。他主张:"真故极成色定离眼识(宗);自许初三摄,眼所不摄故(因);犹如眼根(喻)。"这个比量的做法,受到窥基的批评,但其敢于向权威挑战的精神,得到好评,在客观上则揭示出佛教因明的某些局限。顺憬在本国的一些著述,也有流传到中国来的。

(三) 新罗禅宗和禅门九山

传说最早传禅宗到朝鲜的是新罗法朗。法朗入唐从黄梅的道信受禅法,归国后传神行。神行入唐,从普寂(651—739)弟子志空学禅,归国传北宗禅法,但影响不大。最流行的是南宗马祖道一系统的禅法。实际上不同时期许多僧人分别到唐朝参学,回国后各在一方以某一寺院为中心传禅说法,所以禅系颇多,到新罗亡(935)前形成八个支派,至于王氏高丽(918—1392)初则发展为九个派别,称"禅门九山"。其中除一派传北宗禅,一派传南宗石头门下曹洞禅之外,其他七派皆属马祖禅系。

(1) 迦智山派。创始者道义,俗姓王,宣德五年(784)入唐,巡礼五台山,在广州宝坛寺受戒,到曹溪拜祖师塔,后到洪州开元寺从马祖的弟子西堂智藏(735—814)受禅法,又投百丈怀海(720—814)门下参学,在唐37年回国。因当时华严、法相二宗盛行,禅宗不受欢迎,道义隐于雪岳山陈田寺,传禅于廉居,廉居传体澄。体澄居迦智山宝林寺举扬道义的禅法。

（2）实相山派。创始人洪陟，入唐亦在马祖门下智藏处学禅，归国后住南岳传马祖禅法，主张"无修无证"，受到兴德王（826—835在位）和宣康太子的信奉，在智异山创实相寺。洪陟被尊为海东禅宗的初祖。弟子秀彻在密阳开创莹原寺，国王皈依，影响较大。后来慧照（774—850）也入唐学禅，归国后创玉泉寺，设六祖慧能影堂。

（3）曦阳山派。创始人智诜（824—882），俗姓金，原学华严宗，后师事传北宗禅的慧隐，按禅宗传法世系，此派的传承是道信（东山法门）—法朝—神行—慧隐—智诜。智诜后应请到曦阳山建凤岩寺传禅，弟子有杨孚、性蠋等人。

（4）桐里山派。惠哲，俗姓朴，曾到浮石寺学华严宗，宪德王六年（814）入唐师事西堂智藏，受传心印。智藏死后，又西行到西州（当今新疆吐鲁番）浮沙寺，留住三年读大藏经。文圣王元年（839）归国，在武州桐里山的大安寺传禅，受到国王尊信。这个禅系出了允多、道诜、庆甫等著名僧人。

（5）凤林山派。玄昱（787—868），俗姓金，新罗贵族，兴德王二年（828）入唐，投马祖法嗣怀晖之门，后随王子金义宗回国，住南岳实相寺，受到闵哀、神武、文圣、宪安诸王的礼敬，以师待之。弟子审希（855—923）继其禅法，在今庆尚南道的昌原郡建凤林寺传法。此后有璨幽等继世。

（6）圣住山派。无染（800—888），武烈王八代孙，曾到浮台寺从释澄学华严宗，公元821年随王子金昕入唐，到长安终南山至相寺学华严宗义，后到洛阳从马祖弟子如满受禅法，又参蒲州的麻谷宝彻，受其印可。在唐20余年回国，将熊州乌合寺重修，改名圣住寺，在此弘传禅法。受历朝王室礼遇，弟子达2 000余人，著名的有询乂、圆藏、灵源、玄影等人。

（7）阇崛山派。创始人梵日（810—887）出身望族，兴德王（826—835在位）时与王子金义琮结伴入唐，在马祖弟子盐官齐安的门下参禅得悟，并向石头门下药山惟俨问法。会昌灭佛（844）隐于商山，后到曹溪参拜祖师塔。归国后受到国王礼遇，被任为国师，以江陵五台山崛山寺为传禅基地。弟子有开清、行寂，先后任国师。行寂曾入唐巡礼五台山,875年到成都净众寺拜无相(金和尚)的影堂,此后又从石霜庆诸受青原一系禅法。

(8)师子山派。道允(798—868),俗姓朴,入唐师事马祖弟子南泉普愿,归国后受到景文王的皈依。弟子折中(826—900)曾学华严宗,后应请住于师子山的兴宁禅院,接化四方参学者。

(9)须弥山派。创始人利严(870—936),俗姓金,唐昭宗时(896)入唐,从洞山弟子云居道膺(?—902)受传心印,归国不久新罗灭亡。高丽王朝建立,受到太祖的皈依,后住开京(今开城)西北的须弥山广照寺。弟子有处光、道忍等。

此外,僧顺之在858年入唐,在仰山慧寂门下学法,归国传沩仰宗。沩仰宗以圆相表悟的方法对朝鲜禅宗有很大影响。

密宗和净土宗也前后传入新罗。最初明朗从唐传入杂密,后世称为"神印宗"。此后有惠通、明晓、不可思议、玄超等僧从唐传入密宗。至于净土宗,主要是西方净土信仰,得到许多僧人的提倡,慈藏的《阿弥陀经义记》、义湘的《阿弥陀经义记》、元晓的《无量寿经宗要》和《阿弥陀经疏》等,对传播净土信仰有较大影响。

319

传说新罗入唐僧慧超(?—780),曾从金刚智学密教;金刚智在长安荐福寺译经时,他任过笔受,后为不空弟子,终于中国。但慧超之所以著名,是因为他继玄奘、义净之后成为东方最伟大的旅行僧。约8世纪初,他发自中国,历经中印、南印、西印、北印而远到波斯和土耳其斯坦,然后转游河间(阿姆河与锡尔河之间)诸国,过帕米尔,于727年抵唐安西大都护府龟兹。所著《往五天竺国传》记载了当时印度、中亚和西亚的地理风情、政治文化及宗教信仰等状况,可与他先前西游者的记述相媲美。

据前所述,新罗佛教属中国唐朝佛教的移植和向社会广泛普及的阶段。一些学僧入唐求法,带回大量汉文佛经和著述。华严宗和法相宗在新罗最为盛行,注重教义理论的研究和讲述,而在传法世系和组织上并不严格。禅宗中以南宗马祖禅法比较流行,由不同时期的僧人分别传入,分散各地,互不相属。佛教僧侣在传教过程中得到以国王为首的统治阶级的支持,佛教寺院遍于全国,义僧辈出,著作很多,随着僧侣的增多,建立起相对独立的僧官制度,这都为以后朝鲜佛教的发展奠定了基础。与此同时,新罗僧人对于唐佛教的建设也贡献很多,从教理到信仰以至禅宗实践,唐佛教中都留下了新罗僧人的痕迹,有的一直影响到今天的中国佛教。

四 高丽王朝前期(918—1105)的佛教

公元 9 世纪时,新罗王朝政变频繁,社会各种矛盾日益尖锐,各地发生多次大小的农民起义,在群雄割据中,在百济、高句丽旧土建立后百济、后高句丽政权,与新罗鼎立,史称"后三国"。918 年后高句丽的部将王建自立为王,改国号为高丽,建都松岳(今开城),此后灭新罗、后百济,于 936 年统一朝鲜。

为了叙述方便,我们可把高丽佛教分为前、中后两大阶段。从高祖即位到肃宗朝结束为前期(918—1105),是中国佛教的继续传入和在社会上深入普及时期;从睿宗即位至高丽灭亡为中后期(1106—1392),是朝鲜开始形成民族佛教宗派的时期。

(一)诸王的崇佛和佛教势力的发展

据传,太祖王建生前,桐里山禅派的僧人道诜曾向其父预言当生"圣子","统合三韩"。王建 17 岁时,道诜又向他讲授"出师置阵之地,望秩山川,感通保佑之理"①。王建登位之后,尊崇佛教,在国都松岳建立法王、慈云等十寺,此后又建大兴寺、开泰寺等。他在开泰寺落成典礼上亲制疏文,说自己之所以能用武力统一全国,是"上凭佛力,次仗玄威",愿今后"佛威庇护,天力扶持"。他还常设八关斋会、百座讲经会,在新兴寺置功臣堂,画三韩功臣于东西壁,每年设无遮大会。临终前亲授"训要",其一就是"我国家大业,必资诸佛护卫之力,是故创立禅教寺院,差遣住持焚修,使之各治其

---

① 此据朝鲜李能和《朝鲜佛教通史》(汉城宝莲阁 1972 年版)上编。这当是后世传说,但高丽土朝尊崇道诜是事实。

业";第二条是劝诫后世防止"竞造浮屠"。[①] 此后,历代国王皆崇
佛,如公元946年定宗即位时,在开国寺安置佛舍利,向各大寺院施
谷7万石。显宗时雕印大藏经,重修开国寺塔置佛舍利,设戒坛度
僧3 200人。靖宗时下令有四子之家可许一子出家为僧。又在四
寺设戒坛,试僧以经律,施1万僧的饭斋。每年举办拥载《般若经》、
众僧列队沿街读经的游行法会,称之为"经行"。文宗(1047—1082
在位)时佛教达到极盛,下令有三子之家可令15岁以上的一子出
家。又建兴王寺,选1 000僧入住修法,并命自己的第四子出家,这
就是朝鲜佛教史上著名的义天。

由于王室权贵的佞佛,高丽佛教势力发展迅速。按高丽制度,
土地归国家所有。据976年公布的"田柴科",国家把文武官员和兵
士分成若干品,按品分给耕地和樵采之地,功臣和归顺的豪族可授
给"功荫田柴"和赐田,准予世袭,其他则不准世袭。受土地者仅享
受土地的部分收税权(产量十分之一)。王室施舍给寺院的土地则
不断增加。如显宗十一年(1020)施给玄化寺土地1 240结("结"指
约生产谷子2石的土地),此后又赐给云岩寺土地2 240结,为死去
的恭愍王妃、鲁国大长公主祈冥福。文宗时为大云寺加赐良田100
顷。寺院的土地作为私田,还享有免税的特权。寺有土地是寺院
经济的基础。寺院还经营商业、高利贷,如文宗十年(1056)诏中批
评:"今有避役之徒,托号沙门,殖货营生,耕畜为业,估贩为风","通
商买卖,结客醉娱"。有的寺院设"长生库",以慈善为名向民众放
高利贷。由于寺院经济的发展,僧侣人数的激增,佛教在政治上的
影响也大起来。

(二) 义天和海东天台宗

天台宗传入新罗的时间比较早。法融、理应、纯英入唐,曾师
事天台宗六祖湛然(711—782),回国传播天台宗,但承袭不明。高
丽时期,中国吴越王俶(948—978在位)崇佛,遣使至日本和高丽求

---

① 李能和:《朝鲜佛教通史》上编。

请天台宗教籍。高丽派谛观携天台宗著述到吴越,师事天台宗第十五代祖师义寂,留住 10 年而卒,著有《四教仪》。到义天时,再次从中国传入天台宗,在王室支持下得到较大传播。

义天(1055—1101),名王煦,高丽文宗第四子。11 岁承父命出家,居灵通寺,号"祐世僧统"。学华严宗及大小乘经论章疏,又学儒道及百家之说。宣宗三年(1086)入宋求法,从密州(治所今山东诸城)登岸,西进汴京,向哲宗上章请往杭州华严座主净源门下受业,诏许,并派主客员外郎杨杰伴行。晋水净源(1011—1088)是当时华严宗著名学者,义天入宋之前已与他有书信往来,义天到达杭州,净源在大中祥符寺和慧因寺为他讲《华严》大义。义天把从高丽带来的汉地已佚的智俨的《华严搜玄记》、《华严孔目章》,法藏的《起信论义记》、《华严探玄记》,澄观的《华严经疏》等奉赠慧因寺,对宋代华严学的复兴有重要影响。

义天在杭州又从天竺寺慈辩学天台宗教义,从律僧元照受戒法及《四分律行事钞资持记》。在高丽宣宗代母后召义天回国前特访天台山,拜智顗祖师塔,述发愿文,内称:"予发愤忘身,寻师问道,今已钱塘慈辩讲下承禀教观,他日还乡,尽命传扬。"及至回国,宣宗为他在松山西南麓建寺,仿中国天台山国清寺,也称"国清寺"。当时的名僧德麟、翼宗、景兰、连妙等各率门徒投到他的门下,前来听他讲天台宗教义的人很多。此后天台宗开始在朝鲜传播。义天卒后谥号为"大觉国师"。

迄于李朝初期,天台宗有两派:一是直承义天之后的"天台疏字宗",重在讲解天台章疏教义,以国清寺为传法中心,以义天的法孙义雄及其后继门徒为代表;一是"天台法事宗",重在修法华忏法,宣宗九年(1092)王太后于白州(今黄海道)建佛寺设天台法华礼忏法会,连续多年(号称"一万日"),造就了专修此种忏法的众多法师。

在高丽前期,华严宗、法相宗继续流行,出了一些以研究论释这二宗教典著称的学僧。禅宗以禅门九山为中心继续流行。

第二节　中日文化交流和日本佛教

日本是中国隔海相望的近邻。中日两国的文化交流可追溯到两千多年以前。在中国西汉时代,日本北九州一带的豪族就通过朝鲜半岛与西汉朝廷有了交往,东汉初年光武帝授予遣使朝贡的倭人国王以印绶。三国魏明帝景初二年(238),位于北九州的倭女王国的卑弥呼王遣使者入魏献贡,诏封卑弥呼为"亲魏倭王",赐以金印紫绶及绉锦金宝等物。据《三国志·魏志·倭人传》载,其国称邪马壹,以渔猎及农耕为生,已知养蚕丝织;在文化生活中,敬鬼神,人死,"停丧十余日,当时不食肉,丧主哭泣,他人就歌舞饮酒。已丧,举家诣水中澡浴,以如练沐";日常活动,常灼骨以卜吉凶。后女王死,建大坟,殉葬奴婢达百余人。北九州的倭国与中国的交往继续到西晋初年。

公元 4 世纪以后,以今奈良一带为中心的大和王国兴起,其王号称"天皇",逐渐臣服周围小国,并统一日本大部分地方。此后与中国通聘的即以大和朝廷为主体。据中国史书记载,在 5 世纪南朝宋、齐时代,日本朝廷遣使通好往来达八次之多。[①] 在这期间,因朝鲜半岛北部的高句丽与日本处于敌对状态,日本朝廷不能通过它的国土与北朝沟通,但民间往来当是存在的。西晋灭亡之后,大多数贵族和知识分子迁徙到南方,南朝又一向以正统自居。因此,与南朝保持频繁往来的日本,受到南方传统的汉族文化的影响很大。

与中日政府间的通好往来同时,一些汉族人,特别是长期居住在朝鲜半岛的所谓"秦人"、"汉人",也有相当数量移住日本。中国的生产技术和文化,通过两国间不同渠道传入日本,对日本的农

323

---

① 《宋书·文帝纪》、《宋书·夷蛮传》及《南齐书·东南夷传》有记载,8 次的年代是:宋高祖永初二年(421),宋文帝元嘉二年(425)、元嘉七年(430)、元嘉十五年(438)、元嘉二十年(443)、元嘉二十八年(451),宋孝武帝大明六年(462),宋顺帝昇明二年(478)。天皇有讃、珍、济、兴、武等。

耕、养蚕、丝织、制陶等手工业的进步起了促进作用;中国的语言文字,儒家、道家及阴阳五行等思想,对加快日本语言的发展,丰富日本文化的内容起了重大作用。到 6 世纪,中国佛教传入日本,对日本的历史文化也产生了深远的影响。

佛教传入日本后,受到日本历史环境和社会习俗的制约,经历了漫长的民族化过程,到 12 世纪发展为日本的民族佛教,构成日本文化的重要组成部分,直到现在还在继续流行。

一 佛教的传入和奈良六宗

随着大陆移民进入日本,佛教也传到日本。据皇圆《扶桑略记》卷三记载,在继体天皇十六年(522)汉族移民司马达止(有的书载为"南梁人司马达等")到大和国,在坂田原建草堂供奉佛像,皈依礼拜。日本佛教史学者称此为佛教的"私传"(民间传入)。

影响大的是所谓佛教的"公传"(通过朝廷传入)。有两种说法:一、成书于公元 8 世纪的《日本书纪》载,钦明天皇十三年(552),百济圣明王派使者到日本朝廷,献释迦佛金铜像一躯及幡盖、经论等,从此佛教在上层社会流行;二、《上宫圣德法王帝说》和《元兴寺伽蓝缘起》载,百济圣明王献佛像经论的时间是钦明天皇七年(546)。近年日本学术界一般认为后一种说法比较可靠。

对于佛教传入日本的具体年代,日本学术界仍有不同的看法,认为无论是私传还是公传,具体年代都不可靠。不过从当时日本与中国、朝鲜的交往情况来看,说 6 世纪佛教已传入日本是可信的。

(一) 兴佛与废佛之争

佛教传入日本的时候,日本社会还比较落后,耕地以氏族所有制为基本形态,从事农业、手工业生产的主要是属于各个氏族的部民及奴隶,大和朝廷把中央和地方的豪族统一到氏族制度之下,天皇处于相当部落联盟首长的地位,"臣"、"连"等姓的豪族不断并吞弱小氏族;文化比较后进,儒家经典(例如《论语》)和汉字还输入不久;在宗教方面,各个氏族有自己的保护神(氏神),以皇室的祖先神为中心的神道理论体系尚未形成。这种客观的历史形势,不能不影响到人们对佛教的认识和态度。

佛教传入初期,钦明朝以大连驹部氏、中臣氏为代表的一部分日本人把佛称为"蕃神",反对佛教在日本流传,而主张引进中国先进文化的大臣苏我氏积极支持奉佛。反对奉佛者的主要理由是"恐致国神之怒"(《日本书纪》)。所谓"国神"就是古来信奉的祖先神、氏神及自然精灵。这种说法实际是为了维护氏族传统制度和当时重要文化形态——原始神道。这场争论,很快以废佛派的失败告终。在崇峻和推古天皇在位期间(587—628),佛教有了很大发展,百济、高句丽的僧人大量来到日本,寺工、炉盘工、瓦工、画工等也随同僧人前来,兴建了法兴寺(元兴寺,即飞鸟寺)等早期佛教寺院。

当时日本社会的发展趋势是建立以天皇为最高统治者的中央集权国家,原始神道已完全不能适应这一历史要求。因此,某些当政者加强利用儒家的政治伦理学说,同时也把佛教作为一种指导性文化思想。圣德太子和"大化革新"的领导者中大兄皇子就是这样做的。

(二) 兴隆佛法和大化革新

圣德太子(574—622)名厩户,是用明天皇的第二皇子,自幼佛儒并学,在推古朝以摄政身份辅佐朝政,下令"兴隆三宝",强化皇权,颁布"十七条宪法",派使者入隋,沟通两国邦交,遣沙门入隋学习佛法。"十七条宪法"会通儒佛,强调君臣、上下、官民之间的等级关系。其第二条规定"笃敬三宝",说佛教是"四生之终归,万国之极宗","其不归三宝,何以直枉?"力图把佛教置于相当国教的地位,作为施政、教育的指导性文化思想。

在圣德太子当政时期,佛教发展迅速,到推古朝末年,僧尼1 300多人,寺院46座,其中的法兴寺、四天王寺、法隆寺等,殿堂齐备,最为壮观。圣德太子常为天皇、皇室及臣僚讲《法华经》、《胜鬘经》等,撰有《法华义疏》、《胜鬘经义疏》、《维摩经义疏》。前后五次向隋派遣使节。在派遣的留学生、留学僧中有高向玄理、僧旻等人,他们学习中国文化和政治制度,回国后,在以建立中央集权律令制国家为目的的"大化革新"中发挥了重要作用。

"大化革新"是日本古代一次重大的政治、经济改革。孝德天皇大化元年(645)八月,下诏兴隆佛法,其中说:"朕更复思崇正教,光启大猷",任命十位沙门为"十师","教导众僧,修行十教"。第二年发布革新诏令,实行土地国有和班田收授法,对国民按不同标准授以口分田,征课租庸调及杂徭。同时,仿照隋唐制度确立行政机构、制定各种律令等。遣僧南渊清(或作"请")安到中国留学23年,而后回国。"大化革新"的核心人物中大兄皇子和中臣镰足曾跟他学习"周孔之教";僧旻与清安同时入隋,在中国留学25年,"大化革新"时与高向玄理同被任为"博士";又与留学僧惠云、常安、灵云等人被任为"十师",是建立新体制和兴隆佛法的重要力量。

奈良时代(710—784),以天皇为首的统治者既重视佛教,也注意儒学的教育,在中央设大学寮,地方设国学,建立"明经道"、"算道"、"书道"等,用以培养官吏,并提高贵族子弟的文化修养。但儒学的影响远不及佛教。佛教被特别用来提高天皇权威,巩固中央集权,增强民众的统一意识,培养忍让无争的精神。

这个时期由国家兴办的佛教事业,著名的是建造东大寺和国分寺。东大寺是圣武天皇于天平十二年(740)发愿兴建的,本尊为毗卢遮那佛,金铜铸造,高达15米,用黄金10 436两。该寺建造了十年,称"总国分寺",其下有国分寺。地方的国府所在地建"金光明四天王护国之寺"(国分僧寺)和"法华灭罪之寺"(国分尼寺),普置僧、尼,定期诵《金光明最胜王经》、《法华经》、《仁王经》三部"护国"经典。这些国分寺都有封户、土地。这两大寺是取《华严经》所说报身佛毗卢遮那与无数化身佛的关系而设置的,即以东大寺的毗卢遮那佛为中心,以各地修建国分寺供养的众多释迦佛为其化身。天皇还想通过东大寺和国分寺的诵经修法活动,祈祷国家平安,五谷丰登。这样,在从中央到地方的世俗政治体制之外,又有一个以祈祷佛、菩萨、善神保佑守护的佛教组织体系。

（三）奈良六宗

公元 9 世纪以前，中国佛教宗派中的三论宗、法相宗、华严宗、律宗以及佛教学派中的成实宗、俱舍宗，相继传入日本，流行于上层社会。因当时定都奈良，日本佛教史称此六宗为"奈良六宗"。奈良六宗所依据的基本经典与中国的这六宗相同。

三论宗最初从高句丽传入。推古天皇三十三年（625）高句丽僧慧灌到达日本宣讲三论宗的"八不中道"教义，被认为是日本三论宗的初祖。慧灌是中国三论宗创始人吉藏的弟子。此后，慧灌的弟子智藏入唐求法，回国后住法隆寺，宣讲三论宗教义，被称为日本三论宗的再传祖师。他的弟子道慈（？—744）也到唐求法，回国住大安寺，所创法系称为"大安寺流派"。智藏的另两个弟子智光（709—？）、礼光以元兴寺为中心，称"元兴寺流派"。智光著有《般若心经述义》和《无量寿经论释》。《成实论》与"三论"同时传到日本，研习"三论"的学者也往往研习《成实论》。由此形成的成实宗，实际作为一个学派依附于三论宗。

法相宗在日本前后四传。初传者道昭（629—700），曾入唐师事玄奘，归国后在法兴寺东南建禅院安置带回的舍利和佛经。二传智通、智达，入唐师事玄奘及其弟子窥基。此二传均以元兴寺为中心，被称为"元兴寺传"，也称"南寺传"。第三传是新罗僧智凤、智鸾、智雄，第四传为玄昉（？—746），他们入唐跟慧沼的弟子智周从学，以兴福寺为传教中心，因此被称为"兴福寺传"或"北寺传"。道昭的弟子行基（668—749），致力民间传教，并组织兴办社会福利事业，传说他兴建寺院 49 所，又建桥 6 座、水渠 6 处、布施屋 9 所，还修造码头、道路等。在东大寺的建造工程中，他到处募捐，出力很大。圣武天皇授任大僧正之位。法相宗是奈良佛教中最有势力的宗派。

俱舍宗以研习《俱舍论》得名，无论在中国还是在日本它都只是个学派，一般信奉法相宗的学者也研习《俱舍论》。

华严宗最初由高句丽僧审祥（？—742）传入日本。审祥曾到唐

朝从华严宗创始人法藏学习,在日本住大安寺,应日僧良辨之请讲
《华严经》。日本华严宗尊审祥为初祖,良辨为二祖。

律宗正式传入日本较晚。随着佛教在日本的流行,急需懂得
佛教戒规、主持僧尼出家受戒的学僧。为此,日本朝廷派人到唐朝
聘请德高望重的律学高僧赴日。扬州大明寺高僧鉴真(688—763)
应请赴日,六次东渡,五次失败,其间双目失明,在天宝十二载(753)
与弟子法进、法载、思託等人到达日本,次年被迎入奈良,为太上
皇、圣武天皇、皇太后、皇太子及僧俗400余人授戒。此后在东大寺
设戒坛院,在下野的药师寺、筑紫的观世音寺也建立戒坛,为各地
前来受戒的僧尼使用。759年日本朝廷在奈良专为鉴真建唐招提
寺,也筑有戒坛,以备讲授戒律和为僧尼授戒。鉴真一行还宣传天
台宗教义,并介绍了中国先进的医药、建筑、艺术等。

奈良佛教是日本佛教发展的起点,一些僧侣为介绍中国的思
想文化作出了积极的贡献。从佛教传播的实际情况来看,奈良佛
教属于中国佛教的早期移植阶段,所谓奈良佛教六宗并没有构成
自成系统的独立派别,一个人兼奉二宗、三宗的很多,寺院也多是
兼习数宗的,例如东大寺内是六宗兼学的,元兴寺内有三论、成实、
摄论学者,法隆寺内有三论、法相、律宗学者,等等。

(四)奈良佛教和政治

由于中国佛教被作为大陆先进文化输入日本,不少僧侣为确
立以天皇为首的封建政治经济体制起过积极作用,所以奈良佛教
与政治的关系相当密切,带有鲜明的"护国"色彩。三论宗僧人道
慈所著《愚志》认为,应以佛法祈求国土的安稳、人民的利益。一些
僧侣直接从政为官,其中以法相宗的玄昉、道镜最为突出。

玄昉,俗姓阿刀氏,曾师事法相宗的义渊,后跟遣唐使及留学
生阿倍仲麻吕(701—770)、吉备真备(693—775)同时入唐,从智周
学法相唯识教义,归国后带回佛教经论5 000余卷。他受到圣武天
皇的崇敬,授予封户100户、土地100亩,作为僧正,供奉内道场。
后为天皇母亲治病有功,更受宠信,与吉备真备一起在朝廷拥有很

大权力。

道镜(？—772),俗姓弓削连,也是义渊弟子。以担当内道场的禅师受到孝谦上皇的宠信,后任少僧都、大臣禅师、太政大臣禅师,最后被授以"法王"之位,下设"法臣"、"法参议"之职;又仿效宫廷官制设立"法王宫职",内设各种官员,称德天皇神护景云三年(769),甚至假托神谕想当天皇,最后因受到朝臣反对而失败。

在奈良时代,国家施给寺院大量土地和封户,僧侣过着优裕的生活。佛教的信奉者不甚重视佛教关于解脱成佛的理论,而比较重视以积累功德和祈求现实利益为目的的诵经、建寺、造像及写经事业,有的僧人还积极参与政治活动。总的说来,奈良佛教带有明显的国家的和贵族的色彩,与一般民众比较疏远。

二　天台宗和真言宗的盛行与平安佛教

在唐朝时期,日本与中国的政治、经济和文化交流十分频繁。从日本舒明天皇二年(630)到宇多天皇宽平六年(894),共派出遣唐使19次,除3次未能成行外,实有16次。派遣唐使的主要目的是输入唐代的文化,遣唐使船的往来都有留学生、留学僧随行,有些还搭乘新罗船和唐朝商船入唐。据统计[1],在这期间入唐的留学生、留学僧(包括随从僧人)138人,其中留学僧105人,占76%多。所学佛教内容,奈良时期(特别是777年以前)主要是三论宗和法相宗,平安时期(794—1192)大部分是天台宗和密宗(真言宗)。天台宗和真言宗是日本平安时期最盛行的佛教宗派。

奈良时代中央集权封建国家建立在班田制基础上。随着位田(授予五位以上贵族的田)、职田(授予官员作俸禄的田)、功田、赐田以及垦田(开垦的荒田为私有田)的发展和私有土地的增多,班田制日益受到破坏,国家的统治力量也随着削弱。此外,朝廷每年为保护和发展佛教事业,造寺、造像、法会等付出巨大费用,使国家

329

---

① 参见木宫泰彦《日中文化交流史》(商书印书馆1980年版)中"遣唐学生、学问僧一览表"。

的财政负担也不断加重。奈良后期僧侣上层的参政和腐败,不仅对以天皇为首的中央集权造成威胁,也不利于以佛教巩固封建统治秩序。因此,在朝廷迁都平安(今京都)以后,光仁、桓武、平城和嵯峨天皇等在对政治经济进行整顿和改革的同时,也对佛教加强了管理和监督,如派使者到奈良七大寺对僧尼进行检校,整肃僧尼风仪;对僧尼剃度、考试及造寺进行严格的限制,鼓励对佛教义理的研究和阐释;整顿寺产,禁止向寺院施舍田园,也禁止土地买卖,规定由国司、寺院三纲(上座、寺主、维那)和施主共同检查地方上由官吏或贵族建造的大寺的资财。

此外,天皇特别扶植和支持最澄、空海从唐新传入的天台宗和真言宗,用以作为与奈良佛教相抗衡的势力。

(一) 最澄和日本天台宗

最澄(767—822),俗姓三津首,字广野,12 岁从奈良大安寺行表和尚出家,学习唯识章疏等,20 岁在东大寺受具足戒。后见奈良佛教界充满腐败混乱现象,便独自到平安东北的比叡山结庵修行,诵《法华经》、《般若经》等大乘经典,并修禅观。他在读中国佛教章疏时,对书内引证的天台宗教义很感兴趣。经别人帮助,他从收藏天台宗典籍的寺院抄来《摩诃止观》、《法华玄义》、《法华文句》等进行研究。这些隋代智𫖮的著作是律僧鉴真带到日本的。鉴真与其弟子法进等人在日本已讲授过天台宗教义。在鉴真之前到日本的道叡系禅宗北宗禅师普寂弟子,也熟悉天台宗教义,他是行表之师,而最澄曾师事行表。最澄入唐求法之前已对天台宗有所了解。

最澄在比叡山的修行和传教活动引起桓武天皇的注意。延历二十一年(802),最澄得知天皇有意扶持天台宗后,特地上表请求入唐求法。第二年,最澄、义真获准随遣唐使藤原葛野麻吕的船舶出发,但因风折回。延历二十三年(804),最澄和空海等随遣唐使入唐。最澄、义真到达台州(今浙江临海),在龙兴寺从天台山修禅寺座主道邃受天台宗教法和《摩诃止观》等书抄本,并受大乘戒。此后,最澄登天台山,从佛陇寺的行满受法并获天台宗教籍 82 卷。行满、道邃都是天台宗六祖荆溪湛然(711—782)的弟子。最澄则是接受湛然教系传法的第一个日本僧人,又在天台山禅林寺从翛然受禅宗牛头法融一派的禅法,他在入唐之前曾从其师行表受禅宗北宗禅法。

唐贞元二十一年(805)四月,最澄与义真离开台州到越州(今浙江绍兴),从龙兴寺沙门顺晓(善无畏的再传弟子)受密教灌顶和金刚界、胎藏界两部曼荼罗以及经法、图像和道具等。

这样,最澄在唐接受了天台、密宗、禅及大乘戒法的四种传授,此即所谓"圆"、"密"、"禅"、"戒"的"四种相承"。公元805年5月,最澄搭遣唐使的船回国,向天皇上表复命,将带回的经书章疏等230部460卷及《金字妙法莲华经》、《金字金刚经》和图像、法器等献上。

最澄在天皇支持下正式创立日本天台宗。延历二十五年(806)最澄奏请朝廷每年准予各宗度僧出家,在奈良佛教宗派之外,"更加天台法华宗",建议各宗度僧之数为:"华严宗二人,天台法华宗二人,律宗二人,三论宗三人,加小乘成实宗;法相宗三人,加小乘俱舍宗。"[1]天皇同意,下诏按奏文之数度僧,对受度者应先考试,注重考查他们对义理的了解和持戒情况。这样,在原来的奈良六宗之外,天台宗正式取得独立的地位。

此后,经平城天皇到嵯峨天皇,最澄不断扩充以比叡山一乘止观院(根本中堂,后改称"延历寺")为传法中心的天台宗教团,又积极到各地开展传教活动。

最澄在传教过程中不断与奈良佛教的学僧进行争论。主要围绕两个问题:

第一,一乘、三乘的权、实之争——一切众生是否皆有佛性,天台宗与法相宗二者何为优越的问题。

最澄的主要对手是法相宗学僧德一。德一根据法相宗教典的五种姓法,认为"无性"众生即使能成声闻、缘觉,但无佛性,不能成

331

---

[1] 《天台法华宗年分缘起》,见《传教大师全集》卷五,日本比叡山图书刊行所,1926。

佛,反对天台宗所说的一切众生皆有佛性、皆能成佛的理论。最澄据《法华经》及有关天台宗著作,认为按教义把修行者分为"声闻"、"缘觉"、"菩萨"三乘,是佛应众生素质高下作的权宜说法,而按佛的真实本意,只有一乘"佛乘",没有三乘,此即"佛权方便,说三乘耳,尚无有二,岂当有三! 是诸声闻,皆当成佛"①。因此,天台宗的主张符合佛的本意,属于"真实之教",而法相宗的"五种姓"说为"方便之说",属"权教"。此外,对奈良佛教的诸宗派,凡信奉二乘、三乘教法的,他均判之为"权教"。

第二,为确立大乘戒,在比叡山设立大乘戒坛之争——最澄的天台宗能否摆脱奈良佛教而独立发展的问题。

日本的授戒制度是从鉴真赴日(753)以后完备起来的,他把中国通行的《四分律》及道宣的有关著述带到日本,作为弘传律学和授戒的主要依据。先后修建的东大寺戒坛院、下野(今枥木县)药师寺戒坛、筑紫(今福冈)的观世音寺戒坛,是全国出家者受戒之所。在最澄创立日本天台宗的时候,这些戒坛皆由奈良佛教把持。各宗出家者必须到奈良东大寺受戒,天台宗出家者也不能例外。由于法相宗势力大,待遇优厚,在比叡山的天台宗出家人在下山受戒时,往往转入法相宗,或不再归山。鉴于这种情况,最澄决心改变必须下山受小乘戒的常规,提出:天台宗是大乘圆教,此宗的得度者不应下山受小乘戒,只要在比叡山受大乘戒(也称"菩萨戒",依据《梵网经》等)就行了。为此,他几度上奏朝廷,要求在比叡山上设立大乘戒坛。由于把持僧纲(即最高僧官,有僧正、僧都、律师等)的是奈良佛教僧人,他的奏议长期没有获准。直到最澄于弘仁十三年(822)去世之后,嵯峨天皇才许可在比叡山设坛,每年为得度僧授大乘戒,然后让受戒的人住在山中12年专心修学。

嵯峨天皇此后又赐比叡山以"延历寺"之号,自此比叡山升为官寺。最澄卒后45年,清和天皇赐以"传教大师"谥号。最澄的著作主要有《守护国界章》、《显戒论》、《法华秀句》、《内证佛法血脉

---

① 《法华经·信乐品》。

谱》等。

最澄的弟子有义真、光定、圆澄、圆仁等。圆仁(794—864)继义真、光定之后任第三代座主,在仁明天皇承和五年(838)入唐,修学天台宗的密教,承和十四年(847)回国,对日本天台宗的法华忏法和密教有所发展,并传入五台山的念佛法门,对后世净土信仰有很大影响,著有《法华迹门观心绝对妙释》、《金刚顶经疏》及《入唐求法巡礼行记》等,后者对了解唐武宗前后中国政治经济和佛教情况有重要参考价值。义真的弟子圆珍(815—891)继安慧之后任第五代座主,在文德天皇仁寿三年(853)入唐,学天台宗和密教,六年后回国,注重弘传密教,著有《法华集论记》、《传教大师行业记》等。

日本天台宗从中国传入,在教义方面奉《法华经》及智颛所著《法华文句》、《法华玄义》和《摩诃止观》等为基本教典,以"五时"、"八教"的判教理论和"一念三千"、"三谛圆融"的诸法实相论和"一心三观"的禅观为基本教义,但因为日本天台宗是在日本特有的社会历史环境中传播和发展的,所以也形成了自己的特色,主要有以下三点:

(1) 天台宗、密教的合一。最澄在唐从天台宗道邃、行满学天台教义,又从密宗顺晓学密宗教义,把二宗著作带回国。最澄在创立日本天台宗时,二宗并重,让每年得度的二僧分别修止观业(天台)和遮那业(密)。现存可断定为最澄撰的密教著作虽然很少,但主张台、密二教一致(所谓"圆密一致")当无疑问。如规定《大日经》、《孔雀王经》等密教经典为本宗必读经典,又按密教仪轨举办秘密灌顶、修法等。天台密宗后经圆仁、安然、圆珍的发展,成为与空海的"东密"(以东寺为中心)相对应的"台密",影响很大。

(2) 教戒一致,只承认大乘戒。中国唐代以后盛行小乘《四分律》。道宣《四分律行事钞》等著作已对《四分律》作了大乘的解释。最澄仍不满足,他进一步提出天台宗是大乘佛教,其僧人只应受大乘戒,不必再据《四分律》受小乘具足戒,并贬斥受小乘具足戒的奈良六宗一律是小乘。在他卒后,其主张得以实现。

(3) 鲜明的"护国"思想。最澄在创教、传教的过程中,一直把

333

"护国"作为自己的使命,在他卒后,天台宗盛传密教,特别重视以"镇护国家"、"积福灭灾"为目的的祈祷、读诵和秘密修法等,与真言宗一样受到天皇和贵族的崇信。

日本天台宗到良源(912—985)任座主以后,圆仁的法系(在比叡山,称"山门")和圆珍的法系(在三井圆城寺,称"寺门")之间的矛盾表面化,经常发生冲突,因各拥有僧兵,甚至发展到兵戎相见的地步。

(二)空海和日本真言宗

空海(774—835),俗姓佐伯,赞岐国多度郡(今香川县)人。15岁跟外舅学《论语》、《孝经》和史书,18岁进京入大学"明经道",学《毛诗》、《尚书》、《左氏春秋》等。当时佛教在上层社会盛行,空海在读书时已对佛教发生兴趣,后来决心出家。他在所著的《三教指归》(原本称《聋瞽指归》)中论及儒释道三教的优劣,认为三教皆是圣人所说,信奉其中任何一教也不违背忠孝之道,但比较而言,唯有宣说善恶报应和解脱涅槃之道的佛教最为优胜,而在佛教中,只有主张成佛的大乘最值得崇奉。空海到深山进行过苦修、忏悔,20岁投大和(今奈良县内)石渊寺的勤操门下出家,两年后受具足戒。此后广读佛经,在大和久米寺读到从唐朝传入的《大日经》,对其中很多梵字真言(咒语)、印契等密教表述方法和教义不理解,向周围的名师请教也得不到解答,于是立志入唐求法。

日本延历二十三年(804)七月,空海与最澄以及留学生橘逸势奉敕渡海赴唐,八月从福州长溪县(在今福建霞浦北)登陆,十二月到达长安。

空海到长安后不久,投到青龙寺的密教名僧惠果门下,唐永贞元年(805)从惠果受胎藏界的灌顶,七月又受金刚界的灌顶,并跟惠果学习密教典籍和修行仪轨、方法,八月受"传法阿阇梨位"的灌顶。惠果赠空海《金刚顶经》等密教典籍及密教图像曼荼罗、各种法器等,对空海说:"早归乡国以奉国家,流布天下,增苍生福。"不久,惠果去世,空海又从罽宾沙门般若、天竺沙门牟尼室利受佛经与秘法。

平城天皇大同元年(805)八月,空海回到日本,带回唐朝新译佛经 142 部 247 卷,梵字真言赞等 42 部 44 卷,论疏等 32 部 170卷,佛菩萨图像曼荼罗和密教祖师画像 10 幅,以及法器、佛舍利等物,还带回一批诗文字帖。空海得到平城天皇、嵯峨天皇的支持,在日本宣传真言宗,发展信徒。他先在平安北部的高雄山寺,后来受赐东寺,以此为中心传教。他所立的真言宗被称为"东密"。他奏请朝廷以纪伊(今和歌山县)的高野山作为真言宗传法、修禅的道场,得到敕准,此后又在方圆七里范围内建寺造像,成为日本真言宗的重要传教基地。

空海对奈良六宗采取兼容并蓄的态度,一方面以东大寺为基地在奈良宣传真言宗,另一方面在人事交往上注意与六宗高僧搞好关系。他在《秘密曼荼罗十住心论》(简称《十住心论》)中提出了自己的判教理论,认为真言宗最高,下面依次是华严、天台、三论、法相等,但每一宗派中皆包含密教深义。他采取这种态度以减少论敌,有利于真言宗的传播。

空海在传教的同时也致力于传播中国的其他文化。他把带回的大量唐朝诗文字帖上献天皇。他擅长诗文、书画,嵯峨天皇对他十分赏识,常请他入宫清谈。空海的书法精妙,尤善草书,人称"草圣",与嵯峨天皇、橘逸势被称为"日本三笔",所写《风信帖》、《三十帖册子》等留传至今,为世人称道。他依据六朝、隋唐许多诗论撰写《文镜秘府论》6 卷,论诗文的声韵格律,引证广博,对研究六朝、隋唐诗文很有参考价值。空海仿照唐朝县乡办学的做法,在平安设立"综艺种智院",招请僧俗教师讲授佛教及儒道二教,规定无论道俗贵贱,都可以入学受教。这对后世日本发展平民教育,有很大的影响。

空海卒于仁明天皇承和二年(835)三月,醍醐天皇二十一年(921)追谥"弘法大师"。他的著作很多,有《三教指归》、《辨显密二教论》、《付法传》、《即身成佛义》、《十住心论》、《秘藏宝钥》及《遍照发挥性灵集》等。

335

在空海入唐的时候,密教在中国虽已相当盛行,但论述、解释密教的著作还很少,更没有判教著作。空海在介绍中国汉译密教经典的基础上,对密教教义作了有创新的概括,加强了条理化,并提出了密教的判教理论。

第一,空海在《辨显密二教论》、《十住心论》中对佛法作了评判分类,把密教以外的经典、教法称为"显教"(浅显易懂之教),而把《大日经》、《金刚顶经》等经典及所主张的教法称为"密教"(秘奥难懂之教)。又把一切教法按信奉者的心境分为十种,称为"十住心",依次是:"异生羝羊心"(指不信教者)、"愚童持斋心"(佛教在家信徒和孔孟信徒)、"婴童无畏心"(外道)、"唯蕴无我心"(声闻乘)、"拔业因种心"(缘觉乘)、"他缘大乘心"(法相宗)、"觉心不生心"(三论宗)、"一道无为心"(天台宗)、"极无自性心"(华严宗)、"秘密庄严心"(真言密宗)。前九者皆为"显教",是化身、应身佛(如释迦佛等)所说,最后为大日如来所说的"密教"。大日如来是法身佛,故他说的密教最为高深。空海以这种判教理论为在日本创立和发展真言密宗提供依据。

第二,空海以"六大"、"四曼"、"三密"来概括密宗的基本教义。"六大"是从"体"讲的,说构成世界万有和诸佛菩萨本体的是"六大",即地、水、火、风、空、识(心),称为"六大体大"。空海在《即身成佛义》中发挥了《大日经》的思想,认为"六大"是佛、众生、世界的本体,佛与众生没有根本差别,一切众生皆可成佛。

"四曼"是从"相"来讲的,是指法身佛大日如来显现出来的山河大地,森罗万象,包括一切佛、菩萨、众生。"相"有四种:"大曼荼罗"指佛、菩萨、众生像及其绘画;"三昧耶曼荼罗",指象征佛、菩萨"本誓"的各种标帜,如象征大日如来的宝塔、观世音的莲花等等;"法曼荼罗",指代表诸佛、菩萨的真言名号、经论的文字义理等,如以梵字"阿"为大日如来的象征等等;"羯磨曼荼罗",指佛、菩萨的姿态、事业,也指金铜泥木造像。

"曼荼罗",旧译"坛场",新译"轮圆具足",又译"聚集"。"四曼相大"即四大类现象,用以说明法身佛显现的世界广阔无边、数量无限,各类形象之间又圆融无碍。

"三密",即身密、语密、意密,被认为是"六大法界"作用的表现,亦称"三密用大"。佛与众生都具三密,且互相融通。如果修行者手结出相应的印契(即手式,身密),念诵特定的真言密咒(语密),观想法身佛、法界实相(意密),即可与大日如来佛的三密呼应,即身成佛。

空海特别强调,父母所生肉身,即可成佛。据他说,众生与佛皆以"六大"为体,"佛身即是众生身,众生身即是佛身"。但这还只是从众生皆有成佛的可能性上说;由可能变为现实,众生还须如法修行,使自身三密与大日如来佛三密相应,做到"父母所生身,速证大觉位"。

密教认为大日如来法身佛有"理"与"智"两个方面。"理"即法界、法性或真如,因为是一切佛的本源,故喻之为"胎藏界"。《大日经》即为宣说胎藏界的经典。"智"即智慧,以金刚比喻坚硬不坏,说它可制服一切烦恼,故称"金刚界"。《金刚顶经》为说金刚界的经典。"六大"为本体,分而言之,地、水、火、风、空五大属胎藏界(色),识大属金刚界(心),前者属解脱之因,后者属解脱之果,但二者又相即不二。用图画把《大日经》绘制出来,就是胎藏界曼荼罗,图示《金刚顶经》的则为金刚界曼荼罗。空海及其弟子从唐带回了一些曼荼罗,此后各寺又绘制了不少曼荼罗,为供养和修法观想使用。各种曼荼罗绘制精细,色彩美丽,是日本平安时代佛教美术作品的重要组成部分。

空海的弟子很多,著名的有实慧、真济、真然、真雅等人。空海卒后日本真言宗在教理(教相)方面变化不大,而修行仪式、方法(事相)方面却日趋繁杂,后来所发生的分派也主要由于对这一方面的不同见解而引起。

(三) 净土信仰的兴起

平安后期,佛教的净土信仰逐渐流行。传说圣德太子曾发愿往生(转生)西方极乐净土,慧隐曾在宫中讲《无量寿经》,三论宗的

337

智光(8世纪时人)撰《无量寿经论释》,所绘弥陀净土变相图被称为"智光曼荼罗"。圣武天皇时光明皇后也信仰弥陀净土,天皇死后命各地寺院造阿弥陀佛净土画像。进入平安时代以后,最澄从唐带回的"天台三大部"之一的《摩诃止观》,就载有"常行三昧"的修行方法。此外,他还带回智颛的《观无量寿经疏》、《阿弥陀经疏》、《净土十疑论》等宣传净土信仰的书。圆仁入唐求法,从五台山学会"念佛三昧法",回国后在比叡山教授僧徒,自此,在天台宗内部兴起了以往生西方极乐净土为目的的"不断念佛"。以上所说的"念佛三昧"、"常行三昧"、"不断念佛",是主要依据《般舟三昧经》进行的一种为期90天以唱念阿弥陀佛为禅观内容的修行方法,基本属观念念佛。

日本天台宗的念佛法门到平安后期得到较大发展,如空也(903—972)、源信(942—1017)、良忍(1073—1132)等,都提倡弥陀净土信仰,但在理论上还依附天台宗教义体系。公元938年,空也在京都传净土宗(念佛宗)。对后世影响较大的则是源信。

源信,大和(今奈良)人,于比叡山出家,师事良源,广学佛教义理,著书70余部150余卷。其中《一乘要决》论释天台宗教义,《往生要集》专论弥陀净土法门。曾以天台疑义27条托人送宋天台宗僧知礼(960—1028)致问。

《往生要集》3卷,是日本佛教史上首次把160余种经典中有关净土的经文编在一起,以系统论释弥陀净土教义的文集。全书分十门(章),其第四门为"正修念佛",讲念佛的修行方法,引进《往生论》,说应修礼拜、赞叹、作愿、观察、回向这五种念佛法门。在介绍"观察门"时详述观念念佛的修行方法,此为全书的中心。所谓"观察",是心注一处,观想阿弥陀佛,包括从阿弥陀佛的身体的具体部位观想(别相观),到从总体上观想阿弥陀佛,以至透过色身观察无形相的"法身",在观想中立誓愿往生西方净土,此书不重视称颂"南无阿弥陀佛"的口称念佛,把这一法门列入"散业"(与观念念佛的"禅观"相对而言)之中。

然而在源信后期的著作《观心略要集》、《阿弥陀经略记》中,已开始重视口称念佛。口称念佛简单易行,容易在信徒中普及。源信的《往生要集》及其他净土信仰著作,对镰仓时代日本净土宗的形成有直接影响。

平安时代后期,由于班田制逐渐遭到破坏,地方上直接控制土地和农民的中上层武士势力日增,古天皇制和由藤原氏掌握实权的政治结构日趋瓦解,社会危机四伏,内乱相继发生。在这种形势下,无论是社会上层还是一般民众,都有一种不安的感觉。这种情况反映到佛教中,促成"末法"思想和净土信仰的迅速传播。按照佛教一般说法,释迦逝世后头一千年是"正法"时代,此时"教"、"行"(修行)、"证"(果位,达到觉悟解脱)并存;后一千年为"像法"时代,只有"教"、"行"而无"证";最后一万年为"末法"时代,唯有"教"存在。平安末期日本流行一本假托最澄著的《末法灯明记》,说永承七年(1052)为进入"末法"的日期,此后僧人不必按佛法的要求去持戒修行。此时正值源、平二氏组织武士集团急剧扩张势力的时期,简单易行的净土信仰特别受到欢迎。当空也、良忍以口称念佛开展传教活动时,受到贵族和一般民众的普遍支持。贵族一般都有自己的寺院,在这里举行丧仪和追荐祖先的法会。在净土信仰开始流行后,他们在寺院里建立阿弥陀堂,塑弥陀三尊(阿弥陀佛、观音和大势至菩萨)像,除用以追荐祖先亡灵外,还作念佛修行之用,发愿死后往生西方净土。如担任摄政要位的藤原道长(966—1027)在法成寺建阿弥陀堂,临死前在这里发愿往生阿弥陀的极乐世界。其子藤原赖通(990—1074),任摄政、关白,把在宇治的别墅改为寺院,称"平等院",又在此建阿弥陀堂,祭祀阿弥陀佛塑像(此堂今存,名"凤凰堂"),建筑豪华,塑像端庄丰满。此外,天皇、皇族和贵族,还在法胜寺、尊胜寺、最胜寺、圆胜寺、成胜寺、延胜寺建有华丽的阿弥陀堂。

与净土信仰相应,在佛教著述中,也陆续出现记载往生阿弥陀净土者传说的《往生传》。如庆滋保胤在宽和元年(985)著的《日本往生极乐记》,记40多个净土信仰者的传说。此后11、12世纪又出现大江匡房的《续本朝往生传》,三善为康的《拾遗往生传》、《后拾

339

遗往生传》,莲禅的《三外往生传》,藤原宗友的《本朝新修往生传》等。净土信仰的流传,是佛教在社会上广泛普及的一种反映。

奈良佛教和平安佛教是日本佛教初传时期的前后两个阶段。与中国初传期佛教相比,它在社会政治文化领域的影响较大,信仰色彩更浓,而哲学思辨较少。

第八章　藏传佛教的再兴及其向国内外的传播（11—18世纪）

公元842年,达磨被刺死以后,围绕赞普的继承问题,吐蕃贵族形成了两个对立集团,争战不息。在朵甘地区的吐蕃将领们,也因派系不同,连年征伐。吐蕃用以镇压各部族的武装力量消耗殆尽。847年,沙州张议潮攻取吐蕃占领的河陇地区归唐。原属吐蕃的党项、吐谷浑等部也相继独立。869年左右,爆发了奴隶平民大起义,自东向西,自北向南,席卷了整个卫藏地区,延续了约20年之久。原先强大统一的吐蕃王朝崩溃,陷入了长期分裂混战的局面,直到10世纪末,战乱才告平息,而分裂依然存在。

战争和割据的结果,造成奴隶占有制的瓦解,在卫藏农业较发达的地区,出现了一批新兴的封建主。在文化方面,除生产及工艺等保持下来外,过去所接受的内地封建文化和汉印佛教文化,全面衰落。经过近200年的经营,已经相当完备并具一定规模的佛教,也残败不堪。唯有密教部分还在民间以父子、叔侄的形式流传;原先有组织的苯教,分散在各地活动,最为活跃。

10世纪后半叶,西藏社会逐步安定下来,佛教开始了新的复苏,佛教史籍一般称之为"后弘期"佛教。978年,佛教从多康地区重新传回西藏,我们就把这一年作为"后弘期"的开端。

第一节　佛教在卫藏地区的复兴

一　佛教由多康传回卫藏

据藏文史料记载,当达磨灭佛时,有三名在曲卧日(今曲水县境)的僧人,经阿里、回鹘(当时国都在今新疆东部),逃到多康地区的玛垅(今青海西宁一带),居住下来,传教授徒,其中最著名的门徒是穆苏赛拔。

穆苏赛拔系青海宗喀德康(今青海循化县境)人,原是苯教徒,后改信佛教。受沙弥戒后,先后学密法和发菩提心法,又习中观、因明和瑜伽。20 岁(911),请研习上述之学的三师和二汉僧与基班为其授比丘戒,被尊为喇钦·贡巴饶赛。"喇钦"意为"大师","贡巴饶赛"意为"通晓佛教教理",汉文译为"意明大师"。此后,喇钦北去甘州(今甘肃张掖),跟皋绒僧格扎巴学律藏、"四阿含"及其注释。940 年左右,他受丹底(今西宁塔尔寺东南、循化县以北)"侏儒九兄弟"之请,前往丹底传教,得到当地藏族上层的大力支持,并受到众多施主的供养。由是喇钦便授徒传教,广建寺塔。据说当地藏人和上层都从他受戒,使丹底成了第一个复兴佛教的中心。

原吐蕃王室永丹一支的后裔,在战乱中,逃至山南桑耶寺附近站稳脚跟。永丹的第六世孙意希坚赞,既是山南地方势力的首领,又是桑耶寺的寺主。他虔信佛教,并想进一步使其发展,便和后藏的另一个小王,先后派出一些人到丹底,从喇钦出家,学习佛法,时间约在 970 年。这些学徒分别来自卫地、藏地和阿里,而以前藏的鲁梅·粗赤喜饶的影响最大。约在 975 年陆续返回卫藏。他们带回来的律学被称作"前期律学",以别于以后从阿里传来卫藏的"上派律学"。此时意希坚赞已经去世,由额达赤巴继位。"额达"意为领主,"赤巴"意为法台或寺主,说明他与其父一样,也实行政教合一的体制。他和卫藏其他地方的领主一起,大力支持鲁梅等人的传教活动。据说鲁梅的门徒有"四柱"、"八梁"、"三十三椽"之称。"四柱"之一的向那囊多吉旺曲,18 岁(993)随鲁梅出家,先后建造热擦庙和杰鲁来庙,后者就是著名的杰拉康寺前身(在林周县热振寺附近)。其二是翱绛曲琼乃,先住叶尔巴寺,后建虚衮噶热哇等十余座寺庙。其三是兰耶歇喜饶,住杰萨尔冈。其四是主梅粗赤琼乃,和其他七人共建的塘波且寺(在山南乃东县昌珠寺以东),从 11—13 世纪的几百年间,以多出讲经法师而著名,鲁梅本人也曾住过此寺。主梅卒后,主持该寺的是其弟子枯敦·尊追雍仲(1011—1075),

后来又拜阿底峡为师,也是"后弘期"佛教史上的著名人物。

从鲁梅等人开始,卫藏地区的佛教很快恢复和发展起来,其规模与盛况甚至超过了"前弘期",史称"下路弘法"。

二 佛教由阿里传回卫藏

原吐蕃王室的另一支后裔尼玛衮,于10世纪上半叶,逃往阿里的布让(普兰县),成为雄踞一方的封建势力。到他的第三代柯热,建立起以香雄、布让和芒域为主要领域的古格王朝。柯热十分热衷于发展佛教,他在佛像前出家,取法名意希沃(意译"智光"),并把王位让给他的弟弟松额,但实权仍然掌握在他的手中,这显然是另一种形式的"政教合一",只不过王权更直接地受教权左右,佛教也更易于推广。当时阿里和卫藏的一些教门,打着密教的旗号,把蹂躏妇女当作成佛法门,以砍杀人头为超度手段,修习所谓"炼尸成金"等法术,引起意希沃的不安。为了弄清这种密宗是否是佛教的真正法门,他从属民中选派了21名青少年到迦湿弥罗留学。当时这里的佛教依旧兴盛,有很多佛教宗派流行,包括密教在内。但最后只有仁钦桑布和玛·雷必喜饶回到阿里,其余的都病死在克什米尔。

仁钦桑布(958—1055),13岁时跟耶歇桑波出家,先后三次留学迦湿弥罗,曾跟75位显密大师学法,回来时又请了许多印度僧人到阿里,协同他翻译佛经。显教方面,他译经17部,论33部;密教方面,他译介了108部怛特罗(密宗经咒)。一般认为,从仁钦桑布开始,西藏佛教才把密宗提到理论的高度,因此称他和以后所译的密籍为"新密咒",而把他以前,包括吐蕃时代所译的密籍称为"旧密咒"。他还根据新的梵本改订了一些旧译本。"后弘期"的密宗比较兴盛,和仁钦桑布大量译介密宗经典有密切关系,因此尊称他为"洛钦"(意为"大译师")。玛·雷必喜饶回来后,也从事佛典翻译,尤其是译介《释量论颂》、《释量论第一品法称自释》等因明著作,并授徒研习。他被称为"洛琼"(意为"小译师"),所传因明,史称"旧因明"。仁钦桑布还广建寺塔,在古格三区建了不少寺庙。传说他在芒域降伏了苯教的地方神灵鲁噶甲,这反映了他同地方势力及其苯教代表者之间也有过斗争。他的活动受到古格王朝的有力支持,意希沃的儿子拉德为王时,尊他为"金刚阿阇梨",并把布让的一个"谿卡"(庄园)作为封地赐给他,还拨给一定的税收供他使用。从此,西藏有了寺属的"谿卡"。

为了发展佛教,意希沃在香雄仿照桑耶寺建立了托林寺,这是阿里地区的著名寺院。他还请来东印度名僧达摩波罗及其三个门徒,传授佛教戒律,藏传佛教史称之为"上派律学"或"上部律传"。

意希沃控制王权的时间相当长,松额死后,拉德继位,继续大力推行佛教。当时阿底峡(982—1054)在印度超岩寺已经很有名气,意希沃极想请他来藏传教,但需要大量黄金,于是意希沃用武力到处搜刮,当他率兵到噶尔洛(处于西藏西北部的一个伊斯兰教小国)时,战败被俘。噶尔洛国王向他提出:或是改信伊斯兰教并承认香雄从属噶尔洛,或由古格王朝用意希沃等身重的黄金赎回,此两者都不从,就将他处死。意希沃的后辈,已出家为僧的绛曲沃遂四处募金,但意希沃认为与其赎自己,不如用这些黄金去迎请阿底峡来古格传教。绛曲沃无法说服他改变主张,遂返回古格,派专人携黄金到超岩寺去请阿底峡,意希沃则被处死。阿底峡于1040年离超岩寺,经尼泊尔,于1042年到达阿里。

意希沃复兴佛教的结果,不只是维护了阿里地区的统一,而且抵御了咄咄东逼的伊斯兰教势力,对于捍卫整个西藏和内地,都有重大意义。

阿底峡生于982年的扎护罗国(达卡),是国王的次子,原名月藏。"阿底峡"意为"殊胜",是西藏佛教徒对他的尊称。传说他自幼好学,对于声明、医方明、工巧明和大小乘显密经论,无不备习,29岁受戒为僧,法名燃灯吉祥智,他的老师有印度密宗大师香蒂巴、那饶巴等,先后担任过那烂陀寺、超岩寺等18座寺庙的住持。他的到来对正在复兴的西藏佛教走上正规,起了重要作用。

此前,再兴的藏地佛教内部思想见解和修行方法极为混乱,佛教徒众各行其是,互相轻毁,有的重显轻密,有的重密轻显,有的重师长传承轻三藏教典,有的重戒律轻显密教法,有的说修福就能解脱,有的说悟空就能成佛;尤其是对胜义空,多有误解,"堕于边见",还自以为见解高深;更有打着密宗旗号,滥传灌顶,"破坏梵行",还说是"圆融无碍"。如此等等,异说纷纭。阿底峡在这种情况下来到阿里,受到古格王朝的隆重欢迎。

阿底峡在阿里主要从事讲说经论,传授密法灌顶,以及译经和著述。他为绛曲沃等写的《菩提道灯论》(或译作《菩提道次第明灯》),就是针对上述佛教弊病而发的,他强调修持佛法要有次第,要以经典为规范。这部著作对藏地佛教影响深远,直到15世纪宗喀巴还吸取它的主要内容,对三士道、菩提心、真空见、福智双修等广为发挥,写成《菩提道次第广论》,直传至今。阿底峡还特别阐扬业报因果,劝人皈依三宝,号称"业果喇嘛",被誉为"佛尊"。

1045年,原在西康学经的僧人仲敦杰微迥乃前来阿里,特请原拟返印的阿底峡去卫藏弘教。稍后,鲁梅四柱弟子之一的向那囊多吉旺曲等又共议派出代表去迎请阿底峡,终于自布让抵达卫藏。

阿底峡在卫藏传教九年(1045 1054),先后到过桑耶、拉萨、叶巴、盆域、聂塘等地。从他学法的人很多,枯敦·尊追雍仲、俄·雷必喜饶和仲敦巴等,都很著名。仲敦巴随阿底峡时间最长,所学教法最多,是阿底峡最好的继承者。1054年,阿底峡卒于聂塘。次年,举行了隆重的悼念仪式。1056年,他的弟子们在聂塘为他修建了古朋寺和卓玛拉康,以示纪念。1076年,古格王朝又在托林寺举行纪念大法会,史称"火龙年法会"(是年为藏历火龙年),康区和卫藏地区都有佛教徒参加,实际上成了全藏佛教徒的代表会议。

阿底峡到达卫藏地区,是佛教复兴势力由阿里进入卫藏的标志,在西藏佛教史上称为"上路弘法"。阿底峡的主要作用,是使当时混乱的佛教教理系统化,使佛徒的修持规范化。

三 其他的佛教复兴活动

除上、下路弘法外,西藏还有其他一些复兴佛教的活动。

10世纪后半叶,有一个名叫弥底的印度僧人流落在后藏达纳

(今谢通门县),为人牧羊。后被一位译师索南坚赞发现,请到曼垅,向他学习佛法。弥底在这里学会了藏语文,就到康区的丹垅塘地方讲授《俱舍》、《四座》等显密经论,从事翻译,并用藏文写了一本著名的藏文文法书《语言门论》。弥底的门徒很多,其中最有成就的是赛尊、噶当派创始人仲敦巴以及枯敦·尊追雍仲等。10世纪末到11世纪初,康区也形成了一个研习佛学的中心。

原吐蕃王室逃亡阿里的尼玛衮,有兄扎西孜巴,在后藏拉推(昂仁附近)自立,他的后裔逐渐强大起来。当鲁梅同时代的藏僧洛敦·多吉旺秋在后藏建寺收徒时,扎西孜巴的后裔也请了洛敦的门徒到拉推建寺度僧。洛敦门徒为发展拉推佛教,采取的措施之一就是选派青年去印度留学。其中一名叫卓弥的青年,在超岩寺攻读八年,学习戒律、般若和密法,后又到东印度学习四年,从般若因陀罗茹箕专习密法和"道果教授"。"道果教授"是藏传佛教中一种重要密法,后来成为萨迦教派的主要教法。

卓弥回到西藏后,在拉孜、萨迦一带建立了牛古垅寺。他又从印度请来迦耶达惹论师,五年中供奉500两黄金,继续从学"道果教授"。卓弥精通梵文,翻译了《喜金刚》、《金刚幕》、《三补札》等密教经典。当时传习密法,需要学徒提供财物"供养",卓弥所收门徒不少,索取的黄金也多,因此有些人只好舍近求远,直接到印度留学。卓弥的门徒中,有宁玛派始祖素尔波且,他曾向卓弥供奉百两黄金,学习"道果密法";萨迦派始祖贡却杰布、噶举派始祖玛尔巴,也曾向他学习梵文和佛法。

总之,从公元9世纪中到10世纪后半叶,西藏社会经过百余年的混战局面,逐渐稳定下来,佛教在康区、卫藏和阿里都得到复兴和发展,尽管在政治上仍然是分散割据。到阿底峡进藏时,僧人已达到数千;藏文译经事业,尤其是在修订旧译和介绍晚期密教典籍方面,有了很大发展。

新兴的佛教具有许多新的特点。首先,它依然受到吐蕃贵族的支持,并转变成了抗拒伊斯兰教东进、稳定割据形势和推进封建化的思想支柱。其次,权势贵族进入僧侣集团,开创了僧侣凌驾和支配世俗政权的先声,为此后确立新的全藏性的"政教合一"体制准备了条件。第三,强化了寺院和僧侣作为社会独立实体的地位,再次承担起社会教育和发展文化的职能。僧侣们从事传教弘法、诵咒防雹、念经止疫、超度亡灵、禳灾修福等,都要收取大量布施,特别是教授密法,索价之高,有时令对方倾家荡产。他们的文化水平较高,掌握医术、历算、历史、哲学、文学等知识,既是吸取外来文化、创造本土文化的主体,也是教育青少年识字启蒙、传播文化知识的主体。在有些地方,他们出面调解头人间的大规模械斗等,成了实际的行政长官。由这样的僧侣把持的大寺院,形成了当地政治、经济、文化、教育的多功能中心,制约着西藏社会的发展进程,影响异常深远。最后,佛教之所以具有这样强大的威力,与其吸取传统苯教的内容,变更外来佛教的形式,得以深入广大民众,有极密切的关系。11、12世纪,出现了大批青年苯教徒转作佛教徒的情况,这是佛教本土化的一个重要标志。

所谓藏传佛教,主要就是对上述这些特点的概括。

347

第二节 藏传佛教教派的形成和演变

西藏长期分散割据的形势,导致不同地区自立政权间的不断斗争,也促进了地区间的竞争和多方面开发。10世纪以后,农业有了较大的发展,手工业和商业开始兴起,特别是在河谷地带。阿里的定日、聂朗,后藏的拉孜、古尔莫等地,已形成商业市场;阿里的古格、北部的洛丁等地则开矿采金。社会财富有相当的积累。据统计,仅由藏赴印留学的150余僧人,即花费黄金11万余两。在这些经济区域,佛教势力与地方领主结合为一,形成了许多各自为政的政治文化中心。这是滋生佛教宗派的主要原因。

在这个时期兴建的寺院仅卫藏地区即有200余座,且多由地方封建领主把持。寺主与领主相互兼任,成为地方世俗势力与佛教势力结合的特点。例如赴多康学法的诸僧中,鲁梅·粗赤喜饶回卫藏后当了噶琼寺的寺主,热西兄弟当了格杰南玛林寺寺主,章·意希允丹当了康松桑康林寺寺主,巴·楚臣洛追兄弟当了桑耶寺寺主。后来鲁梅又进入拉萨地区,在卫地上部的那摩修建了恰德乌寺。鲁梅的弟子向那囊多吉旺曲修建了杰鲁来寺,由此形成"向系";翱绛曲琼乃修建叶尔巴哇让寺,形成"俄系";兰耶歇喜饶修建加赛岗寺,形成"兰系";主梅粗赤琼乃修建塘波且寺,形成"唐系"。此四系总称"鲁梅部"。

与此同时,赴多康学法的卫地僧人中,巴·楚臣洛追在彭波修建南巴吉布寺,形成"巴部";热西·楚臣旺秋在墨竹修建昌沃寺,形成"热部";章·意希允丹在彭波修建恩兰吉莫寺,形成"章部"。这样,鲁梅、巴、热、章四部逐渐在拉萨地区发展起来,成为藏传佛教的骨干力量。当然,类似情况在其他地区也存在。

多财富和多职能寺院的建立和稳定发展,特别增强了师徒间的传承关系,有些寺院,甚至只在自己家族内授受继承。甲律师(1091—1166)在须浦地方建立了一个以讲授戒律为主的寺院,他去世后,其侄子饶却旺继任该寺堪布,此后,饶却旺家族便世代统治着须浦地方。由于一些本来就是具有特权的吐蕃贵族后裔,出家后取得寺院的主持权,更加保证了本家族在该地区的统治地位,如萨迦昆族、帕主郎族等。这些因素很容易造成带有宗法性质的宗派观念。

当时传入西藏地区的印度佛教,显密均有,流派很多,他们各有传承,自立门户,逐渐形成自己特有的教理和修持方法,这也是促进西藏佛教宗派观念强烈的重要原因。

总之,西藏佛教特殊而强烈的宗派观念,来源于各地寺院在政治、经济利益上的矛盾和教义修持上的差别。它的进一步发展,就是全面对抗,以致发生军事冲突。据藏文史籍记载,从 11 世纪中叶至 12 世纪初,前述鲁梅、巴、热、章四部之间就有过多次战争。1106年,鲁梅部与巴、热两部在桑耶交战,桑耶寺被焚毁,后经惹译师多吉扎修复。1160 年,四部又在拉萨、雅隆、彭波等地混战,大昭、小昭、昌珠等寺部分遭到破坏。大小昭寺后经修复,另由当时经济、军事实力最强的佛教首领贡塘喇嘛尚①照管。这样的争斗在其他地区寺院间也屡有发生。西藏的诸大教派就是在这种情况下逐步形成的。

11—12世纪由"三素尔"创建了宁玛派。1057年,阿底峡弟子仲敦巴建热振寺作为据点,形成噶当派。1073年,昆·贡却杰布建萨迦寺,萨迦派诞生。11世纪中叶,玛尔巴、米拉日巴建噶举派,之后噶举派繁衍出四派,其中帕竹一派又分出八个支派,总称为"四大八小"。到12世纪,教派竞立,达到历史上最高潮。

这些教派都是把兴建的寺院,作为扩大势力范围的据点,从而左右本地局面。最初建立的寺院称为母寺,后随地盘扩大而兴建的,称作子寺。这种情况延续到13世纪中叶,蒙古阔端派军进藏以后,才有新的变化。

一 宁 玛 派

宁玛派是藏传佛教史上最悠久的一个教派。"宁玛"之义是"古旧"。因为他们的教法自称是从公元8世纪进藏的莲华生、无垢友等传下来的,起源最古;还以传播弘扬吐蕃期所译旧密咒为主,故谓之"旧"。宁玛派就是由标榜"古旧"密教而得名。此派寺庙垣墙涂以红色,僧人戴红帽,穿红袈裟,故又俗称"红教"。

密教在西藏的发展有两个系统。其一是由吐蕃王朝赞普支持,限制在上层统治集团和某些寺院中流行;典籍的翻译和传播严格控制,一些密法则秘密传授,禁止公开宣扬。另一个系统,是深入民间,同苯教的巫术和传统的医术紧密结合,在广大的下层民众中流通。9世纪达磨灭佛时,前一系统受到打击,但散在民间的,不但延续了下来,而且有了更大的发展。在民众中传播密教的人,仅掌握旧派密法中的若干法门,既没有系统的密教教义和教法体系,也没有寺庙和僧伽组织。他们以家族为本位,父子、兄弟、叔侄相传,具有狭隘的宗法性质和苯教色彩。到11世纪,素尔家族的三个

349

---

① "贡塘喇嘛尚"是蔡巴噶举派创始人。

成员先后建立寺庙,整理教法,组织一定规模的宗教活动,收徒传法,史称"三素尔"。一般认为,他们就是宁玛派的始建人。

素尔波且(1002—1062),本名释迦迥乃,因首创乌巴垅寺,又称"乌巴垅巴"。他曾随许多旧派密咒法师学习,并开始整理本宗典籍,确定一些根本怛特罗,加以注释,阐明它们的成就法和仪轨等,使之系统化。他的弟子很多,经常修定的有108人。素尔波且曾向卓弥译师献黄金百两,以学"道果法",又和显宗法师、苯教教徒共建一座寺庙,说明他和苯教及佛教的其他教派取合作态度。他是梵行者,一生没有娶妻。

素尔穹·喜饶扎巴(1014—1074),又称"拉结钦波"(意为"大医师")。本是行乞僧人素尔贡之子,素尔波且收为养子,人称"素尔穹"(意为"小素尔")。他受命讲经,主讲宁玛派的重要经典《集密意经》,听众达300人。他学到了素尔波且的全部密法,并接替了乌巴垅寺寺主职位。此后,他又去甲卧地方修法13年,据说证得"一切事物皆金刚萨埵性",达到宁玛派独有的"大圆满"境界,故又号"甲卧巴"。他曾谒见桂·枯巴拉哉译师,从学《喜金刚经》。桂·枯巴拉哉,人称"桂大译师",阿底峡弟子,最初从学卓弥译师,后三赴印度,长期依止静贤译师,学集密龙猛派教法,翻译有《胜乐金刚空行续》、《四座续》、《摩诃摩耶续》、《欢喜金刚续》等,主要弘传龙猛派集密教授。喜金刚又称"欢喜金刚"、"饮血金刚",藏名"杰巴多吉",是藏传密教五大金刚之一。修以五大金刚为本尊的密法,称作"五部无上金刚大法";《喜金刚经》就是阐述修习欢喜金刚法的本尊、坛城(曼陀罗)、灌顶、仪轨等方面的经典。

素尔穹的弟子很多,著名的也有"四柱八梁"之称。他的家族在一般佛教徒中是最富有的,他的三个儿子、数个女儿修习宁玛教法都很有成就。

卓浦巴(1074—1134),本名释迦僧格(意为"释迦狮子"),又称"拉结钦波卓浦巴"(意为"卓浦巴大医师"),因为他在卓浦地方建造了卓浦寺。他是素尔穹最小的儿子,15岁开始学佛法。成年以后,由于需要照管日益增多的家产,无暇外出求学,就将其父的弟子,所谓"四柱"者请到家中,教以经、幻、心三部宁玛派密法的教授、仪轨、灌顶等,又向别人学到"大圆满法",将宁玛派又推进了一步。他的弟子多达千余人,其中著名的有"四麦"、"四纳"、"四敦"等12人。弟子们又向四周分头布教。

素尔家族属于平民,但很富裕。他们是依靠特殊的宗教职业积聚财富,并成为创立教派的领袖人物。"三素尔"活动于11世纪上半叶到12世纪上半叶,属于宁玛派的经典传承,即"噶玛"系统,所传内容主要是"幻变"和"集经"两部。

大约也在11世纪,宁玛派还出现了另一个代表人物——绒·却吉桑波,是后藏空绒地方人。他懂因明、吠陀和其他世典,译有密典,并作过注疏,亦有论著。他精通藏文文法,曾为念智称(即弥底)的《语言门论》作注,自己也写了几部文法书。他学识渊博,故有西藏"班智达"①之称号。他也是宁玛派以经典传承("噶玛")为主的人,密法则以"心品"为中心,但特别带有土著的色彩,往往被认为不是印度传来的正统佛教,影响却很大。他的教法后来又分成二个系统:心部、自在部和教授部。这三个系统各有师承而又互相关联,其中教授部称为"大圆满法",更是宁玛派特有的密法。

351

到14世纪,宁玛派出现了第五个代表人物——隆钦然绛巴(1308—1364)。他本名智美斡色,12岁出家,先后修持各教派的密法,又在桑浦寺学习"慈氏五论"、"法称七因明论"等显教论著,终于成为显密兼通的名僧。他对宁玛派的密法加以修订,撰有相当多的著作,其代表作是《七宝藏论》,后来成为该派寺院的必读书。隆钦然绛巴曾到不丹传教,在那里修建了一座名叫塔尔巴林的寺院,成为不丹境内宁玛派的活动中心。此后,不丹又将宁玛派传到尼泊尔。不丹、尼泊尔的宁玛派僧人经常到四川德格县境宁玛派的佐钦寺学法。

---

① "班智达"是对通达"五明"者的尊称,意为"学者"、"老师"。"五明"分大小两种。"大五明"指内明、因明、声明、医方明、工巧明;"小五明"指星象、修辞、词藻、韵律、戏剧。

宁玛派的特点是组织松散,教法不一。它的骨干有两类:一类是在家的咒师,藏族称为"阿巴",他们人数很多,各有传承,专靠个人法术、咒术,分散在社会上活动,既不读佛书,也不重佛理,与苯教咒师相似,被一般民众视作真正的宁玛派人。另一类是出家僧侣,住在寺院,遵守戒律,有严格的教阶制度和寺院管理制度,相对注重经典和佛理的讲习。

宁玛派所奉经典也有两类:一类是8、9世纪以后,一直在民间传承下来的经典,即所谓"噶玛"。另一类叫作"伏藏",即所谓"戴玛"。据说,这些"伏藏"原是莲华生等埋藏的经书,经后人发掘,得以流通,所以备受宁玛派的尊崇。对于这两类经典的真实性,其他教派表示怀疑,认为实是出自宁玛派教徒的伪造,这也是宁玛派长期被否认是佛教教派的重要原因。据说后来有人在古寺里发现了一些梵文写本,其中有宁玛派经典译本的原本,这才扫除了怀疑和反对意见。事实上,宁玛派的教法和供奉的神祇,有不少是从苯教吸收来的,教义又有类似汉地佛教禅宗的内容,与印度佛教确有明显的差别。

在宁玛派建寺授徒、逐步组织起来的同时,也着手研习宗教理论,力图向经院化转变。他们规定,本派僧人应学的显宗经籍为13部,包括《现观庄严论》、《庄严经论》、《宝性论》、《辨法性论》、《辨中边论》等所谓"慈氏五论",《根本般若论》、《宝鬘论》、《回诤论》、《七十空性论》、《广破入微论》、《六十正理论》等所谓"龙树六论",以及功德光著《戒律本论》、寂天著《入菩萨行论》。此外,《俱舍论》为必修课,因明为选修课。对于这些经典,宁玛派有自己的解释,主要表现在隆钦然绛巴和戎松班智达所著的教程中。修习密法所依据的根本密典是18部怛特罗,即《大圆满菩提心遍作王》、《金刚庄严续教密意集》、《一切如来大密藏猛电轮续》、《一切如来遍集明经瑜伽成就续》、《胜密藏决定》、《释续幻网明镜》、《决定秘密真实性》、《圣方便绢索莲花曼》、《幻网天女续》、《秘密藏续》、《文殊轮秘密续》、《后续》、《胜马游戏续》、《大悲游戏续》、《甘露》、《空行母焰然续》、《猛咒集金刚根本续》、《世间供赞修行根本续》。

宁玛派受内地佛教判教方法的影响,作出本宗的判教,即按显密二教和佛三身之说,把一代佛法判为"九乘",其中"声闻"、"独觉"、"菩萨"等三乘属于显教,是"化身佛"释迦牟尼所说,称为"共三乘"。"事部"(作密)、"行部"(行密)、"瑜伽部"(瑜伽密)等三乘属于密教,是"报身佛"金刚萨埵所说,称为"密咒外三乘"或"外密乘";"生起大瑜伽"(大瑜伽密)、"教敕阿鲁瑜伽"(无比瑜伽密)、"大圆满阿底瑜伽"(无上瑜伽密)等三乘,称作"无上内三乘"或"内密乘",是"法身佛"普贤所说。"九乘"中的前三乘,属显密二教所共奉,中间三乘为密教诸派所共行,最后三乘则是宁玛派所独有。在宁玛派独有的三乘中,"三素尔"的密法传承属第七"生起大瑜伽密"和第八"教敕阿鲁瑜伽密";绒·却吉桑波所传一系,属第九"无上瑜伽密"。隆钦然绛巴特别提出了"大圆满法"(相当于无上瑜伽密),被认为是更加完善了。从这个判教中,大致可以看出宁玛派同佛教其他显密诸宗的共性和本宗的个性,而无上瑜伽的"大圆满法",被视作最高的密法,在宁玛派中尤居重要地位。

"大圆满法"又分为三部,即心部、陇部(又称"自在部"、"界部")和教授部。其中心思想是教授部,以双身修法为手段,同时也包含后三乘的全部瑜伽密。它的理论基础与汉地佛教占统治地位的"真如缘起"说一致,认为人的心体是本净的,只是受到烦恼、尘垢的障蔽,才生起世俗世界的一切现象。修习的目的,就在于保持"心体"本净的状态,即听其自然,任"心"随意而住。在修持中,要求摆脱各种迷惑(无明)和欲望(贪),以"心"之"空虚明净",而领悟性空之理,使二者完全契合,这就是修持"大圆满法"的最高成就,也就是"即身成佛"。这类思想与禅宗的"见性成佛"、"直指人心"等主张尤其接近。

宁玛派内部主要有三种传承:经典传承、埋藏(伏藏)传承、甚深净境传承。经典又分三种,即幻变经(相当于大瑜伽密)、集经(相当于无比瑜伽密)、大圆满法。

"埋藏传承"指由"伏藏"经典为依据的传承。从12—16世纪,宁玛派出现了不少挖掘伏藏的法师,被称作"代敦"。"伏藏"大致

353

分为四种,即"上部伏藏"(堆代)、"下部伏藏"(麦代)、"南藏"(号代)和"北藏"(羌代)。

"伏藏"是佛教在特殊困难条件下,保存经典、法器等的一种手段,与汉地的"末法"思想和预防"毁法"事件一样,并不是宁玛派一家独有。有些学者把从敦煌石窟中发现的古藏文文书等资料也视为伏藏。因此,在伏藏中确有不少有文献价值的史料。除早期佛教经典的梵文译本外,还保存有吐蕃时期的历史资料和传说,也有医学等书籍。西藏佛教僧人把伏藏典籍称作"代却"(藏法)、"秘籍",并汇集成书,名为《藏宝总集》。但就专以伏藏传法的宁玛派而言,属于自我创造的当大大多于实际的发现,因而也最能反映此派的民族特色,这同汉地佛教以翻译名义自造经论的做法相似。

宁玛派在其形成的初期,虽也建了寺院,但为数极少,且不具规模。发展到 16、17 世纪,在前藏和康区,建起了几座有影响的寺院。这些寺院由于伏藏经典的传承不同,分为六个支系,各以主寺为系名。

噶陀寺(在今四川白玉县境),创建于 12 世纪,是宁玛派最早的寺院,由卓浦巴的再传弟子伽当·德谢喜巴(1127—?)所建。主要传授"南藏",附带传授"三素尔"所传经典。该寺历代受德格土司扶持,寺主采取"转世"形式世代相承;寺产富足,是藏传佛教中极有名望的寺院之一。

多吉札寺(在今拉萨以南雅鲁藏布江北岸,全称"土登多吉札寺"),系 16 世纪扎希道杰创建,是宁玛派在前藏的主要寺院。扎希道杰原是十三万户之一拉堆绛地方的统治者,在与辛厦巴·才旦多吉斗争中战败,便游方传教,集聚学徒组成"艾旺教团"。此寺主要弘传"北藏",亦兼传"三素尔"经典。寺主亦以"转世"相承。

敏珠林寺(在山南扎囊县城,全称"乌坚敏珠林寺"),17 世纪中叶由居美多吉建造,是宁玛派在山南的主要寺院。它以传授"南藏"为主,亦授"三素尔"经典。寺主取父子或翁婿相承方式。该寺受到原西藏地方政府(噶厦)的重视,噶厦所属僧官学校的校长(格根钦波),由该寺僧人中委派,已成惯例。

佐钦寺(在今四川德格东北),于1684年由德格土司阿旺扎西所建,是该派在四川藏区最著名的一座寺院。国内藏区及国外不丹、尼泊尔等地宁玛派僧人常来这里留学。此寺以前面提到的13部经典为显宗必修科目,隆钦然绛巴和钦孜沃色的著作也要学习;密宗方面以"八大法行"(属大瑜伽)为必修,并实修"大圆满"等密法。寺主由转世法相继。该寺曾有百余座属寺,分布在四川甘孜、阿坝及青海玉树等藏族自治州境内。

贝域寺(在今四川白玉县城附近),大约17世纪,由仁僧衮桑喜饶创建。该寺同噶举派的帕竹、噶玛支系关系密切,其教法和帕竹噶举的玛仓支系教法糅合为一,历代转世的活佛都要到德格县的八蚌寺受戒。八蚌寺就是噶玛噶举的寺院。贝域寺也有过近百座属寺,分布于青海的果洛、西藏的江达和四川的甘孜、阿坝等地。

上述五座寺院多在四川德格土司的领地之内,受到历代土司的支持。

此外,18世纪中叶,在佐钦寺以东还建有一座西钦寺,影响不大。另一座是8世纪赤松德赞时建的桑耶寺,早先传授旧派密法,后归宁玛派掌管,一次火灾之后,由萨迦派修复,寺权大部归萨迦派,只有"衮康"(护法神殿)仍属宁玛派。但此寺的宁玛派僧人颇受原噶厦政府重视,凡遇重大政治事件或较大自然灾害,噶厦都要请他们的首领到拉萨去举行祈祷仪式。

宁玛派的寺院组织同其他各派大同小异。其学经组织一般分设"三院",即法相学院(岑尼扎仓)、密宗学院(举巴扎仓)、讲说院(协扎仓)。法相学院主要讲习显宗十三部及《俱舍论》、因明(选修),负责人称作"堪布",其下设有管理教学的若干执事僧人。学员称作"贝恰瓦"(学僧),他们学经需由自己另请经师。学僧每年有一次考试,按因明方式答辩。大约15—20年左右,可以学完13部大论,经堪布考试,成绩优秀者授予"然绛巴"学位。密宗学院的负责人称作"多吉洛本"(金刚教长),也有堪布。所循密典为18部怛特罗,所行主要是该派独有的八部密法。其教学和修习按宁玛"九乘"的次第进行,对每一密乘,均需通晓它的经咒、灌顶、曼陀

罗、仪轨等系列。修完一乘密法后,再入修行院(主扎)静修 3—5
年。修密者必须事先发誓(当加),严格信守,包括未受灌顶及未得
传承者不得翻阅密宗典籍,修持的详情细节不得外传等。考试由
"赤本"(传授修行者)主持。在较具规模的寺院,尚设有讲说院,学
僧称作"柔乃巴"(明者),此院专门培养具有语言文字、文学、历算
等知识的人才。

宁玛派始终没有形成领导全派的中心寺院,也就没有形成统
一的、相对强大的寺院集团势力。

寺院供奉的神像种类繁多,不少是来自苯教。普遍供奉的有
八部,是密法修习生起次第的八大法行(八部修法)中供奉的"本
尊"(伊达木)。其中文殊、莲花、真实、甘露和金刚镢,分别代表佛的
身、语、意、功德和事业,称为"出世五部"。行者在瑜伽修道中,需要
想像自己的身、语、意、功德和事业与佛的完全相应,修哪一部,就
用代表哪一部的本尊神像。此外,"差遣非人"、"猛咒咒诅"和"世间
供赞"称作"世间三部"。他们原属苯教的神祇,在这里被当作佛教
的护法神,如差遣非人的"非人",藏语称"玛摩",就是苯教中的一
种凶神。这三部的修法次第与密宗四部(事部、行部、瑜伽部、无上
瑜伽部)中的行部世间曼陀罗相同。

宁玛派有深厚的传统基础,在长期处于落后愚昧而无力的群
众中,有广泛的市场。它的教法中保留了许多原始的,甚至野蛮的
因素,尤以血祭中用人体器官为最甚。他们不时受到其他教派的
反对,但更经常的是得到统治集团的支持。元朝统一西藏以后,宁
玛派被朝廷承认,并受到优待。13 世纪宁玛派僧人释迦沃,通过官
员把一部"伏藏"经典——"才曲",献给元世祖忽必烈,忽必烈赐以
仅次于帝师的"拔希"(即法师)称号。稍后,另一宁玛派僧人雍敦
巴(1284—1365)来到北京,朝廷给以优礼,并派他到一个干旱地方
求雨。还有一个桑结扎,也曾进京,元帝赐给他大量土地。

宁玛派在藏地特别受到有权势的格鲁派(黄教)的支持。五世
达赖阿旺罗桑嘉措(1617—1682)本人兼修宁玛派教法,并撰有这方
面的著作。他的弟子白玛仁增(1625—1697),还专程前往宁玛派的

佐钦寺朝访,该寺把白玛仁增作为第一世佐钦活佛。此后,一些掌权人物如罗鼐等,继续支持宁玛派,有的也在修习格鲁派教法之外,兼修宁玛派教法。

二　噶　当　派

噶当派是以所传教法的特征命名的。"噶"意为佛语,即佛的言教,"当"意为教诫、教授,两字合在一起指佛的一切言教,包括显密经典,都是佛徒必须遵循的原则。其教法渊源于阿底峡,但创始人则是阿底峡的著名弟子仲敦巴。

仲敦巴(1005—1064),出生在堆垅(在拉萨以西)的富豪家庭,幼年在许(郎县)学藏文,后迁居康区,拜赛尊为师学佛。1045 年初至布让,正遇拟受邀请的阿底峡,乃与来迎阿的卫藏僧侣代表一起,经后藏贝塘抵拉萨。自此一直追随阿底峡。1056 年,阿底峡卒后的第二年,仲敦巴接受藏北当雄一带地方头人的邀请,前往热振传教,并建立了热振寺,以此为中心,噶当派逐步发展壮大起来。

仲敦巴一直是在家居士。随他学经的僧人有五六十人。他卒后,热振寺的堪布由阿底峡的另一弟子南交钦波(1015—1078)继任,扩建了寺院。再传之后,才由仲敦巴的弟子博多哇(1031—1105)担任堪布。博多哇和仲敦巴的另一弟子京俄巴分别收徒传教,由此分成噶当派的两个支系,即教典派和教授派。

教典派强调佛教经典的地位,重视对佛籍的学习,由此而得名。博多哇在未担任热振寺堪布以前,门徒已有千余人。后来他离开热振寺,另建博多寺,使噶当派的声势在卫藏地区大增。

博多哇门下以朗日塘巴(1054—1123)和夏尔哇巴(1070—1141)最有影响,都着重于讲经传教,前者有徒 2 000 多人,后者有弟子 3 600 人。夏尔哇巴弟子中的甲·怯喀巴和董敦,又分建寺院,在教典派内形成两个系统。

甲·怯喀巴(1101—1175)在拉萨附近的墨竹建怯喀寺,并任堪布,卒后由赛·基布巴继任。赛·基布巴(1121—1189),于 1164 年左右又建基布寺(又称"新怯喀寺"),任两寺堪布。卒后由拉·隆格旺秋继任。

拉·隆格旺秋(1158—1232)出身于吐蕃王室的后裔雅隆觉卧家族,自此开始,怯喀和基布两寺的堪布都由代表封建地方势力的这一家族成员担任。拉·隆格旺秋曾向 1204 年进藏的喀且班钦·释迦室利学习佛法。据说喀且班钦是印度那烂陀寺的最后一任寺主,他带来了说一切有部戒律,使四部戒律(说一切有部、大众部、犊子部、上座部)在西藏佛教中得以齐备。此后继任两寺堪布的是拉·卓微衮波(1186—1259),本名绛曲沃,在任两寺堪布期间,凭借自己的宗教影响和本家族的政治经济实力,兼并了许多寺院及其属民,在 13 世纪初,形成了一个与雅隆觉卧地方势力关系密切的寺院集团。此后的四任堪布都属雅隆觉卧家族,直到 1377 年。这个家族同萨迦派的关系也很密切,在 13 世纪后半叶萨迦和止贡噶举的纷争中,怯喀寺、基布寺系统就是和萨迦派相联合,一起反对止贡噶举的。

夏尔哇巴的另一弟子董敦(1106—1166),在纳唐讲经传教 12 年,1153 年创建纳唐寺,以此为中心,发展成为纳唐寺系统。这一系统由传授喀且班钦所传律学而著名。13 世纪晚期,纳唐寺僧迥丹惹迟,将该寺所藏藏译佛经编订为"甘珠尔"、"丹珠尔",当是编纂藏文大藏经之始。

噶当派的教授派以注重师长指点教授下的实修而得名。也分为两个系统:一是京俄巴系统,一是内邬素巴系统。

京俄巴 20 岁时在热振寺从学于仲敦巴,得受某些秘密传授的佛法。他着重提倡念咒、供佛和静修,这也是教授派的显著特点。

京俄巴的弟子甲域哇钦波(1075—1138),是甲域寺(在隆子县境)的创建者。有徒 2 000 多,其中藏巴仁波且担任洛寺(京俄巴建)和甲域寺的堪布,冲协仁波且创建岗岗寺,两人均传承京俄巴的教法。

教授派的另一系大师内邬素巴(1042—1118)是热振寺第三任堪布衮巴哇的弟子。他在倡导修定的同时,也注重经典研习,且能替人看病。他有两个著名弟子,其中皆贡钦波创建仁钦岗寺,绛曲格哉常住达坚寺,他们都以传承内邬素巴教授的修持和密法为主。

以上就是教授派的两个系统和四个传承。

噶当派的主要寺院是拉萨以南、聂当以东的桑浦寺,1073年由阿底峡的弟子俄·雷必喜饶创建,原名"内邬托寺"。以提倡因明和辩论而著名。俄·雷必喜饶被称为"大俄译师",幼年出家,后到康区向赛尊学佛法。1045年,他同枯敦·尊追雍仲等回到前藏,在拉萨附近建立扎纳寺,讲经传教。当阿底峡来前藏时,他也追随学法。他对仲敦巴十分敬重,曾多次去热振寺求教。他翻译和修订过不少有关因明的著作。卒后,其侄子俄·罗丹喜饶(1059—1109)继任桑浦寺堪布。

俄·罗丹喜饶曾与两译师到阿里参加"火龙年法会",后去克什米尔留学17年,约在1093年返藏。又到尼泊尔学密教。他翻译了许多佛典和因明论著,藏文大藏经中有他译出的经论40余部,人称"小俄译师"。他常在拉萨、桑耶一带讲经,特别讲授自己翻译的因明著作《量庄严论》、《量决定论》、《量决定论疏》和"慈氏五论"中的《现观庄严论》等。有弟子2.3万多人,涌现出大批在佛学方面很有成就的人才。此后还出现了小俄译师的活佛转世系统,转世寺院是昌都查雅的马贡寺,但发端于何时不详。

小俄译师的弟子中,以卓垅巴的成就最大。他为许多显密经论作注疏,其中根据阿底峡的《菩提道灯论》写成《教次第广论》和《道次第广论》,阐扬噶当派的教义,为后来宗喀巴撰写《菩提道次第广论》提供了蓝本。

恰巴却吉僧格(1109—1169)是桑浦寺第六任堪布,著有《量决定论广注》、《量论摄义颂》及其自释。他写的《量论释义》,被誉为西藏因明入门书之祖,该书提供了学习因明的独特方法,促使因明学更加兴盛。西藏佛教各派学经,普遍采用辩论的方式,据说就是从这时开始的。

在桑浦寺极盛时期,西藏佛教各派僧人常来这里学习,致使该寺成为讲授因明的重要据点。大小俄译师所传的因明被称作"新因明"。此外,以《现观庄严论》及其注疏为主的般若学、以《入中论》

及其注疏为主的中观学,也多由桑浦寺传播发展开来。所以说桑浦寺在西藏佛教史上是起过重要作用的。

桑浦寺在恰巴却吉僧格以后,分为上下两院。在萨迦派掌握地方政权时,有几个扎仓曾被萨迦派收管。15世纪格鲁派兴起后,该寺与噶当派其他寺院一起并入格鲁派。

噶当派以修习显宗为主,所习经典为《大乘经庄严论》、《菩萨地》、《集菩萨学论》、《入菩提行论》、《本生鬘论》和《集法句论》,称为"噶当六论";加上阿底峡的《菩提道灯论》,又称"噶当七论"。此后还增加了"慈氏五论"和龙树的"六如理聚"[①]。它特别强调佛徒的修习次第,认为应该先学显宗后学密宗,并且只有对少数有"根器"的人授以密宗。它主张显密二宗不应当相互攻讦,而应相互补充。

噶当派的密宗修习以《真实摄经》为指导,此经属于密宗四部中仍以显宗教义为基础的瑜伽部,和萨迦、噶举等派推崇无上瑜伽密有所不同,又与宁玛派大量吸收苯教成分有很大差别。一般认为,噶当派的显密教法是比较"纯净"的。

噶当派比较正统,与汉地佛教一样,既重"观",也重"行"。所谓"观",相当于哲学世界观,"行"指修持实践。阿底峡讲"观"的书有《入二谛论》和《中观教授论》,讲"行"的书有《摄行炬论》和《发菩提心论》,《菩提道灯论》则为噶当派全部教法的概括。

《菩提道灯论》把众生分成三类:一类曰"下士",他们不求解脱,只求今生"利乐",属"人天乘";第二类为"中士",这类人只求个人解脱,不想普度众生,属于"小乘";第三类是"上士",他们自求解脱,也救度众生,属于"大乘"。与此相应的修行次第也分下中上,合称"三士道"。学者从学"三士道",必须先求名师,依照师长指导,再去身体力行,否则难免误入歧途。有了这个先决条件,就可以从"下士道"依次修起。

"下士道"要求学者认识有生即有死,按业报法则,轮回无已。

---

① "六如理聚",指藏译龙树的《中论》、《七十空性论》、《六十如理论》、《回诤论》、《广破论》、《宝鬘论》。

为了避免死后堕入"三恶趣",求得"人"、"天"福报,就要皈依"三宝",努力做止恶行善的事。即所谓"下士勤方便,恒求自身乐"。

"中士道"要学者认识修持"下士道",虽然能求得世间乐,但不能超脱流转苦,为了从世间诸苦中彻底解脱出来,就要遵循师长指导,进一步修持佛教规定的戒、定、慧"三学",达到涅槃境界。是谓"中士求灭苦,非乐苦依故"。

"上士道"要求学者发"大慈悲心",决心自利利他,修"菩提行",实践布施等"六度"。这样,既可度己成佛,又可度人永离诸苦,这才是"大乐"。故曰"上士恒勤求,自苦他安乐,及他苦永灭,以他为己故"。

"三士道"把"人天乘"列进佛教教法,意味着佛教已自觉地将社会的道德教化列为自己的职责范围。这一思想不是始于阿底峡,而是始于8—9世纪间的唐代宗密。但整个说来,"三士道"均属显宗的教法,地位远不如密教为高。因此,《摄行炬论》的最后部分就是论述密宗的修习,它划密宗经典为作部、行部、瑜伽部和无上瑜伽部四部,强调了先显后密的修习次第。《摄行炬论》为噶当派确立了思想基础,也确定了西藏佛教以实修为主的精神。

噶当派在11—12世纪的200年中得到很大发展,尤以僧徒众多、寺院广布而著称。13世纪中叶,领兵进藏的蒙古将军多达那布在给阔端汗的信中称:"在边地西藏,僧伽组织以噶当派最大。"该派与地方割据势力结合在一起,曾形成相当规模的寺院集团,尽管并没有实际掌握过世俗政权。

西藏佛教诸教派普遍受到噶当教法的影响。噶举派的初祖玛尔巴曾从阿底峡听闻教授。达波噶举的达波拉杰先从贾云答学习噶当教法,后来又从米拉日巴学习大手印,他所传的教法,是噶当教法与大手印合修的教授。此外,噶举派的帕木竹巴、积贡世间怙、达垅塘巴钦波、噶玛知三世等,都学过噶当教法。萨迦派的四祖庆喜幢曾从内邬素巴的弟子吉沃雷巴学习噶当教授,他的著作中所说的"大乘共道"的修法,即渊源于噶当派。

15世纪格鲁派按噶当派的教义发展起来,原属噶当派的寺院

361

都变成了格鲁派寺院,噶当派不复存在,而格鲁派则被称为"新噶当派"。

三 萨 迦 派

萨迦派由贡却杰布(一译"衮乔杰波")创始于11世纪70年代。贡却杰布(宝王,1034—1102),自称是吐蕃贵族昆氏家族的后裔,亦名昆·贡却杰布。

萨迦派的主要教法渊源于卓弥译师。卓弥曾到印度学法多年,回藏后,修建牛古垅寺,收徒传法,着重阐扬"道果教授"。贡却杰布以在家居士的身份,花了许多黄金向卓弥学习。他和他的家族原来都是宁玛派的信徒,修持旧派密咒法,从卓弥后改学"道果"。1073年,贡却杰布在后藏萨迦地方建造萨迦寺,遂成为此派创建的标志。

贡却杰布在西藏佛教诸派中是第一个直接以世俗贵族身份成为教主的,他还决定法位的传承只能限在本家族内部,从而使政教两权都集中在一个家族之手。

贡却杰布卒时,其子贡噶宁布(庆喜藏,1092—1158)年方10岁,寺院暂由巴日仁波且代管。贡噶宁布努力学习佛教知识,成年后继教主位,并建立了完整的"道果教授",使之成为该派的核心教法,萨迦派势力由此得到很大扩展,他亦被尊为"萨钦"(萨迦大师),列为"萨迦五祖"之首。

"萨迦二祖"是贡噶宁布的次子索南则摩(福顶,1142—1182),幼年从父学萨迦教法,后又向噶当派桑浦寺恰巴却吉僧格学习中观、因明及各种显密教法。1172年,把法位传给他的弟弟扎巴坚赞,自己去曲弥寺讲经修证。扎巴坚赞(1147—1216),是"萨迦三祖"。幼年从月幢大师受梵行五戒,学习佛法,据说11岁时就能进行教义的答辩。到"萨迦四祖"贡噶坚赞(庆喜幢,1182—1251),萨迦派开始了突变性的发展。

贡噶坚赞是扎巴坚赞的侄子,自幼随伯父学习祖传萨迦显密经典教法,并习因明等大小"五明"。27岁时,从喀且班钦·释迦室利①受比丘戒。除萨迦教法外,他对噶当派、希解派的教法也很精通。著有《正理宝藏论》、《分别三律仪论》等。他写的哲理性文学著作《萨迦格言》,在藏族文学史上有极高的声誉。此外他还通晓梵文和祝夏语("祝夏"即唐称的"勃律")。因为他很有学识,被尊为"班智达",并在他名字前常冠以"萨班",意为"萨迦班智达"。据说曾有六名南印度外道来到西藏,在基仲地方同萨班辩论了13天,最后失败,皈信佛法,宗萨迦教法。因此有萨班"美声令誉,遍于大地"之说。

　　萨班时期的萨迦派,以"教政合一"的形式,直接控制着当地政治、经济和宗教、文化,成为卫藏地区最强大的实力集团。正值此时,蒙古族军事力量开始西征。

　　据传,1206年前后,成吉思汗率兵征伐西夏、用兵吐蕃、到达青海柴达木盆地,曾写信给萨迦派喇嘛,表示愿意皈依佛法,由此揭开了蒙藏关系的新篇章。13世纪40年代,蒙古统治者深入西藏。成吉思汗之孙、太宗窝阔台的二子阔端,领兵驻扎凉州。1240年,大将达尔汗台吉多达那布领兵抵达藏北热振寺一带。他了解到西藏各地封建割据势力同佛教诸派紧密结合的特点,认为与其单靠武力统治,不如选用势力最强的教派协同治理,于是向阔端建议与萨迦派通好,着力扶植萨迦派的发展。阔端采纳了这一建议,于1244年写信给萨班,请他赴凉州晤面商谈。1245年,萨班派他的两个侄子——10岁的八思巴和6岁的恰那多吉先赴凉州,他自己和卫藏地区各种势力交换意见后,于1246年到达,次年与阔端晤面,并为阔端治好了病,深得阔端信服。经双方磋商,议定了西藏归顺蒙古的条件,由萨班给卫藏各僧俗地方势力写信,劝说他们一起归顺,这就是著名的《萨迦班智达致乌斯、藏、纳里僧俗诸首领书》②,信中详述了归顺与否对于佛法和世俗权力的利害关系,以及西藏

---

　　① "喀且班钦·释迦室利",迦湿弥罗僧人,住在北印札格达拉,1204年应绰浦译师强巴贝邀请,经亚东进藏,弘传佛教戒律,由此形成了喀且班钦戒律传承。

　　② 参见《萨迦班智达全集》之《萨迦世系史》。

地方行政制度、派官设治、缴纳贡赋,及萨迦与其他官员僧俗共管西藏事务等意见,奠定了 1279 年以后元朝中央政府对西藏地方行使行政管理的基础。萨迦派由此也取得了卫藏地区在政治和宗教上的领袖地位。

据传,萨班在凉州也曾讲经说法,被分别译成蒙古、畏兀儿(维吾尔)、汉语和当地藏语。他还用古畏兀儿文的字母字形,创制了蒙文字母。佛教和以佛教为载体的文化,由萨班开始向蒙古流传,八思巴继承并大大开拓了这一事业。

八思巴(1235—1280),其名意为"圣者"、"神童",是人们对他的尊称。他原名罗追坚赞(慧幢),为"萨迦五祖",被尊为"法王"。史书中说他"幼而颖悟,长博闻思,学富五明,淹贯三藏"①。1252 年,忽必烈南征大理,招降吐蕃,翌年,召见八思巴,留在身边,并从受密教灌顶。1255 年,奉命回藏受比丘戒,尔后回到忽必烈驻地(后之"上都",今内蒙古正蓝旗境),1258 年,忽必烈奉蒙哥汗敕主持佛道两家优劣之辩,佛方 17 人由八思巴为首,道方自认失败,道士落发,道观改为僧寺。1260 年,忽必烈即蒙古大汗位,封八思巴为"国师",赐象征权力的玉印。1264 年,忽必烈迁都燕京,在中央设置总制院,掌管全国佛教事务和西藏地方行政事务,命八思巴国师兼领总制院事,协助中央对西藏的管理。具体规定,西藏行政事务由本钦总管,宗教事务由"国师"掌管;但国师对任命本钦有建议权。八思巴推荐释迦桑波为第一任本钦,由元世祖任命,并赐"卫藏三路军民万户"印,从此确立了西藏地方由中央掌管的制度和机构,也体现了中央政府对西藏直接管辖的完全主权。与此同时,藏传佛教(俗称喇嘛教)上升为全国佛教的主导地位,迅速向内地流传,由此改变了历代佛教在全国的格局,促进了汉、藏、蒙等民族文化的交流融会。

至元六年(1269),八思巴奉忽必烈之命创制"蒙古新字"成功。新字仿照藏文字母,共 41 个,称"八思巴字",可拼成千余音节。同

---

① 萨迦·索南嘉措:《西藏王臣记》。

年,诏令颁行,规定凡诏书及官方公文,一律改用新字,兼以各族通用文字。次年,八思巴被加封为"帝师"。1276年,八思巴回到萨迦,请求朝廷免除西藏寺院一切捐税负担,并令驿使和官兵不得沿途住宿寺院。这些请求由朝廷批准,作为规定一直延续下来。1280年,八思巴去世,忽必烈赐号"皇天之下一人之上开教宣文辅治大圣至德普觉真智佑国如意大宝法王西天佛子大元帝师"。

在元朝中央的大力支持下,萨迦派的政治、经济力量和社会影响空前加强,成为西藏居领导地位的教派。八思巴的家族和萨迦派教徒备受朝廷重用,受封为帝师的有十余人,被封为王、司空、国公和各级官吏的更多。以八思巴叔侄为代表的萨迦派上层同元朝的关系,是统治阶级内部上下级的隶属关系,都是从各自的政治、经济利益出发考虑的。但他们的活动在客观上顺应了各民族共同缔造自己国家的历史潮流,延续和发展了西藏自古以来同中央政权的隶属关系,密切了汉、藏、蒙诸民族以及新疆、青海地区间的联系,推动了经济文化交流,具有重大的历史意义。内地的印刷术、造船、建筑等技术先后传入西藏,西藏的佛像雕塑、造塔、工艺等技术也传入内地。民间的往来日益频繁起来。

自14世纪上半叶,元朝开始衰落,萨迦派失去了中央政权的强大支持,卫藏地区新的教派和封建集团崛起,加上内部纷争,萨迦派逐渐式微,仅保持"法王"的称号和官衔。1354年,帕木竹巴绛曲坚赞消灭了萨迦地方政权,取其辖地。从此,萨迦派政治失势,逐渐向纯宗教领域复归。

萨迦派教义以"道果法"为核心,认为只要断除"烦恼",获得"一切智",就是达到"涅槃"之"果"。按照这一基本思想进行修持,便形成三个次第,即:"首应破非福,次则破我执,后除一切见,知此则为智。"[①]

"首应破非福"。"非福",指死后要得恶报的那类"坏事",修法者首先要把"非福"抛掉,决心不做恶业,专行"好事",由此求得来

365

---

① 洛桑却吉尼玛:《善说诸宗源流及教义晶镜史》。

生"三善趣"(即人、天、阿修罗)的果报。

"次则破我执"。"我执",指关于"我"和实体实有的观念,这种观念被认为是一切苦恼的根源,必须破除,才能超脱。因此,要求修行者证悟诸法"皆非实有"、"一切皆空"的道理,由"无我"之空慧彻底断除"我执",从而摆脱"轮回"之苦。

"后除一切见"。这里的"一切见",既指非佛教的认识,也指佛教自称的"正见"。那种认为宇宙万物一切实有的见解,叫作"常见",固然应该破除;但认为"一切皆空",甚至心识、涅槃、因果报应、善恶等也是真的空无所有,叫作"断见",同样应该破除。如果修行者除掉"断"、"常"二见,就能获得"一切智",成为"智者",即真正悟到佛法的人。

萨迦派在其全盛期,在蒙古、汉地、康区、安多和卫藏各地都建有寺院。但随着它的衰落,在外地的寺院也相继破败,保存下来的唯有四川德格的贡钦寺最为著名。该寺本名伦珠顶寺,是第四十一代德格土司坚巴彭措所建,坚巴彭措的长子任寺主,次子继承土司,由此形成制度,该寺的政教大权世代为德格土司统一掌握,所以没有活佛。1550 年,该寺建成印经院,影响扩大。此外,艾旺却丹寺于 1429 年建在纳唐和夏鲁之间的俄尔地方,故又名"俄尔寺",该寺是萨迦派在后藏传播密宗的重要场所。多吉丹寺,1464 年建在山南贡噶以东,也以传播萨迦密法为主。在萨迦以西拉孜以南有名叫图丹根培寺的,也属萨迦派所有。

萨迦派亦称"花教",是因为它的一个支派俄尔派寺院把垣墙涂以红、白、青三色而得名。

四 噶 举 派

噶举派,是一个注重口传的教派。"噶",在此特指师长的言教;"举",意为传承。两字合译作"口传"。此派尤重密法修炼,强调师徒口耳相传,以此故名。又因远祖玛尔巴、米拉日巴等人修法时穿白色僧衣、僧裙,故又称"白教"。

噶举派形成于 11 世纪中叶。支系众多,教法复杂,是其特点之一。它原有两个传承：一是香巴噶举，一是达波噶举。它们的密法均来自印度，前者到 14、15 世纪即已泯灭无闻，后者一直传流下来。通常所说的噶举派就是指达波噶举而言。此系的创始人达波拉杰，本名索南仁钦，其教法源于玛尔巴和米拉日巴。

玛尔巴(1012—1097)，本名却吉罗追，出身于西藏山南洛扎县的一个富人家庭。15 岁时从卓弥译师习梵文；成年后三次赴印，四次去尼泊尔，主要学修"时轮金刚法"、"欢喜金刚法"、"大手印"等密教教法。回藏后授徒传法，独成一系，后传给弟子米拉日巴。

米拉日巴(1040—1123)，出生于后藏贡塘(在今吉隆县北)，原属琼波家族的米拉氏，以耕田、经商和行医为业，家道富有。7 岁丧父，家产被伯父霸占。据说，米拉日巴为了复仇，学会"黑巫术"(苯教巫术)，咒杀了他的伯父一家 15 人，祭起冰雹打毁全村庄稼。后来为了涤除"恶业"，皈依佛教。先学宁玛派的"大圆满法"，38 岁时拜玛尔巴为师，45 岁时开始收徒传法。他用演唱道歌的方式传教，通俗易懂，受人欢迎，所著《道歌集》，在藏族文学史上有一定地位。他有很多门徒，其中最著名的就是达波拉杰。

达波拉杰(意为达波地方的医生)于 1121 年创建岗波寺(又称"岗巴波")，该寺后成为达波噶举的祖寺。他原是噶当派门徒，32 岁从米拉日巴改学噶举派教法，受金刚亥母灌顶，遂以"大手印"为主，形成自己的体系。他的门下有四大弟子，在卫藏地区分别建寺收徒，形成四大支系，即噶玛噶举、蔡巴噶举、拔戎噶举、帕竹噶举，其中帕竹噶举又分出八个小系，总称"四大八小"。

(一) 噶玛噶举

创始人都松钦巴(1110—1193)，其名意为"知三世"，本名却吉扎巴，生于康区哲雪地方一个封建主家庭，16 岁出家，19 岁到前藏学佛。先学噶当派教法，后拜达波拉杰为师，更学萨迦、宁玛派教法，最后确定以"大手印"和"拙火定"作为本派主要教法。1147 年，在昌都类乌齐附近建噶玛丹萨寺，"噶玛噶举"由此得名。1187 年，他又在拉萨西北堆垅建粗朴寺，该寺后成为此派主寺。

367

噶玛噶举在西藏佛教各派中率先采用活佛转世相承制,先后建立过若干活佛转世系统,其中影响较大的是黑帽系和红帽系。

黑帽系的实际创始人是噶玛拔希(1204—1283),本名却吉喇嘛,或称为"祝钦",意为大成就者,传说是仅次于莲华生的有"大神通"者,出生在康区哲垅的哉波乌家族。初从学于都松钦巴的再传弟子崩扎巴,后到粗朴寺出家,回归康区即收徒传法,门徒 500 多名。1253 年,忽必烈南征大理,路过康区,在召见八思巴的同时,召请噶玛拔希于川西北绒域色都会晤。噶玛拔希不愿追随忽必烈,便到灵州(今宁夏灵武)和甘州(今甘肃张掖)一带传教,并于今宁夏、内蒙交界处建立吹囊朱必拉康寺。1256 年,他应召在和林见了蒙哥汗,蒙哥赐他金边黑色僧帽一顶,金印一颗,此派由是得称"黑帽派"。蒙哥死后,1260 年忽必烈自称大汗,与其弟阿里不哥展开了争夺汗位的战争,次年,阿里不哥战败。噶玛拔希因曾帮助阿里不哥而被忽必烈投入监狱,继之流放至盖乌曲地方,1264 年获释。在返藏途中,依然讲经传教,历时 8 年回到粗朴寺。

黑帽系奉都松钦巴为初祖,噶玛拔希为二祖。第三世活佛攘琼多吉(1284—1339),后藏贡塘人,先后学过噶玛噶举、宁玛、希解等派密教,在桑浦寺学显宗多种经论。后到康区类乌齐附近建噶玛拉登寺,在前藏修建德钦登寺,并在萨迦、江孜一带传教。1332年受诏入京,为元宁宗和皇后行密教灌顶,1338 年又应元顺帝之召进京,后卒于此。

四世活佛乳必多吉(1340—1383),生于工布地区一个农奴主家庭,主要活动于塔布、工布地区,受到帕木竹巴地方统治者和政权建立者绛曲坚赞的信任。1358 年应元顺帝之召动身赴京,路经青海宗喀时,为刚满 3 岁的宗喀巴授五戒。1360 年至大都,给顺帝父子授"金刚亥母"灌顶,讲《那饶六法》,传密教中专指男女双身修法的"方便道",为太子讲一些显密经论;还给在京的蒙、汉、畏兀儿、西夏、高丽等各族上层人物传法。1364 年启程返藏,后回到粗朴寺。此时以黑帽系为代表的噶玛派在甘、青、康、藏已有很大势力。元灭之后,明太祖派人召请藏族僧俗领袖进京,乳必多吉也在被请之列。1374 年,他开始遣使去南京朝觐。

第五世活佛得银协巴(1383—1415),本名却贝桑布,《明史》称哈立麻。7 岁出家,18 岁到昌都的馆觉、类乌齐一带传教,20 岁在工布地区的则拉岗受比丘戒。1406 年应召,经西康到南京,明成祖在华盖殿宴请。次年春,受命在灵谷寺为太祖帝后"荐福",设普度大斋,成祖赐以"如来"名号,并封为"万行具足十方最胜圆觉妙智慧善普应佑国演教如来大宝法王西天大善自在佛领天下释教",简称"大宝法王"。后,成祖又命他在五台山为新故皇后"荐福"。1408 年返藏。他的弟子数人先后被封为"国师"、"大国师"。

得银协巴受封为大宝法王以后,这个封号就为黑帽系历代活佛所承袭,并按期进京朝贡。明成祖时还设大乘法王、大慈法王,但仍以大宝法王的地位最为荣贵。明代之所以看重噶玛噶举派,主要因为他们与康藏地方势力的联系密切,影响也较大,而噶玛噶举自身并没有掌握地方政权。元朝封西藏十三万户,没有一个万户是属于他们的。《明史》称他们为"游僧",这大概反映了此派领袖人物周游各地传教授徒,调解地方争端,联系地方势力广泛的特点。

15—16 世纪的四代活佛(六至九世)与中央政权继续保持联系,同蒙古的统治集团也有书信往来,九世活佛旺秋多吉(1556—1603)还加强了同云南丽江纳西族木土司的联系。十世活佛却英多吉(1604—1674)的一生,处于明清两代交替、蒙藏地方势力互相纠葛、卫藏地区权势斗争剧烈的时代。他在少年期间,曾两次派人向明万历帝朝贡,又两次去蒙古地区传教,同蒙族领袖建立联系。后来又和控制西藏地方政权(1618—1642)的第悉藏巴建立关系,赞同第悉藏巴·彭措南杰称"王",由此得到蒙古喀尔喀部却图汗和察哈尔部林丹汗的支持,一时噶玛噶举处在有利形势。但不久林丹汗病死,支持格鲁派的和硕特部固始汗由新疆进青海杀死却图汗,并于 1642 年发兵入藏,消灭了第悉藏巴,使格鲁派得势,却英多吉处于困境。后经四世班禅罗桑却吉坚赞调解,噶玛噶举和格鲁派的关系有所缓和。

369

清顺治十年(1653),顺治帝派人邀请却英多吉进京,但却英多吉没有应召,只派人上表朝贡。十七年(1660),顺治颁发印信,承认却英多吉在前明所承袭的宗教领袖地位。但噶玛噶举的势力已经衰落下去,此后一直受达赖喇嘛的监管。

噶玛噶举红帽系,是因为它的创始者扎巴僧格(1283—1349)曾得元帝室封以灌顶国师并赐给一顶红色僧帽而得名。扎巴僧格原是黑帽系三世攘琼多吉的弟子,先后学过噶举派的"拙火定",噶当、觉囊派的"时轮法"等密法,也习显教典籍。于1333年建成乃囊寺,该寺成为红帽系的主寺。该系传到第三世活佛却欠意希(1406—1452),得到明帝赐给的封号和佛像、法器等。却欠意希曾为黑帽系五世之师,由此开始、黑、红二系互为师徒成为惯例。

从元至正十四年(1354)到明宣德十年(1435),一直是帕竹地方政权统治着卫藏大部地区。此后,仁蚌巴从这个政权中分化出来,向西占据日喀则,到明成化十七年(1481),击败帕木竹巴,形成了两大对立的地方势力。明嘉靖四十四年(1565),仁蚌巴的家臣又夺取了仁蚌巴的权力,在汉文史料中称作"藏巴汗",到明万历四十六年(1618),控制了前后藏的绝大部分。明崇祯十五年(1642),被固始汗所灭。西藏这个时期的教派关系,大多与这一历史背景有关。

红帽系第四世却扎意希(1453—1524),又称沙玛尔却扎巴,先后在蒙古地区和工布、前藏各地传教,后来成了仁蚌巴家族的重要谋士,仁蚌巴则大力支持红帽派的发展。1490年,却扎意希在羊八井建羊八井寺,由仁蚌巴拨给该寺谿卡和农奴,红帽系主寺随之迁到此地。

红帽系第五、六世继续同仁蚌巴和藏巴汗政权联合,同格鲁派及其支持者帕竹政权相对抗。六世却吉旺秋(1584—1635)与蒙古的军事力量也有密切联系,约1635年,他引进驻青海的喀尔喀部军队,自己反被杀害。由于清政府着重扶持格鲁派扩展,红帽系日益衰退。到第十世活佛却朱嘉措,两次勾引廓尔喀(在尼泊尔)兵入藏,于乾隆五十六年(1791)失败,畏罪自杀,清廷以叛国罪查抄了羊八井寺,勒令红帽系僧人一律改宗黄教,禁止此系活佛转世,红帽系从此断绝。

噶玛噶举派除黑帽、红帽两系以外,还有德格八蚌寺的司徒活佛、乃囊寺的巴俄活佛、粗朴寺的贾曹活佛等转世系统。他们在国外也很有势力,如尼泊尔、不丹、锡金(今印度锡金邦)、拉达克等地都有噶玛噶举的寺院。

(二) 蔡巴噶举

创始人向蔡巴(1123—1194),本名达玛扎,26岁出家,改名尊追扎,尽弃所学驱鬼避邪之巫术,先后受密咒教授、三摩地灌顶、制息术、拙火定等,30岁时从贡巴楚臣宁波学达波拉杰密法"俱生和合法",证得"真实义"。后得到吐蕃大论后裔、在拉萨附近的大封建主噶尔家族的支持,于1175年在蔡谿卡建蔡巴寺,该派由此得名"蔡巴噶举"。1187年,又在蔡巴寺附近建贡塘寺,大部分费用靠勒索和抢劫获得。向蔡巴在西藏佛教史上素以"爱械斗、善抢劫"著称,被认为是"毫无私心,一心为佛教"的表现,与帕木竹巴的多吉杰波和格鲁派领袖宗喀巴一起,被尊为"藏地三宝"。向蔡巴门徒众多,分头建寺,到他的侄孙意希琼乃,兼并了吉麦(在拉萨河下游)地方的许多村寨,领有拉萨河两岸,所辖有"四部八支"之称。此后噶尔家族成了蔡巴寺和贡塘寺的寺主,直接控制了蔡巴噶举系。1268年,元世祖封寺主桑结额珠为蔡巴万户长,兼有政教两权。此后,桑结额珠之子赴京朝贡,元世祖又增加这一家族的封地,使蔡巴成了前藏地区势力强大的三大万户之一。14世纪中叶,蔡巴万户在封建主的斗争中,被帕木竹巴击败,封地被兼并,贡塘寺被焚毁,蔡巴寺变成了格鲁派的属寺。

(三) 拔戒噶举

创始人达玛旺秋,约12世纪时人,属达噶哇家族,是达波拉杰的弟子。他在后藏昂仁地区建拔戒寺,该派由此得名"拔戒噶举"。以密教大手印法和显教大印境界为主要教法,授徒传教,自成一系,据说曾有一个叫热巴的"帝师"出在他的门下。此系堪布由家

371

族世袭,后因家族内部纷争,致使它逐步衰败无闻。

（四）帕 竹 噶 举

创始人帕木竹巴(1110—1170),本名多吉杰波,简称帕竹,生于康区金沙江流域的哲垅乃学地方,属韦哇那盘托家族。9 岁出家,19 岁时从一富人入藏游学,遍习噶当、萨迦、宁玛等派教法。因他在显宗方面学有成就,人称"却擦哇"(意为热心佛教的人)。后投在达波拉杰门下,习"俱生和合法"、"大印法",并有所完善。1134 年,从甲律师受比丘戒,学《戒律本论》。又从玛尔·却吉坚赞(洛穷弟子)、瓜译师、萨钦(萨迦初祖贡噶宁布)等人习密法。返康后,在蔡岗地方收徒传法。所著《噶古酿格》,阐述了他的教法。1158 年,他到山南帕木竹地方建丹萨替寺,在此传法至去世。

帕竹的门徒众多,他们在康藏各地分别建寺授徒,形成八个分支,即:止贡巴仁钦贝(1143—1217)创立的止贡噶举、达垅塘巴扎希贝(1142—1210)创立的达垅噶举、林热白马多吉(1128—1188)创立的主巴噶举、格丹意希僧格(? —1207)创立的雅桑噶举、杰擦(1118—1195)和衮敦(1148—1217)兄弟创立的绰浦噶举、结贡·楚臣僧格(1140—1204)创立的修赛噶举、意希孜巴创立的叶巴噶举、玛仓·喜饶僧格创立的玛仓噶举。其中止贡巴、达垅巴、主巴三个支系的经济实力雄厚,与地方封建主结合密切,所以有较大发展,其他五个支系或被兼并,或自行消亡。

帕竹系以丹萨替寺为主寺,与其他分支同时并存。1208 年,山南的封建主朗拉斯家族扎巴琼乃夺取了丹萨替寺的寺主职位,帕竹噶举由此被朗氏家族把持,其传承仅限在这个家族之内。元至元五年(1268),忽必烈封帕木竹巴为十三万户之一,万户长由寺主推荐,呈宣政院任命;后来则由寺主兼任,形成了比萨迦时期更加典型的政教合一体制。到 14 世纪,帕竹万户实力大增,扎巴琼乃的侄孙大司徒绛曲坚赞(1302—1364)先后用武力消灭了萨迦派地方势力,于 1354 年建立了帕竹地方政权,统治了卫藏的大部分。明永乐四年(1406),成祖封帕竹首领扎巴坚赞(1374—1432)为"阐化王"，朗氏家族在政治、经济、宗教上的实力达到极盛。

极盛期的帕竹政权，完善了封建庄园制度，规定"宗"为基本行政单位，相当于县，由扎巴坚赞任命；对有功家臣所赐谿卡，承认为世袭领地。另外，扎巴坚赞还制定了一部统治农奴的法典——《十六法》。

早在1351年，绛曲坚赞在泽当地方建成泽当寺，广弘显密经典，为西藏各个教派开放；专传帕竹密法的，则是丹萨替寺。帕竹地方政权的统治者，必须从任过泽当寺的寺主中选拔，以保证宗教领袖对世俗政治的控制权。

帕竹政权在西藏统治了近百年，农奴制经济得到显著发展。1481年被它的属部仁蚌巴以武力击败，帕竹噶举随之衰落，到17世纪初完全失势。

此外，噶举派的另一传承"香巴噶举"，由琼波南交（意为琼波家族的瑜伽行者）创建。他幼年学苯教教法，后学宁玛派大圆满法，曾多次赴印度、尼泊尔学梵文和密宗教法，晚年从名僧噶当派朗日塘巴受比丘戒。因该派寺庙多集中在香地（今南木林县），故称"香巴噶举"。琼波南交后辈又建立甲寺和桑定寺，形成香巴噶举的两个支系。桑定寺在浪卡子县羊卓雍湖畔，寺内全为男喇嘛，唯有住持是女活佛，名"多吉帕姆"，是西藏佛教的唯一女活佛，地位很高。14、15世纪时，宗喀巴和克主杰师徒先后向香巴噶举僧人学法。

噶举派虽然派系复杂，但教义却大同小异，都属玛尔巴、米拉日巴的传承，以应成中观论为理论基础。它最主要的教法是所谓"大手印法"，显密兼修。它要求从"拙火定"开端，调整呼吸，使行者身不畏寒冷，不惧饥渴，由此逐步做到心住一境，不起分别，无善无恶，这就是"禅定"。然后再集中观察安住于一"境"之"心"，如果身内身外遍找不着，那就"证悟"到心非"实有"，达到了所谓"空智解脱合一"的境界，这就是"佛"。此派的显教大印重于修心，利用呼吸控制意识活动；密教大印则重修身，其最高修法是无上瑜伽密的"双身修法"。

五 其他教派

藏传佛教除五大教派(格鲁派后述)外,还有一些较小的教派,也有一定的影响。

(一)希 解 派

"希解"意为"能寂",即依靠对般若性空的认识和一系列相应的苦修,息灭苦恼根源,超脱生死流转。此派创始人印僧当巴桑结(?—1117),生于南印,先后在超岩寺、金刚座、祇多林等处,从50余名高僧学显密教法。他以《现观庄严论》阐述的般若学为理论基础,密教以大印法门为主,但不拘一格。先后来藏五次,在前后藏传法,弟子不计其数。他重视苦行修持,弟子们都在荒山野林、坟墓葬场等人迹罕至的地方长期苦修,不立寺庙,没有僧伽组织,远离社会闹市生活,更不参与政治活动。当巴桑结曾在后藏定日建过一座寺庙,并未形成他的教法中心。据说他在晚年朝拜过山西五台山。

希解派教法的传承有前、中、后三代,相当于当巴桑结在三个时期传授的三种不同教法,时间集中在12—13世纪。到14世纪,传承不明,它的一些修行方法,则为其他教派所吸收。

(二)觉 域 派

"觉",意为"断",指能断除人生苦恼、生死根源;"域",指佛教说的"境",即认识对象。此派认为,作为流转生死根源的烦恼,产生于人们对世界的误解和由此引起的爱憎;如果用佛教的智慧和慈悲,断除这一根源,就能达到涅槃境界,此种教法曰"觉域"。也有人把"觉"解之为"行",即人的认识和思维活动。意思是说,"般若空性见"和"慈悲心",有把错误认识转化为正确认识的功能,以此达到解脱。

觉域派也源于当巴桑结。当巴桑结第三次进藏时,把觉域派教法传给交·释迦意希和雅隆·玛热色波。交·释迦意希传其侄交·

索南喇嘛,再传女弟子劳准玛,因此门徒皆为女性,这一传承被称为"摩觉"(女传觉域法);雅隆·玛热色波所传一系皆是男性,被称为"颇觉"(男传觉域法)。这两个传承都以传授显教的般若教义为主,也有密教的内容;徒众们经常深夜到荒山野林中苦修,与希解派相似,所以命运也同希解派一样,到 15 世纪以后,逐渐失传。

(三)觉 囊 派

此派渊源于域摩·弥觉多吉(生卒不详)。据传域摩原是在家的瑜伽行者,出家后改名台巴杰波,曾跟多人学时轮金刚和集密等密法,立"他空"义,著书加以申述。五传弟子突结尊追(1243—1313)建觉摩囊寺(在今日喀则西拉孜县东北),该派因此得名。再传弟子凯尊云丹嘉措(1206—1327),专学时轮金刚,曾到过北京。由于他的弟子笃补巴的努力,觉囊派才开始兴盛起来。

笃补巴(1290—1361),原名喜饶坚赞,生于笃补的班仓家族,幼年随吉顿绛央巴叔侄学《现观庄严论》、《入中论》、《俱舍论》、《量决定论》等显教四论,兼习金刚鬘等密法,特别熟谙热译师传的时轮金刚法。此后,曾到萨迦寺讲授显宗四大论及噶当派常习的《入菩提行论》,受到萨迦派上层宗派主义者的排斥,便离开萨迦寺,到前后藏各大寺院云游。1321 年到觉囊寺,从凯尊云丹嘉措习《时轮金刚无垢光疏》及其教授,1324 年继任寺主。撰有《了义海》、《第四结集》等阐发觉囊派关于"他空义"的教义,此外尚有《究竟一乘宝性论注》、《现观庄严论注》、《佛教总释》,以及关于《时轮金刚无垢光疏》的注释和摄义等密教和历算方面的著作。他建造的大佛塔衮本通卓钦摩相当著名。

笃补巴的弟子据说有 2000 余,其中乔列南杰(广胜,1306—1386),又称"博东巴",系阿里人,自幼到前藏学法,曾在却廓林寺习般若、因明等显教经论,后历游前后藏辩场,成为有名的学者;后遇笃补巴,认为本师,从学时轮金刚的讲解、灌顶及其秘密教授,颇有成就。笃补巴的另一弟子是绛巴代完巴("代完"二字是元赐"大元国师"封号的一部分,相当于"大元";"绛"即拉堆绛,可能指他是

375

拉堆绛万户长家的成员),他在绛地建昂仁寺,后由乔列南杰任寺座主,并教授般若、因明等显教经论,徒众亦多。1354年乔列南杰将座主传给丹必坚赞,自己任觉囊寺座主,1359年再次退位,到前藏蔡巴寺和雅隆昌珠寺传法。此后,觉囊派逐渐消沉,直到16、17世纪出现了多罗那它(1575—1634)。

约在16世纪晚期,觉囊派开始实行活佛转世制度,多罗那它就是转世承袭的活佛。多罗那它原名贡噶宁波,卫藏交界处的喀热琼尊人,相传是嘉译师的后裔。幼年在觉囊寺学经,后游学卫藏,广习显密教法,30岁时受比丘戒。1608年写成《印度佛教史》,材料来源于西路进藏印度人的口述,着重记述印度佛教晚期的历史,史料价值很高,现有汉文译本,并有多种外文译本,有相当影响。此外还有若干阐扬本宗教义的著述。

觉囊派世受拉堆绛地方(后藏昂仁)首领的支持,16世纪晚期,拉堆绛地方势力衰落,觉囊派又得到第悉藏巴汗的支持。17世纪早期,藏巴汗的势力正盛,1612年,丹迥旺波之父彭措南杰武力统一后藏,1618年又控制前藏,使觉囊派再度出现了兴旺的局面。1614年,多罗那它在觉囊寺附近建达丹彭措林寺,势力明显扩大。

藏巴汗强大的声势,进一步强化了与漠北蒙古的联系。尽管外蒙已早有萨迦派寺院和传经喇嘛,喀尔喀部汗王依然派使赴藏邀请喇嘛前往传教。明万历四十三年(1615)左右,藏巴汗同意派遣多罗那它去蒙古。行前,据说四世达赖赠给他"迈达理"(意为"慈氏")的称号,因此蒙古人称他为"迈达理活佛"。到达漠北后,常住库伦传法,前后约20年,建了不少寺院,深得蒙古汗王的信奉,被尊为"哲布尊丹巴",意为"尊胜";蒙语称作"谒都尔格根",意为"高位光明者"。1635年,即多罗那它死后第二年,蒙古土谢图汗适得一子,即以此子为多罗那它的转世,从此建立了外蒙古佛教哲布尊丹巴活佛的转世系统。1649年,第一世哲布尊丹巴进藏学经。此时,清廷正大力支持格鲁派发展,五世达赖已接受顺治封号,势力大盛。所以当一世哲布尊丹巴学毕将回蒙古时,五世达赖要求他必须改信格鲁派,否则不承认他的活佛地位,不允许他回蒙古。这个条件被接受了,由此开始,漠北蒙古的佛教首领均信奉格鲁派。

由于达赖喇嘛给觉囊派以多方压迫,达丹彭措林寺改名甘丹彭措林寺,归信格鲁派,其他属寺也改为格鲁派寺院,唯有川青交界处的一些小寺残留下来,但作为一个教派已不复存在。

觉囊派的教理是"他空义",是藏传佛教中的一种独特见解。这种教理认为,任何事物都有它的真实体性,即至高无上、永恒不变的真谛;一般人不能把握真谛,反而在事物自性之上给以"虚妄分别"的认识,从而使对象变成了虚假的东西,般若所谓的"性空",就是指这"虚妄分别"而言,而不是指事物的本真。事物的"本真"叫作"自",加在事物身上的"虚妄分别"称作"他"。因此,般若"性空"的含义只是"他空",而不是"自空"。这种见解其实是说一切有部思想的延伸,与中观学派的观点大相径庭,所以特别遭到格鲁派的反对,甚至被斥为异端邪说。

(四)郭 扎 派

该派由郭扎巴·索南坚赞(1182—1261)创始,故名。郭扎巴曾向进藏的班钦·释迦师利跋陀罗学法,后又普习各教派的显密教法,29岁受比丘戒,后去冈底斯山修法5年,在江孜年楚河上游建郭扎寺。又从尼泊尔请来毗普底旃陀罗,在定日相互学习。郭扎巴曾著名一时,门徒甚众,但其学说没有得到流传。

(五)夏 鲁 派

该派又称"布顿派",由西藏著名佛学家布顿·仁钦朱(1290—1364)所创。

布顿(《元史》译作"卜思端")早年曾学绰浦噶举、噶当、萨迦等派教法。成名后得到日喀则东南夏鲁地方封建领主的支持,任夏鲁寺座主。由于夏鲁寺同萨迦派的关系密切,也有人将它当作萨迦的一个支系。布顿有不少弟子,有的曾当过宗喀巴的老师。元顺帝曾邀他进京,但终未成行。他在西藏佛教学术史上有很高的地位,但政治上无势。

377

布顿的佛学知识博大精深,有不少佛学和历史著作,全集26函(德格版),约200余种。他对西藏所传密教典籍重新整理,对显宗的某些经论作了注释。影响最大的是他写于1322年的《善逝教法源流》,也译作《布顿佛教史》或《佛教史大宝藏论》,有汉译本和英译本。该书陈述了佛教在印度和尼泊尔传播的历史,特别是在藏族地区的发展,包括"前弘期"及"后弘期"初期的情况。布顿还主持过纳唐大藏结集的编纂工作,是藏文大藏经"丹珠尔"部目录的编纂人,后来诸种版本的"丹珠尔",基本上都是依据他所编订的次序刻印的。

第三节　格鲁派的兴起和发展

格鲁派产生于15世纪初。一般认为,明永乐七年(1409)甘丹寺的建造,标志该派的正式形成。它既是西藏佛教全部历史发展的总结,也为此后的西藏佛教开拓了新的方向;它与封建农奴制紧密结合,提供强有力的精神支柱,最终确定了完备的"政教合一"体制,对此后西藏社会造成的影响,无比深远。

"格鲁",意为"善律",故该派又称"善律派"或"善规派"。又因该派僧人穿戴黄色僧衣僧帽,亦名"黄教"。

一　格鲁派产生的历史背景

13世纪中叶,在元朝中央政权的直接管辖下,西藏结束了数百年的分裂割据局面,进入了一个相对稳定的历史时期,封建农奴制得到了巩固和发展,各僧俗领主对其土地和属民的封建关系,通过中央王朝的政令被固定下来。元朝扶植萨迦地方政权,分封十三万户,统由萨迦节制,形成由中央到地方的各级行政管理体系。14世纪下半叶,明王朝基本上承袭了元代对藏区的政策和措施,但不采取元朝单一扶植某个教派的做法,而是"多封众建以分其势",对有影响的佛教各派首领均加封号。最高的封号是"法王",如永乐五年(1407)封噶举派得银协巴为"大宝法王",永乐十一年(1413)封萨迦派昆泽思巴为"大乘法王",宣德九年(1434)封黄教释迦也失为"大慈法王";次等封号是"王",如"赞善王"、"护教王"、"阐化王"、"阐教王"、"辅教王"等;其下还有"大国师"、"国师"、"禅师"等名号。与此同时,明朝还设立茶马司,专管藏汉两族间的茶马交流;而民间的商业往来也相应发达。这些措施既有利于中央对西藏的统治,也有利于西藏政治、经济和宗教的活跃与发展,加强西藏与内地的多方面联系。据《明史》记载,15世纪60年代,藏区朝贡人员一次就达三四千人。他们把藏区的牲畜、皮毛、药材、藏香、铜佛等土特产和手工艺品带到内地,又把内地的金银、绸缎、布匹、各种生产工具等运回藏区。

从西藏社会本身看,到14世纪,萨迦派势力渐衰,帕竹等地方实力集团之间战争频起。帕竹·绛曲坚赞由山南起兵,1348年灭前藏蔡巴,1350年灭止贡等万户,1354年攻下萨迦寺,控制了后藏大部,建立了帕竹地方政权。元中央承认了这一地方政权,顺帝加封绛曲坚赞为大司徒,并准予世袭。帕竹政权为加强自己的政治、经济和宗教实力,除大力争取中央王朝的支持外,对内还实行了许多新政。首先,将"谿卡"分封给有功的贵族,使封建等级制度进一步完整起来;同时整修4个旧宗(城堡),新建13个宗,确立以"宗"为单位的行政组织,设兵镇守。还注意发展生产,整修驿路交通,植树造林,饲养家畜家禽,奖励开荒等。又造农奴制法典——《十六法》,强化集权统治。这些措施为帕竹近百年的政权打下了基础。格鲁派就是在帕竹统治集团积极支持下产生并发展起来的。

从西藏佛教内部看,元代给予僧侣许多特权,使喇嘛们飞扬跋扈,为所欲为。随着萨迦派的衰落和各教派积极参与世俗的政治和军事斗争,喇嘛们更占有大量财富,过着荒淫糜烂的生活,甚至借修持"密法"为名,霸占民女,残害农奴。宗教史籍也承认:"寺院僧侣,尽同俗装",不习经典,"乱受灌顶","不知戒律为何事"。到14世纪后半叶,西藏佛教已普遍呈现"颓废萎靡之相",在人民群众中已经丧失了起码的尊重,从而也失去了实行精神统治的功能。在此形势下,统治阶级急需要一个新教派来取代它。对于长期生活在宗教气氛中的一般民众而言,他们厌恶的只是那些横行霸道、腐化堕落的僧侣,并没有放弃他们的传统信仰,因此,他们也渴望能有一个"纯正"、"清净"的新教派出现。

二 宗喀巴的"宗教改革"和格鲁派的创立

承担创造新教派的是宗喀巴(1357—1419)。他本名罗桑扎巴,生于今青海湟中县塔尔寺地方,其父是元末负责当地军政事务的官员达鲁花赤。宗喀巴3岁时跟噶举黑帽系四世活佛受近事戒,7岁时从甲琼寺主噶当派僧人顿珠仁钦出家,学法9年。明洪武六年(1373),17岁的宗喀巴赴藏深造,广学佛典,研讨各教派教法,25岁前已学完了"慈氏五论"、《俱舍论》、《集论》、《量释论》、《入中论》和《戒经》等显宗的重要典籍,并在寺院立宗答辩,凡此说明他对当时西藏佛学已有了全盘了解。洪武十八年(1385),宗喀巴在南杰拉康寺从楚臣仁钦受比丘戒,开始讲经收徒,同时系统学习密宗经典及其注疏,如无上瑜伽部的《集密》、《胜乐》、《时轮》以及瑜伽部、行部、事部中的诸种典籍,也学习萨迦派的"道果法"、噶举派的"大手印法"、"那饶六法",及噶当派教法、《菩提道次第》、《圣教次第》、《中论佛护释》等。他的学习,不拘一格,不受教派门户的限制,为他下一步进行宗教改革和创造新的宗教思想体系,作了很好的准备。

此后,宗喀巴着重从事宗教的社会活动。首先,他提倡并宣传僧人必须严守戒律,同时身体力行。在西藏佛教史上,喇钦·贡巴饶萨和喀且班钦·释迦室利两人是戴黄色僧帽的,都以重视戒律闻名于世。从1388年开始,宗喀巴也改戴黄帽,以示其严守戒律。1395年,他在精古寺以比丘衣具一套供弥勒菩萨像,意示菩萨也当遵守比丘戒,不论大小显密一切僧众,在持律上没有例外。他利用各种讲经机会,详解戒律细则,要求自己的门徒率先守戒,以作示范。其次,他倡导修复旧寺,以示振兴纯正佛教的意志和信念。1393年宗喀巴率领徒众,前往13世纪建造的精古寺朝拜,设供发愿,次年,又劝说阿喀宗宗本重修寺庙,他自己则出资彩绘殿堂,这使他的威望在虔诚的信徒心目中大增。再者,他多次组织法会,联络地方势力,争取支持,扩大影响。1397 年,宗喀巴在聂地饶钟寺创办的法会上,调解该地四个头人间的纠纷,取得成功,从而使法会变成了各种地方势力相互协调的友好会晤场所,地方头人也就成了宗喀巴的施主,这大大提高了宗喀巴的号召力量。

自 14 世纪末到 15 世纪初的 10 年中,宗喀巴全面展开了他对西藏佛教的改革活动。他奋笔疾书,写出了阐明其宗教思想体系的几部重要著作,其中 1402 年写成的《菩提道次第广论》和 1406 年写成的《密宗道次第广论》,分别论述了他关于显密两宗的理论体系和践行规范;《菩萨戒品释》、《事师法五十颂释》、《密宗十四根本戒释》则阐述了显密僧众理应遵守的戒律和如何遵守的途径;1408 年撰的《中论广释》和《辨了不了义论》,辨析了中观和唯识两派的优劣,确立了他以中观派后期思想作为哲学基础的根本立场。他还各处宣讲这些论著中的思想观点,在讲说中,引经据典,联系古今,针对时弊,切合社会和僧侣的需要,受到僧俗大众的欢迎,故被视作"具有非凡才能的人"。

永乐七年(1409),宗喀巴在明所封阐化王帕竹政权首领扎巴坚赞的支持下,在拉萨大昭寺举办了规模巨大的祈愿法会,亦称"传大召"或"传召法会",藏语为"默浪钦摩"。这次法会是全藏性的,不分教派,各地僧众均可参加,人数有一万多,其声势之大,范围之广,都是空前的。这次法会也使宗喀巴的宗教改革设想得到充分的体现,他本人也成了公认的佛教领袖。法会之后,宗喀巴依靠帕竹及其属下贵族仁钦贝父子,在拉萨东 60 里的旺古尔山旁建造了甘丹寺,全称"甘丹南结林",成了格鲁派的主寺。此寺有 2 个显宗扎仓(意为"僧院",是僧众学习经典的组织),一为绛孜,一为夏孜。规定全寺僧额为 3 300 人。

格鲁派创立不久,即与中央王朝建立联系。永乐十二年(1414),宗喀巴派其弟子释迦也失赴京朝贡;次年,成祖封释迦也失为"西天佛子大国师",宗喀巴成了大国师之师,从此格鲁派得到中央王朝的确认。再次年,明都指挥金事、帕竹政权内邬宗宗本南喀桑颇(《明史》称"喃葛监藏")支持宗喀巴的另一弟子扎西贝丹

(1379—1449),在拉萨西建造哲蚌寺,宗喀巴亲往主持开光仪式,扎西贝丹自任寺主。哲蚌寺的全名是"吉祥米聚十方尊胜洲"。初建时有7个扎仓,后合并为4个,3个属显宗,1个属密宗;后期规定僧额7 700人。永乐十六年(1418),释迦也失用明朝所赐资财,在拉萨北郊建成色拉寺,正名"大乘洲",初有5个扎仓,后归并为3个,2个属显宗,1个属密宗;后期规定僧额5 500人。释迦也失建寺后,再次进京,宣德九年(1434),宣宗封他为"大慈法王"。主寺甘丹寺与此两寺合称格鲁派在前藏的"三大寺",三大寺的建成,奠定了黄教发展的稳固基础。

新兴的格鲁派提倡严守戒律,规定僧人的生活准则、学经程序、学佛次第、考核制度等,逐步形成封建的教阶制,把西藏佛教系统化和制度化,使之与西藏社会的农奴制更加紧密结合,遂成为此后西藏占绝对统治地位的教派。

三 格鲁派寺院集团的形成及政教合一体制的确立

永乐十七年(1419),宗喀巴去世。他的几个重要门徒以拉萨为中心,分赴各地传教,西至阿里,东至康区,北及安多,使格鲁派迅速传播开来。绛钦却杰(大慈法王)曾到内地和蒙古地方传法,在五台山修建了五座格鲁派寺庙。根敦主于1447年在帕竹政权桑主孜(日喀则)宗本的支持下,修建了扎什伦布寺。堆·喜饶桑布到后藏和阿里传教,在芒域(吉隆县)建达摩寺;其侄喜饶巴在阿里建敕巴寺,并将阿里托林寺归入格鲁派。麦·喜饶桑布于1437年在昌都建强巴林寺。喜饶僧格在后藏赛地修建一座专授格鲁派密宗的寺院,后又在拉萨修建举麦扎仓(下密院),其弟子贡噶顿珠另建举堆扎仓(上密院)。15世纪中叶以后,格鲁派已形成了一个全藏性的、政治经济实力大大雄厚于其他教派的寺院集团。

格鲁派寺院集团的形成,与它大规模地聚积财富,经济实力日益增长有直接关系。起初依赖世俗封建主的布施,像巨大宏伟的哲蚌寺,由内邬宗宗本建成,帕竹贵族赠送土地、农奴等作为基础寺产,以后不断有新的布施。格鲁派禁止娶妻生子,严格区分僧俗界限,所以寺院经济也要自身直接经营,改变了以前诸教派在经济上同世俗领主紧密结合的状况,取得了寺院经济的完全独立。此外,格鲁派还有一个特点,它不单纯地归属于某一个地方势力,而是为各个地方势力敞开大门,任何封建主均可做它的施主,这就使它可能免于地方政治变化引起的动荡,使它的独立经济得到相对稳定的发展。这样,格鲁派寺院很快遍布西藏各地区,并形成母子联寺制。

以甘丹、哲蚌、色拉、扎什伦布四大寺为主寺,散布在全藏的其他大小格鲁派寺院为属寺,建立起层层的隶属关系,像母子一样,联结成一个比较严密的整体。母子寺经济上各有自己的寺属农奴、庄园,之间虽有一定的联系,但又相对独立;在行政上,子寺的堪布等要职,均需由母寺派出的僧官担任,或由母寺派出常驻代表掌权,组成了一个集中统一的、全藏性的教团体系。寺院内部有严密的组织制度和寺院法规,使其统一集中的团体体系得以维系和发展。

寺院法规中最重要的一项是采取活佛转世制度。它开始于宗喀巴的弟子根敦嘉措(1475—1542),目的是为了同噶玛噶举派和仁蚌巴、藏巴汗等政敌作斗争,保持自身的巩固和稳定,解决宗教法统和寺产的继承问题。其结果是巩固和发展了寺院的政治与经济实力,同时形成了以活佛为核心的、享有至高无上特权的僧侣贵族集团。

格鲁派的急剧膨胀,和其他教派及地方势力的矛盾逐渐尖锐,从15世纪末到17世纪中叶,以噶玛噶举派、仁蚌巴、藏巴汗和漠北蒙古却图汗为一方,以格鲁派、帕竹巴、青海蒙古土默特部与和硕特部为一方,展开了长达一个半世纪的斗争。教争与政争交织在一起,形成了僧侣贵族同世俗贵族、蒙古贵族与西藏贵族间,有联合、有斗争,错综复杂的政治局面。

早在根敦嘉措时候,格鲁派就向拉萨四周及康、青、阿里等地扩展,遭到噶玛噶举派的强烈反对。1481年,噶玛噶举派在仁蚌巴家族的支持下,在拉萨附近修建两座寺院,以遏制哲蚌和色拉两寺的势力。继之,仁蚌巴武力占领拉萨,规定格鲁派僧人路遇噶玛噶举派僧人,必须让路致敬;禁止格鲁派僧人参加每年的大祈愿法会;止贡噶举还用武力强迫若干格鲁派属寺改宗。但这并未能阻止格鲁派在其他地区的急速发展。到索南嘉措活佛时,除继续依靠帕竹政权的支持外,于1578年5月间,与蒙古土默特部俺答汗在青海湖东的仰华寺会晤,双方建立了政治上的联盟。同年,双方互赠尊号,俺答汗赠给索南嘉措"圣识一切瓦齐尔达喇达赖喇嘛"[①];索南嘉措赠俺答汗"咱克喇瓦尔第彻辰汗"[②]。索南嘉措曾向土默特部宣讲格鲁派教义,为它以后在蒙古民族中的广泛传播奠定了基础。万历八年(1580),索南嘉措得到西康土司的资助,在康区建造了理塘寺(春科寺),纳西族土司则赠他"甘珠尔"和"丹珠尔"。

万历十一年(1583),俺答汗死,索南嘉措应邀参加葬礼。万历十三年(1585),索南嘉措再次到达土默特,一路上讲经传教,许多蒙族皈依格鲁派。他在途经甘州时,曾给宰相张居正写信,表示效忠明王朝,为皇帝念平安经,同时说明他劝说俺答汗率部返回土默特的情况,请求明廷准许他定期朝贡等。这些活动为后来格鲁派求助蒙古统治者武力统治全藏作了准备。万历十四年(1586)在俺答汗举行葬礼时,中央政府遣使封索南嘉措为"朵儿只唱"(执金刚),并邀他进京。次年,在赴京途中病殁于卡欧吐密。

索南嘉措逝世后一年,俺答汗之孙,苏密尔的儿子出生,被认定为索南嘉措的转世"灵童",是为四世达赖云丹嘉措(1589—1616)。万历三十年(1602),云丹嘉措在土默特部蒙古军队护送下,进藏学经和坐床,翌年到达拉萨。蒙古族统治集团同格鲁派的关系日益紧密起来。

从索南嘉措离藏到四世达赖来藏后的数十年中,噶玛噶举及

---

① "圣",表示超出世间;"识一切",指在显宗方面取得最高成就;"瓦齐尔达喇",是梵文的音译,即执金刚,指在密宗上取得最高成就;"达赖",是蒙语"大海"的意思;"喇嘛"是藏语"上师"的意思。"达赖喇嘛"的名号就是从这里来的。

② "咱克喇瓦尔第"是梵文音译,即转轮王;"彻辰汗"是蒙语,意为"聪明智慧的汗王"。还有一种传说,索南嘉措所赠尊号是"法王梵天"。

其支持者藏巴汗,同格鲁派及其支持者帕竹政权,各自引进蒙古势力,展开了激烈的斗争。早在明嘉靖四十四年(1565),仁蚌巴阿旺儿扎的家臣辛厦巴才旦多吉,联合后藏的一些封建主,推翻了仁蚌巴的统治,自称"藏堆杰波"(后藏上部之王),汉文史料称为"藏巴汗"。后经三代征战,控制了卫藏大部。万历四十六年(1618),藏巴汗噶玛丹琼旺波推翻了帕竹政权,建立第悉藏巴政权(噶玛王朝)。与此相应,崇敬噶玛派的藏巴汗,多方压制格鲁派,"几欲根本灭除"。格鲁派面临失去帕竹支持的严重危机。四世达赖逝世后,藏巴汗"疑达赖诅咒,致感多病",于是下令不准达赖继续转世,目的在于制造格鲁派集团分裂,切断格鲁派与蒙古势力的联系。万历四十五年(1617)和天启元年(1621),蒙古军队两次进藏,与第悉藏巴交战,扎什伦布寺主罗桑却吉坚赞(后追认为四世班禅)出面调解,藏巴汗不得不收回成命。另由罗桑却吉坚赞主持,与哲蚌寺上层喇嘛及蒙古土默特"拉尊"(对出身王族僧人的称谓)共同协商,确定山南穷结巴家族中的阿旺罗桑嘉措为五世达赖的转世"灵童",天启三年(1623)被迎入哲蚌寺坐床。

385

　时五世达赖尚为幼童,格鲁派寺院集团的实际领导人是罗桑却吉坚赞。他引进青海、蒙古土默特部击败藏巴汗,收回了被兼并的格鲁派寺院、土地、庄园等,格鲁派势力有所恢复。不久,漠北蒙古喀尔喀部却图汗占领青海,征服了土默特部,支持藏巴汗和噶玛噶举。崇祯八年(1635),却图汗派其子阿尔斯兰率兵入藏,冀图消灭格鲁派,并说服察哈尔部的林丹汗由支持格鲁派而改宗噶玛噶举派。但结果,阿尔斯兰受到贿赂,转而支持格鲁派,把噶玛噶举红帽系六世杀死在当雄,次年,却图汗将阿尔斯兰处死。1637年,由新疆进入青海的蒙古和硕特部固始汗消灭了却图汗。这样,青海地区就成了固始汗的势力范围,支持格鲁派发展。

　固始汗(1582—1654)本名图鲁拜琥,以英勇善战著称于蒙古诸部,曾被格鲁派的东科尔寺(在今青海湟源县)和喀尔喀汗尊称为"大国师","固始汗"就是"国师汗"的转音。他在消灭却图汗之前,曾到拉萨与格鲁派领袖密谋消灭政敌的办法,决定共同派代表赴盛京(沈阳),和尚未进关的清政权取得联系,明崇祯十二年(1639),清廷派人去见第悉藏巴和"掌佛法大喇嘛",邀请西藏高僧前去传教。同年,固始汗出兵康区,消灭了信奉苯教、反对格鲁派的白利土司顿月多吉,十四年(1641)率军入藏,十五年(1642)攻陷日喀则,杀死第悉藏巴·丹琼旺布,结束了噶玛噶举控制的地方政权对卫藏地区 24 年的统治,格鲁派在西藏的优势地位从此得以确立。同年,四世班禅、五世达赖、固始汗以及西藏各派势力派人赴盛京,分别争取清廷支持。清太宗皇太极给予极高的礼遇,并给这些教派领袖一一回信。

固始汗的军事政权,统治着青、康和整个藏区。他让他的十个儿子率部驻牧青海,在当雄驻扎八个旗的蒙古军队,自己坐镇拉萨。将庄园和农奴分封给有功的蒙藏贵族,同时任命各级行政官员,五世达赖的第巴索南群培被任命为地方政权的第巴,把卫藏地区的赋税作为对格鲁派的供养赠给达赖喇嘛。此外,在前藏和德格地区分别建成 13 座格鲁派寺庙,扶植格鲁派的扩展。

清顺治二年(1645),固始汗赠四世班禅罗桑却吉坚赞以"班禅博克多"尊号,并将日喀则周围的土地拨归他管辖。四世班禅在当时复杂、危机的局势中,为拯救格鲁派并使之最终强大起来,起了巨大作用。"班禅"原是后藏用以简称学识渊博的高僧,"博克多"是蒙族对智勇双全英雄的尊称。班禅活佛的转世体系,也就从罗桑却吉坚赞开始。

顺治九年(1652),清帝邀请五世达赖阿旺罗桑嘉措进京,礼遇异常殊厚,更特为他兴建黄寺,作为在京住所。翌年,顺治册封五世达赖为"西天大善自在佛所领天下释教普通瓦赤喇怛喇达赖喇嘛",并赐金册、金印。同时遣使进藏封固始汗为"遵行文义敏慧顾实汗",指示他"作朕屏辅,辑乃封圻",即要他给皇帝保卫边疆,把封给他的地区治理得平安和睦。这表明,清朝中央正式肯定了固始汗为领有西藏封地、掌握地方政权的王,承认达赖喇嘛为西藏的佛教领袖。

顺治十一年(1654),固始汗病殁于拉萨,五世达赖的号召力逐步增大,格鲁派与和硕特蒙古的联盟日渐瓦解。五世达赖为格鲁派在政治上取得独占地位和巩固封建农奴制度,乃清查寺院,规定僧人数额,确立寺院组织制度和经济制度,同时清理寺院属民,让寺属庄园向格鲁派寺院集团缴纳一定数量的实物地租。他还几次巡游各地,委任宗本,制定法规和服饰等级,以削弱蒙古汗王的势力。康熙十八年(1679),五世达赖任命桑结嘉措(1653—1705)为第巴,并安排了自己的权力继承人。1682年,五世达赖去世,但桑结嘉措密不发丧,利用五世达赖名义继续掌握教权,同时请求清廷封他为王,以取得与和硕特蒙古汗王分庭抗礼的地位。此外,他还加强了与新疆蒙古准噶尔部噶尔丹的联系,以牵制和硕特蒙古的力量。这样,格鲁派和代表世俗政权的拉藏汗(固始汗的第三代)间的矛盾愈演愈烈,直至兵戈相见。

康熙三十六年(1697),清廷发觉了五世达赖去世被隐瞒一事,桑结嘉措受到严词责问,只得呈报事实真相,禀明转世"灵童"早已选定,并按宗教规程进行"供养"。是年十月,15岁的"灵童"在布达拉宫正式坐床,这就是六世达赖仓央嘉措(1683—1706)。

康熙四十二年(1703),在拉萨正月大祈愿法会上,桑结嘉措和拉藏汗双方部众发生冲突,拉藏汗被迫退出拉萨,组织兵力反击,于是战争爆发。中经休战,康熙四十四年(1705)战事又起,桑结嘉措兵败被杀。拉藏汗把事情原委奏报清廷,康熙下令废黜仓央嘉措,解送京都,途中卒于青海湖畔。此时拉藏汗扶植意希嘉措为六世达赖喇嘛,受到藏族内部及和硕特部汗王的反对。康熙了解了这些情况,于是在1713年遣使赍金册金印,封五世班禅罗桑益西为"班禅额尔德尼"。"额尔德尼"是满文,意为宝,这是康熙有意再扶植一个格鲁派领袖。康熙五十六年(1717),准噶尔部以武力占领西藏,杀拉藏汗,另立第巴,引起西藏僧俗的强烈不满,请求清廷中央出兵干预。

康熙五十九年(1720),清廷派兵护送七世达赖喇嘛格桑嘉措(1708—1757)入藏,驱逐准噶尔军队,平定战乱,加强对西藏的直接治理。次年,清廷废除了第巴总管政事的制度,另设四噶伦总理地

387

方行政事务。不久西藏各地贵族之间斗争又起,常常发生内哄和叛乱,于是清廷决定强化格鲁派寺院集团的作用。雍正年间,先后多次调整达赖与班禅的地位,到乾隆十六年(1751),正式诏令七世达赖格桑嘉措掌管西藏地方政权。格鲁派寺院集团由此开始掌政,噶厦政府归达赖喇嘛领导。噶厦政府的僧官系统和俗官系统也从这时逐渐发展起来,终于形成了一个在清廷直接管辖下、由僧侣和贵族联合专政、组织完整严密的西藏政教合一体制。它用神权支持政权,政权扩大神权,二者相互为用,成了制约西藏地方社会发展最重要的因素。

四 格鲁派教义简介

格鲁派的基本教义是由宗喀巴奠定的。宗喀巴曾以隐语诗的形式宣布自己是阿底峡的继承者,他的思想体系也确实是对噶当派的发展。因此,当时组织涣散的噶当派寺院和僧侣,先后改宗格鲁派,扩大了格鲁派在民间的影响,格鲁派遂有"新噶当派"之称。宗喀巴从阿底峡的《菩提道灯论》出发,发展为《菩提道次第广论》,以此为中心教法,创显宗修习次第,立"三士道",注重"出离心"、"菩提心"、"空性见"三要;最后以密宗为究竟,著《密宗道次第广论》,使密教修持规范化;在哲学理论上,以后期中观派为主,宗奉"缘起性空"之说,指导显密两教的修持,故使格鲁派教义比其他教派的教义更加严密系统。

宗喀巴在其《缘起赞》中说,世间一切烦恼皆由"无明"起,只有懂得"缘起性空"的道理,才能克服"无明",达到"明"(智慧),最后超出世间。因此,他将"缘起性空"作为全部佛教的"心要"。"缘起性空"也就成了格鲁派的认识论和世界观。

格鲁派把"缘起"与"性空"作为观察事物的两个相互依存、互有联系的范畴。一切事物都是因缘而起,和合而成,此即谓之"缘生";"如果不是从缘起而生,任何事物都是无有",此即谓之性空。"性空"的全称是"自性空"。"自性"指不依赖任何条件、永恒不变的实体。这样的实体,内外探求均不可得;实际所有的只是处于各种条件制约下、不断生灭的现象。因此,任何现实的事物既是"缘起"有,也是"自性"空,"缘起"与"性空"指的是对同一对象应该同时具有的认识。

"缘起性空"的理论为格鲁派的宗教出世修习和入世参政提供了根据。"缘起"中最根本的是"业感缘起",即善有福报,恶有罪报,业力不失,因果轮回。因此,佛教应该是入世的,拯救众生于苦海;但"性空"又强调一切都虚而不实,所以又可对社会不负责任,以至不拘俗法,放荡不羁。

格鲁派的修持,强调止观并重。但这与内地天台宗主张的"止观并行"在内容上有所不同。他们把瑜伽行派在修定中所要达到的"轻安"状态作为最高境界,认为以修止控制自己的心理活动,达到"心住一境",即可获得身的"轻安";修观在于"依止"如理思维,最后达到"心"与"理"的合一,可以获得心的"轻安"。所谓"轻安",就是心身宁静安适的自我感觉,有利于调节沉重烦躁紊乱的心绪。

389

第四节　藏传佛教在国内外的传播

西藏佛教形成教派之后,萨迦、噶举、宁玛、觉囊、格鲁诸派即先后向国内外传播。传播的范围,国内有川、滇、甘、青的藏族地区,内蒙古及新疆的蒙古族地区;国外有今蒙古共和国、前苏联的布里雅特自治共和国和图瓦自治共和国,以及锡金(今印度锡金邦)、不丹、尼泊尔等。

一　藏传佛教在国内的传播

(一)在蒙古族中的传播

蒙古族与藏传佛教的接触最早是在成吉思汗时期。据《蒙古源流》记载,岁次丙寅(1206),成吉思汗征伐土伯特(吐蕃)之库鲁格多尔济合罕,曾致书仪于两喇嘛说:"我且于此奉汝(教),汝其在彼佑我乎!"由是收服格哩三部以下之三地八十万黑土伯特之众。窝阔台继位后,了解到当时萨迦派在西藏的重要地位,曾想邀请萨迦三世扎巴坚赞,因事耽延。

最早皈依西藏佛教的蒙古族王室成员是阔端王子。窝阔台继位执政后,曾派他镇抚秦、蜀、吐蕃等地。1240年,吐蕃全境归元。翌年,率兵入藏的多达那布向在凉州的阔端报告说:"现今藏土唯噶当巴丛林最多,达隆巴法王(达隆噶举派)最有德行,止贡巴(止贡噶举)京俄大师具大法力,萨迦班智达学富五明,请我主设法迎致之。"①阔端由此确定了利用宗教统辖西藏的策略,并选中萨迦派作为联系的对象。

1244年,阔端写信邀请萨迦四祖萨班·贡噶坚赞到凉州会晤,次年,萨班派八思巴等赴凉,他自己则于1247年与阔端会面。《蒙古源流笺证》卷四中说:"岁次丁未,(萨班)年六十六岁时谒见合罕(即阔端),遂塑狮吼观音菩萨像,收服龙君,并与合罕灌顶,合罕之病即时痊愈,众皆欢喜。此后,(阔端)即遵萨斯嘉·班第达之言,首兴宗教于边界蒙古地方。"《西藏王臣记》将阔端误为元帝,作了类似的记载。从此喇嘛教在西部蒙古开始传播,蒙藏关系发生了全新的变化。

阔端信仰喇嘛教有强烈的政治意向。他对萨班说过:"现在我以世人之法为治,你以佛法护持,这样,佛法岂不广传天涯海角吗?"②萨班则写信给西藏地方僧俗首领说:"此蒙古王之军队,多至不可胜数,宇内当已悉附于彼。从彼者则祸福与共,非真诚归附,阳奉阴违者,则王不认其为臣属,且终必灭绝之。畏兀之境未遭涂炭,较前益为昌盛,人畜皆彼等所有。文官、税吏及伯克皆自任之。汉人、唐兀(指西夏)、索波及其他诸国未灭亡之前,虽来朝贡,然不听命,后皆穷促归降为臣属,今此各地既皆听命,其伯克、税吏、武官、文官亦多委派本土之贤者。"③萨班明确表示臣属于蒙古,阔端则承认萨迦派教主主持西藏政务。这样,蒙古贵族通过以教辅政的办法,更顺利地收服了西藏。

①《续藏史鉴》(成都版)。
②③《萨迦班智达全集》(德格版)。

　　阔端之后,蒙古王室大力扶植喇嘛教的是忽必烈。1253年,忽必烈西征入大理,班师途经六盘山,派使到凉州迎请萨班,表达了他对喇嘛教的敬意。此后接八思巴到上都与之会晤。据《历代佛祖通载》记,八思巴其时15岁,见忽必烈,"知真命有归,驰驿诣王府世祖宫闱,东宫皆秉受戒法,特加尊礼"。1258年,忽必烈主持佛道辩论,八思巴为佛教代表,一举获胜,表明忽必烈支持喇嘛教在蒙古地区传播的态度。1260年,忽必烈称汗于开平,封八思巴为国师,并"授以玉印,任中原法主,统天下教门"。忽必烈接受八思巴为之举行的灌顶仪式,并领受三次金刚乘密法甘露。至元六年(1269),遂升八思巴为"大宝法王","统领天下释教"。次年加封"帝师"。至元十七年(1280)八思巴逝世,诏赠"皇天之下一人之上开教宣文辅治大圣至德普觉真智佑国如意大宝法王西天佛子大元帝师"。"自是,每帝师一人死,必自西域取一人为嗣,终元世无改焉。"[①]

　　据《辍耕录》记,自阔端至元亡的百余年中,"累朝皇帝,先受戒九次,方正大宝"。上自皇帝、宗室、后妃,下至王公、大臣、显宦、庶士,无不归敬喇嘛教。有元一代,京城广建寺庙,香火缭绕。这对当时的和以后的蒙古社会影响至深。

　　蒙古统治者扶植的喇嘛教不限于萨迦派,对于噶玛噶举也是关照备至。从忽必烈和蒙哥分别接见噶玛拔希,并由此发展为黑帽系以来,直至元顺帝父子,这一系统也一直在皇室中传授密法。

　　在入主中原的蒙古贵族普遍皈依喇嘛教的时候,蒙古族民间依然信奉传统的萨满教。萨满教是一种原始信仰,与西藏的苯教在形式上没有大的差别。虽有少数喇嘛活动,但影响不大。喇嘛教广传于蒙古族民间,是元亡以后的事了。

　　元亡以后,蒙古各部在大漠南北裂土割据,各自为政,互相征伐,与明帝国也屡开战端。连年的战争使脆弱的游牧经济受到摧残,人口锐减。广大牧民渴望和平与安定,一些部族首领则力图扩

391

---

　　① 《元史纪事本末》卷一八。

大自己的势力范围,有的还想重新恢复蒙古的统一。这种错综复杂的形势,使蒙古各部普遍注目于喇嘛教,其中,16世纪中叶兴起的漠南蒙古土默特俺答汗(1507—1582),在将喇嘛教推行到蒙古地区方面迈开了关键性的一步。

明嘉靖四十五年(1566)俺答汗的从孙彻辰台吉奉命进兵藏区时,向那里的地方首领和大喇嘛提出:"尔等若归附于我,我等共此经教。不然,我即加兵于尔。"结果,"收复三部落图伯特",彻辰台吉本人为了军事上的需要,首先皈依了喇嘛教。此后,他就向俺答汗进言:"今汗寿已高,渐至于老,事之有益于今生以及来世者,唯在经教,先贤曾言之。今闻西方纯雪地方(指西藏),有大悲观世音菩萨出现,祈遣使请来。"[①]同时劝请俺答汗仿效忽必烈和八思巴的故事。隆庆五年(1571),格鲁派三世达赖索南嘉措派阿升喇嘛向俺答汗传教,"因而俺答汗、钟金哈屯(三娘子)以下,举国部属始皈佛教"[②]。从万历二年(1574)起,俺答汗多次派人赴藏邀请索南嘉措前来蒙古。据说青海湖畔的仰华寺就是俺答汗为迎请索南嘉措所建,并请万历赐名的。

万历六年(1578),俺答汗与索南嘉措在仰华寺会面,并召开规模宏大的法会,聚众10万人,受戒的蒙族多达千人,仅土默特部就有108人出家为僧。以俺答汗为首的蒙古贵族接受灌顶,奉献驮马珠宝无算。索南嘉措则为蒙古喇嘛制定了若干条例。他强调戒杀行善,用以劝止蒙古大量宰杀牲畜和殉葬祭祀的习俗,同时商定舍弃萨满教,将供昂古特神改供佛像。在彻辰台吉的启发下,俺答汗宣称自己是忽必烈的化身,索南嘉措是八思巴的化身,并互赠尊号。此前一年,俺答汗曾发兵进攻西藏,中途败北;至此,他宣布皈依佛教,停止攻击。及至他回到土默特川,开始扶植喇嘛教在蒙古地方的传播,在今呼和浩特立庙,以八宝装饰佛像,博硕克图济农(卜失兔)将108函"甘珠尔"也饰以宝石金银供养。这就是内蒙古

---

① 《蒙古源流笺证》卷六。
② 《俺答汗传》。

地区的第一座寺院甘珠尔寺。此后,格鲁派寺院接连建成,如今呼和浩特一带著名的大召(明廷赐名弘慈寺)、席力图召(延寿寺)、庆缘寺、美岱召(寿灵寺)等都是。

万历十年(1582),俺答汗卒,他的继承人僧格都棱汗邀请蒙古各部汗王及三世达赖为俺答汗会葬。索南嘉措来后,借机讲经说法,蒙古右翼各部先后皈依格鲁派。有的汗王还强制他的属民信仰格鲁派,违者"抄没其帐房和牲畜"。万历十四年(1586),索南嘉措在今呼和浩特为俺答汗举行了祈祷仪式和葬礼。次年,应蒙古左翼察哈尔部图门汗的重礼聘请,索南嘉措到蒙古东部讲经说法,格鲁派由此传入左翼蒙古各部。同年,漠北喀尔喀部阿巴岱汗,远道前来拜会索南嘉措,索南嘉措赠给他"诺门汗牙齐瓦齐尔可汗"的尊号。喀尔喀蒙古早有宁玛派传播,至此,阿巴岱汗改信格鲁派,领受佛教要旨,迎经典回去,在今乌兰巴托建立了喀尔喀第一座格鲁派寺院额尔德尼召(光显寺)。此后,阿巴岱汗曾派人赴藏延请喇嘛,也邀请土默特部的迈达里呼图克图到喀尔喀传教。

索南嘉措对格鲁派向内外蒙古的传播起了巨大作用。他回藏后,安排栋科尔呼图克图(又号"察汗诺们汗")为代理人,常驻蒙古,继续将格鲁派向东西蒙古推广。西蒙古和硕特部首领拜巴噶斯曾迎栋科尔到西蒙传教,影响所及,各部领主纷纷皈依,32个首领各派一子出家,著名的咱雅班第达就是拜巴噶斯的义子。

393

索南嘉措临终留下遗言,说他将转世在俺答汗的家族中,于是俺答汗的孙子、苏密尔代青洪台吉之子成了转世"灵童",是为四世达赖。"达赖喇嘛的化身既降生于达延可汗的黄金氏族,而今才将宗喀巴的宗教在蒙古之国显扬得如太阳一般。"

17世纪初,察哈尔部的林丹汗组织人力,将藏文大藏经中的"甘珠尔"译成蒙文,丰富和活跃了蒙古的思想文化。

黄教在蒙古族地区如此迅速广泛地传播,反映了蒙古社会的重大变化。蒙古各部之间长期处在武装割据的状态,宗法的军事统治是主要的统治形式,原始的萨满教已经不能满足维系部族团结、稳定民心的需要,更不能成为联合各部统一的文化宗教纽带。

在各部族的内部,疲惫不堪的战争使经济枯竭,人力下降,人民生活贫困饥饿,阶级对抗日趋尖锐。在这种形势下,曾经利用喇嘛教成功地控制过西藏的蒙古封建主,再次选择了喇嘛教来解决本民族的内外困境,满足进一步发展的需要,就有一定的必然性。这是因为两个民族的社会文化条件大致相近的缘故。

崇祯十三年(1640),喀尔喀蒙古与西蒙古封建主集会,制定《蒙古·卫拉特法典》,明确规定了保护和扶植格鲁派的政策。封建主们争相把土地、牲畜、金银财宝等布施给喇嘛庙,同时免除寺庙喇嘛的兵役、赋税和其他封建差役。《蒙古·卫拉特法典》和《喀尔喀法典》则更详细地规定了各级喇嘛的种种政治特权,使寺庙和喇嘛形成一股新的社会政治势力,逐步参与和左右蒙古的政治局面。

明、清两代在蒙藏地区继续推行扶植藏传佛教的政策,这对藏传佛教在蒙古地区的巩固和发展起了重要作用。明王朝为解除蒙古贵族的军事侵扰,希图用佛教建构双方的和谐关系,对"出塞传经颇效勤劳"的喇嘛——封赏。另外,凡蒙古地区迎送达赖喇嘛,都给予各种便利和支持,在王朝中央直辖的蒙藏交通线上,开设临时市场,供应各种物资。还在北京印制金字藏经,制造各种法器,送往蒙古;又派去各种工匠,提供建筑材料,支援修建寺院。一般认为,从格鲁派传入蒙古到明亡的数十年中,双方没有发生大的战争,这也为有清一代沿袭前明国策,提供了一面镜子。清魏源在《圣武记》中说:蒙古自俺答汗敬信黄教,"中国大臣高拱、张居正、王崇古,张弛驾驭,因势推移,不独明塞息五十年之烽燧,且开本朝二百年之太平"。在客观上,这有利于蒙、汉、藏各族人民的相互了解和友好联系。

清朝中央进一步强化了对蒙藏地区的直接管辖,更特别看重喇嘛教对蒙古的作用。魏源所谓"以黄教柔驯蒙古"[①],正是清帝国的基本国策。昭梿在《啸亭杂录》中说到清帝"宠幸黄僧,并非崇奉其教,以祈福祥也,只以蒙古诸部敬信黄教已久,故以神道设教,籍

---

① 魏源:《圣武记》。

杖其徒,使其诚心归附,以障藩篱,正王制,所谓易其政不易其俗之道也"。乾隆说得更简练:"兴黄教即所以安众蒙古。"[①]以此安定边陲,巩固中央集权。

有清一代在北京、多伦诺尔、承德等地修建喇嘛寺40余座。蒙古地区兴建寺院更多,草原上出现许多华丽的寺院建筑群,例如漠南就是"旗旗有庙",估计总数上千;有的大寺喇嘛人数多达数千人。正由于清廷对喇嘛教取"神道设教"的态度,所以头脑始终是清醒的,乾隆在《喇嘛说》中列举了元朝曲庇喇嘛的历史教训,告诫皇室子孙决不可无限崇拜喇嘛教,以致造成亡国灾乱。清廷对喇嘛教在蒙古地区的发展,限制在不造成对清廷的威胁范围之内,对利用喇嘛教进行反清活动始终保持高度警惕。

(二) 在西夏的传播

西夏于宋景祐五年(1038)建国于兴庆府(今宁夏银川)。这个地区早就有佛教流行,建国人李元昊命人创西夏文,用以翻译的佛典不少。藏传佛教传入的确切时间不明。西夏仁宗(1140—1193在位)时,在大度民寺举行的大法会上,同时诵读藏汉文藏经,说明西夏早已接触藏传佛教。仁宗很崇敬噶玛噶举的创始人都松钦巴,曾遣使入藏专程迎请。都松钦巴派其弟子藏索格西前来,被西夏王尊为上师,开始翻译佛经。后来当都松钦巴在著名的粗朴寺建白登哲蚌宝塔时,西夏王又献赤金缨络及幢盖诸种饰物。此后,萨迦派三祖扎巴坚赞的弟子琼巴瓦国师觉本,也被西夏王奉为上师。传说,成吉思汗征服西夏时,曾向西夏王的上师——后藏人通古娃·旺秋扎西请问佛法,这位上师属于蔡巴噶举。由此可见,至少在西夏后期,藏传佛教的噶玛噶举、蔡巴噶举和萨迦派已传入西夏。

敦煌莫高窟晚期西夏洞窟中的佛教遗迹,带有浓厚的藏传佛教密宗色彩。在已发现的西夏文佛经中,有相当部分译自藏文,前苏联所藏西夏文佛经中,有的就明确标出"据藏本翻译"。在用西

395

---

① 乾隆:《喇嘛说》,见"雍和宫四体碑"。

夏文的一些写经中,有的在每个西夏字旁,注以藏文读音。

藏传佛教在西夏占有重要地位,对西夏西部的影响尤为强烈。

(三) 在青海的传播

早在唐代吐蕃东进时,就有藏传佛教随之传入青海。达磨灭佛,西藏僧侣纷纷前来避居,藏传佛教在青海开始落脚扎根。元朝,中央设置专管喇嘛教和吐蕃地区的总制院(后改称宣政院),由帝师负责,致使青藏高原"帝师之命与皇帝诏敕并行",僧俗官员共管军务民政。西藏僧侣经青海而往来内地者络绎不绝,青海地区的喇嘛教空前繁盛起来。元顺帝至正年间(1341—1368),宁玛派和噶举派先后在青海化隆、玉树等地传播,建造了夏琼、拉秀等寺院。此后萨迦派在西藏失势,一部分僧侣流亡到青海,也建立一些萨迦派寺院,后均改归格鲁派。明嘉靖三十九年(1560),藏族仁庆宗哲嘉措在宗喀巴的出生地——今湟中县鲁沙尔镇修建了衮本坚巴林寺,格鲁派在青海东部得到广泛流传。这时,蒙古俺答汗驻牧青海湖地区,皈依格鲁派,迎请三世达赖,使格鲁派在青海的势力大增,宁玛派退到了黄河以南及果洛地区,噶举派和萨迦派则被挤到了玉树地区。明万历二十四年(1596),格鲁派在衮本坚巴林原址上,建成了著名的塔尔寺。万历三十二年(1604),四世达赖派人在今互助土族自治县威远堡以东建成郭隆寺(今佑宁寺)。清顺治四年(1647),在今大通县桥头镇东北建郭莽寺(今广惠寺)。格鲁派在青海成了最有势力的派别。雍正元年(1723),和硕特部蒙古亲王罗布藏丹津发动反清叛乱,"青海寺院多蚁附"。叛乱平息后,清政府对青海寺院严加整饬,大批僧侣流落甘南一带,归附拉卜楞寺及其属寺。

(四) 在甘肃的传播

今甘肃的甘南藏族自治州、天祝藏族自治县,以及肃南裕固族、肃北蒙古族聚居地,都曾经是藏传佛教的流行地区。

甘南藏区是历史上安多藏区的组成部分。达磨灭佛时,有些吐蕃僧侣来到安多,此地开始受藏传佛教的影响。13世纪蒙古势力占据河西,萨迦派曾到过武威一带。明清对北方少数民族聚居区实行扶植喇嘛教的政策,喇嘛教势力也因此进入甘肃藏区。清康熙四十七年(1708),和硕特部蒙古固始汗的曾孙察汗丹津,派人赴藏物色高僧来甘南建寺;翌年,拉萨哲蚌寺的嘉木样应请前来选定寺址;又次年开始兴建,这就是著名的拉卜楞寺。察汗丹津布施了大量资财,寺成后,他奉献三个部落的属民、土地作为寺院的"香火户",其他蒙古贵族如额尔德尼台吉等,也有属民、土地等供奉。这样,拉卜楞寺就拥有相当雄厚的政治和经济实力。康熙五十七年(1718),嘉木样受清帝封号"扶法禅师班智达额尔德尼诺门罕",准着黄马褂。乾隆三十七年(1772),嘉木样二世活佛受乾隆敕封前后,又建起许多属寺,同时,加强和完善拉卜楞寺的组织机构,进一步扩大寺院集团政教合一的权力。此后,嘉木样三、四、五世历受清王朝的封赐,势力日增,辖地更广,属寺多达108座,广布甘、青藏区。嘉木样以下,有"四大法台"、"八大堪布"等一批大小活佛,常住僧侣2 000余,多时达4 000人。寺内有六大扎仓、十八昂欠(活佛大院)、辩经坛、藏经楼、印经院、金塔等许多大型建筑。

拉卜楞寺以讲经持律、治学严谨而闻名,产生过许多有学识的名僧。嘉木样一世阐发佛教五部大论的著作,被很多寺院奉为必读课本。《青海塔尔寺志》(嘉木样二世著)、《水树格言》(贡塘仓二世著)、《安多政教史》(哲贡巴仓三世著)、《善说诸宗源流及教义晶镜史》(土观·却吉尼玛著)等著名诗集和重要宗教史籍,都出自这个系统。

在中华人民共和国成立以前,裕固族地区共有10个喇嘛教寺院,分布在各个部落,几乎每个部落都有自己的寺院,故有"什么寺院属什么家(部落)"的说法。最早的是建于明末的黄番寺和建于清顺治年间的景耀寺,其他多建在雍正、光绪年间。其中康隆寺、红湾寺、夹道寺属青海大通县的郭莽寺管辖,其余受青海互助县的佑宁寺管辖。寺院的规模都不大,内部组织也不严密。寺院是部落活动的中心,寺院上层与部落头人关系密切,部落的重大事务都由他们商量决定。寺院中的喇嘛可以结婚生子,另立家庭,除宗教

397

节日和法会期间在寺内诵经外,平时大多在家参加农牧业劳动。寺院占有少量牲畜、牧场,租给牧民,收入用于放会、念经开支。每个寺院都有定期的法会,如正月大会、四月大会等,每月十五还有一次小会。正月、六月的大会还举行跳"护法"(跳神),宗教负担向群众摊派。据1979年调查,这个民族只有8 800余人,而喇嘛教的影响却如此深刻。

(五)在四川的传播

四川的藏传佛教主要分布在今甘孜藏族自治州、阿坝藏族羌族自治州和木里藏族自治县等藏族聚居区。当西藏佛教从11世纪中叶以后次第形成各种教派的时候,就陆续传进四川藏区,建成一批寺院。其中属宁玛派的噶陀寺,12世纪由伽当巴·德谢喜巴喜建于今白玉县北,受历代德格土司的支持,寺主由转世相承,以财产富足著称。另一宁玛派的佐钦寺,康熙二十三年(1684)由德格土司阿旺扎西建于德格东北,是该派在康区的最大寺院,属寺百余座,遍布阿坝、甘孜和青海玉树等地;佛教学术水平较高,国内以及不丹、尼泊尔等地的宁玛派僧人经常来此求学。属宁玛派的还有白玉寺,17世纪由仁增衮桑喜饶创建于今白玉县城附近,与八邦寺关系密切,属寺近百,分布在阿坝、甘孜、青海果泊、西藏昌都的江达等地。噶玛噶举的八邦寺,由司徒却吉琼乃建于雍正五年(1727)的德格,是康区最大的噶玛噶举派寺院,直到1957年还有僧人500多名,属寺七八十座,远达云南丽江。此外,18世纪40年代由第十二代德格土司曲吉·登巴泽仁出资兴建了德格印经院,出版的藏文典籍,除藏文"甘珠尔"外,尚有天文、地理、历史、哲学、医学、文学等各类书籍,共326部4 500余种,对发展藏族文化起了很大作用。

从13世纪到19世纪中叶,历经元、明、清三朝,四川藏区分别受中央王朝分封的土司统治。土司将大量土地、农奴赠给寺院,同时也控制了寺院实权。在自己的辖区内,以一两个较大的寺院为主,下辖若干小院,构成遍布各个角落的统治机构。这些寺院既是宗教活动场所,也是经济实体,同时拥有武装和监狱。直到中华人民共和国成立,四川藏区还有喇嘛寺院七八百座,共有僧尼10余万人。不少地区喇嘛占当地成年男性的半数以上,这是由于僧俗统治者强制推行"二男抽一"或"三男抽一"造成的。

(六) 在云南的传播

藏传佛教在云南主要流传在迪庆藏族自治州,以及有藏族散居的丽江、贡山等县。13世纪中叶左右,宁玛派和噶举派传入云南藏区。明末清初,格鲁派传入中甸,与前此传入的两派发生冲突,拆毁他们的13座寺院,建成黄教大寺。清雍正年间,该寺奉敕易名"归化寺",喇嘛1 200余人,由清廷发给度牒,每年供给每人青稞7斗和其他费用。到1949年,迪庆藏区尚有喇嘛寺院24座,格鲁派占一半;共有喇嘛4 000余人,尼姑68人,活佛40人。

云南另有少部分纳西族信奉藏传密教和汉地禅宗。宁玛派从藏区传来,汉地禅宗从内地传来,同时汇集到丽江为止,因此丽江既有喇嘛庙宇,又有禅宗寺院。

399

二 藏传佛教在国外的传播

(一) 在蒙古共和国的传播

蒙古共和国在历史上被称为"外蒙古"或"喀尔喀蒙古"。"喀尔喀"的称谓初见于明代,为达延汗六万户之一,共分为12部,其中内喀尔喀5部,在清初分布于兴安岭东南,外喀尔喀7部,即分布在今蒙古共和国境内。

自阔端始,至有元一代,藏传佛教曾在蒙古上层中广泛流传,但在喀尔喀部社会,却影响极微。16世纪末,格鲁派为蒙古统治集团看重,西藏喇嘛应邀来蒙传法者不绝于途,寺院相继兴建。在俺答汗的影响下,喀尔喀的土谢图汗阿巴岱率先皈依格鲁派,漠北最古老的寺院额尔德尼召就是由他于1586年修建的,此后,佛教寺院纷纷兴建。

17世纪初,喀尔喀部汗王派人赴藏迎请高僧到外蒙古传教,觉囊派僧人多罗那它到库伦(乌兰巴托)传法近20年,被尊称为"哲布尊丹巴",1634年去世。翌年,喀尔喀部土谢图汗衮布多尔济之子扎那巴扎尔被认定为多罗那它转世,是为哲布尊丹巴一世,后在进藏学习中改信格鲁派,五世达赖给以"哲布尊丹呼图克图"的尊号,住乌尔根庙,被奉为"法王",地位仅次于达赖和班禅,此后这一尊号成为喀尔喀喇嘛教中最神圣的称谓,由此形成喇嘛教在外蒙古的活佛转世系统。

17世纪,清廷扶植喇嘛教在蒙古地区的持续发展,规定每个旗都要建造喇嘛庙,每户若有两子,必抽其一出家当喇嘛。各级大喇嘛也是集政教大权于一身。1911年辛亥革命爆发,沙俄乘机策动外蒙古"独立",哲布尊丹巴活佛成了掌握政教大权的绝对统治者。到1920年,该地寺院已达2 560余座,喇嘛10万余人,占男子总数的44%,其中喇嘛封建主拥有总人口半数以上的牧奴。

1921年初,在白俄势力支持下外蒙古再次宣布"独立"。同年,蒙古人民革命军在苏俄的帮助下占领库伦,成立以哲布尊丹巴为首的"君主立宪"政府,1924年11月又被彻底废除,建立蒙古人民共和国,喇嘛教有了新的变化。

(二)在前苏联境内的传播

前苏联境内信奉藏传佛教的主要是布里亚特蒙古人、卡尔梅克人和图瓦人。

布里亚特蒙古人聚居在贝加尔湖沿岸地区,分东西两大语支,原信奉萨满教。17世纪末,藏传佛教通过西藏和蒙古的喇嘛传入东布里亚特。那时布里亚特社会分为四个等级,即诺颜王公(氏族长或王公)、赛特贵族、兀鲁思居民(纳毛皮实物税的居民)和奴仆。诺颜是喇嘛教的主要倡导者和支持者,目的在于强化其在兀鲁思居民中的影响。1711年,建成第一座喇嘛庙楚戈尔庙,到19世纪,寺庙已增至34座,喇嘛数以千计。有些寺院巨大而豪华,1741年建的宗加尔和古西诺奥捷尔斯克两大寺相当著名。喇嘛们以僧侣身份兼任诺颜的文书、谋士,有些做医生,或为诺颜子女做蒙文教师,诺颜把喇嘛视为可靠的支柱和助手。

东布里亚特的喇嘛教吸收了传统萨满的某些仪式和教义,更容易为群众接受。

沙皇政府对喇嘛教采取两面政策:一方面,在布里亚特人和西伯利亚其他部族中大力推行东正教,限制喇嘛人数和兴建喇嘛寺庙,削弱喇嘛教的影响;另一方面,又不得不正视喇嘛教在布里亚特人中风行这一事实,终于在1728年承认了喇嘛教的合法地位,企图通过承认喇嘛教来加强对布里亚特诺颜的控制和对外蒙古喀尔喀封建贵族的联系。这种自相矛盾的政策,促进了喇嘛教的发展。1741年,沙皇政府委派宗加尔寺的住持统一管理布里亚特的所有喇嘛,规定喇嘛必须向政府专门宣誓,表示效忠俄国政府。一些大喇嘛则宣称沙俄女皇叶卡捷琳娜二世为白度母神(即玛噶波,西藏佛教之女神)的化身;在扎仓寺庙中悬挂沙皇像,且必置在其他神像的中间。1764年,沙俄政府授予喇嘛教座主班智达堪布喇嘛的封号。此后,古西诺奥捷尔斯克进一步被建成为布里亚特喇嘛教的最高学府,从当地居民中培养喇嘛,以此作为俄国境内的喇嘛教中心,使当地佛教寺院脱离西藏和蒙古的影响。

顺便说明,在西布里亚特地区,宗法氏族关系更为严重,萨满教依旧占统治地位,喇嘛教始终没有传进去。

前苏联境内的卡尔梅克人,在历史上属于西部蒙古,原有萨满教流行。17世纪初叶,喇嘛教在西部蒙古诸部广为传播,游牧于伏尔加河下游的卡尔梅克人也在此时信奉了喇嘛教。热衷于喇嘛教传播的主要是王公、贵族,尤以扎雅·潘底塔(1599—1662)最著名,他也是西部蒙古文字的创造者。

前苏联境内的图瓦人是突厥语诸族中唯一信奉喇嘛教的人。图瓦即历史上的唐努乌梁海,原属左翼蒙古的一部。1583年,左翼蒙古察哈尔部图门汗支持藏传佛教在左翼蒙古中发展,喇嘛教由此传入图瓦。到18世纪,藏蒙喇嘛们多入图瓦传教,致使喇嘛教十分盛隆。20世纪初,拥有喇嘛寺庙20余座,喇嘛3 000余人。尽管如此,传统的萨满教依然流行,众多的萨满在民间相当活跃。

（三）在不丹的传播

不丹位于喜马拉雅山南坡，公元 7 世纪是吐蕃王朝的一部分。"不丹"一名源于梵文，意为"西藏的末端"；不丹人又称自己的国家是"主域"，意为"主巴噶举之乡"；自称为"主巴"，即"主巴噶举派人"；称国王为"主结波"，意为"主巴噶举之国王"。这反映了不丹与西藏的关系在历史上异常密切，不丹人民信奉藏传佛教主巴噶举派，影响深远。

不丹人最早信奉原始宗教苯教。8 世纪，莲华生从藏区来到不丹地区传教，从此，藏传佛教便成了不丹的国教。据说至今不丹已有 29 个莲华生的"转世"。12 世纪中叶以后，许多西藏喇嘛来不丹定居，弘扬佛教，在中、西部建立寺院。属尼约世系的加瓦·拉南巴（简称"拉巴"）是第一个来自西藏的大喇嘛，时间在 1153 年。他的老师德里贡巴·吉格登·贡布创立了德里贡噶举派的一个支系拉巴噶举派。13 世纪初，又有热凌的主巴噶举派帕卓·杜果姆·希格布等五喇嘛，从西藏前来寻求不丹首领的支持，并在不丹传教。西藏佛教宁玛派在不丹也有不少信徒。此派大法师隆钦巴·德里梅·欧泽（1308—1363）在不丹开始建造寺院；巴拉瓦·加尔增·帕桑（1310—1391）于 1360 年来不丹，修建了帕罗的丹吉寺，成为弘扬宁玛派阿巴学派教义的中心。1361 年，南因巴喇嘛也从西藏来不丹，在廷布修建萨玛金卡寺，在普那卡造贾萨克宗寺。他是噶举派的法师，但他的门徒却宣扬格鲁派教义。1452 年，又有位名叫廷勒·拉布吉的喇嘛前来，修建了兰卡尔寺、里乔克寺、西西纳寺和契希寺。西藏著名的杜托布·唐东结布在帕罗宗修建了詹卡尔寺和塔姆奇冈寺等，又在帕罗宗、达加那和塔希冈建造了几座有名的铁索桥。他阐扬的是噶举派尼古学派的教义，被奉为不丹现代噶举派洛主巴学派的先驱。凭借着他的影响，以及帕卓·杜果姆·希格布等喇嘛早先的努力，噶举派的主巴噶举在不丹占居了统治地位。

17 世纪上半叶，不丹喇嘛教也发生教派斗争。1616 年，从西藏来的阿旺·纳姆加尔喇嘛，在加尔萨的欧姆错家族为首的不丹统治

集团支持下,迫使他的主要敌手拉巴派和南因巴派教徒改宗或者
被流放,最后独揽国家大权,尽管他没能把宁玛派赶出不丹。这
样,他确立了主巴噶举派在不丹的统治地位,并以"沙布隆"(指菩
萨或即将修成的佛陀)称号自立为不丹最高的宗教和政治领袖,形
成了沙布隆阿旺·纳姆加尔喇嘛的转世系统。到17世纪末,不丹的
喇嘛僧团已经建成了完善的教阶制度,包括五种重要的僧官,即
"基堪布"(大方丈,又称"肯钦")、"多吉洛本"(主管密宗教授)、"达
格皮洛本"(主管语言学习)、"扬皮洛本"(主管礼拜事宜)、"参尼洛
本"(主管佛教哲学和因明的研究)。基堪布是寺院首领,地位几与
国王相等,国王的绝对权力不能行之于基堪布和其他高僧,僧官的
推选国王也无权过问。其余四个洛本隶属基堪布,教阶相等,地位
高于不丹政府的二等官员。多吉洛本协助基堪布工作,是普那卡
和廷布达仓的院长,这说明密教占有特殊地位。这些高级僧官大
多由西藏人担任,直接参与国家政务。年轻喇嘛也需要到西藏,特
别是康区的佐钦寺留学进修。寺院的经费主要由政府供给,部分
靠寺院土地的收入。

403

（四）在前锡金的传播

　　锡金王国创建于17世纪,中国史称"哲孟雄",后沦为英、印的
"保护国",今被印度宣布为它的一个邦。

　　锡金早期的居民主要是雷布查族,信仰苯教,而后尼泊尔人居
多。公元8世纪中期,印僧莲华生在西藏传播的佛教密宗也传入锡
金。17世纪初,西藏喇嘛教高僧拉葱钦波率两弟子前来传宁玛派
教法。1730年,噶举派也传进锡金,并建立了主寺。宁玛和噶举成
为在锡金占统治地位的教派,具有在政治上左右局势的实力。活
佛赠给锡金国王"却杰"(法王)的称号,使锡金也成为政教合一的
王国。锡金信奉喇嘛教的民族主要是雷布查人、菩提亚人、尼泊尔
移民、古隆人、马喜人和塔芒人。

（五）在尼泊尔的传播

尼泊尔本是佛教最早流行的地区,佛教创始人释迦牟尼的诞生地迦毗罗卫,即处在印、尼交界的尼泊尔一方。相传公元前 520年左右,佛陀曾率领弟子在尼泊尔谷地传播佛法。公元后的最初几个世纪,一直盛行小乘佛教说一切有部。传说公元 4 世纪,瑜伽行派的奠基人之一世亲曾到这里传播大乘教义。到 5 世纪梨东毗王朝摩纳提婆统治时期,婆罗门教又得到发展,形成与佛教并存的局面。7 世纪以后,尼泊尔成为吐蕃王朝的属国,加强了同西藏与印度的联系,也愈益受到西藏的影响。9 世纪以来,印度佛教自续中观派传人静命(寂护)、密教大师莲华生、寂护弟子莲华戒以及阿底峡等进藏之前,都曾在这里布教。11 世纪中叶至 15 世纪初,藏传佛教的宁玛派、噶当派、萨迦派、噶举派中的噶玛噶举等相继传入尼泊尔。其中噶举派祖师玛尔巴和他的弟子米拉日巴、噶当派的著名译师俄·罗丹喜饶等都曾到尼泊尔留学并弘传西藏佛教。居住在北尼山区、中尼和东尼的塔芒人、马喜人、苏思瓦尔人、拉伊人、林布人、古隆人、菩提亚人、塔西卡人和谢尔巴人中,大部分信奉西藏佛教,一部分同时信仰印度教。

第九章

佛教的消长变化和多元化发展

（11 世纪—   ）（上）

第一节　中国佛教在中央集权下的稳定演变

一　宋代政局与佛教的儒学化

（一）宋代政局与佛教

宋代自赵匡胤陈桥兵变到赵昺亡于元,前后 320 年,是秦汉统一后历代王朝中维持时间最长的一个朝代。它在外受强大的异族步步侵逼,内部阶级对抗日趋严重中,空前加强了君主专制主义。君主被视作国家的绝对权威、民族的至高象征,它将全国的军事、政治和经济一切权力集中于一身,在当时几乎为所有的士大夫以及广大农民所接受。有宋一代,农民起义不断,但始终没有构成对中央君权的威胁,且大多乐于招安,成为御外的力量。与此相应,社会意识也有重大变化,传统儒学再次得到改造,形成所谓“道学”或“理学”,即新的儒学,强烈呼唤捍卫和强化中央集权的君主专制主义;新儒家们希望通过对个人生活基本需要的限制和自我的道德完善,求得国家的安定与强盛,增强民族气节。中国历史上许多精忠报国、慷慨悲歌的民族英雄和爱国志士多开始在这个朝代出现。其结果,王朝的对内统治空前强大起来,却无从形成任何足以促使它振奋不已的机制;对外则越来越懦怯孱弱,使整个民族不得不长期在屈辱和苦难中挣扎。人们普遍希望用节食、禁欲和道德规范来强化国家的统一实力,这反而支持了君主集权政治的穷奢极欲和腐败无能。两者互为因果,恶性循环,直至宋终。

佛教在宋代的演变,就是在这样一个大环境中进行的。

　　宋太祖是全宋史中比较有作为的皇帝。他有鉴于周世宗限佛敕给予佛教的打击,影响许多地区民众的安定,于是下令停止毁佛,并普度行童8 000人,以重开佛教作为稳定北方局势和取得南方吴越等奉佛诸国拥戴的重要措施。乾德三年(965),沧州僧道圆游五天竺往返18年,偕于阗使者回到京师,太祖在便殿召见,垂问西土风俗;次年,遣僧人行勤等157人游历西域。到景祐二年(1035),仅由五天竺来汴京贡奉梵经的僧侣即有80人,此土西去取经得还者138人。很明显,在宋初的六七十年中,王朝中央还力图把佛教当作扩大对外联系的重要纽带。

　　也就是在这数十年中,国家特别重视发展佛教文化事业。开宝四年(971),敕令高品、张从信到益州开雕中国有史以来的第一部汉文木版印刷大藏经,以《开元录》入藏经为主,陆续收入本土撰著和《贞元录》诸经,总计653帙6 620余卷。这一行动影响民间,影响辽金和西夏,刻经之风由此盛行,其文化上的意义远胜于单纯的信仰。至太平兴国七年(982),宋太宗效法李世民故事,由国家建立译经院,诏印僧法天、天息灾、施护和懂梵学的汉僧及朝廷官员等,共同组成严密的译经集团,进行由官方直接控制的译经活动。惟净是在这次译经中培养出来的最著名的汉僧译家。景祐二年后,译经活动逐渐消沉,熙宁四年(1071)废译经院。截止到政和(1111—1118)初,前后共有译家15人,所译佛籍284部758卷,密教占绝大部分,只有少数属龙树、陈那、安慧、寂天等人的论著。在译经院开译的时候,曾举行过隆重的密教仪式,建坛诵咒,供养礼拜,严洁肃穆。但密教本身的传播,则远没有唐代那样举国轰动;即使对它的经典翻译,也是有选择的,受国家直接控制。淳化五年(994)译就的《大乘秘藏经》,被审察出"文义乖戾"65处,宋太宗以其"邪伪",诏谕对众焚毁;天禧元年(1017)译出《频那夜迦经》,宋真宗因其宣扬"荤血之祀",有"厌诅之词",禁止入藏,并不许再译类似经文。这都是颇为明智的决定,也反映了内地社会对密教的态度。

　　宋代僧尼在太宗时有一个突发性发展,太平兴国元年(976),一次普度行童17万人。宋真宗著《崇释论》,设想奉佛"十力",辅俗

"五常",以达到劝善禁恶的目的。他在全国设戒坛72所,广度僧尼,到天禧五年(1021),已有僧397 615人,尼61 240人,寺院近4万所,成为全宋史上佛教最发达的年代。此后,佛教日渐受到严格的限制,仁宗景祐元年(1034),僧尼数额开始下降,到神宗熙宁元年(1068)统计,全国僧人只有220 660人,尼3 430人,减少了41%以上。给予佛教一个适度发展的条件,但决不许其过度膨胀或走向惑众邪途,以危害国家中央集权的实力,这是从宋代开国以来就定下的基本原则。历代帝王在掌握的尺度上虽有宽严之分,但这个原则没有变更。

建隆元年(960),诏令"诸路州府寺院,经显德二年停废者,勿复置;当废未废者,存之",是肯定和承认周世宗废佛的既成事实,只是稍后,才允许增加少量僧尼,修复旧寺。开宝八年(975),明令禁止灌顶道场、水陆斋会及夜集士女等诸种活动,防止聚众滋事。宋太宗说,浮屠之教"有裨政治",必须"存其教";但决不能像梁武帝那样沉溺其中,以至"舍身为寺奴,布发于地,令桑门践之",丧失君主至高无上的权威地位。因此,他在扶植佛教的同时,屡诏约束寺院扩建,限定僧尼人数。到宋徽宗崇奉道教,自号"教主道君皇帝",宣和元年(1119)诏称:佛教属于"胡教","虽不可废,而犹为中国礼义之害,故不可不革",于是强制僧尼改称道教名号,改僧尼寺院为道教宫观,改佛菩萨称谓为道教名号。这是宋代佛教唯一遭受打击的一次。但不久徽宗被俘,波及不大。

南渡以后,高宗对佛教取折中态度,既不毁其教灭其徒,也不崇其教信其徒,而是"不使其大盛耳"。他采取的措施之一,是停止发放度牒,以稳定僧数,使既有的出家者自然减员;其二是征收僧道"免丁钱",后又改为"清闲钱",赋金数倍于一般丁口,以此限制寺院招收新人,这比唐中宗以来实行试经度僧的办法要有力得多。不过,这些措施又为帝室的另一些需要抵消了不少。早在宋神宗熙宁元年(1068),岁饥河决,有司乞请裁损王朝对寺院的恩赐赏钱,并鬻度牒敛财以救时急,诏可;随着财政日绌,鬻牒竟成惯例。此外,从真宗晚年(1021)诏僧修法华忏,"为国祈福"开始,重启唐安史之乱后诸帝求助仁王护国的故伎。南渡以后,这种情况愈演愈烈。

高宗时隆祐太后奉"摩利支天母",以为大宋能够安居杭州,实出于天母的冥护;孝宗乾道四年(1168)召上竺寺若讷法师入内观堂行"护国金光明三昧",淳熙二年(1175)更诏建"护国金光明道场",僧人高唱"保国护圣,国清万年"。山西五台山的文殊、四川峨眉山的普贤,尤其是浙江普陀山的观音,也都在宋王朝的直接经营下,愈益受到民众的崇奉。

出于同一的王权需要,南宋诸帝往往施行相互矛盾的政策,这使得佛教的发展趋向平稳。据绍兴二十七年(1157)统计,在南宋领域内有僧 20 万。这大体反映了当时既能满足王朝需要,社会亦能承担的状况。

(二) 宋代佛教的儒学化

世俗化是中国佛教的总趋向,流传到宋,则增添了许多新的特点,这就是从泛泛地提倡救度众生,转向实际地忠君爱国;从泛泛地主张三教调和,转到依附儒家的基本观念。处在民族危亡多事之秋的佛教,其主流,与前代那种以避世为主的消极思潮相比,突出地表现了积极参与军政大事,谋求争取改变现世状况的意向,尽管多数方式依然是纯宗教的。

宋代初年,王朝制定以儒治国的方针。景德二年(1005),真宗封禅至曲阜,谒孔子庙,加谥"至圣文宣王";仁宗庆历五年(1045),又敕封孔子四十六代孙为"衍圣公",儒学大盛。庆历元年(1041),欧阳修撰《本论》,认为佛教在中国为患,是"王政缺"、"礼义废"的结果,只要"王政修明,礼义之教充于天下",则"世虽有佛,无由而入"。及至道学(理学)兴起,吸取佛教哲学而替代佛教义学长期占据的理论地位,排佛就成了新儒学的重要议题。程颢抨击佛教:"其术大概且是绝伦类,世间不容有此理。又其言待要出世,出哪里去?又其迹须要出家,然则家者,不过君臣、父子、夫妇、兄弟,处此等事,皆以为寄寓,故其为忠孝仁义者,皆以为不得尔。又要得脱世网,至愚迷者也。"①程颐批评禅僧:"今之学禅者,平居高谈性命之际,至于世事,往往直有都不晓者,此只是实无所得也。"②其实,早在道学家发出这些指责之前,佛教的主流就已经鲜明地呼唤佛徒们回到世间儒学来了。

宋初延寿,曾力图改变唐末五代普遍流行于禅宗中的放任自然、不问善恶是非的风气,提倡禅教统一、禅与净土统一,要求佛教回到世间、参与辅助王政上去。他在《万善同归集》中说:"文殊以理印行,差别之义不亏;普贤以行严理,根本之门靡废。本末一际,凡圣同源;不坏俗而标真,不离真而立俗。"这就是在理论上证明僧尼参与世间生活的必要性。此后克勤更直接地认为,"佛法即是世法,世法即是佛法"③,二者是不可分割的。奉敕撰《宋高僧传》的赞宁进一步提出"佛法据王法以立"的主张,因为"王法"是"世法"的最高原则,佛法入世,当然也应以"王法"为最高准绳。

把"王法"伦理化和学术化了的是王朝新倡的儒学,主动向儒学靠拢,力图作为儒学不可缺少的补充,就成了宋代佛教依附王法的理论方向。北宋著名的学僧契嵩说:"夫圣人之道,善而已矣;先王之法治而已矣。佛以五戒劝世,岂欲其乱耶?佛以十善导人,岂欲其恶乎?《书》曰,世善不同,同归于治。是岂不然哉?"又说:"儒、佛者,圣人之教也,其所出虽不同,而同归于治。儒者,圣人之大有为者也;佛者,圣人之大无为者也。有为者以治世,无为者以治心。"④这一思想,在天台宗名僧智圆那里概括为儒释应"共为表里",即"修身以儒,治心以释"。⑤

宋儒与传统儒学的一个重要不同点,是突出地强调忠孝节义。宋代佛教也是吸取忠孝仁义作为自己新的教义。智圆说:"士有履仁义、尽忠孝者之谓积善也。"⑥换言之,佛教的善恶标准,就是忠孝

409

---

① ②《二程遗书》卷二、八。

③《圆悟佛果禅师语录》。

④《镡津文集》卷一六、八。

⑤ ⑥《闲居编》卷一九、二九。

仁义。因此,大力提倡儒家礼教,把"仁义敦,礼乐作,俾淳风之不坠而名扬于青史"①当作一种理想的人格。契嵩的名著《辅教编》设有《孝论》12 章,专"拟儒《孝经》发明佛意"②,同时批评"后世之学佛者,不能尽《孝经》而校正之,乃有束教者,不信佛之微旨在乎言外"③。据此,他认为佛教决不可离开"天下国家"大事和君臣父子等伦理规范,而为一人之私服务:"佛之道岂一人之私为乎?抑亦有意于天下国家矣!何尝不存其君臣父子邪,岂妨人所生养之道邪?"④

在宋儒所有的伦理观念中,忠君列在首位,而"忠君"与"爱国"并提,更是由宋代才开始形成的。到了北宋末年,忠君爱国成了当时做人的最高标准。这在当时的佛教中也有相应的反映。像两宋之际的禅宗领袖宗杲,用"忠义心"来解释作为成佛基石的"菩提心"就很典型。他说:"菩提心则忠义心也,名异而体同。但此心与义相遇,则世出世间,一网打就无少无剩矣。"在这些方面,他的"禅语",与道学家语没有分毫差别:"未有忠于君而不孝于亲者,亦未有孝于亲而不忠于君者。但圣人所赞者依而行之,圣人所诃者不敢违犯,则于忠于孝,于事于理,治身治人,无不周旋,无不明了。"⑤而这一切,最后又都集中到爱君忧国上来。宗杲自谓:"予虽学佛者,然爱君忧国之心与忠义士大夫等,但力所不能而年运往矣。"⑥张浚为他所撰的《塔铭》评论说:"师虽为方处士,而义笃君亲。每及时事,爱君忧时,见之词气。"

宋代道学与后来的假道学不同,宋代佛学与儒学同气相应,也不限于口头空谈。庐山祖印讷禅师以知兵名闻当朝,圆通别释《孙子·魏武注》所未注者。靖康之耻,宗泽留守东京,命法道法师补宣教郎总管司,"参谋军事,为国行法,护佑军旅。师往淮颍,劝化豪

---

① 《闲居编》卷一九。
② 《镡津文集》卷一〇。
③ 《传法正宗记》卷一。
④ 《镡津文集》卷一。
⑤⑥ 《大慧语录》卷二四。

右,出粮助国,军赖以济",后南渡随驾陪议军国事。建炎三年(1129),金兵陷杭、越、明诸州,众僧遍颂"保国安民",振发"忧时保国"的士气;律主元肇被虏,行至京口自杀身亡。宗杲因参与张九成反秦桧和议被流放衡阳;此前,著《禅林僧宝传》的僧惠洪,与当时反对蔡京、主变革的张商英结交,终被流放朱崖。

在这种形势下的佛教,新意不多,但社会意义则应刮目相看。传说礼部侍郎吴秉信受秦桧迫害被罢官,回四明城南筑庵禅坐,夜卧棺中,黎明令童子扣棺而歌:"吴信叟,归去来! 三界无安不可住,西方净土有莲胎,归去来!"这显然是一种无可奈何的悲愤。张商英以"呵佛骂祖"来表现自己的独立人格,同苏轼寄希望于"负重有力而驯良服辕者",形成鲜明对比。

宋代佛教引进"天下国家"和"忠君忧时",开辟了古代佛教爱国主义和民族主义一途,在中国佛教发展史上,是有里程碑意义的事件。但由此也彻底结束了沙门与王者抗礼的时代,僧尼必须绝对地臣服于君主的权威。明代禅僧元贤说:"唐以前,僧见君皆不称臣,至唐,则称臣矣。然安、秀诸师宫中供养,皆待以师礼;诸师称天子则曰檀越,自称则曰贫道。至宋,绝无此……"[1]赞宁于端拱元年(988)进《高僧传表》,自称"臣僧",后缀"冒黩天颜,无任惶惧激切屏营之至"。崇宁二年(1103)编定的《禅苑清规》,则进一步提出"皇帝万岁,臣统千秋,天下太平",连国家行政长官也放到了祖师之上。所以在寺院住持的上香祝辞中,首先是祝当今皇上"圣寿无穷",其次是愿地方官僚"常居禄位",再次方得酬谢祖师的"法乳之恩"。

宋代国土虽小,但财政开支相对任何王朝都大。其所以能够在异常困难中支撑下来,与不断开垦新的耕地有直接关系,也与国家向寺院普遍收纳赋税和鬻卖度牒等开源节流措施有关。僧侣是垦荒的重要力量,鬻牒又为寺院持续地增添劳动力,促使宋代寺院经济有了新的发展。这种发展与唐代禅众开始的那种完全闭塞的

---

① 《永觉元贤禅师广录》卷一三。

山林经济不同。由于宋代城市繁荣,城乡手工业和商业发展,也强烈地刺激了寺院经济同世俗社会的联系,变得相当活跃。建立于隋唐的"无尽藏",被扩充成了纯粹商业性的经营,称之为"长生库"。寺院还普遍开设碾硙、店铺、仓库等商业性服务项目,发展营利事业。与此相应,寺院内部职事的分工日趋细密,上下等级界限更为清楚,禅宗初期的平等关系不复存在。即使在农禅基础上发展起来的寺院,也显出了庄园经济的规模。寺院生活与世俗生活在经济和政治上日益接近。一些农村和边远地区的僧侣,甚至可以娶妻生子,而俗以为常。

《缁门警训》说:"近世出俗无正因,反求他营,不崇本业,唯图进纳,预滥法流。"《古尊宿语录》也说,僧侣"所在之处,或聚徒三百五百,浩浩地,只以饭食丰浓,寮舍稳便为旺化也"。《青琐高议》更尖锐地抨击说:"今之释子,皆以势力相尚,奔走富贵之门。岁时伏腊、朔望庆吊,唯恐居后,遇贫贱虽道途,曾不回顾。"宋代佛教以儒学为中心的世间化,当然也会带上当时的各种社会世态。

(三)宋代禅宗

灯录和语录的编纂　由于禅寺的经济发展和大寺禅院的兴盛,禅僧同官府及士大夫的结交日益密切,大大推动了禅风的变化,其表现之一,是"不立文字"、"直指人心"的老传统,转变成了以阐扬禅机为核心、"不离文字"的"文字禅"。与此相应,编纂"灯录"和"语录"成了宋代禅宗的主要事业。

"灯录"是禅宗创造的一种史论并重的文体。它以本宗的前后师承关系为经,以各代祖师倡言的思想为纬,原发端于唐代的《楞伽师资记》、《历代法宝记》等书,至五代时编纂的《祖堂集》已经形成庞大的系统。而后来以"灯录"命名,尤其能够显示出禅宗标榜的"以心传心"、代代不绝的特性。最早以"灯录"形式出现的是北宋景德年间(1004—1007)道原编纂的《景德传灯录》(简称《景德录》),其中共记禅宗的印中传承52世,1701人,保存了禅宗在唐末五代时期的一些可贵的史料,可与《祖堂集》相参照。它的特殊价值,是反映了宋初40余年禅宗发展的基本面貌。它经过《册府元龟》撰修者之一的翰林学士杨亿、后部员外郎李维等人的加工刊削,而后又呈真宗批准颁行,因此,它所表述的禅僧行事和新的禅风,也反映了士大夫的兴趣和官方的意向。此后,灯录的编纂不断,到南宋淳祐末年(1252),普济以《景德录》和《广灯》、《续灯》、《联灯》、《普灯》等150卷灯录为基础,删繁就简,编成20卷的《五灯会元》,算是告一段落。《五灯会元》所述,宗派分明,便于阅读,且文字简练,为宋以后好禅的文人士大夫所欢迎。但所有这些灯录,对史传的记述都不可轻信,真伪混淆,显隐不一,特别需要鉴定。

所谓"语录",是弟子辈对祖师言论的记录,像唐代所传慧能的《坛经》,神会的《直了性坛语》,裴休所编希运的《传法心要》、《宛陵录》,慧然所集义玄的《临济录》等都是。中国传统的佛教义学,除少数自著的"论"以外,大多通过对佛教译籍的烦琐注释发挥自己的思想。写论有相当的难度,注释令人生厌。"语录"大多是即兴而出,或有针对性的言论,不需逻辑系统,又生动丰满,极宜于摆脱唯经书是依,充分表达个人的独立见解。到了宋代,禅宗语录大行,使依附译籍的传统义学黯然失色。其中赜藏主编的《古尊宿语录》集唐宋南岳一系36家禅师语录,颇有代表性。但两宋语录的特色,特别表现在对祖师语录中提到的"公案"作新的注解和发挥上。

所谓"公案",指历史上禅宗"大德"的某些言行范例。用解释"公案"方式发挥自己思想的做法,开始于临济宗的善昭(947—1024)。他用偈颂形式对100条"公案"加以阐述,称之为"颂古"。继之,云门宗的重显(980—1052),以云门思想为背景也作"颂古"100条。其后,临济宗的克勤(1069—1135)应张商英之请,以重显的"颂古"为基础,在颂前加"垂示"(纲要提示),在颂中加"著注"(重点注释),另加"评唱"(作者见解),编成《碧岩集》10卷。《碧岩集》的影响很大,它把"文字禅"推向高潮,成为后来文化禅师效法的榜样。它的末流多半是老调重弹,思想僵化。出于克勤门下的宗杲(1089—1163),对于这种禅风表示忧虑,以为"近年以来,禅道佛法衰弊之甚",就表现在"专尚语言"的文字禅炽盛上。据说他因此焚毁了《碧岩集》的刻板,自己提倡"话头禅"。

所谓"话头禅",是把"公案"中那些通晓明白的语句略去不问,专门参究被认为是含义深奥不可解的语句。所谓"有解可参之言乃是死句,无解之语去参才是活句"。在禅定实践上要求对"无解之语"作直观的体验,由此得到悟解,这本是不可言说的;但从弘教的角度讲,不能没有言说,结果就变成了借"无解之语",阐发自己的活思想,依然得在语言文字上下功夫,这方面宗杲著的《正法眼藏》就很有名。

与宗杲同时的正觉(1091—1157),反对话头禅,认为要达到真正的禅悟,还是静坐看心,名曰"默照禅"。默照禅反映了一批传统禅师的趋向,人数不一定少。但正觉本人却没有完全遵循"默照"的原则,他不但与宗杲争论是非,亦有《颂古百则》流传。

禅宗传灯语录所记,言论大多充满了山林田园般的情趣,闲适安逸式的深邃,也颇有一些启迪人生超脱的哲理和应酬对答之际的机辩。与当时国内外严峻的形势和禅僧居士们熙熙攘攘于官场和市场的生活,形成对比鲜明的反差,司马光作《解禅偈》评之曰:"今之言禅者,好为隐语以相迷,大言以相胜,使学之者怅怅然益入于迷妄",当是指这类禅风的末流。

禅宗五家至宋代,唯有临济与云门、曹洞兴盛。上述雪窦重显以《颂古百则》中兴云门。以确定禅宗正宗祖系和撰写《辅教篇》著名的契嵩(1011—1072)也属云门系统。提倡默照禅的弘智正觉属于曹洞宗,他的师长丹霞子淳(1064—1117)也是知名当世的禅师。但在两宋禅宗中始终占优势的是临济宗。从汾阳善昭(947—1024)到慈明楚圆(986—1039)的门人黄龙慧南和杨岐方会,形成黄龙、杨岐两个新支派,特别活跃在南方。

黄龙派和杨岐派　黄龙慧南(1002—1069)在江西黄龙山接引参学者,门徒众多,逐渐形成一派宗风。他的思想和接引方法有下述值得注意的一些特点。

首先,他对义玄以后出现的文字禅表示异议,并提出严厉的指责,认为:"二十八祖,递相传授。泊后石头、马祖,马驹踏杀天下人;

临济德山,棒喝疾如雷电。后来儿孙不肖,虽举其令而不能行,但呈华丽言句而已。"①就是说,从希迁、道一到义玄、玄鉴等数代禅师,以顿悟佛教传承,禅风峻烈,但入宋以后,禅僧们打着祖师招牌,所行则相去甚远。他们在玩弄文字语句中丢失了禅的精髓。换言之,禅宗的衰退就是因为禅众脱离内心反照的实践而热衷于外向追求,这好比是"祖父田园,不耕不种,一时荒废,向外驰求"②。

为此,慧南提出了向临济禅复归的要求,认为"作客不如归家,多虚不如少实"③。主张一种任运自在,不为外物所拘的修行:"高高山上云,自卷自舒,何亲何疏;深深涧底水,遇曲遇直,无彼无此。众生日用如云水。"④

慧南在接引来参的禅僧中,创立了一种"三转语",即后人称之为"黄龙三关"的独特方式:"师室中常问僧'出家所以,乡关来历'。复扣云:'人人尽有生缘处,那个是上座生缘处?'又问诸方参请宗师所得,却复垂脚云:'我脚何似驴脚?'三十余年,示此三问,往往学者,多不凑机,丛林共目为'三关'。"关于"三关"的用意,慧南自己作答道:"已过关者掉臂而径去,安知有关吏?从关吏问可否,此未过关者。"⑤说明他设此三关的用意,是针对文字禅而建立的一种明快的禅风。所谓"未过关者",喻为尚未建立自信,不能得悟;一旦"过关",便"掉臂而去,纵横自在",内外彻悟。要点在自信,即所谓不问"关吏"。"三关"总喻为"开悟"的三个阶段,一是"初关",二是"重关",三是"生死牢关";三者关系是一"破",二"透",三"出"。初关,要使学者破除"邪见",立一切皆空的"正见";重关,要求进一步体会万法乃一心所现,境智一体,融通自在;出关,便是"悟"后的精神境界。当然这仅仅是一种解释。

慧南虽以破文字禅、复归临济禅自命,但他所立"三关",实际上仍是教人在"机锋"、"禅语"上用功,义理既属平平,禅风上难免

415

①②③《黄龙慧南禅师语录》。
④《建中靖国续灯录》卷七。
⑤《人天眼目》卷二。

落入文字禅的窠臼。

杨岐方会(992—1049)也在维持临济禅体系方面作了许多努力。他主张义玄那样的"立处即真"的自悟,说:"立处即真,者里领会;当处发生,随处解脱。"认为"一切法皆是佛法"。①

杨岐派的一个重要特点,是教学方式上的灵活性。方会认为,接引禅僧时,应循循诱导,步步启发。如问:"云路漫漫,如何化导?"师云:"雾锁千山秀,迤逦问行人。"又有人问:"师唱谁家曲,宗风嗣阿谁?"答言:"有马骑马,无马步行。"②即不拘成规,随时可以化导解悟。到北宋末年,杨岐派兴盛,其势力和影响远远超过黄龙派。

看来,慧南和方会都曾在不同程度上试图抵制当时的禅风,但是作为融会于作务和静居生活中的禅宗历史,再也不能成为主流了,文字禅终究要成为宋代禅宗的方向。这在慧南和方会也是无法摆脱的。慧南曾说:"说妙谈玄,乃太平之奸贼;行棒行喝,为乱世之英雄。英雄、奸贼,棒喝、玄妙,皆如长物,黄蘗门下(慧南自指),总用不着。"③意思是说,临济(义玄)、德山(玄鉴)的快截禅风,只能适用于唐末五代的"乱世",在宋代政治统一的"太平"之世,谈玄说禅也是难免的,尽管慧南口头上表白他并不赞成。他的弟子克文更加言行一致,认为:"前圣后圣,圣德共明;人王法王,王道同久。"④佛法有义务配合"人王",为"王道"作出贡献。正如"明王治化,有君有臣,有礼有乐","佛法住世",也应"有顿有渐,有权有实"。⑤因此,佛教适应时代潮流的变化,就是必然的。

方会的弟子有白云守端。守端与云门宗的圆通居讷有联系,思想比较庞杂,包括临济的三玄三要、四料简,曹洞的五位修行,乃至天台的止观教义。他曾宣称:"但愿春风齐着力,一齐吹入我门来。"⑥这是有意将禅宗各家乃至佛教各宗融会起来。守端的著名

---

①②《杨岐方会和尚语录》。

③ 《黄龙慧南禅师语录》。

④《古尊宿语录》卷四三。

⑤《古尊宿语录》卷四二。

⑥《五灯会元》卷一九。

弟子是法演,法演也试图"中兴临济法道",有一定影响。他的弟子佛果克勤,早年,"由庆藏主尽得洞上宗旨",后皈依法演。徽宗政和年间(1111—1118),克勤与张商英相遇于荆南,"剧谈《华严》旨要"。他从华严宗"圆融无碍"出发说禅,认为禅"正是法界量里在,盖法界量未尽;若到事事无碍法界,法界量灭,始好说禅"。故时人指出,克勤善于"融通宗教",张商英则誉他为"僧中管仲"。

曹洞宗　曹洞宗一成立便以批评临济禅的面目出现。良价认为,临济禅说心说性,把扬眉动目看作佛事,这只是"死中得活",难以获得解脱。临济宗主张"平常心是道",人与道没有间隔,自然相合。但在曹洞宗看来,"道无心合人,人无心合道",人与道之间有隔碍,需要通过坐禅使人与道相合。两宋之际形成的"看话禅"与"默照禅",就是临济宗和曹洞宗最初这两种不同倾向的发展。曹洞天童正觉(宏智)认为,心是众生的妙灵,但因积习昏翳而与诸佛相隔;如能静坐默究,净治揩磨,便可显示妙灵本体。他说:"好个禅和子,而今却道曹洞宗没有许多言语,默默地便是。我也道,你于个时莽卤;我也知,你向其间卜度,虚而灵,空而妙。"[①]这种禅与神秀的北宗禅比较相似。维护临济传承的宗杲则反对说:"今时有一种剃头外道,自眼不明,只管教人死獦狙地休去歇去。……又教人随缘管带忘情默照。照来照去,带来带去,转加迷闷,无有了期,殊失祖师方便,错指示人,教人一向虚生浪死。"[②]他认为"闭眉合眼"、"长年打坐"的修习方式,只会落入"外道二乘禅寂断见境界"。

禅宗自弘忍以来,说法用语,记录为文,即向大众口语化发展,到了两宋蔚然形成一大文风,也为激烈排佛的道学家采用。这种表现于语录的文体,质朴而生动,粗鄙而隽永,雅俗可以共赏,对于加强知识阶层同劳动民众间的思想联系,有一定作用。从曹洞正觉与杨岐宗杲之争可以看出,他们的思想虽无创见,但在促进佛教教义的通俗化和普及化方面,又进了一步。

---

① 《天童正觉禅师广录》。
② 《大慧语录》卷二五。

417

（四）宋代天台宗

五代吴越王遣使国外寻找佛教典籍，高丽僧谛观送来若干论疏，其中以天台为数最多，这对北宋初年天台教学的"中兴"，是一个重要契机。

宋初天台传承　一般认为，天台宗自智顗五传而至湛然，湛然又五传而至清竦。清竦为五代末年人。清竦传义寂（或作"羲寂"）、志因。义寂传高丽义通，义通传知礼、遵式，知礼传尚贤、本如、梵臻；志因传晤恩，晤恩传源清、洪敏，源清传智圆、庆昭。义寂以下，均为宋初天台宗人。

义寂（919—987），字常照，俗姓胡，温州永嘉人。因请吴越王遣使从高丽等国求得教典而备受尊重，"由是一家教乘，以师为重兴之人矣"①，钱俶赐名"净光大师"。

义通（927—988），字惟远，高丽王族出身。从义寂受学，后来"法席大开，得二神足而起家，一曰法智师（知礼），一曰慈云师（遵式）。法智师延庆道场，中兴此教，时称四明尊者；慈云建灵山法席，峙立解行，世号天竺忏主"②。

知礼（960—1028），字约言，俗姓金，浙江四明人，从义通学天台教观，真宗赐号"法智大师"，被尊为"四明尊者"。曾用佛忏求雨，欲以燃手供佛动众，而又"为国祈福"撰写经疏，并"大弘放生之业"。晚年结伴十僧共修"法华忏"，三年后扬言"将焚身以供妙经"，经杨亿、李遵勖、遵式等劝阻，未曾实行而名更盛。他是"中兴"天台宗的主要人物。

遵式（964—1032），字知白，俗姓叶，天台宁海人。先攻律学，后从义通学天台教义。真宗赐号"慈云大师"。章得象、王钦若等官僚曾与之交游。与知礼法系相比，遵式一系比较萧条。

知礼与遵式都重视忏法，特别是"法华忏"与"金光明忏"。遵

---

① 宗晓：《宝云振祖集·净光法师传》。
② 宗晓：《四明尊者教行录序》。

式撰有数部有关忏仪的著作,为寺院从事商业化和政治化的念经、拜忏提供了权威性依据,被称为"慈云忏主"。

晤恩(912—986),字修己,俗姓路,姑苏(今江苏苏州)常熟人。先学律部,后从志因受学。晤恩"不喜杂交游,不好言俗事,虽大人豪族,未尝辄问名居"。"平时谨重一食,不离一钵,不畜财宝,卧必右胁,坐必加趺",而笃信弥勒净土,并重义解。[①] 这是天台宗中更重视自律的一家。

"山家"、"山外"之争 "山家"、"山外"之争是天台宗史上的重要事件,也是宋代佛教理论领域中的一件大事。

据《释门正统》、《十义书序》等记述,争论发端于晤恩的《金光明经玄义发挥记》(简称《发挥记》),焦点是智𫖮的《金光明经玄义》广本的真伪,实质是关于所观之境属"真心"还是"妄心"的问题。由此广涉佛教世界观和宗教实践上的许多方面。争论的结果,知礼一派获胜,遂自称"山家",以天台正统自居;持相反意见者,被斥为"山外",即非正统。"山家"代表人物除知礼外,还有他的弟子梵臻、尚贤、本如等;"山外"代表人物除晤恩外,尚有他的弟子源清、洪敏和源清弟子庆昭、智圆等。此外,原属知礼一系的仁岳、从义等,因与知礼观点不合,被称为"后山外"。

传说智𫖮所著《金光明经玄义》有广、略二本并行于世。义通曾撰《金光明经玄义赞释》、《金光明经文句备急钞》,以解释略本。《发挥记》认为,广本所述"观心释",义理乖违,当为后人擅添,因此加以否定;略本详说法性圆妙,没有提出"五重玄义"中的真实性,"观心"一义故应作依据。为此,知礼作《释难扶宗记》,肯定广本为智𫖮真作,并重点阐发广本的观心教义,提倡"妄心观"。知礼批评晤恩,废去观心乃是有教无观,不符智𫖮教旨。此后,庆昭等又与知礼多次往复问答释难。中经钱唐太守调停,曾暂时告一段落。不久,智圆作《金光明经玄义表征记》,再次非议广本"观心释",知礼作《金光明经玄义拾遗记》给以反驳。源清又著《十不二门示珠

────────────

① 参见《宋高僧传》卷七《晤恩传》。

419

指》,坚持真心观,宗昱(与义通同门)著《注十不二门》,提倡灵知心性之说,均在教理上阐发华严性起学说。对此,知礼作《十不二门指要钞》,强调指出,天台宗的教义是"性具三千",乃是圆教之说,华严宗主张万法"性起",只是别教隔历之说。

上述争论说明,"山外"派的思想确实受了华严学说的影响。他们主张的"真心观",以心性真如为观察的对象,即承认心之本体为纯净无染的"真心",只是"随缘"造作万法;智𫖮的"性具"说则认为万法本具一心,由于随缘隐显不同而有人生世界的差别。

知礼提出的"妄心观",就是将"性具"说导向宗教实践,要求人们以内省的方式,认识一切众生悉皆具有"性恶"的一面,由此引导人们从日常生活的每一琐事、每一俗念中去忏悔和防止自己的罪恶,强化个人的道德修养。《山家绪余集》中有这样的话:"性恶之言出自一家,非余宗之所有也。得其旨者,荆溪之后唯四明(知礼)一人耳。故所述记钞,凡明圆旨必以性恶为言。……只一修恶之言而有云断者,断其情也。"①可见,知礼所讲"性恶",主要指情欲而言;所谓"妄心观",就是要依据对"性恶"的认识,断除情欲。"山外"派取消"观心",将会导致人们放弃对情欲的自我克制,所以知礼认为这是不能容忍的。

其实所谓"山家"、"山外"之争,与宋儒关于"性"、"情"的讨论,在社会内容上是一致的。认为"山家"只讲"性恶"而否认"性善",并不全面。"性具"的涵义即是性具"十界",染净善恶皆有。《补续高僧传》"知礼传",谓知礼"独于《起信》大有悟入,故多所援据;后人扁其堂曰'起信',示不忘也"。《起信》就是把"一心"分为"真如"和"生灭"二门的,也就是染净、善恶共为一心。

此外,"山家"对"山外"的斗争,也含有很多宗派情绪。他们把自己奉为正统,将对方目为异端,严加排斥。原属知礼一系的仁岳、从义,后因改变观点,也被斥为"山外",其理由,正如志磐所说:

---

① 《山家绪余集》卷中。

"父作之,子述之,既曰背宗,何必嗣法?"①庆昭弟子"以他党而外侮",仁岳则"以吾子而内畔",他们的行为"皆足以涸乱法门,壅塞祖道",都是不能允许的。世俗的宗法伦理观念进入佛教组织,更加增强了党同伐异的倾向。

"三教合一"新说 佛徒倡导的"三教合一"到宋代已成定式,并有所发展,其首倡者是孤山智圆。

智圆(976—1022),字无外,号中庸子,俗姓徐。自幼出家,21岁从奉先源清学天台教义。源清卒后,住西湖孤山,与处士林和靖为友,又和遵式相交。著述有科、记、章、钞30部71卷,另有杂著、诗文集《闲居编》51卷。据《闲居编》载,他"学通内外","旁涉老庄,兼通儒墨",认为三教各有价值,不可偏废。他自称"或宗于周孔,或涉乎老庄,或归乎释氏,于其道不能纯矣"②。

智圆的"三教合一"说,强调的是儒释一致:"夫儒、释者,言异而理贯也,莫不化民,俾迁善远恶也。儒者饰身之教,故谓之外典也;释者修心之教,故谓之内典也。……吾修身以儒,治心以释,拳拳服膺,冈敢懈慢。"③儒重"饰身",佛重"修心",内佛外儒,共同治理民众,这是他主张的特点。实际上,他更着重于用儒家的伦理观念改造佛教的心性思想。他写道:"山也,水也,君子好之甚矣,小人好之亦甚矣。好之则同也,所以好之则异乎。夫君子之好也,俾复其性;小人之好也,务悦其情。君子知人之性也本善,由七情而汩之,由五常而复之,五常所以制其情也。由是观山之静似仁,察水之动似知。故好之,则心不忘于仁与知也。……小人好之则不然,唯能目嵯峨、耳潺湲,以快其情也。孰为仁乎?孰为知乎?及其动也,则必乘其道也。"④在这里,他把"复性"和"任情"作为划分君子、小人的标准,同时规定"性"即性善,亦即儒家五常,"情"是恶源,即

---

① 《佛祖统纪》卷二二。
② 《闲居编》卷一一《病课集·序》。
③ 《闲居编》卷一九《中庸子传上》。
④ 《闲居编》卷二九《好山水辨》。

421

指七情之欲。这样,智圆要求所"复"之"性",已不是自家的佛性,而是十足的封建宗法意义上的人性。如果说唐李翱的《复性书》是吸取佛教哲学,发展儒家的人性论,智圆的"复性"说则是《复性书》的翻版,不过他是用儒家的人性论改造佛教的心性论。

(五)宋代的净土信仰

宋以前的净土信仰 作为佛教理想世界的"净土"为大多数中国僧尼所信奉,尤其是西方阿弥陀极乐世界("安乐净土")。传说东晋时慧远曾在庐山纠集僧俗多人共同发愿往生西方净土,由此有了"莲社"的建立。东魏汾州玄中寺僧昙鸾受菩提流支影响,著《往生论注》、《略论安乐净土义》等,提倡一心专念阿弥陀佛,可入西方净土。隋唐间僧人道绰,仰慕昙鸾,亦归心净土,他劝人口念阿弥陀佛名号,以豆计数,著《安乐集》。他的弟子善导(613—681),俗姓朱,临淄人,贞观十五年(641)谒道绰,后入长安广宣念佛法门,著有《观无量寿佛经疏》(简称《观经疏》)、《往生礼赞》、《净土法事赞》等。《观经疏》宣称,"一切善恶凡夫得生者",皆可依靠阿弥陀佛愿力,往生极乐净土。《往生礼赞》等主要阐述念佛、礼佛的方法、仪式。善导完成了净土信仰的教义和行仪,影响很大。

善导以后弘扬净土信仰的重要人物有少康、慧日、承远、法照等,其中慧日固然主张回心念佛,但反对专修净土。他提倡教禅一致、禅净合行、戒净双修。这种意见,在中国净土信仰群中有广泛的代表性。后人曾将历史上倡导净土信仰而有较大影响的人物编成净土宗宗系,如南宋释宗晓立慧远、善导、法照、少康、省常、宗颐等为净土传承,志磐则改为慧远、善导、承远、法照、少康、延寿、省常系统。这正说明,净土信仰以其奉行者的普遍和多样,并没有形成严格意义上的宗派。

净土信仰与其他宗派强调自力修行、自力求证、自力解脱的教义不同,主张依他力与自力结合求取来世的解脱和幸福。即以念佛行业为内因,以弥陀愿力为外缘,内外相应往生净土。它的修持法门说到底是称名念佛,简单易行,便于吸引更众多的信徒,所以也叫"易行道"。

禅净一致和台净合一　净土信仰到宋代有了新的特点。宗晓概述南宋佛教传播情况时说:"历考自古帝王兴隆释教,或建立塔庙者有之,或翻译经论者有之,或广度僧尼者有之,而未尝闻操觚染翰发挥净邦,俾一切人升出五浊,如吾圣君者。至今薄海内外宗古立社,念佛之声洋洋乎盈耳。"[①]志磐叙杭州地区净土信仰盛况则云:"年少长贵贱,见师者皆称阿弥陀佛。念佛之声盈满道路。"[②]宋代的净土信仰已经遍及佛教各派,成为共同趋向。其中,禅与净土的结合、天台与净土的融会,又是这一共同趋向中的主流。

延寿是禅净一致说的积极倡导者。他发挥慧日禅净双修的主张,认为佛教的一切修行,最后都要归向净土,并身体力行。他常"夜施鬼食,昼放生命,皆回向庄严净土","诵经万善,庄严净土"。因此,修持净土对参禅者也不能例外。他在《净土指归》中说:"有禅无净土,十人九蹉路;阴境若现前,瞥尔随他去。无禅有净土,万修万人去;但得见弥陀,何愁不开悟。有禅有净土,犹如戴角虎;现世为人师,来生为佛祖。无禅无净土,铁床并铜柱;万劫与千生,没个人依怙。"这种观点,对禅众转向兼修净土,影响极大。

另有天衣义怀著《劝修净土说》,以禅僧身份教人修习净土。但他认为,"舍秽取净,厌此忻彼",毕竟属于"妄想"分别;"若言无净土,则违佛语。夫修净土者,当如何修? 复自答曰,生则决定生,去则实不去。若明此旨,则唯心净土,昭然无疑"。[③] 这代表了禅净双修的另一种倾向:净土固然应修,但重点依然在修心。这一思想源自《维摩诘经》,亦称"唯心净土"。

宋代天台宗的净土归趣更为显著,其主要代表几乎都是净土信仰的提倡者,知礼曾集道俗近千人,勤劝念佛,"誓取往生"。遵

---

① 《乐邦文类》卷一。
② 《佛祖统纪》卷二六。
③ 《乐邦文类》卷四。

式著《晨朝十念法》,自约每天清晨念佛,"尽此一生,不得一日暂废"①。智圆主张"始以般若真空荡系著于前,终依净土行门求往生于后","虽遍想十方,而终期心于净土"。宗晓编纂净土宗重要文集《乐邦文类》、《乐邦遗稿》,收入延寿、遵式、元照、宗颐等人大量净土文论,广加传扬。

属天台宗僧的志磐著《佛祖统纪》,将宋代僧侣75人列入《往生高僧传》,几乎囊括了当时各宗所有代表人物,此外还有各类专门的《往生传》出现,如遵式的《往生西方略传》、戒珠的《净土往生传》、王古的《新修往生传》、陆师寿的《净土宝珠集》等,客观上反映了宋代佛教的一般趋势。

宋代整个净土信仰大致可分"念佛净土"与"唯心净土"两种,南宋王日休曾剖析两者的区别,着重批评了"唯心净土",所谓"心外更无净土,自性即是弥陀,不必更见弥陀"的主张。他维护"念佛净土",以为只有"持诵修行"才是"脚踏实地",使人人必生净土,径脱轮回。王日休的这种比较,也反映了佛教由禅教统一,向禅净真正结合的转变要求。

净土结社的展开 与净土信仰发展的同时,以净土念佛为活动内容的会社纷纷创立。诸如省常效法庐山莲社故事创于西湖昭庆寺的净行社、遵式在四明宝云寺建立的念佛会、知礼建于明州延庆寺的念佛施戒会、本如立于东掖山能仁精舍的白莲社等,都是宋代著名的净土社团。

会社的创立者和参加者,僧俗都有。僧侣中既有天台宗、禅宗的,也有律宗的;俗家弟子中既有普通民众,也有官僚士大夫,其中官僚士大夫又往往起骨干作用。两宋时期,官僚士大夫参禅盛行,净土结社的活动也比较普遍。苏轼曾与禅僧东林常总在庐山集道俗千余人建禅社,晚年致力于净土回归实践,"绘水陆法像,作赞十六篇",建"眉山水陆会"。其妻亡故后,设水陆道场供养。皈依禅僧义怀的官僚杨杰,既"明悟禅宗",又"阐扬弥陀教观,接诱方来"。陈

① 《乐邦文类》卷四。

瑾"晚年刻意西归,为明智作《观堂净土院记》,发挥寂光净土之旨"。释省常在西湖刺血书写《华严经·净行品》,结净行社,以王旦为首,参政苏易简等士大夫 132 人,皆称净行社弟子,比丘预者千众。文彦博兼译经润文使,在京与净严禅师结僧俗 10 万人念佛,为往生净土之愿。这些规模宏大的会社,把佛教僧侣和社会各个阶层联结起来,有效地促进了净土信仰的广泛传播,同时也推动了民间结社的风气。

宋代水陆道场之类的法会盛行,就是在净土结社的影响下,吸取中国的传统信仰和儒家观念的一个重要结果。它将超度亡灵、孝养父母、净土往生和现世利益合而为一,为世俗社会所普遍接受,流传至今。

二 辽金西夏佛教

北宋是在统一五代十国的基础上建立起来的,但国势始终孱弱。先后在东北和西北创建的金、辽、西夏三个少数民族国家,与宋王朝鼎立争霸,相互间也是时和时战。然而在思想文化上联系紧密,一体趋同,佛教则是其中主要的宗教文化纽带。佛教是在两宋和其余三国人民间普遍流行的宗教。

(一) 辽代佛教

兴起于辽河流域的契丹人,在耶律阿保机率领下,于 916 年建起了统一的大契丹国,947 年,改国为"大辽",建都于今内蒙古巴林左旗南,称作"皇都"(后改名"上京")。983 年,恢复旧国号,1066 年再称大辽国。其领域曾东起黑龙江口和日本海,西至阿尔泰山,北自克鲁伦河,南抵雁门关和河北霸县一带。1125 年被金所灭,前后 9 帝 210 年。契丹族的佛教,是随着契丹贵族逐鹿中原,与汉民族接触日益紧密而传入的。

902 年,阿保机破河北、河东九郡,徙汉民于潢河之南的龙化州(今内蒙古翁牛特旗西),在辽地建起第一座寺院——开教寺。契丹国建立后,加强了对汉文化的吸收和移植。918 年,"诏建孔子庙、佛寺、道观"。927年，阿保机平渤海国（黑龙江宁安县西）后，"乃制契丹文字三千余言"，因于所居大部落置寺，名曰天雄寺，安置由渤海国迁来的僧人。936年，耶律德光取得燕云16州，改幽州为燕京（北京西南），走上封建化道路，佛教进一步受到重视。942年，"闻皇太后不豫，上驰入侍汤药必尝。仍告太祖庙，幸菩萨堂，饭僧五万人"。说明佛教在上京已有相当大的发展。

圣宗耶律隆绪在位时期，辽进入全盛时代；汉文化实际上已成为辽统治层的文化，隆绪于释道二教皆洞其旨。统和二年（984），为其亡父忌日，诏诸道京镇遣官，行香饭僧。统和四年（986），诏上京开龙建佛事一月，饭僧万人。据《辽史》记载，圣宗时期曾数次禁私度、滥度僧尼，乃至沙汰僧尼。这表明，当时辽境内佛教的急剧发展，已到了国家难于控制的程度。此后，兴宗耶律宗真更受具足戒，"儒书必览，优通治要之精，释典咸穷，雅尚性宗之妙"。同时大量兴建寺塔，举行佛事供养，给僧侣极高的社会政治地位，"僧有正拜三公、三师兼政事令者，凡二十人，以致贵戚望族化之，多舍男女为僧尼"。到道宗耶律洪基，辽代佛教达于鼎盛。据载，他曾一年饭僧36万，一日祝发3 000人；还鼓励僧人搜集、注释佛典，自己也研习佛教教义，尤擅华严教旨。

辽代王室贵族以巨额布施支持佛教的发展，直接影响平民对佛事的投资，由此形成的寺院经济和社团组织，迥异于江南。秦越大长公主舍燕京私宅建大昊天寺，施田百顷，民户百家。兰陵郡夫人施中京（今内蒙古宁城西）静安寺土地3 000顷，民户50家，另有牛马钱谷若干。像懿德皇后一次施寺13万贯，也不算稀罕。此外，寺院领袖往往发动当地信徒组织所谓"千人邑社"，多方募集捐助，储备于寺。随着兴办的佛事不同，"社邑"的名称也不一样，如舍利邑、经寺邑、弥陀邑、兜率邑、太子诞邑、供灯塔邑等。这种寺院经济主要依赖外资扶植，一时显得十分强大，但由于缺乏自力更生能力，极易受到破坏。社邑的组织，加速了佛教信仰在民间的传播，除了与宋一样的净土信仰以外，还流行炽盛光如来和药师如来信仰。传说观音菩萨被尊为契丹族的保护神。民间喜用佛奴为小名,如观音奴、文殊奴等。

辽代佛教诸派中以华严宗和密宗最为发达,五台山是这两个宗派的研习重镇,代表著作有上京开龙寺鲜演的《华严经谈玄决择》和五台山金河寺道硕的《显密圆通成佛心要集》。《华严经谈玄决择》一书,表达了对当时禅教互相排斥现象的不满,而以澄观、宗密两家的思想为指针,提倡禅教融合。道硕的著作则进一步提倡显密统一,他说:"原夫如来一代教海,虽文言浩瀚,理趣渊冲,而显之与密统尽无遗。显谓诸乘经律论是也,密谓诸部陀罗尼是也……九流共仰,七众同遵;法无是非之言,人析修证之路。"

在显密统一中,对《释摩诃衍论》的研习最引人注目。中京报恩传教寺法悟为此论作《赞玄疏》等3种;燕京归日寺守臻著《通赞钞》等3种,志福撰《通玄钞》等3卷。《释摩诃衍论》题为龙树著、筏提摩多译,实际上是对《大乘起信论》思想的密咒化,或者说,是力图把密教重建到《大乘起信论》的哲学体系上,这与传统上以印度的瑜伽或中观为理论指导的密教有所不同。密宗的另一代表人物是燕京圆福寺的觉苑,他曾师事印度的摩尼三藏,注释《大日经》,实际上发挥的是一行的思想。因此,从整个义学看,辽代佛教更接近唐代佛教。

辽代佛教另一重要事件,是《契丹藏》的雕印成功。它始雕于兴宗(1031—1055在位),终于道宗(1055—1101在位),前后经30余年,是继宋初《开宝藏》以后又一部完整的佛教大藏经。道宗以后,此藏的印本曾数度传入高丽。

(二)金代佛教

1115年,阿骨打率女真完颜部于今黑龙江阿城县建立大金国。1125年,与宋联合灭辽;再过一年,攻占汴京,俘徽、钦二帝,灭北宋。其领域曾北自外兴安岭,南至淮河,西邻蒙古,东抵海岸。1235年,被蒙古与南宋联合消灭。前后9代,历时120年。

女真族受渤海国和高丽国影响,在开国之前已有佛教流传,攻占辽、宋领地以后,全面吸收汉文化,其中包括佛教。阿骨打为厚

427

葬开国元勋宗雄，建佛寺一所。金太宗完颜晟进一步将佛教引进王室，他曾迎旃檀像于燕京悯忠寺，每年设法会饭僧，并常于内廷供奉佛像。又曾为著名僧侣善祥、海慧等建造寺庙、佛塔。到熙宗完颜亶，加快了汉化的速度，提倡尊孔读经。他于上京立孔庙，亲往拜祭，又封孔子后裔孔璠为"衍圣公"。与此同时，优礼名僧海慧、悟铢等。

1153 年，海陵王完颜亮迁都燕京，志在灭宋，既轻视儒学，也限制佛教，佛教曾一度遭受打击。到世宗完颜雍，金代进入全盛期，重又尊孔崇儒，保护佛教。从 1162—1184 年，先后诏在燕京建大庆寿寺，赐钱 2 万缗，沃田 20 顷；在东京辽阳府建清安禅寺，度僧 500名；于仰山建栖隐寺，赐田，度僧万名。世宗即位之初，曾因军费缺乏，出售度牒、紫衣、师号、寺额，也刺激了佛教的发展。但世宗更重视儒家伦理，对佛教很注意管理，严禁民间私建寺庙。章宗完颜璟基本上继承了世宗的政策。1193 年，诏请万松行秀（1166—1246）到内廷说法，帝亲迎礼，开悟感慨，奉锦绮大僧伽衣。内宫贵戚罗拜拱跪，各施珍爱，建普度会。自 1197 年起，因财政困难，恢复出售度牒等办法，同时规定严禁私度，对在籍僧尼三年一试；僧尼必须拜父母、行丧礼。

与辽代相比，金代的佛教政策受宋王朝影响更深，思想上也更多地与宋地佛教接近，主流也是禅宗。《大金国志》说："浮图之教，虽贵戚望族，多舍男女为僧尼，惟禅多而律少。"当禅宗临济宗势力南移时，曹洞宗在北方站住了脚跟。受章宗礼遇的万松行秀就是其中最主要的禅师。据《五灯严统》本传，行秀"于孔老庄周百家之学，无不会通，恒业华严"，"儒释兼备，宗说精通，辩才无碍"。他兼有三教学问，常劝当时重臣耶律楚材以佛法治心，以儒治国，显然是宋代佛教主张的三教融合论的翻版。他的世家弟子李屏山（1185—1231），初宗儒学，为章宗时进士，后与禅僧交游，所著《鸣道集说》，反驳理学家的排佛论，提倡三教一致，以助师说，在当时影响很大。

耶律楚材（1190—1244），自称"湛然居士"，出身辽皇室，致仕于

金,后成为元初著名政治家。他曾从行秀参禅三年,亦倡三教一
致。他说:"三圣真元本自同,随时应物立宗风。道儒表里明坟典,
佛祖权宜透色空。"[1]又说:"穷理尽性莫尚佛乘,济世安民无如孔
教。用我则行宣尼之常道,舍我则乐释氏之真如。"[2]他的三教合一
思想与行秀、李屏山是一致的,但立足点有所不同。行秀认为,佛
法不仅可治心,也可以治国,具"正心、修身、家肥、国治"的全部功
效;李屏山要求"会三圣人理性蕴奥之妙,要终指归佛祖而已",这都
是站在佛教立场上立论。耶律楚材则始终从儒家立场说话,正如《湛
然居士文集·后序》的作者所评论的:"观居士之所为,迹释而心儒,名
释而实儒,言释而行儒,术释而治儒。彼其所挟持者,盖有道矣。"

　　金统治时期,又有一部重要刻本大藏经问世,这就是 1933 年在
山西赵城县广胜寺发现的《赵城藏》(又名《赵城金藏》)。雕刻该藏
的发起人是比丘尼崔法珍,地点在山西解州天宁寺,大约于熙宗皇
统九年(1149)开刻,至世宗大定十三年(1173)完工。

(三) 西 夏 佛 教

　　西夏是两宋时期党项羌族所建的国家,1038 年由李元昊创立,
国号"大夏",或自称"大白上国"、"邦泥定国",建都兴庆府(今宁夏
银川),曾设有 22 州,"方二万余里",包括今宁夏全部、甘肃大部、陕
西北部,以及青海、内蒙古和新疆部分地区。宝义二年(1227),被蒙
古所灭,前后经 10 主,历 190 年。

　　西夏地处通向西域的要道,佛教交往历来频繁;当时与之毗邻
和杂居的契丹、回鹘、吐蕃和汉族,均盛行佛教,所以西夏接受佛教
信仰,就成了必然的选择。元昊的李氏家族,可能是世代奉佛,到
了元昊,更以精通"浮屠学"著称。他在称帝前后,已经着手建塔造
寺,请经译经,为发展西夏佛教作基本建设;同时规定,每季第一个
月的朔日为"圣节",命境内官民礼佛,作为向全社会普及佛教信仰

429

----

[1]《湛然居士文集》卷二。
[2]《湛然居士文集》卷六。

的重大措施。

第二代皇帝毅宗的母后没藏氏专权,继续推动佛教的发展。1050年开始兴建规模宏大的承天寺,历时六年才得完工。他们母子二人先后三次向宋朝求请大藏经。此后历代皇帝和皇太后都很热心佛教事业,给予佛教僧侣的地位极高,并使他们享有特权。据《天盛律令》,"皇帝之监承处'上师'、'国师'、'德师',皇太子之师'仁师',诸王之师'忠师'",这些师号都是用来授予僧人的。按西夏文《官阶封号表》,"国师"、"德师"与中书、枢密同为上等司位;"仁师"、"忠师"属次一等的谏师位。"上师"(尚师)的地位可能最高,西夏的后期即转称"帝师"。"帝师"统辖全境一切佛教事务,现知曾有过三个"帝师"。"国师"则担当于两个功德司(管理僧侣的国家机构)的正职,其中一个管理在家僧人,一个管理出家僧人;这说明在西夏境内,还有在家的僧侣,而且为数不少,具体情况不详。目前已知的"国师"有26个,封号28种。国家明令保护佛教建筑和寺院财产及设施,绝对不容侵犯;有地位的上层僧侣犯罪,可以罪减一等,或用赐绯、赐紫等待遇抵罪。

西夏佛教最重要的事业当是用西夏文翻译汉文大藏经。它的前四朝已经完成译经812部3 579卷,名《番大藏经》,后来继续有所增补,并反复校勘。所据版本先为"南经",当是宋版《开宝藏》;后为"北经",可能是《契丹藏》和《金藏》;此外,有少部分译自藏文佛典,个别或有梵文本。目前发现的西夏文佛籍约400种1 000余卷。

西夏的大型佛教活动,多挂在王室私人名下进行,译经也不例外。其译者署名,大多是皇帝和皇太后。例如《慈悲道场忏法》等题为"天生全能禄番佑圣式法皇太后梁氏御译,就德主世增福正民明大皇帝嵬名御译",《佛说宝雨经》等署称"胜智广禄治民集礼德圣皇太后梁氏御译,神功胜禄习德治庶仁净皇帝嵬名御译"。从这些皇帝和皇太后的称谓中,大体可以看出西夏王朝之所以奉佛的价值趋向。

西夏佛教初期,多浸润内地宋的佛教,禅宗、净土和密宗最为活跃。《六祖坛经》、《禅源诸诠集都序》等禅籍都有西夏译本,而弥勒的兜率天宫尤为西夏帝王所信仰。至于中后期,则受吐蕃佛教影响更大,加上此后蒙元对于喇嘛教的大力扶持,在很大程度上改变了西北地区佛教的历史面貌,一直延续至今。

西夏的佛教艺术,反映了多民族文化汇集和融合的特色,有很高的水平。崇宗时建造的甘州(今甘肃张掖县西南)卧佛寺,是迄今河西地区所存最大的古建筑群之一。银川西北、贺兰山东麓的拜寺口双塔,贺兰县贺兰山的拜寺沟方塔,同心县韦州古城东南的康济寺塔,均为密檐式十三层砖塔,多作八角形或正方形;银川东北、贺兰县境内的宏佛塔,则取楼阁塔和喇嘛塔复合结构;位于宁夏青铜峡县峡山口、黄河西岸的一百零八塔,更全是喇嘛式实心砖塔。对于维护、修建和改建敦煌石窟群,西夏也下了很大的功夫,据统计,凡莫高窟、榆林窟以及东千佛洞等共有西夏洞窟70多个,保存有许多精美多彩的壁画和塑像。由写经和碑刻带动起来的书法艺术,也极有价值。

三 元代佛教

原分布于额尔古纳河流域的蒙古人,在成吉思汗的率领下,统一大漠南北,于1206年建立蒙古汗国。1260年,忽必烈在开平(内蒙古正蓝旗东)即帝位,1271年定都大都(北京),国号"大元"。1279年灭南宋,征服全国,成为汉唐以来中国历史上版图最大的王朝,其疆域东起海岸,西到新疆,南至海南,北领西伯利亚大部,东北起自鄂霍次克海,西南囊括云南、西藏。到1368年朱元璋攻克大都为止,有元经11帝,历98年。

(一) 元代喇嘛教

从成吉思汗时起,蒙古统治者就试图把喇嘛教作为联系西藏上层的重要纽带。西藏归顺蒙古后,忽必烈特别支持萨迦派的发展。建都燕京后,以八思巴为国师、帝师,统领天下释教,推动了喇嘛教在藏、蒙和北方部分汉民地区的传播。在大一统的国家内,空前密切了藏蒙、藏汉等各族之间的思想文化交流,加强了西藏和中央政权的联系。

从八思巴开端,终元之世,历朝都以喇嘛为帝师。新帝在即位之前,必先就帝师受戒。帝师也是元中央的重要官员,领中央机构总制院事。总制院后改称宣政院,是中央管辖全国佛教和西藏地方行政事务的机构。因此,帝师不只是喇嘛教和西藏地方的领袖,而且也是全国佛教的首脑。此外,中央又在南宋旧都杭州设置江南释教总统所,任命喇嘛僧统理,直接管辖江南佛教,后并入宣政院。喇嘛教统治着全国佛教。

喇嘛僧在元代享有各种政治、经济特权。宣政院曾规定:"凡民殴西僧者,截其手;骂之者,断其舌。"①喇嘛教上层实际上成了元代的一个特殊阶层。他们中有些人飞扬跋扈、为非作歹、掠夺财物、残害民众,为害不可胜言。如帝师相琏真伽,元世祖时为江南释教总统,他利用职权,劫掠财物、发掘陵墓、戕杀平民,干尽坏事,事发被查抄时,除金银珠玉之外,有田2.3万亩、私庇不输公赋者2.3万户,将民50余万变为佃户,另有藏匿未露者不计其数。元朝赏赐给大喇嘛的金银财宝,多至无法估计,史书中有"国家财富,半入西蕃"的评语。元王朝最终也陷进了喇嘛教的腐败之中,其中内宫丑闻迭出,是表现之一。

元统治者之所以大力扶植喇嘛教,最初的用意在于把它作为沟通西藏关系,羁縻边远居民(包括畏兀儿等)的手段。《元史·释老传》曰:"元起朔方,固已崇尚释教,及得西域,世祖以地广而险远,民犷而好斗,思有以因其俗而柔其人,乃郡县土番之地,设官分职,而领之于帝师。"事实上,这些做法信仰的成分甚少,主要是出于"因其俗而柔其人"的政治目的。另外,元王朝作为少数民族上层建立的政权,也有意使喇嘛教在控制汉民族中起作用。

(二) 元帝室与佛教

元朝虽以藏传佛教为国教,但对其他宗教如汉地佛教、儒教、

---

① 《元史》卷二〇二《释老传》。

道教,乃至外来的回教、基督教等,也不排斥,取宽容的态度。汉地佛教与藏传佛教有许多共同点,作为佛教,一般均为历代帝室所崇尚。

元世祖忽必烈带头崇佛,他于"万机之暇,自持数珠,课诵、施食"。1261年建大乾元寺、龙光华严寺。1285年,"发诸卫军六千八百人,给护国寺修道"。他对佛事也很热心,1285年,于西京普恩寺集全国僧侣4万人举行资戒会7日,并令帝师于各大寺庙做佛事19会。1287年,命西藏僧侣在宫廷以及万寿山、五台山等地举行佛事33会。忽必烈"自有四海天下,寺院田产二税尽蠲免之,普令缁侣安心办道"①。这在宋辽是没有的。

此后诸帝对待佛教,大多依世祖的范例办理。如成宗大德元年(1297),建临洮寺,又在五台绝境建万寿佑国寺。大德五年(1301),"赐昭应宫、兴教寺地各百顷,兴教寺仍赐钞万五千锭;上都乾元寺地九十顷,钞皆如兴教之数;万安寺地六百顷,钞万锭;南寺地百二十顷,钞如万安之数"②。这种营造大寺院和大规模赐田赐钞的风气,有元一代几乎没有中断。其结果,"凡天下人迹所到,精兰胜观,栋宇相望"。两宋以来逐渐稳定、衰退的佛教,又有了新的高涨。据至元二十八年(1291)宣政院统计,当时境内有寺4.2万余所,僧尼21万余人,加上伪滥僧尼,至元代中叶,总数约在百万。由于帝室对佛教的多方庇护,一些寺院大量兼并土地,甚至公然侵夺公田、民户。成宗时,常州僧录将官田280顷归为己有;仁宗时,白云宗总摄沈明仁强夺民田2万顷。大德三年(1299)统计,仅江南诸寺即拥有佃户50余万。元代寺院除经营土地,也从事各种商业、手工业活动,各地当铺、酒肆、碾硙、货仓、旅店、邸店等多为寺院所有,比之宋代还要活跃。

①《佛祖历代通载》卷二二。
②《元史》卷二〇《成宗纪三》。

（三）汉地佛教诸宗

元代内地佛教以禅宗为主流。北方有万松行秀、雪庭福裕一系的曹洞宗和海云印简一系的临济宗；南方有云峰妙高、雪岩祖钦、高峰原妙、中峰明本、元叟行端等所传的临济宗。总的说来，曹洞盛于北方，临济盛于南方。

行秀在入元后应耶律楚材之请，著《从容录》，其影响稍逊于《碧岩录》，也是文字禅的典范。耶律楚材后应成吉思汗之召，扈从西征，深受器重。成吉思汗去世后，他被窝阔台任命为中书令，从事"以儒治国，以佛治心"的教化活动。福裕随行秀出家，先住燕京奉福寺，后住嵩山少林寺，门下弟子相承，绵延不绝，成为曹洞宗在北方的主力。福裕受定宗诏住和林兴国禅寺，受宪宗诏诣帐殿奏对称旨，又受世祖"光宗正法"赐号。仁宗皇庆元年（1312），制赠福裕大司空、开府仪同三司，追赠晋国公。

海云印简曾为忽必烈说法传戒，住正定临济院，在北方中兴临济宗。他的在俗弟子刘秉忠，在忽必烈时参决军政大事，世祖即位后，负责起草朝仪、官制等典章制度，在元初有很高的政治地位。

南方临济宗属杨岐派法系。云峰妙高曾北上参加元世祖召集的禅、教、律三宗辩论。雪岩祖钦得法于径山师范，他的语录强调儒释一致。高峰原妙初习天台，后学参禅，成为祖钦弟子。中峰明本得悟于原妙，是元代重要禅僧，丞相脱欢和翰林学士赵孟頫等曾从他学禅。他的弟子天如惟则在前人基础上，进一步提倡禅净合一。以上为克勤下虎丘绍隆一系所传。元叟行端则为克勤下大慧宗杲一系所传，大约与明本同时，他的弟子楚石梵琦也是当时知名的禅僧。

受宋代佛教影响，天台宗在杭州、天台一带仍继续传播。活动于杭州的湛堂性澄，于英宗至治二年（1321）应召入京校大藏经，其弟子玉岗蒙润住杭州下天竺寺，著《天台四教仪集注》，为天台宗的普及性著作。性澄另一弟子绝宗善继住天台山，晚年专修净土。

元代华严宗仍主要传播于五台山。仲华文才为五台山佑国寺住持,其弟子有五台山晋宁寺的大林了性等,有一定影响。

(四) 白莲教与白云宗

在传统佛教宗派外,元代江南地区还流行白莲教和白云宗等教团。

白莲教是在宋代结社念佛、净土信仰广泛发展的情况下产生的。它在初创时期是佛教的一个世俗化教派,但在后来则演化为民间秘密社团。

白莲教由南宋初年江苏吴郡延祥院僧人茅子元创建。据《莲宗宝鉴》,茅子元先学天台教义,习止观禅法,后慕东晋慧远莲社遗风,"劝人归依三宝,受持五戒","念阿弥陀佛五声,以证五戒";制定晨朝礼忏仪,劝人信仰西方净土。他在江苏青浦县(今属上海市)的淀山湖边,建立"莲宗忏堂",修持净业,自称"白莲导师"。他提倡吃斋念佛,不杀生,不饮酒,男女僧俗共同修持。其信徒因断肉食菜,故又名"白莲菜"。

白莲教的教义以为,净秽迷悟只是一心作,根据心的染净程度,众生所生净土才有高下差别,因此,它要求把修心与修净土结合起来。白莲教在民众中得到迅速传播。绍兴(1131—1162)初年,当局以"食菜事魔"的罪名将茅子元流配江州(江西九江),绍兴三年(1133)被赦,宋高宗召见,并赐"劝修净业莲宗导师慈照宗主"的称号。子元卒后,小茅阇黎等人继续倡导,使白莲教盛行于南方。

元代白莲教与民间信仰逐渐融合,群众基础日益广泛,政府屡屡感到不安。武宗至大元年(1308),诏令"禁止白莲社,毁其祠宇,以其人还隶名籍"[①]。由于庐山东林寺普度撰《庐山莲宗宝鉴》,解释子元白莲教正义,加上白莲教其他上层人物的积极活动,一度恢复了它的合法地位。但白莲宗的下层则转向秘密发展,教义也有变化,成了鼓动和组织农民反抗统治者的手段,终于导致了元末农民的大起义。

---

① 《元史》卷二二《武宗纪》。

白云宗原属华严宗的一支,是北宋末年居杭州白云庵的沙门孔清觉(1043—1121),提倡菜食为主,吸引在家信众而建立的一个团体。其信徒名"白云菜"或"十地菜"。

清觉以为唯《华严经》教义是"顿教",属"菩萨十地"中第十地,因而是引导众生成佛的"佛乘",需要特别加以弘扬。他依据华严宗"圆融无碍"之说,着力提倡儒释道三教一致,认为儒教明乎仁义礼智信,忠孝君父;佛教慈悲救苦,化诱群迷;道教则寂默恬淡,无贪无爱。虽然各有特点,其义则一。白莲宗僧人可娶妻生子,白云宗则不许娶妻,但强调信徒要耕稼自立。其余在戒荤、戒酒、戒杀等方面两宗大体相同。在浙江西部农村中,白云宗得到很多信徒,据说往往有以修忏念佛为名,男女混杂秽乱的情况,故被视作"邪教"。政和六年(1116),清觉被发配至广南恩州(今广东恩平),四年后获释。南宋嘉泰二年(1202),有奏曰:道民"吃菜事魔,所谓奸民者也。自植党舆,十百为群,挟持妖教,聋瞽愚俗。或以修路建桥为名,或效诵经焚香为会,夜聚晓散,男女无别,所至各有渠魁相统……假名兴造,自丰囊橐,创置私庵,以为逋逃渊薮"[1],故请禁止流行。宁宗准奏。

到了元代,白云宗一度有较大发展,杭州南山普宁寺成为该宗中心。该寺住持道安组织雕刻了又一部大藏经,名《普宁藏》,除了复刻宋代思溪《圆觉藏》外,还加入了白云宗的撰述和元代新译经。元仁宗延祐七年(1320),白云宗再次遭到严禁。

四 明代佛教

(一)明代佛教政策

明王朝建立之初,便推崇理学,强化理学专制思想统治。朱元璋说:"天下甫定,朕愿与诸儒讲明治道。"[2]对佛教控制相当严格。

明太祖朱元璋17岁于濠州(今安徽凤阳)皇觉寺出家,25岁投

---

① 《佛祖统纪》卷五四。
② 《明史》卷三《太祖纪》。

入白莲教徒郭子兴部下，加入打着佛教旗号的农民起义行列。他也目睹了元代崇尚喇嘛教产生的诸多流弊，以致成为腐败亡国的因素之一，因此，他对佛教内幕及其与社会政治的关系深有所知。即位后，他对佛教基本采取既利用又整顿，着重在控制的方针。

洪武元年（1368），朱元璋在金陵天界寺设善世院，命慧昙（1304—1371）主持，管理全国佛教。其下又置统领、副统领、赞教、纪化等员，以实现对佛教教团全面有效的控制。洪武十五年（1382），分寺院为禅、讲、教三类，要求寺院僧众分别专业。禅，指禅宗；讲，指华严、天台、法相诸宗；教，取代以前的律寺，从事瑜伽显密法事仪式，举办为死者追善供养、为生者祈祷求福等活动。教寺的建立，反映了社会各阶层对佛教法事的强烈兴趣，也是佛教深入民间，正在变成民俗的一种表现。为了便于管理，各类僧侣的服色也有规定，不准混淆。同年，又诏令禁止寺田买卖，在经济上加强对寺院的管制。

朱元璋对佛教强化管理的根本目的，在于切断它与民众的组织联系，防止惑众滋事，以至成为造反起义的手段。洪武二十四年（1391），发布"申明佛教榜册"，谓："今天下之僧，多与俗混淆，尤不如俗者甚多，是等其教而败其行，理当清其事而成其宗。令一出，禅者禅，讲者讲，瑜伽者瑜伽，各承宗派，集众为寺。有妻室愿还俗者听，愿弃离者听。"二十七年（1394）又发布新的"榜册"，进一步规定：不许僧人以化缘为由，强索捐助，奔走市村；不许僧人结交官府，也禁止俗人无故进入寺院。他要求僧侣依据条例，"或居山泽，或守常住，或游诸方，不干于居，不妄入市村，官民欲求僧以听经，岂不难哉！如此，则善者慕之，诣所在焚香礼请，岂不高明者也！"换言之，僧侣只能从事与佛教信仰有关的活动，其他俗务，特别是聚敛财富、干预政事，是绝对不允许的。他特别提倡沙门讲习《心经》、《金刚》与《楞伽》三经，力图引导佛教在思想上统一。

太祖废除了喇嘛教在内地的特权，但并没有中止喇嘛教与内地的联系。他继续给喇嘛以优渥的礼遇，并以此作为皇权中央管辖西藏地方的重要渠道。洪武六年（1373），前元帝师喃迦巴藏卜入朝,被赐以"炽盛佛宝国师"称号;次年,八思巴之后公哥监藏巴藏卜入朝,被尊为"帝师"。又置西宁僧纲司,由喇嘛任都纲;在河州设番、汉二僧纲司,由藏僧任僧官。

朱棣以僧人道衍(1335—1418)为谋主,发动"靖难之变",经四年战争,夺取帝位,是为明成祖。成祖即位后,论功以道衍为第一,乃复其姚姓,赐名广孝,使常居僧寺,冠带而朝,退仍缁衣。为此,成祖对于佛教有所偏护,永乐十八年(1420),为《法华经》作序,颂扬佛教功绩;又亲撰《神僧传》,树立僧人形象。他对西藏喇嘛教尤为重视。即位之初(1403),即遣使迎哈立麻至京,给以"大宝法王"称号。又遣使入藏邀请宗喀巴,宗喀巴派弟子释迦智(1354—1435)来京,成祖给以"大慈法王"称号,令任成祖、宣宗两代国师。永乐年间(1403—1424)受封的藏族喇嘛有五王、二法王、二西天佛子、九大灌顶国师、十八灌顶国师。

当然,明成祖对内地的统治依然以儒家思想为指导,他明确宣布:"朕用儒道治天下","朕所用治天下者,'五经'耳";"世人于佛老竭力崇奉而于奉先之礼简略者,盖溺于祸福之说而昧其本也"。

明王朝的佛教政策,由前两代奠基,此后没有多少变化,但由于政治、经济的多种因素,也时有摇摆。明初废除僧侣免丁钱,度牒免费发给;但对剃度,则严加限制,曾规定三年发牒一次,男子非40岁以上、女子非50岁以上不准出家。出家者还必须经过考试,各州县寺院和僧尼数目也有限额。实行的结果,私度者依然存在,尤其是刺激了民间宗教社团的发展,以致威胁到明王室的安全。代宗景泰二年(1451)开始卖牒救灾,后世沿袭,直到明末,由此促使僧尼剧增,寺院竞建。据《大明会典》统计,成化十七年(1481)前,京城内外的官立寺院已多至639所,后来还续有增建。成化十二年(1476)度僧10万,二十二年(1486)又度僧20万,估计全国有僧50万。相对宋元两朝言,数目也不算太多。

从总体上看,明代佛教仍然以禅宗和净土宗最为流行,思想理论上则甚少创新。

明初禅宗有楚石梵琦,是元叟行端的弟子,被袾宏誉为"本朝第一流宗师",也提倡净土修持,所著《净土诗》云:"一寸光阴一寸金,劝君念佛早回心";"尘尘刹刹虽清净,独有弥陀愿力深"。这也是宋元禅僧的一般趋向。

明中叶后,临济宗下著名禅僧有笑岩德宝,其弟子为幻有正传,正传门下有密云圆悟、天隐圆修、雪峤圆信,三人各传一方。圆悟弟子汉月法藏著《五宗原》,圆悟见后,予以批驳,曾引起一场绵延至清初的长期争论。曹洞宗也有几个重要禅师,如无明慧经以及其弟子无异元来和永觉元贤等。元来强调教禅一致、禅净合一,鼓励禅僧念佛,发愿往生净土。元贤则提出儒释道三教一理的主张。认为教虽有"分",理只有"一","理一而教不得不分,教分而理未尝不一"。他又说:"教既分三,强同之者妄也;理实唯一,强异之者迷也……盖理外无教,故教必归理。"①因此,三教毕竟统一于"一理",世界一切也都应归于"一理"。在把"理"作为最高本体方面,明代佛教与宋明理学完全一致起来。

明代官僚士大夫受佛教影响依然很深,中后期参禅学佛的风气有所抬头。王阳明(1472—1528)继宋代陆九渊"心即理"的命题,提倡"心外无物"、"知行合一",发展理学新领域,只有在佛教哲学大气氛的熏陶中才能形成。至于李贽(1527—1602)对道学的激烈批判,公开打出佛学旗号,采用佛学的思想语言。他用《起信》等讲的"真心"解说他的"童心",用般若的"真空"否定"伦物"的神圣,他也像南宗禅僧那样自在不羁。李贽开辟了居士佛教同宋明理学对立的一途,至清代而形成一大社会思潮。颇受李贽影响的袁宏道(1568—1610),中年参禅,文学创作上抒发"性灵",与晋宋之际谢灵运等以佛经求"灵性"相呼应;后入净土,撰《西方合论》10卷,提倡禅净合一、归宗净土。他认为:"神宗密修,不离净土;初心顿悟,未出童真。入此门者,方为坚固不退之门。"袁氏兄弟三人皆好佛,主张类似。其兄袁宗道(1560—1600)称颂《西方合论》,谓"念佛一门,于居士尤为吃紧,业力虽重,仰借佛力,免于沉沦"。明清居士多修

① 《呓言》。

439

净土念佛,即使一些大文豪也在所难免,其影响直至民国初年。

(二)善书和宝卷的流行

三教合一与佛教向民间深层的广泛发展,促使许多适应不同信仰层次的著述问世,总称为"善书"和"宝卷"。

"善书",谓劝善之书,原是在道教信仰基础上,糅合三教之说,以阐述"诸恶莫作、诸善奉行"的。《太上感应篇》作于宋代;继之有《文昌帝君阴骘文》、《关圣帝君觉世真经》等流行。

受《太上感应篇》的启发,明代袁了凡著《阴骘录》,释袾宏加以改编,撰成《自知录》,成为以佛教为主体的劝善书。它把世间思想行为判为善、恶两门,善的内容包括忠孝、仁慈、三宝功德等,恶的内容则是不忠不孝、不仁不慈、三宝罪业等,实际上是将封建主义的伦理规范完全溶解到佛教的教义之中。明末以来,这类劝善书在民间广为流传,给社会生活以深刻影响。

"宝卷"是由唐代佛教变文演化而成,同样以三教合一思想为基本内容。较早所用题材多为佛教故事,宋元以后则加入民间传说,据信现存的《香山宝卷》就是宋释普明所撰。随着民间宗教社团的出现,"宝卷"又成了阐扬其教义宗旨的基本形式,具有权威经典的性质。明代万历(1573—1619)前后,宝卷的刊印达到极盛,对普及佛教在民间的流传起了重要作用,并多为民间秘密结社所用。

(三)明末"四大高僧"

明代万历(1573—1620)时期,佛教义学有一定发展,其中学识广博、在士大夫阶层中影响较大,对促进居士佛教起过重要作用的有云栖袾宏、紫柏真可、憨山德清、蕅益智旭,后世称为明末"四大高僧"。

云栖袾宏(1535—1615),别号莲池,俗姓沈,杭州人。他的思想,继续贯彻宋、明以来教禅并重、三教合一的主张,而以净土为归趣。他认为,"其参禅者借口教外别传,不知离教而参是邪因也,离教而悟是邪解也","是故学佛者必以三藏十二部为模楷"。① 但说到底,念佛才是求得解脱的最好方式,他说:"若人持律,律是佛制,正好念佛;若人看经,经是佛说,正好念佛;若人参禅,禅是佛心,正好念佛。"②祩宏自称"予一生崇尚念佛"。他对华严教义也有相当高的造诣。清代释悟开《莲宗九祖传略》将他列为莲宗第八祖。

祩宏对净土实践也十分重视,他提倡戒杀放生、慈悲众生,以传统道德约束徒众。为使各种佛教法会在民间更加普及,他重订了水陆仪轨。关于三教关系,祩宏认为,佛教可阴助王化,儒教可显助佛法,两者可相资而用。他说:"核实而论,则儒与佛,不相病而相资……不当两相非而当交相赞。"③原因是三教"理无二致,而深浅历然;深浅虽殊,而同归一理。此所以为三教一家也"④。这既是向佛徒的教导,更是向排佛的道学家的解释。他一生的著作 30余种,后人集为《云栖法汇》。

紫柏真可(1543—1603),俗姓沈,江苏吴江人。他的思想与祩宏大致相同。时人顾仲恭指出,真可可贵之处,在于他"不以释迦压孔老,不以内典废子史。于佛法中,不以宗压教,不以性废相,不以贤首废天台。盖其见地融朗,圆摄万法,故横口所说,无挂碍,无偏党"⑤。他以为禅家只讲机缘,佛徒只知念佛求生净土,各是一种片面,只有文字经教才是学佛的根底。因为般若学者历来认为,不通文字般若,即不得观照般若,更不能契会实相般若。

真可曾发起雕刻大藏经,即《嘉兴藏》(或名《径山藏》)。《嘉兴藏》摒弃了一向沿用的折叠式装帧(梵筴式),而采用线装书册式装帧(即方册式),对佛籍的传播带来许多方便。

憨山德清(1546—1623),俗姓蔡,安徽全椒人。德清少年时攻读儒书,19岁出家,初从摄山栖霞寺法会学禅,再从明信学华严,后

441

①②《竹窗随笔·经教》。
③　《竹窗二笔·儒佛交非》。
④《正讹集·三教一家》。
⑤《跋紫柏尊者全集》。

来北游参学,听讲天台、法相。万历十一年(1583),赴今青岛崂山结庐安居,得到皇太后资助,多用于施救孤苦和建立寺院,二十三年(1595),以私创寺院罪充军雷州,常在广州着罪服为众说法。遇赦后,辗转于衡阳、九江、庐山、径山、杭州、苏州、常熟等地,终老于曹溪。他的论疏亦富,后人集为《憨山老人梦游集》。

德清一生受法会禅师影响最深。法会力主禅净兼修且通达华严,故德清虽为临济宗下禅僧,思想上却提倡诸宗融合。时人吴应宾评价德清道:"纵其乐说无碍之辩,曲示单传,而熔入一尘法界,似圭峰(宗密);解说文字般若,而多得世间障难,似觉范(慧洪);森罗万行以宗一心,而无生往生之土,又似永明(延寿)。"[1]对于"禅",德清有自己的特殊见解,以为"禅乃心之异名,若了心体寂灭,本自不动",完全可以不拘是坐是行,是"入"是"出"。但在教人上,他仍然重视念佛净土法门,以为修念佛三昧,足以统摄三根,圆收顿渐,一生取办,无越此者。

德清对于三教合一的主张,既不限于宗派上的宽容,也不限于思想上的相互融会,而是要求对三者均有专门的探究。他说:"为学有三要,所谓不知《春秋》不能涉世,不精老庄不能忘世,不参禅不能出世。此三者,经世、出世之学备矣,缺一则偏,缺二则隘,三者无一而称人者,则肖之而已。"[2]他还强调此"三者之要在一心",得此一心,则"天下之理得矣"。三教之所以一致,也是因为三教同此一心,故曰:"三教圣人,所同者心,所异者迹也。"[3]这与明代心学家的思想是十分吻合的。

蕅益智旭(1599—1655),别号"八不道人",俗姓钟,江苏吴县(今苏州)人。少习儒书,曾著《辟佛论》辟佛,后受袾宏著作影响,皈依佛教。24岁从德清弟子雪岭出家。先阅律藏,后学法相、禅、华严、天台、净土诸宗。

---

① 《憨山大师塔铭》。
② 《憨山大师梦游全集》卷三九《说·学要》。
③ 《憨山大师梦游全集》卷四五《道德经解发题·发明旨趣》。

智旭从宗派上说属于天台宗,但鉴于"近世台家与禅宗、贤首、慈恩各执门庭,不能和合",故而不愿为天台宗人。他的思想被人以"融会诸宗,归极净土"概括。他自己也说:"若律、若教、若禅,无不从净土法门流出,无不还归净土法门。"①

智旭少事理学,进入佛门后,仍对理学抱有感情,他提倡"以禅入儒,诱儒知禅",著《周易禅解》、《四书蕅益解》。他把"孝"作为二者调和的基础,认为"世出世法,皆以孝为宗","儒以孝为百行之本,佛以孝为至道之宗"。他由儒佛的调和进而达到三教一致,谓:"道无一,安得执一以为道? 道无三,安得分三教以求道? 特以真俗之迹,姑妄拟焉。则儒与老,皆乘真以御俗,令俗不逆真者也。释乃即俗以明真,真不混俗者也。故儒与老主治世,而密为出世阶;释主出世,而明为世间祐。"②

智旭曾以阅读藏经20年的资料积累为依据,编成《阅藏知津》一书。该书兼具佛经目录和经籍提要的特点,对后世的刻经和阅藏有一定影响。

五 清代佛教

(一)清帝室和佛教

1644年,满洲贵族爱新觉罗氏攻取北京,替代明王朝入主中原,建立了多民族统一的大清帝国。从康熙到乾隆期间(1662—1795),内服诸藩,外御殖民主义者侵略,疆域东起诸海,西至帕米尔,北自萨彦岭,南到南沙群岛;东南抵台湾,西北至巴尔喀什湖、楚河;东北起自鄂霍次克海、外兴安岭,西南到西藏和克什米尔之拉达克。1840年鸦片战争后,清王室丧权辱国,使中国逐步沦为半殖民地半封建的国家,1911年被孙中山领导的辛亥革命推翻。清王朝前后延续了267年。

满族原来信仰萨满教,对天神地祇的崇拜十分流行,与汉民族

① 《灵峰宗论》卷六之一《序一·刻净土忏序》。
② 《灵峰宗论》卷五之三《儒释宗传窃议序》。

对天帝和土地的传统信仰极其相似。金代佛教相当发达,后金接受金的影响,对佛教也不陌生,早在入关以前即与西藏喇嘛教发生联系。及至统一全国,吸收明王朝的政治制度,进一步加强了君主专制主义;在文化领域,大力崇奉孔子,提倡理学,禁止文人结社,实行空前严格的思想统制。对内地佛教继续采取利用,但从严控制的政策;对喇嘛教,则主要当作羁縻蒙藏上层、巩固中央统治的手段。

清代僧官取自明代旧制,在京设僧录司,有"正、副掌印"各1人,下设左右善世2人,阐教2人,讲经2人,觉义2人;各府、州、县各设僧纲、僧正、僧会1人,"由该地方官拣选,具结详报督抚,由督抚咨部派札补授,年终汇报吏部。其钦记由该省布政司给发"①。全国佛教严密地控制在僧官手中;而僧官也没有独立的政治权力,只有执行和协调世俗政权的任务。《大清律例》还规定,不许私建或增置寺院,不许私度僧尼,严格执行出家条件,严厉制裁淫乱僧尼等。

但是,作为统治思想的补充和个人精神生活的需要,清帝室也不乏对佛教表示兴趣的君主。清世祖曾先后召憨璞性聪、玉林通琇、木陈道忞禅师入内廷说法,并分别赐号。一般认为,世祖在宠妃董氏死后,曾考虑过弃位出家。康熙帝六下江南,凡至名山大寺,往往书赐匾额。他又将明末隐迹山林的高僧逐一引入京师,以便控制和吸引亡明士人。雍正帝对禅颇有研究,自号"圆明居士",曾辑《御选语录》19卷,并为这些语录撰写序文20余篇。其《御制总序》称:"朕膺元后父母之任,并非开堂秉拂之人,欲期民物之安,唯循周孔之辙。所以御极以来,十年未谈禅宗,但念人天慧命,佛祖别传,拼双眉拖地以悟众生,留无上金丹以起枯朽。"他提倡用"周孔"思想指导禅学,从而统一佛教。

雍正还撰有《御制拣魔辨异录》,把去世近百年的法藏重新提出作思想鞭挞。法藏与圆悟同是明末江南的著名禅僧。圆悟传法

---

① 《大清会典》卷三六《礼部·僧官道官》。

26年,言满天下,王公大人皆自远趋风。他以"即事而真"为指导思想,以"棒喝交驰"教授学徒,突出"日应万缘而不挠其神,千难殊对而不干其虑",是禅宗不问是非善恶的翻版。卒后,钱谦益为其撰《塔铭》。法藏拜圆悟为师,但以直承北宋觉范(惠洪)的《临济宗旨》自居,以"危言深论,不隐国是",为士林所敬。从现存的言论看,他主张"但了凡心,别无圣解",把着衣吃饭、嬉笑怒骂都看作是禅的表现;以为"人心"即是"两端",不参穷富善恶,不可得悟。这类观点与圆悟显然不同。当他作《五宗原》,阐发觉范对禅宗五家分宗的新说时,立即引起圆悟的驳难。由此开展了两家的争论,延续到他们死后的清代初年。法藏的禅思想得到黄宗羲等明末遗民的赞赏。至此,雍正直斥法藏等人"实为空王之乱臣,密云(圆悟)之贼子,世出世法并不可容者"。最后雍正以"天下主"的身份,敕令地方官吏详细查明法藏一支所有徒众,在组织上予以彻底摧垮。这一事件具有政治意义,反映清帝的心态相当复杂。

乾隆年间(1736—1795),完成了由雍正开始的汉文大藏经的雕刻,是谓《龙藏》。乾隆三十八年(1773),乾隆帝又组织人力将汉文大藏经译成满文,经18年完成,与由藏文译成的蒙文大藏经同时雕印。他明确表示,翻译满文藏经的目的,不在于要人们懂得佛教的哲理,而是使他们"皆知尊君亲上,去恶从善"。这个态度大致代表了清代诸帝的共同意向。

(二)内地佛教

据《大清会典》统计,清初各省官建大寺6 073处,小寺6 409处;私建大寺8 458处,小寺58 682处。有僧110 292人,尼8 615人。总计寺院79 622处,僧尼118 907人。至乾隆初四年(1736—1739)已共发出度牒340 112张,令师徒相传,事实上私度并未停息。据近人太虚估算,清末各省约有80万僧人。事实上,清代佛教随着国力衰弱,寺院荒废日甚,加上战火破坏,佛教在晚清已经处于全面衰退的阶段。

清代内地佛教,主要是禅宗和净土宗,而以清初的禅宗最为活跃。临济宗分出天童系和盘山系,曹洞宗分出寿昌系和云门系,由此形成清代禅宗的基本格局。这个时期围绕新旧王朝的更迭,促使禅宗的政治倾向鲜明。章太炎在《答铁铮》中说:"明之末世,与满洲相抗百折不回者,非耽悦禅观之士,即姚江学派之徒。"一般说,福建、广东和川、滇、黔,以及辽宁地区的禅众,与明遗民联系紧密;但也有不少禅师为清帝招抚,到北方京城传禅,至雍正王朝,给反满情绪的禅系以毁灭性的打击。雍正编纂的《御选语录》和《御制拣魔辨异录》在思想上彻底扼杀了禅宗的独立性和创造性,为禅宗留下的地盘,就是编纂禅宗灯史,像《五灯严统》、《五灯全书》、《宗门宝积录》、《续灯正统》、《宗统编年》等等就是多部头的著作。史料和法统或有增减变化,而思想不足道也。

出自密云圆悟门下的天童系,是清初禅宗影响最大的一支。其中木陈道忞(1596—1674)为顺治帝所识,是归顺新朝、服务新朝的代表人物。汉月法藏及其弟子弘忍等则与明王朝及其遗民关系密切,受到雍正帝的坚决镇压。至于破山海明(1597—1666),在川、滇、黔开辟了禅宗的新天地,与明末清初复杂的政治军事形势相应,前后思想多有变化。

盘山系的主要禅师是玉林通琇(1614—1675),也是顺治帝屡屡诏对的人物。曾著《辩魔录》,对诸多禅师进行批驳,从而引发了与曹洞宗的长时间争论,最后发展到寺权的流血斗争,被清王朝所镇压。

曹洞宗中以寿昌系最堪注意。其中活动于广东、福建的长庆道融(1600—1661),有弟子函昰(1608—1685)和函可(1611—1659),都是明末遗民的同情者和收容者。函可更是直接参与了抗清活动。顺治二年(1645)被捕,后流放千山(在今辽宁鞍山东南),也把禅宗的种子播送到了辽东,尽管影响不大。

清初以后,禅宗的地位已渐为净土宗取代。雍正帝以禅门宗匠自居,对当时禅宗予以严厉抨击,并以云栖袾宏为范例,鼓吹三教合一和禅净合一,提倡念佛净土。其后,乾隆大力扶植士大夫学佛运动,使念佛净土在社会深入推广,成为世俗学佛的基本内容。

清代佛教僧侣中宣扬净土宗最为得力的有行策、省庵、瑞安、印光等。其中行策著《起一心精进念佛七期规定》,为近代"打念佛七"之始;印光是近代净土宗的主要代表。在家信徒中,周梦颜、彭绍升、杨文会等都以净土为学佛的归趣。周梦颜著有《西归直指》、《欲海回狂》等,提倡净土念佛,求人生解脱;彭绍升私淑于袾宏,著有净土念佛方面著作10多种,并撰有《居士传》56卷。杨文会是清末最重要的佛教在家信徒,他具有各宗深厚的学问,但也以净土为学佛的归宿。

(三)居士佛教

晚清佛教在社会上已衰敝至极,但在文士之中,佛教义学反而出现异常活跃的气象。

汉魏以来,以文士身份学佛参禅、扶植佛教事业的知名人士,历代都有,大致可分为两类:一类是承担译经刻经、建造寺塔等的施主;一类是研习和发挥佛教义理,调和儒释关系的士大夫。当然,在这些文士中间,不乏有逃避现世,不满现状,甚至与当局取不合作态度的人。自明万历前后,由李贽开始的士人将佛教当作观察世界人生和批判道学的武器,佛教义理成了官方儒学的异端,与腐儒们以假道学之名进行排佛活动同时并存,形成两股截然相反的潮流,是此后中国思想史上颇足注意的现象。

明末政治腐败,加重了士人背离道学,向佛教的倾斜。及至明亡,抗清复明而又独具见识的士人,有相当一批归于佛教,如戒显、澹归、药地、蘖庵、担当、大错,及明宗室八大山人、石涛等,均出家为僧;未出家者,也借佛教义学阐述自己的理论体系,包括方以智(1611—1671)、黄宗羲(1610—1695)等。

清自道光,国家衰势已定。殖民主义的侵略,开始唤起民族的觉醒。一批先进的文人,也把佛教义学作为可以挽救国家民族的精神武器。龚自珍(1792—1841)从佛教"业报"学说引申说道:"人心者,世俗之本",心力所至,足以"报大仇,医大病,解大难,谋大事",据此而言,"天地人所造,众人自造,非圣人所造"。[①] 这种不依靠"圣人",而要求"众人"以自有心力创造天地的呼喊,无疑潜藏着某种革命的因素。其后经魏源(1794—1857)到康有为,尤其是谭嗣同、梁启超,继续发挥佛教的主观战斗精神,宣传悲天悯人的忧国忧民之思,鼓动不怕牺牲、团结奋进的宗教热情。居士佛教成了中国近代民主革命思想中的一个不可忽略的环节。

与此相应,居士佛教对于佛典的搜集整理和义理的探究,也有新的发展。这类居士在清初有宋文森、毕奇、周梦颜、彭绍升,其中以彭绍升(际清,1740—1796)最为著名。他广读大小乘经论,信仰净土,撰有《居士传》、《二林居集》、《行居集》等。晚清刻印佛经成风,郑学川在苏州、常熟、杭州、如皋、扬州等地设置刻经处;杨文会则创金陵刻经处,影响尤大。

杨文会(1837—1911),号仁山,安徽石埭县人。他由受学《起信论》、《楞严经》入佛,募款重刻方册藏经和佛菩萨图像。光绪年间(1875—1908),随外交使团数次出国到伦敦、巴黎,结识日僧南条文雄(1849—1927)。回国后,与南条互相交换两国所缺佛经,刻印流通。光绪二十一年(1894),在上海会晤来自斯里兰卡的达摩波罗(1864—1933),对"印度摩诃菩提会"发起的复兴佛教运动表示赞同,又与日本、朝鲜佛教复兴运动相呼应,着手在中国实施振兴佛教的计划,包括编纂佛教教材、创办学校、搜集和刻印佛经等。1901年,他捐出私宅作刻经处;1908年,在刻经处成立祇洹精舍,教授僧俗学生;1910年开办佛学研究会,每周讲经一次,听者踊跃。随其从学者,除谭嗣同就义之外,居士欧阳竟无建支那内学院,发展义学一途,尤以法相唯识影响于当时的思想界;僧太虚与陈元白、章太炎等创"觉社",成为中国"佛教复兴运动"和推动佛教西渐的主力;熊十力则另辟蹊径,创"新唯识"论。欧阳渐弟子吕澂,长期主持支那内学院,对当代中国的佛学建设贡献良多。

---

① 《壬癸之际胎观第一》。

(四)喇 嘛 教

17世纪初期,喇嘛教已传至关外。清太宗皇太极开始与西藏五世达赖喇嘛罗桑嘉措建立关系,互致问候。入关不久,顺治帝遣使去西藏问候达赖、班禅,达赖和班禅也派人到北京朝贺。顺治九年(1652),达赖五世率班禅代表应请入京,清廷封达赖为"西天大善自在佛所领天下释教普通瓦赤喇怛喇达赖喇嘛",有意让他成为藏、蒙两地喇嘛教的领袖。回藏后,五世达赖用从内地带回的金银,在前后藏新建格鲁派寺院13所。康熙继位后,继续遣使进藏看望达赖、班禅,带去贵重礼品。1682年,五世达赖卒后,据有天山南北的蒙古准格尔噶尔丹,与掌握西藏政权的巴桑结嘉措相勾结,东图青海蒙古和硕特部,北攻漠北蒙古。1688年,漠北蒙古由哲布尊丹巴率喀尔喀部归清。此后,各世哲布尊丹巴均受清廷册封,成为统治外蒙古的主要支柱。康熙三十年(1691),封章嘉喇嘛为"呼图克图"、"灌顶普善广慈大国师",总管内蒙古佛教事务。当西藏上层为争夺六世达赖职位而斗争不已的时候,康熙五十二年(1713),遣使封五世班禅罗桑益西为"班禅额尔德尼",为格鲁派树立另一领袖,以便分权统治。五十九年(1720)派兵两路进藏,册封格桑嘉措为达赖六世。次年,废除第巴职位,设立四噶伦管理西藏地方行政事务。雍正亦重视喇嘛教,他在即位的第三年(1725),将其前住的潜邸改为雍和宫。乾隆九年(1744),雍和宫被立为喇嘛教寺院,成为国都喇嘛教的中心。在雍正、乾隆年间,喇嘛教在内地相当流行,藏密经籍的翻译也有所开展。

清王朝对藏地佛教的支持,是它整个统治政策的组成部分。入关之前,清统治者采用满、蒙联合的手段对付明王朝。入关以后,为了巩固统治,清帝室根据满、蒙、藏民族相似的文化、宗教、历史背景,力图用喇嘛教激发他们共同的思想感情,并通过喇嘛上层控制边疆地区。康熙曾说:"蒙古惑于喇嘛,罄其家赀,不知顾惜,

449

此皆愚人偏信祸福之说而不知其终无益也。"①他明知愚惑无益,却还是多方扶植,目的就在"除逆抚顺,绥众兴教"②。乾隆统一新疆后,对厄鲁特蒙古同样采取"因其教不易其俗"的政策,这叫作"绥靖荒服,柔怀远人"。乾隆在《御制喇嘛说》碑中更明确地指出:"盖中外黄教,总司以此二人(达赖、班禅),各部蒙古一心归之。兴黄教,即所以曳蒙古,所系非小,故不可不保护之,而非若元朝之曲庇番僧也。"

　　在清室扶植下,喇嘛教在全国,特别是在蒙、藏和三北地区有相当大的发展。仅据藏地统计,乾隆二年(1737)属达赖的寺院3 150多所,喇嘛302 560人,农奴121 438户;属班禅的寺院327所,喇嘛13 670人,农奴6 752户,总计属格鲁派的寺院3 477所,喇嘛316 230人,所属农奴128 190户。到光绪八年(1882),有格鲁派大寺院1 026所,僧尼491 242人,加上其他派别的(包括部分甘、青、康藏族地区),总计寺院25 000余所,僧尼76万余人,据估计,约占当时藏族人口的二分之一。至此,喇嘛教已经走上它的反面。按格鲁派戒律,僧尼不得婚嫁;喇嘛一般不事生产,特别是不能从事农业生产。这对于藏族地区人口和经济的正常发展是极为严重的威胁,也危害了整个民族的发展。在蒙古地区,情况大体相似。

450

---

① 《东华续录》康熙朝卷一三。
② 《平定西藏碑文》,见《清圣祖实录》卷二九四。

第十章

佛教的消长变化和多元化发展
（11世纪—　　）（下）

第二节　朝鲜民族佛教的形成及发展

高丽王朝的中后期(12世纪初至14世纪末)形成以曹溪宗为代表的民族佛教宗派,对此后以至现在朝鲜佛教的发展有决定性影响。1392年高丽都统使李成桂发动政变,废国王自立,迁都汉城,改国号为朝鲜,史称"李氏朝鲜",简称"李朝"。李朝同高丽不同,历代国王基本奉行崇儒排佛的政策。但因为佛教已有长期流传的历史,深入民间,不仅简单易行的弥陀净土信仰和各种祈福禳灾的教门十分流行,而且融会华严宗、禅宗和净土念佛的曹溪宗还有所发展。

一　高丽王朝中后期佛教概况

与前期相比,中后期历代国王更加崇奉佛教。他们当中有不少人受菩萨戒,经常读经拜佛;请禅僧说禅,设百座法会请僧讲经,举办各种修忏法会,或求雨,或祈福消灾,或求国泰民安。10世纪末至11世纪初,北方契丹三次入侵;11至12世纪之交,女真入侵;13世纪,蒙古前后六次入侵。在国家危亡之秋,笃信佛教的国王一再到寺院设供,举办法会,甚至发愿和实施雕印大藏经,祈求佛菩萨和善神的佑助。国王滥建寺院,度良民为僧,向寺院施舍大量土地财物,对国家财政构成严重威胁。忠宣王五年(1313)让位于忠肃王,自为"上王",每天饭僧二千,点灯二千,五日可饭僧一万,点灯一万,称之为"万僧会"。规模之大可见一斑。

佛教势力急剧膨胀,僧侣在政治上的影响随之增大。像仁宗

(1123—1146 在位)宠信的僧人妙清,权势熏天,最后谋反被杀。恭愍王(1352—1374 在位)宠信的僧人遍照(辛旽),参与国政,权力倾朝,"百官诣门议事",后以"谋逆"罪处死。此外,在明宗时(1171)和高宗时(1217)都发生过僧人武装暴乱事件,人数成百上千,被杀的很多。

关于高丽中后期社会上流行的佛教宗派,史书上有所谓"五教二宗"的说法。但具体所指,有所不同。一般认为"五教"包括戒律宗、法相宗、法性宗(三论宗)、圆融宗(华严宗)、天台宗;"二宗"指禅寂宗(禅宗)以及新成立的曹溪宗。但有时"五教二宗"也被作为整个佛教界的代称,如元宗二年(1261)"设五教法席于内殿",十四年(1273)"幸贤圣寺,集五教两宗僧徒";恭愍王十九年(1370)"设工夫选,大会两宗五教衲子"等等。① "五教"简称"教",指禅宗以外的以佛教经论为依据的宗派;"二宗"简称"宗",指"教外别传"的禅宗。

为选拔高级僧人指导传教和管理僧尼事务,从高丽初期就开始设置僧侣考试制度,至宣宗(1084—1094 在位)时制度已达完备。一般称此为"僧科"。僧科仿进士科举制,每三年一选,试以佛教经论。到高丽末年以至李朝时期,禅宗僧则试以《景德传灯录》及高丽慧谌的《禅门拈颂集》;教宗僧则试以《华严经》及《十地经论》。通过僧科考试,僧人可得到不同的阶位。禅宗的法阶有大选、大德、大师、重大师、三重大师、禅师、大禅师;教宗的法阶有大选、大德、大师、重大师、三重大师、首座、僧统。全国最高的僧官是"王师"和"国师"。王师与国师必须从上述禅宗的禅师、大禅师和教宗的首座和僧统中任命。

高丽的僧尼管理制度是仿照唐宋而建立的。新罗时期已设僧官,高丽王朝继承并有发展,设左右街僧录司统摄僧众,主管一切佛教事务及宾馆威仪。僧录司设僧维、僧正、副僧录、都僧录,统摄两街僧录的是左右两街僧统。

高丽末年,儒学兴起,加上佛教的干政和日趋腐败,逐渐兴起

---

① 李能和:《朝鲜佛教通史》下编。

排佛之风。高丽忠烈王(1275—1308 在位)时置国学,派人入元画回孔子和七十二弟子像供奉,购祭器及儒家经书,建大成殿和学宫,培养儒生。此后儒学趋盛,恭愍王十六年(1367)命郑梦周等为学官,增置生员,授朱熹《四书集注》,"程朱性理之学始兴"。郑梦周被推为"东方理学之祖",令士庶仿朱子家礼,立家庙,奉祖先之祀,致力发展儒学。辛昌(废王)时(1388)典法判官赵仁沃上疏指出,佛教"固非所以治天下国家之道",批评"近世以来,诸寺僧徒不顾其师寡欲之教,土田之租、奴婢之佣不以供佛僧而以自富其身;出入寡妇之家,污染风俗;贿赂权势之门,希求巨利,其于清净绝俗之教何?"建议收土地于官府,对僧徒严加管理。恭让王二年(1390)郑梦周上奏说儒者之道"至理存焉,尧舜之道亦不外此",而佛教教人"辞亲戚,绝男女,独坐岩穴,草衣木食,观空寂灭为宗",不是"平常之道"。此后,大司宪成石璘等人又上疏,批评佛教"无父无君","以毁纲常",师其法必国灭祀绝。直到高丽灭亡前夕,大臣和儒者郑道传等多人连续上疏批评佛教妄谈祸福,劳民伤财,危害国家,应当革除。这些排佛之论,是李朝兴儒排佛的先声。

453

二 知讷和曹溪宗——朝鲜民族化佛教宗派

知讷(1158—1210),俗姓郑,自号牧牛子,8 岁出家,25 岁在僧科考试中中选,在昌平清源寺学寮读《六祖坛经》,至"真如自性起念六根,虽见闻觉知,不染万象,而真性常在",心下有悟。曾在下柯山普门寺读大藏经,得读唐李通玄《新华严经论》,对华严宗圆顿观门十分赞赏。后居公山居祖寺,立"定慧社",与同道好友坐禅修心。他在《劝修定慧结社文》中说:"迷一心而起无边烦恼者众生也,悟一心而起无边妙用者诸佛也",主张"自修佛心,自成佛道","狂心歇处,即是菩提,性净妙明,非从人得"。他认为内心自悟是解脱的根本途径。此后移住智异山无住庵,"专精内观",读宋代《大慧普觉禅师语录》中所说:"禅不在静处,亦不在闹处,不在日用应缘处,不在思量分别处,然第一不得舍却静处、闹处、日用应缘处、思量分别处参。"从中受到启悟,认为禅不过是"屋里事"。最后居松广山吉祥寺(在全罗南道昇州郡),将"定慧社"移来,或修禅,或修头陀,或谈道。主要依据《金刚经》及《六祖坛经》,并采用李通玄《新华严经论》和《大慧语录》的观点。熙宗即位(1205)改此山寺为"曹溪山修禅社"。"曹溪"之名取自中国禅宗慧能传禅之地"曹溪山"。知讷的著作有《修心诀》、《圆顿成佛论》、《看话决疑论》、《诫初心学人文》、《真心直说》、《法集别行录节要并入私记》、《华严论节要》等。弟子有慧谌、混元等。慧谌(1178—1234)著《禅门拈颂集》,集禅门公案 1 125 则及诸祖师的拈颂文字,为后世禅僧科试的必读之书;另著《禅门纲要》等。

知讷的禅法理论主要有两点:

(1) 心为觉悟之本,成佛不假外求。众生与佛在本质上并无差别,皆具"真心"(或简称"心"),只是众生不悟此心,使此心不能摆脱妄念烦恼的缠缚;佛则觉悟此心,使妄念烦恼得以断灭。他说,真心有种种不同名称,"心地"、"菩提"、"法界"、"如来"、"涅槃"、"如如"、"法身"、"真如"、"佛性"、"总持"、"如来藏"、"圆觉"等皆是真心的异名;至于禅宗内部("祖师门下")随机立名,有时称为"自己"、"正眼"、"妙心"、"主人翁"、"无底钵"等等。这种真心本体"超出因果,通贯古今",一切山河大地,草木丛林,"染净诸法皆从中出",而且人人皆有,"圣凡本同"。"一切众生迷妄,盖迷此心也。一切行人发悟,盖悟此心也。一切诸祖相传,盖传此心也。"据此他强调,"若欲求佛,佛即是心",只需自见自悟本有佛性,"成就慧身不由他悟",而自悟的方法是修心"息妄"。修心的方法分为十种,或通过"觉察"使妄念不生;或通过"休歇"停止思辨善恶;或通过"泯心存境"、"泯境存心"、"泯心泯境"、"存境存心"、"内外全体"、"内外全用"、"即体即用"、"透出体用"等思虑观照,消除心与境、心与外、体与用的分别执着,最终达到"不分内外,亦不辨东西南北,将四方八面,只作一个大解脱门,圆陀陀地,体用不分,无分毫渗漏"这样一个至高圆融的精神境界。据称达到这种境界,"其妄自灭,真心即现",就可获得超越生死烦恼的永久解脱。

(2) 顿悟渐修和定慧双修。禅宗北宗主张渐悟,南宗主张顿悟,后人对顿渐的解释也很多。知讷的《修心诀》用问答体作了自己的回答。他认为要达到觉悟,不外顿、渐两种法门,以前人和他自己的体验为依据,一般人并不能在顿悟时断尽一切烦恼:"无始习气难卒顿除,故依悟两修,渐熏功成,长养圣胎,久久成圣,故云渐修也。"就是说顿悟之后还需渐修,以断除先天的情欲烦恼。

《坛经》讲:"心地无乱自性定,心地无痴自性慧",主张"定慧一体"。知讷接受这一说法,对顿悟、渐修作了进一步解释。他认为,如果修习"自性定慧",即领悟自性本来"无乱"、"无痴",任运寂知,原自无为,即为顿悟法门。如果修行者素质优越(机胜者),顿悟之后无需再行渐修,这种顿悟叫作"自性定慧"。但一般人虽能达到顿悟,仍随环境产生喜怒之情,故需再修"随相定慧",对治烦恼,这与素质低下修习渐悟法门者,仍有不同。他虽重视坐禅修心,但认为也不应执着于避乱求静。他引《永嘉证道歌》说:"行亦禅,坐亦禅,语默动静体安然。"

知讷的曹溪禅影响很大,已超过禅门九山。后来中国临济宗传入,也用曹溪宗的名义。在这方面,高丽末年的太古普愚和懒翁慧勤是突出的代表。

普愚(1301—1382),俗姓洪,号太古,13岁出家,访道于迦智山禅寺,在僧科考试中中"华华选",先后参"万法归一"、"狗子无佛性"等禅门公案,后在三角山重兴寺东建一庵,名曰"太古"。元至正六年(1346)入燕京,第二年到江南湖州(今浙江吴兴)霞雾山参石屋清珙禅师。清珙是临济宗第十八代禅僧。普愚见他时献上自作的《太古庵歌》,其中有:"念未生时早是讹,更拟开口成狼藉;经霜经雨几春秋,有甚闲事如今日";"道不修,禅不参,水沉烧尽炉无烟"。清珙用"牛头未见四祖时,因甚百鸟衔花"的公案试他的禅机,他的回答得到清珙的印可,被授袈裟。普愚回国后被恭愍王封为王师,后住小雪山寺,此后又游历各地,向僧俗信徒传禅说法。卒后谥"圆证"(维昌《圆证行状》)。弟子把他的法语、颂歌集为《太古和尚语录》。

普愚传临济禅法,受南宋大慧宗杲的影响,鼓吹看话禅,重视参话头,并结合以净土信仰。他说极乐净土的阿弥陀佛"是人人个个之本性,有大灵觉,本无生死","以要言之,则唯心净土,自性弥陀,心净即佛土净,性现即佛性现";心、佛、众生三无差别,"心即佛,佛即心,心外无佛,佛外无心",若要念佛,只是"念自性弥陀",这样反复观念,就会看到阿弥陀佛出现。这种念佛禅也成为后来朝鲜曹溪宗特色之一。

慧勤(1320—1376),旧名元慧,俗姓牙,20岁时为求"超出三界,利益众生",投功德山妙寂庵出家,元至正十八年(1358)到燕京法源寺,初参印度指空和尚,两年后南下到平江府(今江苏苏州)休休庵结夏,后参净慈寺蒙堂和尚。蒙堂问:"你国还有禅法也无?"慧勤答曰:"日出扶桑国,江南海岳社;莫问同与别,灵光亘古通。"又参平山处林禅师(临济宗第十八代)。处林问他曾见过什么人,答:"曾见西天指空来。"又问指空平时做什么,答常用"千剑",处林曰:"指空千剑且置,将汝一剑来。"慧勤即用座具朝处林打去,处林倒在禅床,大叫:"这贼杀我!"慧勤便扶起说:"吾剑能杀人,亦能活人!"由此得到处林的印可,数月后处林授以法衣和拂子,为他送行。慧勤回国后被恭愍王封为王师,后住松广寺,传临济宗禅法。卒后谥"禅觉"(李穑《禅觉塔铭》)。有弟子混修编的《懒翁和尚记录》行世。慧勤继承临济宗的"大机大用"、"彻骨彻髓"的禅风,传禅语录活泼直率。

高丽时期法眼宗也传入朝鲜。法眼文益(885—958)门下有高丽僧慧炬、灵鉴;法眼宗二世永明延寿门下有高丽僧圆空等36人,回国后"各化一方"。高丽国遣使求延寿所著《宗镜录》,取回国内流通。高丽中后期曹溪宗兴起,法眼宗在朝鲜逐渐不闻于世。

在居士中也有著名的禅宗信徒。其中李资玄(1061—1125)比知讷略早。他曾中进士,任大乐署丞,后弃官隐栖,因读《雪峰语录》而大悟,历访名山,住入清平山文殊院,广读佛经,特别爱读《首楞严经》,从中受到启悟。应睿宗咨问禅理,撰《心要》一篇呈上。后为学者开讲《首楞严经》。卒后,仁宗赐谥"真乐公"。著《追和百药道诗》、《禅机语录》等,对朝鲜禅宗有一定的影响。

三 佛教大藏经的雕印——《高丽藏》

朝鲜直接从中国移植佛教,各派所依佛典都是来自中国历代的汉文经籍。最初是手抄本,后传入宋初雕印的大藏经。

宋初雕印的大藏经一般称《开宝藏》,刻印于宋太祖开宝四年(971)至宋太宗太平兴国八年(983),收佛典5 048卷。高丽成宗八年(989)派僧如可入宋求大藏经,宋太宗赐给《开宝藏》一部。成宗十年(991)韩彦恭自宋归国,又带回一部《开宝藏》。此后又有多部雕印藏经传入高丽。

高丽后来以北宋藏经为主要依据,先后两次雕印高丽大藏经(《初雕大藏经》和《再雕大藏经》),一次雕印《续藏经》。

《初雕大藏经》 高丽显宗二年(1011),因契丹发兵入侵朝鲜,显宗率群臣向佛菩萨发愿雕印大藏经,命崔士威主持。大约到宣宗四年(1087)雕印完成,世称《初雕大藏经》。此藏基本上是宋《开宝藏》的复刻本。其经板存在国都开城的符仁寺,13世纪30年代蒙古入侵时焚丁战火。现仅发现很少的流散本。

《续藏经》 义天在宣宗二年(1085)入宋,在杭州慧因寺跟净源学华严宗,此后又访其他名寺高僧。他到处搜求佛典章疏。三年后回国,带回各种佛典章疏1 000余卷,于兴王寺置"教藏都监",主持雕印之事。又写信求购佛书于宋、辽和日本,得4 000卷以上。他在宣宗七年(1090)编成《新编诸宗教藏总录》3卷,为5 048卷佛籍著录,既有唐、宋及辽的佛教著述,也有新罗、高丽僧人的著述。后由兴王寺"教藏都监"雕印这部《续藏经》。现残存部分于日本、朝鲜发现,如唐澄观《华严经随疏演义钞》、《华严经行愿品疏》、新罗崔致远《法藏和尚传》等。

《再雕大藏经》 现在通用的《高丽藏》即为此部《再雕大藏经》。据高丽李奎报《大藏刻板君臣祈告文》,高宗二十四年(1237)因蒙古军入侵,高宗与文武群臣发愿再雕印一部大藏经。至高宗三十八年(1251)历经15年完成,雕板8万多块,后移至今庆尚南道陕川郡伽耶山海印寺,故此藏也称《海印寺版藏经》。其中除收《开元释教录》所列入藏经典外,还收《贞元续开元录》所录和部分宋译经典。全藏共 628 函,1 524 部,6 558 卷。

在此藏雕印过程中,僧统守其用《开宝藏》、《契丹藏》及高丽《初雕大藏经》互相对校勘正,此后将其结果整理成《高丽国新雕大藏校正别录》30 卷,也收在此藏中。

四　李朝的崇儒排佛和衰微期的佛教

李朝(1392—1910)是朝鲜历史上最后一个封建王朝。初期实行科田法,按新贵族、官僚的等第授予一定数量的收租地(科田),强化中央集权,农业和工、商业有所发展。16 世纪末,日本丰臣秀吉派兵侵略朝鲜,李朝联明抗日,击败了这次入侵。17 世纪中叶以后,社会阶级矛盾和统治集团内部矛盾加剧,动乱很多。19 世纪中叶,美、法等国侵犯朝鲜,被朝鲜人民击退。1876 年日本强迫朝鲜签订《江华条约》,从此朝鲜逐渐被日本控制,1905 年沦为日本的附属国,1910 年被日本吞并,直到 1945 年日本投降。

在文化上,李朝基本采取崇儒排佛政策。高丽末年兴起的儒学,到李朝时又有发展。李朝设国学乡校,传授儒家经典,因受宋明的影响,尤重程朱性理之学;设置科举取士之制,选取儒者为官。佛教经高丽王朝的发展,势力很大,寺院遍于全国,占有很多良田和奴婢,对国家的财政和统治有潜在的威胁。继高丽末年儒臣排佛之议,李朝也多次发生排佛言论。从历代国王看,太祖和世祖继续崇佛,但太宗、世宗以及燕山君等主张排佛。后者推行抑制和排斥佛教的政策影响很大。到李朝末年,虽然佛教信仰仍在广大人民之间流行,但僧尼被迫居于深山寺院,而且社会地位低下。佛教此时已趋衰微的境地。

(一) 王朝佛教政策的变化

太祖以崇佛著称,尊曹溪宗僧自超为王师,又任天台宗僧祖丘为国师,建兴天寺作为修禅道场,建兴德寺作为教宗道场。然而他也同时看到佛教失控带来的弊害。他说:"佛氏之道,当以清净寡欲为宗。今住寺院者,务营产业,至犯其所谓色戒恬不知愧。身死之后,其弟子有以寺社及奴婢称为法孙相传,以至相讼。予自潜邸,思革其弊。其令有司,勘究以闻。"[1]到太宗之时,开始对佛教采取实际的限制措施。

太宗(1401—1418 在位)时规定全国各宗派可留置寺院的限额:曹溪宗、总持宗共 70 寺;天台疏字宗、天台法事宗合 43 寺;华严宗、道门宗合 43 寺;慈恩宗 36 寺;中道宗、神印宗合 30 寺;南山宗、始兴宗合 10 寺。令裁减下来的寺院沙门还俗,土地归国有,奴婢由政府处理。又下令严格执行出家为僧的度牒制度;废除历代沿袭下来的任命王师、国师的做法;废止在王陵墓附近建立寺刹的惯例。

世宗(1419—1450 在位)以儒教为国教,置集贤殿以振兴学问,确立了李朝崇儒的文教体制。他同意臣下的奏议,对佛教各宗进行合并,确立了教、禅二宗的管理体制,下令禁止每年春天沿街诵《般若经》的"经行"活动。

成宗(1470—1494 在位)时下令拆毁汉城内外的尼寺 23 所,严禁度僧,检查出僧中无度牒者令其还俗。

燕山君(1495—1505 在位)更大力推行排佛政策,废除僧科考试选拔高僧的制度,把禅、教二宗的管理教务中心(都会所)移到城外,废除京城内的一切寺社,把世祖时兴建的圆觉寺改为"妓坊",把儒教学府成均馆改为"宴乐之所"。

中宗四年(1509)下令,都城内的一切寺刹皆废为公府。由于僧科选拔制度的废除,对僧尼放松了管理,到中宗后期,寺院成了游民与盗贼栖息之所。中宗三十年(1535)领议政金谨思等议:"逋罪逃役偷盗无赖者,以寺刹为之窟穴,其土著良丁亦聚莫就农。僧俗混淆,良盗杂糅,连结为奸,出没行劫,靡所不至。"

此后,经朝、明联合抗日战争,僧人武装从军,曾立功勋,佛教情况稍有转机,但没有从根本上改变李朝崇儒排佛的政策。显宗

---

① 李能和:《朝鲜佛教通史》上编。

即位(1660)下令禁止良民削发为僧,犯者一律还俗。18世纪末到19世纪初,天主教在朝鲜发展迅速,李朝采取严厉镇压政策。为此,对佛教的抑制有所放松,原来禁止僧尼入城的禁令也渐废止。随着日本的入侵和吞并,朝鲜佛教被纳入日本统治者的严密控制之下。

(二)禅、教二宗体制和僧官制度

朝鲜佛教的诸多宗派,大多数直接源于中国,有的则是据中国汉地佛典自创,但都带有自己民族的特色。这些宗派的传承关系,不都十分清楚。高丽时期有"五教"之法,也只是一种概说。义天之时有六宗存在,即:戒律宗、法相宗、涅槃宗、法性宗、圆融宗、禅寂宗。到知讷创立曹溪宗,成为七宗,统称"五教二宗"。到李朝之时,则变为曹溪宗、总持宗(密宗)、天台疏字宗、天台法事宗、华严宗、道门宗、慈恩宗、中道宗(三论宗)、神印宗(当为密宗)、南山宗、始兴宗等11宗。

李朝世宗六年(1424)对上述11宗又进行合并,中道、神印合为中神宗,总持、南山合为总南宗,天台疏字、天台法事合为天台宗,华严、道门合为华严宗,此外尚有曹溪宗、慈恩宗、始兴宗,共七宗。此后,为加强对佛教的管理和削减佛教势力,世宗又将七宗合为禅、教二宗,即:将曹溪、天台、总南三宗合为"禅宗",将华严、慈恩、中神、始兴四宗合为"教宗"。选择36寺分属禅、教二宗,各配定量僧人,给寺院田地。取消原来统管全国僧尼事务的僧录司,将原来僧录司的奴婢384人分给禅、教二宗。二宗的事务分别由设于汉城兴天寺的禅宗都会所和兴德寺的教宗都会所管理。

禅、教二宗每三年通过僧科考试选拔教务人才,授以僧阶。禅宗的僧阶是大选、中德、禅师、大禅师。从大禅师中选任兴天寺住持,即禅宗都会所的"禅宗判事",称之为"都大禅师"。教宗的僧阶是大选、中德、大德、大师。从大师中选任兴德寺住持,即教宗都会所的"教宗判事",称之为"都大师"。担任各寺住持的,要从禅、教二宗的中德以上僧阶的人中选任。至僧科废止,情况有些混乱,此后虽一度恢复僧科,但已不同以前了。

宣祖(1567—1607在位)以后,因西山休静等禅师率僧兵在抗日卫国战争中立有战功,授予僧职,任休静为"禅教十六宗都总摄",继休静为"都总摄"的是他的弟子惟政。此后担任管理南汉山城修筑职务的僧人也被授予"都总摄"之号。到仁祖(1623—1649在位)时,江陵的月精寺、茂朱的赤裳山城、奉化的觉华寺、江华的传灯寺等四寺住持,曾担当过守城之任,也被授"都总摄"之职。此后建的一些表忠祠等,也置"都总摄",但主要是掌管祈祷修法事务。任水原的龙珠寺的住持,称"八道都僧统",负责检查全国僧尼风纪。

(三)休静及其门下

1591年,日本丰臣秀吉悍然派兵入侵朝鲜,第二年(壬辰年)日军攻陷汉城,史称"壬辰之乱"。此后,李朝联合明朝展开了英勇的抗日卫国斗争。朝鲜名将李舜臣与明将李如松、邓子龙协力,在1598年把日军最后逐出朝鲜。在朝鲜存亡的危急关头,爱国禅僧休静及其弟子戎马上阵,立有战功。

休静(1520—1604),号清虚子,久住妙香山,世称"西山大师"。俗姓崔,21岁出家,从曹溪宗一禅(1488—1568)受戒,后到灵观(1485—1570)门下参禅。30岁经禅科考试,从大选升至教宗判事、禅宗判事。37岁舍职入山教授弟子。宣祖时一度因受诬告入狱,出狱后名声越来越高。日军入侵,宣祖任命他为"八道十六宗[①]都总摄",使募僧为兵。休静以73岁的高龄在顺安的法兴寺集僧1 500人,并向全国寺院传檄号召义僧从军卫国,弟子惟政在杆城乾凤寺集义僧700人,处英在全罗道集义僧1 000人,灵圭在公州的甲寺集义僧700人,会兵归休静统一指挥。休静的僧兵与明军统帅李如松配合,在牡丹峰战役中表现英勇,在收复平壤、开城和汉城中也立有战功。宣祖回到汉城时,明将李如松给休静送帖嘉奖,

---

① "八道"各分为禅、教二宗,合为十六宗,故名。

461

题诗曰:"无意图功利,专心学道禅,今闻王事急,总摄下山颠。"休静后因年老,把"都总摄"及事务交任弟子惟政、处英,自己则往来各山寺刹教导弟子(见李廷龟《休静大师碑铭》)。休静著有《禅家龟鉴》、《三家龟鉴》、《禅教释》、《清虚堂集》、《云水坛》等,对李朝末期的佛教有较大影响。其有弟子千余人,以惟政为嗣法弟子,此外,彦机、太能、一禅也有名。他们四人的法系各成一派。休静在与日军对阵中多得力于惟政及处英、敬轩、灵圭的帮助。灵圭阵亡于锦山之役。休静的法系在战争结束后占据全国寺院的主流,一直影响到现在。

休静是朝鲜曹溪宗祖师之一,上承知讷,又受他师承的正心-智严一系的影响,实际属临济宗禅法。据《禅家龟鉴》,他的思想可概述为四点:

(1)重心性、圆相,说"禅是佛心,教是佛语"。休静认为,心性佛性虽为"诸佛之本源",但不可用文字语言表达,借怀让的话说,"说似一物即不中",用图表示是一"〇"(圆相),直接悟解这种佛心的,就是禅宗。但众生的素质不同,为了适应传教、解悟的需要,又不能不借用语言文字"随缘"解说,形成通过言教传法的"教宗"(华严宗等)。他说:"世尊三处①传心者为禅旨,一代所说者为教门。故曰:'禅是佛心,教是佛语。'"他对禅、教的分辨,一是说禅宗优于教宗;二是据实际传教需要,说教、禅均不可缺。李朝虽并七宗为禅、教二宗,实际上以曹溪宗为代表的禅宗则据全国佛教的主流。休静的理论对这一现状提供了合法的依据。

(2)顿悟渐修与融会禅、教。高丽和李朝虽分禅与教,但兼习禅、教的僧人很多,在诸教中尤以华严宗影响最大。休静虽一再强调禅宗是"直入菩提正路",但又认为,离开言教不可能使一切人内心自悟。他说,学者应先通过言教,了解"不变、随缘二义,是自心之性相;顿悟、渐修两门,是自行之始终,然后放下教意,但将自心

---

① 传说释迦于多子塔前分半座,灵山会上拈花示众,涅槃后从棺中示双脚背,演示佛法,是谓"世尊三处"。

现前一念,参详禅旨,则必有所得,所谓出身活路"。此外,修禅悟道还必须"持戒"、"护三业"、"断贪欲",这也需借言教才行。因此,除了所谓"上根大智"者外,教门是不可缺的,此即谓之"理须顿悟,事非顿除"。

(3) 重视参话头,强调"参活句"。休静继承临济宗"参话头"的禅风而有所发展。他强调,对所参话头应从提出疑问开始,通过参究得到觉悟,所谓"大疑之下,必有大悟"。他提出常参的话头有"狗子无佛性"、"庭前柏树子"、"麻三斤"之类,认为只要真心参究,都可过关斩将,佛祖可期。他同时又强调,这种参究,"须参活句,莫参死句"。所谓"活句",亦名禅宗"径截门",他指的是言语道断,思虑路绝,"没心路,没语路,无摸索故也";所谓"死句",属教门的"圆顿门",他指的是以正常的推论思维去理解领悟,即"有理路,有语路,有闻解思想故也"。由"参活句"所要达到的精神境界叫作"无念",也就是《坛经》提倡的宗旨。休静说:"见境心不起名不生,不生名无念,无念名解脱。"还说:"禅门密旨,则本无一念。"

(4) 主张"念佛"应"心口"相应。高丽时代曹溪宗普愚已经主张将禅与净土统一一心。休静说:"念佛者,在口曰诵,在心曰念,徒诵失念,于道无益",而主张"心口相应"。他认为从"本门"(意指"真谛")说,心外无佛,"守本真心,胜念十方诸佛",但从"迹门"(意指"俗谛")说,"实有极乐世界、阿弥陀佛",念佛十声,可往生极乐净土。

休静的嗣法弟子惟政(1544—1610),字离幻,号泗溟,又号松云,俗姓任,自幼学儒书和李、杜诗,出家后在休静门下受禅法,壬辰抗日卫国战争中集僧兵于休静麾下,多立战功。战后奉国书到日本媾和,带回被俘男女3 500人。有《泗溟堂大师集》行世。弟子应祥(1571—1645)继师形成曹溪宗的"松云派"。

彦机(1581—1644)是休静的另一位弟子,号鞭羊堂,著《鞭羊堂集》。他的法系称"鞭羊派"。

太能(1562—1649)从休静受禅法,在壬辰卫国战争中从军御侮。因号逍遥,他的法系称"逍遥派"。

一禅(1533—1608),号静观,休静弟子。门下开"静观派"。

463

　　与休静同时在佛教界有重大影响的禅僧是善修(1543—1615)。他与休静一样都曾在灵观门下受禅法,曾受到光海君(1608—1622)的崇信。弟子觉性(1575—1660)在壬辰卫国战争中立有战功,任"判禅教都总摄",后受任"八道都总摄"负责修筑南汉山城,明崇祯九年(1636)清兵从北方入侵,他召僧数千人组成"降魔军"北上,闻清兵已退而还。善修的门下共分为七派,以觉性的一派势力最大。

　　从高丽知讷以来,曹溪宗既无严格的组织系统,传法世系也不明确,至李朝时一些禅僧皆自命曹溪禅系,而在曹溪宗内实际传播的主要是临济禅法。一些禅、教二宗的僧人往往禅、教双修。李朝佛教至休静及其初代弟子时,稍见恢复,但经过不到半个世纪又受到压制,日渐衰微。朝鲜在20世纪初沦为日本的殖民地,情况发生了新的变化。

五　朝鲜近现代佛教

　　继中英鸦片战争之后,法、美等国也开始派军舰侵扰朝鲜。此后日本利用它迅速发展起来的军事实力和在地理上邻近朝鲜的条件,在侵略朝鲜方面走在西方列强的前边。1876年强迫朝鲜签订《江华条约》,使朝鲜沦为它的半殖民地;1905年又强迫朝鲜签订《日韩保护条约》,掌握了朝鲜的内政、外交、军事大权,进一步成为朝鲜的保护国;1910年迫使朝鲜签订《日韩合并条约》,正式占领了朝鲜。

　　日本在占领朝鲜期间,加强了对朝鲜僧尼和寺院的控制,同时扶植日本佛教各派来朝鲜,扩大日本文化的影响。

　　1911年,日本殖民政权"总督府"颁布"寺刹令"及"施行规则",规定全国置30个本山,各置住持;各本山再各置统辖下属寺院的"本末寺法";有关寺院僧尼事务及寺刹土地财物皆受总督府的监督和控制。同时还规定日本的所谓"纪元节"(建国纪念日)、"天长节"(天皇诞生日)、新尝节、神尝节(皆为神道教节日)、孝明天皇祭等,均须列入寺院的"恒例法式"之中,把寺院佛教活动作为奴化朝鲜人民的重要措施。此后又成立了"佛教振兴会"及"禅教两宗三十大本山联合事务所"等佛教组织。有不少朝鲜佛教僧侣被派往日本佛教系统的大学留学,日本各宗也纷纷到朝鲜传教。由于受日本佛教影响,朝鲜佛教的结构有了变化,在教团内分成继续遵守汉译戒律的独身僧和带有妻室的僧人两派。

朝鲜民主主义人民共和国成立后,在平壤设立"佛教总教院",后改为"佛教徒联盟中央委员会"。美国侵朝期间,寺院受到严重破坏。1953年停战以后,修复寺院60余所。

韩国的佛教相当盛行,仍以曹溪宗最有势力。20世纪50年代以来,曹溪宗内部的独身僧派与娶妻僧派之间曾多次发生纠纷,后来娶妻僧派分离出去另成立了太古宗。在曹溪宗、太古宗外还有新兴佛教宗派圆佛教、真觉宗、元晓宗、佛入宗等等。

曹溪宗尊新罗时代迦智山禅派创始人道义为宗祖,以高丽知讷为本宗创立者,以知讷开创的"曹溪山修禅社"(在今全罗南道昇州郡松广寺)为本山。最高首领称"宗正",下设监察院、总务院、中央宗会。总务院下设有24个本山。本宗设立东国大学,还设有很多大专和中专学校,拥有寺院1 315所、僧侣13 000人、信徒约450万人(1971年统计)。

太古宗,创于1970年,虽在宗旨和传承历史上与曹溪宗一样,但以高丽时代晚期的太古普愚为宗祖。在修行方法上强调参禅、念佛与读经相结合。以汉城法轮寺为本部。最高僧职是宗正。成立初期有寺1 601所、僧侣2 304人、信徒128万多人。

圆佛教,由全罗北道的朴重彬(法号少太山)在1924年创立,第二次世界大战后其弟子对本教有较大发展,将宗教教化、教育、开办社会慈善事业结合起来,发展教团。以一圆相表示法身佛作为信仰对象,提倡精神修养、智慧锻炼(研究)和正义实践(取舍)。设有禅院和大中学校,以圆光大学比较有名。另有孤儿院、养老院、医院等福利设施,还开办农场、工厂等企业。

此外,韩国还有真言宗、佛入宗、净土宗、元晓宗、龙华宗、天华佛教、普门宗、弥勒宗、法华宗、华严宗、总和宗、一乘宗、天台宗等许多小教派,有的还在继续发展。

465

第三节　日本民族佛教宗派的形成和发展

日本平安时代后期,随着班田制的破坏,庄园制有了很大发展。拥有强大庄园经济势力的公卿贵族在朝廷中占有重要地位。藤原氏一族庄园遍国,身为外戚,从 9 世纪中叶到 11 世纪末的 200 年间,以"摄政"、"关白"名义垄断朝政,天皇大权旁落。10 世纪以后,以直接经营庄园的庄官和郡司、土豪等为代表的武士阶层兴起。天皇在与藤原氏争权夺利的斗争中常借助地方武士的力量。在这当中,佛教寺院曾起过特殊作用。白河天皇(1053—1129)退位后自任上皇(1086),设"院厅"听政,此后出家称"法皇",继续听政。白河天皇后,鸟羽、后白河、后鸟羽诸天皇都在成年出家,称"法皇"而掌握实权,史称"院政"。院政实际是皇室联合下级贵族和地方武士反对藤原氏势力的政权形式。院政末期,以皇室出身的地方豪族源、平二氏为中心形成关东和关西两个武士集团,它们之间互相斗争,平氏集团一度获胜,掌握政权。1185 年,以源赖朝为首的关东武士集团灭平氏,夺得政权。源氏在镰仓设幕府,开始了幕府执掌政权的武士统治时期。镰仓幕府结束(1333)后,经历了室町幕府(1338—1573)和江户幕府(1603—1867),都是幕府掌握实权,天皇只拥有虚位。

在这一期间,日本封建社会的政治、经济有很大发展,兴起不少城市,文化教育也越来越普及。在宗教方面,镰仓时期产生的一些带有民族特色的佛教宗派发展迅速,旧有的佛教宗派也吸收日本民间信仰和习俗而有新的变化。此外,还从中国传入了禅宗的临济、曹洞二宗,受到以幕府为首的武士的支持。

一　镰仓时期的新佛教宗派

(一)源空和净土宗

源空(1133—1212),号法然、黑谷,俗姓漆间,美作(今冈山)人。13 岁登比叡山研学天台宗教义,因读源信《往生要集》而对净土教义产生信仰,后读中国唐善导的《观无量寿经疏》受到启发,创立日本净土宗,提倡称名念佛法门,受到贵族、武士和下层民众的皈依。

源空所著的《选择本愿念佛集》(简称《选择集》)对净土宗的基本教义作了论述。全书由佛经摘录和评述两大部分组成。从他的引证来看,中国北魏昙鸾的《往生论注》、唐道绰的《安乐集》、善导的《观无量寿经疏》等著作对他影响最大。他根据这些著作对一切佛法作了分类(判教),把真言、佛心(禅)、天台、华严、三论、法相等宗皆归为"圣道门"之内,认为皆属"难行道";而把阿弥陀净土之教称为"净土门",认为是"易行道",把《无量寿经》、《阿弥陀经》、《观无量寿经》和《往生论》作为净土宗的基本经典。他认为当时佛教已进入"末法"时代,劝人们不要信奉深奥难懂的"圣道门"诸宗,而应信仰简单易行的净土宗。

源空继承善导提倡的"口称念佛",分修行为"正行"、"杂行",而口称"南无阿弥陀佛"的名号就是"正定之业",佛的一切智慧、神通、功德都包容在阿弥陀佛的名号之中,因此唱诵名号即可"除罪",往生净土。他反复强调:"往生.之业,念佛为本";"所谓本愿念佛者,即口称佛名号也";"修之者,乘彼佛愿,必得往生"。

源空以中国的菩提流支、昙鸾、道绰、善导、怀感、少康为祖师,而特别崇敬善导。他以继承他们之后自任,在日本到处宣传净土信仰。

净土宗由于教义简单,方法易行,创立后迅速传到日本中部和东部一带。源空卒后,因弟子对教义有不同的理解,分成许多派别,其中对后世发生影响的有镇西派和西山派。净土真宗实际上也是净土宗的支派。

(二) 亲鸾和净土真宗

亲鸾(1173—1262),亦名绰空、善信,京都人。9岁出家,在天台宗比叡山曾做堂僧,读过源信的著作,后又学奈良诸宗教义,29岁师事源空,专修净土法门。承元元年(1207),政府下令禁止专修念佛,亲鸾被流放到越后(今新潟),改名"愚秃亲鸾",娶惠信尼,有

467

子女六人。遇赦后,到关东广大地区农民中发展信徒,形成许多集团。晚年回京都专事著述,所著《教行信证》(全名《显净土真实教行证文类》),影响最大。

《教行信证》论述了净土真宗的基本教义。书中所引佛经和昙鸾、道绰、善导的著作很多。他以印度的龙树、天亲(世亲),中国的昙鸾、道绰、善导,日本的源信、源空为净土真宗的七祖。称昙鸾为"本师",赞颂他的《往生论注》,说此书阐明"往还回向由他力,正定之因唯信心",并且对唐代道绰、善导倡导净土念佛法门大加称赞。

亲鸾在书中从教、行、信、证四个方面论述净土真宗教义。"教"指经典,认为唯有《无量寿经》才是佛的真实之教,而《阿弥陀经》、《观无量寿经》属"方便之教";"行"指修行内容,即称念"南无阿弥陀佛",说称此名号可得大功德,可乘弥陀的"他力"往生净土成佛;"信"指对阿弥陀佛的"本愿"(第十八愿)和佛力的绝对信心,说有此信心并发愿往生西方净土,就可凭借佛力往生净土"证大涅槃";"证"即修行结果,说具备对弥陀净土及其愿力的绝对信心,死后即可达到不退转的菩萨之位,成就"无上涅槃"。

亲鸾特别强调对阿弥陀佛净土法门的信心。他在解释"行"与"信"的关系时说:"真实信心,必具名号,名号必不具愿力信心。"意谓有了对弥陀净土及其愿力的信心,也就具备了称名念佛之行;而只是"行",则未必有"信"。所以成为往生净土之因的,不是口称念佛的"行",而是内在的"信"。他说:"一念是名一心,一心则清净报土真因也。"但他也不是废止称名念佛,认为称名念佛可以引发对弥陀净土的信心,并且也是报答"佛恩"的表示。

亲鸾的净土真宗与源空的净土念佛宗相比,因为不重视口称念佛,而以"信心为本",这更简化了修行的方法,因此更受到下层民众的欢迎。他传教的重点是农民、渔民、猎人、手工业者等。这些人从事农牧渔猎等生产活动,不可能不伤生杀生,而且又贫困无文化,没有条件施财、造塔寺、诵经等,按照佛教的传统说法,他们当中不少人属于"恶人"。但亲鸾正是把一切"凡夫"、"恶人"作为净土真宗争取的对象。为此他在教义理论上提出了"恶人正机"说。

他在《教行信证》中明确地表示任何人都可以产生信心,都可成佛,这与一个人所处的社会地位、年龄、性别、有罪无罪没有关系。所谓"恶人正机"中的"正机",即"正因"。"恶人"不可能靠自力修行为善达到解脱,他们正是阿弥陀佛发下弘愿所要拯救的对象,一切犯恶逆大罪的人,包括善性灭绝的恶人(一阐提),都可往生成佛。他甚至说:"善人尚能往生,何况恶人哉!"(《叹异钞》)这是以"恶凡人为本,善凡夫为傍"。把恶人作为争取入教的基点,自然也可以把其他自认为行善积德的人吸收进来。

亲鸾净土真宗的"信心为本"和"恶人正机"说,有既不同于日本净土宗,也不同于中国净土宗的特点。用这种教义进行传教,不仅可以争取社会下层各种职业的民众,而且对从事征战杀伐为业的广大武士也有很大吸引力。

因为净土真宗强调阿弥陀佛的愿力(他力),强调对弥陀愿力的绝对信心,所以对信徒不强调在家和出家,也不重视持戒修行,认为遵从一般社会道德习俗即可。亲鸾自己有妻室儿女,也不禁止食肉,这对真宗的迅速传播十分有利。

亲鸾逝世后,净土真宗发生分裂,到江户时代以后逐渐形成西本愿寺派、东本愿寺派(大谷派)、高田派、佛光寺派、木边派、兴正寺派、出云路派、山元派、诚照寺派、三门徒派,统称"真宗十派"。其中以亲鸾后裔为教主的西本愿寺派和东本愿寺派的势力最大。

(三) 一遍和时宗

一遍(1239—1289),伊予(今爱媛县)人,原名智真,13岁出家,从圣达学净土宗西山派教义,致力于称名念佛的修行。他曾到信浓(今长野县)的善光寺静修数日,在此依据唐代善导所著《观无量寿经疏》中的一段话绘制出"二河白道图"[①],回到伊予后把它当作本尊图挂起来供奉,十余年间闭门潜心修持称名念佛。他把自己

---

① "二河白道",净土宗将人的贪、瞋比作水、火二河,将往生净土的愿望比作二河中间的白道(意为"光明道路"),故名。

的心得用颂文写在图边,曰:"十劫正觉众生界,一念往生弥陀国;十一不二证无生,国界平等坐大会。"意为众生靠自力修行经十劫才有可能达到觉悟,如果称名念佛,一念即可往生西方阿弥陀佛的极乐世界;在称名方法上,一念与十念没有区别,都可使众生达到摆脱生死的境界;在极乐净土,一切佛国世界的众生都是平等的。

一遍为了让更多的人接受他念佛的旨意,周游全国,参拜各地的神社和寺院,祈求神佛的佑助。文永十一年(1274),他到纪伊(今和歌山县)的熊野神社参拜,在这里静修百日,据称从神那里接受颂一首,曰:"六字名号一遍法,十界依正一遍体;万行离念一遍证,人中上上妙好花。"此中"六字名号"即"南无阿弥陀佛","一"为阿弥陀佛,"遍"为众生。全颂意谓佛与众生相即不离,共以名号为法;"十界"(六道加上声闻、缘觉、菩萨、佛)的众生(正)和居住环境(依)是体相圆融的;最好的修行不是靠自力修持万行,而是称名念佛,由此念佛即可往生;修行者有九品,称名念佛者可以作为"上品上生"的修行者往生净土①;"花",为莲花,据《观无量寿经》,往生者在莲花中化生。

一遍从此即以"一遍"之号自称,写了很多"南无阿弥陀佛,决定往生六十万人"②的念佛札,又携带"劝进账"(化缘簿),到各地进行传教。他到过九州、四国和本州的广大地区,前后经16年时间,据说在他的"劝进账"上记名及授予念佛札的人数达25万多人。他被时人称为"游行上人"。他去世时,把过去抄写的佛经全部烧掉,说:"一代圣教今日尽,唯留南无阿弥陀佛。"

一遍的"时宗"实属净土宗的一支。"时宗"的"时",是依据《阿弥陀经》的"临命终时"的经文而起的。此宗有以下特点:

(1)以《阿弥陀经》作为净土三部经中最重要的经典,并用《法

---

① 《观无量寿经》中所讲的九品往生者是上品、中品、下品,各品又分上生、中生、下生。

② "六十万人",是取神谕偈颂中四句的头一个字组成。实际上,不可能吸收60万信徒。

华经》、《华严经》发挥净土宗教义。

（2）否定通过身、语、意的一切修行，只承认称名念佛，认为"阿弥陀佛"名号本身具有不可思议的力量，只要"一心不乱"地念佛，死后即可往生净土。修行者应舍弃家室财产，断除一切世俗欲望，严格持戒念佛。强调绝对尊师(称"知识")，说师可决定信徒能否往生。

（3）受神道教影响，相信神灵，以熊野神社的所谓"神谕偈颂"作为成立宗派的根据。

此派创立初期重视游方传教，依据《无量寿经》中"欢喜踊跃"的字句舞蹈念佛，伴随一遍游行各地的信徒称"时众"，意为六时念佛之众。开始没有固定传教场所，到一遍弟子他阿时，建立了百余所道场，但仍强调"身虽在此，而心在游行"。中心道场在相模(今神奈川)的无量光寺，后移清净光寺。

（四）日莲和日莲宗

471

日莲(1222—1282)，安房(今千叶县)人，出身于 个渔民家庭。16岁出家，游历镰仓和平安各寺，学天台、密、净土诸宗的教义。开始曾重视净土宗，后因读《涅槃经》中"依法不依人，依了义经不依不了义经"的经文，决定选择一部佛经作为自己修法的依据。建长五年(1253)宣布皈依《法华经》，认为只有此经才是成佛之法，并对净土宗进行批评。为此他受到净土宗信徒的迫害。他逃到镰仓，建草庵居住，日夜诵读《法华经》，有时到街上高唱"南无妙法莲华经"，人们以"狂汉"视之。他对净土、禅、密、律诸宗笑骂抨击，提出"四个格言"，译成白话是："念佛是无边地狱之业，禅宗是天魔的作为，真言是亡国的恶法，律宗是国贼的妄说。"他对各宗进行批判的目的，是希望幕府以《法华经》信仰为正法，不要支持其他派别。他在这个期间写了《守护国家论》、《灾难对治钞》等。他的传教逐渐产生影响，有人投到他门下为弟子。

1257—1260年，日本关东地区发生地震、瘟疫等天灾，社会动荡不安。日莲著《立正安国论》，上呈幕府的实权把持者北条时赖

(前执权),说灾厄的发生是因为国家违背正法,崇信"邪法",如果不早日制止净土念佛宗,就会发生《药师》、《大集》诸经中所说的"七难"、"三灾",特别是"自界叛逆难"(内乱)和"他国侵逼难"(外国侵略)。幕府不仅不予采纳,而且以"诳言惑众罪"把他流放到伊豆(在今静冈)以东,两年后才得到赦免。至元五年(1268),元世祖派使者向幕府送国书迫使日本称臣,并着手准备侵日。至元十一年(1274),元兵攻上九洲北部肥前(今福冈),后虽败归,但仍准备再次入侵。在这种情况下,日莲与弟子们认为,《立正安国论》中所作的预言已经证实,并上书幕府,说如果不依靠《法华经》正法,国将不保,他为降伏元军进行祈祷。但他又受到迫害,被流放到佐渡。在这里他写了《开目钞》、《观心本尊钞》等。三年后受到赦免,回到镰仓,后又到甲斐(今山梨县)身延山建久远寺,作为日莲宗的中心道场。日莲除前述著作外,还著有《选时钞》、《教机时国钞》等。

日莲宗全名是"日莲法华宗",虽从天台宗分出,但有自己独特的教义。日莲反对日本天台宗把真言密教的教义吸收到教内,特别反对圆仁、圆珍把《大日经》置于《法华经》的同等和之上的做法(在所谓"事密"中更重视《大日经》)。日莲认为在一切佛经中唯有《法华经》才是真实之教,其他皆为方便之教。他说《法华经》28品之中前14品是"迹门"的教法,所谓"应身"说教,后14品为"本门"教法,所谓"法身"说教,中国隋朝的智顗和日本的最澄虽然也依据"本门"立教,但没能阐明本门的真义。他认为他所提出的"三大秘法"最圆满地表达了本门的真义。

所谓"三大秘法"是日莲宗的基本教义。它包括本门的本尊、本门的题目、本门的戒坛。日莲在《报恩钞》和《观心本尊钞》中对此有详细说明。

第一,本门的本尊。所谓"本尊"是信奉的最高对象,各个宗派都有自己的本尊。日莲宗信奉的本尊是《法华经·如来寿量品》中所说"成佛已来甚大久远,寿命无量阿僧祇劫,常住不灭"的佛(即法身佛)。日莲绘图把它形象地表现出来,即为"十界曼荼罗"。他在文永十年(1273)绘制的"十界曼荼罗",也叫"大曼荼罗",中央写

"南无妙法莲华经"七字作为"总体",左右画各种天部、诸尊作为"别体",横的方面表示遍于十方,竖的方面表示涉及三世,以此表现十界互具的道理,日莲宗奉之为"法华本门的本尊"。这样绘制曼荼罗显然是受了密宗的影响。

第二,本门的题目。此为皈依本尊的修行方法,即口唱"南无妙法莲华经"七字。日莲认为"妙法莲华经"题目概括了一部《法华经》的奥义,加上"南无"(意为归命)二字,用口唱诵就成了皈依本尊的修行。只要行此唱题妙行,不管是否懂得它的含义,也不管是善人恶人,都可即身成佛。

第三,本门的戒坛。日莲宗也讲戒、定、慧三学,但与其他佛教各派不同。日莲规定:"定"是本尊,"慧"是题目,"戒"指戒坛。所谓"戒"不是小乘的五戒、十戒、具足戒,也不是大乘的十重戒、四十八轻戒,只要唱诵"南无妙法莲华经",就是"本门无作的圆顿戒"。戒坛也不是特指受戒的场所,唱诵七字题目即为戒坛。

日莲吸收了日本神道教的某些信仰,例如他把日神、天皇祖先神天照大神、农耕神八幡大明神也列入法华信仰的保护神之中。

473

由于日莲宗教义简明易懂,在修行方法上又只重视口唱经题,因而在日莲晚年已有不少人信奉。日莲逝世后,经弟子的努力传教,日莲宗逐渐深入到京都、关东、北部广大农民、渔民及中下武士之中,商人和手工业者也多有信奉者。弟子们之间为争夺正统,也由于对教义的不同理解,分成很多支派。

(五)荣西和日本临济宗

荣西(1141—1215),备中(在今冈山)人,俗姓贺阳。14岁在故乡出家,青年时到比叡山修学天台宗教理和台密。仁安三年(1168)随商船入宋,登天台山巡礼,带回天台宗章疏30余部。兼修显密二教,开创"叶上派"密教。文治三年(1187)再次入宋,在天台山从虚庵怀敞学禅宗,经五年受印可归国。虚庵是临济宗黄龙派的第八代传人。荣西在博多(在今福冈)建圣福、报恩二寺,弘传临济宗黄龙派禅法,此后到将军源赖家在京都为他建的建仁寺去住。他因宣传禅宗,受到天台宗僧人的攻击。为此他著《兴禅护国论》,对禅宗进行介绍,说"即心是佛为宗,心无所著为业,诸法空为义",又强调"参禅问道,戒律为先",并认为禅宗与天台、真言二宗皆为"禅师"之教;对于禅宗与国家的关系,主张兴禅可以"护国"。此后应将军源实朝的邀请到达镰仓,建寿福寺,后又回京都建仁寺。鉴于天台宗势力强大,直到去世为止,他仍兼传真言宗、天台宗和禅宗。他还著有《出家大纲》、《日本佛法中兴愿文》等。他写的《吃茶养生记》介绍了中国的吃茶风习和吃茶方法,对日本普及饮茶有很大影响。

荣西的弟子有行勇、荣朝、明全等人。在荣西之前,从奈良时代起,禅宗已陆续传到日本,但皆未独立。荣西虽兼传天台、真言二宗,但已系统介绍中国禅宗,因此一般以荣西作为日本临济宗的创立人。荣西的禅派,后世称为"临济宗建仁寺派"。镰仓时期传到日本的禅宗门派很多,据称有24派之多,其中属曹洞宗的有3派,其他皆为临济宗系统;在临济宗中除荣西属黄龙派禅法外,皆属杨岐派。这些禅派的区分,主要是由于传承不同造成的。在中国宋代,临济宗杨岐派传到圜悟克勤(1063—1135)时大盛,他著的《碧岩录》风行天下,弟子大慧宗杲、虎丘绍隆都很有名。大慧倡"看话禅"在中国影响很大。虎丘活动在今苏杭一带,后继弟子中,有不少人东渡日本,受到以幕府为代表的武士阶层的欢迎,在镰仓、京都传法。也有不少日本僧人慕名前来从虎丘一系的禅师学禅,回国后成为很有地位的禅师。宋末元初,一些禅宗僧人为避战乱东渡,他们推动了日本禅宗的传播,一时之间禅宗几乎占了压倒的优势。

在荣西之后,仍兼传天台宗、密宗的禅僧有圆尔辨圆(1202—1280)和心地觉心(1207—1298)。他们都曾从荣西的弟子行勇、荣朝学法。辨圆入宋从杭州径山兴圣万寿寺的无准师范学禅。无准是虎丘禅系的禅师,主张儒释道三教合一。辨圆回国后,受到摄政九条道家的崇信,九条道家在京都为他建东福寺。此后,他应请为幕府的执权北条时赖和嵯峨上皇授菩萨戒,在朝廷与武士之间传授禅法。著有《圣一国师语录》。他的禅法称为"圣一派",后称为"临济宗东福寺派"。著名佛教史学者虎关师錬(1278—1346)是他的第三代弟子,著有日本佛教史书《元亨释书》30卷。心地觉心也是行勇、荣朝的弟子,入宋从临济宗杨岐禅派的无门慧开(《无门关》作者)学禅,回国后受到龟山、后宇多两位上皇的皈依,弟子很多,卒后谥"法灯国师"。后称此系为"法灯派"。

　镰仓时期在日本单纯传播禅宗的是中国临济宗僧人。兰溪道隆(1213—1278)是虎丘弟子崇岳的门徒,宋淳祐六年(1246)赴日,受到镰仓幕府的欢迎,执权北条时赖为他造建长寺,据说闻风前来参禅的有200多人。他说:"参禅如孝子新丧父母一般,念兹在兹,不忘所生,一念若如此,自然道念重,世念轻,久久明白时,入大解脱门也";"参学如猫捕鼠,先正身直视,然后向他紧要处,一咬咬定,令无走作"。他对持戒的看法是:"戒即是心,心即是戒,心无形相,宁有戒而可持!"①著有《兰溪道隆禅师语录》、《坐禅论》等。卒后谥"大觉禅师"。弟子中名僧很多。他的禅系称"大觉派",后称"临济宗建长寺派"。

475

　宋朝无准师范的弟子中还有兀庵普宁、无学祖元来日。普宁在日本六年回国。祖元(1226—1286)住建长寺,不久执权北条时宗为他建圆觉寺,终生在镰仓致力于传禅事业。在1281年元军再次入侵日本时,他向时宗赠言"莫烦恼",并讲授禅法。他的禅法在武士间产生不少影响。卒后谥"佛光禅师"。著有《佛光禅师语录》。弟子中以高峰显日最有名,他把临济禅传到关东一带。祖元的禅派称"佛光派",后称"临济宗圆觉寺派"。

　元代赴日的禅僧有一山一宁(1247—1317)。他本是元朝派来的使节,劝日本归降的,先被幕府拘留,后来执权北条贞时请他主持建长寺。之后,一宁移住圆觉寺,再移住京都的南禅寺,受到后宇多上皇的崇敬。一宁是临济宗杨岐派虎丘系的禅僧,对儒学也有颇深的造诣。有《一宁禅师语录》行世。弟子中以梦窗疏石最有名。

---

① 《大觉禅师语录》卷下。

以上各禅派在当时盛极一时,但成为后来日本临济宗主流的是所谓"应、灯、关"的禅派。"应"指南浦绍明(1235—1308),卒后谥"大应国师",故简称"应"。曾入宋从虎丘一系的虚堂智愚学禅,回国在九州博多传禅30余年,此后应请入京都及镰仓授禅法,弟子很多。弟子宗峰妙超(1282—1337)卒后谥"大灯国师",简称为"灯"。他曾与天台宗等宗派的学僧辩论,扩大禅宗影响。后住京都大德寺,尝与花园天皇谈禅,天皇说:"佛法不思议,同王法对坐。"他答:"王法不思议,同佛法对坐。"于是受到天皇赏识。弟子关山慧玄(1277—1360),受到花园、后醍醐两天皇的皈依,花园天皇舍出离宫建寺赠关山慧玄,此即妙心寺。他的禅法以冷峻、枯淡著称,不重读经,接引学侍常棒喝交驰。这一派后称"大德寺派"或"妙心寺派"。在室町幕府时期,与以五山十刹的官寺禅派相对应,主要在民间传播。

(六)道元和日本曹洞宗

道元(1200—1253),号希玄,俗姓源,是皇室后裔内大臣久我通亲之子。13岁出家学天台宗,后从荣西的门徒明全学禅。贞应二年(1223)随明全入宋求法,历访天童、阿育王、径山诸寺,后从天童寺的如净(1163—1228)禅师受传曹洞禅法。如净是曹洞宗第十三代禅僧。道元跟他修行三年。回国前如净赠以曹洞宗第三代芙蓉道楷留下的法衣以及洞山良价著的《宝镜三昧》、《五位显诀》和自赞顶相(肖像)。道元回国后先后在京都的建仁寺、兴圣寺等地传法。约宽元元年(1243)到越前(今福井),当地领主波多野义重为他建立大佛寺。此寺后改称永平寺,是道元传曹洞宗的中心道场。他曾应执权北条时赖的邀请到镰仓为北条氏授菩萨戒。曾得到后嵯峨上皇所赐的紫方袍,但终身不穿用。道元著有《正法眼藏》、《永平广录》、《普劝坐禅仪》、《永平清规》等。

道元所传的曹洞宗的禅风重"默照",他自认为从如净所受的禅法是正宗禅法,承自佛祖以来嫡系相传的"正法眼藏,涅槃妙心"。这种禅法的基本要求是"坐禅","抛却烧香、礼拜、念佛、修忏、看经,只管打坐"①。他一生不好交结权贵,认为修禅者应在僻静山林之处一心坐禅,说:"不近国王大臣,不贪檀那施主,轻生而隐居山谷,重法而不离丛林,不以尺璧为宝,寸阴是惜,不顾万事,纯一辨道。此乃佛祖之嫡传。"②道元去世后相当长一段时期,曹洞宗在日本的传播范围仍很有限。

道元的弟子怀奘(1198—1280)以永平寺为中心,初步奠定日本曹洞宗的基础,把道元的《正法眼藏》等著述抄写出来传世,他自己则写了《正法眼藏随闻记》。怀奘的弟子义介(1219—1309)曾入宋求法,看到宋地寺院礼乐之盛,回国后建立了永平寺的礼乐制度。后来离开永平寺而到了加贺(今石川县)的大乘寺传法,到其弟子绍瑾(1268—1325)时曹洞宗有很大发展。绍瑾改变道元以来只重视打坐的枯淡的禅风,把被道元否定的祈祷、修法仪式等也吸收进来,致力于禅的民众化。他的禅法受到当时信徒的欢迎。他在能登(今石川县)开辟原是真言宗、律宗寺院的永光寺、总持寺为曹洞宗禅寺。总持寺后成为曹洞宗的另一个传教中心。绍瑾著有《坐禅用心记》、《三根坐禅说》、《莹山清规》等。相对于临济宗偏重与幕府上层武士密切关系,曹洞宗更注重在地方上发展,得到了各地领主和中下武士的支持。

二　禅宗和日本文化

在中日文化交流史中,隋唐及宋元明文化对日本的影响最大。隋唐文化对日本奈良和平安文化,宋元明文化对镰仓、室町乃至江户时期的文化都发生过直接的多方面影响。在宋元明文化输入日本的过程中,中日禅僧起了媒介和桥梁的作用。

中国宋代不少僧人提倡三教合一,契嵩(1007—1072)写《辅教篇》推崇儒家孝道,主张佛儒并重,说:"曰佛,曰儒,曰百家,心则一,其迹则异。"此后大慧宗杲等人也提倡儒佛一致论。不少中国禅僧

①《永平广录》卷一。
②《永平广录》卷七。

477

对儒学有很深造诣,他们东渡日本,在传禅之余也讲儒学。日本入宋求法者也受到这种影响,除学禅受法外也学儒学。

最早把宋学传入日本的是京都泉涌寺的俊芿。他于建久十年(1199)入宋学天台、禅和律,建历元年(1211)回国,除带回大量佛典外,还带回大量儒书。此后,日禅僧圆尔辨圆从宋带回朱熹注的《大学》、《孟子》及《中庸或问》、《五先生语录》(周敦颐、程颢、程颐、张载、朱熹的语录)等。他曾应诏给龟山天皇讲"三教微旨"和"禅要",为后嵯峨上皇及文武官员讲《宗镜录》,并为堀河源太师写《三教要略》。他还为幕府执权北条时赖讲《大明录》。《大明录》是宋末居士圭堂所编,引禅宗语录80余种,从禅宗的立场系统论述儒释道三教一致的思想。辨圆对日本朝廷、武士及禅宗界重视儒学及三教一致思想,影响很大。

中国入日本传禅的僧中,兰溪道隆和一山一宁对传播宋学最有影响。兰溪在上堂传授禅法时常借用《四书》中的儒学进行发挥,现存《大觉禅师语录》中,有的地方讲"天下大事非刚大之气不足以当之","世间之法既能明彻,则出世间之法,无二无异"(卷上);有的地方对周敦颐《通书》中的"圣希天,贤希圣,士希贤"的观点进行发挥,说:"盖载发育,无出于天地,圣人以天地为本,故曰圣希天;行三纲五常,辅国弘化,贤者以圣德为心,故曰贤希圣;正身诚意,去佞绝妄,英士蹈贤人之踪,故曰士希贤。"(卷中)这是通过对僧侣参禅者说禅,把宋儒的哲学杂糅到佛法之中。一宁在传禅之余,还就"儒道百家、稗官小说、乡谈俚语"(《行记》)等方面回答僧俗信徒的咨询。后来著名的汉学僧人虎关师錬、雪村友梅曾从他受学。

在日本文化史上,所谓"五山"禅僧的贡献很大。"五山十刹"是在全国禅寺中选出五个规定为最高位的寺院,在它们之下再置十所禅院。据说这种制度是仿照南宋的做法。镰仓末年,在镰仓开始设立建长寺、圆觉寺等为五山,此后又扩大到京都,把南禅、建仁、东福诸寺也列于五山之中。但"五山"未必就是五寺。到室町幕府足利义满时才正式制定"五山十刹"之制。至德三年(1386)规定把京都的南禅寺置于五山之上,以京都的天龙、相国、建仁、东福、万寿五寺和镰仓的建长、圆觉、寿福、净智、净妙五寺共同作为全国的五山。所谓"十刹",是地位仅次于五山的十座寺院,虽有建置,但变动很大,到15世纪末已达46座。在五山之上设"僧录"一职,负责任免"五山十刹"及著名禅寺的住持及有关诉讼裁判、接受寺田、缴纳税金等事务,后来还为幕府起草政治外交的文书。所谓"五山禅僧"泛指在"五山十刹"及在它们影响下一切官寺中的禅僧,一般不把临济宗中的"反主流派"的"应灯关派"和曹洞宗包括在内。

祖元的佛光派禅系在高峰显日之后出了著名的梦窗疏石(1275—1351)。疏石受到室町幕府的开创者足利尊的皈依,并为"七朝帝师"而受到朝野尊重。他劝幕府建天龙寺,为解决资金问题,派贸易船入元经商,以其利金充造寺之用。著有《梦窗疏石语录》、《西山夜话》、《梦中问答》、《和歌集》等。弟子有无极志玄、春屋妙葩、龙湫周泽、义堂周信、绝海中津等,都是五山禅僧中的重要人物。

春屋妙葩(1311—1388)首任僧录,以京都相国寺为中心,在全国盛倡临济禅风,著有诗文集《云门一曲》及《春屋妙葩语录》等。他主持出版了多种佛书和外典,对五山文学的发展促进很大。从他开始,陆续出版了许多书籍,后世称为"五山版",其中有《五灯会元》、《禅林僧宝传》、《百丈清规》、《圜悟心要》、《黄龙子世录》等等。所印《辅教篇》尤为流行。

虎关师錬(1278—1346)前后从一山一宁及东山湛照学禅,善写汉诗汉文,除用汉文写了日本最完整的一部佛教史书——《元亨释书》外,又写了《济北集》20卷。此书前6卷为诗稿,7卷以下为文稿,11卷是诗话,最后2卷是论述宋学,对《大明录》及朱熹、司马光的观点作了批评。继其学的有中岩圆月,他写有《东海一沤集》、《一沤余滴》、《中正子》、《文明轩杂谈》等,被认为是当时朱子学的泰斗。师錬的另一弟子雪村友梅所著《岷峨集》也颇有名。

义堂周信(1325—1388)对汉学很有造诣,认为孔孟之书属"人天教",可作为"助道"的参考,从这个意义讲"儒书即释书也"。因此他钻研儒学,写有《空华日工集》及《空华集》。他的同学绝海中津的诗文集《蕉坚稿》也是五山文学的代表作。到室町中期以后,出了一些从事汉籍注释的禅僧。瑞溪周凤(1392—1473)精于苏轼的诗,收集诸说撰《胜说》25卷、《补遗》1卷。又写有《善邻国宝记》、《卧云日件录》、《刻楮集》等。《善邻国宝记》是日中、日朝往来的外交文书集,其中也对幕府外交政策提出自己的见解。此后以抄释著称的有桃源瑞仙(1431—1489)。他好读儒、释之书,抄《史记》、《周易》、苏轼诗文等,著有《史记钞》、《百衲袄》(抄释《周易》之作)、《蕉雨余滴》等。此外,桂林德昌撰《史学提要钞》。天龙寺的策彦周良(1501—1579)曾作为遣明正使两次入明考察贸易,写有《谦齐杂稿》、《谦齐诗稿》、《南游集》,又写入明游记《初渡集》、《再渡集》,是研究室町时期中日交通和中国当时佛教情况的宝贵资料。

在宋学,特别是程朱理学方面,五山禅僧的传播和研究起了重要作用。东福寺的岐阳方秀(1361—1424)对朱熹新注《四书》加以"和训",即在汉字旁用日文假名译出大意,使不懂汉文的人可以大体读懂。他还著有《不二遗稿》。门下惟肖得岩、云章一庆等弟子也比较有名。得岩为幕府掌外交文书;一庆以讲学著称,曾讲《百丈清规》,想整肃禅林,弟子笔录为《百丈清规桃源钞》(或作《云桃钞》),对程朱学说多有介绍。桂庵玄树(1427—1508)曾在建仁寺、东福寺学《四书》新注,应仁元年(1467)随遣明使入明,在苏杭之间留学七年,精《尚书》,回国后到萨摩藩(今鹿儿岛),受到该藩领主岛津氏的厚遇,为他建寺,请他讲学。桂庵在此讲授宋学,并刻板印行新注《大学章句》,此为日本刊行朱熹新注之始。他把方秀的和训方法加以改进,授予门人,后人称为"桂庵和尚家法和点"。各地前来听玄树讲学的人很多,据说明朝曾有人赞叹:"萨都新兴仲尼之道,移东鲁之风。"桂庵著有《岛阴渔唱》、《岛阴杂著》、《南游集》等。

五山禅僧对宋学的宣传和研究,为江户时代儒学摆脱佛教而独立奠定了基础。江户时代朱子学的开创者藤原惺窝出身于相国寺,林罗山出身于建仁寺,山崎阇斋出身于妙心寺。

由于中日禅僧的往来,水墨画也开始盛行。在禅宗内部,师傅传法于弟子时往往授以自己的"顶相"(肖像)作为印可的证明,上面还提上赞辞。日僧辨圆、绍明、道元等人都从中国带回先师的顶相。禅宗崇尚自然,也推动了以山水自然为内容的水墨画的盛行,禅僧中的默庵、可翁是早期的水墨画家。东福寺的兆殿司(吉山明兆,卒于1431)以画佛、画人物著称。周文不仅善画,而且精于雕刻,他的清雅的笔法对后世画坛影响很大。最著名的画僧是雪舟等杨(1420—1506),他曾入明跟李在、长有声学画法,所绘《山水长卷》、《秋冬山水图》、《天桥立图》等十分有名,对后世狩野派、云谷派、长谷川派很有影响。此外,禅宗对日本的书法、雕刻、造园艺术以及花道、茶道、能乐、俳句等的影响也不小。

室町时期,禅宗名僧受到幕府和各地大名领主的重用,常参与军政外交机要。他们或作为幕府的使者斡旋于幕府与各地大名领主之间,或作为国使出使中国和朝鲜。外交文书皆由禅僧起草。从1401—1547年的近150年之间,与明的十多次正式外交,几乎全由禅僧担任使节。

三 江户时期佛教的停滞和世俗化

镰仓和室町时期,社会经常动乱,室町末期进入诸侯割据的"战国时代"(1467—1573)。在战乱中,佛教的大宗派也拥有自己的武装,称"僧兵"。僧兵在平安时期已经出现,主要是保护寺院及其庄园,也用来进行宗派斗争。进入镰仓时期以后,僧兵仍然存在,以天台宗和法相宗的僧兵最有力量。战国时期,真宗、日莲宗、真言宗也拥有强大的武装。佛教各宗派的武装集团或联合某些大名诸侯反对另外的大名诸侯,或互相残杀。战国末期的著名武将织田信长(1534—1582)曾攻破天台宗据点比叡山,烧毁寺院,杀戮僧人,没收寺田。他又对拥有众多农民信徒的净土真宗进行镇压。真宗也称"一向宗",在教主显如(1543—1592)率领下建立了强大的武装组织,与地方大名联合对抗织田信长。织田信长从元龟元年

(1570)开始,用了 11 年时间与以石山(在今大阪)为据点的真宗武装集团作战,最后在天皇的斡旋下才达成和解。他下令收回由朝廷卖给或施赠给寺院的土地。在他死后,丰臣秀吉(1536—1598)继续采取削弱佛教势力的政策,曾率兵攻破以根来寺为据点的真言宗武装集团,收回领地。天正十六年(1588)下令没收僧人、农民的武器(刀狩),制定要僧人守戒、专心修行的法令。到他统一全国(1590)时,佛教各派的武装基本解体,大部分领地被没收。

丰臣秀吉死后,织田信长的另一战将德川家康把持政权,1603年取得"征夷大将军"称号,在江户(今东京)建立幕府,直到明治维新。德川幕府统治日本两个半世纪,史称"江户幕府时期"或"德川幕府时期"。

江户幕府时期,天皇仍然只有虚位,大权由幕府把持。幕府对从将军到大名、家臣和一般武士的上下隶属关系作了严格的规定,公布"武家诸制度"、"诸士法度",对大名及各级武士提出应遵守的法则。对全国居民按武士、农民、手工业者、商人以及"秽多、非人"(二者属贱民)的次序制定严格的"身份制度",武士享有特权。为了巩固封建等级秩序,幕府重视文教。在以前,儒学、神道都依附于佛教,此时从佛教中逐渐分离出来。京都临济宗僧藤原惺窝及其弟子林罗山是日本早期朱熹学的著名学者。他们受到幕府的优遇,林罗山及其子孙历代为将军、幕臣讲《四书》、《五经》等儒家经典,为幕府起草政法文书及提供咨询等。在织田信长时为了对抗佛教势力,曾一度支持新传入的天主教,至丰臣秀吉时因为担心天主教被西南大名和农民用来反对幕府,改而采取禁教政策。德川幕府继续禁止天主教传播,对教徒残酷镇压。1639 年幕府采取锁国政策,除允许中国、荷兰在长崎通商外,禁止与其他国家贸易,各国商人和传教士被驱逐。在这种情况下,幕府一方面对佛教加强控制,另一方面又利用佛教作为统治人民的精神武器。

总的说来,江户时期的佛教除从中国传入黄檗宗(实属临济宗)以外,无论在宗派还是教义理论上都没有新的发展。幕府出于控制利用佛教的需要对佛教制定了各种"法度",奖励佛学研究。

幕府初期重用临济宗僧崇传(1569—1633)和天台宗僧天海(1536—1643),除请他们参与军政、外交机要之外,还命他们为佛教制定各种法度,对各宗派及寺院的职位的等级、法衣的等差、本山(总寺)末寺(分寺)的所属关系、财物的化募、新寺的建立等都有规定。各宗在江户设有代表机构,称"触头"(或称"僧录"、"轮番"、"在蕃"),经常把幕府的政令下达到本宗寺院。本山对下属各寺有严格的支配权。

　　幕府在禁止和镇压天主教的活动中也大力利用佛教。幕府强迫天主教信徒改信佛教,到佛教寺院登记并需得到寺僧开的证明。此称"寺请制"。此后下令佛教寺院设置相当于户籍的"宗旨人别账",对周围居民的姓名、年龄、信仰的宗派等登记入册,让僧侣监督民众,防止天主教传播。还规定居民结婚、生死、旅行等,也必须受到所属寺院的检察,有的要由僧侣出具证明。信徒全家只能信仰一种佛教宗派。寺院负责信徒的丧葬仪式,收藏骨灰,定期为信徒的祖先举办各种追荐法会,信徒要向寺院奉纳财物。这样,在寺院与信徒之间形成了一种特殊的依从关系,日本称之为"寺檀关系"。这一方面通过寺院对信徒的控制有利于幕府对全国的统治,另一方面由于僧侣处于监视民众的特殊地位,衣食有余,陷入更多的世俗事物,而日益腐败。江户时代虽出了很多有学问的名僧,但颓败的风气却是十分明显的。

　　幕府在给各宗下达的法度中,提倡僧人专心研究教义和修行。例如在给曹洞宗下达的法度中规定僧人必须有30年修行成就的资历才可出师传禅;给真言宗长谷寺的法度中规定必须住山修学20年才可传法;给净土宗的法度规定要修学15年;给临济宗京都的大德寺和妙心寺的法度规定要修行30年,并参1700则公案才可得到"出世"的认可。出师、僧阶升级、担任住持,都与修学资历密切结合。因此,本时期的佛教各派都重视兴办教育事业,以培养学僧,适应本派理论研究和传教的需要。各派所办的学校名称不一,日莲宗称"谈林",净土宗称"檀林",曹洞宗设"栴檀林",净土真宗有"学寮",有些宗派在大的寺院办学。各派都出了一些著名学僧,对本派所奉的教义在理论上进行解释、论证,使之进一步系统化和深化。真言宗的赖瑜(1226—1304)著《十住心论愚草》等,对真言宗的传统教义提出新义。临济宗的泽庵(1573—1645)受到将军德川家光的皈依,有著作、歌集多种,其《不动智神妙录》从禅的立场论剑道,受到武士的欢迎。白隐慧鹤(1685—1768)也是临济宗僧,著有《荆丛毒蕊》、《槐安国语》、《夜船闲话》、《远罗天釜》等,在妙心寺等处开法传禅,语言通俗易懂,结合处世之道讲禅的精神,有时还借用俚语歌呗,深受信众欢迎。无著道忠(1653—1744)著《禅林象器笺》20卷,广引内典、外典对禅林用语进行考释,是一部禅宗辞典。此外师蛮著《延宝传灯录》、《本朝高僧传》,道契著《续日本高僧传》等,也颇有名。

德川幕府禁止成立新的佛教宗派。在这一时期,新的佛教宗派只有从中国传入的黄檗宗。黄檗宗的创立人是隐元隆琦(1592—1673),原是福建福清县人,曾在黄檗山临济宗费隐禅师门下参学。日本长崎是与中国通商的港口,住的中国人很多。他们一般信奉神宗,建了兴福寺、福济寺、崇福寺等,请中国僧人担任住持。承应三年(1654),隐元应长崎中国僧人之请赴日,先住长崎,声闻全国,后应邀到外地传禅,带弟子到江户,受到将军德川家纲的优遇。此后在京都北宇治受赐土地建黄檗山万福寺,作为开法传禅之所。前来参学的日本禅僧很多。隐元的禅法属于明代盛行的"念佛禅",主张禅净一致,从禅宗的立场修持念佛法门,认为"己身弥陀,唯心净土","万法唯心,心外无别法"。隐元著有《弘戒法仪》、《隐元禅师语录》、《云涛集》等。弟子多为明人,嗣其法者在22代以前除一人是日本人外,都是中国人。隐元的日本弟子中有位铁眼道光(1630—1682),集资主持大藏经的雕印事业,以明万历年间的《嘉兴藏》(方册本)为底本,天和元年(1681)雕印完成,共6 771卷,称《铁眼版一切经》或《黄檗版大藏经》,印量多,对后世开展佛教研究影响很大。

在这个时期,佛教内部的世俗化倾向有了进一步发展。有不少僧人鼓吹诸教合流,主张吸收世俗伦理道德,肯定现实封建秩序,提倡生活日用即为佛道的思想。天台宗敬光《山家正统学则》要人学儒书;真言宗宗慈《十善法语》、《为人之道》等书,说"十善"为"做人之道",说"有人即有此道,不假外求……人人具足,物物自尔";净土真宗本来就采取世俗生活形态,此时更强调孝行论;曹洞宗铃木正三著《万民德用》、《盲安杖》等,主张在度世日用、万事万善、五伦之道、法度、武勇的世俗生活中应用佛法,士农工商尽其职分,即为修行佛道;日莲宗知足庵《一心常安》主张"知足常乐,知止不耻","世事之中即有一心三观之理"。

随着儒学特别是朱熹学说、神道教在社会上的独立发展和影响的扩大,不少儒者和神道学者对佛教提出批评,矛头主要指向三个方面:一是佛教的弃家出世主义,认为背离忠君孝亲的伦理纲常;二是建寺造像,浪费土地财物,僧侣不劳而获;三是佛教教义中地狱天堂之说实属虚妄。针对这些批评,一些学僧著书提倡儒释道三教一致。他们的著作多结合日本的国情而有新的发展,如提出神道和儒佛一致。禅宗慧训《三教论衡》认为佛教的心性论、儒教的天命论和道教的虚无论,本无二致。白隐《三教一致之辨》说儒教的"至善",即道教的"虚无大道",与佛教禅的"自性本有"相同。净土宗大我《三教鼎足论》以五戒与五常的一致说明佛儒关系,以佛教的戒、定、慧三学,儒教的君臣、父子、夫妇的三纲和神道的剑、玉、镜三种神器的一致,来说明神道与儒佛的关系;又用佛教的般若、慈悲、方便,儒教的智、仁、勇,神道的明镜、灵玺、宝剑的一致,论述神道教与儒佛具有一致性,说三者皆"劝善惩恶",儒佛二教也"辅翼神祇,益吾灵国"。这些理论的提出,促进了僧人对佛教以外各种知识的学习,为明治维新以后僧人从事各种社会文化事业创造了条件。

四 日本近现代佛教

(一)明治维新以后的日本佛教

1868—1873年,随着德川幕府的垮台,地主资产阶级拥立以明治天皇为首的中央集权国家进行一系列改革,史称"明治维新"。

明治政府以所谓"富国强兵"、"殖产兴业"和"文明开化"的三大政策作为指导改革的总方针,积极推动政治、经济和文化教育的发展。在宗教方面,由于在"王政复古"和倒幕运动中神道教起了动员舆论和维系人心的作用,明治政府成立后被定为国教。明治天皇颁布《神佛分离令》,使神道教完全脱离佛教而独立,在政府八省之外设置"神祇官"(后改"神祇省")。接着又下诏置"宣教使",到处宣传"皇统神圣"、"皇道至上"的神道教义,明确实行"祭政一致"的制度。废除因皇室、贵族出家而形成的特权寺院(御所、门迹、院家等),没收一切寺院领地,废除僧位、僧官;规定僧侣是一种职业,应称姓氏;解除官府禁止僧人食肉、娶妻、蓄发的禁令等。在维新过程中,不少地方发生了"废佛毁释"的运动,寺院佛像被毁,经书被焚,僧侣被迫还俗。由于农民信徒的激烈反抗,"废佛毁释"没有在全国展开。此后,在民部省设寺院寮管理佛教事务。明治五年(1872)政府置教部省,命神道教的神官和佛教僧人担任"教导"(共14级),向全国人民宣传"三条教则",即:"敬神爱国","天理人道","奉戴皇上,遵守朝旨",为巩固立宪制的天皇专制统治和维新政策服务。此后在东京成立"大教院",各地成立"中教院",各宗寺院成立"小教院",混合吸取神道和佛、儒的学说,也吸收西方文化,培养"教导职"人员。教部省命令各地教导人员向民众灌输"神德皇恩"、"人魂不死"、"天神造化"和"君臣、父子、夫妇"等说,佛教也就被用来配合神道教进行这种"敬神忠皇"、维护新政的宣传。

让佛教完全依附神道的做法,在佛教内部引起强烈不满。净土真宗本愿寺派的梅上泽融、岛地默雷、赤松连城等人在明治五年曾到欧洲视察,回国后上书教部省,把他们见闻到的欧洲宗教盛行情况及教化意义作了介绍,并提出"三条教则批判",要求信教自由。明治政府采纳了他们的建议,废除"大教院",在各宗设置学校,又废除教部省,将其事务移到内部省社寺局。明治二十二年(1889)颁布《大日本帝国宪法》,规定"日本臣民在不妨碍安宁秩序及不违背臣民义务的条件下"可以享有"信教自由"的权利,但并没有改变神道教为国教的事实。此后,佛教在新的历史时期又有所

变化。主要有五个方面:

(1) 寺檀关系的弛缓。德川幕府为防止基督教的传播,曾授权佛教寺院掌管户籍,形成严格的寺檀关系。寺院依靠信徒的奉献和由幕府、大名施舍的土地,保持丰厚的经济来源。明治政府以神道教为国教,建立以神社为中心的"氏子"(当地神社的信徒)制度,在有限的"信教自由"范围内允许基督教传播。这样,佛教原有的寺檀关系基本瓦解。明治政府又把寺院原有的领地收归国有,这对以领地为主要经济来源的天台宗、真言宗、禅宗、净土宗是很大的打击。当然,上缴领地并不意味着寺院完全没有土地,由开垦或以买卖方式得到的土地仍归寺院所有,原由大名领主施舍的土地也可以用钱赎买。因此,寺院除从信徒那里取得贡物外,也把土地出租,从佃农那里索取租米等。旧的寺檀关系虽已破坏,但信徒仍到寺院祭祀祖先、举行丧葬仪式及传统信仰活动,寺檀关系仍在相当程度上存在。

(2) 佛教宗派在组织上实行中央集权制。1882年规定神道教和佛教各宗各派都设"管长";规定各宗设"总本山",各派设"本山"。各宗各派的"管长",负责委派各宗各派寺院住持及制定各种宗寺法规等等。"管长"的名称各宗各派不尽一致,如天台宗称"座主",真言宗称"长者",曹洞宗称"贯首"等。各宗在东京设本山的办事处(支所),地方上设教区,置教务所。按选区选宗议员,组成各宗的议会,定期开会决定宗制寺法等事项。

(3) 明治政府鼓励各宗办学,一些学僧为振兴佛教也致力佛教教育事业。从明治初年到大正年间(1912—1926),佛教各派兴办不少大学,著名的有净土真宗大谷派的大谷大学,净土真宗本愿寺派的龙谷大学,曹洞宗的驹泽大学和东北福祉大学、爱知学院大学,临济宗的花园大学,真言宗的高野山大学,真言宗智山派、丰山派和天台宗、净土宗联合创立的大正大学,日莲宗的立正大学,净土宗的佛教大学等。佛教学者井上圆了(1858—1919)创办哲学馆,后发展为东洋大学。此外还有不少由佛教宗派创立的中小学。这些由佛教各宗派创立的学校,除讲授宗教学以培养佛教人才外,也广

487

设文理其他学科以培养文教科技人才。

（4）佛教和社会政治活动。明治维新以后,神道教成为国教,佛教处于依附地位,但更自觉地去维护君主立宪的地主资产阶级政权,为它服务,并力图把佛教教义纳入天皇神道的系统,用国家神道观念解释佛典,摘录佛经支持屠杀和侵略。大正时期佛教僧人获得参政权,各宗管长联合组成"佛教护国团"。在国家日益法西斯化,向外推行侵略扩张时,一些传统教团表示"护持天皇制,战争协力"。1940年为适应战争体制,政府公布《宗教团体法》,包括对佛教各宗各派进行合并统编,把原来的13宗56派编为13宗28派。神道教、佛教、基督教联合组成"大日本宗教报国会"作为"大政翼赞运动"的一环,开展拥护战争的宣传和资助活动。像真宗的大谷派和本愿寺派,日莲宗团和皇道佛教行道会,以及皇道禅等,或者在舆论宣传和民众动员上支持侵略战争,或者本身就是法西斯团体。从甲午战争到全面发动对华战争,在对朝鲜的占领和分裂我国台湾的行动中,都有日本反动的佛教势力参与。

488

然而也是从明治开始,佛教界内部出现了一些有民主意识的学僧,对日本的军国主义和侵略政策进行批评。禅宗的内山愚童(1874—1911)认为,"佛道是一种基于牺牲精神的实践"。他在《入狱纪念·无政府共产》一书中提出不缴租米,拒绝征兵,否定天皇制的思想。真宗的高木显明著《我是社会主义》一书,以释迦牟尼为"灵界的社会主义者",以亲鸾为平民的朋友,否定权力和财富,认为反战和和平是符合"真谛"之道的。也有不少学者提出各种对佛教进行改良的主张。像以境野黄洋为首的"新佛教徒同志会",则公开反对宗教讴歌战争,发出非战、反战的声音。真宗大谷派的一位住持升中彰元表示:"战争是罪恶,支那事变是侵略战争。"他为此而被捕。日莲正宗的创价教育学会反对"神本佛迹论",抵制用国家神道统一宗教思想,《价值创造》因此被停刊,创价教育学会会长牧口常三郎被捕,死于狱中。

（5）日本近代以后的佛教研究。明治维新以后,日本佛教学者通过到欧美、印度、斯里兰卡的留学考察,并通过吸收西方的科学文化思想,对佛教采取西方社会学和历史学的方法进行研究,又借助汉、梵、巴利、藏语文献的对比研究,在佛典的研究和整理佛教历史、教义、艺术等多方面取得丰富的成果。南条文雄在英国马克斯·缪勒帮助下所编的《英译明藏目录》,高楠顺次郎主编日译的《南传大藏经》,高楠顺次郎、渡边海旭等人主编的《大正新修大藏经》(简称《大正藏》)等先后问世。在佛教史研究上,村上专精、鹫尾顺敬等人编辑《佛教史林》杂志,宣传以近代史学方法研究佛教历史;村上所著《日本佛教史纲》比较有名。在佛教哲学研究方面,有井上圆了的《外道哲学》、《印度哲学纲要》,本村泰贤的《印度哲学宗教史》、《印度六派哲学》、《原始佛教思想论》等,宇井伯寿的《印度哲学研究》等。在辞书编纂方面,织田得能的《佛教大辞典》、望月信亨的《佛教大年表》、《佛教大辞典》等在佛学界受到好评。此外,不少日本学者在研究中国、日本的佛教方面也作出很多成绩。

从明治中期(19世纪末)以来,日本的净土真宗本愿寺派、大谷派、真言宗、曹洞宗、净土宗、临济宗、日莲宗等开始海外传教活动,在夏威夷、美国、加拿大、墨西哥、巴西等地的日本移民和土著居民中传教,设置传教场所,派遣专职传教人员,随着时间的推移取得很大进展,其中尤以真宗本愿寺派、曹洞宗获得的信徒最多。

489

(二)第二次世界大战后的日本佛教

第二次世界大战结束,日本社会发生了深刻的变化。从美国军队占领到1951年《旧金山和约》和《日美安全条约》的签订,美国以"盟军"最高司令部的名义在日本公布了一系列法令条例,对日本进行"民主化"改造。1945年颁布《废除对政治、民权和信教自由的限制》和废除神道教国教地位的《神道指令》;1946年让天皇发布《人间宣言》,公开否定天皇制神话,宣布天皇是人不是神;不久又发布法令实施有偿农地改革,废除封建租佃关系;1947年颁布《日本国宪法》,对"信教自由"和"政教分离"作了明文规定。1945年公布《宗教法人令》以代替战时的《宗教团体法》,规定信教自由,使佛教在战时被强制统编的宗派,又重新分离,成立新的教团,登记的教团达 270 个。1951 年公布新的《宗教法人法》。1964 年登记在册的佛教教团为 165 个,以净土宗、禅宗、日莲宗的势力最大,其次为真言宗、天台宗,教徒最少的是属奈良佛教系的法相宗、华严宗和律宗。

战后日本宗教也发生很大变化。神道教(神社神道)降为民间宗教之一,原先对文化、教育和其他宗教的强制指导地位被取消。原设在内务省管理全国神社的"神祇院"改为民间宗教团体"神社本厅",由国家管辖的陆海军宗教设施"靖国神社",也改为民间的宗教设施之一。由于美国占领军总部积极支持基督教,美欧传教士大量进入日本传教,同时以物资援助,在 20 世纪 60 年代以前基督教得到迅速发展。在佛教方面,由于城市寺院在战火中遭到破坏,农村寺院在农地改革中失去旧有的土地和租佃关系,再加上农村人口大量集中到城市,传统佛教无论在信徒数量还是在社会影响上都曾出现急剧下降的趋势,大量僧侣还俗从事教育、文化和国家公务员工作,有些僧侣虽未还俗,但也兼职其他工作。此外,不少佛教团体、寺院积极兴办托儿所、幼稚园、旅馆、学校以及各种观光事业。20 世纪 50 年代,随着日本经济的复苏,传统佛教在日本开始回升。

战后,日本宗教界的一个突出现象是新兴宗教不断崛起。这些新兴宗教大多是根据传统宗教的某些教义,吸收西方宗教以至哲学的部分思想而创立起来的,其中既有神道系的,也有佛教系的,有的在战前已经存在而在战后迅速发展起来,有的全是战后的新创。佛教系统的日莲正宗创价学会和立正佼成会等新兴宗教,以其新的教义和生动活泼的传教方式吸引了大量信徒,对社会有相当大的影响。而与此同时,具有邪恶性质的一些宗教团体,也乘机滋生和活跃起来。

据 1986 年日本文化厅《宗教年鉴》统计,日本教徒人数总计有2.23 亿,其中神道教徒 1.15 亿,佛教徒 9 200 多万,基督教徒 168万,其他宗教信徒 1 400 多万。不少居民兼信两种以上的宗教,因此教徒人数远远超过人口总数。① 在佛教中信徒最多的是日莲宗系教团,有 3 473 万人,其次是净土宗系,有 2 005 万人,此外,真言宗系 1 542 万人,禅宗系 937 万人,天台宗系 312 万人。佛教系的新兴宗教主要出在日莲宗系,其中信徒最多的是日莲正宗创价学会,有 1 729 万人,其次为立正佼成会,信徒有 620 万人,灵友会有信徒 299 万人。

日莲正宗创价学会简称"创价学会",是日莲宗派别之一的日莲正宗的在家信徒组织。创立于 1930 年,原称"创价教育学会"。创始人是东京的小学教员牧口常三郎(1871—1944)和户田城圣(1900—1958),创办会刊《价值创造》。牧口著有《创价教育体系》和《价值论》,把西方"真、善、美"的价值论加以改造,认为真理属于认识论范畴而不是价值观念,只有"利、善、美"才构成价值的内容。认为生活的目的是"追求幸福",而幸福是通过获得"利、善、美"来实现的。教育的目的是培养能够创造"利、善、美"价值的人才。牧口是虔诚的日莲正宗信徒,说信仰日莲正宗是创造和获得价值的最好方法和途径。学会刚创立时人数很少,主要是小学教员。1943年会员发展到 3 000 人。此时正值日本对外进行侵略战争,对内实行高压统治之时。牧口和户田由于拒绝接受神符和批判神道被政府以"违反治安维持法"和"不敬神社"的罪名双双被捕入狱,牧口死于狱中。

战后,户田出狱重新开展活动,1946 年恢复组织,改建学会,自任理事长;1951 年任会长。户田提出"折服大行进"(传教大进军)的口号,在全国范围开展大规模的传教活动,在组织上成立"青年·男子部"(四部队)和"青年·女子部"(五部队)作为传教的骨干力量。学会发展极为迅速,1951 年末有信徒 5 700 户,1955 年达 30 万户,近 70 万人,并通过参加竞选,进入地方议会,第二年又进入参议院,学会成为政治性宗教团体。

———————————

① 也与统计不精确有关。日本有的学者认为实际教徒数约为公布教徒数的 10%—25%。

1958 年户田去世,学会实际由青年部长池田大作领导。1960 年池田就任第三任会长,对创价学会的理论和组织都有很大发展。1961 年号称有信徒 300 万户,800 万会员;1970 年达到 750 万户,1 000 多万会员。池田重视参与社会政治,1961 年成立"公明政治联盟",在第二年的参议院选举中有 9 人当选,组成"公明会"。1964 年正式建立"公明党"。1965 年公明党在参议院中已拥有 20 个议席,成为参议院中的第三政党。1969 年在众议院选举后又成为众议院内第三政党。进入 70 年代以后,由于创价学会与日莲正宗本山的矛盾以及学会内部纠葛,加上社会上对学会某些政教合一言论(如成立"国立戒坛"、"王佛冥合论")的批评,导致停滞。1970 年池田宣布创价学会与公明党实行"政教分离",但同时表示创价学会仍是公明党的"支援团体"。此后公明党即作为独立政党开展活动。

创价学会重视向国外传教,在世界 70 多个国家都有它的信徒。会员最多的是北美洲,其次是拉丁美洲、东南亚地区。国外的创价学会一般称"日莲正宗",信徒估计在 30 万人以上,有相当大的部分是日裔居民,但当地居民近年也有所增加。创价学会为加强对国外组织的指导,1974 年在东京设立"日莲正宗国际中心"。1975 年在关岛举行第一次日莲正宗国际会议,有 51 个国家和地区的代表参加,正式成立"国际佛教徒联盟",秘书处设在美国。在这次大会上推举池田大作为世界日莲正宗创价学会第一任会长。

创价学会的基本教义是日莲正宗的"三大秘法"和牧口、户田的"价值论"、"生命论"以及池田的"佛法民主主义"、"人性社会主义"、"地球民族主义"。池田认为,这套学说既不属于共产主义,也不属于资本主义,而称之为"第三文明"。

日莲正宗奉《法华经·寿量品》中说的"成佛以来,甚大久远"的法身佛为最高佛(本佛),以《法华经》为一切佛法的精髓。认为进入所谓"末法"时代以后,世人仅靠《法华经》已不能成佛,要靠日莲创立的佛法,即七字的"法华经"——"南无妙法莲华经"才能成佛。此七字的教义由"三大秘法"构成,即:本门的本尊、本门的题目、本门的戒坛。这"三大秘法"与日莲宗所主张的"三大秘法"相同,但认为,作为"本门的本尊"即"大御本尊",是供在日莲正宗总部大石寺中的书有"南无妙法莲华经"七字的楠木板制的曼荼罗(相当于牌位、供像),说它是日莲当年亲手所写(日莲宗其他派别认为是伪造),是"宇宙生命"的体现者。信奉这一曼荼罗并念诵"南无妙法莲华经"七字"题目",即可改变不好的宿命,祛灾治病,生活无限幸福。又据"十界互具"的教义,说信奉并称念《法华经》七字"题目",可以引发自己内心先天所具有的"佛界",达到觉悟,使"人间性"圆满实现,与宇宙生命合一。

"生命哲学"和"价值论"是创价学会的理论基础。认为世界万物的本原既不是物质,也不是精神,而是所谓"色心不二"的生命,宇宙本身就是一个大的永恒的生命体。人死之后,生命复归宇宙生命,"遇缘"再生,成为新的生命。宇宙生命的本质用佛法来表示,就是"妙法莲华经",日莲用一幅"大御本尊"把这个原理显示出来。只要人们信奉它,就是皈依宇宙生命,就会改变由前生的"业"带来的宿命,充满力量去创造和获取"利、善、美"的价值,得到幸福。

创价学会以"王佛冥合论"作为它的社会政治理论。所谓"王佛冥合"是说政治与佛法合一,国家政府和个人幸福一致。认为通过王佛冥合,贯彻生命哲学和慈悲精神可以实现"社会繁荣和个人幸福相结合的理想社会",解决资本主义和社会主义都不能解决的问题。这就是"佛法民主主义"。而所谓"人性社会主义",据称是"以王佛冥合思想为基础,以尊重人性为基调,实现社会繁荣和个人幸福相结合的理想的社会形态"。创价学会的"地球民族主义",就是建立以日莲正宗教义为指导的,世界各民族作为"统一地球民族"的"世界联邦",因而十分看重对外扩展。但在国际事务中主张裁减军备,废除核武器,反对战争,积极开展和平运动。对中国表示友好,主张不断增进两国人民的友谊和两国友好睦邻关系。①

493

---

① 以上见木内宏《公明党和创价学会》(1974)、桧山昭《创价学会绅士录》(1974)、东京大学法华经研究会《创价学会的理论和实践》(1975)、创价学会教学部《创价学会入门》(1971、1981)等。

灵友会,原于 1919 年由东京的一位木匠久保角太郎(1892—1944)和日莲宗信徒若月妙心、户次贞雄创立,但为时不久发生分裂。1925 年久保又与小谷喜美(1901—1971)合作重新建会,自任理事长,小谷任会长,在关东大地震(1923)后社会惶恐不安的气氛中,大力传教,逐渐有所进展。1934 年统计教徒达 1 000 余人,设有 5 个支部、8 个法座(基层组织),1937 年教徒达 1 500 人。在这期间灵友会发生分裂,原来的传教骨干冈野正道自立"孝道教团",高桥觉太郎组成"灵照会",庭野日敬和长治妙佼组成"立正交成会"等。日本侵华战争期间,灵友会拥护军国主义战争政策,强调"国家主义、天皇崇拜",鼓吹"忠君爱国",因而受到政府的保护而继续得到发展。战后,日本经济困难,广大人民衣食不保,精神空虚,各种新兴宗教纷纷开展传教活动。灵友会提出"思想善导,社会净化"的口号,并在中小企业主、家庭妇女和农民中利用祭祀祖先、巫祝方术,祈求开运得福、工商繁荣以及治病等等,信徒增加很多,到 1948 年达到 30 万户,一年之后增至 50 万户。此后,从灵友会中又分出"博爱同志会"、"妙智会"、"法师会"、"佛所护念会"等宗教团体。灵友会为此进行了改建工作。1954 年,灵友会成立青年部,由久保继成担任部长,推动传教。1964 年在伊豆建"圣地弥勒山"作为青年信徒修行和教徒朝拜之所。1971 年小谷去世后,久保继成担任会长,教团又有较大发展。久保重视向国外传教,在总部设海外传教局,在欧美和东南亚一带积极布道,扩大信徒。

灵友会的教义是《法华》信仰和日本民间巫术、密教咒术以及祖先崇拜的混合产物。认为《法华经·见宝塔品》中的"平等大慧,教菩萨法,佛所护念,分别广说"是《法华经》的精髓。所奉的经典有"法华三部经"(《无量义经》、《法华经》、《观普贤经》)和《南无弥勒菩萨经》。信徒朝夕讽诵的是久保角太郎节录"法华三部经"编的《青经卷》。该会发挥"佛所护念"的思想,提倡"在家佛教",把佛教信仰与祭祀祖先的习俗密切结合。认为祭祀供养祖先的亡灵也就是修持佛法的"菩萨行"。自己的灵魂和祖先的亡灵与三界的万灵相通,供养自己祖先之灵也就是供养三界万灵。由此可以得到三界万灵的保护,达到家庭幸福,国家安泰。灵友会总部授予会员的祖先之灵以"总戒名",书写颁授给会员作为供养祭祀之用(相当于牌位)。

立正佼成会,1938年由灵友会的干部庭野日敬和长治妙佼脱离灵友会而创立,总部设于东京。开始称"立正交成会",含义是"立于正法,与人交往,成就佛果"。成立时只有会员30人。庭野出身于农民家庭,后到东京做过煤店工人,经营过咸菜店、牛奶商店。他学过日本民间流行的以五行、日历和姓名笔画占卜吉凶的方术,加入灵友会后又接受《法华经》信仰和供养祖先亡灵的说教。长治是位女性,原是天理教信徒,卖过冰和烤红薯,会巫术(灵能),通过跳神感灵附身传教。1941年该会有会员1 000人左右,战后发展迅速,1950年有会员6万户,1955年达100万人。1957年长治去世,庭野日敬会长在教理方面进行改革,去掉一些巫术成分,对教义作了新的解释,在体制上加强自上而下的领导,并积极参与各种政治活动,动员选民支持自民党和民社党的竞选活动。1960年为了表示对长治的纪念,把会名改为"立正佼成会"。到70年代,该会会员已有300多万人,全国设有20个教区,170多个支部,并积极向国外传教。立正佼成会现已发展成为仅次于创价学会的新兴宗教团体。

立正佼成会也以《法华经》为基本经典,用此经中所说的"久远实成"的释迦牟尼佛为本尊,以实现"寂光土"(佛国)为目的。在会员应遵守的"纲领"中规定:"认识佛教本质的济世教法,立足于在家佛教的精神,为达到人格完成的目的,应勤于以信仰为基础的行、学二道的研修,指导他人并致力于自己的修习,为达成家庭、社会、国家、世界和平环境(常寂光土)的建设而努力从事菩萨行。"教义受佛教、神道和民俗信仰的多方面影响,提出"妙、体、振"的神佛与人互相感应的宗教理论。认为"妙"是看不见的神佛,"体"是神佛显现的世界一切现象,"振"是万物的运动。说人通过"振"而知"体",进而感到"妙"的真实存在。构成人行为成功与失败的因缘是"体",而要摆脱坏因缘,得到好因缘,就应信奉神佛,祈求保佑。

495

与灵友会一致,强调祭祀祖先,并相信所谓"九字"("临兵斗者皆阵列在前")、"六曜"(在日历中按"大安"、"赤口"等六项排列的吉凶日)、"方位"、"七神"(谓人体有"七神"支配)的占卜术。

立正佼成会在1951年与日本PL("完全自由"的英文缩写)教团等新兴宗教团体联合组成了"新日本宗教团体联合会",此后发展到有81个团体参加的新兴宗教联合组织。由于立正佼成会是其中最大的团体,故一直对该联合会掌握支配权。它通过这个组织在竞选中推荐和支持自民党、民社党议员。立正佼成会响应梵蒂冈提出的"教会一致运动",主张世界上各种宗教对话,积极支持"世界宗教徒和平会"(WCRP)的反对战争、主张裁军、维护世界和平的活动。庭野日敬是该国际组织的积极发起者之一。

第四节　斯里兰卡和东南亚诸国佛教

一　斯里兰卡佛教的衰退与复兴

从7—11世纪的约500年中,斯里兰卡佛教一直是大乘密教的天下。由于信仰印度教的注辇人入侵,大寺、无畏山寺,以至祇多林寺等都受到严重破坏。传统的上座部佛教已是气息奄奄。及至维阇耶巴护王一世(1055—1113在位)击败注辇人,便着手整顿国家的信仰。他重新建立寺院,供养佛牙;派使往缅甸向蒲甘王朝延请上座系长老,重建僧伽。传说这些长老在王都最胜城将巴利文三藏再译为僧伽罗文,并积极搜集散失在各地的佛典,抄写并送回蒲甘。他们还建立了译经和讲经的机构,培养僧伽罗人的上座部学者。斯里兰卡与缅甸的佛教交流,达到极盛。

由于维阇耶巴护王一世的努力,大寺恢复了昔日的权威,无畏山寺和祇多林寺也复活了。但这种繁荣相当短暂。他死后,国内大乱,佛教再度陷入黑暗。著名的帕拉卡马·巴护王一世(1153—1186在位),平定了国内战乱,扶植佛教发展,并着意净化佛教教团。他结束了锡兰三大寺的长期争端,使他们遵守同一戒律,增强团结。他还建立了祇园寺、楞伽提罗寺等。同时,他也建造了一些印度教寺院,可能是为了满足泰米尔人的需要。

帕拉卡马·巴护王以僧伽的监护人自居。鉴于以往僧团的腐败,他主张严肃僧纪。明确出家人若不能持守戒律,便勒令还俗。在大寺萨利普特拉长老的支持下,由国家颁布了包括褫夺僧籍在内的戒律法令。此法令以大寺规定的戒律为依据,不允许对僧纪有其他解释。于是国家再次确定大寺是斯里兰卡的佛教中心,人们也将大寺视作楞伽岛上的法灯护持者。

在帕拉卡马·巴护王治下,以大迦叶波长老为首的千名比丘再次结集,搜集并确定了巴利文和僧伽罗文的三藏及注疏。从觉音以来约500年间,斯里兰卡的学问僧几乎不见史册,至此,佛学有了新的发展。从10—13世纪,学问僧辈出,最有名的有优波提舍、法上、僧伽拉吉塔、佛陀纳加等,12世纪中出现了律藏疏本和中部经典疏本等巨著。

大约就在这个时期,斯里兰卡的比丘尼僧团突然消亡,原因不详。师子国尼众本来发达,南朝宋时以铁萨罗为首的诸尼曾来中国为300余女弟子授比丘尼戒。至此,尼众消失,直到20世纪80年代,斯里兰卡才又派使来中国重受尼戒,发展尼众。

帕拉卡马·巴护王一世死后,斯里兰卡又一次遭到印度的入侵。帕拉卡马·巴护王二世(1240—1271在位)再次赶走泰米尔军队,并打败了爪哇王子的海上进攻及印度槃度国和注辇的进攻。帕拉卡马·巴护王二世也是佛教的支持者,他从南印度延请比丘,建立寺院,奖励学僧。此后维阁耶巴护王四世(1271—? 在位)带头护持佛教,被佛教徒称作菩萨。帕拉卡马·巴护王四世(1325—? 在位)时,请僧人将巴利语的《本生故事》译为僧伽罗文。14世纪斯里兰卡的重要佛学著作有《摄精要》、《摄正法》等。15世纪下半叶,下缅甸的达摩悉提王(1472—1492在位)打算整顿勃固国僧团纪律,振兴佛教,曾遣使到斯里兰卡留学,并依大寺传统受戒,戒坛设在据说是佛陀到过的克拉利耶河上。东南亚佛教中的"罗曼那派"即起源于此。

从16世纪开始,斯里兰卡遭受西方殖民主义的控制和基督教

497

西方文化的冲击,佛教的发展受到严重影响。葡萄牙(1505—1658)、荷兰(1658—1796)、英国(1796—1947)的殖民者占领和统治了斯里兰卡,他们毫不尊重斯里兰卡的文化传统,以欧洲基督教为正统,视佛教为异教,排挤和打击佛教僧团。许多佛塔、寺院被破坏,寺院的财产和土地被没收,一些佛教徒被强迫改宗。而佛教也逐渐作为民族文化的象征,具有抗拒西方入侵、维护民族尊严的意味,在困境中挣扎延绵。

1592 年,维摩罗达磨苏里耶王即位,先后两次延请缅甸上座部长老前来传教;继之,室利维阇耶罗阇辛哈王还从暹罗迎请佛法。到 18 世纪吉提希里罗阇辛哈王在位时,再次从暹罗延请阿瑜陀耶(大城府)王国的上座长老乌波里和牟圣尼等,帮助本国重整佛教制度仪轨,传授戒律,1750 年形成了斯里兰卡佛教中的"暹罗派"。

随着反殖民主义斗争的开展,斯里兰卡的上座部佛教日趋活跃,僧伽在社会政治生活中的作用也愈加显著。从 19 世纪初,在暹罗派之外,又形成两个新派别。1799 年,斯里兰卡有些在家的信徒,前往缅甸阿摩罗普罗城,从那里的长老受戒,参加僧团,回国后从事弘法和立宗活动。这一系统的僧侣于 1802 年组成"缅甸派",创始人是达摩觉提。从下缅甸罗曼那国的勃固迎回来的又一批传法僧人,建立了斯里兰卡的"罗曼那派"。

暹罗派和缅甸派、罗曼那派都是从楞伽岛传出去的上座系佛教,教理、教义并无原则区别,但在衣着、戒律、诵经声调等方面略有差异,这也表现了社会层次上的区别。例如,暹罗派只承认高级种姓可以出家,要求本派僧人穿衣时偏袒一肩。缅甸派社会地位较低,认为前三种姓均可出家,僧人着衣不应袒肩。这两个派别下面还各有分支。暹罗派下分 6 部,缅甸派下则有 30 余部。罗曼那派因为成立较晚,经过了改革,注重戒律,反对寺院蓄财。三派中以暹罗派势力最大,它以康提的摩瓦特寺和阿吉利耶寺为根据地,拥有财产和土地,僧侣多出身于上层社会。

早在荷兰统治时期,斯里兰卡就酝酿着佛教的改革和复兴。进入 19 世纪下半叶,佛教与基督教发生了多次争论。1875 年,美国的奥尔考特少校和俄国的布拉沃茨基夫人在纽约创建"神智学会",五年后,又到斯里兰卡受佛教五戒,成为西方第一批佛徒;同年,于科伦坡设立"佛教神智学会",兴办佛教学校,推动佛教复兴。此后,被称为斯里兰卡佛教复兴之父的达摩波罗(1864—1933)访印,巡礼佛迹,1891年发起成立"摩诃菩提会",致力于复兴印度和其他国家的佛教。同年,在印度摩诃伽耶举行首次国际佛教会议,除斯里兰卡、印度之外,尚有中、日、缅等国的佛教代表出席。1895年,达摩波罗曾来上海与杨仁山相会。摩诃菩提会成了世界上最有影响的佛教团体。

20世纪开始,佛教成了斯里兰卡增强民族意识的重要内容。1908年成立"科伦坡青年佛教联合会",1919年成立"全锡兰佛教大会"。1948年斯里兰卡独立后,政府继续推行扶植佛教的政策。1950年,著名学者马拉拉塞克拉发起成立"世界佛教徒联谊会",到1978年6月,该会已在34个国家和地区拥有66个组织,世界各大洲都有斯里兰卡比丘建立的寺院或弘法中心。1951年,班达拉奈克组织"自由党",以"复兴佛教和民族文化"为该党的口号之一。1960年,他的夫人支持发展佛教学校,在农村普遍建立佛教保护会。1978年,贾亚瓦德总统更提出"佛法化社会"的设想。现全国有佛学院300余所,并有"智增"和"智严"两座佛教大学。从1956年开始,组织世界各国佛教学者编纂英文版的《佛教百科全书》,计划陆续出版。中国佛教部分由中国佛教协会组织撰写,即现已出版的《中国佛教》4卷。

今天的斯里兰卡有70％的人口是佛教徒,有僧侣近2万人,其中暹罗派最大,拥有僧侣1.3万余人,寺院6000余座。

二　缅甸上座部佛教的昌盛

1044年,阿奴律陀的蒲甘王朝统一缅甸。据缅甸《琉璃宫史》记载,阿奴律陀听从来自孟人国家直通上座阿罗汉的劝告,决定废止泛滥成灾的"阿利教",恢复和发展上座部佛教。他遣使向直通国王摩奴哈迎请三藏佛典和舍利,遭到拒绝,遂发兵破城,俘获包

499

括国王、工匠等在内的僧俗 3 万人,用 32 头象驮 30 部三藏和佛舍利回到蒲甘。以后,他以搜集三藏和舍利名义,继续四处征战,成为缅人建立统一国家的重要措施。阿奴律陀将得来的 30 部三藏由孟文译成缅文,又派人去斯里兰卡求回锡兰三藏,由阿罗汉作了校读。为供奉佛舍利,他还决定兴建瑞寿宫宝塔。塔的结构为实心,周围有 37 个地方纳特(精灵)环绕,形成佛教与土著信仰结合的典范。他未能完成此项工程就死了。

阿奴律陀时期,缅甸佛教与斯里兰卡开始结下不解之缘。1067 年,阿奴律陀应维阇耶巴护王一世的请求,向楞伽岛派去了满载物资的船只,支持驱逐注辇人的斗争。此后又派遣佛教传戒使团,帮助斯里兰卡重建上座部僧伽。这个使团在楞伽岛搜集并抄写了大量散佚的佛经,在 1077—1084 年间先后送回蒲甘。其中重要的巴利文经典都被译成缅文。11 世纪,在蒲甘建立的波睬丹耶寺,有壁画数百幅,保留至今,上面即有巴利文佛经及孟语注解,说明"纯正的"上座部佛教此时已经在缅甸扎下根来。

江喜陀时代(1084—1113),壮丽的瑞寿宫宝塔终于完成了,塔下供藏着维阇耶巴护王一世赠送的佛牙舍利。江喜陀还在国内广建塔寺,其中最有名的是阿难陀塔。他本人崇尚孟人文化,信奉佛教,但他的加冕典礼却是按婆罗门仪式举行的,说明蒲甘王朝及其周围印度教的影响依然很大。在他立的众多石碑中,有一块铭文说,佛陀曾经预言江喜陀将于世尊入灭时建造室利差呾罗城(卑谬),并且将于 1084 年在蒲甘为王,在更遥远的未来复为佛陀。从得楞孟人的碑铭中可以知道,他还是第一个在印度菩提伽耶修造寺院的缅甸王。另一块铭文记载,某位注辇王子曾到过缅甸,并在江喜陀的劝说下放弃印度教,皈依佛法。江喜陀对缅甸佛教史上的主要贡献是继续搜集巴利文藏经并加以整理。他为了收藏和研究这些经典,建筑了藏经楼,他的一个儿子出家后率领一批僧人在这里探究学问。

江喜陀的继承人阿隆悉都(1113—1167 在位),也是虔诚的佛教徒。尽管他的治下叛乱迭起,但他依然广建塔寺,其中冰瑜寺完全可以同阿难陀寺相媲美。传说阿隆悉都还是缅甸佛教文学的创作者,他在瑞姑寺的巴利文铭刻中留有一首诗歌,表达他乐于帮助一切人超越生死轮回的愿望。

在那罗波帝悉都时期(1173—1210),发生了缅甸佛教史上的一件大事。地位相当于国师的乌多罗耆婆,于1180年率领一批门徒前往锡兰,其中他的弟子车波多在这里呆了十年之久,并在大寺受具足戒,参加了锡兰僧团。此后车波多带着弟子重回缅甸,即以大寺戒法为正统,否认其他缅甸僧人的合法性,拒绝与他们一道举行法事。那罗波帝悉都王支持车波多等人的做法,同意他们在缅甸弘扬大寺戒法和仪式。缅甸佛教由此分为"前宗"和"后宗"。后宗便是自居正统的僧伽罗僧团,也称"大寺派"。前宗则指源于直通孟人一系的承传系统,尽管它也来源于南传上座部。

缅甸佛教最终统一在大寺派之下。大寺派进行了改革,使佛教深入到了民众生活中。在它的刺激下,前往斯里兰卡求法求戒的僧侣络绎不断,同时影响缅甸境外的泰族及老挝、柬埔寨等地,意义深远。到了下一个历史时代,当伊斯兰教赢得马来亚和印尼人民的信仰时,佛教仍然保持着它在东南亚其他国家的统治地位,原因之一,在于大寺派具有广泛的群众基础。相对而言,马来群岛诸国,不论湿婆及毗湿奴的印度教,或梵语系统的小乘及大乘佛教,大致都限于宫廷范围,主要功能是神化王权贵族,缺乏人民的深层信仰。

到13世纪的最后20年,在元帝国的攻击下,蒲甘王朝崩溃。此后国内动乱,持续了200年,最后出现以阿瓦和勃固为中心的两个国家。

15世纪下缅甸的孟人国家勃固,继续奉行佛教。信修女王(1453—1472在位)以大量黄金涂饰瑞寿宫宝塔,并为它增建了附属僧院,成为今缅甸文化的象征。女王还向斯里兰卡派出求法教团,再次激起国内的佛教热情。这一运动的中心在迦耶尼寺,该寺得名于锡兰的佛教圣地迦耶尼河。被派往楞伽岛求法的僧人,在迦耶尼河的木筏上受戒,回国后形成了缅甸的另一大派——罗曼那派。

信修女王的女婿达摩悉提(1472—1492在位)原来也是迦耶尼寺的僧人,被佛教徒视作理想的法王。1475年,他遣使臣率22位上座长老前往锡兰,按大寺法受戒,并研习经典。后为这批学成归来的僧人在京城西郊另辟清净地界,专为国内青年比丘授戒传法。这是罗曼那派的正式出现,势力逐渐强大,一直传播到今日的泰国、柬埔寨和斯里兰卡。达摩悉提王还派使者前往印度,求得菩提伽耶菩提树的分枝,描绘伽耶寺的图样,回国后建造寺塔僧院。当时的佛教共有6派,分属于柬埔寨和锡兰两个系统。达摩悉提要求他们一律按大寺制度,在他指定的上座苏伐那索跋纳主持下重新受戒,统一起来,由一个上座部僧团指导。从15—16世纪,是勃固佛教最繁荣的时期。

从18世纪开始,缅甸佛教僧团就僧服穿着是全衣还是袒肩的问题,展开了争论,并形成"袒肩派"和"全衣派"。袒肩派和全衣派都声称自己的行仪符合正统戒律,先后争论了75年,直到孟云王佛陀波耶(1781—1819在位)宣布全衣派合法才告结束。但直至今日仍有袒肩的僧人,说明袒肩派并未因此消失。

1871年,曼同王(1853—1878在位)在曼德勒召开了南传佛教史上第五次结集,有2 400名比丘参加,由3位博学的上座轮流主持。这次结集考订对校了以巴利文为主的各种文本的南传藏经,并将结集的三藏镌刻在729块石碑上,立于曼德勒的拘他陀寺,四周环绕45座佛塔。刻石5年方成,至今犹存。

在13世纪蒙古入侵之前,缅甸的佛教文化得自最初的孟人国家。到了东吁王朝(1531—1752),政治和文化的领导权才完全转到缅人手中。整个雍籍牙时代(1752—1885),缅甸所有的君主都扶持佛教,既使佛教深入民众,也促进了学僧对经典的研究,特别是对《摩奴法典》及阿毗达磨的研究。孟云王在位时,吴貌东上座从印度迎来大批梵文经典,在一些婆罗门协助下,展开了对星象、医学和文法的研究,并将许多经典译成缅文。

从蒲甘王朝开始,历朝君主大多从事佛塔佛像的兴造活动,同时拨给大量土地和劳力维修塔寺,供养僧众。孟云王时代,王太子进攻阿腊干地区,迎取那里的大牟尼佛像送回曼德勒;又拨250名战俘供养这一佛像的寺庙。像这种耗费民力民财的佛教活动,在缅甸史不绝书。

缅甸佛教有自己的本色,这就是与传统的纳特崇拜和祖先崇拜的结合。缅甸人历来相信大地、虚空、森林、山谷、家宅、村寨等都有精灵司理,均须按一定仪式进行祭祀。敏同王曾明令取消这种不符佛说的淫祀,但效果极微。相反,有些祭祀往往转变成了佛教节日。最有代表性的是作为"水祭"的泼水节。这原是为祭祀一切纳特之主"塔伽王"①的,反映人们对于司雨者的敬畏和崇拜,尔后就成了盛大的佛教节日。

佛教与缅甸人生活的密切关系表现在许多民俗习惯上。在缅甸,男孩长到七八岁,都要到寺院中过一段出家生活,时间一般在"夏安居"的雨季三个月。届时举行出家仪式,男孩效法释迦牟尼佛和达摩悉提王故事,身着王子服饰,在家人的簇拥下进入佛寺。习俗认为,男孩出家对己对家都有功德,社会上则认为是有教养的表现。

在家的佛徒,必须接受比丘关于三皈五戒的教诲,再请僧人念诵巴利文的护咒经。佛徒追荐先祖,要请僧众在家供养,饭后僧众唱颂佛偈,与此同时,施主将一杯水滴入一个容器中,为故去的先祖默默祈福,称作"滴水咒愿"。佛徒还特别重视种种定期的佛教行事,例如每月有四天持斋的布萨日,夏安居结束有灯节,纪念世尊诞生成道寂灭有卫塞迦日,还有祭祀佛塔等等。其中大的行事也是节日,常常伴有舞蹈、演戏等活动。

16世纪以来,缅甸也先后经受了葡萄牙、荷兰和英国殖民主义的武装侵略,随之基督教传教士于1689年进入缅甸,1885年,缅甸最终沦为英国殖民地,佛教成了反对外来侵略,抵制外来宗教势力的重要力量。20世纪初,民族主义在东方觉醒,缅甸僧人积极地投

① "塔伽"即蛇,或印度神话中的因陀罗大神。

入政治斗争,1906 年创立了"佛教青年会",倡导民族觉悟和人民团结,其中的一些激进分子还加入了政治团体,甚至组织政党。1930年以后,"佛教青年会"改组为"缅甸人民联合会",由著名的爱国比丘吴欧德马和吴沙威领导。吴欧德马曾到过印度,受到甘地不合作运动的启发,于 1923 年起领导缅甸反英统治的宣传和组织活动。他与吴沙威多次被捕入狱。吴沙威绝食死后,激起了缅甸人更大的抗英风暴。1938 年缅甸全国罢工,反抗殖民政府,17 名死难者中有 7 位比丘。1948 年缅甸独立后,政府实行佛教社会主义政策,直到 60 年代初,对佛教复兴运动给予政治和经济的支持,包括创办"弘法学院"和"国际高级佛教研究院"等。1954—1956 年,由国家出面,举行了南传佛教的第六次结集,有 7 个国家共 2 500 名比丘参加。1961 年 8 月,缅甸议会通过第三次宪法修正案,宣布佛教为缅甸联邦的国教。1962 年 3 月以后,国家宣布宗教信仰自由,取消佛教的国教地位,同时采取一系列限制僧侣干预政治的措施。

今日缅甸的佛教僧团经过多次分合,主要有三派:善法派、瑞琴派和门派。全国佛寺约 2 万所,佛徒占总人口的 80%。

三 泰国佛教的国教化

从 10 世纪开始,泰人逐渐向湄南河流域迁徙。13 世纪在清迈和素可台建起泰人的国家。

泰人的原始信仰属萨满教性质的精灵崇拜,到素可台王国,又接受了存在于 6—11 世纪的堕罗钵底上座部佛教影响。11 世纪吴哥王朝吞并堕罗钵底以后,高棉人又带来了印度教及佛教密教。此外,8、9 世纪之交,从苏门答腊的室利佛逝和爪哇的夏连特拉传来了大乘佛教;11 世纪缅甸人控制今天的泰国北部地区后,还从蒲甘传来锡兰僧伽罗佛教。

素可台王朝在拉玛甘亨王(1275—1317 在位)时变得空前强大。他征服了湄南河流域的广大地区,包括古老的堕罗钵底,并争取中国的支持,与高棉人抗衡。他曾多次派使朝贡元朝,并带回了中国的制陶手工业技术。拉玛甘亨特别鼓励佛教,在征服马来半岛上的六坤之后,延请在那里的锡兰僧人到素可台传法,还为一位品学兼优的高僧建造阿兰若寺。大批僧人涌向斯里兰卡求学受戒,使僧伽罗僧团在素可台很快成了占主导地位的派别。

拉玛甘亨的儿子卢泰(约 1317—1347 在位)继续支持佛教发展,曾建造佛陀脚印供人瞻仰,被佛徒尊为"达磨罗阇"(法王)。拉玛甘亨的孙子吕泰,是虔诚的佛教徒,曾在宫内自讲佛经,1361 年放弃王位,在芒果林佛寺出家。所著《三界论》保存至今。他是泰国第一个以君主身份为僧的人。

素可台王朝时期,铸造了大量的青铜佛像,著名的有曼谷大舍利寺供奉的清呐那铜佛和善见寺铜佛,堪称是泰国古典造型艺术的代表。

14 世纪后半期,拉玛蒂菩提(约 1350—1369 在位)在阿瑜陀耶(大城府)建立了阿瑜陀耶王国,到 14 世纪末,臣服素可台,并几次向柬埔寨用兵。1397—1431 年两次攻陷吴哥城。长期的战争使阿瑜陀耶衰落了下去,1767 年被兴起的缅甸雍籍牙王朝所灭。

阿瑜陀耶诸王都崇拜佛教。被缅人破毁的阿瑜陀耶城内到处都有佛寺废墟;早期建筑的清寺和王宫佛寺则免于兵燹。1361 年迎来斯里兰卡使臣,上座部大寺系统正式成为国教。拉玛蒂菩提王由楞伽岛请来大德高僧为泰人僧王,要求泰国的比丘统一于巴利语圣典,一切威仪行事遵从大寺派规定。波隆摩罗阇王应锡兰吉提希里罗阇辛哈王的要求,向那里派去了以优波离为首的 15 名比丘的传教使团,建立了"优波离教派",即"暹罗教派"。

阿瑜陀耶王国同中国明政府保持着良好的关系。明洪武十年(1377),暹罗王的侄儿那空膺来朝,明廷颁给"暹罗国王之印"。1408 年那空膺在位,出使南洋的郑和率船队曾经过阿瑜陀耶。据马欢的《瀛涯胜览》记,暹罗国"崇信佛教,国人为僧尼者极多。僧尼服色与中国颇同,亦住庵观,持斋受戒"。

阿瑜陀耶时代的佛教上座部,主要在宫廷中流行,社会下层信奉的佛教仍然侧重在符咒法术,上层社会的信仰也带有祈福的性质。1458 年戴莱洛迦纳王铸像 500 尊,求告佛陀保佑不要再有前

505

一年那样的饥荒。

阿瑜陀耶被缅甸人攻破不久，华裔披那·达信（郑信）领导人民收复了失地，1768年在曼谷对岸的吞武里建都为王。达信王原籍广东，起兵时任达城太守。幼年曾在佛寺读书，13岁入山昆诃罗寺为沙弥，熟悉巴利文和佛典，通汉语、印地语、缅语和越语。建都以后，作为虔诚的佛教徒，大兴佛教。1778年，他率军征服万象，继之占领琅勃拉邦。他从万象迎回了著名的玉佛像，供养在吞武里。据传，玉佛造于佛灭后400年的印度，通体由七块翡翠绿玉组成，内藏佛舍利真身。尔后经楞伽岛、素可台，辗转移至万象，今供奉在曼谷玉佛寺，为泰国佛教瑰宝。达信王晚年时常自称佛陀再世，对佛教的兴趣远胜于对国家的关心，1782年被弑。

新王拉玛一世（1782—1809在位）将都城迁至曼谷，是谓曼谷王朝。其历代国王都奉行佛教。拉玛一世清洗了亲达信的僧团上座，整顿僧伽，组织高僧校订三藏佛经，编纂巴利语词典。1851年有名的蒙固王登基，是为拉玛四世（1851—1868在位）。此前，他做过27年比丘，精通三藏论释，懂得梵文、巴利文和英文。他创立了泰国僧伽中最有势力的一派——法宗派，强调遵守斯里兰卡上座部戒律，学习巴利文经典，成员主要是贵族阶层；1932年后始允许平民参加。法宗派与传统的上座部僧伽组成的"大宗派"，构成泰国佛教的两个主要派别。

蒙固王曾敕令在佛统建造了泰国最大的佛塔，鼓励将法宗派传到柬埔寨，遣使往印度菩提伽耶求取菩提树分枝。此后诸王继续搜集巴利语三藏的各种地方语写本，进行校勘。1919—1928年，出版了全部三藏注释和藏外佛典。

从16世纪起，泰国受到葡萄牙、荷兰、英国和法国的殖民主义侵略，1941年又被日本帝国主义占领，1945年日本战败后恢复"暹罗"古名，1949年又一次改为"泰国"。1932年以来，各部宪法原则上承认宗教信仰自由，但规定上座部佛教为国教，国王必须是佛教徒；每个男子一生中必须出家一次，以取得成年人资格。佛教徒占总人口的95%，寺院2.5万多座，佛塔在10万座以上。此外，尚有大乘佛教在华侨和华裔中流行,有寺约 30 座,属中国律宗法系。1950 年,泰国佛教徒参加了"世界佛教徒联谊会",1969 年,这个联谊会将总部设在曼谷。

从历史上看,泰国佛教的基础在农村,僧伽供养者主要是农民,僧侣则是农村以至整个社会文化教育的传播者和创造者。传统的医药、天文、历法、文学、语言等等都以寺院为活动中心,受佛教的制约,世俗的普通教育多由寺院僧人承担。许多世纪以来,每座寺院都有穿袈裟的儿童,称作"寺子",由指定的僧人指导学习文化。今日泰国的国民教育普及程度较高,尤其在城市,僧侣一般不再从事寺子教育。但如果父母坚持或者在落后的山区,孩子们仍然得在寺院中接受启蒙教育。此外,寺院还接受部分学习雕刻、油漆等手艺的学徒。

佛教在民间的宗教活动,主要是从事趋福避祸、求财祛病等法事。这些法事又与婆罗门教及土著的万物有灵等原始崇拜混淆在一起。其中常见的是念护咒经,经文有《小王护咒经》和《大王护咒经》两种,都是巴利文的。前者用于新房上梁、佛像开光、为死者慰灵、死后七日供养等;国家庆典、僧众忏悔等则念《大王护咒经》。此外,僧人还代人诵经,如用符咒祝成圣水,绕圣线,为人们佩带的护身佛像做"入魂仪式"等。

泰国佛教为国家的统治提供合理性的根据,国王也以"正法"的护持者身份,扶植佛教的发展。历代的王室均以大量财物布施僧伽,如曼谷王朝的拉玛三世(1824—1851 在位),仅建立的佛寺就达 30 余座,这些佛寺被称作"王立寺院"。国王施给僧团以土地、农民,这被称作"御供养施舍",这些土地和农民成了"寺领地"和"寺院奴"。据一块碑铭记,1361 年,素可台王卢泰在雨季安居期,共施金 1 万、银 1 万、蒟酱(一种植物果实)1 000 万、三衣 400 套、铁钵 400 具。

与此相应,历代王朝对于佛教都是直接管理,严格置于王权的控制之下。1466 年,戴莱洛迦纳王曾比照《武官地方官官阶授田法》,给国内"精通佛法的比丘"2 400 名和"尚未精通佛法的沙弥"

200名分六等授田;在政府设立宗教事务司,维护僧伽纪律,指导僧侣行为,直至勒令不轨僧人还俗。1859年拉玛四世再次勒令犯戒僧人还俗,规定外来挂单僧人登记,限制沙弥的年龄等。1902年泰王签署了《僧伽管理法》,详细规定了从中央到地方各管区、各寺院的责任、义务和权限。1912年颁布了改订的《僧伽官职表》,1913年颁布《常施食标准表》,分别规定了僧人官阶和月薪数额。

国家对于佛教教义的研究,也采取统一的指导方针。到朱拉隆历时期(1868—1910),由瓦希拉耶南瓦洛洛亲王任僧伽法王。他大力推行僧伽改革,促使僧团教会化,由此也确定了教理的研习形式和解释经典的正统方法。他还推行教理考试制度,指定应考的教材,如《佛教圣句集》、《佛传》、《戒律基础》等。

尽管泰国传统上把佛教作为国家宗教,但宪法依旧规定臣民有信仰其他宗教的自由,所以今天也有伊斯兰教、基督教以及印度教、锡克教等少数宗教信仰者。

508

四　柬埔寨佛教的兴衰

9—10世纪之际建立的吴哥王朝,到苏利耶跋摩二世(1113—1150在位),完成了著名的吴哥石窟。他信仰毗湿奴,用毗湿奴像取代神庙中原有的湿婆像;后来的阇耶跋摩七世,又用佛陀像取代了毗湿奴像。

阇耶跋摩七世(1181—1201在位),把吴哥王朝推向全盛,成为柬埔寨最有威望的古代君主。他信奉佛教,奉观世音为高棉人的保护神,认为他能引导人们往生极乐净土,在国内到处建造四面的观音神像。所造神像的眼半开,目光低垂,嘴含平静而神秘的微笑,被人称作"高棉的微笑"。这个时期建造了普拉沙·普兰·克迪、塔荣、帕甘和巴荣等寺,显示吴哥佛教的独特色彩。

塔荣寺就是普粒毗诃罗寺,建于1186年,供奉的是皇太后像,被称作佛陀之母。寺碑盛赞阇耶跋摩七世无所不能,尽管也礼赞佛、法、僧三宝。1191年,阇耶跋摩七世为观音建帕甘寺,寺中的菩萨像则以他的父亲为原型。他还竖立了自己的等身像,刻画为病人治疗的医师和看护人的佛陀。帕甘寺的铭文说明,造寺的目的在于"在遍流敌人鲜血的土地上"以"庄严菩萨"。巴荣寺建于12世纪末,其中也有国王的黄金像。简言之,王室造寺塑像,在很大程度上是为了振王威,敬祖先,把佛教的偶像现实化为王室的偶像。

阇耶跋摩七世曾派遣有王子参加的使团前往斯里兰卡求法。这位王子当是柬埔寨上座部佛教的第一位传人,或许就是缅甸《琉璃宫史》中提到的"多摩林陀"。

阇耶跋摩七世之后,婆罗门教再次复兴,佛教式微。不过,据1292年来到柬埔寨的元朝使臣周达观在《真腊风土记》中记载,当时吴哥城依然以佛头像庄严城门,城中有由20余座石塔环绕的金塔。寺院僧人"削发穿黄,偏袒右肩,其下则系黄布裙,跣足"。寺中只供释迦像,塔中诸佛皆为铜铸,相貌各异。及至经过1369—1441(或1444)年暹罗人的进攻,吴哥城三度陷落,柬埔寨急剧衰落下去。到安赞王时代(1516—1566),柬埔寨军队一度进逼暹罗的阿瑜陀耶城,很快又遭失败,1594年,首都洛韦亦被暹罗攻破。此后,始终未能摆脱附属泰国或安南的命运。1863年沦为法国的保护国,1940年又被日本军队侵占。

随着暹罗人的占领,上座部佛教在柬埔寨作为占统治地位的宗教被确立下来,大乘佛教与婆罗门教逐步失势,终于消灭,婆罗门教的寺塔被改造安置了佛像,佛像崇拜取代了林伽崇拜。但许多寺名仍保留着印度教的痕迹,印度教或大乘佛教的一些宗教法事仍旧在民间流传。

在法国殖民统治期间,佛教受到法国化的打击,一度衰落不堪,僧侣和佛徒成了反抗外来侵略者的重要力量。从19世纪末到20世纪前半期,佛教作为民族文化的象征和提高民族意识的手段,有了新的复兴,涌现出不少爱国僧侣。1909年,创建了"巴利语学校",1914年改为"巴利语高级学校";到20年代,初级巴利语学校已有400余所。50年代初,一些政治家提出了"佛教社会主义"的口号,强调佛教在立国上的作用,规定所有寺院都要举办学校。1954年,创建"西哈努克佛教大学",继之成立"金边佛教研究所"。

到 60 年代,出版了巴利文和高棉文三藏。与此相应,还出现了一批佛教学者和佛学著作。据 1970 年统计,全国共有僧侣 6 500 余人,塔寺约 3 400 座,佛教徒约占总人口的 90%。

柬埔寨的国民教育,曾长期由僧侣承担。据统计,到 1963 年,文化部管理的普通新校有 1 615 所,学生 75 000 人;而 70 年代初,属宗教部的巴利语学校则有 590 所,学僧有万人以上。无论是王室贵族还是庶民百姓,男孩子都要在寺院中学习文化。通常在 12 岁披上黄袈裟,称作小沙弥。到 20 岁左右,若有志于出家修行,便可受戒成为比丘。社会尊重和尚和受过寺院教育的人。具有巴利文和佛学知识的优秀学者被称作"班智达"。由于传统的佛教教育,五戒、八关斋深入民心,社会犯罪相对较少。民众日常的婚丧嫁娶都伴有一定的佛教法事。

柬埔寨佛教来自泰国传承,所以也分两派。大宗派在 14 世纪传入,多在农村活动;法宗派在 1864 年传入,得到王室贵族的支持。前者占全国全部寺院和僧人的 90% 以上。

五　老挝佛教的发展

老挝于 749 年建国,一直处于周围大国的争夺中。1353 年,由流亡在吴哥的芒斯瓦王子法昂创建了独立的南掌国。法昂自幼生长在柬埔寨,娶当时吴哥王的女儿为妻,在吴哥王的扶植下取得王位,于琅勃拉邦建都。之后,将南传上座部引入老挝,逐步发展成为国教。琅勃拉邦最初就是吴哥王赠给法昂的一尊佛像的名称。为供养从吴哥前来弘法的高僧,南掌王还建造了著名的波沙罗寺。

到 15 世纪上半叶,波提萨拉王(1520—1547 在位)曾三次抗击暹罗势力,一度占领泰国清迈地区。此后,缅人夺走清迈,攻陷万象,老挝日趋衰落,17 世纪末沦为越南的属国。18 世纪,南掌国分裂为万象、琅勃拉邦和巴色三国,先后成为暹罗的属国。19 世纪初,昭阿努王在万象立国,国势依然不振。

尽管老挝历史上内忧外患不断,但上座部佛教始终稳定发展。16 世纪的维苏纳腊王建造了维苏寺,并将佛经三藏译成老挝文。

他的继承者波提萨腊王敕令民间专奉佛教,禁事鬼神,使佛教空前普及。波提萨腊的儿子塞塔提腊(1548—1571在位)继续崇奉佛教,曾由清迈迎来原出于斯里兰卡的翡翠玉佛像,于万象玉佛寺供养;又在万象造大舍利塔,占地百亩,此塔塔身通体镀金,亦称"塔銮",成为老挝佛教文化的象征。17世纪的苏里亚旺萨王(1637—1694在位)将老挝佛教推向全盛。他把佛教统一在王权的管辖之下,任命僧王,制定僧阶,创办佛教学校,提倡佛典研究,使老挝成为东南亚佛教的重要基地。

19世纪末,法国殖民主义者占领老挝;1940年日本军队又侵占老挝。第二次世界大战结束后老挝获得独立,不久又陷入新的外国侵略和长期战争中。老挝佛教在外国入侵期,一方面遭受严重打击和破坏,一方面激起僧侣和佛徒的爱国激情。20世纪初,老挝佛教逐步复兴,到30年代掀起高潮,与整个东南亚的佛教形势相呼应。独立后的老挝,也力图把佛教作为占统治地位的宗教巩固下来。1947年的宪法规定佛教是国教;1959年颁布"僧伽法令",又作了许多细则规定。实际上,这是把佛教的全权管理集中到国王手中,削弱和限制僧侣干预政治的活动。

老挝盛行的也是上座部佛教,在农村和偏远山区同时存在精灵崇拜,与佛教并行。据1965年统计,城镇有僧伽团体57个,乡村有220个,共有寺院1 726所,比丘5 487人,沙弥7 358人,寄居在佛寺或佛寺附近的出家修行妇女优婆夷不计。佛教信徒约占整个国民的95％。

老挝僧伽也分大宗派和法宗派,大宗派人数占压倒优势。南近泰国地区主要是法宗派,首都万象主要是大宗派。作为全国僧伽领袖的僧王,属于大宗派,对法宗派负有同样指导责任。僧王以下由五位上座高僧组成宗教会议,领导全部僧伽。

送子弟入寺做一个月或几个月的沙弥,也是老挝人的传统。穷苦人家的孩子多半通过出家接受教育,因为沙弥和比丘还俗的事很普遍,不受人们鄙视,这与泰国相似,但缅甸、斯里兰卡的僧人则很少还俗。同是上座部佛教国家,这方面差别甚大。

关于上座部寺院的状况,可以万象的中央寺为代表说明。此寺为大宗派的第二大寺,1956年有比丘32人,沙弥18人,寺男35人,沙弥尼15人。寺属巴利语学校1座,有比丘和沙弥250人在此学习,共分4个年级。另设夜校及星期日学校,对市民子弟开放。寺内僧人4点起床,6点出门乞食,10—12点在床前坐禅,做水观想和光观想,每日佛殿诵经3次。

除了宗教法事,寺院也向居民提供医疗和用水等服务。入寺求医的人一般不信西医药,认为寺院给的药能够制服叫作"费"的精灵。

老挝除上座部佛教外,也有大乘佛教流行,多半是华裔和越南裔信仰。其中有名的寺院是越南人在万象的庞龙寺,寺内比丘或沙弥经常被派往越南学习。其威仪制度与中国汉地佛寺无甚区别。寺内主佛为释迦牟尼,左为观世音菩萨,右为地藏菩萨。早课诵楞严咒、大悲咒、十咒等;晚课诵阿弥陀经,唱八十八佛名号并行忏悔。除了念佛也习坐禅。据说常住该寺的优婆塞及优婆夷有数千人。每逢农历十五和三十日,做布萨忏悔,为男女信众授持五戒及八关斋戒。

六　越南的大乘佛教

越南在丁朝(968—979)和前黎朝(980—1009)期间,僧侣干政,往往左右国家命运。前黎末帝黎尤铤企图抑制佛教权力。僧统万行支持他的侄子殿前指挥李公蕴篡夺政权,建立了延续200余年的李朝(1010—1224),越南佛教在这期间达到了极盛,史称"百姓大半为僧,国内到处皆寺"。

万行俗姓阮,幼通儒道释,21岁出家,为六祖寺禅翁弟子,深究《百论》,精于禅法,被认为是毗尼多流支第十二世传人。他以符谶为李公蕴称帝制造舆论,李朝成立后,受封为国师,为新王朝拟定了许多重要政策。毗尼多流支第十三代传人惠生,也极有权势,他曾为太宗讲禅,并参与朝政,享有与万行在太祖时同样的地位和特权,到圣宗时任左街都僧统。

无言通派也积极参与政治活动。在黎朝任僧统的匡越,其弟子多宝,曾为李朝太宗传授禅学,太祖也向他垂询军国大事。多宝弟子有焦山感应寺的定香和仙游重明寺的禅老,前者为无言通派法脉传人;后者在慈山有习禅弟子数千,成为该派开祖以来最大一系,太祖幸重明寺时,曾就禅老请教。

到圣宗时代,来自中国的僧人草堂创"禅宗草堂派"(简称"草堂派")。据越南《禅林宝训》,草堂原系临济宗黄龙门下晦堂祖心的弟子,属南岳怀让一系十三代门人。他随师游化占城时,正值李朝圣宗前来征伐(1069)。城破,他与其他僧众和工匠一起被俘回升龙(河内),后辗转为圣宗所识,迎入开国寺安置,得到极高的礼遇。圣宗以草堂为师,并成为该宗的第一代传人。圣宗有弟子吴益,任参政,吴益传杜武,任太傅,都是朝廷的要职。英宗与高宗,则自命草堂派弟子。草堂一派是李朝最得势的佛教僧团。它提倡"禅净一致",修禅与念佛结合,与北宋发端的中国禅宗走向完全一样。到神宗时,密宗亦颇为流行,阮明空、徐道行等就是有名的密教僧人。

陈朝(1225—1400)建国,草堂派失势,但佛教依然得到扶植。据说陈太宗曾从来自中国的临济宗天封禅师参学,而后辗转传至慧忠。慧忠出身陈朝贵族,曾受学于逍遥禅师,或称是无言通派第十七代弟子,自号"慧忠上士"。他从"即心即佛"出发,立"返观自己本分事,不从他教"的宗旨,不持戒斋,在海阳省荣吏县他的封邑上修禅授徒。他要传禅给调御觉皇,即陈朝第三代的仁宗。仁宗在位时(1279—1293),日理朝政,夜修禅学。及至对元朝战争结束,即禅位给英宗皇帝,自己去海阳东潮县安子山出家习禅,自称"香云大头陀"、"竹林上士",创建"竹林禅派"。他以临济为祖,认为佛法即是老子之"道",亦是孔子之"中庸",提倡"三教合一",与两宋以来佛教的主要潮流相呼应。1308年,竹林上士圆寂,被尊为竹林禅派初祖,他的弟子法螺(1284—1330)、玄光(1284—1364)分别为二祖、三祖。

英宗也奉行佛教,他率先受菩萨戒,满朝文武竞相效法。1314

年,他也主动禅位,从法螺从事铸像、印经等佛事活动。玄光原是状元出身,追随他的僧尼常有千人。国内各种佛教著疏和禅家论说,敕令必须经玄光审阅后由皇上恩准,始得刻印流通。竹林禅派是陈朝的官方佛教。

陈朝末年,朝廷着重儒家道学,限制佛教势力膨胀,沙汰僧徒。到后黎朝,王室以道学立国,进一步抑制佛教发展。圣宗(1460—1497在位)明令禁止新建寺院,不准扩大寺院地产,继续沙汰僧众。1500年,国家下令佛教只许在庶民中信奉,促使原属王室贵族的信仰转向民间大众中流传。

黎朝后期,开始统治越南南方原占婆国领地的是阮氏集团。自阮潢以降,阮氏广南王国历代都崇奉佛教。1604年,阮王在顺化建造了大乘寺院天姥寺,佛教开始复兴。到17世纪中叶,贤王阮福濒(1648—1687)时期,佛教达到繁盛。中国前明逃避清廷统治的一些两广僧侣,来到顺化和平定省,传播临济宗禅法,其中济圆和觉封尤为贤王所厚礼。在义王阮福溱时,中国和尚寿尊亦来顺化,创立"原韶禅派",造平定十塔寺。又有出自济圆、觉封两家门下的了观和尚(?—1743),在顺化天台山开创禅门,直承临济宗系,被尊为义玄一系的第三十五代祖师,此派名"了观禅派"。临济宗禅法在越南中、南部居绝对优势地位,直到近现代。1848年,宝山奇香和段明媛等组织"宝山奇香教",提倡无寺无僧,及思祖先、思国家、思三宝、思人间的"四思"教义,在南方湄公河三角洲的农民中流传,亦有临济禅的影响。

在清朝初年,到北越去的中国临济僧人中,最著名的是拙公。拙公传明良,明良传真源正觉,正觉传麟角。麟角(1696—1733)俗名郑拾,原是郑氏安南王国的王子,以家为寺,创"莲宗派"。麟角有弟子杜多,曾奉师命到广州,在鼎湖山庆云寺参学三年,带回经律论300部、1 000余卷,广弘四分律,号称"两国和尚"。此后继承莲宗寺的是桂阳人慈风,影响渐大,门徒300多人。莲宗派虽属临济宗传承,但偏重在净土,以阿弥陀佛为参禅公案;同时提倡"禅教双运",以"教"为眼目,将教理、修禅和念佛结为一体。此派的这些特点使得它能在多层次民众中得以流传。

此外,在17世纪初,曹洞一系也传进越南。先是水月通觉和尚(?—1711),游学中国北京,后到湖州凤凰山参拜一句智教,由是得法,成为越南曹洞宗始祖。此派中心在河内,亦号"水月派"。

19世纪初,南方阮氏集团在农民起义的基础上,建起南北统一的阮朝。阮朝在政治上扶植临济正宗,歧视莲宗,促使莲宗更加走向民间。1858年法国入侵越南,1884年越南沦为法国的"保护国"。广大佛教徒卷入了爱国抗法斗争,佛教也成了强化民族意识和组织抗争的重要手段。1858—1873年,法国强迫阮朝签订了两个丧权辱国的"西贡条约",激起越南人民的强烈反对,宝山奇香派在这次斗争中发挥了重要作用。1939年,南方安江省和好地方开始出现了"和好教"。他们自称是宝山奇香教的继承者,吸引大批信众积极参与政治活动。与此相应,正统的佛教界也掀起了复兴运动;一些知识居士主张重新解释佛教教义,同时效法西方基督教,创办佛教慈善事业,普及佛学教育,建立群体组织。1931年在西贡成立"佛教研究联盟",次年在顺化成立"越南佛学会"(亦名"越南中部佛教会")。青年佛徒的组织——"家庭佛子"也宣告成立。各种佛教团体遍布全国各地。1951年建立了联合北、中、南三地佛教组织的"越南佛教总会"。大体上说,越南佛教始终具有爱国传统。如在抗日战争期间,范世龙和尚组织了"越南佛教救国会";1963年在抗议美吴集团暴行的斗争中,有广德等6位僧尼自焚。

515

早在20世纪初,在芹苴市的一所佛寺创立了一个叫"高台教"的新教派,活动在湄公河三角洲地带,信徒曾达120万。1926年,黎文忠将高台教徒组织起来,本部设在西宁,重加整顿。他倡导佛、道、儒和天主教融合,并糅进扶乩等民间信仰,形成了一套独特的教义。到1935年高台教第二代范玉石时,信众数目急剧增加。在抗日战争末期,与和好教结成"民主社会党",成为南越重要的政治力量。

第五节　佛教在印度和蒙古的复兴

一　在印度的复兴

印度本是佛教的故乡,但由于国内外诸多原因,自 12 世纪以后佛教在印度逐步消亡。19 世纪下半叶,东方各国反殖民主义的民族斗争开始高涨,佛教被作为维护民族传统和国家独立的一面旗帜,随之开展了影响深远的复兴运动。发起和推动这一运动的,最初是斯里兰卡的达摩波罗及其组织的"摩诃菩提会",中国的杨文会和日本的南条文雄都是积极的支持者、参与者和践行者。他们认为,佛教在东方有关国家的复兴首先得从印度发端,求得印度佛教的复兴。于是将摩诃菩提会的总部设于加尔各答,进行广泛宣传,特别求取欧美的同情和声援;同时着手保护和修缮菩提伽耶、蓝毗尼、那烂陀等佛教遗迹,以及山奇、阿旃陀等佛教艺术宝库,并广为收集、整理和出版佛教经典文献,开办种种佛教学校,为佛教复兴做舆论、资料和干部的准备。

但这些活动主要停留在知识分子和知识僧侣层面。印度的佛教复兴,主要与印度本国的"贱民"解放运动密切联系在一起。1890 年,阿约提一达斯在南印度成立了"南印佛教协会";1924 年,喀拉拉地区成立了"全喀拉拉佛教徒大会",这些活动都与争取"贱民"解放有关系,有一定成效,但不很大。到 1951 年前后,全印大约有佛教徒 18 万人。真正将佛教复兴运动推向高涨的是安培德克(1891—1956)。他出身于马哈拉施特拉邦的一个"贱民"家庭,受过西方高等教育,痛恨并力图改变根深蒂固的种姓制度,而佛教就保留了反对种姓制度、提倡众生平等的古印度传统。1950 年他参加了在斯里兰卡召开的"世界佛教徒大会",他宣称"贱民除了佛教的教诲别无解放之路",号召印度"贱民"皈依佛教。1956 年,他借纪念释迦牟尼诞生 2 500 年的机会,组织了 50 万(一说 100 万)"贱民"在他的家乡那格浦尔举行了皈依佛教的仪式。在他逝世以后,改宗信佛的"贱民"持续增加,到 1961 年,据说全印佛教徒已经发展到 2 500 万,占当时印度总人口的 7%(官方统计是 325 万)。此后改宗运动的速度放慢,到 1981 年,官方公布的统计是当年有佛教徒471 万,是总人口的 71‰,而且大多集中在马哈拉施特拉,影响有限。尽管如此,佛教在它的故土,终究有了一席之地。

二 在蒙古的复兴

蒙古佛教属藏传喇嘛教系统,有深厚的历史和社会基础,与中国内蒙古蒙古族的信仰程度有所不同。1921 年外蒙古宣布独立后,废除了政教合一的体制,取消了哲布尊丹巴的宗教统治,革除了喇嘛教的特权。继之采取一系列措施,限制和取缔喇嘛教在群众中的活动,到了 1996 年蒙古人民革命党宣布:"本质上腐朽的僧侣界在组织上瓦解了。"实际上,从 1949 年开始,官方对喇嘛教的控制已经有所缓和,重新开放乌兰巴托的甘登寺就是一个标志。但全国也仅仅开放这一个寺院,而且主要任务是对外进行宗教交流。为了便于加入世界佛教徒联谊会,1961 年成立了"蒙古佛教联盟"。1969 年又成立了"亚洲佛教徒促进和平委员会",总部设在乌兰巴托。

517

苏联解体后,情况有了极大的变化,喇嘛教受到蒙古民众的热烈信仰,复兴的速度异常迅速,许多寺院纷纷开放。喇嘛教能否在政教分离的前提下,再次成为蒙古全民的信仰,已经成了一个重要的话题。

第十一章　佛教在西方的流传和影响

第一节　概　说

西方对佛教的了解,可能始于公元前4世纪后半叶。希腊马其顿亚历山大东征时,著名的怀疑主义者皮浪(?—前275)等哲学家也随军进入印度,完全有可能把佛教思想带回希腊世界。公元前3世纪孔雀王朝的阿育王遣使向印度境外传播"正法",一些学者据阿育王石柱铭文13号记载认为,有些使臣曾到过小亚细亚以西,所传"正法",即是佛法。同一时期,希腊使臣李迦斯特尼斯到达了摩揭陀华氏城,他的游记中也提到了婆罗门和沙门。当时以亚历山大港为中心的希腊犬儒学派非常流行,他们重视智慧,蔑视物质财富和人生享乐,与沙门思潮,特别是佛教的人生伦理观,有许多相似之处。希腊人在古印度西北部长期建有国家,公元前2世纪后半叶,希腊人国家弥兰陀王皈依佛教,关于他的信教过程以及他与来自克什米尔的高僧那先的对话,见于《弥兰陀问经》(汉译《那先比丘经》)。弥兰陀是已知的最早信仰佛教的西方人。

在古希腊哲学和佛教哲学中有许多相近的思想。恩格斯就把佛教徒同希腊人并提,认为只有他们才开辟了"辨证思维"一途。像变化无常、因果轮回、"四大"元素等主张,也在这两种文化系统中几乎平行流通。很难说二者有直接关系,或谁先影响了谁,但说它们之间没有交往,也缺乏根据。只有一点可以肯定:佛教思想很早就为希腊人所知,且有少数人皈依。欧洲学者希罗尼姆斯(347—413)曾讲到佛陀,说他生于处女之血。佛本生故事可能于公元4世纪在欧洲流传。

　　13 世纪,蒙古人大面积地打通了亚欧的交通,增强了东西方的交流,罗马教廷也强化了基督教向东方的传播。13 世纪中叶,圣方济会修士约翰和威廉,先后被派往蒙古汗国,开始了对中国的了解。1260—1295 年,威尼斯商人波罗兄弟两次来中国元朝,受到忽必烈的接待。他们的侄子马可·波罗(1254—1324)还担任了元朝官职,巡视内地,出使国外。现存《马可·波罗游记》,叙述了马可·波罗自克什米尔所见的藏传佛教,经新疆和河西走廊见到的西域佛教,也记述了自北京到江南的汉传佛教,以及南行所见中南半岛、马来群岛直至锡兰岛的南传佛教;对于印度西南沿海,甚至马尔代夫群岛的佛教,也有所记叙。作为基督教徒和往来东西两大国的使者,马可·波罗把佛教当作东方流行最广的特殊宗教介绍到了西方世界,尽管他的记述极其简略和肤浅。《马可·波罗游记》在欧洲影响极大,包括著名航海家斯托弗尔·哥伦布都读过它。

　　15 世纪末,随着殖民主义的产生和扩张,所谓"大航海时代"的到来,西方的传教士随同商船和兵舰大批来到东方。他们把自己的所见所闻以报告或游记形式送回西方。到 16 世纪,已有出版物面世,成为当时欧洲人了解佛教的主要来源。由于殖民主义者最先是在南亚和东南亚经营,他们对佛教的了解,也多半限在南传巴利语系的上座部佛教。一般来说,他们站在殖民主义立场,以欧洲文明中心论观察东方,对佛教采取轻蔑的和排斥的态度,几乎没有什么客观的研究。

　　此后,西方对佛教的了解日多,随着启蒙主义思潮的发展和对世界认识的开拓,西方有识之士不再那样妄自尊大。黑格尔(1770—1831)的《逻辑学》已经给佛教哲学以重要的历史地位,把它放在巴门尼德("有")之后,赫拉克利特("变")之前,构成了他的理念自我发展体系中的一个环节"无"。佛教哲学开始在西方世界得到了与希腊哲学平等的对待。浪漫主义的文学思潮,又促使欧洲的文学开始从东方宗教,包括神话和寓言极为丰富的佛教文献中吸取灵感和素材。

　　从 19 世纪开始,西方学界对东方文化的兴趣,多角度地发展起来。在佛教方面,突出地表现在对各种文本佛典的搜集、刊行和研究上。奥地利学者 J. 维斯丁(1748—1806)首先注意到了巴利文与梵文的亲缘关系,为佛典的研究由巴利文本向梵文本开发创造了条件。到奥登堡(1854—1920),德国的佛教研究已有很大成就,形成了著名的维也纳学派。既是殖民主义者,又是东方学者的布利安·霍格森(1800—1894),在尼泊尔任英国公使期间,发现了 381 部梵文贝叶经,分赠给伦敦大学、牛津大学和亚细亚学会,并将其中的《金刚针论》译成英文,由此刺激了欧洲对梵文经典和印度大乘思想的搜集和研究。1823 年,匈牙利人乔玛(1784—1842)到拉达克喇嘛庙住了七年,后受雇于英国东印度公司,著文介绍了"甘珠尔"和"丹珠尔",开辟了西方所谓藏学的研究领域。东印度公司是英国殖民主义中心,也是研究西藏的中心。大约在此前后,俄国也从外蒙古和北京运走了"甘珠尔"和"丹珠尔"。至于汉文佛典在 19 世纪也已引起西方的重视,S. 比尔于 1871—1878 年间,开始翻译介绍。但由于文字上的困难,只能是零打碎敲,始终不成系统。

19 世纪末到 20 世纪初,中亚细亚,包括中国新疆、甘肃以及西藏地区,引起了西方各国的特殊兴趣,尤其是来自英、俄、法等国,以各种身份出现的学者,络绎不绝。他们在这里发现了大量佛典,除梵、藏、汉文者以外,还有吐火罗文(焉耆-龟兹语)、粟特文、突厥文、回鹘文与和阗文等佛教文献。其中英籍匈牙利人斯坦因(1862—1943)在 1900—1916 年间,三次进入新疆、甘肃地带,非法搜集文献资料,特别是从敦煌石窟盗走了大量佛籍写本和佛教绘画及版画,由此开创了西方敦煌学一科。列强在中亚、西亚和中国掠取的佛教文献和文物,大多保藏在巴黎、伦敦、柏林、列宁格勒和东京的图书馆或博物馆中。

随着佛教文献进入西方及对其研究的逐步深入,首先是佛教哲学对欧洲发生了影响。其中最早且最显著的是德国的叔本华(1788—1860),他在基督教世界中宣称佛教是最高的宗教,消除痛苦的最好出路在于涅槃寂静。他的悲观主义和禁欲主义,以及视"世界是我的表象"和视意志为一切痛苦之源泉的观点,甚至于鄙视妇女的理论,都浸透着佛教的某些基本精神,连尼采也称他的意志至上论为"佛教徒的虚无意志"。在近现代,佛教哲学对存在主义的影响也相当明显。存在主义把人的现实品格规定为恐怖、厌烦、失败、绝望以及生老病死等痛苦,就与佛教的出发点一致。法国萨特(1905—1980)发挥的存在主义著名命题"存在先于本质",与佛教的业报思想在"人创造人本身"这一点上就是相通的。此外,像俄国的托尔斯泰,也被认为是受过佛教影响的伟大作家。

西方学者从一神论出发,多认为佛教是"无神论"的宗教;因此,在不满意于上帝创世造人说的哲学家和科学家那里,还往往引用佛教反对天神决定论作为对抗西方神学的旁证。至于贝克莱的"存在就是被感知"、休谟的怀疑论、康德的不可知论等,都可以在佛教哲学中找到共鸣,佛教的人本主义原则与存在主义等也有相似之处。这也都是近现代佛教受到西方关注的重要原因。

但是,作为纯信仰对象的佛教在西方流传,更多地是受日渐增多的东方移民和侨民的影响。东亚诸国的人去西方定居或侨居,有诸多原因,但对民族文化有强烈的精神需要,几乎是共同的,其中佛教就是满足这种需要的重要成分。

从19世纪末开始,东方文化也主动加强了向西方的传播,佛教起着主导作用。斯里兰卡达摩波罗发起的摩诃菩提学会,先后在英、德、美、澳和非洲等地设置分会或传教中心,出版多种语言的佛典和刊物,创办佛教学院等,影响颇大。马拉拉塞克拉(1899—1973)曾去英国留学,后被苏联莫斯科大学授予名誉哲学博士,为世界佛教徒联谊会的发起人之一,并任首届主席。他主编的英文《佛教百科全书》,在推动佛教向全球发展上,起过重要作用。日本净土宗的南条文雄(1849—1927),在英人马克斯·缪勒的支持下,译《大明三藏圣教目录》为英文,向西方介绍汉文佛典概貌;又译梵本《无量寿经》、《金刚经》等,传播大乘佛教。铃木大拙(1870—1966)译《大乘起信论》、《楞伽经》为英文,并将佛教禅法介绍到了西方。中国的杨文会(1837—1911)与达摩波罗、南条文雄等同时致力于向西方传播佛教的事业。1894年,杨文会与英人李提摩太合作,首先译《大乘起信论》为英文;此后又着手培养梵语、英语和中西兼通的佛教人才,为佛教西渐做准备。及至太虚(1889—1947)自1928年西游欧美,在英、法等国学者协助下筹建世界佛学苑,拟进一步开拓汉地佛教的西传事业。19世纪末,出生于康居的甘珠尔活佛(?—1975)在印度创建乌金贡桑却林寺,弘扬藏传佛教宁玛派教法,为西方世界培养出首批藏传佛教信徒,并先后在布鲁塞尔和雅典等地建造了乌金贡桑却林寺,宁玛派的瑜伽得到流行。

据《世界基督教百科全书》1982年的统计,欧洲有佛教徒21万多,南美50万,北美近19万,大洋洲和非洲也有信仰者。1982年世界佛教徒的总数比十年前(1972)净增了5 000万人,明显呈上升趋势,尽管这些数字不一定准确。

佛教在西方世界,依然以东方移民和侨民为主体。第二次世界大战后,东方国家的经济与政治实力日益增强,西方社会中东方移民和侨民的经济政治地位也日益改善,加上东西方文化交流的多渠道发展,佛教干预社会的作用力和对当地居民的影响力大幅度地提高。自18世纪以来,基督教神学伦理体系受到广泛的冲击,这也使一些西方人士的某些观念向佛教倾斜。不过特别值得注意的是,佛教为适应西方社会生活需要而本身所起的变化,或是使它在西方居民中赢得信徒的更本质的原因,其中瑜伽和禅的广泛应用,以及多种社会服务和心理咨询的开发,是两项最成功的实验。

第二节 佛教在欧美

佛教在欧美的流布大致经历了三个阶段:先是介绍佛教的个别人物与事迹;进一步再了解佛教的全貌,研讨其意义;最后才是吸收与信仰。由于西方近代实证科学的传统和人文学科日益细密的划分,西方学者的佛学研究一开始就从不同的角度开展,语言学、考古学、比较哲学、比较宗教学、神话学、民俗学等,所有这些学科都渗入了佛学研究领域。

霍格森等人刊行的佛教文献,为佛学的广泛研究准备了条件。

但最先并没有形成单独的学科，它包括在一个笼统的"东方学"之内。到19世纪中叶，佛教学开始独立出来。1844年，印欧比较语言学家法国人尤金·伯努夫写了《印度佛教史导言》，1852年将《妙法莲华经》译为法文出版。1855年，哥本哈根的学者维戈·福斯贝尔将《法句经》译为拉丁文。以近代语言学和文献学为基础而进行的佛经校订、翻译、注释和编辑出版工作，取得了可观的成就。

尤金·伯努夫的学生，德裔英人马克斯·缪勒(1823—1900)，是著名的东方学、印度学学者，也是比较宗教学、比较神话学和比较语言学的创立人之一，著有《佛教及佛教巡礼者》，译有《般若心经》、《法集经》等；日本的南条文雄、高楠顺次郎均出于他的门下，他对推动东方以近代方法研究佛教，起了重要作用。从1875年起，他主持编辑出版了《东方圣书》共51册，这套丛书包含许多重要的佛教经典。英国的另一位著名佛教学者，是伦敦大学的李斯·戴维斯(1843—1922)。他于1866年在斯里兰卡任英国殖民政府官员，同时从事巴利文佛教的研究；1881年创立了"巴利圣典协会"，出版和翻译巴利语三藏；1908年又在伦敦建立佛教协会，自任会长，著有《佛教》、《印度佛教》、《早期佛教》、《关于弥兰陀王问题》等。他的妻子李斯夫人在他去世后，仍然坚持进行佛教研究，著有《佛教心理学》、《佛教大纲》等。李斯夫妇及后学者对巴利语和巴利文佛经的研究有很高的学术价值，他们的学风长时期影响着牛津的东方学研究，直到近来在伦敦大学的东方及非洲研究院的教学、研究上还有反映。

德国的早期著名佛教学者是赫尔曼·奥登堡(1854—1920)。他从1897年起，在俄国科学院开始主持校订出版《佛教文库》的梵文经典，这套文库中收进了英国人本多尔的《大乘集菩萨学论》(1897)、法国人蒲山的《月称中论释》(1903—1913)、日本人南条文雄的《法华经释》(1908—1912)、俄国人谢尔巴茨基的《辨中边论安慧释》(1936)等。他的名著《佛陀生平、教义及僧团》，主要是依据已刊行的巴利文文献研究成果写成的。由奥登堡开始的佛学研究中的维也纳学派，带动了许多德国学者，或从巴利文，或从梵文，间或也有从汉文和藏文中研究佛教经典和历史的。除巴利文《阿含》之外，《清净道论》《弥兰陀问经》等，也被译成了德文。作为存在主义奠基者之一的雅斯贝尔斯(1883—1969)，曾著《佛陀与龙树》。显然，大乘空宗思想也为德国学界所注意了。

沙俄出于对外扩张的野心，也鼓励对佛教进行研究，自19世纪开始，涌现出不少佛教学者，其中米那也夫(1840—1890)是彼得堡大学印欧系语言和比较语言学教授、印度学专家，先后三次去印度、锡兰等国考察佛教，着重探讨佛教的起源和本质问题，也翻译了一些佛教文献，其主要著作《佛教·研究和资料》认为，把巴利文经典看作是研究原始佛教的唯一来源，根据不足，还必须对其他文种经典作比较研究才行。瓦西里也夫(1818—1900)是喀山和彼得堡大学教授、俄罗斯科学院院士，他在俄国驻华大使馆工作期间，大量搜集中国的有关资料，通晓梵、汉、蒙、藏语以及朝鲜、日本文和突厥方言。他特别强调汉文和藏文文献在早期佛教研究中的地位，以为《清藏》保存的内容极其丰富。他的主要著作是《佛教及其教义、历史和文献》，另有《东方的宗教》《佛教札记》等。此外，他还翻译了多罗那他的《印度佛教史》、玄奘的《大唐西域记》及世友的《异部宗轮论》。苏联最有成就的佛教学者是苏联科学院院士谢尔巴茨基(1866—1942)，他曾在奥登堡指挥下参加中亚"探险队"，发现了许多梵文和藏文文献，于是开始对北传佛教，特别是对陈那与法称展开研究。他称法称是"印度的康德"，整理出版了法称的《正理一滴论》梵文本和藏文本，及陈那的《集量论》。对于瑜伽行派的其他著作如《俱舍论称友释》《辨中边论》《明句论》等，也有英译本出版。从1897年起，他参加了奥登堡的《佛教文库》的编纂工作，到1936年出版了20卷，他还和法国的列维、英国的罗斯、比利时的普桑、日本的荻原云来等合作，系统研究世亲的《俱舍论》；自1928年起，他主持苏联科学院佛教文化研究所。他的佛教论著有《佛教逻辑》《佛教中心概念和法的意义》《后期佛教学说上的认识论与伦理学》等。

从李斯·戴维斯、奥登堡到谢尔巴茨基，他们的研究主要是学术的,而不是信仰的;是历史的,而不是神话的。这些研究,对他们的思想当然不无影响,但主要集中在哲学和人生观方面。与此有所不同,1875 年在美国成立的神智学会则是半学术研究、半普及信仰的团体。神智学原指基于某种神秘见证的有关神与世界的思想,神智学会即专门从事这一思想的运动,中心在阐发佛教与婆罗门教的泛神论和转世学说。它的创始人奥尔考特,是美国的退伍陆军上校,任第一届主席。另一位神智学的积极活动家,帝俄的贵妇海伦娜·布拉沃茨基夫人,曾游历东方许多地方,到过西藏受法,后入籍美国。从 1880 年起,神智学会在欧洲积极开展活动。1897年,德国成立了由弗朗茨·哈尔特曼创建的神智学分会。奥尔考特著有《佛教教理问答》,1881 年出版,在欧美的影响颇大,曾多次再版,并译成许多国文字。英国诗人埃德文·阿诺尔德于 1879 年出版《亚洲之光》,以诗的形式介绍了佛陀的一生与思想,在西方流传甚广,到 1930 年已经发行了 100 版。

525

这批神智学者对佛教有特殊的理解,认为佛教并不主张人格神,因之它是最高形态的完全的神学体系;但是人类精神深处确有不朽的灵魂,并在转世,人们应该了解、发展这一灵魂及其转世中的精神能力。神智学的这类近乎神秘主义的说法,对于佛教在欧洲尤其是英国和法国的传播,起了催化作用。1907 年,在李斯·戴维斯协助下成立了"大英佛教协会",1914 年解散。而后神智学会继续向新宗教运动发展,它的创始者被斥为女巫、骗子,于是佛教团体从中分离出来。由此可以知道佛教在欧美之所以得到流传的另一类文化背景和宗教心理。

一 佛教在德国

德国第一个佛教传教协会成立于 1903 年的莱比锡,有会员 8人。发起人卡尔·塞登斯塔克,以出版社为基地,在 1905 年发行了《佛教徒》杂志及副刊《佛教世界》,不久停刊。到 1907 年,会员 50余人,再次出版《佛教瞭望台》,发行 500 份。这个协会的宗旨是提倡素食、保护动物、推动和平运动,结果并不怎么成功。此后,一批德国人到了缅甸与斯里兰卡,有的还进了那里的佛寺。他们希望在欧洲建寺,并计划建在瑞士的洛桑,但没能实现。及至达摩波罗的大菩提会在德国成立分会,又重新激起了信徒的热情,他们组织出版了叫作《大菩提论说》的刊物。此前不久,英国的巴利圣典协会也在德国成立分会,推动了佛教信仰的流传。第一次世界大战爆发,佛教活动全部停止。一些佛徒或死于前线,或流散四方。在斯里兰卡的德国和尚被当作"敌国侨民"遭到拘留,被遣送到澳大利亚。

战争结束后,德国的佛教团体重新开展活动,先后建立了好几个佛教中心。其中之一是医生保罗·达尔克(1865—1928)于1924年在柏林建立的"佛教徒之家"。此前,他经常在报上撰文宣传佛教教义,而后游历了斯里兰卡,更增强了对佛教的信仰。"佛教徒之家"成了德国第一个习禅和实践佛教生活方式的中心。每逢佛教节日和每月月圆之日,这里都有法事活动。达尔克的佛教思想基本上是理性主义的,他所理解的"涅槃",就是欲望的消除。卡尔·塞登斯塔克和乔克·格林(1868—1945)在1921年创建了"德国佛教社团",它给善男信女创造了一个小环境,"一切接受佛法并乐于依据佛陀为在家众规定的道德律条生活的人",都可以参加。1935年,这个团体易名为"老佛教徒(上座部)社团",总部设在巴伐利亚州阿默湖畔的乌亭,发行双月刊。

达尔克与格林的佛教团体,对佛教的"无我"说有不同的解释,并形成对立的两派。达尔克自称新佛教,对于"无我"说,坚持上座部的见解。格林则认为,以往人们对于佛陀言教理解错误,佛陀本人从未否认永恒的灵魂,"无我"说应该从迥然不同的角度来看待;任何我们可以用名称描述的都不是"我","我"存在于理性能了知的范围之外。他认为自己发现了佛教的原初教义,称之为"老佛教"。他的著作《佛陀的教义,理性的宗教》出版于1915年。

第二次世界大战后,西德出现了许多新的佛教团体。1952年,这些团体联合起来,在斯图亚特建立了"德国佛教社团"。不久,由于各团体存在分歧而分裂。1955年重新联合,成立"德国佛教协会"(DBG);1958年易名为"德国佛教联合会"(DBU),总部设在汉堡。这一组织依然有各不相同的佛教派别,除"老佛教"等上座部小乘系统外,还有大乘佛教组织,其中"雅利安弥勒教团德国分部"尤为著名,其主持人"阿阇梨"是阿那伽利卡·戈文达喇嘛,曾长期在斯里兰卡为僧,后在尼泊尔喇嘛庙中学习藏传密法。该教团在德国的法兰克福、不来梅、威斯巴登都设有中心。此外,藏传佛教在慕尼黑、波恩和汉堡也有影响,一些喇嘛学者在大学里教授与佛学有关的课程。另一大乘佛教派别,是日本的净土真宗(西本愿寺)于1956年在西柏林成立的团体。它的创建人起先追随达尔克,以后改投在访德的日本西本愿寺大谷光照门下,因此,这个佛教组织接受京都该宗本山寺的指导与资助。

20世纪50年代的西德,再一次出现了东南亚国家的佛教复兴运动。1952年斯里兰卡僧人在西德成立了斯里兰卡宣教会。1954年国际佛教活动处成立后,也向西德派遣了传法僧。缅甸在第六次佛经结集期间,吴努曾募集100万卢比在欧洲各地建立传法基地,德国也在其中。尽管佛教在德国已经流行了百余年,但信仰者依然不多,估计今天原西德地区有佛教徒约在5万—7万之间,集中在一些大城市,对整个社会的影响很小。西方其他国家的佛教情况大致亦是如此。

但是,德国知识界从自身角度对佛教的开发,却不容忽视。康德、黑格尔对印度哲学和宗教的认识,在细节上可谓谬误重重,但在他们的整个哲学体系和思维模式上,与佛教哲学确乎存在某些惊人的相似点。黑格尔对佛教有特殊好感,不是偶然的。至于叔本华推崇佛陀,接受佛教思想,是他本人直言不讳的事情。尼采批判佛教,那是因为他批判基督教。他认为二者在人生观上是一致的;在人格上,佛陀与耶稣也是同样的。

德国存在主义受佛教的影响,除非常熟悉龙树、世亲和陈那、法称的雅斯尔贝斯以外,海德格尔(1898—1976)的人生哲学也掺有一些佛教的成分。

当然,佛教对德国以至欧美的影响,不能简单地从个别观点的雷同上推论。有些是表现在某个大领域内的,像禅之与无意识领域的开发,就是突出的例证。由于弗洛伊德、阿德勒尔及荣格等人在心理学上的重大发现,使人们注意到一个关系到艺术和理性表象及观念源泉,关系到精神不安和生理疾病原因等的无意识活动,同时也唤起一些精神分析和精神病理学家、心理学家对于禅的重新认识。这其中固然有对禅的非理性主义和直觉认识感兴趣者,但大部分人留心的是禅在调节心理和治疗精神性疾病上的作用。这在德国也有积极的反应。德国佛教协会在慕尼黑和斯图加特所设的习禅中心,就有许多求医疗病和健身的坐禅者。佛教的禅定也推动了基督教的冥想,著名的耶稣会神父 H. M. 埃讷米·拉萨尔曾到日本多年习禅,在欧洲组织多次关于坐禅的通俗讲座。他的一些弟子意识到应该有一条达到基督教觉悟的冥想之路。1970年,拉萨尔在东京建立了基督教的习禅中心。

德国学者对佛教哲学的研究卓有成效,除已经提到的学者外,斯密特豪森著有《瑜伽师地论研究》一书,弗劳凡尔拿以研究陈那和法称出名,是西方少数几个佛教逻辑学专家之一;其中有一些研究者,不久还成了佛教的皈依者。维也纳学者卡尔·尤金·纽曼,出版过多卷本的巴利文讲道集,弘扬上座部佛教。奎特出身于黑森的天主教家庭,后改信佛教,去斯里兰卡做沙弥,法号"智三界",曾翻译大量佛典,并用英文与德文写传教文章。他在斯里兰卡一所为欧洲人办的寺院中任教,1954—1956 年仰光佛教经典第六次结集期间,他领导一个学者小组,参加了佛典的英文和其他欧洲文种的翻译工作。奎特的一个弟子自称"近知识",也是德国人,在斯里兰卡康提附近森林中隐修,过着严格的苦行生活。他也有几部英文和德文的佛教论著。第一位欧洲妇女出家的比丘尼也是德国人,她就是钢琴家埃尔莎·巴克霍尔兹,原是柏林一位银行家的女儿,法名"莲华",自 20 世纪 20 年代以来,一直主持斯里兰卡的一座佛寺。

二　佛教在英国

英国对佛教的研究与它在东方的殖民主义统治是分不开的,它的理论出发点是基督教中心说。1788 年,英国皇家亚洲学会成立,殖民地当局扶植对巴利文和梵文的研究。1824 年,英国传教士克拉夫出版了《巴利语文法和语言》,1875 年,英国驻锡兰总督秘书 K. C. 奇尔德斯完成了《巴利语辞典》,由此开展了对巴利语佛典的研究。1881 年,李斯·戴维斯建立了巴利圣典学会,出版了校订过的巴利文原典与部分英译、法译、德译等多种译本,这个学会的会刊刊载有关佛学的研究论文。这个时期出版了相当一批有关巴利文佛教和语言的学术论著,形成研究上座系的学派。

英国驻尼泊尔公使霍格森在当地搜集了近 400 部梵文佛典,开始了欧洲人对梵文佛典的译介和研究。此后,丹尼尔·莱特和法国人希尔万·列维,也在尼泊尔搜集了另一批经典,继续为欧洲提供研究对象。同一时期,马克斯·缪勒通过南条文雄和高楠顺次郎,转向日本搜集佛教经典,由他刊行的《东方圣书》和《逸书集》,收有《阿弥陀经》、《般若心经》、《法华经》、《佛所行赞》、《法集名数经》等梵本或英译本。这些梵文经典的问世,又提高了学者对大乘佛教的兴趣。《梵英辞典》编纂人、梵语专家威廉姆斯出版了《佛教》一书。自 1891 年鲍尔斯在库车发现了桦树皮抄本佛经以后的几十年,西方一些学者以探险家身份在中亚和中国新疆,掀起了掠劫文物的高潮,其中英国人斯坦因劫夺最富。他们的考察报告和展示的文献,也刺激了英国对大乘佛教的研究。

对于中国佛教文献,西方学者最注意的是古代僧人西行的游记。1884 年,S. 比尔出版了《大唐西域记》的英译本,再版时又增收入《法显传》和惠生的《使西域记》,1888 年,又翻译出版了《慈恩法师传》。英国学者对这些珍贵材料进行了艰苦的研究,成果之一是托马斯·沃特斯在 20 世纪初发表的《大唐西域记考证》。19 世纪末来华的传教士约瑟夫·埃德金斯(1823—1905),曾长期活动于京、津、沪地区,也考察了中国的宗教状况,所著《中国宗教状况》

(1859)、《中国的宗教》(1877)、《中国的佛教》、《北传佛教中的涅槃》(1881)、《中国佛教介绍》(1885)等,向英语国家传播中国佛教的信息,尽管他是站在基督教徒立场说话的。此外有关中国佛教研究的还有 E. J. 艾特尔的《佛教三讲》(1871)和《佛教》(1871)、劳维斯·霍得斯的《佛教与中国佛教》(1924)、S. 比尔的《佛教三藏》和《中国的佛教文献》(1882)等。

英国对于印度佛教古迹,也进行了可观的考察和研究。首先是詹姆斯·普林塞普解读了"阿育王法敕"的碑铭,并于 1837 年在孟加拉《皇家亚洲协会学报》上发表了这一成果。据此引发了亚历山大·坎宁汉和文森特·史密斯等人对阿育王与佛教关系的研究。坎宁汉在山奇、菩提伽耶等佛教遗址发掘中也作了相当大的努力。此外,英国学者对阿旃陀佛教石窟艺术也进行了研究。

自 19 世纪末,佛教在英国开始被引入社会生活,诗人阿诺尔德的《亚洲之光》(1879)和卡洛斯的《佛陀的福音》(1897)起了推动作用。著名的神智学会在伦敦也展开了活动。布拉沃茨基夫人所著《密教》与《沉默的声音》两书,对英国宗教界有相当的影响;神智学会还用英语出版了其他一些介绍佛教人物和典籍的小册子。据认为,神智主义在维多利亚朝时期,使英国关于科学与宗教的信条发生了松动,因为它要求以佛教伦理为准则,把道德观念建立在理性主义的科学基础上。神智主义者的活动在英国产生了反响。1890年,阿兰·贝纳(? —1932)拜读《亚洲之光》后皈依佛教,并开始研读佛经。1898 年,他漂洋过海,到斯里兰卡求法,后又去缅甸组织赴英传法使团,1902 年落发为僧,取法名"阿难陀弥勒"。他在仰光建立了"国际佛教协会",发行《佛教》刊物。1907 年,为欢迎缅甸来的传法使团,在伦敦成立了"大不列颠爱尔兰佛教协会",由李斯·戴维斯担任会长。翌年,阿难陀弥勒带领一批佛教徒回到伦敦传法,他们身着僧衣,严守过午不食、手不捉金钱等戒律,半年后重回缅甸。此外,1906 年,在海德公园一角,佛教徒杰克逊·培恩经常讲道,并筹建"英国佛教协会",即"爱尔兰佛教协会"前身,出版季刊《佛教评论》和发行宣教品。

　　第一次世界大战爆发后,阿难陀弥勒曾回到伦敦,力图复兴沉寂已久的佛教协会活动,但成效不大。1922年协会解散,《佛教评论》停刊。次年,他出版了《雅利安智慧》。与此同时,缅甸"曼德勒佛教协会"及克里斯马斯·汉弗莱等也在伦敦传教,并组织了"伦敦佛教徒联盟"。1924年,伦敦神智学会又组织了"佛教部会",汉弗莱任会长。1926年,这个部会的马奇创办了《英国佛教》月刊,1943年后改名《中道》,延续至今。

　　1925年,摩诃菩提会的达摩波罗来伦敦传法,成立了摩诃菩提会伦敦分会,出版《英国佛教徒》,后改称《法轮》,一直延续到1935年。1928年,摩诃菩提会在伦敦兴建了英国的第一座寺院。同年,斯里兰卡向伦敦分会派遣了三位传法比丘,其中两人到剑桥求学,取得博士学位。此后,分会一直同僧伽罗佛教保持密切联系。此前,即1926年,佛教部会与神智学会发生意见分歧,遂退出神智学会而独立,1928年创刊《何谓佛教》。

　　在20世纪30年代,佛教部会和神智学会积极展开活动。1936年,在伦敦召开了"世界信仰会议",铃木大拙、马拉拉塞克拉和拉达克里希南等会聚一堂,介绍了东方宗教。第二次世界大战影响了佛教部会和神智学会的活动,但仍有铃木大拙用英文写的禅论著作流行。1943年佛教协会在伦敦大英博物馆附近建立本部,出版《中道》刊物,还发行铃木大拙的著作。1945年,中国、日本、泰国、缅甸、斯里兰卡的僧人聚会伦敦,达成了"世界佛教徒协议",以英国佛教协会的名义发表了《佛教十二原则》,以16种文字刊行。它的基本精神为1950年在仰光成立的世界佛教徒联谊会所采用。

　　1948年,A.兰特夫人在伦敦建立"佛教精舍协会",出版《西方佛教》,1954年精舍建成,一直由斯里兰卡僧人主持传法。到50年代,在曼彻斯特、伯明翰、牛津、剑桥、布莱顿、爱丁堡都有佛教团体成立。英国佛教协会本部设有一个藏书颇丰的图书馆,一座佛教寺院。本部会址经常举行讲演、布道活动。

　　由于近代大英帝国对西藏的特殊关心,一些英国学者对藏传佛教也颇多研究。除斯坦因等人以外,黎吉生在1962年和1968年分别出版了《西藏简史》和《西藏文化史》，站在殖民主义立场描述西藏地方与中央政府的关系，对西方歪曲地认识西藏历史与文化有很大影响。斯尔内格罗夫(1920——)，伦敦大学藏文教授，英国西藏研究所所长，著有《佛教的喜马拉雅山》、《喜金刚怛特罗》、《西藏文化史》、《佛像》等。从 70 年代开始，藏传佛教也在英国有所传播，包括空仁波且喇嘛建立的桑耶林西藏中心，土登益希和索巴仁波且主持的文殊室利研究所等，都是以瑜伽禅法吸引英国以至西欧信徒。

据说，1970 年英国共有佛教徒 3 万人，到 1980 年增至 12 万人以上，藏传佛教信徒约占一半，有 12 个佛教中心和 45 个教团组织。

三　佛教在法国

法国佛学研究侧重于大乘佛教，这与 20 世纪初帝俄的佛教研究是一致的。首先开辟这一领域的是伯努夫和塞纳尔特，他们都很关注佛教的梵文文献。

伯努夫(1801—1852)在少年时代随父亲学梵文，25 岁时与德国学者拉森合作，发表了《论巴利语或恒河以东的半岛圣语》的论文，33 岁在法兰西学院开设梵文课。他的代表作《印度佛教史导言》(1844)，主要是依据英国人霍格森在尼泊尔发现的梵文本写成，也利用了匈牙利人山陀尔·乔马·德·科罗斯(1784—1842)等人对藏文佛教资料的研究成果。山陀尔·乔马是位传奇性人物，1818 年他立誓要到亚洲腹地追寻匈牙利人的根，历时五年，于 1823 年到达西藏地区，在一座寺院中学习藏语及佛学，研究"丹珠尔"藏经，1933年被日本东京的真言宗尊为菩萨，成为佛教徒中享有如此殊荣的第一个西方人。他在布达佩斯创立雅利安弥勒教团的分部，直至70 年代初。

以往欧洲人无法接触汉文大藏经，由于法国汉学学者的努力，使他们多少有了了解。欧洲人对大乘佛教的研究，主要依据梵文佛典，并以汉、藏文本校勘，采取所谓批判抉择的方法，这也就是伯努夫等人创始的路子。伯努夫在巴黎组织了"法亚协会"，并将《妙法莲华经》由梵文译成法文。

埃米尔·塞纳尔特(1847—1928)被奉为法国东方学泰斗。早年留学德国,专攻印度学,受比较语法学影响。1882年出版了《佛陀传说论》,主要依据梵文大乘经典,大胆假设,认为有关佛陀生平的传说无非是以太阳神话为基础的杜撰。此书遭到欧洲学者的严厉批评,认为佛传故事固然不能完全符合客观历史,但全盘否定也令人难以接受。塞纳尔特的考证方法,明显地反映了法国人文科学研究中的实证主义倾向。他在比较语言学研究方面的主要成就,是释读阿育王碑铭。19世纪以来,阿育王碑铭作为印度早期文化史和佛教史的重要资料,受到欧洲学者的重视。从1837年英国人普林塞普发端,许多学者作了这方面的努力。塞纳尔特的研究成果,发表于1881—1886年间,至今仍有参考价值。此外,他还参校巴利文,出版了梵本《大事》。

塞纳尔特之后,法国佛教学界人才辈出,列维(1863—1935)尤为突出。他在31岁时任法兰西学院梵文教授,以后在印度、日本游学,1913年受聘为彼得堡大学教授,曾任日法会馆会长。他的研究方法也是遵循法国佛教研究的传统,以梵典为中心,参校汉、藏资料。1928年,列维从日本归国,途经尼泊尔,搜集了一批尚无汉译本的梵、藏资料,其中最重要的有世亲《唯识三十颂》的安慧释。他校勘出版了这批资料,弥补了以往的局限,为大乘佛教研究开拓了新的领域,也引起了人们对藏文佛典的重视。此外,他还校勘了《大庄严经论》的梵本,并译为法文(1907),又将安慧的《中边分别论释疏》梵本交日人山口益校勘发表。1918年,列维与俄国学者谢尔巴茨基合作,审校出版《俱舍论》第一卷《界品》,后将称友的《俱舍论释》委托荻原在日本刊出;他还与高楠顺次郎等编纂佛教辞书《法宝义林》,已出版6卷。

列维的欧洲学生中成就卓著的是比利时人普山(1869—1937),他是著名的梵文学者和佛教学者,他不满足对大乘佛教哲学的那种肤浅理解,便从梵、藏、汉文原典的整理和研究上下功夫,先后刊行了月称的《中观论释》梵本(1903—1913)和《入中观论》藏译本

(1912),两书均收入俄国出版的《佛教文库》;在1907—1917年间,又完成了《入中观论》的法文翻译。1927年谢尔巴茨基,1931年沙耶尔,后来还有山口益,前后对《中观论释》作了英、德、日文的翻译和订正。这对推动中观学派后期思想的研究,起了重大作用。此外,普山在《印度文库》中还发表了调伏天著的《正理一滴论释》的藏译校订本,1912年出版了《唯识二十论》藏译的校订本及法译本。这对瑜伽唯识学和逻辑学的研究也是一种促进。他著有《世亲和世友》一书,被认为是西方研究《俱舍论》方法论的范本。1923—1931年,他以藏文本为底本,参照玄奘和真谛的译本,用功八年,完成了《俱舍论》的法文翻译;其中又依据汉、梵、巴利文等资料,详加注释。之后,又完成了汉译本《成唯识论》的法译工作,并结合梵、藏文有关资料作了注释。普山在译介北传佛教典籍方面作出了巨大贡献。

此外,普山的主要佛学著作还有三部:《佛学研究及资料》(1898)、《佛教教理史论》(1909)和《佛教教理及哲学》(1930)。这三部著作反映了著者本人学术思想的发展,某种程度上也显示了欧洲佛学研究的深化过程。但普山是天主教徒,在著作中流露出对东方文化的某种轻视。他认为佛教并不是以理性为本质的宗教,他的研究是从更高的哲学立场出发。他的这一态度,受到谢尔巴茨基的驳斥,后者在《佛教的涅槃概念》(1927)一书的附录中收入普山的《中观论释》部分英译,意在用作批判对象。但谢尔巴茨基往往采取新康德主义的观点考察佛教,在评价佛教哲学上,也难免有所偏颇。

此后,巴黎法兰西学院的雷诺、戴密微、费洛赛特等,对梵、汉、藏文系统的佛教也深有研究。戴密微(1894—1979)曾任中国厦门大学教授、日本法日研究所所长,并主编荷兰出版的中国学杂志《通报》;特别利用在敦煌发现的文献,包括伯希和盗往巴黎国立图书馆的汉文写本,着重研究汉藏佛教,影响当代学界不小,所著《吐蕃僧诤记》有汉文译本。

法国有佛教信仰流行,是20世纪20年代末期的事。美国出生的康斯坦·龙兹伯里小姐,在中国到巴黎传法的太虚影响下,于1929年建立了"佛教友谊会",后改名"巴黎佛教会"。此会与锡兰及法国殖民统治下的印度支那各国佛教徒关系较深,也是巴黎冥想修行者的中心,具有较强的上座部特点。与英国的佛教团体成员多出身于中产阶级不同,它的领导人都来自上层显贵,如索尔波纳等。1939年出版《佛教思想》季刊。它在与欧洲的佛教团体联谊的同时,还定期举办佛事,展览佛教艺术等。

第二次世界大战后,法国本土的越南移民大幅度增加,其中的僧侣成立了"海外越南佛教徒联盟",总部设在巴黎,又在巴黎附近建造灵山佛塔,成立"灵山佛教文化联合会",出版《弘法》半月刊。在70年代,一些日本僧人到法国传授禅法,在巴黎建造了法国禅寺,在接近比利时的边境上建造了北法禅寺;又在巴黎以南300公里处的阿瓦隆建"阿瓦隆世界禅文化交流中心",拥有弟子七八百人。据说欧洲禅协会有缴纳会费的会员15 000人,禅法教授中心有几十处。藏传佛教在法国也很活跃,主力是宁玛派,中心称乌金贡桑却林寺,每年招收法国和欧洲的学员,教授藏传密法。

法国现有佛教徒约5万人,其中一半是亚裔。

近年来,日本日莲正宗创价学会在欧洲各国都有传教弘法活动。1975年在法国南部举行大讲习会,参加者达1 500人。

四 佛教在意大利和瑞士诸国

意大利人对佛教的接触,可以回溯到13世纪马可·波罗的游记。罗马教廷在16世纪开始,向东方大规模输出天主教,一些传教士带回来更多的佛教信息。从方济格·沙勿略(1506—1522)之受命东渡日本,利玛窦(1552—1610)之漂洋来华削发,陆续写了不少关于远东的游记或书信,记载了佛教的一些情况。自18世纪到19世纪初的百年间,西方约派出30批传教士,其中经由印度到尼泊尔和我国西藏地区的意大利教士就有71人。在20世纪50年代,L.佩特克教授将这百年中的游记和书信汇集成书并详加注解,以《新纳慕希奥①——西藏和尼泊尔的传教士》为名,陆续出版,这是研究东方学的重要史料。从 19 世纪开始,意大利与欧洲其他国家一样,进入佛教研究时代。

1878 年 C. 普尼出版了《佛陀、孔子与老子》一书,后又以论文形式发表于 1916 年的《东方研究杂志》上,题为《佛教对中国道教古代经典的解释》。这是意大利人企图全面了解中国三教思想的反映。1896 年 G. 德·洛仑佐出版了《印度和古代佛教》。该书颇有影响,以后又增订重版。1907 年 K. E. 纽曼则出版《中阿含经中佛陀的言说教导》,不久,他又以意大利文翻译出版了巴利文《中部》。至此,意大利对佛教开始了专门的探讨。

早在 1898 年,P. E. 帕沃里尼即出版了《佛教》,1908 年出版了意大利文的《法句经》,1912 年出版了包括《法句经》和《本事经》在内的《佛教伦理经典》;1903 年 A. 科斯塔完成《佛陀及其教义》;1923 年 C. 弗米奇发表了《为佛教辩护》,1926 年此书被译为法文和西班牙文。弗米奇的佛教论文颇多,值得注意的还有《佛教的科学精神》。1925 年 L. 苏阿里出版了《觉悟者——佛陀》,此书 1928 年被译为德文,1933 年被译为法文,1935 年他又写成了《乔答摩佛陀》。一般说来,这个时期的意大利学者对佛教的研究,仅限于巴利文南传佛教的范围,作传论事,都受当时资料的制约。

在 20 世纪开辟意大利佛学研究新领域的是著名学者 G. 图齐 (1894—)。从 20—30 年代初的 10 年中,他写过 29 部著作,涉足的范围包括中观、唯识和因明。他曾八次到中国西藏,从那里带走大量佛教文献。作为佛学研究者,他编纂的《佛教小经典》相当重要,包括在中国西藏和尼泊尔发现的一些梵文经典。这套丛书先后于 1956 年和 1958 年出版,附有部分藏译和英译。图齐对在西藏得到的《修行道次第·初次第》(相当于汉译《广释菩提心论》)的梵文本及藏译本,作了比较深入的研究,所撰研究导言,被认为是总结 8 世纪后半期西藏佛教史的重要论文。

---

① "纳慕希奥",意大利 16 世纪时的游记作家。

20 世纪 40 年代末开始,图齐将研究重点转向藏学。1949 年出版了 3 卷本的《西藏画卷》,第三卷是佛教唐卡(画卷)本身,前两卷则是他写的导言和解说,表达了他对西藏佛教史的主要观点。1969 年发表《曼陀罗的理论与实践》,1973 年发表了《西藏和蒙古的宗教》。

前面提到的佩特克,是图齐的著名弟子,罗马大学教授,专攻西藏史与拉达克史,所著《十八世纪初期的中原与西藏》,论述了清政府与达赖喇嘛的关系。图齐的另一弟子费拉丽,译注了《智悲者卫藏圣迹记》。

今天意大利的佛教学研究附属于罗马大学人文学部的东方学讲座。图齐曾在这里讲授有关佛教学的课程。此外,米兰、都灵、博洛尼亚等大学的梵文教授,也都开设一些有关佛教的讲座。远东和中亚研究所成立于 1933 年,1948 年以来由图齐主持,出版《罗马与东方丛书》,包括一些佛教经典。它附设的夜校,教授七门东方语言,举办许多有关东方的包括佛教在内的讲座,教员大多来自罗马大学。

总的说来,意大利的佛教研究较英、法、德诸国逊色,20 世纪 50 年代以来,藏学及对尼泊尔的研究则处于领先地位。意大利的佛教信仰活动也较薄弱。1960 年,在国外佛教徒的帮助下,成立了"意大利佛教协会",与"奥地利净土真宗佛教会"有密切关系,出版机关刊物《大乘》。

与意大利相邻的瑞士也有佛教活动。20 世纪 80 年代初,在日内瓦成立了"净土真宗会",发起人琼·埃拉克尔,原是天主教神父,具有一定的藏语和佛学知识,1973 年东游日本,与净土真宗本部西本愿寺联系,得到支持。他回国后组织教团,是为欧洲净土真宗会的分会,有会员约 30 人,每月集会两次,举行诵经和演讲活动。另外,藏传佛教在瑞士也有活动,主要教授禅法。

五 佛教在美国

美国对佛教的研究开始较晚,而且受欧洲大陆学者的影响。

1891年,哈佛大学编纂出版《东方丛书》,主持人C. R.兰曼是梵文和印度学学者,到印度搜集过一些梵文经典,回国后整理出版。他的《梵文读本》也是佛教文献研究者的入门书。《东方丛书》于1950年发表了由沃仑、克拉克等教授合作译成的上座部佛典《清净道论》,1955年又发表了驻日大使、哈佛燕京研究院院长赖肖尔译出的日僧圆仁的《入唐求法巡礼行记》。耶鲁大学埃杰顿教授在研究佛教文献学方面也颇有名,他的《佛教混合梵语——语法及辞典》是欧美研究北传佛教的重要工具书。

今天的美国佛教研究主要是由各大学的东方学者、印度学者、汉学家、藏学家等来承担。伯克利的加州大学设置有印度及佛教逻辑学、梵文及大乘佛学、文献学、印度佛学等课程;洛杉矶的加州大学东方语言学系,开设中国佛学、印度学、梵文、藏文等课;威斯康星大学南亚研究系及哈佛大学宗教系,也都有佛教课程。顺便说明,加拿大的不列颠哥伦比亚大学宗教系、麦克马斯特大学宗教系和多伦多大学宗教研究中心,也都有对佛教的研究。

1893年,芝加哥国际博览会召开了一次世界宗教大会,美国的一批自由派知识分子不顾基督教传教团的反对,邀请了其他宗教的一些领袖参加,其中也包括佛教界的代表。斯里兰卡摩诃菩提会的达摩波罗上座,代表上座部佛教在会上发表了两次演说,一是"世界受惠于佛陀",一是"佛教与基督教"。一位研究哲学和比较宗教学的学者C. T.斯特劳斯由此皈依佛教,并在美国民众中发起佛教运动,由此创建了摩诃菩提会美国分会。就在这同一次宗教会议上,日本镰仓圆觉寺的住持释宗演发表了关于禅的演说,由铃木大拙译为英文,给与会的美国人以很深的印象。

佛教在社会生活中的影响,美国较西欧各国更加显著一些,主要与亚洲移民及其后裔带来的信仰习俗有关。佛教明显地进入美国社会,起自19世纪最后25年,那期间,有大批华人和日本人移居美国。美国政府在1882年严格控制移民中的华人数,1892年通过排华法案,1902年则下令禁止华人移民。但这些歧视和排华政策并不能杜绝美国社会对华人的需要,反而强化了华人在民族文化上的凝聚力。20世纪初,美国已经有了佛寺,开始形成佛教社会,而且主要限于华侨范围。其中,夏威夷成了汉传佛教传进美国的桥头堡。

19世纪末,日本加强了向夏威夷的扩张,促使日本移民大幅度增加。1887年,日本西本愿寺僧人开始在这里建寺传法。当美国颁布排外法案时,夏威夷国王的宗主权起码在形式上还存在着,华人移民依旧可以不断涌进,佛教也随之流入该岛。当达摩波罗经由夏威夷回国时,原岛上的王室后裔马丽·E.福斯特皈依了佛教,并将她的大部分财产布施给摩诃菩提会,一部分用来修复印度和斯里兰卡的佛教圣迹及兴建寺院学校,一部分资助佛教在美国的传播。

1899年,西本愿寺的薗田宗惠登上美国大陆,首先在旧金山建寺布教。此后,佛教虽屡遭波折,但最终在西海岸各大城市取得立足点,并向东部许多大城市发展。第二次世界大战后,日美的特殊关系使日本佛教进一步向美国传播,其中最成功的是临济禅与曹洞禅。他们在纽约建立了第一禅院和临济禅堂。"不立文字,不起分别"的认识方法,被认为是对理性境界的突破,追求与神秘实在直接契合的"禅热",影响到精神病学、心理治疗,以至哲学,一时间东西海岸各大城市兴起了好多习禅中心。在推动美国禅法方面,铃木大拙起了巨大作用。1948年他在夏威夷举行的东西方哲学会议上,再次向美国公众介绍了禅法,使禅的研究渗透到了哲学、文学、美学、心理学、社会学各个领域,当地出现了一批可称作"美国禅"的禅门及有关著作,包括所谓的颓废禅、杂烩禅、禅外禅等。到60年代,已出版的禅著作有亚米斯的《禅与美国思想》,杜默林的《现代佛教世界》,卡普洛的《禅门三柱》,弗洛姆的《心理分析与佛教禅学》《爱的艺术》,格雷厄姆的《天主教禅》等。此外,第二次世界大战后兴起的日莲正宗创价学会,也是美国佛教中的强大势力,其第三任会长池田大作(1928—)被西方世界认为是东方思想的代言人之一,他写有许多宣传佛教的著作,在欧洲也有影响。由于他的努力,据说创价学会在美国已拥有10万个家庭信徒,成为美国最大的佛教教派,总部设在加州的圣莫尼卡,出版《世界论坛》和一份日莲正宗的英文季刊。

今天,东方几个主要信仰佛教的国家和地区,几乎都有寺院在美国。除斯里兰卡外,中、日、韩、越诸国的佛教也相当活跃。日本佛教的净土真宗、真言宗、临济禅、曹洞禅在美国都有流传,它们在旧金山组成"美国佛教协会"(BCA),势力最大。20世纪70年代,越南侨民在洛杉矶建寺,成立"越南佛教协会";同时创东方大学和国际禅学中心。在夏威夷的越南人则成立了"夏威夷越南佛教会"。韩国人在美国的佛教势力也日益兴旺,他们不但建寺弘法,且兴办佛教企业,在政界和学界都有相当势力,夏威夷也是他们的一个重要据点。"中华华侨佛教总会"设在夏威夷,建有檀华寺和启华学校。华侨在纽约和旧金山也设有佛教会和寺院。70年代,中国台湾僧人与越南僧人一起,在洛杉矶创立"国际佛教促进会",由台湾的星云任会长。80年代后期,星云在洛杉矶东南建成西来寺,努力扩大佛教的影响。纽约中国城建有大乘寺,还有200多座佛堂,华裔居民80%以上信仰佛教。中国的藏传佛教在美国也有相当影响,萨迦、宁玛、噶举等派都建有寺院或习禅中心,传法授徒。

全美的佛教团体在40个以上,佛徒在20万—30万之间。大致说,上座部佛教集中在华盛顿、洛杉矶和加州的凯米尔;汉传佛教集中在夏威夷、旧金山、纽约和洛杉矶;藏传佛教分布在加州和新泽西、华盛顿、马萨诸塞、科罗拉多、佛蒙特等州。这些派别和团体,程度不同地接受了基督教的某些社会和文化功能,吸取了基督教的传教方式和组织形式,因此,东方古老的传统佛教也带上了明显的美国化倾向。由于美国社会的民族成分和文化结构的多元化性质,佛教还只是它的多种宗教信仰和文化形态的一种,并与东方移民的数量和状况相应。

一　佛教大事记

前 565 年　悉达多·乔答摩生于迦毗罗卫的释迦族王室(据《善见律毗婆沙》之众圣点记说),后被尊为"释迦牟尼"。稍后,他的堂弟提婆达多生,分立新派,至公元 7 世纪末,依旧在印度存在。

前 537 年　悉达多·乔答摩出家求道。

前 531 年　释迦牟尼于菩提伽耶处觉悟,被称作"佛陀",简称"佛",即"觉者"。此后在中印度恒河流域诸国传教。其间,释迦族惨遭亡国灭族之祸。

前 486 年　释迦牟尼于拘尸那迦城附近的娑罗林中病逝(佛徒称作"涅槃")。不久,佛陀诸弟子在王舍城聚会结集佛说经律,史称第一次结集,但无文字记载。

前约 386 年　佛教第二次结集在吠舍离城举行,会上分为两派:上座(长老)部和大众(多数)部。

前约 250 年　阿育王晚年皈依佛教,并派使团向四邻诸国传播"正法"。据南传佛教传说,第三次结集在华氏城举行;之后,摩哂陀向南到师子国传教,末阐提向北到罽宾和犍陀罗传教。

　　　　　　迄于前 2 世纪,上座部和大众部继续分裂,成 18 部或 20 部。南传和北传说法有所不同。

前约 3 世纪中　斯里兰卡天爱帝沙王皈依佛教,建造大寺;其后大寺成为该地佛教传播中心。

前约 2—1 世纪 佛教传入大夏(巴克特里亚王国),希腊人的舍竭国国王弥兰陀向来自罽宾的那先比丘请问佛法,有汉译《那先比丘经》和巴利文《弥兰陀王问经》传其事。

　　大乘思潮可能于此时期开始兴起。

前 29 年 斯里兰卡为摩诃帝沙长老建无畏山寺,具大乘倾向,与大寺派对立。

前 2 年 大月氏使臣伊存口授《浮屠经》给西汉博士弟子,是佛教传入中国内地的最早记载。

公元初 暹罗中部有佛教流行。

65 年 东汉楚王英祀浮屠,供养伊蒲塞、桑门,明帝以其"仁祠"诏令嘉许。之后数年,楚王英因结交方士,涉嫌谋反被贬死。又据中国佛教传说,汉明帝时,传来《四十二章经》,是为中国最早的译经;洛阳建白马寺,为中国有佛寺之始,均不可考。

约 1 世纪 案达罗出现"方广部",主张"大空",并传入斯里兰卡无畏山派。

2 世纪上半叶 大月氏贵霜王朝迦腻色迦王扶持佛教发展。由胁尊者、世友等召集五百阿罗汉于迦湿弥罗结集《阿毗达磨大毗婆沙论》,为说一切有部的重要论典,有部遂成为中亚和印度半岛西北部的主要流派。另据玄奘传,迦腻色迦王所支持的是佛教第四次结集,结为三藏,《大毗婆沙论》只是其中的论藏。

148 年 安息人安世高来洛阳,传译《安般守意经》等系列小乘经典。

166 年 汉桓帝于宫中"设华盖以祠浮屠",襄楷上疏述浮屠之旨。

167 年 月氏人支娄迦谶抵洛阳,译出《道行般若经》等大乘经典。

181 年 安息人安玄与严佛调译出《法镜经》。

180 年后 汉末交州士燮任太守,数十年中儒、佛、道活跃。牟子于此著《理惑论》,僧摩罗耆域、支疆梁接、康僧会等于此译经。

194 年 笮融被山民所杀。笮融曾在彭城大起浮屠寺,作黄金涂像;重楼堂阁,可容 3 000 余人;并设馈于路,招徕行人就食。

197 年 西域僧竺大力与康孟祥于洛阳译出《修行本起经》。

222 年 月氏裔支谦至吴地,译出《维摩诘经》等大乘经籍十数部,并制"赞菩萨连句梵呗"三契。

223 年 天竺僧维祇难、竺将炎至武昌,译出带来的《法句经》。

247 年 康居裔康僧会至建业传法译经,传播"禅数学"和"因果业报"。孙权为其建"建初寺",为江南有寺之始。

251 年 中天竺人昙柯迦罗来游洛阳,译出《僧祇戒心》,"中夏戒律始自于此"。

260 年 朱士行发自雍州,至于于阗,求得《放光般若经》胡本,为中国内地僧人西行求法之始。

263 年 月氏裔竺法护世居敦煌,游历西域诸国,善 36 种语文,取得多种佛经,后往于敦煌和长安之间,47 年间译出《正法华经》等各类重要经籍 150 部左右。

约 3 世纪 南天竺龙树著《中论》等,创大乘中观派,其弟子师子国提婆著《百论》等发挥之,后两人皆死于非命。

案达罗增长女王扶植佛教。

310 年 西域僧佛图澄来洛阳,后为石赵所尊,开中国佛教神异一途。

313 年 西域僧帛尸梨蜜渡江,周旋于诸名士中间,译《孔雀王经》,传持咒术,为江南有杂咒之始。

334 年 斯里兰卡大军王即位,倡导大乘中观学派的祇陀林派形成。

357 年 外国沙门昙摩羯多受请于洛阳建戒坛,为彭城女净检等四人授具足戒,是晋土有比丘尼之始。《比丘尼传》列其为传首。

362 年 斯里兰卡室利·弥伽婆拉王即位,支持无畏山派,从印度羯陵伽国迎来佛牙。其后佛牙出行,成了斯里兰卡的全民节日。

365 年 道安率众由河北至襄阳,传播般若学和弥勒上生信仰;此前他重点宣扬禅数学。

366 年 东晋支道林卒。道林以佛教解《庄子·逍遥游》著名,号称"支理"。

372—374 年 前秦苻坚遣僧顺道到高句丽赠佛像、佛经;隔年,僧阿道亦至高句丽传教,高句丽分别为之建肖门寺和伊弗兰寺,是朝鲜有佛教之始。

379 年 前秦苻坚攻克襄阳,道安随之至长安,受到礼遇,乃组织僧伽跋澄、僧伽提婆等译介诸种"阿毗昙"。

381 年 慧远至浔阳,居庐山,直至逝世,凡 30 余年。远撰有《沙门不敬王者论》等,奠定了中国佛教政治伦理基础。又论"神不灭",组织西方净土结社,提倡教外别传之禅法,产生多方面影响。

384年 东晋胡僧摩罗难陀至百济,在汉山州建寺度僧。

385年 道安卒于长安。

399年 后秦僧法显为西行求律,发自长安。次年至于阗。时于阗盛行大乘佛教,瞿摩帝寺有僧三千。又至乌苌国,佛法甚盛;犍陀卫则多小乘学。

4—5世纪 富娄沙富罗国的无著及其弟世亲创大乘瑜伽行派,奉弥勒为始祖。

5世纪 骠国有上座部佛法流行。

401年 后秦姚兴迎鸠摩罗什至长安,翻译佛典,传播大乘中观派思想。

404年 后秦智猛等15人发自长安西行,经于阗登葱岭,而9人退还;至波仑国,又一同侣亡。乃与余4人渡辛头河,入罽宾国而至迦毗罗卫国,见佛发、佛牙及肉髻骨,"睹泥洹坚固之林,降魔菩提之树"。后至华氏城,于婆罗门家得《泥洹经》及《僧祇律》等。以甲子岁(424)发自天竺归国,同行3人又死,唯猛等2人回到凉州,译出《泥洹》20卷。

405年 法显至摩揭陀国华氏城,此城崇奉大乘。又至迦毗罗卫,破败荒芜,仅有僧众民户数十家;舍卫城则调达僧众相对集中。

410年 法显抵师子国。时无畏山寺有僧五千,大寺有僧三千,支提寺有僧二千。

412年 据法显观察,耶婆提(爪哇)国盛行婆罗门,佛法不足言。

413年 法显由师子国经南洋群岛回至建康,述其见闻为《佛国记》。

鸠摩罗什卒。罗什曾集当时全国南北诸多名僧精英于其周围,共译出佛典约35部249卷。译文以流畅著称,影响最为广泛持久,三论宗、天台宗更奉其译籍为立宗依据。有答庐山慧远问之《大乘大义章》存世。

414年 后秦僧肇卒。僧肇所著《般若无知论》、《物不迁论》等,后被集为《肇论》,为两晋时期般若学的代表性论著。

420年 东晋法勇、僧猛等25人出发西行,经高昌、龟兹、越葱岭,至罽宾,已失同侣12人。乃缘辛头河入月氏国,至檀特山南石留寺,寺有僧300余人,杂三乘学。复向中天竺行,将至舍卫国,同侣13人中又亡8人,唯余5人。继渡恒河,于南天竺随舶回至广州,不知所终。僧传谓,法勇屡度危棘,皆由"称名归命"《观世音受记经》所致。

424 年　罽宾僧求那跋摩游师子国,中停阇婆国,王与王母皈依佛教。

429 年　迦毗罗卫僧佛驮跋陀罗卒于东晋建康,译有《华严》、《大般泥洹》、《僧祇律》等 15 部经律。其人为释迦族甘露饭王后裔,祖父曾商旅于北天竺。

约 430 年　论师佛音(觉音)注释巴利文三藏,集南传上座部教义之大成,著《清净道论》等,斯里兰卡大寺派势力复兴。

433 年　北凉昙无谶被沮渠蒙逊所诛。昙无谶译有《大般涅槃经》、《大集经》、《菩萨地持论》等重要经论,又以神异和多子术著称于时。

　　　　师子国尼铁萨罗至南朝宋都建康传授戒律。

435 年　竺道生卒。道生以倡导"顿悟"和"一阐提亦有佛性"而独步当时。

　　　　中天竺求那跋陀罗自师子国来南朝宋,译出《楞伽》、《胜鬘》等有重要影响的经籍多种。

446 年　北魏太武帝"诏诸州坑沙门,毁诸佛像",佛史称"太武法难",是中国历史上首次以国家名义禁止佛教。

5 世纪中叶　笈多王朝库马拉笈多一世建那烂陀寺。

5 世纪下半叶　新罗由高句丽沙门墨胡子(或我道)传入佛教。

452 年　北魏文成帝下"修复佛法诏",重振佛教。

460 年　北魏接受沙门都统昙曜建议,于平城西武州塞动工开凿石窟,是为大同云冈石窟建造之始。

484 年　扶南国遣释那伽仙至南朝齐献金缕龙王像、白檀像、牙塔等。

5—6 世纪　印度瑜伽行派分化为唯识古学和唯识今学,前者以安慧为代表,后者以陈那为代表。

500 年　北魏宣武帝于洛阳开凿石窟,后发展为龙门石窟群。

507 年　梁武帝发动朝贵名僧 60 余人围剿范缜所著的《神灭论》,支持佛教的"神不灭论"。《神灭论》是从哲学上驳难佛教宗教观的古代经典之作。

508 年　北印度菩提流支等来北魏都城洛阳,译出《十地经论》、《金刚般若经论》、《法华经论》等瑜伽行派论著。

6 世纪上半叶　新罗法兴王(516—539 在位)支持佛教发展,于京城庆州建兴轮等七寺。

545

517 年 梁释宝唱撰《比丘尼传》4 卷。所收尼众 116 人,始自西晋建兴年间(313—315),止于梁天监十五年(516),是中国佛教为比丘尼独立作传之始。

518 年 北魏胡太后派比丘宋云、惠生等西行,历时四年,交流中外文化。时犍陀罗哒哒王室不信佛教,乌苌国王素食长斋。

梁释僧祐卒。祐编著《出三藏记集》《弘明集》等,记东晋道安开辟的佛教目录学和文献学,又为名僧作传,同时保存了大量中国佛教早期资料。曾为建康之光宅寺和摄山大像,以及剡县石佛等进行设计,"自准心计,及匠人依标,尺寸无异"。

狼牙修国遣使入梁,称颂"三宝"。

519 年 梁释慧皎著《高僧传》14 卷。此传总结此前所出各类僧传得失,别为分类和评述,时间始自汉明帝永平十年(67),止于梁天监十八年(519),凡 453 年。

522 年 中国司马达止(或作"司马达")至大和国建佛堂,为佛教"私传"日本之始。

534 年 宏伟壮丽的洛阳永宁寺为火所烧。此前,波斯僧菩提达摩来此礼拜,槃槃国亦多次遣使至南朝梁,送舍利、画塔、菩提树叶等。

538 年(或 552 年) 百济王遣使至日本,献佛像、经论,为佛教"公传"日本之始。

541 年 百济遣使至南朝梁,求有关《涅槃经》之义疏。

542 年 昙鸾卒。昙鸾生前于东魏开拓西方净土之信仰,后被尊为净土宗之祖。

546 年 西天竺僧真谛由扶南入梁。此前扶南诸王即已皈依"三宝"。

547 年 杨衒之重览洛阳,后著《洛阳伽蓝记》,记洛阳佛教的盛衰,以示北魏扶持佛教的得失。

548 年 梁武帝卒。自大通元年(527)至此,武帝四次于同泰寺舍身;六次于同泰寺和长干寺设无遮大会,主讲《涅槃》、《般若》等经,扶持《成实论》的讲习和传播。

6 世纪中叶 新罗真兴王(540—575)崇佛,遣使入梁迎舍利及佛经,设僧官制,倡佛教护国。

6 世纪下半叶 高句丽大丞相王高德遣僧至北齐,询问佛教,昭玄统法上作答。

558 年　陈代梁的第二年,武帝于庄严寺舍身,连续举办无遮大会。

563 年　陈文帝于太极殿设无遮大会,同时舍身。

569 年　真谛卒于广州。真谛译籍约 49 部,自撰义疏 19 种,是"旧译"瑜伽行派论著的代表。所传《俱舍论》和《摄大乘论》,分别形成俱舍学和摄论学,影响至于隋唐。

574 年　北周武帝诏禁"佛道二教"。其境内还俗僧道 200 余万。

577 年　北周武帝灭北齐。没收齐境寺院 4 万所,还俗僧众 300 万。北朝佛教遭受严重打击,僧侣多南下逃避。

　　　　　陈宣帝割始丰县调供天台山智𫖮费用。

580 年　天竺毗尼多流支(灭喜)至交州,创灭喜派禅宗。此前曾游学长安、邺城,受业于禅宗三祖僧璨。后下广州,译出《象头精舍经》等。

581 年　隋文帝即位,诏令境内之民任听出家,恢复佛教。

582 年　陈后主于太极殿前后两次举办无遮大会并舍身。

586 年　陈后主请智𫖮于太极殿讲《大智度论》,并于光宅寺听智𫖮讲《仁王经》,而后舍身。次年,陈太子依智𫖮受菩萨戒,设千僧斋。

589 年　新罗僧圆光到隋京讲习《摄大乘论》。此后回国,参与军国大事。

592 年　隋净影寺慧远卒。远为最后的地论师,著《大乘义章》等。

593 年　日本推古朝圣德太子摄政,兴隆"三宝"。

594 年　隋僧信行卒。信行创三阶教,行无尽藏法,历遭禁止,至唐初该教无闻。

　　　　　日本诏令兴隆"三宝"。

596 年　高丽僧波若自隋归国,传天台宗。

597 年　智𫖮卒。智𫖮为天台宗创始人,该宗以其崇尚《妙法莲华经》,亦称"法华宗"。曾受南朝陈帝礼遇;隋晋王杨广从受菩萨戒,尊𫖮为"智者"。

　　　　　隋费长房撰《历代三宝记》15 卷。所收自汉至隋 17 朝总出佛典 2 146 部 6 235 卷,随经附录中外僧俗 189 人略传,所传颇杂。

6 世纪　斯里兰卡佛教在王室支持下,由来自印度的护明持论战胜方等部;自此方等部及无畏山、祇园两派比丘,多归属大寺派。

600 年　百济王创王兴寺,度僧 50 人。

601—604 年 隋大将军刘方攻陷林邑首都陀罗补罗,获佛经 500 余箧。

602 年 隋文帝敕令于 53 州建造舍利塔,为中国佛教有史以来建塔规模最大的一次。

605 年 隋沙门静琬发起于幽州房山石刻佛经。后人继其业,至清康熙三十年(1691)止,凡刻经 1 000 余部 3 400 余卷,俗称"房山石经"。

616 年 真腊遣使来隋。时该国多奉佛教。

621 年 唐太史令傅奕上表斥佛,请求罢黜;释法琳上疏申辩,后以攻击老子,讪谤皇宗罪被流放。佛道之争在唐代有政治内涵。

622 年 日本圣德太子卒。太子生前着重宣扬《胜鬘经》和《法华经》,兼及《维摩诘经》,皆有义疏。

623 年 吉藏卒。吉藏原籍安息,创三论宗,远承鸠摩罗什所传印度中观派,历经陈、隋、唐三代,至此衰微。撰有《三论玄义》、《大乘玄论》、《二谛章》等。

625 年 吉藏弟子高丽僧慧观到日本,创日本三论宗。成实学同时传入。时日本检校有寺 46 所,僧 816 人,尼 569 人。

629 年 唐僧玄奘自长安出发西行游学。

僧观音自乾竺率杨法律等至大理传"密印",创滇密阿阇梨教。

633 年 玄奘至那烂陀寺依戒贤学《瑜伽师地论》。

640 年 印度戒日王会见玄奘,次年遣使至唐,唐太宗派使抚慰。

641 年 唐太宗临弘福寺,自称菩萨戒弟子。

唐文成公主远嫁吐蕃松赞干布,传内地佛教入西藏;此前尼泊尔公主嫁松赞干布,带去尼泊尔佛教,是佛教进入藏区之始。

约 642 年 印度戒日王、童子王等于曲女城召开规模宏大的法会,玄奘立论,获得成功,被尊为"解脱天"和"大乘天",由此开辟了中印文化交流的新篇章。

643 年 入唐学法之新罗僧慈藏回国,任大国统,弘传佛教,并推行唐代衣冠、正朔。

645 年 玄奘回到长安,受到盛大欢迎。玄奘共取回大乘经 224 部,大乘论 192 部;上座部三藏 14 部,大众部、三弥底部各 15 部,弥沙塞部 22 部,迦叶臂耶部 17 部,法密部 42 部,说一切有部 67 部;因明论 36 部,声论 13 部。凡 520 箧,总 657 部。于是诏令组织国家译场,协助玄奘译经事业。奘又撰《大唐西域记》,辩机记录,为该时期西域研究之重要史料。

日本孝德天皇下诏兴隆佛法,任十沙门为十师。

656 年 唐高宗敕中天竺沙门那提往昆仑诸国采"异药"。那提自长安至真腊,传"密法"。

657 年 禅师法融卒。融为牛头禅的创始人。

664 年 玄奘卒。从事译经 19 年,译出经论共 75 部 1 335 卷。大体上前期以翻译瑜伽行派论著为主,中期系统翻译一切有部论著,晚期则集中于编译《大般若经》。其译介之瑜伽行派论著,在思想上与陈真谛等前人的译介有明显不同,被称作"新译"。本人在印度著有《破邪见论》等不传;传说《真唯识量》、《四类境颂》等,或为其所作;一般以其编译之《成唯识论》为其思想的代表。他被认作法相宗之祖,门徒满天下,远至朝鲜半岛和日本。弟子窥基一系,自居正宗;圆测则为新罗系领袖。

665 年 唐高宗命玄照往迦湿弥罗取"长年婆罗门"。

667 年 唐道宣卒。宣注重传播和疏解《四分律》,为律宗南山系创始人,后被尊作律宗之祖。所著《续高僧传》30 卷,为继梁慧皎之《高僧传》而作,初成于 645 年,后续补至 665 年;始自南北朝梁、魏期间,共收"正传"492 人,"附见"215 人,为记述该时期佛教状况的基本史传。又撰《广弘明集》,补充《弘明集》之所未收的佛教史料。另有《集古今佛道论衡》,集述佛教传入内地所发生的佛道之争及其有关史料。

674 年 禅师弘忍卒。忍所创禅宗被称作"东山法门",为武后所肯定,后被奉为禅宗五祖。门徒乃遍两京及全国。

677 年 新罗僧义湘自唐回国,开演华严宗旨,为海东华严宗初祖。

681 年 唐僧善导卒。善导以阐扬西方净土,擅长造像著称于时。

682 年 唐僧窥基卒。窥基发挥玄奘译介之瑜伽行派思想,注疏大量经论,并撰《法苑珠林》等,现存约 31 种,为法相宗(亦称慈恩宗)实际创始人,是推广佛教因明的主要学者。

692 年 圆测弟子新罗僧道证自唐返国,道证弟子太贤被奉为新罗瑜伽宗始祖,撰有《成唯识论学记》等。

695 年 唐僧义净由室利佛逝回到洛阳,奉诏译经。义净于 671 年经海路至印度求法,历经 30 余国,居那烂陀寺 11 年,时自海路归来。他着重弘传说一切有部律,译有《根本说一切有部毗奈耶》等。所著《南海寄归内法传》、《大唐西域求法高僧传》为世所重。

696 年 新罗僧圆测卒于洛阳。圆测系玄奘弟子,综合瑜伽行派之新旧二译,为法相宗新罗(西明寺)系领袖。现存有《解深密经疏》等。

700 年 日僧道昭卒。道昭曾来唐留学,师事玄奘,回国后创日本法相宗,称"南寺传"。

705 年 禅师神秀卒。神秀号称"三帝国师",系禅宗北宗领袖。

710 年 唐于阗僧实叉难陀卒。难陀曾奉诏新译《华严》、《楞伽》等经。

唐金城公主远嫁墀德祖赞,赞助王室提倡佛教。

712 年 唐僧法藏卒。法藏原籍康居,号"贤首"。上承智俨,创华严宗,撰有《华严探玄记》、《华严教义章》、《华严金师子章》等。

713 年 禅师慧能卒。慧能被奉为禅宗南宗祖师,追认为禅宗六祖。《坛经》记其所说禅法,且有多种版本。

727 年 菩提流志卒于长安。流志原为南印度人。编译《大宝集经》120卷,共收经 46 部。

唐僧一行卒。一行系中国密宗创始人之一,师承善无畏,撰《大日经疏》;又是著名天文学家,创"大衍历"。

新罗僧慧超由印度辗转回到唐安西大都护府龟兹,著《往五天竺传》。

730 年 智昇撰《开元释教录》20 卷。此录是在此前所出佛教经录基础上删繁补缺订讹,完善体例而成,被认为是现存经录的典范。

唐华严学者李通玄卒。通玄以弘扬唐译 80 卷《华严经》而与法藏所创华严宗宗义有所不同。撰有《新华严经论》等。

735 年 来自中印度的善无畏卒于洛阳。善无畏系中国密宗创始者之一,在一行辅助下译出《大毗卢遮那成佛神变加持经》(《大日经》)等。

736 年 唐玄宗为《金刚经》作注,颁行天下。《金刚经》由此风行。

740 年 日本神武天皇发愿兴建东大寺,称"总国分寺",地方建"国分寺"。

741 年 唐玄宗遣令南印度金刚智和师子国不空回国。金刚智译有《金刚顶》等经,为中国密宗创始者之一,卒于回国途中。不空经诃陵国返师子国,更习密教。

742 年　高丽僧审详卒于日本。审详曾从唐法藏学华严教义,为日本华严宗初祖。

746 年　日僧玄昉卒。玄昉曾入唐随智周学慈恩宗,为日本法相宗第四传,或称"北寺传"。曾任日本僧正。

751 年　唐僧悟空随使臣张韬光开始西游。后历经犍陀罗、迦毗罗卫等地,764 年入那烂陀寺,768 年经乌仗那国回国。

752 年　日本圣武上皇不预,度僧尼千人;又与孝谦天皇、光明皇太后临东大寺供养大佛开眼。此前 749 年,圣武天皇幸东大寺,自称"三宝奴";751 年于新药师寺修"续命法"。至 762 年,孝谦上皇落发为僧。

753 年　唐僧鉴真东渡日本成功。次年于日本平城(奈良)东大寺传授戒法。759 年为其建唐招提寺,传戒律和天台教义。763 年卒。

755 年　吐蕃赤松德赞即位,苯教贵族辅政,发动禁佛。761 年,废禁佛令,恢复译经。

760 年　禅师神会卒。神会以定南宗慧能为禅宗正宗、北宗传承为"旁"而著于禅宗史册。后人辑有《神会语录》等。

约 763—767 年　印僧护寂、乌仗那僧莲华生先后入藏,传佛教密宗。

774 年　不空卒。不空为中国密宗之最重要的创始者和开拓者,著名佛经翻译家。746 年重返长安。753 年河西节度使哥舒翰奏请至武威传密法。756 年被肃宗征召入朝,后又受到代宗殊礼。门徒上万,译述佛籍 110 部 143 卷。

775 年　夏连特拉王朝在马来半岛洛坤建"三圣庙"。后在中爪哇建婆罗浮屠。

781 年　唐德宗应赤松德赞之请,派僧良琇、文素赴吐蕃讲经。
　　　　　诃陵国僧辩弘来长安,求授胎藏毗卢遮那大法。

781 年　唐天台僧湛然卒。湛然撰有《金刚錍》等。日本天台宗尊为中国之始祖。

788 年　唐禅师道一卒。道一号"马祖",为禅宗南宗南岳一系实际创始人,后人辑有《道一禅师语录》等。

790 年　唐禅师希迁卒。希迁号"石头",为禅宗南宗青原一系实际创始人,撰有《参同契》,后人辑有其语录。

792 年　吐蕃占领沙州(787)后,敦煌禅师摩诃衍奉赞普诏至拉萨传禅,王妃没庐氏等皈依为尼。是年奉诏与来自印度的密教法师莲花戒等论辩。藏传史书记摩诃衍以失败告终,汉传《顿悟大乘正理决》称"任道俗依法修习"。796年,莲花戒为藏人所杀。

805年 日僧最澄在唐学天台、密宗和禅宗回国,创日本天台宗。822年卒,谥"传教大师"。

806年 日僧空海于唐游学回国。空海曾师事不空弟子惠果,创日本真言宗,建"综艺种智院",善书法和汉语音韵学,撰有《文镜秘府论》等。835年卒,谥"弘法大师"。

814年 禅师怀海卒。怀海号"百丈",制《禅门规式》,规定禅众同吃、同住、同劳动,为元代所制《百丈清规》之蓝本,但《百丈清规》失其平均主义精神。

815年 吐蕃热巴巾即位,崇佛。热巴巾与松赞干布、赤松德赞合称吐蕃"三大法王"。

819年 唐宪宗从凤翔法门寺迎佛骨入禁中。韩愈乃上《谏迎佛骨表》,抨击佛教,被流放。

820年 唐禅师无言通在安南创无言通禅派(观壁派)。

838年 唐僧澄观卒。澄观为华严宗的主流派大师,注疏《华严经》等400余卷。吐蕃达磨(朗达玛)即赞普位,发动灭佛。842年为佛僧所杀,吐蕃王朝分裂。佛史称此前西藏佛教为"前弘期"。

日僧空也传净土宗于京都。

840年 赞陀崛多自摩揭陀至南诏传阿阇梨教。

841年 唐僧宗密卒。宗密为华严宗和禅宗大家,倡"禅教一致",著《原人论》、《禅源诸诠集都序》、《圆觉经疏》等。

845年 唐会昌五年,武宗诏令毁佛达到高潮,佛史称"会昌法难"。凡毁寺4 600余座、招提兰若4万所,收回良田数千万顷;归俗僧尼26.05万人,释放奴婢15万。

847年 日僧圆仁(最澄弟子)自唐返国,传天台法华忏法和密教。所著《入唐求法巡礼行记》,述此期间长安及会昌毁佛情状甚详。

849年 缅甸蒲甘王朝建立,盛行阿利教密教。

853年 唐沩山禅师灵祐卒。灵祐系禅宗沩仰宗创始人之一。

858年 新罗僧顺之入唐学禅。顺之归国后传沩仰宗禅法。

867 年　唐禅师义玄卒。义玄创禅宗临济宗。

869 年　唐洞山良阶卒。良价系禅宗曹洞宗创始人之一。

883 年　唐仰山禅师慧寂卒。慧寂系禅宗沩仰宗创始人之一。

9 世纪　新罗入唐僧道义等九人先后回国,创立迦智山、实相山、曦阳山、桐里山、凤林山、圣住山、阇崛山、师子山、须弥山等禅派,号称"禅门九山"。

901 年　唐曹山禅师本寂卒。本寂系禅宗曹洞宗创始人之一。

936 年　王氏高丽统一朝鲜半岛。太祖王建奉佛建寺,尊佛教为国教。

947 年　吴越钱俶奉佛,主张三教合一。

　　　　契丹贵族占领燕云十六州,建国"辽",推行佛教。辽自建国至1127 年亡,大规模建寺造塔,雕印《契丹藏》,推动民间成立"邑社",形成别具特色的辽代佛教。

949 年　五代禅师文偃卒。文偃继其师义存创禅宗云门宗。

955 年　周世宗诏令限制佛教。天下寺院存者 2 694 座,废者 30 336 座,有僧 42 694 名,尼 18 756 名。

958 年　五代禅师文益卒。文益继其师桂琛创禅宗法眼宗。

971 年　宋太祖开宝四年,命高品等往益州雕大藏经板,为有史以来第一部木雕汉文大藏经,世称《开宝藏》。

975 年　鲁梅等回至卫藏,推动藏区佛教的恢复和发展,佛史称"下路弘法",为藏传佛教"后弘期"的开始。

980 年　越南灭喜派第十代弟子法顺助黎朝建国。法顺著有《菩萨忏悔文》等。

982 年　宋太宗效法唐太宗故事,建国家译经院,至 1071 年废。

989 年　高丽王派僧入宋求雕印大藏经(《开宝藏》),后即以此为主,雕印高丽大藏经。

1003 年　三佛齐王请宋帝为其所建寺题额。此后东印阿底峡在三佛齐师事名僧法称。

1032 年　党项羌族李元昊建大夏国(西夏),大力发展佛教,吸取汉藏两个系统而创西夏佛教,并译成《西夏大藏经》,至 1227 年国亡。

1042 年　阿底峡被邀至西藏古格,译经传密法,史称"上路弘法"。

1044 年　缅甸蒲甘王朝废阿利教,扶植上座部,译佛典为缅文,造瑞寿宫宝塔。

1049 年　杨岐方会卒。方会所创禅法为杨岐宗。

1055 年　西藏仁钦桑布卒。仁钦桑布受豁卡封地,为豁卡制之始。其所译密经称"新密咒"。

　　　　斯里兰卡维阇耶巴护王一世即位,向缅甸延请上座部长老,重振佛教。

1057 年　阿底峡弟子仲敦巴建热振寺,创西藏噶当派。

1069 年　宋僧草堂至河内,创越南禅宗草堂派。

1073 年　西藏昆·贡却杰布建萨迦寺,创萨迦派。

1074 年　西藏素尔穹卒,卓浦巴生。此两人与其祖素尔波且称"三素尔",创宁玛派教法。

1084 年　蒲甘王江喜陀即位,崇佛,建阿难陀塔,搜集并整理巴利文经典。

11 世纪　藏传佛教宁玛、噶当等派相继传入尼泊尔。

11 世纪下半叶　上座部佛教从缅甸传入中国云南西双版纳,形成润派佛教,又传入德宏州,形成摆庄派佛教。

1121 年　杭州沙门孔清觉卒。清觉所创白云宗曾数遭严禁。

　　　　西藏琼波南交在香地创香巴噶举派。达波拉杰建岗波寺,创达波噶举派。

1133 年　宋僧茅子元创白莲宗。

1140 年　西夏仁宗即位,在大度民寺举行法会,诵读藏、汉文佛经。

1150 年　柬埔寨基本完成吴哥窟。

1153 年　西藏建纳唐寺(又译那塘寺),后为印经院。斯里兰卡帕拉卡马·巴护王即位,扶植佛教,以大寺为中心统一戒律,结集巴利文和僧伽罗文三藏及注疏。比丘尼寺团消失。

1158 年　西藏建帕木竹丹萨替寺,创帕竹噶举派。

1160 年　西藏建拔戎日沃旦寺,创拔戎噶举派。

1167 年　西藏建雪寺,创玛仓噶举派。

1168 年　日僧荣西入宋,巡礼天台山。

1171 年　西藏建绰浦寺,创绰浦噶举派。

1173 年　西藏建蔡巴寺,创蔡巴噶举派。

1175 年　宋孝宗建"护国金光明道场",僧人高唱"保国护圣,国清万年"。

1179 年　西藏建止贡寺,创止贡噶举派。

1180 年　西藏建达垅寺,创达垅噶举派。

　　　　　缅甸僧乌多罗者婆率弟子车波多等至锡兰参学上座部佛教。

1181 年　柬埔寨阇耶跋摩七世即位,定观音为高棉保护神,派王子向斯里兰卡求上座部法。

1187 年　西藏建粗朴寺,创噶玛噶举派。

1190 年　缅甸僧车波多回国,创大寺派。此前的缅甸上座系称为"前宗"。

1191 年　柬埔寨阇耶跋摩七世为观音建帕甘寺,观音像以其父为原型。此前建塔荣寺,奉其母为佛母。

　　　　　日僧荣西第二次入宋回国。荣西传黄龙派禅法,创日本临济宗,1215 年卒。著《兴禅护国论》等。

1206 年　成吉思汗驻兵青海,致书西藏萨迦派"三祖",表示皈依佛教。

1210 年　高丽僧知讷卒。知讷创高丽曹溪宗。

1223 年　日僧道元入宋,受曹洞宗禅法。

1225 年　越南陈太宗曾向中国临济宗天封禅师参学。

1240 年　蒙古达尔汗台吉多达那布领兵达藏北热振寺一带,建议西凉王阔端与萨迦派通好。

1246 年　宋僧道隆赴日,创日本临济宗大觉派。

1247 年　西藏萨迦派萨班与阔端会晤,议定西藏归顺蒙古,萨迦派取得西藏领导地位。

1253 年　日僧日莲皈依《法华》,创日莲法华宗。日莲著《立正安国论》,后遭流放。

　　　　　日僧道元卒。道元曾入宋参禅,创日本曹洞宗,著《正法眼藏》、《永平广录》等。

1260 年　忽必烈即蒙古大汗位,封八思巴为国师,赐玉印。

1262 年　日僧亲鸾卒。亲鸾继承源空创净土真宗。

1264 年　元忽必烈在中央设总制院,掌管全国佛教事务及西藏地方事务,命八思巴国师兼领总制院事。

1269 年　八思巴制蒙古新字成功,受封为"大宝法王",统领天下释教。

1271 年　斯里兰卡维阇耶巴护四世即位,护持佛教,被尊为"菩萨"。

1275 年　泰国拉马甘亨王鼓励发展佛教,强化与斯里兰卡佛教的联系。

555

1277 年 云南有傣文贝叶经出现。

1280 年 日僧辨圆卒。辨圆曾入宋学禅,回国后创临济宗东福寺派。

1282 年 日僧日莲卒。

1286 年 宋僧祖元卒于日本。祖元创日本临济宗圆觉寺派。

1289 年 日僧一遍卒。一遍创时宗。

1293 年 越南陈仁宗禅位,出家修禅,创禅宗竹林派。

1298 年 日僧觉心卒。觉心曾入宋学杨岐宗禅法,回国后创日本临济宗法灯派。

13—14 世纪 高丽忠烈王(1275—1308 在位)开始崇儒抑佛。

1314 年 越南陈英宗禅位,从僧法螺铸像、印经等。

1317 年 泰国卢泰即位,后被佛徒尊为"法王"。

1350 年前后 西藏隆钦然绛巴到不丹传教,建塔尔巴林,成为不丹宁玛派活动中心。不丹又将宁玛派传进尼泊尔。

1353 年 老挝法昂建南掌国,由吴哥引进南传上座部。

1354 年 西藏帕竹地方政权建立,萨迦派政治失势。

1361 年 泰王孙吕泰出家。同年迎来斯里兰卡使臣,上座部大寺系成为阿瑜陀王朝国教。

1364 年 西藏佛教史学家布顿卒。布顿系夏鲁派创始人,著有《善逝教法史》等。

1373 年 前元帝师喃迦巴藏卜入朝,明帝赐"炽盛佛宝国师"称号。

1382 年 明廷将寺院分禅、讲、教三类,僧众分别专业。诏令禁止寺田买卖,后又规定僧侣不得从事俗务。

1401 年 朝鲜太宗即位,宣布限佛,废王师、国师制度。

1403 年 明廷迎西藏喇嘛哈立麻来京,封"大宝法王"。又遣使入藏邀宗喀巴,宗喀巴派弟子释迦智来京,受封"大慈法王",任成祖、宣宗两代国师。

1406 年 明廷封帕竹首领扎巴坚赞为"阐化王"。

1407 年 明廷封噶举派得银协巴为"大宝法王"。

1409 年 宗喀巴建甘丹寺,创格鲁派。

1413 年 明廷封萨迦派昆泽思巴为"大乘法王"。

1415 年 宗喀巴弟子释迦也失赴京朝贡,明廷封为"西天佛子大国师",后加封为"大慈法王"。

1419 年　朝鲜世宗即位,宣布儒教为国教,合并佛教诸派为禅、教二宗。

1453 年　缅甸勃固信修女王即位,以黄金饰瑞寿宫塔,增建附属僧院。

1458 年　泰国戴莱洛迦纳王铸佛像 500 尊。

1460 年　越南后黎朝圣宗即位,禁止新建寺院和扩大寺院地产,沙汰僧
　　　　　众,只许佛教在庶民中流行。

1475 年　缅甸勃固达磨悉提王遣使去锡兰学法,并以大寺派统一全国佛
　　　　　教,形成罗曼那派。

1548 年　老挝塞塔提腊即王位,迎来玉佛像,在万象造大舍利塔(塔銮)。

1560 年　青海湟中建衮本坚巴林寺,后改建为塔尔寺。

1569 年　缅甸金莲公主下嫁云南第十九代宣慰使刀应勐,带来佛经佛像。

1578 年　西藏索南嘉措与蒙古俺答汗在青海会晤,互赠尊号,黄教传入蒙
　　　　　古族。

1582 年　日本武将织田信长卒。织田曾攻破天台宗据点比叡山,与一向
　　　　　宗(净土真宗)的僧兵作战 11 年。

1588 年　日丰臣秀吉令没收僧人武器。

1592 年　锡兰维摩罗达磨苏里耶王延请缅甸上座部传教。朝鲜休静募僧
　　　　　兵抗日卫国,促进曹洞宗发展,形成松云、鞭羊、逍遥、静观四派;另有
　　　　　觉性在卫国中立功,创觉性禅派。日僧显如卒,曾建立真宗武装集团
　　　　　与织田对抗。

16 世纪　老挝维苏纳腊王造维苏寺,译佛教三藏为老挝文。

1602 年　四世达赖云丹嘉措由蒙古军队护送进藏学经、坐床。

1603 年　明僧紫柏真可卒。真可曾发起雕刻《嘉兴藏》。

1604 年　越南在顺化建大乘天姥寺,佛教复兴。

1615 年　明僧云栖袾宏卒。袾宏主教禅并重,三教合一,以净土为归宿。
　　　　　藏巴汗派多罗那它去漠北库伦传教。

1618 年　藏巴汗建第悉藏巴政权,压制黄教。

1623 年　明僧憨山德清卒。德清倡禅净合一,主儒释道各有专业。

1633 年　日临济宗僧崇传卒。崇传曾任幕府僧录司。

1637 年　老挝苏里亚旺萨王即位,佛教全盛。

1642 年　固始汗率军灭第悉藏巴政权,确立黄教优势。达赖、班禅与固始

汗派使赴盛京请求清廷支持。

1643 年 日天台宗僧天海卒。天海曾为幕府制定管制寺僧制度,经营家康祖庙。

1648 年 越南贤王阮福濒即位,佛教兴盛。又请两广僧来传临济宗,后创原韶禅派。

1649 年 蒙古一世哲布尊丹巴进藏学经,改信黄教。

1652 年 清帝邀五世达赖进京,为其建黄教寺庙。次年赐封号。

1655 年 僧蕅益智旭卒。蕅益编有《阅藏知津》,与袾宏、真可、德清并称明末"四大高僧"。

1673 年 明僧隆琦卒于日本。隆琦创日本黄檗宗。

1688 年 哲布尊丹巴率喀尔喀部归清。

1691 年 清廷封章嘉喇嘛为"呼图克图",总管内蒙古佛教。

1693 年 西藏布达拉宫完工。

17 世纪末 藏传佛教传入东布里亚特。

1711 年 越南水月通觉卒。通觉曾到中国参一句智教,为越南曹洞宗始祖,此派号"水月派"。

1713 年 清廷封五世班禅为"班禅额尔德尼"。

1720 年 清廷派兵护送七世达赖入藏,平定战乱。

1733 年 越南僧麟角卒。麟角创莲宗派;其弟子杜多奉命到广州参学取经,号"两国和尚"。

1736 年前后 汉文大藏经《龙藏》雕印完工;1773 年乾隆又组织译成满文,与由藏文译为蒙文的大藏经同时雕印。

1743 年 越南了观卒。了观曾直承中国临济宗,于顺化创了观禅派。

1744 年 清将北京雍和宫改为喇嘛寺庙。

1750 年 斯里兰卡吉提希里·罗阇辛哈王再次从暹罗邀请上座部长老,创暹罗派。

1751 年 清廷废西藏第巴执政制,始设噶厦,归达赖领导。诏令七世达赖掌管西藏地方政权。

1778 年 泰国达信王征服万象,迎回著名玉佛供养。

1781 年 缅甸孟云王即位,宣布"全衣派"合法,结束了其与"袒肩派"长达75 年的争论。

1782 年 泰国拉玛一世即位,整顿僧伽,校订三藏佛经。

1788 年 英国皇家亚洲学会成立,扶植对巴利文和梵文的研究。

1802 年 斯里兰卡佛徒到缅甸参加僧团,回国后组成缅甸派。

1848 年 越南宝山奇香和段明媛等组织宝山奇香教,提倡"无寺无僧"及"四思"教义。

1851 年 泰国拉玛四世即蒙固王位,创立法宗派,与传统的大宗派同为泰国的两大派别。

1866 年 杨文会创办金陵刻经处,立志复兴佛教。

1868 年 日本明治天皇颁布"神佛分离令",宣布神道教脱离佛教独立,排佛毁释运动激化。

1871 年 缅甸曼同王在曼德勒召开南传佛教史上第五次结集。

1872 年 日本梅上泽融、岛地默雷、赤松连城等去欧洲考察,提出"三条教则批判"。

1875 年 英国驻锡兰总督秘书奇尔德斯完成《巴利语词典》。德裔英人马克斯·缪勒开始主编出版《东方圣书》。

1880 年 美国奥尔考特等在斯里兰卡受佛教五戒,创立佛教神智学会。

1881 年 李斯·戴维斯创立巴利圣典学会,翻译出版巴利语三藏。

1884 年 S. 比尔出版了《大唐西域记》英译本。四年后又译出《慈恩法师传》。

1887 年 日本西本愿寺僧在夏威夷建寺弘法。

1891 年 被称为斯里兰卡佛教复兴之父的达摩波罗发起成立摩诃菩提会。哈佛大学编纂出版《东方丛书》,主持人为 C. R. 兰曼。

1893 年 在芝加哥召开世界宗教大会,达摩波罗向美国介绍上座部佛教。

1897 年 德国赫尔曼·奥登堡在俄国科学院主持出版《佛教文库》,形成佛教研究中的维也纳学派。

1899 年 日本西本愿寺的蔺田宗惠在旧金山建寺布教。

1901 年 僧太虚与陈元白、章太炎等创立觉社。

1902 年 英阿兰·贝纳皈依佛教,在仰光建立国际佛教协会。

1903 年 德国成立第一个佛教传教协会。

1905 年 日本吞并朝鲜,朝鲜佛教受日本控制。朝鲜曹溪宗逐渐分为独身僧派与娶妻僧派。

1906 年 缅甸僧人创立佛教青年会。英国佛教徒杰克逊等筹建英国佛教协会。

1907 年 大不列颠爱尔兰佛教协会在伦敦成立,李斯·戴维斯任会长。

1908 年 杨文会在南京成立祇洹精舍。

1911 年 日禅僧内山愚童卒。内山著《入狱纪念·无政府共产》。真宗高本显明著《我是社会主义》。召开"大日本佛教大会",推行"王法为本,镇护国家"的纲领。

1920 年 欧阳竟无在南京创办支那内学院,培养佛学人才。

1921 年 德卡尔·塞登斯塔克和乔克·格林创建德国佛教社团。

1924 年 神智学会在伦敦组织佛教部会,汉弗莱任会长。德国医生保罗·达尔克在柏林建立"佛教徒之家",侧重习禅。

1925 年 英国成立摩诃菩提会伦敦分会,出版《英国佛教徒》。

1927 年 日本南条文雄卒。南条文雄是近代第一个向西方世界传播大乘佛教的东方学者。

1928 年 苏联谢巴尔茨基主持苏联科学院佛教文化研究所,著《佛教逻辑》等。

1929 年 康斯坦·尤兹伯在巴黎建立"佛教友谊会",后改名为"巴黎佛教学会"。

1930 年 日本牧口常三郎创立创价教育学会。

1930 年以后 缅甸佛教青年会改组为"缅甸人民联合会",开展反英斗争。

1931 年 越南在西贡成立佛教研究联盟。

1932 年 顺化成立越南佛教会。泰国宪法规定上座部佛教为国教。

1933 年 日本东京真言宗尊匈牙利山陀尔·乔马(1784—1842)为"菩萨"。乔马曾在布达佩斯创雅利安弥勒教团分部。

1935 年 德国佛教社团易名为"老佛教徒(上座部)社团"。

1936 年 摩诃菩提会在伦敦召开世界信仰会议。

1938 年 日本立正佼成会成立。

1939 年 越南安江省和好地方出现和好教。

1945 年 中、日、泰、缅、斯等国僧人在伦敦聚会,达成"世界佛教徒协议"。

1948 年 日本铃木大拙在东西方哲学会议上向美国公众介绍禅法。A. 兰特夫人在伦敦成立佛教精舍协会,出版《西方佛教》。

1950 年　斯里兰卡学者马拉拉塞克拉发起成立世界佛教徒联谊会。

1951 年　越南成立联合北、中、南三地佛教组织的越南佛教救国会。

1954 年　柬埔寨创建西哈努克佛教大学,成立金边佛教研究所。

1954—1956 年　斯里兰卡举行南传佛教第六次结集,向西方译介佛典。

1955 年　德国佛教协会成立,1958 年易名"德国佛教联合会"。

1959 年　老挝颁布"僧伽法令"。

1960 年　斯里兰卡班达拉奈克夫人支持发展佛教学校,在农村建立佛教
　　　　　保护会。

　　　　　日本池田大作任"创价学会"会长。

　　　　　意大利佛教协会成立。

1961 年　缅甸宪法规定佛教为国教;次年取消,宣布宗教信仰自由。

1970 年　韩国曹溪宗娶妻派另立太古宗。

　　　　　耶稣会神父埃讷米·拉萨尔在日本东京建立基督教习禅中心。

　　　　　亚洲佛教和平会在蒙古乌兰巴托举行。

1971 年　第一届佛教青年大会在曼谷举行。

1972 年　第十届世界佛教徒联谊会在科伦坡举行。

561

1973 年　缅甸建立世界传法苑。

1974 年　英国佛教协会成立。

1977 年　尼泊尔上座部僧成立阿难陀寺总会。

1980 年　联合国决定提供 900 万卢比实施蓝毗尼第一期工程。

1985 年　京都召开第一次中日佛教学术会议。

1988 年　第五届世界僧伽大会在西来寺举行。

1989 年　柬埔寨洪森政府重新宣布佛教为国教。

　　　　　十世班禅额尔德尼·确吉坚赞圆寂。

1995 年　十一世班禅额尔德尼·确吉杰布坐床。

2000 年　全国政协副主席、中国佛教协会会长赵朴初逝世。

2002 年　中国佛教协会举行第七次代表大会,选举一诚为会长,帕巴拉·
　　　　　格列朗杰为荣誉会长,圣辉等为副会长。

二 部派佛教分派表

（一）南传分派说——小乘十八部

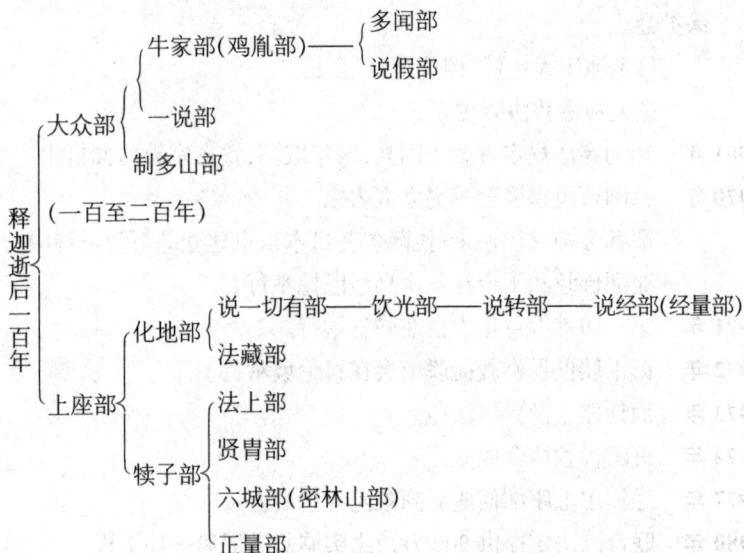

```
                          牛家部(鸡胤部)——┌多闻部
                     ┌                  └说假部
             ┌大众部┤一说部
             │      └制多山部
             │(一百至二百年)
释迦逝后一百年┤
             │      ┌化地部┌说一切有部——饮光部——说转部——说经部(经量部)
             │      │      └法藏部
             └上座部┤      ┌法上部
                    │      │贤胄部
                    └犊子部┤六城部(密林山部)
                           └正量部
```

（二）北传分派说——小乘二十部

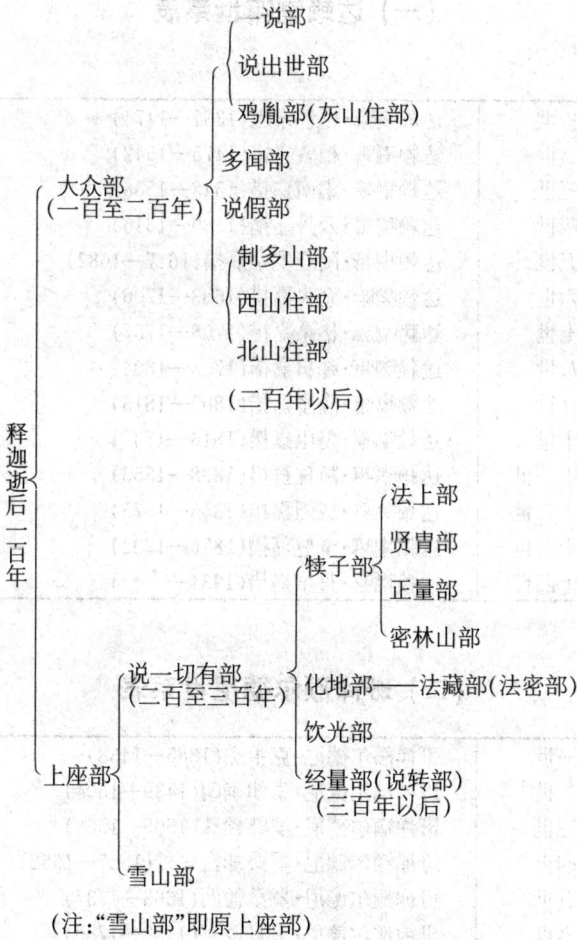

```
                                    ┌─ 一说部
                                    │  说出世部
                                    │  鸡胤部(灰山住部)
                     大众部         ┤  多闻部
                   (一百至二百年)    │  说假部
                                    │  制多山部
                                    │  西山住部
                                    └  北山住部
                                      (二百年以后)

释
迦                                           ┌─ 法上部
逝                                           │  贤胄部
后                              犊子部        ┤  正量部
一                                           └  密林山部
百
年                   说一切有部    化地部──法藏部(法密部)
                   (二百至三百年)   饮光部
                                    经量部(说转部)
                     上座部          (三百年以后)

                     雪山部

        (注："雪山部"即原上座部)
```

三　藏传佛教格鲁派达赖、班禅世系表

（一）达赖喇嘛世系表

达赖一世	达赖喇嘛·根敦朱巴(1391—1474)
达赖二世	达赖喇嘛·根敦嘉措(1475—1542)
达赖三世	达赖喇嘛·索南嘉措(1543—1588)
达赖四世	达赖喇嘛·云丹嘉措(1589—1616)
达赖五世	达赖喇嘛·阿旺罗桑嘉措(1617—1682)
达赖六世	达赖喇嘛·仓央嘉措(1683—1706)
达赖七世	达赖喇嘛·格桑嘉措(1708—1757)
达赖八世	达赖喇嘛·绛贝嘉措(1758—1804)
达赖九世	达赖喇嘛·隆多嘉措(1805—1815)
达赖十世	达赖喇嘛·楚臣嘉措(1816—1837)
达赖十一世	达赖喇嘛·凯珠嘉措(1838—1855)
达赖十二世	达赖喇嘛·成烈嘉措(1856—1875)
达赖十三世	达赖喇嘛·土登嘉措(1876—1933)
达赖十四世	达赖喇嘛·丹增嘉措(1934—　　)

564

（二）班禅额尔德尼世系表

班禅一世	班禅额尔德尼·克主杰(1385—1438)
班禅二世	班禅额尔德尼·索朗确朗(1439—1504)
班禅三世	班禅额尔德尼·罗桑顿珠(1505—1566)
班禅四世	班禅额尔德尼·罗桑却吉坚赞(1567—1662)
班禅五世	班禅额尔德尼·罗桑益西(1663—1737)
班禅六世	班禅额尔德尼·贝丹益喜(1738—1780)
班禅七世	班禅额尔德尼·丹贝尼玛(1781—1853)
班禅八世	班禅额尔德尼·丹贝旺秋(1854—1882)
班禅九世	班禅额尔德尼·却吉尼玛(1883—1937)
班禅十世	班禅额尔德尼·确吉坚赞(1938—1989)
班禅十一世	班禅额尔德尼·确吉杰布(1990—　　)

四 索 引

（一）圣地、遗址、寺院、国家、王朝、民族、地名等

565

567

569

573

（二）教派、宗派、学派、组织、僧制、僧职、术语等

A

B

E

577

H

J

583

585

587

593

（三）人　物

596

605

612

外 文

后　记

　　本书计划把佛教作为一个整体,着重从其自身的历史发展上考察它在不同国度和民族中的特点及其消长状况,兼顾史实和教理、上层信仰和民间流布,与传统上按国家或教派表述的方法有所不同。这一新的设计也增加了章节安排的困难,显得畸重畸轻,内容不甚平衡。

　　本书还有另外两个特点:

　　第一,佛教在发展过程中,适应不同的民族、地区和时代,形成了多中心、多系统的布局和结构。对这种趋势,我们给予了力所能及的注意。比如中国佛教,不仅继承了印度以至中亚的古代佛教,而且经过丰富和改造,向中国以外的友邻国家推进,从而摆脱了印度佛教中心论的旧传统。中国佛教有三个系统,藏传佛教和西南上座部佛教是它的组成部分,由此也改变了把汉地佛教作为中国佛教唯一代表的习惯说法,使之更符合佛教发展的历史实际。

　　第二,佛教的宗教哲学比较丰富,它有自己的一套专用术语和范畴,初学者不易理解,作为一本教材,我们力图在有限的篇幅内,讲得充分些、通俗些,希望对大学文科选修课的同学能有所帮助。

　　参加本书撰写的,除我以外,全是中青年学者。魏道儒执笔第一章,杜继文执笔第二章和其他诸章的印度佛教部分,业露华执笔中国佛教初传到南北朝佛教部分,潘桂明执笔中国隋唐以至明清佛教部分,李冀诚执笔藏传佛教部分,杨曾文执笔日本及朝鲜佛教部分,宋立道执笔斯里兰卡、东南亚诸国及欧美佛教部分。大事记和索引由张树昆编写,李申参加了集体审稿,方广锠对早期印度佛教做了部分修改。

本书是集体创作,由我最后统稿,所有缺点和错误,应由我负责,衷心欢迎批评指正。在编写过程中,参考国内外学者的著作和论文甚多,不能一一列出,谨致歉意和谢意。

杜继文

1989 年 5 月

新版后记

现在距离这本《佛教史》的初次出版，已经有 15 个年头了。世事沧桑，大多数参与撰稿和审读的学者都在自己的专门事业上百尺竿头，成就卓然，以致忙得不可开交；而为藏传佛教执笔的李冀诚、编写索引和大事记的张树昆却不幸过世了。正因为如此，这次新版没有机会再组织大家一起讨论，集体修订，全部工作只好由我个人承担起来。

《佛教史》是否有过再版，以及再版过多少次，我不清楚。1995年，台湾一家名为"晓园"的出版社与中国社会科学出版社联系，以繁体四号字竖排大开本在台湾出版，印数多少也不清楚。去年国家图书馆给送来了五六千块钱，说这是上网的报酬，从这儿我知道《佛教史》已经上网，但在哪个网站，以及点击率多少，照样不清楚。期间有些学生向我反映这本书市场上难以买到；有的要考学，不得不拿我唯一的一本去复印。总之，给我的印象是，这本书社会还有需要，市场销路也可以，但很缺货，所以当府建明同志提议由江苏人民出版社重新出版的时候，我感到很高兴。

这本《佛教史》与《伊斯兰教史》、《基督教史》本来是作为世界宗教研究所学科基本建设中的一个系列编写的，其中还包括《道教史》和《宗教学原理》（由于其他原因，这两部书出版时没有列入系列）。当时的教育部有关领导还委托任继愈所长把这个系列作为大学教材，供高等院校的文科参考使用，任继愈教授也就当然地成了这个系列的指导者、组织者和策划者，为此我们在昌黎开过一次会，集体分片讨论过。因此，在《佛教史》、《伊斯兰教史》的署名上，任继愈都是"总主编",我们则以"本书主编"署名;任继愈的"总序",也就是这样来的。这次要新版了,《基督教史》的原主编唐逸教授(当时的基督教研究室主任)给我打过两次电话,表示他身体欠佳,不想再做这修订的事了,而且也不想再挂名主编,他建议请现在的基督教研究室的同志来做这项工作,并说,王美秀的外文较好,可以多做一些;他个人发现其中的有些错误,可以帮助纠正。我把这些意见转告给了研究室的有关同志,并建议这次新版把署名的格式统一起来。至于最后如何定,当然还是这些书的作者们说了算。

我本人原来也在出版发行部门工作过,给我的知识是,出版者的职责一要传播先进文化,一要合法地赚钱;前者属于文化人的事,后者就是出版商的事。我没有写过几篇文章,也没有出过几本书,但我的经历却使我深感这对矛盾给作者带来的苦涩。譬如什么是"先进文化",对其理解就大有出入。出版社的这届领导说,某一类书应该出,它对于建设先进文化有益,于是这类书就被列入了出版计划,向作者组稿;可不久出版社一换届,认为不行,尤其是有关宗教方面的更加不行,它的出版计划取消了,我们的作者只有干瞪眼,所有劳动变得无效。对于市场的估量也不相同,这届领导判定某类书可以赚钱,换一届领导就可能摇头,于是倒霉的还是作者。《佛教大辞典》的出版,就是如此一波三折,最后匆忙赶出来了,编者还得自咽苦水,也感到有些对不起作者和读者。这次几种宗教史更换出版社新版,是另一番周折。原出版社的责任编辑是黄燕生同学,她在职的时候组织和出版过宗教研究所的许多重要著作。但人事一变,就出现了上述供应断档的问题。近年,黄燕生同学又重回原出版社,大约有个雄心勃勃的选题计划,其中就包括和我们联系修订再版的问题,然而江苏人民出版社早就与我们签订了合同,实在难以更改了。所以至今对燕生还有些抱愧,好像欠了她许多。她是一个很有事业心的人。

话回到《佛教史》本身。在出版后的这15年中,国内的佛教研究在大步地开拓,尤其是地方上的资料发掘,文献和文物的发现,以及一些大部头的专门性佛史的出版,都给通史性的《佛教史》以

623

新的启发和新的视野,所以藉此新版,理应作些大的调整和增补。但考虑到本书的性质,只能作简要而明晰的陈述,不宜于作大规模的铺展。这或许也是一个特点。譬如李冀诚执笔的藏传佛教部分,提纲挈领,客观全面,可能比某些大部头讲得还要清楚明白。因此,不论在体例上还是内容上,这次新版都没有作原则变动。所做的工作主要有这样三个方面:一是纠错,包括原文和排版方面的。二是丰富一些必要的知识,也使一些提法更准确一些。三是补充了一些必须补充的内容。这其中有些是出于当时的疏忽,例如辽金佛教部分,原来只写了辽,而遗漏了金;西夏佛教则完全忽略了,这次都作了补充。另一种情况是,佛教发展的一些新态势,例如原社会主义阵营中的传统佛教国家,佛教都有重兴的趋向,像蒙古共和国的喇嘛教(藏传佛教)的复兴,就十分显著;印度本是佛教的故乡,11 世纪前后趋于衰亡,到了近现代,则开展了相当规模的复兴运动,而今又趋于平缓状态。诸如此类,这次也都补进了一些信息,可供进一步观察。至于"佛教西行",似乎在继续推进中,但由于了解和研究得不够,很难再添什么新的内容。聊值一提的是,佛教密教的抬头,以及新宗教运动对于佛教神秘主义成分的吸取,这种趋向学术界也应该给以关注,但目前尚难具体把握。

一种宗教的生命力和寿命,总是与其同社会进步的关联以及人类的健康发展成正比的,我想佛教也不会例外。

杜继文
2004 年国庆前夕